LANDMANN/ROHMER

UMWELTRECHT

BAND I

KOMMENTAR

Herausgegeben von

Prof. Dr. Martin Beckmann
Rechtsanwalt und Fachanwalt für Verwaltungsrecht,
Honorarprofessor der Universität Münster

Prof. Dr. Dr. Wolfgang Durner LL. M.
Rheinische Friedrich-Wilhelms-Universität Bonn und Direktor des Instituts für das Recht der Wasser- und Entsorgungswirtschaft

Prof. Dr. Thomas Mann
Direktor des Instituts für Öffentliches Recht,
Lehrstuhl für Verwaltungsrecht der Georg-August-Universität Göttingen

Prof. Dr. Marc Röckinghausen
Hochschule für Polizei und öffentliche Verwaltung NRW, Abteilung Gelsenkirchen,
Fachbereich Allgemeine Verwaltung/Rentenversicherung

Stand: 1. Dezember 2020
(94. Ergänzungslieferung)

(Zum Bearbeitungsstand im Einzelnen siehe die Datumszeile am unteren Ende jeder Seite)

C.H.BECK

Dieses Titelblatt entstammt der 94. Ergänzungslieferung Dezember 2020

(Anschluss an die 93. Ergänzungslieferung August 2020)

ISBN 978 3 406 77072 2

Der Kommentar wurde von der 1. bis zur 50. Ergänzungslieferung von Prof. Dr. Klaus Hansmann und von der 51. bis zur 58. Ergänzungslieferung von Prof. Dr. Martin Beckmann herausgegeben.

Zitiervorschläge:

Beckmann in Landmann/Rohmer UmweltR KrWG § 17 Rn. 1
Landmann/Rohmer UmweltR/*Beckmann* KrWG § 17 Rn. 1

www.beck.de

Grundwerk ISBN 978 3 406 34327 8 ergänzt bis ISBN 978 3 406 77072 2

Wilhelmstraße 9, 80801 München
Satz und Druck: Druckerei C. H. Beck Nördlingen
(Adresse wie Verlag)

CO_2 neutral
chbeck.de/nachhaltig

Gedruckt auf säurefreiem, alterungsbeständigem Papier
(hergestellt aus chlorfrei gebleichtem Zellstoff)

LANDMANN/ROHMER, UMWELTRECHT

Anweisung zum Einordnen der 94. Ergänzungslieferung (Stand: Dezember 2020)

Herauszunehmen:	Zahl der Blätter	**Einzufügen:**	Zahl der Blätter
		Band I	
Titelblatt (Band I)–**Geleitwort**	2	**Titelblatt** (Band I)–**Geleitwort**	2
Inhalt 1–2a	2	**Inhalt** 1–2a	2
Bearbeiter 1–6	3	**Bearbeiter** 1–6	3
UVPG 1 § 1 1/2	1	**UVPG 1 § 1** 1/2	1
		nach **§ 14** 2 *einfügen:*	
		§ 14a 1/2	1
§ 16 1–**§ 18** 8	8	**§ 16** 1–**§ 18** 12	17
§ 30 1–**§ 32** 2	4	**§ 30** 1–**§ 32** 4	11
		nach **§ 67** 2 *einfügen:*	
		§ 67a 1/2	1
UmweltHG 2 § 6 5/6	1	**UmweltHG 2 § 6** 5/6	1
§ 8 1–**§ 10** 4	12	**§ 8** 1–**§ 10** 4	13
		Band II	
Titelblatt (Band II)	1	**Titelblatt** (Band II)	1
Inhalt 1/2	1	**Inhalt** 1/2	1
Bearbeiter 1–6	3	**Bearbeiter** 1–6	3
KrWG 6 Vorb. 1–30	15	**KrWG 6 Vorb.** 1–42	21
§ 1 1–**§ 3** 44	40	**§ 1** 1–**§ 3** 54	49
§ 5 1–**§ 6** 22	17	**§ 5** 1–**§ 6** 24	20
		nach **§ 7** 20 *einfügen:*	
		§ 7a 1–6	3
§ 9 1–10	5	**§ 9** 1–**§ 9a** 8	12
		BattG 6.42 *nach* **§ 3** 6 *einfügen:*	
		§ 4 1–**§ 22** 2	30
		Band III	
Titelblatt (Band III)	1	**Titelblatt** (Band III)	1
Inhalt 1/2	1	**Inhalt** 1/2	1
Bearbeiter 1–6	3	**Bearbeiter** 1–6	3
BImSchG 1 § 18 1–28	14	**BImSchG 1 § 18** 1–24	12
Übertrag:	134	Übertrag:	209

Herauszunehmen:	Zahl der Blätter	Einzufügen:	Zahl der Blätter
Übertrag:	134	Übertrag:	209

Band IV

Titelblatt (Band IV)	1	**Titelblatt** (Band IV)	1
Bearbeiter 1–6	3	**Bearbeiter** 1–6	3
9. BImSchV Vorb. 2.9 1/2	1	**9. BImSchV Vorb. 2.9** 1/2	1
9. BImSchV 2.9 87/88	1	**9. BImSchV 2.9** 87/88	1
16. BImSchV 2.16 1/2	1	**16. BImSchV 2.16** 1/2	1
7/8	1	7/8	1
11–14	2	11–14a	3
19/20	1	19/20	1
Anlage 1 1–**Anlage 2** 10	4	**Anlage 2** 1–10	2
TEHG 5.1 Vorb. 1/2	1	**TEHG 5.1 Vorb.** 1/2	1
§ 8 1/2	1	**§ 8** 1/2	1
Insgesamt herauszunehmen:	151	Insgesamt einzufügen:	225

Geleitwort zur 94. Ergänzungslieferung

Mit der vorliegenden 94. Ergänzungslieferung werden die Rechtstexte des Kommentars auf den Stand von Dezember 2020 gebracht. Die Lieferung beinhaltet Beiträge aus zentralen Bereichen des Allgemeinen und des Besonderen Umweltrechts, die zum Teil vorhandene Kommentierungen aktualisieren, zum Teil Vorschriften vollständig neu erläutern.

Anknüpfend an die Ergänzungslieferung 93, mit der der Einstieg in die Kommentierung des UVPG in seiner Neufassung aus dem Jahr 2017 erfolgte, bringt diese Lieferung weitere Beiträge zu diesem wichtigen Gesetz. So erläutert *Hofmann* mit den §§ 16–18 UVPG weitere Vorschriften über das UVP-Verfahren. *Dix* ergänzt seine Bearbeitung des § 29 UVPG um Kommentierungen der §§ 30–32 UVPG und schließt damit einen ersten Abschnitt ab.

Wie schon im Geleitwort zur 93. Ergänzungslieferung angekündigt, führt *Rehbinder* seine aktualisierte Gesamtbearbeitung des Umwelthaftungsgesetzes mit Erläuterungen der Bestimmungen über die Auskunftspflichten (§§ 8–10 UmweltHG) zum Abschluss.

Einen Schwerpunkt findet diese Ergänzungslieferung in der Umsetzung der novellierten Abfallrahmenrichtlinie 2008/98/EG durch das geänderte Kreislaufwirtschaftsgesetz. Das Ziel der verstärkten Förderung der Kreislaufwirtschaft durch Vermeidung und vor allem vermehrtes Recycling von Abfällen kommt in einer Reihe von neuen und geänderten Vorschriften des KrWG zum Ausdruck. Nicht nur diese Gesetzesänderungen sind in dieser Ergänzungslieferung enthalten, sondern auch schon wesentliche Erläuterungen unseres Mitherausgebers *Beckmann*. Er hat die §§ 1–3, 5, 6, 7a, 9 und 9a KrWG bearbeitet sowie seine Vorbemerkung zum KrWG aktualisiert. Deutlich ausgebaut wird die Kommentierung des Batteriegesetzes durch *Schleifenbaum*. Mit den §§ 1–14, 16, 19–22 BattG ist nunmehr der überwiegende Teil dieses Gesetzes erläutert.

Der immissionsschutzrechtliche Teil des Gesamtwerks wird mit der Kommentierung des § 18 BImSchG durch den bisherigen Autor *Ohms* auf den aktuellen Stand gebracht. Für das Jahr 2021 sind für das untergesetzliche immissionsschutzrechtliche Regelwerk und damit für Band 4 des Landmann/Rohmer wichtige Neuerungen zu erwarten. Neben der Novellierung der 13. BImSchV steht vor allem die (überfällige) TA Luft 2021 aus. Eine zeitnahe Kommentierung ist erklärtes Ziel der Herausgeber.

Gelsenkirchen, im Dezember 2020

Prof. Dr. Marc Röckinghausen
für die Herausgeber

Inhaltsverzeichnis (Band I)

Umweltverfassungsrecht

1. Umweltvölkerrecht

2. Vertrag über die Arbeitsweise der Europäischen Union (AEUV)

Kommentierung

3. Grundgesetz (GG)

Kommentierung

Umweltrecht Allgemeiner Teil

1. Gesetz über die Umweltverträglichkeitsprüfung (UVPG)

Kommentierung

Teil 1. Allgemeine Vorschriften

Teil 2. Umweltverträglichkeitsprüfung

Abschnitt 1. Voraussetzungen für eine Umweltverträglichkeitsprüfung

Teil 4. Besondere Verfahrensvorschriften für bestimmte Umweltprüfungen

Teil 5. Grenzüberschreitende Umweltprüfungen

Abschnitt 1. Grenzüberschreitende Umweltverträglichkeitsprüfung

Abschnitt 2. Grenzüberschreitende Strategische Umweltprüfung

Abschnitt 3. Gemeinsame Vorschriften

Teil 6. Vorschriften für bestimmte Leitungsanlagen (Anlage 1 Nummer 19)

Teil 7. Schlussvorschriften

2. Umwelthaftungsgesetz (UmweltHG)

Kommentierung

3. Umweltinformationsgesetz (UIG)

Bearbeiterverzeichnis (Band I–IV)

Prof. Dr. Martin Beckmann Rechtsanwalt in Münster	Vorb. Abfallrecht, §§ 1–2, 4–39, 41–57, 62–68, 70–72 KrWG § 15 UVPG, Umweltschadensgesetz (mit Wittmann)
Dr. Christian-Dietrich Bracher Rechtsanwalt in Bonn	§§ 41 bis 43 BImSchG, 16. und 24. BImSchV
Prof. Dr. Peter Bruckmann Landesamt für Natur, Umwelt und Verbraucherschutz Nordrhein-Westfalen, Essen	39. BImSchV (mit Strecker und Vogt), 43. BImSchV (mit van Endern und Vogt)
Prof. Dr. Pascale Cancik O. Professorin an der Universität Osnabrück	Vorb. §§ 47a ff. BImSchG, §§ 47a–47f BImSchG (§§ 47a–47c, 47e und 47f mit Hansmann)
Prof. Dr. Johannes Dietlein O. Professor an der Universität Düsseldorf	§§ 1, 2, Vorb. §§ 4–21, 4 bis 8, 9 bis 11, 16a, 19, 23a–23c und 25a BImSchG, 9. BImSchV
Dr. Robert Dix Syndikusrechtsanwalt der EWE AG, Oldenburg	§§ 29–32 UVPG
Prof. Dr. Matthias Dombert Rechtsanwalt in Potsdam	§§ 4–6, 8, 13, 14, 20, 24, 25 BBodSchG
Rolf-Dieter Dörr Ministerialrat a. D.	OberflächengewässerV (mit Walter)
Prof. Dr. Dr. Wolfgang Durner LL. M. O. Professor an der Universität Bonn	Umweltvölkerrecht, Vorb. §§ 27 ff. WHG, §§ 27–31, 34, 35, 82–85 WHG
Benedikt van Endern Ministerium für Umwelt, Landwirtschaft, Natur- und Verbraucherschutz des Landes Nordrhein-Westfalen	43. BImSchV (mit Bruckmann und Vogt)
Prof. Dr. Astrid Epiney LL. M. O. Professorin an der Université de Fribourg	Art. 191–193 AEUV
Prof. Dr. Wolfgang Ewer Rechtsanwalt in Kiel	Vorb. BBodSchG, §§ 9, 15, 16 BBodSchG
Prof. Dr. Kurt Faßbender O. Professor an der Universität Leipzig	§§ 1–5, 33, 36–38 WHG
Dr. Frank Fellenberg LL. M. Rechtsanwalt in Berlin	Fluglärmgesetz (mit Reidt und Schiller), Umweltrechtsbehelfsgesetz (mit Schiller)
Dr. Henrik Flatter Bundesamt für Naturschutz, Bonn	§§ 69–74 BNatSchG

Bearbeiter

Dr. Matthias Ganske Rechtsanwalt in Bonn	§§ 25, 26, 54–61 WHG
Prof. Dr. Klaus Ferdinand Gärditz O. Professor an der Universität Bonn	Art. 20a GG
Prof. Dr. Martin Gellermann Rechtsanwalt, apl. Professor an der Universität Osnabrück	Vorb. BNatSchG, §§ 4, 7–51, §§ 52–56, §§ 57–68 Vorb. §§ 37, 38, §§ 37–40, BNatSchG (§§ 41–43 mit Sanden)
Nela Gies Richterin am Verwaltungsgericht Gelsenkirchen	§§ 41, 42 WHG
Prof. Dr. Christoph Görisch Hochschule für Polizei und öffentliche Verwaltung NRW, Abteilung Münster	§§ 4–14 UAG
Dipl.-Met. Arno Graff Umweltbundesamt, Dessau	Nr. 5.5 TA Luft (mit Hansmann), Vorb. zu Anhang 3 der TA Luft
Moritz Grunow Rechtsanwalt in Düsseldorf	Vorb. AwSV, § 1 AwSV
Prof. Dr. Günter Hager † O. Professor an der Universität Freiburg	§§ 6, 7 UmweltHG (mit Rehbinder)
Prof. Dr. Klaus Hansmann Leitender Ministerialrat a. D.	§§ 17, 18, 20, 21, 26–37, 38–40, 44–47c, 47e, 47f, 52, 52b–58d, 59, 60, 62–72, 74 BImSchG (§§ 17, 18 mit Ohms, Vor § 26, §§ 26–31 mit Pabst, Vor § 38, §§ 38–40 mit Hofmann, §§ 20, 21, Vor 32, §§ 32–37, Vorb. §§ 44–47, §§ 45, 46, 46a, 47, 52, 52b, 62, 66 und 67 mit Röckinghausen, §§ 47a–47c, 47e und 47f mit Cancik), Vor § 53, §§ 53–58d mit Maciejewski, 14., 32. und 34. BImSchV, TA Lärm, TA Luft (ohne Vorb. zu Anhang 3), 4., 11., 20., 21., 25., 27., 28., 30. und 35. BImSchV (mit Röckinghausen), 2. BImSchV (mit Mahrwald und Röckinghausen), 5. BImSchV mit Maciejewski, 12. BImSchV (mit König), BzBlG, 1. DVO BzBlG
Dr. Felix Hardach Bundesministerium für Umwelt, Naturschutz und nukleare Sicherheit	§§ 1, 8, 11–13, 17, 20, 22, 23, 26 31, 32, 35 TEHG
Prof. Dr. Torsten Heilshorn Rechtsanwalt in Freiburg	Vor § 22 BImSchG, §§ 22–25 BImSchG (mit Sparwasser)

Michael Heugel Bundesministerium für Umwelt, Naturschutz und nukleare Sicherheit	§§ 5, 6 BNatSchG
Prof. Dr. Ekkehard Hofmann O. Professor an der Universität Trier	Vorb. § 38, §§ 38–40 BImSchG, §§ 16–18 UVPG
Dr. Frank Hofmann Bundesministerium für Umwelt, Naturschutz und nukleare Sicherheit	§ 23 WHG
Dr. Georg Hünnekens Rechtsanwalt in Münster	§§ 50–53 WHG, Vorb. §§ 64–66, §§ 64–66 WHG, Vorb. §§ 72–81 WHG, §§ 72–81 WHG
Georg Kahl † Ministerialrat a. D.	7. BImSchV
Lutz Keppner Bundesministerium für Umwelt, Naturschutz und nukleare Sicherheit	Grundwasserverordnung
Dr. Andreas Kersting Rechtsanwalt in Münster	§§ 58–61 KrWG
Dr. Heike Kieserling Deutsche Bahn AG	§§ 13, 14, 25–38 AwSV
Dr. Jens Martin König Hessisches Ministerium für Umwelt, Klimaschutz, Landwirtschaft und Verbraucherschutz	12. BImSchV (mit Hansmann)
Dr. Olaf Konzak Rechtsanwalt in Köln	§§ 2, 3 und 7 VerpackG (mit Körner)
Dr. Michael Körner, LL.M. Rechtsanwalt in Köln	§§ 2, 3 und 7 VerpackG (mit Konzak)
Dr. Philip Kubitza Richter auf Probe, Rheinland-Pfalz	§§ 100–102 WHG
Prof. Dr. Silke Ruth Laskowski O. Professorin an der Universität Kassel	§ 24 WHG, § 58e BImSchG mit der EMASPrivilegV
Prof. Dr. Joachim Lege O. Professor an der Universität Greifswald	§§ 96–99 WHG
Dr. Rasso Ludwig LL. M. Bayerisches Staatsministerium für Umwelt und Verbraucherschutz	§§ 19, 21–23, 26 BBodSchG
Prof. Dr. Karim Maciejewski Hochschule des Bundes für öffentliche Verwaltung	Vor § 53 BImSchG, §§ 53–58d BImSchG (mit Hansmann), 5. BImSchV (mit Hansmann)
Birgit Mahrwald Bundesministerium für Umwelt, Naturschutz und nukleare Sicherheit	2. BImSchV (mit Hansmann und Röckinghausen)

Bearbeiter

Prof. Dr. Thomas Mann O. Professor an der Universität Göttingen	§§ 8a, 12 BImSchG, Vorb. ElektroG, §§ 1, 2 ElektroG, §§ 1–14, 16–28, 30–46, 48–74 UVPG
Dr. Cedric Christian Meyer Rechtsanwalt in Köln	§§ 46–49, 62–63 WHG
Dr. Uwe Neuser Bundesministerium für Umwelt, Naturschutz und nukleare Sicherheit	§§ 2, 27, 33, 34 TEHG
Volkmar Nies Landwirtschaftsdirektor bei der Landwirtschaftskammer Rheinland	§§ 1, 2, 7, 17, 18 BBodSchG
Dr. Martin Ohms Rechtsanwalt in Berlin	§§ 17, 18 BImSchG (mit Hansmann), 13. BImSchV, 17. BImSchV (z. T. mit Sahm)
Prof. Dr. Heinz-Joachim Pabst Hochschule des Bundes für öffentliche Verwaltung	Vor § 26, §§ 26–31 BImSchG (mit Hansmann), § 61 BImSchG, 41. BImSchV
Dr. Kay Artur Pape Rechtsanwalt in Bonn	Vorb. WHG, §§ 6–22 WHG
Dr. Malte Petersen LL. M. Ministerium für Umwelt, Landwirtschaft, Natur- und Verbraucherschutz des Landes Nordrhein-Westfalen	§§ 89–95 WHG
Prof. Dr. Alexander Proelß O. Professor an der Universität Trier	§§ 43–45l WHG
Prof. Dr. Eckard Rehbinder Em. Professor an der Universität Frankfurt/Main	§ 14 BImSchG UmweltHG (§§ 6, 7 mit Hager)
Prof. Dr. Olaf Reidt Rechtsanwalt in Berlin	§ 16 BImSchG (mit Schiller), 18. BImSchV (mit Schiller), Fluglärmgesetz (mit Fellenberg und Schiller), Umweltinformationsgesetz (mit Schiller)
Dr. Christoph Riese Rechtsanwalt in Berlin	§§ 67–71, 86 WHG
Prof. Dr. Marc Röckinghausen Hochschule für Polizei und öffentliche Verwaltung NRW, Abteilung Gelsenkirchen	§§ 20, 21, Vor § 32, §§ 32–37, Vorb. §§ 44–47, §§ 45, 46, 46a, 47, 52, 52b, 62, 66, 67 BImSchG (mit Hansmann), §§ 37a bis 37f, 52a, 73 BImSchG, 1., 10., 26., 36., 37., 38., 42. BImSchV, 4., 11., 20., 21., 25., 27., 28., 30. und 35. BImSchV (mit Hansmann), 2. BImSchV (mit Hansmann und Mahrwald), Schadstofffreisetzungs- und Verbringungsregistergesetz
Christoph Sahm LL. M. E.ON Kernkraft GmbH	§§ 23–25, 27 der 17. BImSchV (mit Ohms)

Prof. Dr. Dr. Joachim Sanden † Behörde für Stadtentwicklung und Umwelt, Freie und Hansestadt Hamburg, zugl. Apl. Prof. an der Universität Lüneburg	§§ 41–43 (mit Gellermann)
Dr. Gernot Schiller Rechtsanwalt in Berlin	§ 16 BImSchG (mit Reidt), 18. BImSchV (mit Reidt), Fluglärmgesetz (mit Reidt und Fellenberg), Umweltinformationsgesetz (mit Reidt) Umweltrechtsbehelfsgesetz (mit Fellenberg), §§ 14a, 15 BImSchG
Prof. Dr. Marcus Schladebach, LL.M. O. Professor an der Universität Potsdam	§ 47 UVPG
Matthias Schleifenbaum, LL.M. Rechtsanwalt in Köln	Vorb. BattG, §§ 1–14, 16, 19–22 BattG
Prof. Dr. Hendrik Schoen Hochschule für Polizei und öffentliche Verwaltung NRW, Abteilung Münster	§ 50 BImSchG
Prof. Dr. Meinhard Schröder Em. Professor an der Universität Trier	EG-Abfallverbringungs-VO
Prof. Dr. Max-Jürgen Seibert Vorsitzender Richter am Oberverwaltungsgericht Münster	§ 13 BImSchG
Prof. Dr. Reinhard Sparwasser Rechtsanwalt in Freiburg	Vor § 22 BImSchG, §§ 22–25 BImSchG (mit Heilshorn)
Prof. Dr. Indra Spiecker genannt Döhmann, LL.M. O. Professorin an der Universität Frankfurt a. M.	UStatG
Prof. Dr. Peter-Tobias Stoll O. Professor an der Universität Göttingen	EG-Artenschutzverordnung
Silvia Strecker Ministerium für Umwelt, Landwirtschaft, Natur- und Verbraucherschutz des Landes Nordrhein-Westfalen	39. BImSchV (mit Bruckmann und Vogt)
Prof. Dr. Dr. Markus Thiel Deutsche Hochschule der Polizei, Münster	§§ 3, 48–48b BImSchG
Dr. Christian Tünnesen-Harmes Rechtsanwalt in Duisburg	AbfAEV
Dr. Klaus Vogt Landesamt für Natur, Umwelt und Verbraucherschutz Nordrhein-Westfalen	39. BImSchV (mit Bruckmann und Strecker), 43. BImSchV (mit Bruckmann und van Endern)
Anne-Barbara Walter Umweltbundesamt	OberflächengewässerV (mit Dörr)
Dr. Dirk Weinreich Bundesministerium für Umwelt, Naturschutz und nukleare Sicherheit	Vorb. TEHG, §§ 7, 19 TEHG

Bearbeiter

Dr. Armin von Weschpfennig
Akademischer Rat, Universität Bonn
§§ 13a, 13b, 103–107 WHG

Dr. Antje Wittmann
Rechtsanwältin in Münster
UmweltschadensG (zusammen mit Beckmann)

Frank Wolke
Umweltbundesamt,
Deutsche Emissionshandelsstelle
§§ 4, 18, 24 TEHG

1. Gesetz über die Umweltverträglichkeitsprüfung* (UVPG)[1]

In der Fassung der Bekanntmachung vom 24. Februar 2010[2]

(BGBl. I S. 94), zuletzt geändert durch G v. 3.12.2020 (BGBl. I S. 269)

Teil 1. Allgemeine Vorschriften für die Umweltprüfungen

§ 1 Anwendungsbereich

(1) **Dieses Gesetz gilt für**

1. die in Anlage 1 aufgeführten Vorhaben,

2. die in Anlage 5 aufgeführten Pläne und Programme,

3. sonstige Pläne und Programme, für die nach den §§ 35 bis 37 eine Strategische Umweltprüfung oder Vorprüfung durchzuführen ist, sowie

4. die grenzüberschreitende Behörden- und Öffentlichkeitsbeteiligung bei UVP-pflichtigen Vorhaben im Ausland nach den §§ 58 und 59 und bei SUP-pflichtigen Plänen und Programmen eines anderen Staates nach den §§ 62 und 63.

(2) **Bei Vorhaben oder Teilen von Vorhaben, die ausschließlich Zwecken der Verteidigung dienen, kann das Bundesministerium der Verteidigung oder eine von ihm benannte Stelle im Einzelfall entscheiden, dieses Gesetz ganz oder teilweise nicht anzuwenden, soweit sich die Anwendung nach Einschätzung des Bundesministeriums der Verteidigung oder der von ihm benannten Stelle nachteilig auf die Erfüllung dieser Zwecke auswirken würde, insbesondere wegen Eilbedürftigkeit des Vorhabens oder aus Gründen der Geheimhaltung. Zwecke der Verteidigung schließen auch zwischenstaatliche Verpflichtungen ein. Bei der Entscheidung ist der Schutz vor erheblichen nachteiligen Umweltauswirkungen zu berücksichtigen. Sonstige Rechtsvorschriften, die das Zulassungsverfahren betreffen, bleiben unberührt. Wird eine Entscheidung nach Satz 1 getroffen, unterrichtet das Bundesministerium der Verteidigung hierüber das für Umwelt zuständige Ministerium des betroffenen Landes unverzüglich sowie das Bundesministerium für Umwelt, Naturschutz, Bau und Reaktorsicherheit spätestens bis zum Ablauf des 31. März des Folgejahres.**

---

* Die Änderungen des UVPG durch VO v. 19.6.2020 (BGBl. I S. 1328) und G v. 3.12.2020 (BGBl. I S. 2694) sind in den Vorschriftentexten und Kommentierungen noch nicht vollständig berücksichtigt. Anpassungen erfolgen mit den nächsten Ergänzungslieferungen.

[1] **[Amtl. Anm.:]** Das Gesetz dient der Umsetzung der Richtlinie 85/337/EWG des Rates vom 27. Juni 1985 über die Umweltverträglichkeitsprüfung bei bestimmten öffentlichen und privaten Projekten (ABl. L 175 vom 5.7.1985, S. 40), der Richtlinie 97/11/EG des Rates vom 3. März 1997 zur Änderung der Richtlinie 85/337/EWG über die Umweltverträglichkeitsprüfung bei bestimmten öffentlichen und privaten Projekten (ABl. L 73 vom 14.3.1997, S. 5), der Richtlinie 2001/42/EG des Europäischen Parlaments und des Rates vom 27. Juni 2001 über die Prüfung der Umweltauswirkungen bestimmter Pläne und Programme (ABl. L 197 vom 21.7.2001, S. 30) sowie der Umsetzung von Artikel 3 der Richtlinie 2003/35/EG des Europäischen Parlaments und des Rates vom 26. Mai 2003 über die Beteiligung der Öffentlichkeit bei der Ausarbeitung bestimmter umweltbezogener Pläne und Programme und zur Änderung der Richtlinien 85/337/EWG und 96/61/EG des Rates in Bezug auf die Öffentlichkeitsbeteiligung und den Zugang zu Gerichten (ABl. L 156 vom 25.6.2003, S. 17).

[2] Neubekanntmachung des UVPG idF der Bek. v. 25.6.2005 (BGBl. I S. 1757) in der ab 2.3.2010 geltenden Fassung.

(3) **Bei Vorhaben oder Teilen von Vorhaben, die ausschließlich der Bewältigung von Katastrophenfällen dienen, kann die zuständige Behörde im Einzelfall entscheiden, dieses Gesetz ganz oder teilweise nicht anzuwenden, soweit sich die Anwendung nach Einschätzung der zuständigen Behörde negativ auf die Erfüllung dieses Zwecks auswirken würde. Bei der Entscheidung ist der Schutz vor erheblichen nachteiligen Umweltauswirkungen zu berücksichtigen. Sonstige Rechtsvorschriften, die das Zulassungsverfahren betreffen, bleiben unberührt.**

(4) **Dieses Gesetz findet Anwendung, soweit Rechtsvorschriften des Bundes oder der Länder die Umweltverträglichkeitsprüfung nicht näher bestimmen oder die wesentlichen Anforderungen dieses Gesetzes nicht beachten. Rechtsvorschriften mit weitergehenden Anforderungen bleiben unberührt.**

Literatur: *Peters,* Verkehrswegerechtliche und immissionsschutzrechtliche Zulassungsverfahren mit UVP ohne Erörterungstermin?, NuR 2018, 457.

Rechtsprechung: zu Vorhaben nach Anlage 1 (Absatz 1 Nummer 1): VG Münster (2. Kammer), Urteil vom 12.4.2018 – 2 K 2307/16 (NuR 2018, 644; BeckRS 2018, 8220).

Hinweise auf die Gesetzesmaterialien
(ausführliche Kommentierung folgt)

Übersicht

I. Begründung der Bundesregierung (BT-Drs. 18/11499, S. 73 f.)

1 „Die bisherige Zweckbestimmung entfällt (Handbuch der Rechtsförmlichkeit Rn. 362). Wesentliche Inhalte aus dem bisherigen § 1 werden in § 2 Absatz 10 sowie den §§ 3 und 25 übernommen. § 1 regelt in Anlehnung an den bisherigen § 3 den Anwendungsbereich des Gesetzes.

Absatz 1 Nummer 1 in Verbindung mit Anlage 1 (Liste „UVP-pflichtige Vorhaben") regelt in Übereinstimmung mit der bisherigen Regelung, welche Vorhaben in den Anwendungsbereich des Gesetzes fallen. Bedeutung hat die Vorschrift vor allem für die Frage, welche Vorhaben Gegenstand einer Umweltverträglichkeitsprüfung sein können. Von der erneuten Aufnahme einer Ermächtigung an die Bundesregierung, die Liste „UVP-pflichtige Vorhaben" durch Rechtsverordnung zu ändern, wurde abgesehen. Diese Verordnungsermächtigung hat in der Vergangenheit keine Rolle gespielt und ist daher entbehrlich.

Absatz 1 Nummer 2 und 3 regelt in Übereinstimmung mit der bisherigen Regelung, welche Pläne und Programme in den Anwendungsbereich des Gesetzes fallen und damit Gegenstand einer Strategischen Umweltprüfung sein können. Hierzu verweist die Nummer 2 auf die Liste „SUP-pflichtige Pläne und Programme" in Anlage 5. § 1 Absatz 1 Nummer 3 verweist zusätzlich auf die Bestimmungen, aus denen sich eine SUP-Pflicht für Pläne und Programme ergeben kann, die in der Anlage 5 nicht aufgeführt sind (§§ 35 bis 37). Eine Ermächtigung an die Bundesregierung, die Liste „SUP-pflichtige

§ 14a Besondere Änderungen zur Modernisierung und Digitalisierung von Schienenwegen

(1) Keiner Umweltverträglichkeitsprüfung bedarf die Änderung eines Schienenwegs oder einer sonstigen Bahnbetriebsanlage nach den Nummern 14.7, 14.8 und 14.11 der Anlage 1, soweit sie lediglich aus den folgenden Einzelmaßnahmen besteht:

1. den im Rahmen der Digitalisierung einer Bahnstrecke erforderlichen Baumaßnahmen, insbesondere der Ausstattung einer Bahnstrecke mit Signal- und Sicherungstechnik des Standards European Rail Traffic Management System (ERTMS),
2. dem barrierefreien Umbau oder der Erhöhung oder Verlängerung eines Bahnsteigs,
3. der technischen Sicherung eines Bahnübergangs,
4. der Erneuerung eines Eisenbahnübergangs,
5. der Erneuerung und Änderung eines Durchlasses sowie
6. der Herstellung von Überleitstellen für Gleiswechselbetriebe.

(2) Eine standortbezogene Vorprüfung entsprechend § 7 Absatz 2 wird zur Feststellung der UVP-Pflicht durchgeführt für

1. die Ausstattung einer bestehenden Bahnstrecke mit einer Oberleitung auf einer Länge von weniger als 15 Kilometern einschließlich dafür notwendiger räumlich begrenzter baulicher Anpassungen, insbesondere von Tunneln mit geringer Länge oder von Kreuzungsbauwerken,
2. die Errichtung einer Lärmschutzwand zur Lärmsanierung,
3. die Erweiterung einer Bahnbetriebsanlage mit einer Flächeninanspruchnahme von weniger als 5000 Quadratmetern.

(3) Eine allgemeine Vorprüfung entsprechend § 7 Absatz 1 wird zur Feststellung der UVP-Pflicht durchgeführt für

1. die Ausstattung einer bestehenden Bahnstrecke mit einer Oberleitung, soweit nicht durch Absatz 2 Nummer 1 erfasst,
2. die Erweiterung einer Bahnbetriebsanlage nach Nummer 14.8.3.1 der Anlage 1 mit einer Flächeninanspruchnahme von 5 000 Quadratmetern oder mehr,
3. die sonstige Änderung eines Schienenwegs oder einer sonstigen Bahnbetriebsanlage nach den Nummern 14.7 und 14.8 der Anlage 1, soweit nicht von den Absätzen 1 und 2 erfasst.

(Kommentierung folgt)

§ 16 UVP-Bericht

(1) **Der Vorhabenträger hat der zuständigen Behörde einen Bericht zu den voraussichtlichen Umweltauswirkungen des Vorhabens (UVP-Bericht) vorzulegen, der zumindest folgende Angaben enthält:**

1. **eine Beschreibung des Vorhabens mit Angaben zum Standort, zur Art, zum Umfang und zur Ausgestaltung, zur Größe und zu anderen wesentlichen Merkmalen des Vorhabens,**
2. **eine Beschreibung der Umwelt und ihrer Bestandteile im Einwirkungsbereich des Vorhabens,**
3. **eine Beschreibung der Merkmale des Vorhabens und des Standorts, mit denen das Auftreten erheblicher nachteiliger Umweltauswirkungen des Vorhabens ausgeschlossen, vermindert oder ausgeglichen werden soll,**
4. **eine Beschreibung der geplanten Maßnahmen, mit denen das Auftreten erheblicher nachteiliger Umweltauswirkungen des Vorhabens ausgeschlossen, vermindert oder ausgeglichen werden soll, sowie eine Beschreibung geplanter Ersatzmaßnahmen,**
5. **eine Beschreibung der zu erwartenden erheblichen Umweltauswirkungen des Vorhabens,**
6. **eine Beschreibung der vernünftigen Alternativen, die für das Vorhaben und seine spezifischen Merkmale relevant und vom Vorhabenträger geprüft worden sind, und die Angabe der wesentlichen Gründe für die getroffene Wahl unter Berücksichtigung der jeweiligen Umweltauswirkungen sowie**
7. **eine allgemein verständliche, nichttechnische Zusammenfassung des UVP-Berichts.**

Bei einem Vorhaben nach § 1 Absatz 1, das einzeln oder im Zusammenwirken mit anderen Vorhaben, Projekten oder Plänen geeignet ist, ein Natura 2000-Gebiet erheblich zu beeinträchtigen, muss der UVP-Bericht Angaben zu den Auswirkungen des Vorhabens auf die Erhaltungsziele dieses Gebiets enthalten.

(2) **Der UVP-Bericht ist zu einem solchen Zeitpunkt vorzulegen, dass er mit den übrigen Unterlagen ausgelegt werden kann.**

(3) **Der UVP-Bericht muss auch die in Anlage 4 genannten weiteren Angaben enthalten, soweit diese Angaben für das Vorhaben von Bedeutung sind.**

(4) **Inhalt und Umfang des UVP-Berichts bestimmen sich nach den Rechtsvorschriften, die für die Zulassungsentscheidung maßgebend sind. In den Fällen des § 15 stützt der Vorhabenträger den UVP-Bericht zusätzlich auf den Untersuchungsrahmen.**

(5) **Der UVP-Bericht muss den gegenwärtigen Wissensstand und gegenwärtige Prüfmethoden berücksichtigen. Er muss die Angaben enthalten, die der Vorhabenträger mit zumutbarem Aufwand ermitteln kann. Die Angaben müssen ausreichend sein, um**

1. **der zuständigen Behörde eine begründete Bewertung der Umweltauswirkungen des Vorhabens nach § 25 Absatz 1 zu ermöglichen und**
2. **Dritten die Beurteilung zu ermöglichen, ob und in welchem Umfang sie von den Umweltauswirkungen des Vorhabens betroffen sein können.**

(6) **Zur Vermeidung von Mehrfachprüfungen hat der Vorhabenträger die vorhandenen Ergebnisse anderer rechtlich vorgeschriebener Prüfungen in den UVP-Bericht einzubeziehen.**

(7) **Der Vorhabenträger muss durch geeignete Maßnahmen sicherstellen, dass der UVP-Bericht den Anforderungen nach den Absätzen 1 bis 6 entspricht. Die zuständige Behörde hat Nachbesserungen innerhalb einer angemessenen Frist zu verlangen, soweit der Bericht den Anforderungen nicht entspricht.**

(8) **Sind kumulierende Vorhaben, für die jeweils eine Umweltverträglichkeitsprüfung durchzuführen ist, Gegenstand paralleler oder verbundener Zulassungsverfahren, so können die Vorhabenträger einen gemeinsamen UVP-Bericht vorlegen. Legen sie getrennte UVP-Berichte vor, so sind darin auch jeweils die Umweltauswirkungen der anderen kumulierenden Vorhaben als Vorbelastung zu berücksichtigen.**

(9) **Der Vorhabenträger hat den UVP-Bericht auch elektronisch vorzulegen.**

Schrifttum: *Balla/Borkenhagen/Günnewig,* Der UVP-Bericht nach dem Gesetz über die Umweltverträglichkeitsprüfung, ZUR 2019, 323 ff.; *Balla/Peters,* Die novellierte UVP-Richtlinie und ihre Umsetzung, NuR 2015, 297 ff.; *Bohne,* Die Umweltverträglichkeitsprüfung bergbaulicher Vorhaben nach den Gesetzentwürfen der Bundesregierung zur Umsetzung der EG-Richtlinie vom 27.6.1985 (85/337/EWG), ZfB 1989, 93 ff.; *Bundesministerium für Verkehr, Bau und Stadtentwicklung* (Hrsg.), Leitfaden zur Umweltverträglichkeitsprüfung an Bundeswasserstraßen, 2007; *Eisenbahn-Bundesamt,* Umwelt-Leitfaden zur eisenbahnrechtlichen Planfeststellung und Plangenehmigung sowie für Magnetschwebebahnen, Teile I bis V, Stand Juli 2010; *Bunge,* Neue Anforderungen an die Umweltverträglichkeitsprüfung: die UVP-Änderungsrichtlinie 2014, NVwZ 2014, 1257 ff.; *Erbguth,* Rechtliche Anforderungen an Alternativprüfungen in (abfallrechtlichen) Planfeststellungsverfahren und vorgelagerten Verfahren, NVwZ 1992, 209 ff.; *Gassner,* UVPG, Kommentar, 1. Aufl. 2006; *Groß,* Die Alternativenprüfung in der Umweltverträglichkeitsprüfung, NVwZ 2001, 513 ff.; *Henke,* Vorprüfung und Feststellung der UVP-Pflicht nach dem UVPG 2017, I+E 2018, 154 ff.; *Hofmann,* Abwägung im Recht, 2007; *Hoppe/Beckmann/Kment,* UVPG, Kommentar, 5. Aufl. 2018; *Jarass,* Auslegung und Umsetzung der EG-Richtlinie zur Umweltverträglichkeitsprüfung, 1989; *Karrenstein,* Das neue Schutzgut Fläche in der Umweltverträglichkeitsprüfung, NuR 2019, 98 ff.; *Kopp/Ramsauer,* VwVfG, Kommentar, 21. Aufl. 2020; *Köppke/Buchholz/Stenner,* UVP-Änderungsrichtlinie 2014/52/EU und Klimawandel, UBA-Berichte Climate Change 28/2020, 2020; *Mitschang,* UVP-ÄnderungsRichtlinie – Neue Anforderungen an die Durchführung der Umweltprüfung in der Bauleitplanung, ZfBR 2015, 432 ff.; *Niermann,* Betriebsplan und Planfeststellung im Bergrecht, 1992; *Peters/Balla/Hesselbarth,* UVPG, 4. Aufl. 2019; *Sangenstedt,* Die Reform der UVP-Richtlinie 2014: Herausforderungen für das deutsche Recht, ZUR 2014, 526 ff.; *Schink,* Beeinträchtigung der Umwelt in Deutschland durch landwirtschaftliche Produktion, UPR 1999, 8 ff.; *Schink,* Entwicklungen und Stand der UVP, NuR 2018, 21 ff.; *Schink/Reidt/Mitschang* (Hrsg.), UmRG/UVPG, 2018; *Schmidt-Aßmann,* Die Umsetzung der EG-Richtlinie über die Umweltverträglichkeitsprüfung (UVP-RL) vom 27. Juni 1985 in das nationale Recht, in: Festschrift für Karl Doehring, 1989, S. 889 ff.; *Spannowsky,* Notwendigkeit und rechtliche Anforderungen an die Alternativenprüfung in der Bauleitplanung, UPR 2005, 401 ff.; *Sparwasser/Engel/Voßkuhle,* Umweltrecht, 5. Aufl. 2003; *Stelkens/Bonk/Sachs,* VwVfG, Kommentar, 9. Aufl. 2018.

Übersicht

A. Allgemeines

1 Die Norm setzt Art. 5 UVP-RL um und schafft eine Mitwirkungspflicht des Vorhabenträgers für die Herbeischaffung der Informationen, die für die Durchführung einer UVP erforderlich sind. An die Stelle der Pflicht in der Vorgängervorschrift des 6 Abs. 1 UVPG aF, „Unterlagen" zu überreichen, ist mit der Novelle 2017 die Maßgabe für den Vorhabenträger getreten, einen „Bericht" vorzulegen. Damit soll gemeint sein, dass die Unterlagen vorzugsweise in einem Dokument übermittelt werden sollen (BT-Drs. 18/11499, 88; *Peters/Balla/Hesselbarth* Rn. 5, die allerdings einräumen, dass es nicht möglich sein dürfte, alle Spezialfragen in einem Dokument zu präsentieren, dortige Rn. 6; zu weitgehend daher *Sangenstedt* ZUR 2014, 526 (531); *Bunge* NVwZ 2014, 1257 (1259)). Nachdem mit der UVP-Änderungsrichtlinie aus dem Jahr 2014 die UVP-Richtlinie geändert worden war (RiL v. 16.4.2014, 2014/52/EU, ABl. EU L 124/1), musste auch das UVPG angepasst werden. Vor diesem Hintergrund sind die Änderungen des § 16 UVPG gegenüber dem früheren § 6 UVPG aF zu sehen. Die Bestimmung des § 6 Abs. 5 UVPG aF, der die Vorschriften über die Unterlagenbeibringungspflichten des § 6 Abs. 1 bis 4 UVPG aF (nunmehr § 16 Abs. 1 bis 4 UVPG nF) für den Fall, dass die zuständige Behörde für diejenige öffentlich-rechtliche Körperschaft tätig wird, für entsprechend anwendbar erklärt hat, ist mit der Begründung der Bundesregierung entfallen, die nun eingeführte Regelung des § 72 sei hinreichend, um möglichen Interessenkonflikten entgegenzuwirken (BT-Drs. 18/11499, 90; s. die Kommentierung zu § 72).

2 Ziel des UVP-Berichts muss es wie bei der gesamten UVP sein, auch der Öffentlichkeit **verständliche Informationen** über das Vorhaben bereitzustellen (s. Abs. 1 Nr. 7; *Balla/Borkenhagen/Günnewig* ZUR 2019, 323 (324)). Wird der **„Unterlagenbeibringungslast"** (*Kment* in Hoppe/Beckmann/Kment Rn. 14) des § 16 nicht oder nicht hinreichend entsprochen, kann das zu einer mangelhaften Bewertung der Umweltauswirkungen des Vorhabens nach § 25 Abs. 1 UVPG führen, was wiederum eine Weigerung der Genehmigungserteilung seitens der Behörde rechtfertigen kann oder die Rechtswidrigkeit und infolgedessen die Anfechtbarkeit einer dennoch erteilten Genehmigung verursacht. Insgesamt hängen die Folgen eines Verstoßes gegen die Mitwirkungspflicht des § 16 und damit seine effektive Durchsetzbarkeit eng mit den Folgen zusammen, die man einer fehlerhaften Durchführung einer UVP oder ihrem pflichtwidrigen Unterlassen zuschreibt. Welche Folgen das genau sind, ist angesichts der Fehlerfolgenregelungen der

§§ 45, 46 VwVfG in der Auslegung durch das Bundesverwaltungsgericht einerseits und der Rechtsprechung des EuGH andererseits heftig umstritten. Insgesamt unterliegen die Pflichten aus § 16 durchaus einer mittelbaren Sanktionierung, wie sich aus § 4 UmwRG (ebenso *Balla/Borkenhagen/Günnewig* ZUR 2019, 323 (331); *Schink* NuR 2018, 21 (22)) und nachstehenden Überlegungen ergibt.

3 Während das Bundesverwaltungsgericht lange daran festgehalten hatte, dass eine pflichtwidrig nicht durchgeführte UVP noch im gerichtlichen Verfahren nachgeholt und der Verfahrensfehler dadurch geheilt werden konnte (s. nur BVerwG Urt. v. 8.6.1995 – 4 C 4.94, E 98, 339; v. 24.11.2004 – 9 A 42.03), ist es die Auffassung des EuGH, der das Bundesverwaltungsgericht nach langem Zögern zunächst gefolgt war (BVerwG Urt. v. 20.8.2008 – 4 C 10.07, E 131, 352; dann aber wieder einschränkend Urt. v. 24.11.2011 – 9 A 23.10, NVwZ 2012, 557 (558); BVerwG Beschl. v. 19.12.2013 – 9 B 44/13, juris Rn. 4), dass im gerichtlichen Verfahren eine „frühzeitige" und entscheidungsoffene UVP nicht mehr durchgeführt werden kann, mit der Konsequenz, dass eine pflichtwidrig unterbliebene UVP die mit ihr verbundene Genehmigungsentscheidung anfechtbar macht (vgl. EuGH Urt. v. 3.7.2008 – Rs. C-215/06, Rn. 49; Urt. v. 25.7. 2008 – Rs. C-142/07, Rn. 33; dann Urt. v. 12.11.2019 – Rs. C-261/18, Rn. 72f.). Die UVP-Vorprüfung kann nach der Rechtsprechung des Bundesverwaltungsgerichts hingegen ohne weiteres nachgeholt werden (BVerwG Urt. v. 20.8.2008 – 4 C 11.07, NVwZ 2008, 1349, juris Rn. 25ff. mwN; Urt. v. 18.6.2020 – 3 C 2/19, juris, Rn. 18ff.).

4 Ob die Anfechtbarkeit von UVP-bezogenen Fehlern auch für zwar an sich durchgeführte, aber fehlerhafte Umweltverträglichkeitsprüfungen gilt, und ob und gegebenenfalls inwieweit diese Fehler von Dritten gerügt werden können, war lange Zeit umstritten, ist vom EuGH aber mittlerweile ebenfalls bejahend entschieden worden (EuGH Urt. v. 7.11.2013 – Rs. C-72/12, Rn. 38). Mit einer dergestalt sanktionsbewehrten UVP-Pflicht wird dem Vorhabenträger nicht nur ein klarer Anreiz gesetzt, die erforderlichen Unterlagen schon wegen seiner Pflicht aus § 16 zu überreichen. Die Einklagbarkeit führt auch zu einer Verkürzung der Gesamtverfahrensdauer über den Instanzenzug hinweg und kann die Rechtssicherheit der Endentscheidung fördern. Die Rechtsprechung des Bundesverwaltungsgerichts setzt aber der Durchsetzbarkeit der Pflichten aus dem UVPG und § 6 aF (§ 16 nF) im Besonderen jedenfalls in Drittkonstellationen enge Grenzen. Soweit es dagegen die Behörde selbst ist, die Informationen vom Antragsteller verlangt, hat sie die Möglichkeit, die begehrte Verwaltungsentscheidung zu verweigern, solange der Mitwirkungspflicht nicht entsprochen wird. Diese Möglichkeit muss fachgesetzlich eingeräumt sein; das **Immissionsschutzrecht,** auf das § 16 keine Anwendung findet (zum Anwendungsbereich → Rn. 9), tut das durch § 20 Abs. 2 S. 2 9. BImSchV. Ist das Trägerverfahren für die UVP ein **Planfeststellungsverfahren,** so setzt das Anhörungsverfahren die Vollständigkeit der auszulegenden Unterlagen voraus (§ 73 Abs. 2 VwVfG). Das gibt der federführenden (Planfeststellungs-)Behörde die Möglichkeit, die Vollständigkeit der Unterlagen auch hinsichtlich der UVP und § 16 durchzusetzen (*Kopp/Ramsauer* VwVfG § 73 Rn. 26).

5 Die Mitwirkungspflicht des Antragstellers dient der leichteren Erfüllung der Pflicht der Behörde zur angemessenen **Ermittlung des Sachverhalts** (§ 24 VwVfG), entlässt die Behörde aber nicht aus dieser (so zur früheren Regelung *Gassner* § 6 Rn. 4). Die ordentliche Sachverhaltsermittlung bleibt ihre Aufgabe (BVerwG Urt. v. 25.1.1996 – 4 C 5.95, E 100, 238 (245)), was zur Folge hat, dass nicht etwa der Vorhabenträger über die Ermittlungstiefe entscheidet (*Kment* in Hoppe/Beckmann/Kment Rn. 2). Das bedeutet weiter, dass das Gesetz eine Kooperation von Behörde und Vorhabenträger vorsieht, so dass die Behörde gehalten ist, den Projektträger durch behördliche Informationen zu unterstützen (s. Nr. 0.4.8 UVP-Vw 1995; die Verwaltungsvorschrift wird derzeit (2020) überarbeitet).

Sie ist jedoch nicht grundsätzlich verpflichtet, Informationen, die vom Projektträger nach § 16 bereitzustellen sind, bei dessen Untätigkeit selbst zu ermitteln. § 16 Abs. 1 regelt lediglich den Grundsatz der Pflicht zur Überreichung bestimmter Informationen; welche Informationen der UVP-Bericht im jeweiligen Verfahren enthalten sein muss, bestimmt sich nach dem jeweils anzuwendenden Fachrecht und den Mindestangaben in § 16 Abs. 1, wie sich auch aus Abs. 4 S. 1 ergibt. 6

Die Pflicht des Vorhabenträgers ist relativ sowie ihrem Umfang nach begrenzt und differenziert (Abs. 1 S. 1; Abs. 3 mit Verweis auf Anlage IV; Abs. 5 S. 2). Sie gilt nur dann und insoweit, als ein Vorhaben beantragt wird (so zur früheren Regelung *Gassner* § 6 Rn. 3). Auch bezieht sich die **Informationspflicht** nur auf Informationen, die mit zumutbarem Aufwand beigebracht werden können (§ 16 Abs. 5 S. 2). 7

I. Europarecht

Die aktuelle Fassung der Vorschrift setzt Art. 5 UVP-Änderungsrichtlinie (RiL v. 3.3.1997, 97/11/EG, ABl. EG Nr. L 73/5) und die RiL v. 16.4.2014, 2014/52/EU, ABl. EU Nr. L 124/1, um. Mit der Änderung aus dem Jahr 1997 sind Angaben über alternative Lösungen in den obligatorischen Teil der Unterlagen aufgenommen worden („anderweitige Lösungsmöglichkeiten", Art. 5 Abs. 3 UVP-Änderungsrichtlinie, nunmehr „vernünftige Alternativen", § 16 Abs. 1 Ziff. 6). Zum Teil wurde vertreten, Art. 5 Abs. 3 UVP-RiL folge nicht dem Modell einer vorrangigen **behördlichen Verfahrensverantwortung,** sondern weise dem Projektträger eine originäre Verantwortung für die Zusammenstellung der Unterlagen zu (*Schmidt-Aßmann* FS Doehring 889 (893 ff.)). Daraus folge eine Änderung der Rollenverteilung zwischen Projektträger und Behörde (einerseits *Kment* in Hoppe/Beckmann UVPG 4. Aufl. 2012 § 6 Rn. 6; andererseits *derselbe,* § 6 Rn. 2 aE). Die zum Beleg dieser Auffassung angeführte Entscheidung des BVerwG vom 14.5.1996 – 7 NB 3.95, E 101, 166 betrifft aber nur die Frage, ob § 6 Abs. 3 aF eine eigenständige **Pflicht des Vorhabenträgers** zur Durchführung einer Alternativenprüfung nach den Maßstäben des Abwägungsgebots schafft, oder ob nur diejenigen Alternativen präsentiert werden müssen, die der Vorhabenträger selbst durchgeführt hat. Letzteres dürfte zutreffen (differenzierend *Groß,* NVwZ 2001, 513 (515 ff.); zur Entstehungsgeschichte s. a. *Kment* in Hoppe/Beckmann/Kment § 6 Rn. 6). *Kment* ist nunmehr der (überzeugenden) Auffassung, die Norm verlange vom Vorhabenträger, die aus eigener Veranlassung geprüften Alternativen in den UVP-Bericht aufzunehmen (*Kment* in Hoppe/Beckmann/Kment § 6 Rn. 6), hätten keine derartigen Prüfungen stattgefunden, laufe die Vorschrift leer. Eine ordentliche Alternativenprüfung dürfte im Übrigen im Interesse des Vorhabenträgers liegen, da sich Ermittlungsfehler unabhängig von ihrer Genese als hinderlich für die Projektverwirklichung erweisen können. 8

II. Anwendungsbereich

Nicht erfasst von § 16 werden bergrechtliche Genehmigungsverfahren (§ 51) und Verfahren zur Aufstellung von Bauleitplänen (§ 50; s. a. Nr. 0.1.1 UVP-Vw). Die entsprechenden Unterrichtungspflichten sind § 2a BauGB bzw. § 57a Abs. 2 BBergG. Im Bergrecht regelt § 57a Abs. 2 S. 2 und 3 BBergG i. V. m. § 2 UVPV- Bergbau die Frage, welche Unterlagen vorzulegen sind (Näheres in der Kommentierung zu § 51.). Für Verfahren nach dem BImSchG spezifizieren die §§ 4 ff., insbesondere § 4e der 9. BImSchV 9 die Anforderungen an die Antragsunterlagen. Die Atomrechtliche Verfahrensverordnung verlangt nunmehr die Angaben, die nach § 16 erforderlich sind (§ 3 Abs. 2 AtVfV in der Fassung der Bekanntmachung vom 3. Februar 1995 (BGBl. I 180), zuletzt geändert durch Artikel 14 der Verordnung vom 29. November 2018 (BGBl. I 2034)).

10 § 16 gilt im Raumordnungsverfahren dann, wenn das Landesplanungsrecht das anordnet. Das ergibt sich aus den Lücken, die der Bundesgesetzgeber hinsichtlich einer UVPG im Raumordnungsverfahren dem Landesrecht zu füllen überlassen hat (von einer lückenlosen Ausübung der konkurrierenden Gesetzgebungskompetenz ging allerdings die Bundesregierung aus, BT-Drs. 16/10292, 31 l. Sp. unten). So verweist § 49 UVPG auf § 15 ROG, der aber nur einige Vorgaben für die Durchführung einer UVP macht (§ 15 Abs. 2 bis 5 ROG). Eine Bestimmung, nach welcher ein Scopingtermin erforderlich wäre, enthält § 15 ROG allerdings nicht. Das lässt den Ländern Raum, das Raumordnungsverfahren abweichend von § 5 zu gestalten (§ 28 Abs. 1, 3 UVPG; *Kment* in Hoppe/Beckmann/Kment Rn. 8).

11 Spezielle Regelungen kann auch das Planfeststellungsrecht enthalten, so etwa § 21 NABEG, der hinsichtlich der der UVP auf die in der Bundesfachplanung einzureichenden Unterlagen verweist (§ 21 Abs. 4 NABEG; nähere Hinweise *Reidt/Augustin* in Schink/Reidt/Mitschang Rn. 12).

III. Anwendung in besonderen Verfahrenskonstellationen, insbesondere auf Teilbescheid und Vorgenehmigung (§ 29)

12 Nach § 29 dürfen Vorbescheid und erste Teilgenehmigung oder entsprechende erste Teilzulassungen nur nach Durchführung einer Umweltverträglichkeitsprüfung erteilt werden. § 29 Abs. 1 S. 1 bestimmt, dass sich die Umweltverträglichkeitsprüfung in diesen Fällen vorläufig auf die nach dem jeweiligen Planungsstand erkennbaren Umweltauswirkungen des Gesamtvorhabens und abschließend auf die Umweltauswirkungen zu erstrecken hat, die Gegenstand von Vorbescheid oder Teilzulassung sind. Dem ist nach S. 2 hinsichtlich des Umfangs der Umweltverträglichkeitsprüfung bei der Unterrichtung über den Untersuchungsrahmen und beim UVP-Bericht Rechnung zu tragen. Folgen weitere Teilgenehmigungen oder entsprechende Teilzulassungen, soll nach Abs. 2 die Prüfung der Umweltverträglichkeit auf zusätzliche oder andere erhebliche Umweltauswirkungen des Vorhabens beschränkt werden.

13 Die UVP-Vw versteht die UVP in parallelen und gestuften Verfahren als Teilprüfungen einer einheitlichen Umweltverträglichkeitsprüfung (Nr. 0.2 S. 1 UVP-Vw). Die Ergebnisse der Teilprüfungen sind danach in einer Reihe von Verfahren zu einer Gesamtbewertung zusammenzuführen (Nr. 0.2 S. 2 UVP-Vw).

IV. Umfang und Gegenstand der Unterlagen

14 Welche Unterlagen das im Einzelfall sind, ergibt sich aus dem Fachrecht (§ 16 Abs. 4) und wird im Scopingtermin (§ 15) von der Behörde im Sinne einer ersten Einschätzung auf Antrag des Vorhabenträgers oder aufgrund von Zweckmäßigkeitserwägungen der Behörde mitgeteilt (§ 15 S. 1). Wie sich auch aus Abs. 3 und der zu seiner Konkretisierung ergangenen **Anlage 4** ergibt, können **nur die entscheidungserheblichen** Unterlagen verlangt werden; mit dieser Einschränkung werden alle Informationen ausgeschlossen, die voraussichtlich keine Bedeutung für die Bewertung der Umweltauswirkungen des Vorhabens nach § 25 haben werden. Die behördliche Einschätzung hat sich allerdings am **Vorsorgegrundsatz** zu orientieren (§§ 3 S. 2; 25 Abs. 1 und 2 UVPG), so dass der

Umfang der Unterlagen auch Umweltauswirkungen unterhalb der Gefahrenschwelle einbeziehen muss und im Zweifel zugunsten ihrer Erforderlichkeit zu bestimmen sein wird (ebenso *Kment* in Hoppe/Beckmann/Kment Rn. 14). Die Mindestangaben des Abs. 1 sind europarechtlich vorgegeben (Art. 5 Abs. 1 UVP-RiL). Dagegen dürfte es zu weit gehen, vom Vorhabenträger bereits abschließende Antworten auf alle Fragen im Zusammenhang mit den §§ 7 bis 12 aF zu erwarten (so aber wohl zur früheren Regelung *Gassner* § 6 Rn. 7; s. §§ 7–9, 23–25, 56–59 UVPG nF). *Gassner* ist überdies der Auffassung, dass der Projektträger nicht nur zur deskriptiven Beschreibung der Umweltauswirkungen, sondern auch zur **Bewertung** verpflichtet sei (so zur früheren Regelung *Gassner* § 6 Rn. 7). Es könne nicht sein, dass der Projektträger ausschließlich Fakten liefere und erst die Behörde in der Station nach § 12 UVPG aF die Bewertung vornehme. Die Unterlagen seien durch normative Begriffe abgegrenzt („entscheidungserheblich", „soweit erforderlich", „erhebliche nachteilige Umweltauswirkungen", „zumutbar"), die nur unter Heranziehung von Bewertungen angewendet werden könnten (ähnlich *Peters/Balla/Hesselbarth* Rn. 13f.; *Balla/Borkenhagen/Günnewig* ZUR 2019, 323 (325)).

Letzteres ist als solches wegen der Vagheit der Begriffe semantisch zutreffend und in 15
der Praxis üblich, muss jedoch hinsichtlich der daraus zu ziehenden Schlussfolgerungen differenziert werden. Erstens liegt in dem Umstand, dass der Vorhabenträger Beschreibungen der voraussichtlichen Umweltauswirkungen seines Vorhabens liefern muss, **nicht** die Übertragung einer **Letztentscheidungskompetenz** mit Blick auf die Interpretation der genannten Begriffe. Dafür würde jeglicher Anhaltspunkt fehlen. Vielmehr bleibt es wegen § 24 VwVfG Sache der Behörde, die Bewertung der Umweltauswirkungen (§ 25) vorzunehmen (s. die Kommentierung zu § 25; die Bewertung einer Umweltauswirkung als „schädlich", „nachteilig" oder „gemeinwohlbeeinträchtigend" bleibt auch nach Nr. 0.5.2.2 UVP-Vw der Bewertung gemäß § 12 UVPG aF (nunmehr § 25) vorbehalten). Zweitens kann die Erforderlichkeit der Unterlagen zum Zeitpunkt der Einreichung (→ Rn. 14) noch nicht abschließend beurteilt werden, so dass auch insoweit die Bewertungen, die bei der Anwendung der vagen Begriffe notwendig sind, unter dem Vorbehalt späterer und besserer Erkenntnisse im Laufe des Verfahrens stehen. Sie sind also auch unter diesem Gesichtspunkt nicht als abschließende Bewertungen zu begreifen.

Dass die Unterlagen auch der Öffentlichkeit die Möglichkeit zu einer informierten 16
Beteiligung an dem Verfahren geben sollen, ist an Abs. 1 Nr. 7 zu erkennen, wonach den Unterlagen eine **allgemein verständliche, nichttechnische Zusammenfassung** der Angaben nach Satz 1 beizufügen ist. Daraus lassen sich Anforderungen an die Gestaltung des Berichts ableiten (→ Rn. 35; so zur früheren Regelung *Gassner* § 6 Rn. 18; *Kment* in Hoppe/Beckmann/Kment Rn. 18).

B. Absatz 1 – Mindestangaben

Abs. 1 S. 1 bestimmt, dass der Träger des Vorhabens einen UVP-Bericht zu überrei- 17
chen hat, der bestimmte Mindestangaben in Bezug auf die Umweltauswirkungen des Vorhabens enthält.

Das sind zunächst eine **Beschreibung des Vorhabens** mit Angaben zum **Standort,** 18
zur Art, zum Umfang und zur Ausgestaltung, zur Größe und zu anderen wesentlichen Merkmalen des Vorhabens (Nr. 1), eine Beschreibung **der Umwelt und ihrer Bestandteile** im Einwirkungsbereich des Vorhabens (Nr. 2) sowie eine Beschreibung der **Merkmale des Vorhabens und des Standorts,** mit denen das Auftreten erheblicher nachteiliger Umweltauswirkungen des Vorhabens ausgeschlossen, vermindert oder ausgeglichen werden soll (Nr. 3).

I. Merkmale des Vorhabens (Nr. 1)

19 Nach Nr. 1 hat der Vorhabenträger eine Beschreibung des Vorhabens mit Angaben über Standort, Art und Umfang sowie Bedarf an Grund und Boden vorzulegen. Was zum Vorhaben zählt, richtet sich nach Anlage 1 zu § 3 UVPG, der im Wesentlichen Anhang I der UVP-Richtlinie umsetzt, und dem einschlägigen Fachrecht. So kann das Fachrecht auch die Errichtung der Anlage zulassungsbedürftig machen – wie etwa § 4 BImSchG – mit der Folge für § 6, dass nicht nur der **Betrieb,** sondern auch die **Errichtungsphase** in den Unterlagen nach § 6 zu beschreiben ist (*Kment* in Hoppe/Beckmann/Kment Rn. 22; *Peters/Balla/Hesselbarth* Rn. 20). Dasselbe gilt für die Stilllegung des Betriebs, wenn das Fachrecht genehmigungsrelevante Anforderungen an sie stellt (wie § 5 Abs. 3 BImSchG oder § 57a Abs. 5 BBergG in Verbindung mit den bergrechtlichen Rahmenbetriebsplänen und Abschlussplänen; zu letztgenannten *Bohne,* ZfB 1989, 93 (121); *Niermann,* Betriebsplan und Planfeststellung im Bergrecht, S. 246 f.) und soweit die Auswirkungen der Stilllegung im Zeitpunkt der Antragstellung schon absehbar sind. Ist die Stilllegung selbst einer Genehmigungspflicht unterworfen und in diesem Rahmen UVP-pflichtig, sind die Umweltauswirkungen der Stilllegung nur im darauf bezogenen Verfahren zu beschreiben und zu untersuchen (*Kment* in Hoppe/Beckmann/Kment Rn. 22; *Reidt/Augustin* in Schink/Reidt/Mitschang Rn. 20).

II. Beschreibung der Umwelt und ihrer Bestandteile (Nr. 2)

20 Nach Nr. 2 sind Angaben über die Umwelt und ihre Bestandteile im Einwirkungsbereich des Vorhabens unter Berücksichtigung des allgemeinen Kenntnisstandes und der allgemein anerkannten Prüfungsmethoden sowie Angaben zur Bevölkerung in diesem Bereich, soweit die Beschreibung und die Angaben zur Feststellung und Bewertung erheblicher nachteiliger Umweltauswirkungen des Vorhabens erforderlich sind und ihre Beibringung für den Träger des Vorhabens zumutbar ist, zu machen.

21 Die „Umwelt" im Sinne von Nr. 2 ist umfassend, also mit Blick auf alle Schutzgüter des § 2 zu verstehen. Der **Einwirkungsbereich der Anlage** grenzt die zu beschreibende Umwelt auf den Bereich ein, für dessen Veränderungen die Anlage ursächlich sein kann. Das hängt vom Einzelfall ab und kann nicht pauschal im Sinne einer bestimmten Entfernung von der Anlage determiniert werden (*Kment* in Hoppe/Beckmann/Kment Rn. 23). Der an sich umfassende Ermittlungsauftrag ist durch zwei Voraussetzungen eingegrenzt: Erstens muss die Beschreibung und die Angaben zur Feststellung und Bewertung erheblicher nachteiliger Umweltauswirkungen des Vorhabens erforderlich sein. Dies entspricht der Eingrenzung, die bereits im Rahmen von Nr. 3 vorzunehmen ist (unklar *Kment* in Hoppe/Beckmann/Kment Rn. 23).

22 Zweitens muss die Beibringung der Unterlagen für den Träger des Vorhabens **zumutbar** sein (Abs. 5 S. 2 → Rn. 41).

III. Merkmale des Vorhabens und des Standorts (Nr. 3)

23 Nr. 3 verlangt eine Beschreibung der Merkmale des Vorhabens und des Standorts, mit denen das Auftreten **erheblicher nachteiliger Umweltauswirkungen des Vorhabens** ausgeschlossen, vermindert oder ausgeglichen werden soll. Was den **Standort** angeht, so sind seine geographische Lage und seine Beschaffenheit in ihren umweltrelevanten Bezügen darzustellen, etwa in Bezug auf die räumliche Nähe zu Nachbargrundstücken (Lärm) oder die Bodenbeschaffenheit (Wassergefährdung). Auch Verschiebungen auf dem Betriebsgrundstück können Bedeutung erlangen (*Reidt/Augustin* in Schink/Reidt/Mitschang Rn. 24). Der Flächenverbrauch kann als Schutzgut des UVPG in quantitativer als auch qualitativer Hinsicht Darstellungen erfordern (*Karrenstein* NuR 2019, 98 (100)).

Der Begriff der **erheblichen nachteiligen Umweltauswirkungen** wird im UVPG nicht definiert. Er ist der UVP-RiL entnommen (Art. 5 Abs. 3, Art. 9 Abs. 2, Nr. 5 Anhang IV zu Artikel 5 UVP-RiL), wo gleichfalls keine Legaldefinition gegeben wird. Auch wenn es einen großen Überschneidungsbereich gibt, ist er nicht identisch mit dem Begriff der schädlichen Umwelteinwirkung des BImSchG (§ 3 Abs. 1 BImSchG; näheres *Jarass,* Auslegung und Umsetzung der EG-RL zur UVP, S. 47f.), da die schädlichen Umwelteinwirkungen Immissionen darstellen, also (nur) Luftverunreinigungen, Geräusche, Erschütterungen, Licht, Wärme, Strahlen und ähnliche Umwelteinwirkungen umfassen (§ 3 Abs. 2 BImSchG). Die „erheblichen nachteiligen Umweltauswirkungen" sind dagegen nicht auf Immissionen beschränkt, sondern schließen insbesondere auch die Flächeninanspruchnahme, Zerschneidungswirkungen, Versiegelung und Beeinträchtigungen des Naturhaushalts ein (s. schon § 6 Abs. 3 Nr. 2 aF; zur neuen Gesetzeslage *Karrenstein* NuR 2019, 98). Vielmehr ist der Begriff europarechtskonform und im Lichte der Schutzgüter des § 2 auszulegen. 24

Dies lässt sich der UVP-Vw 1995 grundsätzlich bescheinigen, die die Auswirkungen auf die Umwelt als Veränderungen der menschlichen Gesundheit oder der physikalischen, chemischen oder biologischen Beschaffenheit einzelner Bestandteile der Umwelt oder der Umwelt insgesamt definiert, die von einem Vorhaben im Sinne der Anlage zu § 3 UVPG verursacht werden (Nr. 0.3 UVP-Vw). Kennzeichnend ist für die erheblichen nachteiligen Umweltauswirkungen und ihre Auslegung durch Nr. 0.3 UVP-Vw, dass eine bloße Beschreibung der voraussichtlichen Emissionen nicht genügt. Vielmehr geht es um die Prognose der Auswirkungen auf die Umwelt, also um die Folgen der Emissionen für die Schutzgüter bei medienübergreifender, integrativer Betrachtung. Hinsichtlich der Inanspruchnahme von Natur und Landschaft bestimmt Nr. 2.1 des Anhangs 2 der UVP-Vw, dass Angaben zu machen sind über 25
– Biotope (Typen und deren Ausprägung),
– Bestand und Bestandsentwicklung gefährdeter und bedeutsamer Tier- und Pflanzenarten und -gesellschaften,
– Oberflächengewässer und Gewässersysteme,
– Grundwasservorkommen, Grundwasserneubildungsgebiete und Deckschichten,
– Bodenarten, Bodentypen, geologische Ausgangssituation,
– Geländeklima,
strukturbildende Landschaftsbestandteile und Einzelelemente,
– Geländemorphologie, Nutzungsarten und -intensitäten in den Bereichen Landwirtschaft, Forstwirtschaft, Fischwirtschaft, Erholung, Wasserwirtschaft,
– Nutzungen für Zwecke des Natur- und Landschaftsschutzes einschließlich kulturhistorischer Nutzungsformen,
soweit das erforderlich ist.

Darüber hinaus enthält Anhang 3 UVP-Vw für Gewässer detaillierte Angaben darüber, welche Unterlagen in welchem Verfahren beizubringen sind. Eine Darstellung der Hydrologie, der Hydrogeologie, der Fauna und Flora, sowie über die Auswirkungen des Vorhabens darauf sind in jedem Fall erforderlich (Tabelle unter 3.1 des Anhangs 3 UVP-Vw). 26

Ob eine **Umweltauswirkung erheblich ist,** bedarf ebenfalls der Auslegung. Die UVP-Vw stellt hierfür mit Recht auf die einschlägigen Fachgesetze ab. Enthalten diese verbindliche Grenzwerte, sind diese maßgeblich (Nr. 0.6.1.2 UVP-Vw). Für den Fall, 27 dass das Fachrecht Grenzwerte enthält, die zwar nicht verbindlich sind, aber strenger als die Orientierungswerte des Anhangs 1 zur UVP-Vw, sind diese ausweislich von Nr. 0.6.1.2 S. 1 2. Spiegelstrich UVP-Vw heranzuziehen. In den übrigen Fällen sind nach Nr. 0.6.1.2 S. 2 UVP-Vw die im Hinblick auf eine wirksame Umweltvorsorge formulierten Orientierungswerte maßgeblich. Ihrem Rechtscharakter als Orientierungswerte entsprechend, ist nach Nr. 0.6.1.2 S. 3 UVP-Vw bei ihrer Anwendung auf die Umstände des Einzelfalls abzustellen. Für verschiedene Fachgesetze haben die Behörden Leitfäden entwickelt, die Hilfestellung zur Bestimmung möglicher Umweltauswirkungen und ihrer Erheblichkeit geben (ua *Eisenbahn-Bundesamt,* Umwelt-Leitfaden zur eisenbahnrechtlichen Planfeststellung und Plangenehmigung sowie für Magnetschwebebahnen, Teile I bis V, Stand Juli 2010; *Bundesministerium für Verkehr, Bau und Stadtentwicklung* (Hrsg.), Leitfaden zur Umweltverträglichkeitsprüfung an Bundeswasserstraßen, 2007; eine Überarbeitung des Leitfadens ist geplant, https://www.bafg.de/DE/01_Leistungen/01_Beratung/Themen/uvp-leitfaden/uvp_leitfaden.html, 30.11.2020).

IV. Maßnahmen des Umweltschutzes (Nr. 4)

28 Nr. 4 fordert vom Projektträger, sich mit möglichen **Maßnahmen des Umweltschutzes** auseinanderzusetzen, mit denen erhebliche nachteilige Umweltauswirkungen des Vorhabens vermieden, verringert oder ausgeglichen werden können. Der zentrale Begriff der **erheblichen nachteiligen Umweltauswirkungen** ist in seiner Handhabung anspruchsvoll und wird nicht selten nur mit Hilfe sachverständiger externer Beratung auf das konkrete Vorhaben anzuwenden sein (s. nachstehend → Rn. 24 ff.). Nr. 4 impliziert die Betrachtung von **Handlungsalternativen,** präzisiert aber nicht, in welchem Umfang sie untersucht werden müssen. Angesichts des Ziels der UVP, eine Bewertung der Umweltauswirkungen des Vorhabens zu erlauben, die letztlich Teil einer belastbaren und gerichtsfesten Zulassungsentscheidung wird, ist hier zumindest die Ermittlungstiefe zu fordern, die für die vorläufige, aber angemessene und verlässliche Beurteilung der Umweltauswirkungen notwendig ist („ernsthafte Auseinandersetzung mit (…) denkbaren Alternativen erforderlich" – *Kment* in Hoppe/Beckmann/Kment Rn. 25). Darin liegt wegen des medienübergreifenden Ansatzes des UVPG der Auftrag, die Umweltauswirkungen vollständig und auch hinsichtlich möglicher **Wechselwirkungen** untereinander zu beschreiben. Gefordert ist allerdings nicht die Generierung neuer (wissenschaftlicher) Erkenntnisse, wie sich aus Abs. 5 ergibt. Abs. 5 beschränkt die zu überreichenden Unterlagen auf solche, die den gegenwärtigen Wissensstand und die gegenwärtigen Prüfmethoden berücksichtigen, und verlangt dabei vom Vorhabenträger nicht mehr, als die Ermittlung mit zumutbarem Aufwand durchzuführen.

29 Nr. 4 fordert wegen der Maßgeblichkeit des Fachrechts nach Abs. 4 auch die Beschreibung von Maßnahmen, die auf die Anforderungen des Naturschutzrechtes zielen, namentlich solche, mit denen Umweltauswirkungen des Vorhabens, die sich als **Eingriffe im Sinne des Naturschutzrechtes** darstellen, vermieden, vermindert oder, soweit möglich, ausgeglichen werden können. Darüber hinaus sind **Ersatzmaßnahmen** bei nicht ausgleichbaren, aber vorrangigen Eingriffen in Natur und Landschaft darzustellen (*Reidt/Augustin* in Schink/Reidt/Mitschang Rn. 26). Damit setzt das Gesetz die Fähigkeit des Vorhabenträgers voraus, nicht nur erhebliche nachteilige Umweltauswirkungen von anderen Auswirkungen unterscheiden zu können, sondern auch, einen naturschutzrechtlichen Eingriff als solchen zu erkennen und Maßnahmen zu seiner Vermeidung, Verminderung oder zu seinem Ausgleich – jedenfalls in vorläufiger Form – zu entwickeln. Hinweise zu den mit Blick auf naturschutzrechtliche Anforderungen beizubringenden Unterlagen enthält auch Anhang 2 der UVP-Vw, insbesondere Nr. 2.1 bis 2.5 des Anhangs 2.

Noch anspruchsvoller ist die durch das UVPG gestellte Aufgabe der Erstellung eines UVP-Berichts, wenn und soweit auch Wechselwirkungen zwischen verschiedenen Umweltgütern zu ermitteln und zu bewerten sind, wie es verschiedene Fachgesetze ausdrücklich fordern (etwa § 5 Abs. 1 Nr. 1 und Nr. 2 BImSchG). Klimafolgen sind ohnehin trotz aller Prognoseschwierigkeiten seit längerem bereits Gegenstand des Umweltbegriffs des UVPG (besonders klar jedoch die letzte Änderung der UVP-Änderungsrichtlinie 2014 und das UVPG 2017; Nr. 4 Ziff. 4 lit. b sowie Nr. 4 Ziff. 4 lit. c gg) Anlage 4 (Angaben des UVP-Berichts); *Köppke/Buchholz/Stenner,* UVP-Änderungsrichtlinie 2014/52/EU und Klimawandel, S. 46, mwN). 30

V. Beschreibung der zu erwartenden erheblichen Umweltauswirkungen des Vorhabens (Nr. 5)

Nr. 5 verlangt eine Beschreibung der zu erwartenden erheblichen Umweltauswirkungen des Vorhabens. Für Nr. 3 und Nr. 4 sind diese ohnehin zu ermitteln; eine gesonderte Darstellung kann dem besseren Zugriff und der Rechtssicherheit dienen. Anlage 4 enthält hierzu umfängliche Angaben. Die Angaben beziehen sich auf die Schutzgüter des § 2 Abs. 1 und 2, also auch auf den Flächenverbrauch und die Gefahren durch drohende Störfälle (*Balla/Borkenhagen/Günnewig* ZUR 2019, 323 (328 ff.)). Für die Fälle grenzüberschreitender Umweltauswirkungen sind auch diese darzustellen (Nr. 5 der Anlage 4; s. im Übrigen die Kommentierung zu § 55). 31

VI. Übersicht über anderweitige Lösungsmöglichkeiten (Nr. 6)

Nr. 6 verlangt vom Vorhabenträger eine Übersicht über die wichtigsten, von ihm selbst geprüften **anderweitigen Lösungsmöglichkeiten** und die Angabe der wesentlichen Auswahlgründe im Hinblick auf die Umweltauswirkungen des Vorhabens. Nach der Rechtsprechung des Bundesverwaltungsgerichts ist er aus dem UVPG heraus nicht verpflichtet, Alternativen zu prüfen (ebenfalls nicht nach § 4e Abs. 3 9. BImSchV; BVerwG Urt. v. 14.5.1996 – 7 NB 3.95, E 101, 166 (168 ff.); Urt. v. 17.2.1997 – 4 VP 17.96, NuR 1998, 305 (307 ff.); s. a. OVG Lüneburg Urt. v. 8.3.2006 – 7 KS 145/02 ua, DVBl. 2006, 1044 (1051)). Dem wird in der Literatur vielfach beigepflichtet (*Groß* NVwZ 2001, 513 (516); *Peters/Balla/Hesselbarth* Rn. 50; *Spannowsky* UPR 2005, 401 (405); *Sparwasser/Engel/Voßkuhle* § 4 Rn. 24; dagegen *Schink* NuR 1998, 173 (77 f.)). Die Alternativenprüfungspflicht, soweit sie in den UVP-pflichtigen Verfahren gilt, gilt in erster Linie für die Genehmigungsbehörde und ergibt sich aus dem Fachrecht (*Groß,* NVwZ 2001, 513 (516 ff. mwN)), insbesondere aus dem Abwägungsgebot des Planungsrechts (ausführlich *Hofmann* S. 196 ff.; *Kopp/Ramsauer* VwVfG § 74 Rn. 76) und wohl auch aus dem Immissionsschutzrecht (s. § 4e Abs. 3 9. BImSchV; *Groß* NVwZ 2001, 513 (517)). Allerdings ist einzuräumen, dass Nr. 6 (Abs. 3 Nr. 5 UVPG aF wie auch Nr. 2 des Anhangs IV der UVP-RiL) wie selbstverständlich davon ausgeht, dass Alternativen geprüft worden sind und eine Alternativenprüfung die Bewertung im Rahmen der UVP erheblich erleichtern kann (*Erbguth* NVwZ 1992, 209 (212)). 32

Überdies trägt der Vorhabenträger das Risiko einer ablehnenden Entscheidung, wenn sich Tatsachen nicht aufklären lassen und dies nach dem Normbegünstigungsprinzip zu seinen Lasten geht (materielle Beweislast; *Kallerhoff* in Stelkens/Bonk/Sachs VwVfG § 24 Rn. 55; zur Alternativenprüfung nach § 6 UVPG aF *Gassner* § 6 Rn. 22). Insofern kann 33 es ratsam erscheinen, die Alternativen zu prüfen, die „nicht offensichtlich fernliegen" (*Sangenstedt* ZUR 2014, 526 (532)).

34 Die Pflicht der Nr. 6 zielt daher auf die Einbeziehung der **Umweltauswirkungen der vom Vorhabenträger geprüften Alternativen** in die Auswahlentscheidung und deren Begründung, woher auch immer die Pflicht zur Betrachtung von Alternativen gekommen sein mag. Das gilt für alle Arten von Alternativen, also für Verfahrensalternativen genauso wie für Standortalternativen und für Konzeptalternativen (*Groß* NVwZ 2001, 513 (514)). Die Begründung trifft zwar den Vorhabenträger und nicht die Behörde selbst, weshalb § 39 VwVfG nicht unmittelbar gilt. Er kann aber entsprechende Anwendung auf die Begründung nach § 6 Abs. 3 S. 1 Nr. 5 UVPG aF finden, schon weil die Angaben des Vorhabenträgers eine wesentliche Grundlage der Genehmigungsentscheidung und deren Begründung darstellen. Danach müssen nicht alle, sondern nur die **wesentlichen Gründe** für die Entscheidung angegeben werden, dies jedoch in Übereinstimmung mit den tatsächlichen Gründen (*Kopp/Ramsauer* VwVfG § 39 Rn. 2).

VII. Nichttechnische Zusammenfassung (Nr. 7)

35 Nr. 7 verlangt die Beifügung einer allgemein verständlichen, nichttechnischen Zusammenfassung des UVP-Berichts. Abs. 5 S. 3 Ziff. 2 fordert weiter, dass die Angaben nach Satz 1 Dritten die Beurteilung ermöglichen müssen, ob und in welchem Umfang sie von den Umweltauswirkungen des Vorhabens betroffen werden können. Nr. 7 und Abs. 5 S. 3 Ziff. 2 bilden daher die Brücke der vorzulegenden Unterlagen zu den Vorschriften über die Öffentlichkeitsbeteiligung (s. die Kommentierungen zu §§ 18 ff.) und dem zu gewährenden Rechtsschutz (*Kment* in Hoppe/Beckmann/Kment Rn. 18). Daraus ergeben sich Anforderungen an die Darstellung der Angaben, die sicherstellen muss, dass sich die Öffentlichkeit und Rechtsbetroffene ein zutreffendes, lückenloses Bild von den Umweltauswirkungen des Vorhabens machen können. Maßstab der Verständlichkeit soll der gebildete Laie sein (*Peters/Balla/Hesselbarth* Rn. 5).

C. Absatz 2 – Zeitpunkt der Vorlage des UVP-Berichts

36 Der UVP-Bericht ist nach der Neuregelung im UVPG 2017 so rechtzeitig zu überreichen, dass er mit den übrigen Unterlagen im Rahmen von § 19 Abs. 1 und 2 ausgelegt werden kann. Wesentliche Unterschiede zur Altregelung, nach der die entscheidungserheblichen Unterlagen über die Umweltauswirkungen des Vorhabens der zuständigen Behörde zu Beginn des Verfahrens vorzulegen waren, sind nicht zu erkennen (Abs. 1 S. 1; s. a. Nr. 0.4.2 Abs. 2 S. 1 und 0.4.7 Abs. 1 UVP-Vw). Nach wie vor folgen die Bestimmungen über den UVP-Bericht dem Grundansatz der frühzeitigen (§§ 15 Abs. 1; 40 Abs. 1; 42 Abs. 2) Ermittlung der Umweltauswirkungen. Das bedeutet, dass die Behörde die Einbeziehung der Öffentlichkeit nach §§ 18 ff. so lange nicht vornehmen darf, wie die nach § 16 Abs. 1 erforderlichen Unterlagen nicht vorliegen (*Kment* in Hoppe/Beckmann/Kment Rn. 13). Die Öffentlichkeit muss nach § 16 Abs. 5 S. 2 Ziff. 2 die Möglichkeit haben, sich auf der Grundlage vollständiger Unterlagen darüber ein Bild zu machen, ob Einwendungen erhoben werden sollen. Wird trotz unvollständiger Unterlagen eine Genehmigung erteilt, führt das in der gerichtlichen Kontrolle wegen der Unbeachtlichkeits- und Heilungsvorschriften des VwVfG in der Regel nicht zur Kassation der behördlichen Entscheidung (s. nur BVerwG Urt. v. 8.6.1995 – 4 C 4.94, E 98, 339 (358 f.); Urt. v. 19.5.1998 – 4 C 11.96, NVwZ 1999, 528 (531); Urt. v. 24.11.2004 – 9

A 42.03, Rn. 26 f.; sowie die Erläuterungen unter vorstehender → Rn. 3 f.). Vielmehr ist es häufig möglich, Mängel der Unterlagen auch nach Auslegung im weiteren Verfahren zu beseitigen (*Kment* in Hoppe/Beckmann/Kment Rn. 13).

D. Absatz 3 – Spezifizierungen des Inhalts des UVP-Berichts nach Anlage 4

Abs. 3 verpflichtet den Vorhabenträger, die in Anlage 4 genannten weiteren Angaben zu machen, wenn sie im Einzelfall entscheidungserheblich sind. Die Anlage setzt Anhang IIA der UVP-Änderungsrichtlinie 2014/52/EU um und ergänzt sie durch weitere Informationen, in der UVP-Änderungsrichtlinie nicht enthaltene Angaben, etwa Energiebedarf und Art und Menge der verwendeten Rohstoffe. Daraus ergibt sich eine Checkliste weiterer Elemente des UVP-Berichts, deren Inhalt durch eine Verwaltungsvorschrift durchaus noch konkretisierungsfähig wäre. 37

E. Absatz 4 – Maßgeblichkeit des Fachrechts

I. Allgemeines

Die vorzulegenden Unterlagen bestimmen sich nach dem Fachrecht (näheres → Rn. 14). Soweit das Fachrecht keine Vorgaben macht, ist das UVPG **subsidiär** heranzuziehen (*Peters/Balla/Hesselbarth* Rn. 9). 38

II. Bedeutung des Untersuchungsrahmens (Satz 2)

40 Satz 2 enthält die Verpflichtung des Vorhabenträgers, sich in den Fällen des § 15 auch auf den Untersuchungsrahmen zu stützen. Sie ist keine Soll-Vorschrift (anders *Reidt/Augustin* in Schink/Reidt/Mitschang Rn. 30). 39

F. Absatz 5 – Maßgeblichkeit des gegenwärtigen Wissenstands

Der UVP-Bericht muss nach Abs. 5 S. 1 den gegenwärtigen Wissensstand und gegenwärtige Prüfmethoden berücksichtigen. Die **Beschränkung auf bereits vorhandenes Wissen hat** in der Rechtsprechung Anerkennung gefunden (BVerwG Urt. v. 21.3.1996 – 4 C 19.94, E 100, 370 (377) – „die UVP ist kein ‚Suchverfahren', in dem alle nur erdenklichen Auswirkungen eines Vorhabens auf Umweltgüter und deren Wertigkeit (…) zu untersuchen wären und gar Antworten auf in der Wissenschaft bisher noch ungeklärte Fragen gefunden werden müssten"). Allerdings ist der „allgemeine Kenntnisstand" nicht der Kenntnisstand von Laien, sondern anhand der in Fachkreisen geführten Diskussion zu bestimmen (Beschränkung auf das „vernünftigerweise Vorhersehbare", *Peters/Balla/Hesselbarth* Rn. 16 mwN in der Rechtsprechung; zustimmend *Kment* in Hoppe/Beckmann/Kment Rn. 15). Kommen mehrere Methoden der Sachverhaltsermittlung etwa im Zusammenhang mit den erforderlichen Prognosen in Betracht, ist die Methodenwahl zu begründen (BVerwG Urt. v. 9.2.2017 – 7 A 2.15, NVwZ-Beilage 2017, 101 (105); zustimmend *Peters/Balla/Hesselbarth* Rn. 15). 40

41 Die **Zumutbarkeit** für den Vorhabenträger (S. 2) ist als einschränkendes Merkmal im Kontext einer Regelung über Mindestangaben zwar nicht systemwidrig, schmälert aber deren Chancen auf effektive Durchsetzung. Die Zumutbarkeit ist nach **objektiven Maßstäben** zu bestimmen, also nicht anhand der wirtschaftlichen Leistungsfähigkeit des einzelnen Vorhabenträgers (BT-Drs. 11/3919, 24; *Erbguth/Schink* UVPG 2. Aufl. 1996 § 6 Rn. 7; *Kment* in Hoppe/Beckmann/Kment Rn. 17; *Peters/Balla/Hesselbarth* Rn. 17). Das Zumutbarkeitserfordernis entspringt dem Verhältnismäßigkeitsgrundsatz (so zur früheren Regelung *Gassner* § 6 Rn. 5; *Kment* in Hoppe/Beckmann/Kment Rn. 17). Infolgedessen ist die Zumutbarkeit zu verneinen, wenn und soweit die Behörde etwa schon über die fraglichen Informationen verfügt oder der zu erwartende Untersuchungsaufwand in keinem vertretbaren Verhältnis zu dem erhofften Erkenntnisgewinn steht (*Kment* in Hoppe/Beckmann/Kment Rn. 17). Im Anwendungsbereich der 9. BImSchV sind die Angaben zur Prüfung der Umweltverträglichkeit ohne Rücksicht auf die Zumutbarkeit für den Vorhabenträger zu machen (§ 4e 9. BImSchV).

42 Die Darstellung muss einem verständigen Dritten erlauben, den Inhalt nachzuvollziehen (Abs. 5 S. 3 Ziff. 2; das deckt sich mit der Mindestangabe nach Abs. 1 S. 1 Ziff. 7, wonach eine allgemein verständliche, nichttechnische Zusammenfassung des UVP-Berichts übermittelt werden muss (→ Rn. 35).

G. Absatz 6 – Zusammenführung verschiedener Verfahren

43 Nach Abs. 6 hat der Vorhabenträger zur Vermeidung von Mehrfachprüfungen die vorhandenen Ergebnisse anderer rechtlich vorgeschriebener Prüfungen in den UVP-Bericht einzubeziehen. Dies dient der Vermeidung überflüssiger Mehrarbeit (*Kment* in Hoppe/Beckmann/Kment Rn. 43; *Peters/Balla/Hesselbarth* Rn. 55). Das kann sich auf eine FFH-Verträglichkeitsprüfung nach § 34 BNatSchG, auf einen landschaftspflegerischen Begleitplan nach § 17 Abs. 4 BNatSchG oder auf wasserrechtliche Prüfungen beziehen (§§ 27 bis 31, 47 WHG).

H. Absatz 7 – Verantwortlichkeit des Vorhabenträgers und Nachbesserungen

44 Abs. 7 S. 1 stellt klar, dass die Verantwortung für die Erfüllung der Anforderungen an den UVP-Bericht beim Vorhabenträger liegt. S. 2 gibt den zuständigen Behörden das Recht, Nachbesserungen zu verlangen. Das führt zu einer Verzögerung im Verfahren und dürfte auch in der alten Rechtslage der Fall gewesen sein (*Kment* in Hoppe/Beckmann/Kment Rn. 12; *Peters/Balla/Hesselbarth* Rn. 56). Die Behörden dürfen hierfür angemessene Fristen setzen (*Reidt/Augustin* in Schink/Reidt/Mitschang Rn. 50).

I. Absatz 8 – Kumulierende Vorhaben

45 Abs. 8 S. 1 überlässt den Trägern kumulierender Vorhaben die Entscheidung, ob sie einen gemeinsamen UVP-Bericht oder getrennte Berichte anfertigen wollen. S. 2 bestimmt, dass sie im Fall getrennter UVP-Berichte die Umweltauswirkungen des jeweils anderen Vorhabens als Vorbelastung zu berücksichtigen haben. Was „kumulierende Vorhaben" sind, ist in § 10 Abs. 4 UVPG geregelt. Danach sind kumulierende Vorhaben

solche, bei denen mehrere Vorhaben derselben Art von einem oder mehreren Vorhabenträgern durchgeführt werden und in einem engen Zusammenhang stehen. Ein enger Zusammenhang liegt nach § 10 Abs. 4 S. 2 vor, wenn

1. sich der Einwirkungsbereich der Vorhaben überschneidet und
2. die Vorhaben funktional und wirtschaftlich aufeinander bezogen sind.

Damit versucht der deutsche Gesetzgeber, eine Antwort auf die Frage zu geben, unter **46**
welchen Voraussetzungen ein Projekt mit einem anderen im Sinne des Gesetzes „kumuliert" und daher erst gemeinsam mit einem oder mehreren anderen in der Pflicht steht, eine UVP durchzuführen (nähere Einzelheiten *Henke* I+E 2018, 154 (157f.)). Trotz der Unschärfen der Definition von § 10 Abs. 4 S. 2 erscheint es zur Umsetzung des Konzeptes der UVP-Richtlinie notwendig, die Bedingungen zu spezifizieren, unter denen Projekte und/oder ihre Umweltauswirkungen zusammen betrachtet werden müssen oder separiert bleiben dürfen. Der UVP-Bericht folgt in beiden Fällen der Entscheidung der Vorhabenträger. Es ist allerdings wegen des Vorrangs des Europarechts darauf zu achten, dass die in § 10 Abs. 4 S. 2 formulierten Voraussetzungen einer kumulierten Betrachtung nicht dazu führen, dass die europarechtlich gebotene kumulierte Würdigung der Umweltauswirkungen an der Nichterfüllung der Projektkumulationsvoraussetzungen scheitert (*Kment* in Hoppe/Beckmann/Kment Rn. 44; *Mitschang* ZfBR 2015, 432 (440)). Wer wie verschiedene Stimmen in der Literatur eine Bagatellschwelle befürwortet (*Balla/Peters* NuR 2015, 297 (303); *Kment* in Hoppe/Beckmann/Kment Rn. 44), müsste allerdings auch die Bedingungen nennen, unter denen dies in europarechtskonformer Art und Weise erfolgen könnte.

J. Absatz 9 – Elektronische Übermittlung

Die nach Abs. 9 erforderliche elektronische Übermittlung des UVP-Berichts, die seine **47**
Veröffentlichung auf dem Zentralen Internetportal nach § 20 (s. die Kommentierung zu § 20) erleichtert, soll der Transparenz im Sinne der besseren Zugänglichkeit dienen (BT-Drs. 18/11499, 90). Das gelingt jedoch nur dann, wenn auch Inhalt und Darstellung des Berichts im Übrigen nachvollziehbar gestaltet sind, was Abs. 9 nicht verlangt, sondern implizit voraussetzt. Bei der Gestaltung ist den Anforderungen des § 3a VwVfG Rechnung zu tragen (s. a. *Reidt/Augustin* in Schink/Reidt/Mitschang Rn. 52).

§ 17 Beteiligung anderer Behörden

(1) **Die zuständige Behörde unterrichtet die Behörden, deren umweltbezogener Aufgabenbereich durch das Vorhaben berührt wird, einschließlich der von dem Vorhaben betroffenen Gemeinden und Landkreise sowie der sonstigen im Landesrecht vorgesehenen Gebietskörperschaften, über das Vorhaben und übermittelt ihnen den UVP-Bericht.**

(2) **Die zuständige Behörde holt die Stellungnahmen der unterrichteten Behörden ein. Für die Stellungnahmen gilt § 73 Absatz 3a des Verwaltungsverfahrensgesetzes entsprechend.**

Schrifttum: *Erbguth/Schink,* UVPG, Kommentar, 2. Aufl. 1996; *Gassner,* UVPG, Kommentar, 1. Aufl. 2006; *Hoppe/Beckmann/Kment,* UVPG, Kommentar, 5. Aufl. 2018; *Knack/Henneke,* VwVfG, Kommentar, 11. Aufl. 2019; *Kopp/Ramsauer,* VwVfG, Kommentar, 21. Aufl. 2020; *Peters/Balla/Hesselbarth,* UVPG, 4. Aufl. 2019; *Schink/Reidt/Mitschang* (Hrsg.), UmRG/UVPG, 2018; *Stelkens/Bonk/Sachs,* VwVfG, Kommentar, 9. Aufl. 2018.

Übersicht

A. Allgemeines

Die Vorschrift des § 17 über die **Behördenbeteiligung** bestimmt, dass die für die Genehmigung zuständige Behörde anderen Behörden, deren Aufgabenbereich durch das zuzulassende Vorhaben berührt ist, die Möglichkeit zur Stellungnahme geben muss (Abs. 1). Absatz 1 Satz 1 erstreckt nach der jüngsten Änderung des UVPG im Jahre 2017 die Unterrichtungspflicht auf Gemeinden und Landkreise sowie auf die sonstigen im Landesrecht vorgesehenen Gebietskörperschaften. Nach Abs. 2 muss die zuständige Behörde die Stellungnahmen der anderen Behörden einholen (S. 1). S. 2 erklärt § 73 Abs. 3a VwVfG für entsprechend anwendbar, wonach den zu unterrichtenden Behörden eine Frist gesetzt werden muss, deren Überschreitung bestimmte Folgen für die Berücksichtigung der Stellungnahmen nach sich ziehen soll. Die Regelung entspricht im Wesentlichen § 11 9. BImSchV. Das BauGB bezieht nicht nur Behörden, sondern auch sonstige Träger öffentlicher Belange ein (§ 4 Abs. 1 und 2 BauGB). Wegen des Vorrangs spezialgesetzlicher Vorschriften kommt § 17 eine Auffangfunktion zu, indem er einen Mindeststandard an Behördenbeteiligung verlangt. Für Pläne und Programme gilt eine ähnliche Regelung (§ 41). 1

2 § 17 setzt hinsichtlich der grundsätzlichen Pflicht, betroffene Behörden einzubeziehen, Art. 6 Abs. 1 UVP-RiL um (ursprünglich RiL v. 27.6.1985, 85/337/EG, ABl. EG Nr. L 175/40, weitere Änderungen hinsichtlich der Einzelheiten der Beteiligung erfolgten durch das UVPG 2001, das sich auf die RiL 97/11/EG bezog, nunmehr Art. 6 RiL vom 13.12.2011, 2011/92/EU, ABl. L 26 v. 28.1.2012, S. 1), indem die für Planfeststellungsverfahren geltende Regelung des § 73 Abs. 2 VwVfG aufgegriffen und angepasst wird (Begründung der Bundesregierung, BT-Drs. 14/4599, 99; die jüngste Änderung nimm darauf Bezug, s. die Begründung der Bundesregierung (BT-Drs. 18/11499, 90). Die weitere Regelung in Abs. 2 S. 2 ist nicht durch die UVP-Richtlinie vorgegeben (so schon zur früheren Regelung *Gassner* § 7 Rn. 1).

3 Die Norm hat zum einen den Zweck, die **Sachverhaltsermittlung** im Sinne des § 24 VwVfG zu unterstützen und dadurch neben die Unterlagen des Vorhabenträgers und die Erkenntnisse, die in der Öffentlichkeitsbeteiligung gewonnen werden, eine dritte Quelle von Sachverstand zu stellen. Zum anderen dient sie auch dem Ausgleich des Verlusts an Entscheidungskompetenzen, wie sie etwa durch die Konzentrationswirkung einiger Verfahrensarten (vgl. etwa § 13 BImSchG) eintreten kann (*Reidt/Augustin* in Schink/Reidt/Mitschang Rn. 2; *Hagmann* in Hoppe/Beckmann/Kment Rn. 3; vgl. zur früheren Regelung auch *Gassner* § 7 Rn. 16 f.).

4 Die Stellungnahmen der in ihrem Aufgabenbereich berührten Behörden dürfen über rein tatsächliche Auskünfte hinausgehen und sind daher nicht notwendigerweise identisch mit dem Gegenstand von Sachverständigengutachten. Werden Rechtsauffassungen geäußert, so darf sich die zuständige Behörde zwar über sie im Ergebnis hinwegsetzen, muss ihnen aber in der Begründung gerecht werden.

5 Unter **„Behörden"** sind Behörden im materiellen Sinne (§ 1 Abs. 4 VwVfG) zu verstehen, weshalb auch beliehene private Organisationen nach § 7 S. 1 zu dem Kreis der Einbeziehungsfähigen und gegebenenfalls -bedürftigen zählen (wie etwa bei Planverfahren die Deutsche Bahn AG oder die Telekom AG, soweit es um Vorhaben der Daseinsvorsorge oder der sonstigen Infrastruktur geht, *Hagmann* in Hoppe/Beckmann/Kment Rn. 17). Auch Organisationen des öffentlichen Rechts können diesem materiellen Behördenbegriff unterfallen (Stiftungen, Anstalten und Körperschaften des öffentlichen Rechts). Voraussetzung ist allerdings, dass eine bestimmte organisatorische Selbständigkeit vorliegt (*Peters/Balla/Hesselbarth* Rn. 6).

6 Dagegen werden die **„Träger öffentlicher Belange"** (TÖB) im Sinne von § 4 BauGB nicht ohne weiteres von § 17 erfasst, der Begriff der TÖB ist weiter (ebenso *Hagmann* in Hoppe/Beckmann/Kment Rn. 17). Deren Einbeziehung kann aber spezialgesetzlich verlangt sein (etwa durch § 22 Abs. 1 und 2 NABEG, der den Kreis der zu beteiligenden Organisationen noch weiter zieht und auch die Umwelt- und Naturschutzvereinigungen einschließt).

7 Auch nicht erfasst werden von § 17 Behörden, die nicht in ihrem Aufgabenbereich berührt werden, sondern lediglich zivilrechtlich zu bewertende Auswirkungen befürchten (etwa Immissionen). Insoweit erfolgt die Beteiligung dann im Rahmen der Beteiligung der Öffentlichkeit. Das Bundesverwaltungsgericht ging sogar soweit, einer Gemeinde das Recht auf eine Behördenbeteiligung zu versagen, deren Planungshoheit durch den Bau einer Fernstraße berührt ist (BVerwG Urt. v. 17.3.2005 – 4 A 18.04, E 123, 152 (154), kritisch *Stelkens/Bonk/Sachs* VwVfG § 73 Rn. 35). Das dürfte sich mit der Neufassung des § 17 Abs. 1 als überholt darstellen, die nunmehr Gemeinden ausdrücklich einbezieht (→ Rn. 1).

I. Berührung des Aufgabenbereichs

8 Die Behörden müssen in ihrem **Aufgabenbereich** berührt sein. Das setzt voraus, dass im konkreten Fall ein Bezug zu einer umweltrelevanten Aufgabe im Sinn einer Wahrnehmungszuständigkeit der Behörde besteht (vgl. auch *Wysk* in Kopp/Ramsauer VwVfG § 73 Rn. 35). Eine erste, sehr großzügige Grenze setzen dabei § 3 S. 2 und § 25 I UVPG, die die Durchführung einer UVP an die Bedeutung des Vorhabens für die Umweltvorsorge knüpft, wobei Umweltvorsorge denkbar weit verstanden wird und sich auf Menschen, Tiere, Pflanzen und die biologische Vielfalt, Boden, Wasser, Luft, Klima und Landschaft, Kulturgüter und sonstige Sachgüter bezieht. Bedeutender ist – zweitens –, dass der Aufgabenbereich der anderen Behörde gerade diese Schutzgüter betrifft und insoweit ein Tätigwerden der Behörde erlaubt oder geboten ist („einschreitend, planend oder genehmigend", so zur früheren Regelung *Gassner* § 7 Rn. 7).

9 **Berührt** ist der jeweilige Aufgabenbereich, wenn Auswirkungen des Vorhabens auf die genannten Schutzgüter zu besorgen sind (so zur früheren Regelung *Gassner* § 7 Rn. 11). Dabei sind auch die Unterlagen des Projektträgers, die nach § 16 zum Zeitpunkt der Entscheidung über die Behördenbeteiligung bereits vorliegen, zur Beurteilung heranzuziehen. Im Verlaufe des Verfahrens kann sich auch eine weitere Behördenbeteiligung als notwendig erweisen (BVerwG Urt. v. 8.6.1995 – 4 C 4.94, E 98, 339 – die Beteiligung diene dazu, Anstöße für weiteren Untersuchungsbedarf zu erlangen).

II. Der Kreis der zu unterrichtenden Behörden

10 Abs. 1 verlangt die Unterrichtung der Behörden, deren umweltbezogener Aufgabenbereich durch das Vorhaben berührt wird, einschließlich der von dem Vorhaben betroffenen Gemeinden und Landkreise sowie der sonstigen im Landesrecht vorgesehenen Gebietskörperschaften. Während die erste Alternative der in ihrem Aufgabenbereich berührten Behörden bereits in § 7 UVPG aF enthalten war, hat die Novelle 2017 die zweite Alternative die von dem Vorhaben betroffenen Gemeinden, Landkreise und sonstigen Gebietskörperschaften hinzugefügt. Für die in der zweiten Alternative benannten Gebietskörperschaften ist nicht erforderlich, dass sie eine berührte umweltbezogene Zuständigkeit aufweisen; es genügt, dass sie von dem Vorhaben betroffen sind. Missverständlich ist daher die verwendete Konjunktion „einschließlich". Gemeinden und andere erfasste Gebietskörperschaften, deren umweltbezogener Aufgabenbereich betroffen ist, sind immer (auch) als Behörden zu beteiligen (ebenso *Wysk* in Ramsauer VwVfG § 73 Rn. 34). Die Betroffenheit kann sich aber auch aus anderen als umweltbezogenen Aufgaben ergeben. Eine Stelle, auf die selbst das nicht zutrifft, etwa weil sie nur zivilrechtlich betroffen ist (*Hagmann* in Hoppe/Beckmann/Kment Rn. 20) hat gegebenenfalls im Rahmen der Öffentlichkeitsbeteiligung (§§ 18, 19) die Möglichkeit, sich unterrichten zu lassen und eine Stellungnahme abzugeben. Das gilt auch für die anerkannten Umweltschutzvereinigungen, die schon deshalb nicht unter § 17 fallen, weil sie keine öffentlichen Aufgaben wahrnehmen (*Hagmann* in Hoppe/Beckmann/Kment Rn. 18, 20).

11 Nach dem **Gebietskörperschaftsbegriff** des Bundesverfassungsgerichts, der hier zugrunde zu legen ist (*Hagmann* in Hoppe/Beckmann/Kment Rn. 24), kommt es darauf an, dass sich ihre Mitglieder aus ihrem Wohnsitz ergeben und die Körperschaft territorial abgegrenzte Hoheitsbefugnisse ausübt (BVerfG DVBl. 1980, 52). Das trifft auf Gemeinden und Landkreise sowie etwa auf den Bezirksverband Pfalz (§ 1 RhPfBezO), die bayerischen Bezirke (Art. 1 BayBezO) und andere zu (*Hagmann* in Hoppe/Beckmann/Kment Rn. 24), nicht aber auf Zweckverbände über die kommunale Zusammenarbeit oder an-

dere Bund-Körperschaften (ebenso *Hagmann* in Hoppe/Beckmann/Kment Rn. 24). Zweifelhaft ist die Einordnung der nordrhein-westfälischen Landschaftsverbände nach § 2 LVerbO NW (*Hagmann* in Hoppe/Beckmann/Kment Rn. 24).

12 Beteiligen sich Gemeinden an dem UVP-Verfahren unter Heranziehung von Art. 28 Abs. 2 GG, so ist zwischen der **Stellungnahme** nach § 17 und einer **Einwendung** sowohl formell wie materiell zu unterscheiden (*Hagmann* in Hoppe/Beckmann/Kment Rn. 24; vgl. auch *Wysk* in Kopp/Ramsauer VwVfG § 73 Rn. 34). Einwendungen müssen nach § 73 Abs. 4 S. 1 VwVfG schriftlich oder zur Niederschrift erfolgen und erfordern die eigenhändige Unterschrift des dazu berufenen gesetzlichen Vertreters. Einwendungen sind mit Blick auf die geltend gemachte Verletzung von Art. 28 Abs. 2 GG zu substantiieren, während für die Stellungnahme keine solchen Einschränkungen gelten.

III. Zeitpunkt und Ablauf der Beteiligung

13 Die Beteiligung besteht nach § 17 Abs. 1 S. 1 zunächst in der Unterrichtung über das Vorhaben. § 11 S. 2 9. BImSchV verlangt die sternförmige Versendung. Die Unterrichtung besteht insbesondere in der Übermittlung der vom Vorhabenträger vorgelegten **Unterlagen nach § 16.** Eine Einschränkung auf diejenigen Teile der Unterlagen, die den jeweiligen Aufgabenbereich berühren, wurde früher im Planfeststellungsrecht vertreten, findet aber in § 17 keine Stütze (*Wysk* in Kopp/Ramsauer VwVfG § 73 Rn. 36).

B. Rechte und Pflichten der beteiligten Behörden

I. Bindungswirkung der Stellungnahmen

14 Die Stellungnahmen der beteiligten Behörden sind von der zuständigen Behörde nach Maßgabe des einschlägigen Fachrechts zu behandeln. Sie stellen nicht nur Sachverständigengutachten dar (so aber für den einfachsten Fall einer Mitteilung *Wysk* in Kopp/Ramsauer VwVfG § 73 Rn. 38), mögen sie regelmäßig auch analytisch-deskriptive Informationen enthalten. Ihre Funktion geht darüber hinaus, indem sie insbesondere den Zweck haben, den Verlust von Kompetenzen auszugleichen. Im Falle einer Konzentrationswirkung nach § 75 VwVfG wird die Entscheidung zwar auf die Planfeststellungsbehörde übertragen, wodurch alle anderen Genehmigungen, Erlaubnisse und Planfeststellungen ersetzt werden. Diese **formelle** Konzentrationswirkung ist aber zu unterscheiden von einer durch § 75 VwVfG nicht bewirkten materiellen Konzentrationswirkung. **Materiellrechtlich** bleibt es mithin bei den bestehenden Anforderungen an das Vorhaben, so dass die Expertise der beteiligten Behörden auch in rechtlicher Hinsicht nicht ohne gewichtige Gründe beiseite geschoben werden darf (*Reidt/Augustin* in Schink/Reidt/Mitschang Rn. 21; so auch zur früheren Regelung *Gassner* § 7 Rn. 16), auch wenn die zuständige Behörde im Falle einer fachgesetzlichen Benehmensanordnung nicht an sie gebunden ist. Anderes gilt für den Fall des Einvernehmens (*Hagmann* in Hoppe/Beckmann/Kment Rn. 37). In keinem Fall ist die zuständige Behörde von einer eigenverantwortlichen Ermittlung und Bewertung des Sachverhalts entbunden (*Wysk* in Kopp/Ramsauer VwVfG § 73 Rn. 38; *Gassner* § 7 Rn. 19).

15 Die Vorschrift trifft nicht nur den einfacheren Fall einer Konzentrationswirkung, sondern entfaltet gerade für die Konstellation der **Genehmigung eines Vorhabens durch mehrere Behörden** Bedeutung. Nach **§ 31 Abs. 1 S. 1** bestimmen die Länder eine federführende Behörde, die zumindest für die Aufgaben nach den §§ 5, 15 und 24 sowie den §§ 54, 55 Abs. 1 bis 4 und 6 und § 56 zuständig ist. Da die Länder nach § 31 Abs. 1 S. 2 der federführenden Behörde weitere Zuständigkeiten übertragen können, erhöht das die Bedeutung der Stellungnahmen nach § 17 für solche Fälle.

II. Keine Pflicht zur Stellungnahme, Substantiierungspflicht

Soll die Stellungnahme ihren Beitrag zu einer sachgerechten Entscheidungsfindung leisten, muss sie ihrerseits vollständig und nachvollziehbar sein (*Reidt/Augustin* in Schink/Reidt/Mitschang Rn. 19). Diese Substantiierungslast ist auf den jeweiligen berührten Aufgabenbereich beschränkt (*Hagmann* in Hoppe/Beckmann/Kment Rn. 35). Es gibt allerdings keine (weitere) Pflicht, eine Stellungnahme abzugeben (*Hagmann* in Hoppe/Beckmann/Kment Rn. 35). Verzichtet eine unterrichtete Behörde auf eine Stellungnahme, so ist sie dennoch zum Erörterungstermin, in dem die behördlichen Stellungnahmen nach § 73 Abs. 6 VwVfG zu erörtern sind, zu laden (*Hagmann* in Hoppe/Beckmann/Kment Rn. 35; *Wysk* in Kopp/Ramsauer VwVfG § 73 Rn. 127; strenger dagegen *Schink* in Knack/Henneke VwVfG § 73 Rn. 149: kein Anspruch auf Teilnahme). 16

C. Einholung der Stellungnahmen und Frist (Abs. 2)

Nach § 17 Abs. 2 S. 1 holt die zuständige Behörde die Stellungnahmen der unterrichteten Behörden ein. Versäumt sie das, liegt darin für sich genommen ein (bloßer) Verfahrensverstoß, der aber auch ein Abwägungsdefizit zur Folge haben kann und der insoweit mittelbar sanktioniert ist. 17

I. Bedeutung der Frist (Abs. 2 S. 2)

§ 17 Abs. 2 S. 2 erklärt § 73 Abs. 3a VwVfG für entsprechend anwendbar. Danach haben die beteiligten Behörden ihre Stellungnahme innerhalb einer von der Anhörungsbehörde zu setzenden Frist abzugeben, die drei Monate nicht überschreiten darf (**§ 73 Abs. 3a S. 1 VwVfG**). 18

Für Planfeststellungsverfahren gilt § 73 Abs. 3a VwVfG unmittelbar, sodass es insoweit der Regelung in § 17 Abs. 2 S. 2 UVPG nicht bedurft hätte. Sie entfaltet ihre Bedeutung für Verfahren, in denen es keine solche Vorschrift gibt (etwa § 16 FStrG, § 13 WaStrG). Soweit es speziellere Bestimmungen gibt, finden diese Anwendung, nicht § 17 Abs. 2 S. 2 VwVfG (etwa § 10 Abs. 5 BImSchG iVm § 11 9. BImSchV mit einer Frist von einem Monat). Eine abgewandelte, für die Träger öffentlicher Belange geltende Fassung von § 73 Abs. 3a VwVfG findet sich auch in § 22 Abs. 2 S. 4 NABEG. 19

II. Konsequenzen der verspäteten Einreichung einer Stellungnahme (begrenzte Behördenpräklusion)

Die Frist war für die begrenzte Behördenpräklusion einer verspäteten Stellungnahme bis zur Reform durch das PlanVereinhG bedeutungslos, da § 73 Abs. 3a S. 2 VwVfG aF nicht an das Ablaufen der gesetzten Frist, sondern an den Erörterungstermin anknüpfte. Nunmehr gilt folgende differenzierte Regelung: 20

21 Zunächst gilt die Präklusion nicht, wenn der betreffende Umstand der Behörde **bekannt** ist. Hierfür muss es auf die Kenntnis „der Behörde" ankommen, nicht auf die des zuständigen Bediensteten (so zur früheren Regelung *Gassner* § 7 Rn. 25). Die Behörde darf daher alles berücksichtigen, was sich aus den eingereichten Unterlagen ergibt oder auf sonstige Weise bekannt ist (*Hagmann* in Hoppe/Beckmann/Kment Rn. 39; dazu dürften auch notorische Fakten oder Regeln einschließlich DIN- und VDI-Regelwerke zählen).

22 Die zweite Alternative erschließt die Möglichkeit der Berücksichtigung von Belangen, die der Behörde **hätten bekannt sein müssen.** Hinsichtlich der Umweltbelange ist dies von weitreichender Bedeutung, da es Ziel des UVPG ist, eine in Umwelthinsicht umfassende Sachverhaltsermittlung zu bewirken (§ 3 S. 1 UVPG). Soweit der Ermittlungsauftrag des UVPG reicht, ist also nicht nur die Möglichkeit eröffnet, Belange zu berücksichtigen. Vielmehr erweist sich die zweite Alternative der Sache nach als Pflicht zur eigenverantwortlichen und hinreichend gründlichen Sachverhaltsermittlung (§ 24 VwVfG; ebenso *Peters/Balla/Hesselbarth* Rn. 9).

23 Ist der Belang für die **Rechtmäßigkeit der Entscheidung** von Bedeutung, so besteht nach der dritten Alternative ebenfalls nicht nur eine Möglichkeit, sondern die Pflicht zur Berücksichtigung. Konsequenzen einer Nichtberücksichtigung stellen sich freilich nur im Falle einer gerichtlichen Kontrolle und im Rahmen der dort anzuwendenden Maßstäbe. Der Einwendungsausschluss steht damit zumindest unter dem Vorbehalt, dass es nicht zu offensichtlichen Abwägungsfehlern im Sinne des § 46 VwVfG kommen darf (so auch *Hagmann* in Hoppe/Beckmann/Kment Rn. 39). Im Wesentlichen kommt § 73 Abs. 3a S. 2 VwVfG daher zunächst eine **Appellfunktion** zu (*Hagmann* in Hoppe/Beckmann/Kment Rn. 39), was jedoch wegen der Einklagbarkeit von Verfahrensfehlern im Rahmen von Verbandsklagen über § 4 Abs. 3 UmwRG auch justiziabel ist und zumindest zu Verzögerungen bei der Projektverwirklichung führen kann (*Wysk* in Kopp/Ramsauer VwVfG § 73 Rn. 40).

III. Nachträgliche Änderung des Vorhabens

24 Da sich die Stellungnahme auf die bei der Unterrichtung übermittelten Unterlagen bezieht, wird ihr Wert beeinträchtigt, wenn zwischenzeitlich Änderungen an dem Vorhaben vorgenommen werden. Dazu trifft § 17 keine Regelung. Es spricht viel dafür, in solchen Konstellationen § 73 Abs. 8 VwVfG entsprechend anzuwenden, der eine Pflicht zur Mitteilung der Änderungen enthält, die mit einer zweiwöchigen Nachfristsetzung verbunden ist (ebenso *Hagmann* in Hoppe/Beckmann/Kment Rn. 41).

§ 18 Beteiligung der Öffentlichkeit

(1) **Die zuständige Behörde beteiligt die Öffentlichkeit zu den Umweltauswirkungen des Vorhabens. Der betroffenen Öffentlichkeit wird im Rahmen der Beteiligung Gelegenheit zur Äußerung gegeben. Dabei sollen nach dem Umwelt-Rechtsbehelfsgesetz anerkannte Vereinigungen die zuständige Behörde in einer dem Umweltschutz dienenden Weise unterstützen. Das Beteiligungsverfahren muss den Anforderungen des § 73 Absatz 3 Satz 1 und Absatz 5 bis 7 des Verwaltungsverfahrensgesetzes entsprechen.**

(2) **In einem vorgelagerten Verfahren oder in einem Planfeststellungsverfahren über einen Wege- und Gewässerplan mit landschaftspflegerischem Begleitplan nach § 41 des Flurbereinigungsgesetzes kann die zuständige Behörde abweichend von Absatz 1 und abweichend von § 73 Absatz 6 des Verwaltungsverfahrensgesetzes auf die Durchführung eines Erörterungstermins verzichten. Auf eine Benachrichtigung nach § 73 Absatz 5 Satz 3 des Verwaltungsverfahrensgesetzes kann in einem vorgelagerten Verfahren verzichtet werden.**

Schrifttum: *Durner,* Vollzugs- und Verfassungsfragen des NABEG, NuR 2012, S. 369 ff.; *Erbguth,* Anmerkung zu EuGH v. 3.3.2011, Rs. C-50/09 – Europäische Kommission/Irland, NVwZ 2011, 935 f.; *Fuchs/Hehn/Wagner,* Mediation im öffentlichen Bereich – Möglichkeiten und Grenzen, UPR 2011, 81 ff.; *Gärditz,* Angemessene Öffentlichkeitsbeteiligung bei Infrastrukturplanungen als Herausforderungen an das Verwaltungsrecht im demokratischen Rechtsstaat, GewArch 2011, 273 ff.; *Gassner,* UVPG, Kommentar, 2006; *ders.,* Zur spezifischen Ermächtigung von Umweltverbänden zur Klageerhebung – Anmerkung zum Urteil des EuGH vom 12. Mai 2011 –, NuR 2012, 37 ff.; *ders.,* Aktuelle Umwelt-/Naturschutz-Rechtsfragen, NuR 2013, 324 ff.; *Groß,* Stuttgart 21 – Folgerungen für Demokratie und Verwaltungsverfahren, DÖV 2011, 510 ff.; *Gurlit,* Neue Formen der Bürgerbeteiligung? – Planung und Zulassung von Projekten in der parlamentarischen Demokratie, JZ 2012, 833 ff.; *Hofmann,* Die Modernisierung des Planungsrechts: das Energierecht als neues Paradigma der Öffentlichkeitsbeteiligung in einer Planungskaskade? JZ 2012, 701 ff.; *ders.* Der Abschied von der (ohnehin meist falsch verstandenen) Verfahrensautonomie der Mitgliedstaaten? Zugleich Anmerkung zu EuGH v. 15.10.2015, Rs. C-137/14, EuR 2016, 188 ff.; *Hoppe/Beckmann/Kment,* UVPG, Kommentar, 5. Aufl. 2018; *Knack/Henneke,* VwVfG, Kommentar, 11. Aufl. 2020; *Kopp/Ramsauer,* VwVfG, Kommentar, 21. Aufl. 2020; *Kühling,* Erosion demokratischer Öffentlichkeit, DVBl. 2008, 1098 ff.; *Peters/Balla/Hesselbarth,* UVPG, 4. Aufl. 2019; *Schlacke/Schrader/Bunge,* Aarhus-Handbuch: Informationen, Beteiligung und Rechtsschutz in Umweltangelegenheiten, 2. Aufl. 2019; *Schwanenflug/Strohmayer,* Rechtsschutz von Kommunen gegen UVP-pflichtige Vorhaben – Änderung durch die Öffentlichkeitsbeteiligungsrichtlinie der EG?,NVwZ 2006, 395 ff.; *Sobotta,* Artenschutz in der Umweltprüfung, NuR 2013, 229 ff.; *Steinbach/Franke,* Kommentar zum Netzausbau, NABEG/EnLAG/EnWG/BBPIG/PlfZV, 2. Aufl. 2017; *Steinberg/Wickel/Müller,* Fachplanung, 4. Aufl. 2012; *Stelkens/Bonk/Sachs,* VwVfG, Kommentar, 9. Aufl. 2018; *Weingarten/Peters/Müller-Pfannenstiel,* Bürgerbeteiligung in den Planungsverfahren zum Höchstspannungsnetzausbau nach EnWG und NABEG, Energiewirtschaftliche Tagesfragen 2013, 74 ff.; *Würtenberger,* Akzeptanz durch Verwaltungsverfahren, NJW 1991, 257 ff.; *Ziekow,* Handbuch des Fachplanungsrechts, 2. Aufl. 2014.

Übersicht

A. Grundsätze, europa- und völkerrechtliche Bezüge

1 Die Öffentlichkeitsbeteiligung nach § 18 dient mehreren **Funktionen** (Überblick bei *Hofmann* JZ 2012, 701 (701 f.). Zunächst werden durch die Öffentlichkeitsbeteiligung **Informationen** gewonnen, die der Sachgerechtigkeit der zu treffenden Entscheidung zugutekommen können und sollen. Darüber hinaus hat ein rechtsstaatliches Verfahren unter Beteiligung der Öffentlichkeit eine das Vorhaben legitimierende Aufgabe, die eine Brücke zum **Rechtsschutz** gegen nicht gerechtfertigte Belastungen Einzelner bildet. Zunehmend sind im Wege der Verbandsklage auch die Bestimmungen des Naturschutzrechts in die gerichtliche Überprüfung einbezogen worden. Daneben steht mit gleicher Bedeutung die **demokratische Funktion** der Öffentlichkeitsbeteiligung, die allerdings in eine gewisse Spannung zum rechtsstaatlich-formalen Modus der Zurechnung im Sinne von Art. 20 Abs. 2 S. 1 GG gerät (*Gärditz* GewArch 2011, 273 (274 f.)). Schließlich dient sie, was angesichts heftiger Auseinandersetzungen um Infrastrukturprojekte wie etwa dem Umbau des Stuttgarter Hauptbahnhofs in den vergangenen Jahren verschärft in das Bewusstsein gerückt ist, der Herstellung von **Akzeptanz** (*Hofmann* JZ 2012, 701 (702); *Groß* DÖV 2011, 510 (512); früh bereits *Würtenberger* NJW 1991, 257 ff.).

2 § 18 ist das Ergebnis einer **doppelten Umsetzung.** Zunächst musste das UN/ECE-Übereinkommen über den Zugang zu Informationen, die Öffentlichkeitsbeteiligung an Entscheidungsverfahren und den Zugang zu Gerichten in Umweltangelegenheiten **(„Übereinkommen von Aarhus"),** das am 25.6.1998 von der Europäischen Gemeinschaft unterzeichnet und am 17.2.2005 ratifiziert worden ist, in Europarecht transformiert werden. Das ist durch die **UVP-Richtlinie** geschehen, hinsichtlich der Öffentlichkeitsbeteiligung insbesondere durch deren **Art. 6 Abs. 2 bis 6** (aktuelle Fassung RiL 2011/92/EU vom 13.12.2011, ABl. EU Nr. L 26/1; zwischenzeitliche Änderungen der ursprünglichen Richtlinie v. 27.6.1985, 85/337/EG, ABl. EG Nr. L 175/40, etwa durch die Öffentlichkeitsbeteiligungsrichtlinie 2003/35/EG, ABl. EG Nr. L 156/17, die Art. 3 der ursprünglichen Richtlinie um verschiedene Bestimmungen über die Öffentlichkeitsbeteiligung erweiterte und konkretisierte, sind nicht mehr in Kraft oder in die neue Richtlinie eingearbeitet, etwa die zunächst nicht ausdrückliche Einbeziehung von Nichtregierungsorganisationen in das Verfahren der Öffentlichkeitsbeteiligung). Die Umsetzung der Richtlinie(n) ins deutsche Recht erfolgte zunächst durch das **UVPG 1990** (G v. 12.2.1990, BGBl. I 205; Näheres zur Entstehungsgeschichte *Hagmann* in Hoppe/Beckmann/Kment Rn. 9 ff.).

3 § 18 enthält eine Pflicht zur **Beteiligung der Öffentlichkeit** hinsichtlich der **Umweltauswirkungen** des Vorhabens. Die **Vorhaben,** die dieser Pflicht unterfallen, decken sich mit denen, die einer UVP unterzogen werden müssen (s. § 1 Abs. 1 UVPG). Inwieweit die **Aufteilung einer Planung in Verfahrensabschnitte** und damit auch die Abschichtung der UVP und der dazugehörenden Öffentlichkeitsbeteiligung zulässig ist, richtet sich nach Auffassung des Bundesverwaltungsgerichts nicht nach dem UVPG, sondern nach dem Fachrecht, insbesondere nach dem Abwägungsgebot (st. Rspr., BVerwG Urt. v. 10.4.1997 – 4 C 5/96, E 104, 236 (243); Urt. v. 11.7.2013 – 7 A 20/11, Rn. 14; zuletzt Urt. v. 11.8.2016 – 7 A 1/15, Rn. 34). Für Pläne und Programme im Sinne des § 1 Abs. 1 Nr. 2 iVm Anlage V UVPG verweist § 42 auf die entsprechende Anwendung

von § 18 Abs. 1 sowie §§ 19 bis 22. Die Beschränkung auf die Umweltauswirkungen folgt aus dem Regelungsgegenstand der genannten umgesetzten Normen. Die darüber hinaus nach dem VwVfG (§§ 25 Abs. 3, 27a, 73 VwVfG) erforderliche Öffentlichkeitsbeteiligung hinsichtlich anderer Gesichtspunkte eines Vorhabens führt regelmäßig zu einem Gesamtverfahren, das parallel Umweltauswirkungen und andere Belange zu bewältigen hat.

I. Grundstruktur

Die Beteiligung der Öffentlichkeit verläuft in mehreren Phasen, was sich auch in §§ 19, 27 und 54 widerspiegelt. Während **Abs. 1** die grundlegende Pflicht der Beteiligung der Öffentlichkeit enthält, sieht **Abs. 3** eine Öffentlichkeitsbeteiligung ohne verpflichtenden Erörterungstermin in bestimmten vorgelagerten Verfahren wie etwa dem Raumordnungsverfahren vor. Die frühere Regelung zu unwesentlichen Änderungen in Abs. 1 S. 4 UVPG aF findet sich nun in § 22 Abs. 2 (vgl. die Kommentierung zu § 22). **4**

II. Anwendungsbereich

§ 18 gilt immer dann, wenn ein Gesetz, das ein Zulassungsverfahren für ein Vorhaben nach § 3 Abs. 1 oder einen Plan nach § 3 Abs. 1a vorsieht, entweder keine eigene Regelung trifft oder auf § 18 verweist. § 18 markiert im Verhältnis zu den Fachgesetzen einen gemäß § 4 nachrangigen Mindeststandard, von dem „nach oben" hin abgewichen werden kann. So ergibt sich eine große Vielfalt an Kombinationen, die im wesentlichen dadurch gekennzeichnet ist, dass teilweise eine Pflicht zur Durchführung eines Erörterungstermins gilt, teilweise eine Erörterung nicht vorgesehen ist, teilweise ist sie fakultativ. Weitere Unterschiede gibt es vor allem hinsichtlich der einzelnen Modalitäten, etwa der Fristen oder der Heranziehung des Internets als Kommunikationsplattform (schon im Gesetzgebungsverfahren wurde eine „Rechtszersplitterung" bemerkt, BR-Drs. 422/1/16, S. 18 ff.). Daran hat auch das **Planvereinheitlichungsgesetz** vom 31.5.2013 wenig geändert (BGBl. I 1388). **5**

§ 18 wird mithin von einer Reihe von Fachgesetzen verdrängt, die eigenständige Regelungen über die Öffentlichkeitsbeteiligung enthalten. Dazu zählen insbesondere das Immissionsschutzrecht (§§ 8 bis 10a, 12, 14 bis 21a **9. BImSchV;** Näheres zum immissionsschutzrechtlichen Beteiligungsverfahren *Schlacke/Schrader/Bunge* S. 202 ff.), das **atomrechtliche Genehmigungsverfahren** (§§ 4 bis 8, 12 AtVfV, die allerdings mit § 18 UVPG im Wesentlichen übereinstimmen; Näheres zum atomrechtlichen Beteiligungsverfahren *Schlacke/Schrader/Bunge* S. 232 ff.), und **bestimmte Leitungsvorhaben** nach § 43b Abs. 1 **EnWG,** für die nur das eingeschränkte Verfahren des § 18 Abs. 2 anzuwenden ist. Gleiches gilt für das **flurbereinigungsrechtliche** Planfeststellungsverfahren (Nr. 16 der Anl. 1 zum UVPG). **6**

Als unmittelbarer Anwendungsbereich des § 18 verbleiben dagegen unter anderem die **Planfeststellungsverfahren nach dem KrWG** (§ 35 Abs. 2, 3 KrWG, Nr. 12 der Anl. 1 zum UVPG), **Abfallwirtschaftspläne** nach § 32 KrWG, Erlaubnis- und Bewilligungsverfahren nach § 11 **WHG** (Nr. 13 der Anl. 1 zum UVPG; Einzelheiten zur UVP bei wasserrechtlichen Erlaubnissen, Bewilligungen und Genehmigungen *Schlacke/Schrader/Bunge* S. 269 ff.), die **Erstaufforstung** und die **Rodung** nach §§ 9 f. BundeswaldG (Nr. 17 der Anl. 1 zum UVPG). **7**

Größere Bedeutung haben auch die **Verkehrsvorhaben,** die nach dem **Infrastrukturplanungsbeschleunigungsgesetz** (v. 9.12.2006, BGBl. I 2833) durchgeführt wer- **8** den (Verkehrswege- und Flughafenplanung, Nr. 14 der Anl. 1 zum UVPG). Das Gesetz hat verschiedene Fachplanungsgesetze geändert und verschiedentlich den **Erörterungstermin fakultativ** gemacht (s. etwa § 18a Nr. 1 S. 1 AEG, § 17a Nr. 1 S. 1 FStrG, § 14a Nr. 1 WaStrG; § 10 II 1 Nr. 2 S. 1 LuftVG; § 2 Nr. 1 S. 1 MBPlG). Eine mündliche Verhandlung ist nicht in jedem Fall gemeinschaftsrechtlich geboten (arg. Art. 6 Abs. 5 UVP-Richtlinie). Das den Behörden eingeräumte Ermessen muss sich jedoch an den Ermächtigungszwecken orientieren und unterliegt der gerichtlichen Kontrolle nach § 114 S. 1 VwGO (*Wysk* in Kopp/Ramsauer VwVfG § 73 Rn. 118f.), nach welchen eine effektive Beteiligung erreicht werden muss (vgl. Art. 7 Abs. 5 UVP-Richtlinie).

9 Das **Planvereinheitlichungsgesetz** vom 31.5.2013 sieht nunmehr des Weiteren vor, dass bei Planänderungen „im Regelfall" von einer Erörterung abgesehen werden „kann" (§ 17a Nr. 2 FStrG idF des Art. 7 Planvereinheitlichungsgesetz; ebenso die Neuregelung im AEG, Art. 8 Planvereinheitlichungsgesetz; im Magnetschwebebahnplanungsgesetz, Art. 10 Planvereinheitlichungsgesetz; sowie im WaStrG, Art. 11 Planvereinheitlichungsgesetz). Das ist nicht nur semantisch unklar, sondern ist auch der Sache nach ein Rückschritt, da die beabsichtigte Zurückführung des Erörterungstermins nicht in der Regel, sondern dann gerechtfertigt ist, wenn und soweit es sich um *unerhebliche* Änderungen handelt. Das aber wird in der Öffentlichkeit, deren Akzeptanz durch die Öffentlichkeitsbeteiligung zu gewinnen angestrebt wird, nicht immer so beurteilt wie von den Behörden oder den Vorhabenträgern. Immerhin sehen die genannten Fachplanungsgesetze nunmehr dieselbe Regelung vor.

Für die Errichtung oder Änderung von länderübergreifenden oder grenzüberschreitenden **Höchstspannungsleitungen** und **Anbindungsleitungen** von den **Offshore-Windpark-Umspannwerken** zu den Netzverknüpfungspunkten an Land nach dem Netzausbaubeschleunigungsgesetz (**NABEG** vom 28. Juli 2011, BGBl. I S. 1690, zuletzt geändert durch Art. 2 G v. 13.5.2019, BGBl. I 706) ist hingegen eine gegenüber dem UVPG verstärkte Öffentlichkeitsbeteiligung vorgesehen (§ 9 NABEG; der Erörterungstermin ist pflichtig nach § 43a EnWG mit den Einschränkungen, die sich aus § 43a Nr. 1 bis 4 EnWG ergeben; zu den Besonderheiten des Energierechts *Riese/Nebel* in Steinbach/Franke NABEG § 9 Rn. 36ff.; *Riese/Fest* in Steinbach/Franke EnWG § 43 Rn. 13, 85ff.; *Gurlit* JZ 2012, 833ff.; *Durner* NuR 2012, 369ff.; *Hofmann* JZ 2012, 701ff.; *Weingarten/Peters/Müller-Pfannenstiel,* Energiewirtschaftliche Tagesfragen 2013, 74 (75ff.)).

B. Grundsatz der Beteiligung der Öffentlichkeit (Abs. 1)

10 Abs. 1 enthält eine voraussetzungslose Pflicht der zuständigen Behörde zur Beteiligung der Öffentlichkeit zu den Umweltauswirkungen des Vorhabens. Der Begriff der **Öffentlichkeit** wird in § 2 Abs. 8 UVPG gesetzlich definiert. S. 2 gibt (nur) der **betroffenen** Öffentlichkeit nach § 2 Abs. 9 das Recht, angehört zu werden (BVerwG Urt. v. 8.6.1995 – 4 C 4/94, E 98, 339 (360); anders die „Jedermann"-Beteiligung nach § 12 der 9. BImSchV und § 7 Abs. 1 S. 1 AtVfV; zu der Zweistufigkeit nach § 18 UVPG *Steinberg/Wickel/Müller* S. 163). Die „betroffene" Öffentlichkeit umfasst diejenigen Personen, deren Belange durch eine Entscheidung berührt werden, und zwar auch den Vereinigungen, deren satzungemäßer Aufgabenbereich durch eine Entscheidung berührt wird (§ 2 Abs. 9 Hs. 2 UVPG). Das schließt die anerkannten Naturschutzvereinigungen im Sinne von § 63 BNatSchG ein (zur Beteiligung von Naturschutzverbänden bei Planfeststellung im Überblick *Steinberg/Wickel/Müller* S. 153ff.). Das Fachrecht kann die Naturschutzver-

einigungen den Behörden gleichstellen und ihnen damit über § 9 hinausgehende Beteiligungsrechte einräumen (etwa das Recht zur Einsichtnahme in Sachverständigengutachten, § 63 Abs. 1 Nr. 3, Abs. 2 Nr. 6 BNatSchG; *Hagmann* in Hoppe/Beckmann/Kment § 17 Rn. 18.). Eine weitgehende Gleichstellung mit den Trägern öffentlicher Belange erfolgt auch bei Planfeststellungsverfahren nach dem NABEG (§ 22 Abs. 1 Nr. 2 NABEG).

Auch betroffene **Kommunen** gehören zur betroffenen Öffentlichkeit (ebenso *Hagmann* in Hoppe/Beckmann/Kment § 17 Rn. 19); umstritten ist allerdings, inwieweit sie auch Klagerechte geltend machen können (instruktiv *von Schwanenflug/Strohmayer* NVwZ 2006, 395 (396 ff.)). Jedenfalls steht ihnen nach der Rechtsprechung des Bundesverfassungsgerichts keine verfassungsrechtliche Eigentümerposition zu, da sie selbst Teil der öffentlichen Gewalt sind (BVerfG Urt. v. 8.7.1982 – 2 BvR 1187/80, E 61, 82). Soweit aber ihre durch Art. 28 Abs. 2 GG geschützte Planungshoheit tangiert ist, wird eine Gemeinde zumindest zur betroffenen Öffentlichkeit im Sinne von § 18 zu zählen sein, wenn nicht zu den Behörden im Sinne des § 17 (*Schink* in Knack/Henneke VwVfG § 73 Rn. 107). **11**

Welche einzelnen Schritte von der Öffentlichkeitsbeteiligung konkret umfasst sind, ergibt sich aus den weiteren Vorschriften des § 18: **12**
- **Bekanntmachung** des Plan- oder Zulassungsverfahrens (→ Rn. 16),
- Auslegung (→ Rn. 18 ff.),
- Erörterung (→ Rn. 31 ff.); sowie die
- Mitteilung des Ergebnisses des Zulassungsverfahrens (Abs. 2, → Rn. 53 ff.).

I. Beschränkung auf Umweltauswirkungen (Abs. 1 S. 1)

Die Öffentlichkeitsbeteiligung nach § 18 beschränkt sich auf die Umweltauswirkungen, also auf die voraussichtlichen Auswirkungen des Vorhabens auf die Schutzgüter des § 2 Abs. 1. Auswirkungen, die alleine Sachgüter betreffen, ohne einen Umweltbezug zu haben, sind daher nicht Gegenstand der Öffentlichkeitsbeteiligung. Der mit § 2 Abs. 1 gezogene Kreis relevanter Belange ist jedoch denkbar groß. Der EuGH hat etwa im Falle des Fluglärms entschieden, dass selbst Vermögensschäden Gegenstand der Umweltverträglichkeitsprüfung sein müssen, wenn sie sich als unmittelbare wirtschaftliche Folge von Auswirkungen eines Projekts auf die Umwelt darstellen (EuGH Urt. v. 14.3.2013 – Rs. C-420/11, Rn. 30, 36). **13**

Soweit die Fachgesetze eine noch weitergehende Beteiligung der Öffentlichkeit vorsehen – wie etwa im Fachplanungsrecht, § 73 VwVfG –, sind auch die übrigen Belange der Öffentlichkeit bekannt zu geben, eine Anhörung und gegebenenfalls eine Erörterung durchzuführen. Separate Termine für die Umweltauswirkungen und die Beteiligung hinsichtlich der verschiedenen Kategorien von Belangen sind nicht erforderlich; eine deutliche Kennzeichnung und organisatorische Trennung dürfte sich jedoch schon wegen im Einzelnen unterschiedlicher rechtlicher Anforderungen empfehlen (*Peters/Balla/Hesselbarth* Rn. 11). **14**

II. Unterstützung durch Umweltverbände (Abs. 1 S. 3)

S. 3 stellt klar, dass die Umweltverbandsbeteiligung als Beteiligung der Öffentlichkeit und nicht als der der Behördenbeteiligung zu verstehen ist, und weist den Verbänden eine unterstützende Rolle durch die Einbringung naturschutzfachlichen Sachverstands zu. Die Begründung des Gesetzentwurfs sieht hier unter Heranziehung der Rechtspre- **15** chung des Bundesverwaltungsgerichts Ähnlichkeiten mit der Rolle von Verwaltungshelfern (BT-Drs. 18/9526, S. 47). Die Vorschrift kann keine Mitwirkungspflicht der Umweltverbände bewirken, aus der dann die Unzulässigkeit eines Rechtsbehelfs im Falle nicht hinreichender Beteiligung folgen würde (so auch *Hagmann* in Hoppe/Beckmann/Kment Rn. 18; *Peters/Balla/Hesselbarth* Rn. 10; *Dippel* in Schink/Reidt/Mitschang Rn. 27).

III. Mindestanforderungen aus § 73 VwVfG (Abs. 1 S. 4)

16 § 18 Abs. 1 S. 4 gibt einen Mindeststandard der Öffentlichkeitsbeteiligung vor, der durch die entsprechende Heranziehung von § 73 Abs. 3 S. 1, Abs. 5 bis 7 VwVfG konkretisiert wird. Eine Abweichung „nach unten" ist wegen § 4 und vorrangiger europarechtlicher Regelungen unzulässig.

17 **1. Bekanntmachung.** Zunächst ist die Öffentlichkeit über das Vorhaben zu unterrichten (§ 19 Abs. 1, vgl. die Kommentierung zu § 19).

18 **2. Auslegung.** Der zweite Schritt nach der Bekanntmachung besteht in der **Auslegung** der Unterlagen. Ziel der Auslegung ist die **Entfaltung einer Anstoßwirkung,** weshalb nach der zutreffenden Auffassung des Bundesverwaltungsgerichts die ausgelegten Unterlagen geeignet sein müssen, den potentiell Betroffenen das Interesse an der Erhebung von Einwendungen bewusst zu machen (BVerwG Urt. v. 13.10.2011 – 4 A 4001.10, juris Rn. 30 mwN).

19 Welche Unterlagen im einzelnen auszulegen sind, bestimmt nun § 19 Abs. 2 S. 1 (vgl. die Kommentierung zu § 19). Die **Auslegungsfrist,** auf die Abs. 1 S. 4 verweist, beträgt 1 Monat (§ 73 Abs. 3 S. 1 VwVfG), wobei der Tag des Beginns der Auslegung nicht mitgerechnet wird (GmS-OGB Beschl. v. 6.7.1972 – GmS-OGB 2/71, BVerwGE 40, 363 (364 f.); zustimmend *Schink* in Knack/Henneke VwVfG § 73 Rn. 76). Eine **Frist** für die **Bekanntmachung der Auslegung** enthält das Gesetz nicht; die Heranziehung einer Ein-Wochen-Frist (*Hagmann* in Hoppe/Beckmann/Kment Rn. 31), wie sie für die Erörterung nach § 73 Abs. 6 S. 2 VwVfG gilt, ist jedenfalls bei Großvorhaben als unangemessen kurz abzulehnen, da auch die Einsichtnahme in die Unterlagen der Vorbereitung bedarf und Rechtsmittelfristen zu beachten sind (so für die Frist für die Bekanntmachung der Erörterung *Schink* in Knack/Henneke VwVfG § 73 Rn. 74; kritisch zu der Regelung des § 73 Abs. 5 S. 1 VwVfG ebenfalls *Schlacke/Schrader/Bunge* S. 257). Mit dem ersten Tag der Auslegung ist es möglich, Einwendungen zu erheben; die Einwendungsfrist endet zwei Wochen nach Ablauf der Auslegungsfrist (§ 73 Abs. 4 S. 1 VwVfG).

20 Die Auslegung hat als Teil der Öffentlichkeitsbeteiligung den Zweck, die betroffene Öffentlichkeit umfassend über die Umweltauswirkungen des Vorhabens zu informieren; daher sind die **organisatorischen Rahmenbedingungen** entsprechend auszugestalten. Die **Öffnungszeiten** dürfen daher die Möglichkeiten der Betroffenen, die Unterlagen einzusehen, nicht unangemessen beschränken, auch wenn den administrativen Gegebenheiten Rechnung getragen werden muss. Die Schwierigkeiten, Berufstätigen die Einsichtnahme durch Abendsprechstunden zu ermöglichen oder eine ausreichende Dauer der Auslegung sicherzustellen angesichts von Feiertagen, krankheitsbedingte Abwesenheiten oder Urlaub der Mitarbeiter, können teilweise durch die ergänzende Auslegung im Internet abgemildert werden (Näheres *Schink* in Knack/Henneke VwVfG § 73 Rn. 96). Es muss erlaubt und möglich sein, Fotokopien der Unterlagen anzufertigen (*Kirchberg* in Ziekow Rn. 174; *Wysk* in Kopp/Ramsauer VwVfG § 73 Rn. 53; jedenfalls

bei berechtigtem Interesse *Neumann/Külpmann* in Stelkens/Bonk/Sachs VwVfG § 73 Rn. 64, jeweils mit weiteren Einzelheiten und Nachweisen).

Im übrigen gelten die Vorgaben des § 29 VwVfG und die Umweltinformationsgesetze des Bundes und der Länder (etwa § 3 Abs. 1 UIG). **21**

Nach § 18 Abs. 1 S. 2 UVPG muss der betroffenen Öffentlichkeit **Gelegenheit zur Äußerung** gegeben werden. § 21 Abs. 1 bis 3 regeln nun die Einzelheiten der Erhebung von Einwendungen (vgl. die Kommentierung zu § 21). **22**

Bei der **Auslegung in mehreren Gemeinden** steht es der betroffenen Öffentlichkeit nach der Rechtsprechung des Bundesverwaltungsgerichts frei, die ausgelegten Unterlagen in der Gemeinde einzusehen, die sie zuerst auslegt, und für die Abgabe der Einwendung die zuletzt auslaufende Frist zu nutzen (BVerwG Urt. v. 3.5.2013 – 9 A 16/12, juris Ls. 1). **23**

Mit der Auslegung und der Möglichkeit, **Einwendungen** zu erheben, wird der **Rechtsweg eröffnet,** vor allem aber werden Informationen ausgetauscht, die zu einer sachlich angemessenen wie mögliche Konflikte befriedenden Lösung beitragen können. Die „betroffene" Öffentlichkeit im Sinne des § 18 Abs. 1 S. 2 entspricht der Gruppe der (natürlichen wie juristischen) Personen, deren Belange im Sinne des § 73 Abs. 4 S. 1 VwVfG „berührt" sind (ebenso *Hagmann* in Hoppe/Beckmann/Kment Rn. 17). Es ist für die Statthaftigkeit der Einwendungen nicht erforderlich, dass subjektive Rechte im Sinne von § 42 Abs. 2 VwGO oder § 113 Abs. 1 S. 1 VwGO verletzt werden können. **24**

Wird die Frist trotz ordnungsgemäßer Bekanntmachung und Durchführung der Auslegung **versäumt,** hat dies zur Folge, dass die nicht rechtzeitig vorgebrachte Einwendung weder im Zulassungsverfahren noch später im gerichtlichen Verfahren berücksichtigt wird **(materielle Verwirkungspräklusion).** Die Präklusionsvorschriften (§ 73 Abs. 4 S. 3 VwVfG) sind nach Auffassung des Bundesverwaltungsgerichts mit den gemeinschaftsrechtlichen Vorgaben vereinbar (BVerwG Urt. v. 6.11.2012 – 9 A 17/11, juris Rn. 76). Die Behörden sind nach der Rechtsprechung des Bundesverwaltungsgerichts nicht daran gehindert, außerhalb der Frist vorgetragene Einwendungen von Amts wegen zu berücksichtigen, was aber nicht den Einwendungsverlust beseitigt (BVerwG Beschl. v. 18.12.2012 – 9 B 24/12, juris Rn. 6). Nach Auffassung des EuGH ist jedoch eine im gerichtlichen Verfahren wirkende Präklusion mit Art. 11 Abs. 1 UVP-RL nicht vereinbar (EuGH Urt. v. 15.10.2015 – Rs. C-137/14, Rn. 75 ff.; s. *Hofmann* EuR 2016, 188 ff.). **25**

Was die **Berücksichtigung von behördlichen Stellungnahmen** angeht, so wird ihre Nichtberücksichtigung nach Ablauf der Frist zwingend angeordnet (§ 73 Abs. 3a S. 2 VwVfG; kritisch *Wysk* in Kopp/Ramsauer VwVfG § 73 Rn. 39), wenn die in § 73 Abs. 3a S. 2 VwVfG genannten Bedingungen nicht vorliegen, wonach Stellungnahmen, die nach Ablauf der Frist nach S. 1 eingehen, zu berücksichtigen sind, wenn der Planfeststellungsbehörde die vorgebrachten Belange bekannt sind oder hätten bekannt sein müssen oder für die Rechtmäßigkeit der Entscheidung von Bedeutung sind; im Übrigen können sie berücksichtigt werden. Fehler der Behördenbeteiligung sind nur sehr begrenzt rügefähig (*Wysk* in Kopp/Ramsauer VwVfG § 73 Rn. 39). **26**

Die **Anforderungen** der Verwaltungsgerichte an die **Substantiierung der Einwendungen** sind angesichts schwieriger tatsächlicher wie rechtlicher Fragen, die innerhalb der gesetzlichen und vielfach von der Behörde nicht zu verlängernden Fristen zu klären sind, zum Teil äußerst hoch (s. etwa BVerwG Urt. v. 21.6.2006 – 9 A 28/05, E 126, 166 (171 f.); Beschl. v. 13.3.2008 – 9 VR 9/07, juris Rn. 22; zum nicht nur für Fachleute nur mit Mühe zu bewältigendem Ineinandergreifen der Habitatrichtlinie, der Vogelschutzrichtlinie und des Übereinkommens von Bern s. *Sobotta* NuR 2013, 229 (230 ff.); kritisch auch zur Einschätzungsprärogative, die die Rechtsprechung bei der Bewertung der Ein- **27** griffswirkungen eines Vorhabens den Behörden einräumt, *Gassner* NuR 2013, 324 (325) mwN).

28 So heißt es etwa in BVerwG Urt. v. 6.11.2011 – 9 A 17/11, juris Rn. 78: *„Ein Naturschutzverband muss zunächst angeben, welches Schutzgut durch ein Vorhaben betroffen wird und welche Beeinträchtigungen diesem drohen. Die räumliche Zuordnung eines Vorkommens oder einer Beeinträchtigung ist zu spezifizieren, wenn sie sich nicht ohne Weiteres von selbst versteht. Im Weiteren hängt die Intensität des Vortrages der Naturschutzvereinigung davon ab, in welchem Umfang der Vorhabenträger bereits eine Begutachtung geleistet hat und die Planunterlagen fachlich bewertet worden sind. Erforderlich ist eine kritische Auseinandersetzung mit dem vorhandenen Material unter naturschutzfachlichen Gesichtspunkten (Urteil vom 14. Juli 2011 – BVerwG 9 A 12.10 – BVerwGE 140, 149 Rdnr. 20). Dazu gehört, insbesondere auf Trassenvarianten hinzuweisen, die keine oder geringere Konflikte mit Belangen des Naturschutzes auslösen, wenn den Unterlagen insoweit Anstoßwirkung zukommt, weil sich die Behörde ausführlich auch unter naturschutzfachlichen Gesichtspunkten mit verschiedenen Trassenalternativen beschäftigt, diese gegeneinander abgewogen und die Plantrasse als verträglich mit den Naturschutzbelangen angesehen hat. An einen Naturschutzverband sind gerade in Bezug auf naturschutzfachliche Einschätzungen höhere Anforderungen zu stellen als an einen Privateinwender, für den es genügt, das Schutzgut und die Beeinträchtigungen, die er befürchtet, zu benennen.“*

29 Mit dieser Rechtsprechung verlangt das Bundesverwaltungsgericht von den institutionellen Einwendern eine umfassende Analyse möglicher Umweltauswirkungen unter Heranziehung des bei Großvorhaben regelmäßig umfangreichen Materials und die Entwicklung eigener Trassenvorschläge innerhalb der engen Zeitvorgaben des Fachplanungsrechts. Das dient zwar der Verfahrensbeschleunigung, erhöht aber mit Blick auf die begrenzten Ressourcen der Naturschutzverbände die Wahrscheinlichkeit materiell rechtswidriger, weil abwägungsfehlerhafter Entscheidungen.

30 Soweit ein **Träger öffentlicher Belange** durch das Vorhaben zugleich in eigenen Rechten betroffen ist und sich die Möglichkeit offenhalten will, diese Rechte notfalls im Klagewege geltend zu machen, muss er im Rahmen der Betroffenenbeteiligung nach § 18 frist- und formgerecht Einwendungen erheben (BVerwG Beschl. v. 28.2.2013 – 7 VR 13/12, juris Rn. 12; s. a. Urt. v. 9.2.2005 – 9 A 62.03, juris Rn. 33).

31 **3. Erörterung.** Liegen die Voraussetzungen des § 67 Abs. 2 VwVfG vor, kann auf den Erörterungstermin wegen der Verweisung in § 18 Abs. 1 S. 4 UVPG auf einige Bestimmungen im VwVfG verzichtet werden (§ 73 Abs. 6 S. 7 iVm § 67 Abs. 2 VwVfG). Der gerichtlichen Durchsetzung eines nicht durchgeführten Erörterungstermins trotz Fehlen dieser gesetzlichen Voraussetzungen steht in der Regel § 44a VwGO entgegen (*Wysk* in Kopp/Ramsauer VwVfG § 73 Rn. 157). Soweit ein Erörterungstermin durchgeführt wird (zu den Einschränkungen des Anwendungsbereichs s. o. → Rn. 6 ff.), ist er in den betroffenen Gemeinden **ortsüblich** und mindestens **eine Woche** vor dem Termin **bekannt zu machen** (§ 73 Abs. 6 S. 2 VwVfG). Des Weiteren sind die Behörden, der Träger des Vorhabens und diejenigen, die Einwendungen erhoben oder Stellungnahmen abgegeben haben, von dem Erörterungstermin zu **benachrichtigen** (§ 73 Abs. 6 S. 3 VwVfG). Hinsichtlich der Benachrichtigung eröffnet § 73 Abs. 6 S. 4 VwVfG für den Fall, dass außer der Benachrichtigung der Behörden und des Trägers des Vorhabens mehr als 50 Benachrichtigungen vorzunehmen sind, die Möglichkeit einer **öffentlichen Benachrichtigung,** etwa durch Veröffentlichung im Amtsblatt oder einer örtlichen Tageszeitung (§ 73 Abs. 6 S. 5 VwVfG).

32 Hinsichtlich der **Durchführung der Erörterung** ist von entscheidender Bedeutung, dass sie den Beteiligten die Möglichkeit eröffnet, einen gewissen Einfluss auf die Planungsentscheidung geltend zu machen (BVerwG Urt. v. 5.12.1986 – 4 C 13/85, E 75,

214 (225)). **Zeitpunkt, Zeitraum und Ort** sind dieser Vorgabe entsprechend zu wählen. Für den Zeitraum setzt § 73 Abs. 6 S. 7 VwVfG eine Dreimonatsfrist. Weitere Maßgaben folgen aus den entsprechend anzuwendenden Vorschriften über die mündliche Verhandlung nach §§ 67 Abs. 1 S. 3, Abs. 2 Nr. 1–4, 68 VwVfG.

Erörtert werden die **rechtzeitig erhobenen Einwendungen** und die **Stellungnahmen** der Behörden zu dem Plan. Die Anhörungsbehörde hat schon wegen der Be- 33
friedungsfunktion der Anhörung (*Wysk* in Kopp/Ramsauer VwVfG § 73 Rn. 114 ff.) die **Vollständigkeit der eingereichten Unterlagen** einschließlich der behördlichen Stellungnahmen zu überprüfen. Sind die Unterlagen unvollständig, darf ein Anhörungsverfahren und damit auch die Erörterung nicht durchgeführt werden. Wird dennoch ein Erörterungstermin abgehalten und eine Zulassungsentscheidung getroffen, so ist das ein Verfahrensfehler, der allerdings durch Nachholung geheilt werden kann (§ 45 Abs. 1 Nr. 5 VwVfG) und eine Planänderung zur Folge haben kann (§§ 73 Abs. 8, 76 VwVfG).

Beteiligt an dem Erörterungstermin sind der oder die **Antragsteller,** die Vertreter 34
der **Behörden,** die nach § 73 Abs. 2 VwVfG zu beteiligen sind, die **Einwender,** die ordnungsgemäße Einwendungen erhoben haben, sonstige **Betroffene** im Sinne von § 73 Abs. 6 S. 1 VwVfG selbst dann, wenn sie mit Einwendungen nach § 73 Abs. 4 S. 3 VwVfG ausgeschlossen sind, **Vereinigungen** und Vertreter der **Planfeststellungsbehörde.**

Den Einwendern gibt § 73 Abs. 6 S. 1 VwVfG ein **subjektiv-öffentliches Recht** auf 35
Erörterung ihrer eigenen, rechtzeitig erhobenen Einwendungen. Die Erörterung von Fragen, die nicht in unmittelbarem Zusammenhang mit ihren Einwendungen stehen, kann nicht beansprucht werden (*Wysk* in Kopp/Ramsauer VwVfG § 73 Rn. 128). Dieses Recht auf Erörterung geht über eine reine Kenntnisnahme seitens der Behörde im Sinne einer Anhörung hinaus, indem sie sich auf eine sachliche und **substantielle Auseinandersetzung** mit den vorgebrachten Argumenten erstreckt (*Schink* in Knack/Henneke VwVfG § 73 Rn. 145, 163).

Über die rechtlichen Voraussetzungen hinaus ist die Erreichung der Ziele der Öffent- 36
lichkeitsbeteiligung – Sachgerechtigkeit und Befriedung – auch abhängig von der Art der Verhandlungsführung, die in konfliktträchtigen Fällen erhebliche Anforderungen an die Anhörungsbehörde stellt, die nicht alleine durch Beachtung rechtlicher Vorgaben zu erfüllen sind (*Kühling* DVBl. 2008, 1098 (1100)). Ein **kooperativ-dialogischer Ansatz** bei der Vorbereitung der Termine wie auch bei ihrer Durchführung kann dazu beitragen, Konfrontationen zu entschärfen oder gar nicht erst entstehen zu lassen (zusammenfassend *Hagmann* in Hoppe/Beckmann/Kment Rn. 33). Soweit das nicht möglich ist, kann auch auf die zunehmend verbreiteten **Mediationsverfahren** zurückgegriffen werden, um wenigstens eine Minimalverständigung über die Notwendigkeit bestimmter Belastungen zu erreichen (*Fuchs/Hehn/Wagner* UPR 2011, 81 (82 ff.)). Der Erörterungstermin kann auch dazu genutzt werden, die Ergebnisse einer Mediation zu diskutieren, soweit diese vorliegen. Es gilt jedoch zu beachten, dass an den Rechtsfolgen hoheitlicher Entscheidungen sowie an den Zuständigkeiten und Verantwortlichkeiten informale Treffen und daraus resultierende Absprachen nichts ändern können.

C. Öffentlichkeitsbeteiligung in vorgelagerten Verfahren (Abs. 2)

Anders als bei vielen anderen Vorschriften des UVPG fehlen bei Abs. 2 unmittelbare 37
europarechtliche Vorgaben. Die Norm betrifft **vorgelagerte Verfahren** im Sinne des § 2 Abs. 6 Nr. 2, also Linienbestimmungsverfahren im Verkehrsplanungsrecht (§ 47 Abs. 1), bei der Genehmigung von Flugplätzen (§ 47 Abs. 1) sowie in Raumordnungs-

verfahren (§ 49 Abs. 1). Darüber hinaus verweist § 19 Abs. 2 S. 2 auf § 18 Abs. 2 (Planfeststellungsverfahren über einen Wege- und Gewässerplan mit landschaftspflegerischem Begleitplan nach § 41 des **Flurbereinigungsgesetzes**).

38 § 18 Abs. 2 sieht ein vierstufiges Verfahren der Öffentlichkeitsbeteiligung vor:
- Öffentliche Bekanntmachung,
- Auslegung,
- Gelegenheit zur Äußerung und
- Unterrichtung der Öffentlichkeit über die Entscheidung

39 Im **Unterschied zum Verfahren nach Abs. 1** findet mithin **keine Erörterung** im Sinne einer mündlichen Verhandlung statt. Die Gegenstände der Bekanntmachung ergeben sich aus **§ 19 Abs. 1** (s. o. Rn. 41), die der Auslegung aus **§ 19 Abs. 2 und 3** (s. o. → Rn. 48 ff.). Wegen der fehlenden Bezugnahme auf das VwVfG entfallen die Vorgaben des VwVfG hinsichtlich der Form der Bekanntmachung und des Auslegungsorts.

D. Durchsetzung vor den Gerichten

40 Die Öffentlichkeitsbeteiligung hat unter anderem die Funktion, eine Brücke zum Rechtsschutz zu bilden, wie an der Beschränkung der Äußerungsbefugnis auf die „betroffene" Öffentlichkeit und den geltenden Einwendungsfristen deutlich zu sehen ist. Der Rechtsschutz kann sowohl auf die Durchsetzung von **Beteiligungsrechten** als auch auf die **Überprüfung der Entscheidung** in der Sache zielen. Was letzteres anbelangt, hat der EuGH die Möglichkeiten der Umweltschutzverbände mit seiner Trianel-Entscheidung erheblich gestärkt, indem er ihnen einen Anspruch auf gerichtliche Überprüfung auch der Vorschriften zugesteht, die nach deutschem Verständnis nur dem Allgemeininteresse dienen und daher nur eingeschränkt einklagbar sind (EuGH Urt. v. 12.5.2011 – Rs. C-115/09, Rn. 50, 59; zur unmittelbaren Wirkung von Art. 10a UVP-Richtlinie *Gassner* § 9 Rn. 31; *ders.* NuR 2012, 37 (39)).

40 Der EuGH stützt sich dabei vor allem darauf (EuGH Urt. v. 12.5.2011 – Rs. C-115/09, Rn. 50; Urt. v. 15.10.2009 – Rs. C-263/08, Rn. 35, 39), dass die Mitgliedstaaten nach der UVP-Richtlinie im Rahmen ihrer innerstaatlichen Rechtsvorschriften sicherstellen müssen, dass Mitglieder der betroffenen Öffentlichkeit, die a) ein ausreichendes Interesse haben oder alternativ b) eine Rechtsverletzung geltend machen, sofern das Verwaltungsverfahrensrecht bzw. Verwaltungsprozessrecht eines Mitgliedstaats dies als Voraussetzung erfordert, Zugang zu einem Überprüfungsverfahren vor einem Gericht oder einer anderen auf gesetzlicher Grundlage geschaffenen unabhängigen und unparteiischen Stelle haben, um die materiellrechtliche und verfahrensrechtliche Rechtmäßigkeit von Entscheidungen, Handlungen oder Unterlassungen anzufechten, für die die Bestimmungen dieser Richtlinie über die Öffentlichkeitsbeteiligung gelten **(Art. 10a UVP-Richtlinie 85/337/EWG bzw. Art. 11 UVP-Richtlinie 2011/92/EU).** Entscheidend ist für die Richter, dass die Beschränkungen der gerichtlichen Überprüfbarkeit, wie sie auch das deutsche Verwaltungsrecht enthält, die **praktische Wirksamkeit** der durch die Unionsrechtsordnung verliehenen Rechte gefährden.

41 Hinsichtlich der **Beteiligungsrechte** sind Unregelmäßigkeiten nach der Rechtsprechung des Bundesverwaltungsgerichts als Verfahrensverstöße zu qualifizieren und daher so lange unbeachtlich, wie der Beteiligungsmangel die Entscheidung in der Sache nicht beeinflusst haben kann (BVerwG Urt. v. 31.1.2002 – 4 A 15.01, juris Rn. 20). Diese Anwendung von **§ 46 VwVfG** bzw. der entsprechenden landesrechtlichen Vorschriften erschwert die Durchsetzung von Beteiligungsrechten erheblich. Nachdem der EuGH

zumindest der abschließenden Bewertung nach § 12 UVPG aF (nunmehr § 25) materiellen Gehalt zugesprochen hat (EuGH Urt. v. 3.3.2011 – Rs. C-50/09, Rn. 40; Anmerkung von *Erbguth* NVwZ 2011, 935 f.), ist die vom Bundesverwaltungsgericht vertretene Auffassung, nach welcher die UVP rein verfahrensrechtlicher Natur sei mit der Folge, dass auch die auf das Verfahren bezogenen Fehlerheilungsmöglichkeiten greifen, schwer zu halten. Überdies sei hingewiesen auf die mittlerweile ertüchtigte Einklagbarkeit von Verfahrensfehlern im Rahmen von Verbandsklagen über § 4 Abs. 3 UmwRG (*Wysk* in Kopp/Ramsauer VwVfG § 73 Rn. 40 und → § 16 Rn. 2 ff.).

§ 30 Erneute Öffentlichkeitsbeteiligung bei Teilzulassungen

(1) **Ist für ein Vorhaben bereits eine Teilzulassung nach § 29 erteilt worden, so ist im Verfahren zur Erteilung der Zulassung oder weiterer Teilzulassungen eine erneute Beteiligung der Öffentlichkeit erforderlich. Sie ist jedoch auf den Gegenstand der weiteren Teilzulassung zu beschränken. Hierauf weist die zuständige Behörde in der Bekanntmachung hin.**

(2) **Die zuständige Behörde kann von einer erneuten Beteiligung der Öffentlichkeit absehen, soweit zusätzliche erhebliche oder andere erhebliche Umweltauswirkungen nicht zu besorgen sind. Dies ist insbesondere dann der Fall, wenn solche Umweltauswirkungen durch die vom Vorhabenträger vorgesehenen Vorkehrungen ausgeschlossen werden.**

Schrifttum: *Hoppe/Beckmann/Kment,* Gesetz über die Umweltverträglichkeitsprüfung / Umweltrechtsbehelfsgesetz, Kommentar 5. Auflage 2018; *Jarass,* BImSchG, Kommentar, 12. Auflage 2017; *Peters/Balla/Hesselbarth,* Gesetz über die Umweltverträglichkeitsprüfung, Handkommentar, 4. Auflage 2018; *Schink/Reidt/Mitschang,* Umweltverträglichkeitsprüfungsgesetz/Umwelt-Rechtsbehelfsgesetz, Kommentar, 2018.

Übersicht

I. Allgemeines

1. Bedeutung der Vorschrift und Überblick. § 30 hat den Auftrag, die Öffentlichkeitsbeteiligung bei weiteren Teilzulassungen zu regeln. § 30 knüpft hierbei an § 29. Bei mehrstufigen Genehmigungsverfahren stellt sich nämlich nicht nur die in § 29 geregelte Frage des Umfangs der Umweltverträglichkeitsprüfung bei ersten Teilzulassungen (s. § 29 Abs. 1) und weiteren Teilzulassungen (s. § 29 Abs. 2). Zu klären ist auch, inwieweit bei **weiteren Teilzulassungen** eine **erneute Öffentlichkeitsbeteiligung** durchzuführen ist, wenn bereits im Rahmen der ersten Teilzulassung eine Öffentlichkeitsbeteiligung nach § 3 S. 2, §§ 18ff. erfolgt ist. Wie die in § 30 Abs. 1 S. 2 und Abs. 2 S. 1 genannten Einschränkungen verdeutlichen, ist § 30 von dem Gedanken geprägt, mehrfache Öffentlichkeitsbeteiligungen auf neue Aspekte zu begrenzen oder, wenn neue relevante Erkenntnisse nicht zu erwarten sind, ganz zu vermeiden (allg. BR-Drs. 164/17, 111; *Schieferdecker* in Hoppe/Beckmann/Kment Rn. 8). 1

Den beiden Absätzen des § 30 lassen sich **zwei** voneinander zu unterscheidende **Regelungsgegenstände** entnehmen. Abs. 1 betrifft die grundsätzliche Pflicht zur Durchführung einer erneuten Öffentlichkeitsbeteiligung bei weiteren Teilzulassungen nach § 29 Abs. 2 und deren Umfang. Abs. 2 regelt demgegenüber die Möglichkeit, von einer erneuten Öffentlichkeitsbeteiligung abzusehen. 2

3 Die Vorschrift ist, jedenfalls hinsichtlich ihrer Grundzüge, **an § 22 angelehnt** (BR-Drs. 164/17, 111). Anders als § 22 stellt § 30 Abs. 2 S. 1 das Absehen von einer erneuten Öffentlichkeitsbeteiligung jedoch in das Ermessen der Zulassungsbehörde. Weshalb der Gesetzgeber die Regelungen in einer **eigenständigen Vorschrift** verortet hat, anstatt sie in § 29 einzuarbeiten, erschließt sich nicht.

4 **2. Rechtsentwicklung.** § 30 wurde durch Art. 1 des Gesetzes zur Modernisierung des Rechts der Umweltverträglichkeitsprüfung vom 20.7.2017 (BGBl. I 2808) in das UVPG eingefügt. Er trat gem. Art. 4 des Gesetzes vom 20.7.2017 **am 29.7.2017 in Kraft** (die Vorgängerfassung des UVPG wird nachfolgend als UVPG aF bezeichnet). Eine Entsprechung gab es im UVPG aF nicht. § 30 ist seit dem Entwurf des Gesetzes zur Modernisierung des Rechts der Umweltverträglichkeitsprüfung (BR-Drs. 164/17, 23) unverändert geblieben.

5 **3. Abgrenzung zu anderen Vorschriften.** Nur **weitere Teilzulassungen** iSd § 29 Abs. 2 werden von § 30 erfasst. Weitere Teilzulassungen idS sind einer ersten Teilzulassung nach § 29 Abs. 1 nachgelagerte Zulassungen (näher → § 29 Rn. 48). Die Öffentlichkeitsbeteiligung bei Umweltverträglichkeitsprüfungen im Rahmen erster Teilzulassungsverfahren iSd § 29 Abs. 1 S. 1 richtet sich daher nicht nach § 30, sondern den allgemeinen Vorschriften in den §§ 18 ff. (*Peters/Balla/Hesselbarth* Rn. 1; *Schieferdecker* in Hoppe/Beckmann/Kment Rn. 4).

6 Zu beachten ist, dass sich die Regelungen in § 30 nur auf die in § 3 S. 2 geregelte Pflicht zur Beteiligung der Öffentlichkeit nach den § 18 ff. beziehen. Die **in anderen Rechtsvorschriften vorgesehene Öffentlichkeitsbeteiligung** – etwa in § 10 BImSchG – bleibt daher unberührt (*Schieferdecker* in Hoppe/Beckmann/Kment Rn. 16).

7 Abzugrenzen ist § 30 zudem von § 22. Die dortige Regelung betrifft die Frage, ob und wie eine erneute Beteiligung der Öffentlichkeit bei **Änderungen des Vorhabens** durch den Vorhabenträger im Laufe des Verfahrens durchzuführen ist (vgl. den Wortlaut von § 22 Abs. 1). Schon der Sache nach geht es in § 22 also um Änderungen aus dem Projekt heraus und nicht um Verfahrensstufungen im Sinne des § 29.

8 **4. EU-Recht.** § 30 gehört zu den Vorschriften, die der Umsetzung und näheren Ausgestaltung **völker- und unionrechtlicher Verpflichtungen zur Öffentlichkeitsbeteiligung bei Umweltprüfungen** dienen. Auch bei gestuften Zulassungsverfahren hat der nationale Gesetzgeber die Verpflichtungen der Richtlinie 2011/92/EU zu beachten (→ § 29 Rn. 16 ff.). Konkret geht § 30 daher auf Art. 6 Abs. 2 bis 4 der Richtlinie 2011/92/EU in der durch Art. 1 Nr. 6 lit. b ff. Richtlinie 2014/52/EU geänderten Fassung zurück. Den Hintergrund dieser unionsrechtlichen Vorgaben bilden die Verpflichtungen in Art. 6 des Aarhus-Übereinkommens (BGBl. II 2006, S. 1251; s. näher Erwägungsgründe 18 ff. der Richtlinie 2011/92/EU; zum Ganzen auch *von Landwüst* in Schink/Reidt/Mitschang Rn. 29).

II. Anwendungsbereich der Vorschrift

9 Der Anwendungsbereich von § 30 ist nur eröffnet, wenn eine Teilzulassung nach § 29 Abs. 1 bereits erfolgt ist. Bei **nicht von § 29 Abs. 1 erfassten behördlichen Entscheidungen** (→ § 29 Rn. 22 ff.) richtet sich eine Öffentlichkeitsbeteiligung nach § 3 S. 2 daher ebenfalls allein nach den §§ 18 ff.

III. Erneute Öffentlichkeitsbeteiligung bei weiteren Teilzulassungen (Abs. 1)

Nach § 30 Abs. 1 S. 1 ist bei Vorhaben, für die bereits eine Teilzulassung nach § 29 erteilt worden ist, grundsätzlich auch im Verfahren zur Erteilung der Zulassung oder weiterer Teilzulassungen eine erneute Beteiligung der Öffentlichkeit erforderlich. **Teilzulassungen** nach § 29 treffen nur verbindliche Aussagen zu einzelnen zulassungsrelevanten Gesichtspunkten oder spalten die Zulassungsentscheidung auf mehrere Teilentscheidungen auf (→ § 29 Rn. 27 mwN). Erfasst werden, wie schon der Wortlaut des § 29 Abs. 1 S. 1 verdeutlicht, insbesondere Vorbescheide und Teilgenehmigungen (BR-Drs. 164/17, 111). 10

Nach § 30 Abs. 1 S. 2 ist die erneute Öffentlichkeitsbeteiligung auf den Gegenstand der weiteren Teilzulassung zu beschränken. § 30 Abs. 1 S. 2 modifiziert also § 18 Abs. 1 S. 2 dahingehend, dass der betroffenen Öffentlichkeit nicht in Bezug auf die Umweltauswirkungen des Vorhabens insgesamt Gelegenheit zur Äußerung zu geben ist, sondern nur hinsichtlich des Gegenstands der weiteren Teilzulassung. Praktisch umgesetzt wird dieses dadurch, dass sich die gem. § 18 Abs. 1 S. 4 iVm § 73 Abs. 5 S. 1 VwVfG iVm § 19 Abs. 2 und 3 sowie § 20 zur Einsicht für die Öffentlichkeit auszulegenden Unterlagen nur noch auf den beschränkten Gegenstand der Öffentlichkeitsbeteiligung beziehen müssen und Stellungnahmen allein dann relevant sind, wenn sie den Gegenstand der weiteren Teilzulassung betreffen (vgl. zu der Parallelvorschrift in § 22 *Peters/Balla/Hesselbarth* § 22 Rn. 4). Dem Rückgriff auf ggf. schon vorhandene weitergehende Unterlagen steht § 30 Abs. 1 S. 2 zwar nicht zwingend entgegen. Die Auslegung letztlich nicht relevanter Unterlagen wird jedoch nicht selten rechtserhebliche Missverständnisse hervorrufen können und sollte daher aus Gründen der fairen und rechtssicheren Verfahrensführung möglichst vermieden werden. 11

Mit **Gegenstand der Teilzulassung** ist der Teil des Vorhabens oder die verfahrensgegenständliche Genehmigungsfrage gemeint, über den im Rahmen der weiteren Teilzulassung mit Bindungswirkung entschieden wird (*Schieferdecker* in Hoppe/Beckmann/Kment Rn. 9). Nicht erfasst werden demgegenüber Sach- und Rechtsfragen, die bereits im Rahmen der ersten Teilgenehmigung abschließend entschieden wurden (BR-Drs. 164/17, 111). Hintergrund dieser Regelung ist, dass über den Gegenstand der ersten Teilzulassung bereits verbindlich im Rahmen der ersten Teilzulassung entschieden wurde, so dass eine erneute Öffentlichkeitsbeteiligung insoweit funktionslos wäre. Die Beschränkung nach § 30 Abs. 1 S. 2 greift daher auch dann, wenn statt einer **weiteren Teilzulassung** direkt eine **finale Zulassungsentscheidung** ergeht (*Peters/Balla/Hesselbarth* Rn. 2; *Schieferdecker* in Hoppe/Beckmann/Kment Rn. 8). 12

Zutreffend wird in diesem Zusammenhang außerdem darauf hingewiesen, dass gem. **§ 29 Abs. 2 S. 1** die Umweltverträglichkeitsprüfung bei weiteren Teilzulassungen ohnehin auf zusätzliche erhebliche oder andere erhebliche Umweltauswirkungen beschränkt werden soll. Nach § 29 Abs. 2 S. 1 entsprechend auszublendende Aspekte sind daher schon nach § 29 Abs. 2 S. 1 vom „Gegenstand der weiteren Teilzulassung" iSd § 30 Abs. 1 S. 2 und damit auch der nach § 30 Abs. 1 S. 2 begrenzten Öffentlichkeitsbeteiligung ausgenommen (*Schieferdecker* in Hoppe/Beckmann/Kment Rn. 9). Zugleich erübrigt sich damit in derartigen Fällen ein Rückgriff auf die Regelung in § 30 Abs. 2 S. 1. 13

§ 30 Abs. 1 S. 3 verpflichtet die Zulassungsbehörde in der **Bekanntmachung** der erneuten Auslegung auf den beschränkten Gegenstand der Öffentlichkeitsbeteiligung hinzuweisen. 14

IV. Absehen von einer erneuten Beteiligung der Öffentlichkeit (Abs. 2)

15 Nach § 30 Abs. 2 S. 1 kann die zuständige Behörde von einer erneuten Beteiligung der Öffentlichkeit absehen, soweit zusätzliche erhebliche oder andere erhebliche Umweltauswirkungen **nicht zu besorgen** sind. Beispielhaft erläutert Abs. 2 S. 2, dass dies insbesondere dann der Fall ist, wenn solche Umweltauswirkungen durch die vom Vorhabenträger vorgesehenen Vorkehrungen ausgeschlossen werden.

16 § 30 Abs. 2 S. 1 knüpft an § 29 Abs. 2 S. 1 an, nach dem bei weiteren Teilzulassungen die Umweltverträglichkeitsprüfung auf zusätzliche erhebliche oder andere erhebliche Umweltauswirkungen beschränkt werden soll. Auch das Absehen von einer erneuten Beteiligung der Öffentlichkeit nach Abs. 2 S. 1 setzt daher tatbestandlich voraus, dass zusätzliche erhebliche oder andere erhebliche Umweltauswirkungen nicht zu besorgen sind. Ist dieses nicht der Fall, verbleibt schon nach § 30 Abs. 1. S. 2 für eine Öffentlichkeitsbeteiligung kein Raum (→ Rn. 13). Sind derartige Umweltauswirkungen zu verneinen, ist in einem ersten Schritt zu prüfen, ob gleichwohl eine Umweltverträglichkeitsprüfung durchzuführen ist (→ § 29 Rn. 51 f.). Wenn dieses zu bejahen ist, ermöglicht § 30 Abs. 2 S. 1 in einem zweiten Schritt **von einer Öffentlichkeitsbeteiligung abzusehen** (*Schieferdecker* in Hoppe/Beckmann/Kment Rn. 15).

17 **Zusätzliche erhebliche oder andere erhebliche Umweltauswirkungen** sind nur entscheidungsrelevante, aber bislang noch nicht abschließend geprüfte Umweltauswirkungen (s. näher die Kommentierung unter → § 29 Rn. 51). Zu besorgen sind derartige Umweltauswirkungen dann, wenn sie erwartbar sind (vgl. *Peters/Balla/Hesselbarth* § 22 Rn. 5 zu der Regelung in § 22 Abs. 2 S. 1). Nach § 30 Abs. 2 S. 2 sind zusätzliche erhebliche oder andere erhebliche Umweltauswirkungen insbesondere dann nicht zu besorgen, wenn der Vorhabenträger durch geeignete **Vorkehrungen** Sorge dafür trägt, dass nur unerhebliche andere oder zusätzliche Umweltauswirkungen ausgeschlossen sind. Die in der Praxis geläufigen Minimierungs- und Vermeidungsmaßnahmen sind daher nur als relevante „Vorkehrungen" zu werten, wenn sie wirksam und verbindlich sind (*von Landwüst* in Schink/Reidt/Mitschang Rn. 8).

18 Die Entscheidung, ob von einer erneuten Öffentlichkeitsbeteiligung abgesehen wird, steht im **pflichtgemäßen Ermessen** der Zulassungsbehörde. Hierbei hat die Zulassungsbehörde insbesondere die gesetzgeberische Zielsetzung der Vermeidung mehrfacher Öffentlichkeitsbeteiligungen ohne erwartbare relevante Erkenntnisse in ihre Ermessenserwägungen einzustellen (*von Landwüst* in Schink/Reidt/Mitschang Rn. 5; *Schieferdecker* in Hoppe/Beckmann/Kment Rn. 16). Ein Absehen von einer erneuten Öffentlichkeitsbeteiligung ist daher insbesondere dann in Betracht zu ziehen, wenn öffentliche oder private Interessen gegen die mit einer erneuten Öffentlichkeitsbeteiligung verbundene Verzögerung sprechen (*Schieferdecker* in Hoppe/Beckmann/Kment Rn. 16). Liegt dagegen ein Ausnahmefall vor, in dem nach § 29 Abs. 2 S. 1 eine Umweltverträglichkeitsprüfung durchzuführen ist, obwohl keine zusätzlichen erheblichen oder anderen erheblichen Umweltauswirkungen zu besorgen sind (→ § 29 Rn. 50), dürfte einiges dafürsprechen, aus den gleichen Gründen auch eine Öffentlichkeitsbeteiligung durchzuführen.

V. Landesrecht

19 Soweit sich die Umweltverträglichkeitsprüfung nach landesrechtlichen Vorschriften richtet, ergibt sich die Anwendbarkeit von § 30 UVPG aus entsprechenden **landesrechtlichen Verweisungen** (→ die Nachweise bei § 29 Rn. 57).

VI. Rechtsschutz

Als behördliche Verfahrenshandlung im Sinne des § 44a S. 1 VwGO unterliegt die Öffentlichkeitsbeteiligung der verwaltungsgerichtlichen Kontrolle im Rahmen des Rechtsschutzes gegen den entsprechenden Verwaltungsakt. Hierbei gelten die **allgemeinen Grundsätze** zum Rechtsschutz gegen die jeweilige Zulassungsentscheidung bzw. deren Ablehnung. § 44a S. 2 VwGO lässt jedoch isolierte Rechtsbehelfe gegen Verfahrenshandlungen zu, wenn behördliche Verfahrenshandlungen vollstreckt werden können oder gegen einen Nichtbeteiligten ergehen. 20

§ 31 Zulassung eines Vorhabens durch mehrere Behörden; federführende Behörde

(1) **Bedarf ein Vorhaben der Zulassung durch mehrere Landesbehörden, so bestimmen die Länder eine federführende Behörde.**

(2) **Die federführende Behörde ist zumindest für folgende Aufgaben zuständig:**

1. die Feststellung der UVP-Pflicht (§ 5),

2. die Unterrichtung über den Untersuchungsrahmen (§ 15),

3. die Erarbeitung der zusammenfassenden Darstellung (§ 24),

4. die Benachrichtigung eines anderen Staates (§ 54),

5. die grenzüberschreitende Behördenbeteiligung (§ 55 Absatz 1 bis 4 und 6) und

6. die grenzüberschreitende Öffentlichkeitsbeteiligung (§ 56).

Die Länder können der federführenden Behörde weitere verfahrensrechtliche Zuständigkeiten übertragen. Die federführende Behörde nimmt ihre Aufgaben im Zusammenwirken zumindest mit denjenigen Zulassungsbehörden und mit derjenigen für Naturschutz und Landschaftspflege zuständigen Behörde wahr, deren Aufgabenbereich durch das Vorhaben berührt wird. Sie erfüllt diese Aufgaben nach den Verfahrensvorschriften, die für die Umweltverträglichkeitsprüfung in dem von ihr durchzuführenden Zulassungsverfahren gelten.

(3) **Bedarf ein Vorhaben einer Genehmigung nach dem Atomgesetz sowie einer Zulassung durch eine oder mehrere weitere Behörden und ist eine der zuständigen Behörden eine Bundesbehörde, so ist die atomrechtliche Genehmigungsbehörde federführende Behörde. Sie ist neben den in Absatz 2 Satz 1 genannten Aufgaben auch für die Beteiligung der Öffentlichkeit (§§ 18 und 19) zuständig.**

(4) **Wird über die Zulässigkeit eines Vorhabens im Rahmen mehrerer Verfahren entschieden, so wird eine gemeinsame zusammenfassende Darstellung nach § 24 für das gesamte Vorhaben erstellt. Auf der Grundlage der zusammenfassenden Darstellung nehmen die Zulassungsbehörden eine Gesamtbewertung der Umweltauswirkungen des Vorhabens vor und berücksichtigen nach § 25 Absatz 2 die Gesamtbewertung bei den Zulassungsentscheidungen. Die federführende Behörde stellt das Zusammenwirken der Zulassungsbehörden sicher.**

Schrifttum: *Feldhaus,* Verordnung über das Genehmigungsverfahren, Kommentar, 1. Auflage 2007; *Feldmann,* Die Umsetzung der UVP-Änderungsrichtlinie in deutsches Recht, DVBl. 2001, 589–602; *Gassner,* Gesetz über die Umweltverträglichkeitsprüfung, Kommentar, 1. Auflage 2006; *Hoppe/Beckmann/Kment,* Gesetz über die Umweltverträglichkeitsprüfung/Umweltrechtsbehelfsgesetz, Kommentar 5. Auflage 2018; *Kment,* Verwirklichung von Infrastrukturprojekten in Abschnitten im Lichte der Rechtsprechung des Bundesverwaltungsgerichts, AöR 142 (2017), 247–275; *Landel,* Die Umweltverträglichkeitsprüfung in parallelen Zulassungsverfahren, 1. Auflage 1995; *Maurer/Waldhoff,* Allgemeines Verwaltungsrecht, 19. Auflage 2017; *Peters/Balla/Hesselbarth,* Gesetz über die Umweltverträglichkeitsprüfung, Handkommentar, 4. Auflage 2018; *Schink/Reidt/Mitschang,* Umweltverträglichkeitsprüfungsgesetz/Umwelt-Rechtsbehelfsgesetz, Kommentar, 2018; *Schlacke/Schrader/Bunge,* Informationen, Beteiligung und Rechtsschutz in Umweltangelegenheiten; *Storm/Bunge,* Handbuch der Umweltverträglichkeitsprüfung, Loseblatt, Stand Mai 2020; *Weber/Hellmann,* NJW 1990, Das Gesetz über die Umweltverträglichkeitsprüfung (UVP-Gesetz), 1625–1633.

Übersicht

I. Allgemeines

1 **1. Bedeutung der Vorschrift und Überblick.** § 31 regelt **Zuständigkeitsfragen und Aufgaben** einer sogenannten federführenden Behörde für den Fall, dass ein Vorhaben durch mehrere Behörden zuzulassen ist.

2 Hintergrund ist, dass sich der deutsche Gesetzgeber bislang nicht zu einem einheitlichen und konzentrierten Anlagenzulassungsregime, etwa in Gestalt der sogenannten **integrierten Vorhabengenehmigung,** durchringen konnte (näher etwa *Feldmann,* DVBl. 2001, 589 (590); *Schieferdecker* in Hoppe/Beckmann/Kment Rn. 14 ff.). Nach den §§ 6 ff. als uvp-pflichtig anzusehende Vorhaben setzen daher häufig mehrere „öffentlich-rechtliche Genehmigungen, Zulassungen, Verleihungen, Erlaubnisse und Bewilligungen" (vgl. → § 13 BImSchG) voraus. Zu denken ist beispielsweise an neben einer Baugenehmigung erforderliche Erlaubnisse und Ausnahmen nach dem Natur- und Denkmalschutzrecht (zur UVP-Pflicht bei „nur" baurechtlich genehmigungsbedürftigen Vorhaben → § 29 Rn. 56). **Mehrere behördliche Entscheidungen** können selbst dann erforderlich sein, wenn eine Genehmigung nach § 13 BImSchG oder eine Planfeststellung gem. § 75 Abs. 1 S. 1 VwVfG mit einer Konzentrationswirkung verbunden ist und daher andere öffentlich-rechtliche Entscheidungen im Grundsatz eingeschlossen sind (näher → Rn. 19). § 31 federt die hieraus resultierenden Spannungen zwischen den tradierten Zulassungsstrukturen einerseits und den von einheitlichen Zulassungsregimen andererseits aus gedachten unionsrechtlichen Vorgaben (→ Rn. 10) andererseits ab. So gewendet ist die Notwendigkeit, eine federführende Behörde bei parallelen Zulassungsverfahren einzubinden, direkte Folge der gesetzgeberischen Entscheidung, die Umweltverträglichkeitsprüfung gem. § 4 als unselbstständigen Teil des Zulassungsverfahrens auszugestalten (*Landel,* Die Umweltverträglichkeitsprüfung in parallelen Zulassungsverfahren, S. 123 zu § 14 UVPG aF; *von Landwüst* in *Schink/Reidt/Mitschang* Rn. 2). Mit der Schaffung von § 31 hat sich der Gesetzgeber in Bezug auf die rechtspolitische Frage der Sinnhaftigkeit der Aufspaltung eines Vorhabens auf verschiedene Zulassungsverfahren zudem deutlich gegen ein einheitliches Zulassungsregime und für die tradierten Zulassungsstrukturen entschieden.

3 Konkret soll § 31 der Gefahr begegnen, dass die Umweltauswirkungen des Gesamtvorhabens nur unzulänglich geprüft werden. Denn in jedem einzelnen Zulassungsverfahren werden aufgrund der Eingliederung in das jeweilige Zulassungsverfahren gem. § 4 nur die Auswirkungen des jeweils zur Entscheidung anstehenden Verfahrensgegenstands

betrachtet (BT-Drs. 11/3919, 28; *von Landwüst* in *Schink/Reidt/Mitschang* Rn. 2; zur Vorläuferregelung in § 14 UVPG aF schon *Gassner* § 13 UVPG aF Rn. 3). Ohne die Regelung in § 31 würden sich die Zulassungsverfahren bei ihrer Betrachtung daher auf bestimmte umweltrelevante Medien beschränken. Die **medienübergreifenden Auswirkungen des Gesamtvorhabens** werden also jeweils ausgeblendet und drohen insgesamt übergangen zu werden (BT-Drs. 11/3919, 28; *Bunge* in Storm/Bunge HdUVP § 14 UVPG aF Rn. 3 (noch zu § 14 UVPG aF); *von Landwüst* in *Schink/Reidt/Mitschang* Rn. 2). Die Regelungen des § 31 schließen diese Lücke, indem die federführende Behörde die Wahrung der nötigen Gesamtperspektive im UVP-Verfahren sicherstellen soll.

§ 31 beschränkt sich auf das absolut notwendige Maß, was schon in Bezug auf die Vorgängerregelung Forderungen lautwerden ließ, der federführenden Behörde de lege ferenda echte Entscheidungskompetenzen zu übertragen (so etwa *Weber/Hellmann* NJW 1990, 1625 (1631)). Im Gegensatz zu der insbesondere mit Blick auf die Effektivität einer Aufgabenwahrnehmung durch die federführende Behörde zum Teil deutlich kritisierten Vorgängervorschrift in § 14 UVPG aF (zur Kritik und Zustimmung hinsichtlich der Regelungen des § 14 UVPG aF siehe *Bunge* in Storm/Bunge HdUVP § 14 UVPG aF Rn. 6f. mwN) ist § 31 jedoch bislang nicht in den Fokus **rechtspolitischer Auseinandersetzungen** geraten. Sieht man von der Grundsatzfrage der Sinnhaftigkeit eines einheitlichen Zulassungsregimes einmal ab, hat dieses seinen Grund (auch) darin, dass § 31 Abs. 2 S. 2 gegenüber der Vorgängerregelung in § 14 Abs. 1 S. 2 UVPG aF erheblich erweiterte Spielräume für umfassende Aufgabenzuweisungen der Länder an die federführende Behörde eröffnet (→ Rn. 34ff.). 4

2. Rechtsentwicklung. Die Regelung in § 31 geht auf **§ 14 UVPG aF** zurück (zur Entstehungsgeschichte *Bunge* in Storm/Bunge HdUVP § 14 UVPG aF Rn. 1f.), der weitgehend als § 31 in die aktuelle Gesetzesfassung übernommen wurde. Konkret wurde § 31 – wie der gesamte Teil 2 des UVPG aktueller Fassung – durch Art. 1 des Gesetzes zur Modernisierung des Rechts der Umweltverträglichkeitsprüfung vom 20.7.2017 (BGBl. I 2808) neu in das Gesetz eingefügt. Er trat gem. Art. 4 des Gesetzes vom 20.7.2017 am 29.7.2017 in Kraft (die Vorgängerfassung des UVPG wird im Rahmen dieser Kommentierung als UVPG aF bezeichnet). 5

Wesentlich erweitert wurde im Zuge der Neufassung des Gesetzes die in § 14 Abs. 1 S. 2 UVPG aF enthaltene Regelung, nach der die Länder der federführenden Behörde nur weitere Zuständigkeiten in Bezug auf den UVP-Bericht und die Behörden- und Öffentlichkeitsbeteiligung übertragen konnten. Die nun in § 31 Abs. 2 S. 2 enthaltende Regelung stellt es den Ländern demgegenüber frei, welche **weiteren verfahrensrechtlichen Zuständigkeiten** sie der federführenden Behörde übertragen. Hierdurch sollte einer ökonomischeren Verfahrensführung der Weg bereitet werden (BR-Drs. 164/17, 77; näher → Rn. 34). 6

§ 31 Abs. 4 greift **§ 2 Abs. 1 S 4 UVPG aF** auf und dient der Klarstellung, „dass der medienübergreifende und integrative Charakter der UVP auch dann gilt, wenn über die Zulässigkeit eines Vorhabens in mehreren Verfahren entschieden wird" (BR-Drs. 164/17, 112). 7

3. Abgrenzung zu anderen Vorschriften. Zu unterscheiden ist die in § 31 genannte federführende Behörde von der in **§ 58 Abs. 5 S. 2** ebenfalls als federführende Behörde bezeichneten staatlichen Stelle. Letztgenannte wird nur bei einer grenzüberschreitenden Behördenbeteiligung bei ausländischen Vorhaben tätig. **§ 55 Abs. 5** enthält zudem eine Spezialregelung zur Konsultation anderer Staaten, die ungeachtet der Rege- 8 lung in § 31 Abs. 2 S. 1 Nr. 5 auch bei parallelen Zulassungsverfahren zu beachten ist (*Schieferdecker* in Hoppe/Beckmann/Kment Rn. 46).

9 Abzugrenzen ist § 31 außerdem von den Verfahrensvorgaben in § 2a Abs. 4, § 4 Abs. 4 und § 20 Abs. 1a S. 4, Abs. 1b S. 3 der 9. BImSchV und § 1b Abs. 5, § 14a Abs. 2 S. 4 AtVfV. § 31 ist auch im Bereich der 9. BImSchV und der AtVfV zu beachten (aA *Schieferdecker* in Hoppe/Beckmann/Kment Rn. 24). Die Vorschriften der 9. BImSchV und der AtVfV **ergänzen** insoweit die **Regelungen in § 31** nur (vgl. allgemein zum Verhältnis zwischen der 9. BImSchV und den Vorgaben des BImSchG → 9. BImSchV § 1 Rn. 3) und arbeiten die entsprechenden Verfahrensschritte und Aufgaben auch in Bezug auf die federführende Behörde in die immissionsschutzrechtlichen bzw. atomrechtlichen Verfahrensvorschriften ein (ähnlich *Bunge* in Storm/Bunge HdUVP § 14 UVPG aF Rn. 13; zur Vorläuferregelung in § 14 UVPG aF; *Peters/Balla/Hesselbarth* Rn. 2).

10 **4. EU-Recht.** § 31 dient, wie schon die Vorläuferregelung in § 14 UVPG aF, der **Umsetzung der sogenannten UVP-Richtlinie,** die im Jahr 2011 als Richtlinie 2011/92/EU neu gefasst und durch die Richtlinie 2014/52/EU nochmals erheblich geändert wurde (BR-Drs. 164/17, 112).

Die Richtlinie 2011/92/EU geht von einem einheitlichen Vorhabenzulassungsregime aus. Dies veranschaulicht vor allem Art. 2 Abs. 1 der Richtlinie 2011/92/EU, der davon spricht, dass das jeweilige Projekt vor Erteilung „der" Genehmigung einer Umweltverträglichkeitsprüfung zu unterziehen ist. Dennoch lässt das Sekundärrecht in Art. 2 Abs. 2 den Mitgliedstaaten bei der verfahrensrechtlichen Umsetzung der Richtlinienvorgaben weitgehende Freiheit. Das Unionsrecht steht daher einer Abarbeitung der Umweltverträglichkeitsprüfung in mehreren isolierten horizontalen Zulassungsverfahren nicht entgegen (BVerwG, NVwZ 2015, 1070, 1073 – Rn. 29; *von Landwüst* in *Schink/Reidt/Mitschang* Rn. 4; *Schieferdecker* in Hoppe/Beckmann/Kment Rn. 5). Zudem ist es nach der Rechtsprechung des EuGH als geklärt anzusehen, dass Art. 2 Abs. 2 der Richtline 2011/92/EU dahingehend zu verstehen ist, dass auch die Festlegung der Verfahrensregeln für das jeweilige Genehmigungsverfahren den Mitgliedstaaten überlassen bleibt, solange die Ziele der Richtlinie 2011/92/EU nicht preisgegeben werden (EuGH, NVwZ 2011, 929, 932 – Rn. 72ff.). § 31 bewegt sich in diesem Rahmen. Insbesondere erfolgt die Einschaltung der federführenden Behörde gerade zu dem Zweck, die durch Art. 1 Abs. 1 der Richtlinie 2011/92/EU bezweckte **ganzheitliche Umweltverträglichkeitsprüfung eines Projektes** zu gewährleisten. Dieses unterstreicht insbesondere § 31 Abs. 4 (*von Landwüst* in *Schink/Reidt/Mitschang* Rn. 4; s. auch BVerwG NVwZ 2015, 1070, 1073 – Rn. 29 zur Vorläuferregelung in § 14 UVPG aF).

II. Anwendungsbereich der Vorschrift

11 § 31 gilt schon seinem Wortlaut nach für uvp-pflichtige Vorhaben, die der Zulassung durch mehrere Behörden bedürfen. Sollten einem Vorhaben dagegen nicht mehrere isolierte Zulassungsentscheidungen, sondern andere Planungs- oder Behördenentscheidungen vorgelagert sein, richten sich die Verfahrensgrundsätze für diese Verfahren nach spezielleren Regelungen. Hingewiesen sei insbesondere auf § 50 hinsichtlich der Aufstellung, Änderung oder Ergänzung von Bauleitplänen und § 47 zu Verkehrswegeplanungen.

12 Die Anwendbarkeit des § 31 im Rahmen der Zulassung eines Rahmenbetriebsplanes nach § 52 Abs. 2a BBergG ergibt sich aus **§ 57a Abs. 1 S. 4 BBergG.** Der Vorschrift bedurfte es wegen der Regelung in § 51 (BR-Drs. 164/17, 117).

III. Die Bestimmung einer federführenden Behörde (Abs. 1)

§ 31 Abs. 1 **verpflichtet die Länder,** eine federführende Behörde zu bestimmen, wenn ein Vorhaben der Zulassung durch mehrere Landesbehörden bedarf. Unmittelbare Vorgaben für die Durchführung der Umweltverträglichkeitsprüfung bei parallelen Zulassungsverfahren für dasselbe Vorhaben enthält die Vorschrift nicht. Im Einzelnen: 13

1. Die Regelung im Kompetenzgefüge des Grundgesetzes. Der Gesetzgeber hat die Pflicht zur Bestimmung einer federführenden Behörde in § 31 Abs. 1 allein an die Länder – und nicht auch den Bund selbst – adressiert. Dies ist im Zusammenhang mit **Art. 83 GG** zu sehen, nach dem die Länder – neben der ohnehin bestehenden Verwaltungskompetenz zur Ausführung von Landesgesetzen – Bundesgesetze grundsätzlich als eigene Angelegenheiten ausführen. Auch im Bereich des Umweltrechts besteht daher eine weitgehende Verwaltungskompetenz der Länder, was Vorgaben an den Bund entbehrlich macht (*Landel,* Die Umweltverträglichkeitsprüfung in parallelen Zulassungsverfahren, S. 154; s. aber die Sonderregelung in Abs. 3 (→ Rn. 41)). 14

Art. 84 Abs. 1 S. 1 GG sieht zudem vor, dass die Einrichtung der Behörden und das Verwaltungsverfahren bei der Ausführung von Bundesrecht grundsätzlich den Ländern überantwortet ist. § 31 Abs. 1 ist daher als Ausnahme nach **Art. 84 Abs. 1 S. 5 GG** zu verstehen (BT-Drs. 11/3919, 19). Nach dieser Vorschrift kann der Bund ausnahmsweise „wegen eines besonderen Bedürfnisses nach bundeseinheitlicher Regelung das Verwaltungsverfahren ohne Abweichungsmöglichkeit für die Länder regeln". Die Voraussetzungen liegen hier vor, da zur Erfüllung der unionsrechtlichen Pflichten (→ Rn. 10) alternativ nur die Möglichkeit bestanden hätte, den Ländern die Möglichkeit der Durchführung der Umweltverträglichkeitsprüfung in Parallelverfahren zu verwehren und insoweit eine echte Verfahrenskonzentration vorzuschreiben. § 31 Abs. 1 dient mithin der Vermeidung eines noch weitergehenden Eingriffs in die Grundsätze von Art. 83 und 84 Abs. 1 GG (BT-Drs. 11/3919, 28; s. auch *Schieferdecker* in Hoppe/Beckmann/Kment Rn. 32; im Ergebnis ebenso *Landel,* Die Umweltverträglichkeitsprüfung in parallelen Zulassungsverfahren, S. 156 f.). 15

Hinzu kommt, dass § 31 Abs. 1 die Bestimmung der federführenden Behörde selbst vollständig den Ländern überlässt. Die Regelung beschränkt sich daher auf das absolut notwendige Maß (*Schieferdecker* in Hoppe/Beckmann/Kment Rn. 33). Dies gilt auch für immissionsschutzrechtliche Genehmigungsverfahren. § 2a Abs. 4 S. 1 der 9. BImSchV lässt den **Ländern** daher **freie Hand,** ob diese die Genehmigungsbehörde zur federführenden Behörde bestimmen (→ § 2a 9. BImSchV Rn. 18; *Feldhaus,* Verordnung über das Genehmigungsverfahren, § 2a Rn. 9; anders *Schieferdecker* in Hoppe/Beckmann/Kment Rn. 34, der davon spricht, dass der Bundesgesetzgeber den Ländern die Bestimmung der Genehmigungsbehörde als federführende Behörde nahelege). 16

2. Zulassung durch mehrere Landesbehörden. Tatbestandlich setzt § 31 Abs. 1 voraus, dass ein Vorhaben einer **Zulassung durch mehrere Landesbehörden** bedarf. 17

Der Vorhabenbegriff ist in § 2 Abs. 4 legaldefiniert. Von dem Begriff Landesbehörde werden grundsätzlich alle durch ein Land errichteten Behörden erfasst. Einzelheiten des Verwaltungsaufbaus richten sich nach den jeweiligen landesgesetzlichen Vorschriften (näher, insbesondere zum zwei- und dreistufigen Verwaltungsaufbau: *Maurer/Waldhoff* Allgemeines Verwaltungsrecht, § 22 Rn. 13 ff.). Was allgemein mit **„Zulassung"** gemeint ist, ergibt sich aus der Begriffsbestimmung in § 2 Abs. 6, die selbst wiederum auf den Genehmigungsbegriff des Art. 1 Abs. 2 lit. c der Richtlinie 2011/92/EU aufbaut (BT- 18

Drs. 11/3919, 21). Aus § 31 folgt in Bezug auf den Zulassungsbegriff daher, dass Zulassungen im Sinne des § 2 Abs. 6 auch dann gegeben sind, wenn die Zulassung eines Vorhabens im Rahmen mehrerer Parallelverfahren erteilt wird (*Schieferdecker* in Hoppe/Beckmann/Kment Rn. 25).

19 Die Zulassung eines Vorhabens durch mehrere Landesbehörden setzt denklogisch mindestens zwei **getrennte Zulassungsverfahren** voraus (zu Beispielen siehe *Bunge* in Storm/Bunge HdUVP § 14 UVPG aF Rn. 3; *Landel,* Die Umweltverträglichkeitsprüfung in parallelen Zulassungsverfahren, S. 134 ff.). § 31 Abs. 1 ist daher nicht einschlägig, soweit eine Genehmigung nach § 13 BImSchG oder § 8 Abs. 2 AtG eine Konzentrationswirkung entfaltet. Gleiches gilt für den Fall einer Planfeststellung, der nach § 75 Abs. 1 S. 1 VwVfG ebenfalls eine Konzentrationswirkung zukommt. Zu beachten sind jedoch die Grenzen der Konzentrationswirkung. Dies zeigen die Ausnahmen in § 13 BImSchG oder beispielsweise auch die Regelung in § 9 Abs. 1 LuftVG (weitere Beispiele bei *Bunge* in Storm/Bunge HdUVP § 14 UVPG aF Rn. 3; s. auch *Landel,* Die Umweltverträglichkeitsprüfung in parallelen Zulassungsverfahren, S. 122 f. zu immissionsschutzrechtlich und atomrechtlich genehmigungsbedürftigen Anlagen). Hinzu kommt, dass die Konzentrationswirkung über das Vorhaben hinausgehende, weitere (Umfeld-)Maßnahmen nicht erfasst und sich nur auf den jeweiligen Verfahrensgegenstand bezieht (s. *Schieferdecker* in Hoppe/Beckmann/Kment Rn. 27 zum Beispiel des Baus eines Hafens).

20 Mehrere Zulassungen iSd § 31 liegen jedoch dann nicht vor, wenn sich eine Planfeststellung als Vollzulassung nur auf einen räumlichen **Teilabschnitt** bezieht, ohne dass hiermit zugleich eine verbindliche Vorentscheidung für Folgeabschnitte getroffen wird (*Schieferdecker* in Hoppe/Beckmann/Kment Kommentar § 31 Rn. 28). Geläufig ist die Annahme von Vollgenehmigungen für einzelne Trassenabschnitte von Energieleitungen (BVerwG NVwZ 2017, 708, 711 – Rn. 26; NVwZ 2018, 264, 266 – Rn. 31) und Fernstraßen (BVerwG NVwZ 2014, 1008, 1010 – Rn. 18; NVwZ 2016, 1710, 1716 – Rn. 43; Kment AöR 142 (2017), 247 (251 ff.)). Eine Zulassung durch mehrere Landesbehörden liegt auch nicht vor, wenn mehrere Zulassungen durch ein und dieselbe Behörde erfolgen (*Schieferdecker* in Hoppe/Beckmann/Kment Rn. 30).

21 § 31 ist nicht anzuwenden, wenn die Zulassung formal durch eine Behörde ergeht, aber andere Behörden im Rahmen des Zulassungsverfahrens beteiligt werden (sogenannte **mittelbare Außenwirkung;** aA *Schieferdecker* in Hoppe/Beckmann/Kment Rn. 31). Es ist nicht ersichtlich, weshalb in derartigen Konstellationen die Notwendigkeit der Benennung einer federführenden Behörde durch die Länder bestehen sollte, da die Zulassungsbehörde bereits ohnehin umfassend mit der Verfahrensführung beauftragt ist (wie hier *Bunge* in Storm/Bunge HdUVP § 14 UVPG aF Rn. 14 zur Vorläuferregelung in § 14 UVPG aF).

22 **3. Umsetzung in Landesgesetzen und -verordnungen.** Damit die federführenden Behörden ihre besonderen fachbehördenübergreifenden Aufgaben erfüllen können, muss der Landesgesetzgeber Behörden mit **hinreichend umfassender Fachkenntnis** als federführende Behörden auswählen (*Bunge* in Storm/Bunge HdUVP § 14 UVPG aF Rn. 15 mit Blick auf die Vorläuferregelung in § 14 UVPG aF). Weitere Vorgaben lassen sich § 31 nicht entnehmen. Insbesondere ist es aufgrund der besonderen Sachkompetenz zwar naheliegend, aber nicht zwingend, dass die federführende Behörde eine der Zulassungsbehörden ist (*Bunge* in Storm/Bunge HdUVP § 14 UVPG aF Rn. 15 zur Vorläuferregelung in § 14 UVPG aF).

23 Zur Umsetzung von § 31 Abs. 1 haben die Länder in ihren Landesgesetzen bzw. -verordnungen regelmäßig **Kriterienkataloge** aufgestellt, nach denen die federführende Behörde zu ermitteln ist. Zusammengefasst und vereinfacht wird nach den entsprechenden landesgesetzlichen Regelungen in der Regel die Aufgabe der federführenden Behörde vorrangig der höchsten beteiligten Zulassungsbehörde zugeschrieben. Federführende Behörde ist hiernach etwa ein Fachministerium und nicht eine mit einer anderen Parallelzulassung betraute, dem Ministerium untergeordnete, Fachbehörde. Soweit kein Rangverhältnis besteht, richtet sich die Bestimmung der federführenden Behörde in den meisten Ländern danach, welches Zulassungsverfahren mit Blick auf das Vorhaben den Schwerpunkt bildet. In immissionsschutzrechtlichen Verfahren ist dies also regelmäßig die immissionsschutzrechtliche Genehmigungsbehörde (*Feldhaus,* Verordnung über das Genehmigungsverfahren, § 2a Rn. 9).

Für weitere Einzelheiten wird insbesondere auf folgende **landesrechtliche Regelungen** verwiesen: 24

Baden-Württemberg: § 20 Abs. 2 und 3 UVwG BW.
Bayern: § 51 Abs. 1 und 2 BayZustV.
Berlin: § 3 Abs. 3 UVPG-Bln.
Brandenburg: § 3 Abs. 3 S. 4 BdgUVPG.
Bremen: § 2 BremUVPG.
Hamburg: Ziff. I (2) und (3) der Anordnung über Zuständigkeiten auf dem Gebiet der Umweltverträglichkeitsprüfung vom 26.3.2003.
Hessen: § 7 Abs. 1 und 2 HessImSchZuV.
Mecklenburg-Vorpommern: § 1 der UVP-Zuständigkeitsverordnung M-V.
Niedersachsen: § 5 Abs. 1 und 3 NUVPG.
Nordrhein-Westfalen: § 3 Abs. 1 UVPG NRW.
Rheinland-Pfalz: § 1 der UVP-Zuständigkeitsverordnung Rheinland-Pfalz.
Saarland: § 1 der saarländischen Umweltverträglichkeitzuständigkeitsverordnung.
Sachsen: § 5 Abs. 1 S. 3 – 5 SächsUVPG.
Sachsen-Anhalt: § 3 Abs. 1 – 3 UVPG LSA.
Schleswig-Holstein: § 6 Abs. 3 LUVPG Schleswig-Holstein.
Thüringen: § 5 Abs. 2 ThürUVPG.

Ist eine landesrechtliche Regelung zur Bestimmung der federführenden Behörde **lückenhaft,** ist zur Vermeidung eines Leerlaufens der Regelung in § 31 Abs. 1 das allgemeine Verwaltungsorganisationsrechts des betroffenen Landes heranzuziehen (siehe hierzu den Überblick bei *Maurer/Waldhoff* Allgemeines Verwaltungsrecht, § 22 Rn. 13ff.; der zur Vorläuferregelung in § 14 UVPG aF geäußerten Ansicht, dass in derartigen Fällen der den Zulassungsbehörden übergeordneten Behörde oder, soweit es eine solche nicht gibt, der Landesregierung die Bestimmung einer federführenden Behörde obliegt (*so Bunge* in Storm/Bunge HdUVP § 14 UVPG aF Rn. 18), kann daher nur gefolgt werden, wenn dieses in der Verwaltungsorganisation des jeweiligen Landes vorgesehen ist). 25

IV. Aufgaben der federführenden Behörde (Abs. 2)

Die federführende Behörde ist keine Ersatzzulassungsbehörde und auch keine übergeordnete Behörde. Ihr kommt daher eine dem deutschen Recht an sich fremde **Sonderstellung** neben dem grundsätzlichen Aufgaben- und Kompetenzgefüge zu. Hierzu regeln Abs. 2 und die folgenden Absätze von § 31 sowie auf § 31 Abs. 2 S. 2 aufbauende landesrechtliche Vorschriften, für welche Aufgaben die federführende Behörde zuständig ist. 26

Zugewiesen werden der federführenden Behörde nur solche Aufgaben, deren sachgemäße Bewältigung Kenntnisse der Gesamtauswirkungen des Vorhabens voraussetzt. Die federführende Behörde ist hierbei eine Art **Verfahrensmanager,** der nach Maßgabe der Abs. 2ff. nur Organisations-, Beratungs- und Koordinierungsaufgaben obliegen (*Landel,* 27

Die Umweltverträglichkeitsprüfung in parallelen Zulassungsverfahren, S. 123 zu § 14 UVPG aF; *von Landwüst* in *Schink/Reidt/Mitschang* Rn. 7; *Peters/Balla/Hesselbarth* Rn. 3; *Schieferdecker* in Hoppe/Beckmann/Kment Rn. 18 f.).

28 Umgekehrt spart der Aufgabenkatalog in § 31 Abs. 2 S. 1 zentrale Verfahrensschritte, wie die Vorlage des UVP-Berichts nach § 16 und die Behörden- und Öffentlichkeitsbeteiligung nach den §§ 17 ff. aus und belässt sie grundsätzlich (→ Rn. 36 und Rn. 42) bei den jeweiligen Zulassungsbehörden. Erst recht werden der federführenden Behörde **keine materiellrechtlichen Entscheidungen** im engeren Sinn übertragen (*Peters/Balla/Hesselbarth* Rn. 9).

29 **1. Verbindliche Zuständigkeiten der federführenden Behörde.** § 31 Abs. 2 S. 1 regelt verschiedene verbindliche Zuständigkeiten der federführenden Behörde. Die Aufgabenzuweisungen sind jeweils vor dem Hintergrund der Kernfunktion der federführenden Behörde zu sehen, **zulassungsverfahrensübergreifende Auswirkungen** der einzelnen Zulassungsgegenstände im Blick zu behalten (→ Rn. 3). Im Einzelfall kann dies auch erfordern, dass die federführende Behörde zur Anpassung und Vervollständigung methodischer Ansätze zur Ermittlung der Umweltauswirkungen anhält (*Schieferdecker* in Hoppe/Beckmann/Kment Rn. 20).

30 Nach Abs. 2 S. 1 Nr. 1 ist die federführende Behörde für die Feststellung der **UVP-Pflicht nach § 5** zuständig. Dies umfasst auch die Durchführung einer Vorprüfung gem. § 7 (*Schieferdecker* in Hoppe/Beckmann/Kment Rn. 36). Hintergrund ist, dass die Pflicht zur Durchführung einer Umweltverträglichkeitsprüfung nach den §§ 6 ff. nicht nur dann besteht, wenn in den einzelnen medienbezogenen Zulassungsverfahren eine UVP-Pflicht zu bejahen ist. Die Grenze kann auch dann überschritten sein, wenn sich erst in einer Gesamtschau sämtlicher Zulassungsgegenstände eine Pflicht zur Durchführung einer Umweltverträglichkeitsprüfung ergibt.

31 Die **Unterrichtung über den Untersuchungsrahmen nach § 15** ist gem. Abs. 2 S. 1 Nr. 2 ebenfalls der federführenden Behörde überantwortet, da der Vorhabenträger nicht nur hinsichtlich der verschiedenen Zulassungsgegenstände, sondern auch in Bezug auf die Gesamtauswirkungen über den Inhalt, den Umfang und die Detailtiefe der voraussichtlich erforderlichen Angaben zu informieren ist. Der federführenden Behörde obliegt es in diesem Zusammenhang auch, die erforderliche Abstimmung mit den einzelnen Zulassungsbehörden zu leisten (*von Landwüst* in *Schink/Reidt/Mitschang* Rn. 10). Nicht lösbare Streitfragen entscheidet die federführende Behörde (vgl. Ziff. 0.4.7 Abs. 3 S. 3 UVPVwV; zur UVPVwV → Rn. 40), wobei sie wenn möglich zunächst gehalten ist, eine Lösung unter Hinzuziehung der Aufsichtsbehörden herbeizuführen.

32 Die federführende Behörde ist nach § 31 Abs. 1 S. 1 Nr. 3 außerdem für die **Erarbeitung der zusammenfassenden Darstellung nach § 24** zuständig. Auch hier ist der Grund, dass eine sachgerechte Erfassung aller Umweltauswirkungen des Gesamtvorhabens erforderlich ist. Die Erarbeitung der zusammenfassenden Darstellung durch die federführende Behörde setzt eine Zusammenarbeit mit den Zulassungsbehörden und Naturschutzbehörden voraus, die die im Rahmen der Anwendung der §§ 16 ff. erlangten Unterlagen und Erkenntnisse an die federführende Behörde übermitteln. Hinzu kommen zu ermittelnde und zu schließende Erkenntnislücken hinsichtlich der Gesamtauswirkungen des Vorhabens. In diesem Zusammenhang ist außerdem die Regelung in Abs. 2 S. 3 (→ Rn. 38) zu beachten, weshalb die federführende Behörde Widersprüche und Differenzen aufarbeiten und einer Lösung zuführen muss. Sollte eine einvernehmliche Erarbeitung der zusammenfassenden Darstellung mit den Zulassungsbehörden scheitern, liegt das Letztentscheidungsrecht bei der federführenden Behörde (*von Landwüst* in *Schink/Reidt/Mitschang* Rn. 11; *Schieferdecker* in Hoppe/Beckmann/Kment Rn. 43).

Für **parallele Zulassungsverfahren bei Vorhaben mit grenzüberschreitenden Umweltauswirkungen** legt § 31 Abs. 1 S. 1 Nr. 4. die Benachrichtigung eines anderen Staates nach § 54 in die Hände der federführenden Behörde. Auch die **grenzüberschreitende Behördenbeteiligung nach § 55 Absatz 1 bis 4 und 6** (zu der Regelung in § 55 Abs. 5 bereits → Rn. 8) und die **grenzüberschreitende Öffentlichkeitsbeteiligung nach § 56** fällt bei der Durchführung mehrerer Zulassungsverfahren nach § 31 Abs. 1 in die Zuständigkeit der federführenden Behörde. **33**

2. Fakultative Aufgabenübertragungen durch die Länder. Nach § 31 Abs. 2 S. 2 können die Länder der federführenden Behörde **weitere verfahrensrechtliche Zuständigkeiten** übertragen. Die mit Kompetenzübertragungen nach § 31 Abs. 2 S. 2 gegebenenfalls einhergehenden Verfahrenssynergien setzen allerdings voraus, dass die jeweiligen verfahrensrechtlichen Anforderungen, insbesondere die Auslegungs- und Einwendungsfristen, gleichlaufend sind (*Bunge* in: Schlacke/Schrader/Bunge, Informationen, Beteiligung und Rechtsschutz in Umweltangelegenheiten, § 2 Rn. 91). **34**

Aufgrund der Regelung in § 14 Abs. 1 S. 2 UVPG aF hatten die Länder der federführenden Behörde zunächst vor allem Zuständigkeiten in Bezug auf den UVP-Bericht nach § 16 sowie die Behörden- und Öffentlichkeitsbeteiligung übertragen (→ §§ 17 ff.; zum Ganzen *von Landwüst* in *Schink/Reidt/Mitschang* Rn. 11 mit Nachweisen). Trotz der im Zuge der Neufassung des § 31 Abs. 2 S. 2 (→ Rn. 6) **erweiterten Übertragungsmöglichkeiten der Länder** bleiben die Kompetenzen der federführenden Behörde auch nach der Neuregelung auf verfahrensrechtliche Aufgaben begrenzt, so dass die Zulassungsentscheidung selbst nicht auf der Grundlage von § 31 Abs. 2 S. 2 übertragbar ist. Die Länder sind jedoch nicht gehindert, die Zuständigkeitsverteilung zwischen den Landesbehörden so zu ändern, dass § 31 schon deshalb unanwendbar ist, weil ein Vorhaben nicht (mehr) der Zulassung durch mehrere Landesbehörden bedarf (*Schieferdecker* in Hoppe/Beckmann/Kment Rn. 47). **35**

Die einzelnen **Bundesländer** haben, soweit die entsprechenden landesrechtlichen Regelungen bereits zeitnah aktualisiert wurden, von dem durch § 31 Abs. 2 S. 2 eröffneten Spielraum **höchst unterschiedlich** Gebrauch gemacht. Für weitere Einzelheiten wird insbesondere auf folgende landesrechtliche Regelungen verwiesen: **36**

Baden-Württemberg: § 20 Abs. 1 S. 1 UVwG BW, der die Feststellung der UVP-Pflicht, die Durchführung des Verfahrens der Umweltverträglichkeitsprüfung und die zusammenfassende Darstellung der Umweltauswirkungen in die Hände der federführenden Behörde legt, wobei diese nach S. 2 im Einzelfall Aufgaben auf eine der Zulassungsbehörden übertragen kann.

Bayern: § 51 Abs. 3 BayZustV, der der federführenden Behörde grundsätzlich auch die in den §§ 16–23 und 25 Abs. 1 UVPG geregelten Aufgaben überantwortet.

Berlin: § 3a Abs. 1 S. 2 UVPG-Bln, der der federführenden Behörde die Aufgabe der Einstellung von Angaben oder Unterlagen in ein zentrales Internetportal überträgt und § 3b S. 2 2 UVPG-Bln, der eine Informationspflicht gegenüber der Senatsverwaltung regelt.

Brandenburg: § 3 Abs. 3 S. 3 BdgUVPG, der der federführenden Behörde zusätzlich die Entgegennahme und Prüfung des UVP-Berichts sowie die Beteiligung und elektronische Unterrichtung der Öffentlichkeit zuordnet.

Hessen: § 7 Abs. 3 HessImSchZuV, der es bei einer Wiederholung des Aufgabenkatalogs in § 31 Abs. 2 S. 1 belässt.

Mecklenburg-Vorpommern: § 2 der UVP-Zuständigkeitsverordnung M-V, der der federführenden Behörde über die in Abs. 2 S. 1 genannten Aufgaben hinaus auch die Zuständigkeit für die in den §§ 16–20 sowie den §§ 5 bis 11 LUVPG M-V genannten Verfahrensschritte zuweist.

Niedersachsen: § 5 Abs. 2 S. 1 und 2 NUVPG, nach denen der federführenden Behörde auch die Beteiligung anderer Behörden und der Öffentlichkeit nach den §§ 17 bis 23 UVPG, die Bekanntmachung der Entscheidung und die Auslegung des Bescheides nach § 27 UVPG sowie die Vornahme der Gesamtbewertung der Umweltauswirkungen des Vorhabens nach § 31 Abs. 4 S. 2 UVPG im Einvernehmen mit den anderen Zulassungsbehörden bezüglich der diese betreffenden Bewertungsbestandteile obliegt.

Nordrhein-Westfalen: § 3 Abs. 2 UVPG NRW, der die federführende Behörde umfassend auch für die Wahrnehmung der in den §§ 16–19, 21, 22, 24, 26, 27 sowie den §§ 54 bis 57 und § 64 geregelten Aufgaben für zuständig erklärt.

Rheinland-Pfalz: § 2 der UVP-Zuständigkeitsverordnung, nach dem die federführende Behörde auch die Aufgaben nach den §§ 16–22 UVPG wahrnimmt.

Saarland: § 2 der saarländischen Umweltverträglichkeitszuständigkeitsverordnung, der der federführenden Behörde die in den §§ 16–22 geregelten Aufgaben überträgt.

Sachsen-Anhalt: § 3 Abs. 4 UVPG LSA, nach dem der federführenden Behörde auch die in den §§ 57 und 64 geregelten Aufgaben sowie nach näherer Maßgabe des § 3 Abs. 5 UVPG LSA auch die Aufgaben nach den §§ 16–19, 21, 22 und 27.

Thüringen: § 5 Abs. 3 ThürUVPG, der die federführende Behörde umfassend auch für die Wahrnehmung der in den §§ 16–19, 21, 22, 24, 26 Abs. 1 Nr. 3 lit. b und d und § 27 sowie den §§ 54–57 und § 64 UVPG geregelten Aufgaben für zuständig erklärt.

37 Hinzu kommen ggf. landesrechtliche Verweisungen auf die bundesrechtlichen Verfahrensregelungen (s. etwa § 5 Abs. 3 NUVPG; näher auch → § 29 Rn. 57). **Keine einschlägigen Regelungen** gibt es, soweit ersichtlich, in *Bremen, Hamburg, Sachsen* und *Schleswig-Holstein.*

38 **3. Zusammenwirken mit anderen Behörden.** Nach § 31 Abs. 2 S. 3 nimmt die federführende Behörde ihre Aufgaben im **Zusammenwirken** zumindest mit denjenigen **Zulassungsbehörden** und mit derjenigen für **Naturschutz und Landschaftspflege zuständigen Behörde** wahr, deren Aufgabenbereich durch das Vorhaben berührt wird. § 31 Abs. 2 S. 3 enthält also ein Kooperationsgebot. Dieses ist notwendig, da die Entscheidungsverantwortung hinsichtlich des jeweiligen Zulassungsantrags bei der zuständigen Zulassungsbehörde verbleibt, so dass deren Interessen so umfassend wie möglich zu berücksichtigen sind (Schieferdecker in Hoppe/Beckmann/Kment Rn. 48). Die federführende Behörde ist verpflichtet, effektiv auf ein Zusammenwirken hinzuwirken (*Gassner* Kommentar § 13 UVPG aF Rn. 14). Zusammenwirken im Sinne des Abs. 2 S. 3 umfasst gegenseitige fachliche Hilfestellungen und aktive Zusammenarbeit bzw. Mitarbeit der Behörden (s. schon *Bunge* in Storm/Bunge HdUVP § 14 UVPG aF Rn. 27 zur Vorläuferregelung). Dies schließt es jedoch nicht aus, dass bei Meinungsverschiedenheiten zwischen den Zulassungsbehörden letztlich die federführende Behörde nötige Verfahrensentscheidungen trifft (*Bunge* in Storm/Bunge HdUVP § 14 UVPG aF Rn. 27).

39 **4. Verfahrensvorschriften für die Aufgabenwahrnehmung der federführenden Behörde.** Abs. 2 S. 4 bestimmt, dass die federführende Behörde die ihr übertragenen Aufgaben nach den Verfahrensvorschriften erfüllt, die für die Umweltverträglichkeitsprüfung in dem von ihr durchzuführenden Zulassungsverfahren gelten. Diese im Zuge der Neufassung von § 14 UVPG aF zu § 31 eingeführte Regelung (→ Rn. 7) soll etwaigen Rechtsunsicherheiten und Vollzugsproblemen begegnen (BR-Drs. 164/17 (Beschluss), 20). Der Gedanke, die **Anwendung und Kombination unterschiedlicher Verfahrensvorschriften zu vermeiden,** ist zu begrüßen. § 31 Abs. 2 S. 4 ist allerdings nur einschlägig, wenn die federführende Behörde auch Zulassungsbehörde ist, was Abs. 1 an sich nicht voraussetzt (→ Rn. 16; kritisch daher *Schieferdecker* in Hoppe/Beckmann/Kment Rn. 50). Sollte die federführende Behörde daher nicht zugleich eine der Zulassungsbehörden für das konkrete Vorhaben sein, können weiterhin Unsicherheiten auftreten, ob einzelne fachgesetzliche Verfahrensvorschriften anzuwenden sind oder nicht.

Weitere Einzelheiten zur Mitwirkung der federführenden Behörde bei der Durchführung von Umweltverträglichkeitsprüfungen lassen sich zudem der noch auf das UVPG aF zurückgehenden (s. heute § 70) **UVPVwV** entnehmen (ausführlich hierzu aus dem Blickwinkel des UVPG aF *Bunge* in Storm/Bunge HdUVP § 14 UVPG aF Rn. 28 ff.; s. auch die aktuelle Kommentierung zu § 70). **40**

V. Sonderregelung für atomrechtliche Zulassungsverfahren (Abs. 3)

§ 31 Abs. 3 betrifft die Sonderkonstellation, dass ein Vorhaben einer Genehmigung nach dem Atomgesetz und zusätzlich einer Zulassung durch eine weitere Behörde oder mehrere weitere Behörden bedarf. Für diesen Fall bestimmt Abs. 3 S. 1 die **atomrechtliche Genehmigungsbehörde** zur federführenden Behörde. Allerdings nur, wenn eine der zuständigen Behörden eine Bundesbehörde ist. Der Sonderregelung bedurfte es, da Abs. 1 tatbestandlich mehrere Landesbehörden voraussetzt (*Schieferdecker* in Hoppe/Beckmann/Kment Rn. 51). Die Aufgabenübertragung an die atomrechtliche Genehmigungsbehörde folgt aus der Tatsache, dass die potentiell größte Umweltauswirkung entsprechender Vorhaben Strahlungsrisiken sind, die daher einen Kernaspekt der Umweltverträglichkeitsprüfung darstellen (*Feldmann,* DVBl. 2001, 589 (599)). **41**

Die Aufgaben der federführenden Behörde bei atomrechtlichen Zulassungsverfahren gehen über die in § 31 Abs. 2 S. 1 genannten Zuständigkeiten hinaus. Sie ist nach § 31 Abs. 3 S. 2, neben den in Absatz 2 Satz 1 genannten Aufgaben **auch für die Beteiligung der Öffentlichkeit** nach den §§ 18 und 19 zuständig. **42**

VI. Gemeinsame zusammenfassende Darstellung und Gesamtbewertung (Abs. 4)

§ 31 Abs. 4 ist klarstellender Natur (→ Rn. 7) und betrifft die Berücksichtigung der medienübergreifenden Gesamtauswirkungen eines Vorhabens bei der Erstellung der **zusammenfassenden Darstellung** nach § 24 und die **Gesamtbewertung** der Umweltauswirkungen des Vorhabens gem. § 25. **43**

Nach Abs. 4 S. 1 ist eine gemeinsame zusammenfassende Darstellung nach § 24 für das gesamte Vorhaben zu erstellen, wenn über die Zulässigkeit eines Vorhabens im Rahmen mehrerer Verfahren entschieden wird. Der Wortlaut der Vorschrift ist missglückt, da er nicht klärt, ob die Regelung auch dann gelten soll, wenn das Zulassungsverfahren nicht durch *mehrere Landes*behörden (→ Rn. 14 und Rn. 20) durchgeführt wird. Aus systematischen Gründen dürfte § 31 Abs. 4 S. 1 jedoch so zu verstehen sein, dass von der Regelung allein die in § 31 Abs. 1 und 3 bezeichneten federführenden Behörden erfasst werden. Mit Blick auf die der Vorschrift zugedachte klarstellende Funktion ist § 31 Abs. 4 S. 1 dessen ungeachtet so zu verstehen, dass der Gesetzgeber noch einmal hervorheben wollte, dass die den jeweiligen Zulassungsverfahren zuzuordnende zusammenfassende Darstellung **eine *gemeinsame* zusammenfassende Darstellung** zu sein hat. Sie hat also jeweils die medienübergreifenden Gesamtauswirkungen des Vorhabens zu berücksichtigen (*von Landwüst* in *Schink/Reidt/Mitschang* Rn. 15). **44**

Abs. 4 S. 2 und 3 sind im Zusammenhang zu sehen. S. 2 belässt, wie im Umkehrschluss schon aus der unterbliebenen Aufnahme in Abs. 2 S. 1 folgt, die auf der Grundla- **45** ge der zusammenfassenden Darstellung vorzunehmende **Gesamtbewertung** der Umweltauswirkungen des Vorhabens nach § 25 Abs. 1 und die **Berücksichtigung** der Gesamtbewertung bei den Zulassungsentscheidungen nach § 25 Abs. 2 den **Zulassungsbehörden.** Der Grund für die Aufgabenwahrnehmung durch die Zulassungsbehörden ist darin zu sehen, dass die Bewertung und die eigentliche Zulassungsentscheidung untrennbar miteinander verbunden sind (*Bunge* in Storm/Bunge HdUVP § 14 UVPG aF Rn. 5). Um die in Abs. 4 S. 2 noch einmal eindeutig abverlangte Berücksichtigung auch der über den jeweiligen Zulassungsgegenstand hinausgehenden Gesamtauswirkungen verfahrensrechtlich zu gewährleisten, regelt Abs. 4 S. 3, dass die federführende Behörde das hierfür nötige Zusammenwirken der Zulassungsbehörden sicherstellt.

46 Der federführenden Behörde kommt auch im Rahmen der Erstellung der Gesamtbewertung nur die Funktion einer **Verfahrensmanagerin,** insbesondere durch Organisation des erforderlichen Austausches zwischen den Zulassungsbehörden, und eine beratende Aufgabe zu (*Bunge* in Storm/Bunge HdUVP § 14 UVPG aF Rn. 36; *Peters/Balla/Hesselbarth* Rn. 9). Eine inhaltliche Entscheidungsbefugnis steht ihr im Konfliktfall nicht zu. Bei Meinungsverschiedenheiten hat sie aber durch entsprechende Vorschläge auf eine einvernehmliche Sprachregelung zwischen den Zulassungsbehörden hinzuwirken und notwendigenfalls die jeweilige Aufsichtsbehörde einzubinden (*Peters/Balla/Hesselbarth* Rn. 9; *Schieferdecker* in Hoppe/Beckmann/Kment Rn. 55). Auch die Dokumentation fällt in die Zuständigkeit der federführenden Behörde (*Peters/Balla/Hesselbarth* Rn. 9). Ergänzende Regelungen, insbesondere für den Umgang mit gegensätzlichen Standpunkten der Behörden, enthält Ziff. 0.6.2.3 der UVPVwV.

VII. Rechtsschutz

47 Die Rechtsweggarantie in Art. 19 Abs. 4 GG beinhaltet auch das Recht auf Anrufung staatlicher Gerichte gegen die Bestimmung der federführenden Behörde und deren Entscheidungen im Einzelfall. Als behördliche Verfahrenshandlungen im Sinne des **§ 44a S. 1 VwGO** unterliegt die Handhabung des § 31 durch die federführende Behörde und die Zulassungsbehörden allerdings grundsätzlich der verwaltungsgerichtlichen Kontrolle im Rahmen des Rechtsschutzes gegen den entsprechenden Verwaltungsakt. Hierbei gelten die **allgemeinen Grundsätze** zum Rechtsschutz gegen die jeweilige Zulassungsentscheidung bzw. deren Ablehnung (ausführlich zu hiermit einhergehenden Fragen zur Vorläuferregelung *Bunge* in Storm/Bunge HdUVP § 14 UVPG aF Rn. 42 ff.; *Landel,* Die Umweltverträglichkeitsprüfung in parallelen Zulassungsverfahren, S. 183 ff.).

48 **§ 44a S. 2 VwGO** lässt jedoch Rechtsbehelfe unmittelbar gegen Verfahrenshandlungen zu, wenn behördliche Verfahrenshandlungen vollstreckt werden können oder gegen einen Nichtbeteiligten ergehen. Die zweite Alternative kommt im Zusammenhang mit Handlungen der Zulassungsbehörden oder der federführenden Behörde in Betracht, soweit von § 13 VwVfG nicht erfasste Dritte betroffen sind. Neben einer Verletzung von Rechten Dritter wegen einer Unzuständigkeit der jeweils handelnden Behörde, sind vor allem Rechtsverletzungen durch die rechtsfehlerhafte Auslegung vertraulicher Unterlagen denkbar (mit Beispielen zu § 14 UVPG aF *Bunge* in Storm/Bunge HdUVP § 14 UVPG aF Rn. 41; *Landel,* Die Umweltverträglichkeitsprüfung in parallelen Zulassungsverfahren, S. 183).

§ 32 Verbundene Prüfverfahren

Für ein Vorhaben, das einzeln oder im Zusammenwirken mit anderen Vorhaben, Projekten oder Plänen geeignet ist, ein Natura 2000-Gebiet erheblich zu beeinträchtigen, wird die Verträglichkeitsprüfung nach § 34 Absatz 1 des Bundesnaturschutzgesetzes im Verfahren zur Zulassungsentscheidung des Vorhabens vorgenommen. Die Umweltverträglichkeitsprüfung kann mit der Prüfung nach Satz 1 und mit anderen Prüfungen zur Ermittlung oder Bewertung von Umweltauswirkungen verbunden werden.

Schrifttum: *Dix,* Der Schutz von Natura-2000-Gebieten bei Errichtung und Betrieb von Offshore-Windkraftanlagen, 1. Auflage 2015; *Hoppe/Beckmann/Kment,* Gesetz über die Umweltverträglichkeitsprüfung / Umweltrechtsbehelfsgesetz, Kommentar 5. Auflage 2018; *Peters/Balla/Hesselbarth,* Gesetz über die Umweltverträglichkeitsprüfung, Handkommentar, 4. Auflage 2018; *Schink/Reidt/Mitschang,* Umweltverträglichkeitsprüfungsgesetz/Umwelt-Rechtsbehelfsgesetz, Kommentar, 2018.

Übersicht

I. Allgemeines

1. Bedeutung der Vorschrift und Überblick. § 32 regelt die verfahrensrechtliche Verbindung der Umweltverträglichkeitsprüfung mit einer FFH-Verträglichkeitsprüfung nach § 34 Abs. 1 BNatSchG und anderen Prüfungen zur Ermittlung und Bewertung von Umweltauswirkungen. Die Vorschrift hat den Zweck, **unnötige doppelte Prüfungen zu vermeiden,** die Qualität der jeweiligen Umweltprüfungen zu steigern und Verfahrenssynergien für die Verwaltung und den Vorhabenträger zu heben (BR-Drs. 164/17, 112; *von Landwüst* in Schink/Reidt/Mitschang Rn. 1; s. auch Erwägungsgrund 31 der Richtlinie 2014/52/EU). 1

2. Rechtsentwicklung. § 32 wurde – wie der gesamte Teil 2 des UVPG aktueller Fassung – durch Art. 1 des Gesetzes zur Modernisierung des Rechts der Umweltverträglichkeitsprüfung vom 20.7.2017 (BGBl. I 2808) neu in das Gesetz eingefügt. Er trat gem. Art. 4 des Gesetzes vom 20.7.2017 **am 29.7.2017 in Kraft.** 2

3. Abgrenzung zu anderen Vorschriften. Abzugrenzen ist § 32 von der Vorschrift in § 24b der 9. BImSchV, die der Regelung in § 32 weitgehend entspricht. Sie arbeitet die Regelungen des § 32 in die Verfahrensschritte des immissionsschutzrechtlichen Ge- 3 nehmigungsverfahrens ein. § 24b der 9. BImSchV **ergänzt** daher die **Regelungen in § 31** (vgl. allgemein zum Verhältnis zwischen der 9. BImSchV und den Vorgaben des BImSchG → 9. BImSchV § 1 Rn. 3).

4 **4. EU-Recht.** § 32 dient der Umsetzung von **Art. 2 Abs. 3 der Richtlinie 2011/92/EU** ((BR-Drs. 164/17, 112; sogenannte UVP-Richtlinie). Die Regelung wurde erst im Jahr 2014 durch Art. 1 Ziff. 1 lit. a der Richtlinie 2014/52/EU neu in den Richtlinientext aufgenommen. Nach Art. 2 Abs. 3 UAbs. 1 der (entsprechend geänderten) Richtlinie 2011/92/EU haben die Mitgliedsstaaten „gegebenenfalls" die Durchführung koordinierter und/oder gemeinsamer Verfahren zur Prüfung der Umweltauswirkungen nach der Richtlinie 2011/92/EU und der Richtlinie 92/43/EWG und/oder der Richtlinie 2009/147/EG sicherzustellen. Art. 2 Abs. 3 UAbs. 2 der Richtlinie 2011/92/EU nF sieht zudem vor, dass die Mitgliedstaaten auch in Bezug auf weitere unionsrechtlich geforderte Umweltprüfungen bei einem Zusammentreffen mit den Pflichten nach der Richtlinie 2011/92/EU koordinierte und/oder gemeinsame Prüfverfahren vorsehen können. Mit der Neuregelung bezweckte der Unionsrechtsgeber „die Steigerung der Wirksamkeit der Prüfung, die Verringerung des Verwaltungsaufwands und die Steigerung der wirtschaftlichen Effizienz" (Erwägungsgrund 31 Richtlinie 2014/52/EU). Art. 2 Abs. 3 UAbs. 4 der Richtlinie 2011/92/EU hebt jedoch zugleich hervor, dass sich die jeweiligen materiellen-rechtlichen Schutzstandards durch derartig verbundene Prüfungen nicht ändern dürfen.

5 Der Aufforderung in Art. 2 Abs. 3 UAbs. 5 der Richtlinie 2011/92/EU nF zur Formulierung von Leitlinien für die Einführung entsprechender koordinierter oder gemeinsamer Verfahren ist die Europäische Kommission mit der Veröffentlichung der „Leitlinien der Kommission für die Straffung der Umweltverträglichkeitsprüfung gemäß Artikel 2 Absatz 3 der Richtlinie über die Umweltverträglichkeitsprüfung" nachgekommen (ABl. EU v. 27.7.2016, C 273/01).

II. Durchführung der FFH-Verträglichkeitsprüfung nach § 34 Abs. 1 BNatSchG (S. 1)

6 Nach § 32 S. 1 wird die Verträglichkeitsprüfung nach § 34 Abs. 1 BNatSchG im Verfahren zur Zulassungsentscheidung des Vorhabens vorgenommen, wenn ein Vorhaben einzeln oder im Zusammenwirken mit anderen Vorhaben, Projekten oder Plänen geeignet ist, ein Natura 2000-Gebiet erheblich zu beeinträchtigen. Die Vorgabe des § 32 S. 1 greift nur, wenn neben einer FFH-Verträglichkeitsprüfung auch eine Umweltverträglichkeitsprüfung durchzuführen ist. Tatbestandlich nimmt § 32 S. 1 hierbei schon seinem Wortlaut nach auf die in **§ 34 Abs. 1 BNatSchG** geregelte habitatschutzrechtliche Verträglichkeitsprüfung für Natura 2000-Gebiete Bezug, die auf die **Richtlinie 92/43/EWG** und die Richtlinie **2009/147/EG** zurückgeht. Es wird daher ergänzend auf die Kommentierung zu § 34 BNatSchG, insbesondere zur Prüfungspflicht und -tiefe sowie zum Schutzstandard, verwiesen (s. außerdem die wegweisende Entscheidung des EuGH zur Herzmuschelfischerei (EuZW 2004, 730 (733) sowie den Überblick bei *Dix,* Der Schutz von Natura-2000-Gebieten bei Errichtung und Betrieb von Offshore-Windkraftanlagen, S. 107 f.). Treffen Umweltverträglichkeitsprüfung und die Verträglichkeitsprüfung nach § 34 Abs. 1 BNatSchG zusammen, schreibt § 32 vor, die Verträglichkeitsprüfung nach § 34 Abs. 1 BNatSchG im Verfahren zur Zulassung des jeweiligen Projektes durchzuführen. § 32 S. 1 gesteht der Zulassungsbehörde insoweit also keinerlei Verfahrensermessen zu.

Ein **Regelungsbedarf** für die Regelung in § 32 S. 1 ist **nicht ersichtlich.** Schon vor der Einfügung von § 32 S. 1 war zweifelsfrei, dass die Verträglichkeitsprüfung nach § 34 BNatSchG im Rahmen des jeweiligen Zulassungsverfahrens als Trägerverfahren durchzuführen ist (sog. Huckepackverfahren; *Dix,* Der Schutz von Natura-2000-Gebieten bei Errichtung und Betrieb von Offshore-Windkraftanlagen, S. 43 mwN; kritisch daher auch *Peters/Balla/Hesselbarth* Rn. 3; ebenso zur Regelung in § 24b der 9. BImSchV → 9. BImSchV § 24b Rn. 4), so dass es keiner klarstellenden Regelung bedurfte. Systematisch überzeugender wäre es zudem gewesen, eine dahingehende Regelung in § 34 BNatSchG zu integrieren und nicht im UVPG zu verorten. 7

III. Verbindung der Umweltverträglichkeitsprüfung mit der FFH-Verträglichkeitsprüfung und anderen Prüfungen (S. 2)

Nach § 32 S. 2 kann die Umweltverträglichkeitsprüfung mit der FFH-Verträglichkeitsprüfung und mit anderen Prüfungen zur Ermittlung oder Bewertung von Umweltauswirkungen verbunden werden. 8

1. Verbindung der Umweltverträglichkeitsprüfung mit der FFH-Verträglichkeitsprüfung. Nach der ersten Alternative des S. 2 kann die **Umweltverträglichkeitsprüfung mit der FFH-Verträglichkeitsprüfung** verbunden werden. Für eine solche Verknüpfung bedurfte es einer gesonderten gesetzlichen Regelung, da die FFH-Verträglichkeitsprüfung in § 34 Abs. 1 und 2 BNatSchG grundsätzlich als selbstständige, wenn auch im Rahmen des Verfahrens zur Zulassung des jeweiligen Projektes durchzuführende, Prüfung ausgestaltet wurde. Wie die Verbindung konkret auszusehen hat, regelt § 32 S. 2 nicht. Zu beachten ist jedoch, dass Art. 2 Abs. 3 UAbs. 1 der Richtlinie 2011/92/EU nF von einem „Sicherstellen" durch die Mitgliedstaaten spricht. § 32 S. 2 ist daher unionsrechtskonform dahingehend auszulegen, dass § 32 S. 2 in seiner ersten Alternative eine grundsätzliche **Pflicht** zu koordinierten und/oder gemeinsamen Prüfverfahren statuiert (so auch die Europäische Kommission in ihren Leitlinien (→ Rn. 5) unter Ziff. 3.1.; wie hier → 9. BImSchV § 24b Rn. 5). 9

Der verfahrensrechtlichen Verbindung sind durch den jeweiligen Prüfungsrahmen und den jeweils bezweckten Schutzstandard der Umweltverträglichkeitsprüfung bzw. der FFH-Verträglichkeitsprüfung jedoch inhaltlich **enge Grenzen** gesetzt. Die Vorschrift darf deshalb auch nicht mit überhöhten Erwartungen verbunden werden (einschränkend auch BR-Drs. 164/17, 112). § 32 S. 2 erlaubt in seiner ersten Alternative letztlich nur den Verzicht auf Formalitäten und die wechselseitige Nutzung der im Rahmen der Umweltverträglichkeitsprüfung bzw. der FFH-Verträglichkeitsprüfung gewonnenen Erkenntnisse. **Größere Synergien** sind hierbei schon deshalb **nicht zu erwarten,** weil die Prüfungsgegenstände von FFH-Verträglichkeitsprüfung und Umweltverträglichkeitsprüfung mit Blick auf die zum Teil völlig anderen Schutzgüter (vgl. § 2 Abs. 1 und § 34 Abs. 1 BNatSchG (ggf. iVm einer entsprechenden Schutzgebietsausweisung) sehr unterschiedlich sind. Regelmäßig lassen sich daher nur einige naturschutzfachliche Erkenntnisse der habitatschutzrechtlichen Untersuchungen für die Umweltverträglichkeitsprüfung nutzen. Auch wenn die diesbezügliche Faktenlage vergleichsweise hervorragend aufbereitet sein sollte – der Ausschluss einer Beeinträchtigung eines Natura 2000-Gebiets hat anhand der besten einschlägigen wissenschaftlichen Erkenntnisse zu erfolgen (grundlegend: EuGH, EuZW 2004, 730 (733) – Rn. 54) – entbindet dieses jedoch nicht einmal von der ordnungsgemäßen Aufbereitung weiterer Auswirkungen auf den Naturhaushalt, die im Rahmen der habitatschutzrechtlichen Prüfungen keine Rolle spielen (vgl. zu den be- 10 grenzten Verflechtungsmöglichkeiten auch → 9. BImSchV § 24b Rn. 5a sowie schon *Dix,* Der Schutz von Natura-2000-Gebieten bei Errichtung und Betrieb von Offshore-Windkraftanlagen, S. 48 f.).

11 **2. Verbindung mit anderen Prüfungen.** Die zweite Alternative von § 32 S. 2 ermöglicht zudem, die Umweltverträglichkeitsprüfung mit anderen Prüfungen zur Ermittlung oder Bewertung von Umweltauswirkungen zu verbinden. Ob die Zulassungsbehörde die Prüfungen gemeinsam vornimmt, liegt in ihrem **Verfahrensermessen** gem. § 10 VwVfG (vgl. → 9. BImSchV § 24b Rn. 6).

12 Der Gesetzgeber hatte bei der Schaffung der zweiten Alternative des § 32 S. 2 vor allem die Prüfung einer Ausnahme nach **§ 31 WHG** im Blick (BR-Drs. 164/17, 112). Neben den damit angesprochenen Prüfungen der Richtlinie 2000/60/EG (sog. Wasserrahmenrichtlinie) hatte der Unionsrechtsgeber in Erwägungsgrund 31 der Richtlinie 2014/52/EU zudem auf Prüfungen nach der Richtlinie 2001/42/EG (sog. SUP-Richtlinie), der Richtlinie 2008/98/EG (sog. Abfall-Rahmen-Richtlinie), der Richtlinie 2010/75/EU (sog. Industrieemissions-Richtlinie) und der Richtlinie 2012/18/EU (Störfall- oder Seveso III-Richtlinie genannt) verwiesen, so dass beispielsweise ein störfallrechtliches Genehmigungsverfahren nach **§ 23b BImSchG** oder die Prüfung der in **§ 36 KrWG** aufgestellten Voraussetzungen (für den Erlass eines Planfeststellungsbeschlusses für die Errichtung und den Betrieb von Deponien sowie deren wesentlicher Änderung; → § 35 Abs. 2 KrWG) als Anwendungsfälle in Betracht kommen (s. auch *von Landwüst* in Schink/Reidt/MitschangRn. 5; *Peters/Balla/Hesselbarth* Rn. 4; *Schieferdecker* in Hoppe/Beckmann/Kmen § 31 Rn. 17 jeweils mit Beispielen).

13 Als vom Gesetzeswortlaut noch erfasst anzusehen ist auch die **Verbindung der Umweltverträglichkeitsprüfungen von mehreren Vorhaben** zu einer gemeinsamen Umweltverträglichkeitsprüfung. Eine dahingehende Ausübung des Verfahrensermessen gem. § 10 VwVfG kommt allerdings nur in Betracht, wenn die Wechselwirkungen zwischen den Vorhaben Synergien einer gemeinsamen Prüfung nahelegen und die Vorhaben jeweils hinreichend fortgeschrittenen und verfestigt sind (*Schieferdecker* in Hoppe/Beckmann/Kment § 31 Rn. 16).

14 Auch bei einem Zusammenziehen der Prüfungen nach der zweiten Alternative von § 32 S. 2 dürfen die **jeweiligen materiell-rechtlichen Standards** nicht unterschritten werden (BR-Drs. 164/17, 112), was entsprechend der Ausführungen in Bezug auf die Verbindung zwischen Umweltverträglichkeitsprüfung und FFH-Verträglichkeitsprüfung nach § 34 Abs. 1 BNatSchG (→ Rn. 10) ggf. ebenfalls größeren Synergien entgegenstehen kann.

§ 67a Zulassung des vorzeitigen Baubeginns

(1) **In einem Planfeststellungs- oder Plangenehmigungsverfahren für ein Vorhaben nach § 65 Absatz 1 in Verbindung mit der Anlage 1 Nummer 19.7 kann die für die Feststellung des Plans oder für die Erteilung der Plangenehmigung zuständige Behörde vorläufig zulassen, dass bereits vor Feststellung des Plans oder der Erteilung der Plangenehmigung in Teilen mit der Errichtung oder Änderung der Rohrleitungsanlage einschließlich der Vorarbeiten begonnen wird, wenn**

1. **unter Berücksichtigung der Stellungnahmen der Träger öffentlicher Belange einschließlich der Gebietskörperschaften mit einer Entscheidung im Planfeststellungs- oder Plangenehmigungsverfahren zugunsten des Vorhabenträgers gerechnet werden kann,**
2. **der Vorhabenträger ein berechtigtes oder ein öffentliches Interesse an der Zulassung des vorzeitigen Baubeginns darlegt,**
3. **der Vorhabenträger nur Maßnahmen durchführt, die reversibel sind,**
4. **der Vorhabenträger über die für die Maßnahmen notwendigen privaten Rechte verfügt und**
5. **der Vorhabenträger sich verpflichtet,**
   a) **alle Schäden zu ersetzen, die bis zur Entscheidung im Planfeststellungs- oder Plangenehmigungsverfahren durch die Maßnahmen verursacht worden sind, und**
   b) **sofern kein Planfeststellungsbeschluss oder keine Plangenehmigung erfolgt, den früheren Zustand wiederherzustellen.**

Ausnahmsweise können irreversible Maßnahmen zugelassen werden, wenn sie nur wirtschaftliche Schäden verursachen und für diese Schäden eine Entschädigung in Geld geleistet wird. Die Zulassung erfolgt auf Antrag des Vorhabenträgers und unter dem Vorbehalt des Widerrufs.

(2) **Die für die Feststellung des Plans oder für die Erteilung der Plangenehmigung zuständige Behörde kann die Leistung einer Sicherheit verlangen, soweit dies erforderlich ist, um die Erfüllung der Verpflichtungen des Vorhabenträgers nach Absatz 1 Satz 1 Nummer 5 und Satz 2 zu sichern. Soweit die zugelassenen Maßnahmen durch die Planfeststellung oder Plangenehmigung für unzulässig erklärt sind, ordnet die Behörde gegenüber dem Träger des Vorhabens an, den früheren Zustand wiederherzustellen. Dies gilt auch, wenn der Antrag auf Planfeststellung oder Plangenehmigung zurückgenommen wurde.**

(3) **Die Entscheidung über die Zulassung des vorzeitigen Baubeginns ist den anliegenden Gemeinden und den Beteiligten zuzustellen.**

(4) **Widerspruch und Anfechtungsklage gegen die Zulassung des vorzeitigen Baubeginns haben keine aufschiebende Wirkung.**

(Kommentierung folgt)

13 Haben mehrere Anlagen oder sonstige Quellen erst durch das Zusammenwirken von isoliert noch nicht gefährlichen Stoffen den Schaden oder ein bestimmtes Schadensbild verursacht, wird vielfach unklar sein, wie der Schaden auf die einzelnen Täter zu verteilen ist. Ob und in welcher Weise § 830 Abs. 1 Satz 2 BGB diesen Fall des **Anteilszweifels** erfasst, ist noch nicht endgültig geklärt (→ Rn. 34ff.). Ein Modell für die Behandlung von Anteilszweifeln ist die wasserrechtliche Haftung nach § 89 Abs. 1 Satz 1 und Abs. 2 Satz 1 Hs. 2 WHG (vgl. BGHZ 57, 257 (60ff.) = NJW 1972, 205; → Rn. 35).

C. Grundzüge der Beweiserleichterung nach § 6 UmweltHG

14 Die Beweisregel des § 6 Abs. 1 knüpft an die **Eignung** einer Kataloganlage zur Schadensverursachung eine Kausalitätsvermutung. Der Geschädigte muss also nur mehr die Schadenseignung der Anlage nachweisen. In § 6 Abs. 2 wird der Gedanke der Rspr, an die Verletzung von Grenzwerten eine Kausalitätsvermutung zu knüpfen, in der Weise aufgegriffen und modifiziert, dass die **Beachtung der Vorschriften zum Schutze der Umwelt** die in § 6 Abs. 1 normierte Kausalitätsvermutung ausschließt. § 6 Abs. 4 macht schließlich die Rspr zur Beweiserleichterung wegen Verletzung von Dokumentationspflichten in der Weise fruchtbar, dass an die **ordnungsgemäße Dokumentation** die Vermutung der Beachtung der Vorschriften zum Schutz der Umwelt geknüpft wird. Die **Bewertung der Regelung** ist umstritten. Für die einen stellt die Vermutung (in Zusammenschau mit § 7) eine überzogene Verdachtshaftung dar, für die anderen ist der Unterschied zum Vollbeweis und den bereits anerkannten Beweiserleichterungen (zu) gering (s. *Schmidt-Salzer* Rn. 39ff.; *Diederichsen* PHI 1992, 162 (168); *Kloepfer* § 6 Rn. 177; *Sautter* S. 138ff.).

D. Der Vermutungstatbestand des § 6 Abs. 1 UmweltHG

I. Gegenstand der Vermutung

15 Nach § 6 Abs. 1 Satz 1 wird ein Ursachenzusammenhang zwischen einem entstandenen Schaden und einer Anlage vermutet, wenn die Anlage zur **Schadensverursachung geeignet** ist. Diese Vermutung soll den Nachweis des in § 1 normierten Haftungstatbestands erleichtern. Sie betrifft trotz der ungenauen Formulierung („Schaden") die Verletzungskausalität, dh die haftungsbegründende Kausalität zwischen Umwelteinwirkung und Verletzung, nicht die haftungsausfüllende Kausalität, obwohl auch hier Beweisprobleme bestehen (*Kohler* in Staudinger UmweltHR Rn. 1, 9f.; *Salje/Peter* Rn. 24; für Analogie *Deutsch* JZ 1991, 1097 (1100)). Im Fall der Schadenseignung der Anlage wird vermutet, dass die Rechtsgutsverletzung des Geschädigten durch die Anlage verursacht worden ist. Im Hinblick auf § 6 Abs. 2 ist die Vermutung primär für Störfälle relevant, für den Normalbetrieb nur, wenn dieser nicht „bestimmungsgemäß" erfolgt (OLG Düsseldorf 21.10.2010, I-22 U 70/10, juris, Rn. 68). Die Darlegung und der **Nachweis der Eignung** obliegen dem Geschädigten. Aus dem Normzweck und der Auflistung einer Vielzahl von Eignungskriterien in § 6 Abs. 1 (→ Rn. 16) ergibt sich jedoch, dass hierfür kein Vollbeweis erforderlich ist. Vielmehr ist das Beweismaß iS **ernstlicher Wahrscheinlichkeit** gemindert (BGH NJW 1997, 2748 (2750); NJW 2013, 1000 Rn. 15; *Hager* NJW 1991, 134 (137); *Kohler* in Staudinger UmweltHR Rn. 24; *Salje/Peter* Rn. 32; *Pöttker* S. 169f.; aM *Kloepfer* § 6 Rn. 157f.; *Sautter* S. 143ff.).

II. Voraussetzungen der Vermutung

16 Vermutungsbasis ist die **Schadenseignung** der Anlage (§ 6 Abs. 1 Satz 1). Die Anlage muss zunächst ihrer Art nach (abstrakt) geeignet sein, die Rechtsgutverletzung zu verursachen. Darüber hinaus muss eine **konkrete Schadenseignung** bestehen (BGH 29.9.2015, I ZR 11/15, juris, Rn. 42; OLG Düsseldorf NJW-RR 1994, 1181 (1182); 21.10.2010, I-22 U 70/10, juris, Rn. 77; *Kohler* in Staudinger UmweltHR Rn. 11 f.). Gemäß § 6 Abs. 1 Satz 2 ist die Schadenseignung anhand bestimmter Eignungsindikatoren festzustellen. Dies sind der Betriebsablauf, die verwendeten Einrichtungen, die Art und Konzentration der eingesetzten und freigesetzten Stoffe, die meteorologischen Gegebenheiten, Zeit und Ort des Schadenseintritts, das Schadensbild sowie alle sonstigen, für oder gegen einen Kausalzusammenhang sprechenden Gegebenheiten (vgl. *Kohler* in Staudinger UmweltHR Rn. 13 ff.; *Salje/Peter* Rn. 26). Die Menge der Schadstoffe ist als sonstige Gegebenheit zu berücksichtigen (Bundesregierung, Gegenäußerung, BT-Drs. 11/7104, S. 30).

17 Der Geschädigte muss zunächst den Nachweis führen, dass von der Anlage Umwelteinwirkungen ausgehen, dh dass die **Einwirkungskausalität** gegeben ist (*Salje/Peter* §§ 1, 3 Rn. 114). Es ist streitig, ob die Vermutung auch für die Einwirkungskausalität gilt, ob also hierfür der Nachweis genügt, dass die Anlage geeignet ist, auf die Umwelt einzuwirken. Dagegen könnte § 6 Abs. 1 S. 2, Abs. 2 sprechen (OLG Düsseldorf 29.10.2010, I-22 U 70/10, juris, Rn. 68; *Kohler* in Staudinger UmweltHR Rn. 9 f.; *Kloepfer* § 6 Rn. 147 f.). Teilw. wird vertreten, dass die Kausalitätsvermutung den gesamten Verlauf vom Betrieb der Anlage bis zur Schadensentstehung und damit auch die Einwirkungskausalität umfasst (*Salje/Peter* Rn. 21; *Höpke/Thürmann* Rn. 21; *Landsberg/Lülling* Rn. 49 f.; *Schmidt-Salzer* Rn. 64 f.). Freilich setzt der Nachweis, dass die Anlage konkret geeignet ist, auf die Umwelt einzuwirken, regelmäßig den Nachweis der **Freisetzung bestimmter Schadstoffe** voraus. Im Ergebnis dürfte daher der unterschiedlichen Auslegung keine besondere praktische Bedeutung zukommen. Möglicherweise hat der Geschädigte Schwierigkeiten, den Nachweis der Schadstofffreisetzung zu führen, weil ihm die erforderlichen Kenntnisse über die Beschaffenheit und Menge der freigesetzten Stoffe, sowie über den Zeitpunkt der Freisetzung fehlen. Insoweit helfen aber die Auskunftsansprüche nach den §§ 8, 9 (→ § 8 Rn. 11 ff., § 9 Rn. 6).

18 Neben der Einwirkungskausalität muss der Geschädigte die **Verletzungskausalität,** dh einen Zusammenhang zwischen der Umwelteinwirkung und der Rechtsgutverletzung nachweisen. Wesentliche Elemente sind die Exposition und die Stoffkausalität. Dies ist der Kernbereich des § 6 Abs. 1. Hierfür genügt die Eignung zur Schadensverursachung. Das Beweismaß reduziert sich auf den Nachweis einer ernstlichen Wahrscheinlichkeit (→ Rn. 15).

19 Für den Nachweis der Verletzungskausalität muss der Geschädigte zunächst die konkrete Möglichkeit dartun, dass er der von der Anlage ausgehenden Umwelteinwirkung, genauer: den der Anlage zuzurechnenden Emissionen, **ausgesetzt** war. Hierzu bedarf es einer Darlegung der Verbreitungswege der Emissionen und einer ungefähren zeitlichen Einordnung der Exposition (OLG Düsseldorf NJW-RR 1994, 1181 (1182)). Insofern spielen vor allem die meteorologischen und geologischen Gegebenheiten eine Rolle.

20 Sodann muss der Geschädigte den Nachweis führen, dass die Schadstoffe, die von der Anlage stammen und denen er ausgesetzt war, geeignet sind, den Schaden zu verursachen. Auf dieser Stufe der Beweisführung geht es also um die **Ursache-Wirkungs-Beziehung** zwischen Schadstoff und Rechtsgutsverletzung (Stoffkausalität). Insoweit spielen vor allem die folgenden Faktoren eine Rolle: das Schadensbild, eine wissenschaft-

§ 8 Auskunftsanspruch des Geschädigten gegen den Inhaber einer Anlage*

(1) **Liegen Tatsachen vor, die die Annahme begründen, daß eine Anlage den Schaden verursacht hat, so kann der Geschädigte vom Inhaber der Anlage Auskunft verlangen, soweit dies zur Feststellung, daß ein Anspruch auf Schadensersatz nach diesem Gesetz besteht, erforderlich ist. Verlangt werden können nur Angaben über die verwendeten Einrichtungen, die Art und Konzentration der eingesetzten oder freigesetzten Stoffe und die sonst von der Anlage ausgehenden Wirkungen sowie die besonderen Betriebspflichten nach § 6 Abs. 3.**

(2) **Der Anspruch nach Absatz 1 besteht insoweit nicht, als die Vorgänge aufgrund gesetzlicher Vorschriften geheimzuhalten sind oder die Geheimhaltung einem überwiegenden Interesse des Inhabers der Anlage oder eines Dritten entspricht.**

(3) **Der Geschädigte kann vom Inhaber der Anlage Gewährung von Einsicht in vorhandene Unterlagen verlangen, soweit die Annahme begründet ist, daß die Auskunft unvollständig, unrichtig oder nicht ausreichend ist, oder wenn die Auskunft nicht in angemessener Frist erteilt wird. Absätze 1 und 2 gelten entsprechend.**

(4) **Die §§ 259 bis 261 des Bürgerlichen Gesetzbuchs finden entsprechende Anwendung.**

Schrifttum zu §§ 8–10: *Breuer,* Schutz von Betriebs- und Geschäftsgeheimnissen im Umweltrecht, NVwZ 1986, 171; *Fluck/Fischer/Martini,* Informationsfreiheitsrecht, Stand: 2020; *Goetze/Engel,* Umweltinformationsgesetz, 2017; *Goldhammer,* Geschäftsgeheimnis-Richtlinie und Informationsfreiheit, NVwZ 2017, 1809; *Guckelberger,* Ablehnung von Informationsanträgen zum Schutz sonstiger Belange, NuR 2018, 509; *Gurlit,* Die Verwaltungsöffentlichkeit im Umweltrecht: ein Rechtsvergleich, 1989; *Hahn, W.,* Offenbarungspflichten im Umweltschutzrecht, 1984; *Haller,* Auskunftsansprüche im Umweltrecht, 1999; *ders.,* Die Rechtsqualität der Behördenentscheidungen im Rahmen des Auskunftsanspruchs nach § 9 Umwelthaftungsgesetz, NuR 1995, 217; *Kloepfer/Greve,* Das Informationsfreiheitsgesetz und der Schutz von Betriebs- und Geschäftsgeheimnissen, NVwZ 2011, 577; *Knack/Henneke,* Verwaltungsverfahrensgesetz, 11. Aufl. 2019; *Köhler/Bornkamm/Feddersen* Gesetz gegen den unlauteren Wettbewerb – UWG, 28. Aufl. 2020; *Kopp/Ramsauer,* Verwaltungsverfahrensgesetz, 21. Aufl. 2020; *Kopp/Schenke,* Verwaltungsgerichtsordnung, 26. Aufl. 2020; *Leonhard,* Der privatrechtliche Auskunftsanspruch im Umweltrecht, 2000; *Lorenz,* Auskunftsansprüche im Bürgerlichen Recht, JuS 1995, 569; *Neumann,* In-camera-Verfahren vor den Verwaltungsgerichten, DVBl. 2016, 473; *Nieß-Mache,* Auskunftspflichten gegenüber Dritten bei Abwassereinleitungen, UPR 1987, 130; *Osterloh-Konrad,* Der allgemeine vorbereitende Informationsanspruch, 2007; *Sautter,* Beweiserleichterungen und Auskunftsansprüche im Umwelthaftungsrecht, 1996; *Schönke/Schröder,* Strafgesetzbuch, 30. Aufl. 2019; *Schröder, M.,* Der Schutz von Betriebs- und Geschäftsgeheimnissen, UPR 1985, 394; *ders.,* Auskunft und Zugang in bezug auf Umweltdaten als Rechtsproblem, NVwZ 1990, 905; *ders.,* Die Berücksichtigung der Interessen der Wirtschaft bei der Gestaltung und Umsetzung der Umweltinformationsrichtlinie der Europäischen Gemeinschaft, ZHR 155 (1991) 471; *Stein/Jonas,* Zivilprozessordnung, Bd. 8, 23. Aufl. 2017; *Stürner,* Die Aufklärungspflicht der Parteien des Zivilprozesses, 1976; *ders.,* Die gewerbliche Geheimsphäre im Zivilprozeß, JZ 1985, 453; *Wiebe,* Der Geheimnisschutz im Informationsfreiheitsrecht, NVwZ 2019, 1705.

Übersicht

* Teile der Kommentierung beruhen auf der von Günther Hager verfassten Vorauflage.

A. Grundzüge und Zweck der Vorschrift

1 Dem Geschädigten obliegt grds. der Nachweis der Tatbestandselemente des § 1. Dieser Nachweis wird durch die in § 6 Abs. 1 normierte Kausalitätsvermutung erleichtert. Danach muss der Geschädigte nur nachweisen, dass der Betrieb der in Anspruch genommenen Anlage im konkreten Fall geeignet ist, den Schaden zu verursachen. Selbst diese Schadenseignung wird der Geschädigte mangels Kenntnis über die Betriebsinterna der Anlage aber meist nur schwer beurteilen können. Das UmweltHG gewährt ihm daher in § 8 einen eigenständigen Auskunftsanspruch gegen den Anlageninhaber, durch den der Nachweis der Vermutungsvoraussetzungen des § 6 erleichtert wird. Hierauf sind die Gegenstände des Auskunftsrechts – verwendete Einrichtungen, eingesetzte oder freigesetzte Stoffe, sonstige von der Anlage ausgehende Wirkungen und die besonderen Betriebspflichten nach § 6 Abs. 3 – bezogen. Greift die Vermutung des § 6 nicht ein, dient der Auskunftsanspruch aber auch allg. der Erleichterung des dann notwendigen vollständigen Nachweises der Tatbestandselemente des § 1. Der Geschädigte verfügt damit über ein Mittel, **Informationsdefizite** abzubauen und die Erfolgsaussichten eines Schadensersatzprozesses, dh das Prozessrisiko und insbes. das Kostenrisiko, besser abschätzen zu können. Die Regelung dient der Anspruchsfeststellung und Anspruchsdurchsetzung, aber auch der Vermeidung unnötiger Prozesse, da sich herausstellen kann, dass der in Anspruch genommene Anlageninhaber nicht haftet (*Gerlach* S. 310 ff.; *Reuter* in Paschke Rn. 3 ff., 6; *Kohler* in Staudinger UmweltHR Rn. 1 f.). Letztlich trägt der Auskunftsanspruch auch dazu bei, dass sich das Präventionsziel des Gesetzes entfalten kann (*Reuter* in Paschke Rn. 5). Der Vorbehalt von Geheimhaltungsinteressen nach § 8 Abs. 2 dient dem Ausgleich zwischen den Interessen des Geschädigten und kollidierenden öffentlichen und privaten Interessen.

B. Auskunftsansprüche nach allgemeinem Recht

2 Das allgemeine Recht kennt zahlreiche Auskunftsansprüche und funktional gleichwertige andere Ansprüche, die aber für die Umwelthaftung meist ohne Relevanz sind (vgl. statt aller *Lorenz* JuS 1995, 569 ff.). Für deliktische Ansprüche auf Schadensersatz aus § 1 kommen der Besichtigungsanspruch nach § 809 BGB und der allg. Auskunftsanspruch aus § 242 BGB in Betracht. Diese Ansprüche werden durch § 8 nicht verdrängt.

3 Der **Besichtigungsanspruch** nach § 809 BGB gilt auch für Grundstücke und ermöglicht insoweit die Feststellung, ob von einer Anlage auf einem Grundstück Immis-

sionen ausgehen, die eine deliktische Haftung auslösen können (BGHZ 93, 191 (198) = NJW-RR 1986, 480; *Habersack* in MünchKomm BGB § 809 Rn. 3, 5; *Salje/Peter* Vor §§ 8–10 Rn. 3). Auch Regressansprüche zwischen mehreren Anlageninhabern sind erfasst (*Salje/Peter* Vor §§ 8–10 Rn. 3). Die Besichtigung umfasst dabei auch den Einsatz technischer Untersuchungsverfahren, Probenahmen und die Begutachtung durch Sachverständige. Es genügt ein **gewisser Grad an Wahrscheinlichkeit,** dass der Anspruch besteht; jedoch muss der Sachverhalt so weit geklärt sein, dass die Besichtigung letzte Klarheit über den Anspruch erbringt (BGHZ 93, 191 (205 f.) = NJW-RR 1986, 480; BGHZ 150, 377 (386, 387 f.) = NJW-RR 2002, 1617; *Habersack* in MünchKomm BGB § 809 Rn. 6; *Osterloh-Konrad* S. 33 f., 35). An dieser Voraussetzung wird es im Fall der Umwelthaftung idR fehlen. Die Beweisnot des Geschädigten betrifft den gesamten Kausalverlauf und steht am Anfang, nicht erst am Ende der Prozessführung. § 809 BGB kann daher allenfalls ergänzend eingesetzt werden. Dies kann etwa der Fall sein, wenn über die Einsichtnahme in Unterlagen nach § 8 Abs. 3 hinaus eine physische Überprüfung der Anlage erforderlich erscheint.

Aus § 242 BGB kann sich ein **allg. Auskunftsanspruch** ergeben. Der Anspruch setzt 4
voraus, dass zwischen den Beteiligten eine materiellrechtliche Sonderbeziehung besteht, der Auskunftssuchende nicht in der Lage ist, sich die erforderlichen Informationen selbst zu beschaffen und der Verpflichtete die Auskunft unschwer erteilen kann (*Lorenz* JuS 1995, 569 (573)). Deliktische Ansprüche werden zwar erfasst, jedoch besteht hier nach hM eine Sonderbeziehung erst dann, wenn der Schadensersatzanspruch **dem Grunde nach** feststeht und es nur um die Entstehung oder den Umfang des Schadens geht (BGHZ 95, 274 (279) = NJW 1986, 1244; BGHZ 201, 380 Rn. 6 = NJW 2014, 2651; NJW 1990, 1358; *Krüger* in MünchKomm BGB § 260 Rn. 13, 15, 36; *Stürner* S. 318 f.; krit. *Osterloh-Konrad* S. 214 ff., 220 ff.). Dies bedeutet, dass die Verletzungshandlung einschl. der haftungsbegründenden Kausalität feststehen muss. Bei Umweltschäden fehlt es aber oft gerade an dieser Voraussetzung. Bloße Plausibilität der Kausalität soll nicht genügen (aM *Osterloh-Konrad* S. 219 f.). Zur Feststellung des (Vermögens-, immateriellen oder ökologischen) Schadens wird der Anlageninhaber aber idR nichts beitragen können.

C. Voraussetzungen des Auskunftsanspruchs

Der Auskunftsanspruch nach § 8 Abs. 1 richtet sich gegen den Inhaber der (Kata- 5
log)Anlage, bei Inhaberwechsel jedenfalls gegen die Person, die zur Zeit der Schadensverursachung Anlageninhaber war (zur Auskunftspflicht des gegenwärtigen Inhabers s. *Kohler* in Staudinger UmweltHR Rn. 24). § 8 Abs. 1 Satz 1 knüpft den Auskunftsanspruch gegen den Inhaber an drei Voraussetzungen: Dem Anspruchsteller muss ein **Schaden** entstanden sein. Es müssen Tatsachen vorliegen, die die Annahme begründen, dass die Anlage des Anspruchsgegners den Schaden **verursacht** hat. Die Auskunft muss zur Feststellung **erforderlich** sein, ob dem Geschädigten ein Schadensersatzanspruch nach dem UmweltHG zusteht.

Der Anspruchsteller muss zunächst nachweisen, dass er einen **Schaden** erlitten hat. 6
Schaden ist dabei die Rechtsgutverletzung und der aus ihr folgende Vermögens-, immaterielle oder ökologische Schaden (*Salje/Peter* Rn. 8; *Reuter* in Paschke Rn. 29). Regelmäßig dürfte dieser Nachweis keine Schwierigkeiten bereiten. Denn insoweit ist allein die Sphäre des Anspruchstellers betroffen. Bei Latenzschäden genügt der Nachweis der Rechtsgutverletzung, sofern die Voraussetzungen für eine Klage auf Feststellung der Haftung für künftige Schäden nach § 256 ZPO gegeben sind (*Salje/Peter* Rn. 3; *Reuter* in Paschke Rn. 32; *Kohler* in Staudinger UmweltHR Rn. 5).

7 Schwieriger liegt der Nachweis von Tatsachen, die die Annahme begründen, dass die Anlage des Anspruchsgegners den Schaden **verursacht** oder mitverursacht hat. Dabei geht es insbes. um den **örtlichen und zeitlichen Zusammenhang** zwischen der Freisetzung relevanter Stoffe im Normalbetrieb oder beim Störfall der Anlage und der Exposition und Beeinträchtigung des Geschädigten (*Salje/Peter* Rn. 8; *Reuter* in Paschke Rn. 52, 106ff.; *Kohler* in Staudinger UmweltHR Rn. 21). Insoweit muss der Geschädigte mehr vortragen als einen bloßen Verdacht. Ebenso wenig genügt die ernsthafte Möglichkeit einer Schadensverursachung. Der Geschädigte muss vielmehr konkrete Tatsachen nachweisen, die den Schluss nahelegen, dass die in Anspruch genommene Anlage den Schaden verursacht hat. Die Anforderungen dürfen aber nicht zu hoch geschraubt werden. Man wird es ausreichen lassen müssen, wenn aufgrund der vom Geschädigten vorgebrachten Tatsachen eine Schadensverursachung durch die Anlage **plausibel** erscheint (ähnlich *Salje/Peter* Rn. 4; *Kohler* in Staudinger UmweltHR Rn. 19f.; *Sautter* S. 163; *Lytras* S. 489; *Landsberg/Lülling* Rn. 10; unklar *Reuter* in Paschke Rn. 45f.). Denn der Auskunftsanspruch dient insbes. dem Nachweis der Vermutungsvoraussetzungen nach § 6. Daher muss das Beweismaß unter den dort maßgeblichen Anforderungen liegen. Im Übrigen begründet der Auskunftsanspruch lediglich eine Informationspflicht und noch keine Haftung; es kann daher hingenommen werden, dass Auskunftsanspruch auch für solche Fälle bejaht wird, in denen sich nachher herausstellt, dass der Schaden auf anderen Ursachen beruht.

8 Der Plausibilitätsmaßstab gilt auch für die Frage, ob die als Verursacher in Betracht kommende Anlage eine **Kataloganlage** ist, da besonders hins. der maßgeblichen Schwellenwerte eine ähnliche Beweisnot des Geschädigten besteht wie im Bereich der Kausalität (*Salje/Peter* Rn. 7; *Kohler* in Staudinger UmweltHR Rn. 18; *Sautter* S. 162; *Leonhard* S. 150f.; aM *Schmidt-Salzer* Rn. 45f., 49f.).

9 Schließlich muss die Auskunft **erforderlich** sein. Das bedeutet zum einen, dass die begehrten Auskünfte der Feststellung eines Anspruchs nach dem UmweltHG unerlässlich sein müssen. Der Geschädigte darf also nicht in der Lage sein, sich die gewünschten Informationen generell oder im Einzelfall aus allg. zugänglichen Quellen oder im Unternehmen selbst zu verschaffen. Die Beweislast liegt insoweit beim Inhaber der Anlage (*Salje/Peter* Rn. 14; *Kohler* in Staudinger UmweltHR Rn. 14). Ein **Verweis auf § 9** kommt nicht in Betracht, da der Gesetzgeber die Rechte nach den §§ 8 und 9 als gleichwertige, konkurrierende Rechte ausgestaltet hat (*Salje/Peter* Rn. 16; *Kohler* in Staudinger UmweltHR Rn. 14; *Haller* S. 77). Das Gleiche gilt für § 27 BImSchG.

10 Zum anderen muss das von dem Auskunftssuchenden angestrebte Rechtsschutzziel gerade ein **Schadensersatzanspruch nach dem UmweltHG** sein. Kommt ein solcher Anspruch überhaupt nicht in Betracht, etwa weil der Schutzbereich des UmweltHG nicht berührt ist, wie bei Geltendmachung eines reinen Vermögensschadens, oder weil der Hauptanspruch verjährt ist und die Verjährung geltend gemacht wurde, entfällt auch der Auskunftsanspruch (ebenso *Salje/Peter* Rn. 4, 13; *Staudinger/Kohler* Rn. 13; *Landsberg/Lülling* Rn. 12). Zweifelhaft ist dagegen die Behandlung von **Haftungsausschlüssen** nach den §§ 4 und 5. Ob diese eingreifen, steht nicht von vornherein fest, sondern hängt von den Umständen des Einzelfalls ab. Eine generelle Verneinung der Erforderlichkeit würde das Hauptsacheverfahren vorwegnehmen. Daher besteht das Auskunftsrecht auch in diesen Fällen (*Reuter* in Paschke Rn. 35f.; *Kohler* in Staudinger UmweltHR Rn. 8ff., s. aber Rn. 13; *Schmidt-Salzer* Rn. 61f.; aM Vorkommentierung *Hager* Rn. 11, → 16. EL Juni 1992; *Salje/Peter* Rn. 12; *Landsberg/Lülling* Rn. 12; *Leonhard* S. 154; *Sautter* S. 164). Das Auskunftsrecht ist auch nicht ausgeschlossen, wenn der Inhaber der Kataloganlage den Nachweis der Schadenseignung einer anderen Quelle erbringt, da damit nur die Vermutung nach § 6, nicht aber der Anspruch aus § 1 ausgeschlossen ist

(*Reuter* in Paschke Rn. 28; aM *Schmidt-Salzer* Rn. 36ff.). Hat der Geschädigte den Auskunftsanspruch erfolgreich durchgesetzt, weil er einen Schadensersatzanspruch nach dem UmweltHG hat hinreichend plausibel machen können, so kann er die erlangten Informationen auch zur Durchsetzung anderer Ansprüche, etwa aus Delikt oder aus § 89 Abs. 2 WHG, nutzen. Ein Verwertungsverbot besteht insoweit nicht (*Salje/Peter* Rn. 11; *Kohler* in Staudinger UmweltHR Rn. 7).

D. Inhalt, Form und Lasten des Auskunftsanspruchs

Den **Inhalt** der Auskunft hat das Gesetz in § 8 Abs. 1 S. 2 näher umschrieben und dadurch beschränkt (vgl. *Salje/Peter* Rn. 17ff.). Verlangt werden können nur Angaben über die verwendeten (technischen) Einrichtungen, die Art und Konzentration der eingesetzten und im Normalbetrieb oder einem Störfall freigesetzten Stoffe und die sonst von der Anlage ausgehenden Wirkungen sowie die besonderen Betriebspflichten nach § 6 Abs. 3. Zu den Stoffen zählen auch Stoffe, aus denen Stoffgemische bestehen (vgl. *Salje/Peter* Rn. 27). Eingesetzte Stoffe sind solche, die für den Produktionsbetrieb und die Produkte verwendet werden, in letzteren Fall jedenfalls, wenn sie im Produktionsbetrieb austreten können (ohne diese Einschränkung *Salje/Peter* Rn. 18; *Reuter* in Paschke Rn. 88). Die geforderten Angaben orientieren sich an den in § 6 Abs. 1 normierten **Betriebsinterna,** deren Kenntnis den Geschädigten in die Lage versetzt zu beurteilen, ob die Anlage geeignet ist, den erlittenen Schaden zu verursachen. Eine Informationsbeschaffungspflicht des Inhabers außerhalb der Betriebssphäre besteht nicht (*Salje/Peter* Rn. 18; *Kohler* in Staudinger UmweltHR Rn. 26). **11**

Nicht gefordert werden in § 8 Abs. 1 S. 2 Angaben über den **Betriebsablauf,** obwohl § 6 Abs. 1 Satz 2 auch hierauf Bezug nimmt. Insoweit wurde dem Interesse des Anlageninhabers am Schutz sensibler Daten gegen Ausforschung der Vorrang eingeräumt (*Salje/Peter* Rn. 17; *Kohler* in Staudinger UmweltHR Rn. 28; krit. *Reuter* in Paschke Rn. 73). **12**

Nicht aufgeführt sind in § 8 Abs. 1 S. 2 auch die **Menge** der eingesetzten und freigesetzten Stoffe sowie die **Betriebsstörung.** Gleichwohl ist die Vorschrift dahin auszulegen, dass sich der Auskunftsanspruch auch auf die Stoffmenge und eine Betriebsstörung bezieht. Denn diese Angaben sind notwendig zur Beurteilung der Einhaltung der besonderen Betriebspflichten (zur Stoffmenge ebenso *Salje/Peter* Rn. 19; *Kohler* in Staudinger UmweltHR Rn. 30; *Sautter* S. 168; aM *Fluck/Theuer* in Fluck/Fischer/Martini § 4 UIG Rn. 149; vgl. auch → § 6 Rn. 16). **13**

Die Auskunftspflicht umfasst nicht die in § 6 Abs. 1 S. 2 gleichfalls genannten Tatbestandsmerkmale der meteorologischen Gegebenheiten, der Zeit und des Ortes des Schadenseintritts, des Schadensbildes und der sonstigen Gegebenheiten, die für oder gegen die Schadensverursachung sprechen. Dies erklärt sich daraus, dass derartige Informationen außerhalb der Sphäre der Betriebsinterna liegen und es dem Geschädigten zumutbar ist, sich diese **selbst zu beschaffen.** **14**

Die Auskunft ist eine Wissenserklärung. Sie ist grds. **schriftlich** zu erteilen. Denn der Geschädigte benötigt eine verbindliche Aufklärung, über deren Inhalt keine Unklarheit herrschen sollte (*Stürner* S. 340). Einer für den Laien verständlichen Zusammenfassung bedarf es aber nicht; der Anlageninhaber hat keine Fürsorgepflicht für den Geschädigten (*Kohler* in Staudinger UmweltHR Rn. 34; *Reuter* in Paschke Rn. 141; aM *Salje/Peter* Rn. 35; *Sautter* S. 167). Der Verpflichtete kann seiner Auskunftspflicht auch dadurch nachkommen, dass er dem Auskunftsberechtigten **Einsicht** in die entspr. Unterlagen gewährt, was insbes. bei hoher Komplexität der Informationen sinnvoll sein kann. Dafür **15** spricht das in § 8 Abs. 3 angelegte Stufenverhältnis zwischen Auskunfts- und Einsichtsrecht. Danach kommt der Einsichtnahme ein höherer Richtigkeitswert zu. Andererseits besteht nach der Wertung des Gesetzes weder ein primäres Recht des Geschädigten auf Einsichtnahme noch ein Ersetzungsrecht des Anlageninhabers (*Reuter* in Paschke Rn. 47; *Kohler* in Staudinger UmweltHR Rn. 33; grds. auch *Salje/Peter* Rn. 35; teilw. aM *Schmidt-Salzer* Rn. 79, 119; Vorkommentierung *Hager* Rn. 17, → 16. EL Juni 1992; vgl. → § 9 Rn. 7).

16 Mit der Auskunftserteilung ist stets ein gewisser **Arbeits- und Zeitaufwand** verbunden, den der Anlageninhaber erbringen muss. Insoweit ist allerdings das Erfordernis der Verhältnismäßigkeit zu beachten. Zwischen dem Aufwand und dem Informationsinteresse muss eine sinnvolle Relation bestehen (vgl. BGHZ 70, 86 (91) = NJW 1978, 538). Im Hinblick auf das Gewicht der durch § 1 geschützten Interessen kann allerdings Unverhältnismäßigkeit nur ausnahmsweise bei einem extremen Missverhältnis angenommen werden (*Kohler* in Staudinger UmweltHR Rn. 36; *Salje/Peter* Rn. 38f.; *Reuter* in Paschke Rn. 119).

17 Die mit der Auskunftserteilung verbundenen **Kosten** hat der Anlageninhaber zu tragen, da er zur Auskunft verpflichtet ist (BAG NJW 1985, 1181 (1182)). Verlangt der Geschädigte die Begutachtung der mitgeteilten Tatsachen durch einen Sachverständigen, so treffen diese Kosten ihn selbst, da die Begutachtung nicht mehr zu der vom Anlageninhaber geschuldeten Leistung gehört (BGHZ 84, 31 (33, 35 = NJW 1982, 1643; *Salje/Peter* Rn. 38; *Kohler* in Staudinger UmweltHR Rn. 37).

E. Grenzen des Auskunftsanspruchs

18 Nach § 8 Abs. 2 entfällt der Auskunftsanspruch, soweit die Vorgänge aufgrund **gesetzlicher Vorschriften** geheim zu halten sind oder ein **überwiegendes Geheimhaltungsinteresse** des Inhabers der Anlage oder eines Dritten besteht. Trotz des Wortlauts („soweit") stellt diese Regelung keine bloße Begrenzung des Anspruchsumfangs dar (*Reuter* in Paschke Rn. 120).

I. Gesetzliche Geheimhaltungsvorschriften

19 Gesetzliche Geheimhaltungsvorschriften betreffen vor allem **Amtsträger** (siehe § 39 Abs. 2 BRRG; §§ 203 Abs. 2, 353b StGB). Diese Vorschriften können deshalb im Rahmen des § 9 für die Auskunftspflicht der Behörden, nicht aber im Rahmen des § 8 für die Auskunftspflicht des Inhabers der Anlage relevant werden.

20 Im Bereich des Privatrechts sind die gesetzlichen Regelungen zum **Datenschutz** (Datenschutzgrundverordnung und Bundesdatenschutzgesetz) nicht auf betriebliche Daten anwendbar und deshalb ohne praktische Bedeutung. **§ 4 Abs. 2 Nr. 3 GeschGehG** (bisher 17 UWG) kommt zwar als gesetzliche Geheimhaltungsvorschrift zum Schutz von Betriebs- oder Geschäftsgeheimnissen in Betracht, gilt jedoch nicht für Inhaber oder Organpersonen eines Unternehmens, die verpflichtet sind, Auskünfte nach § 8 zu erteilen; diese handeln befugt iSd § 3 Abs. 2, § 4 Abs. 2 Nr. 3 GeschGehG.

II. Geheimhaltung aus überwiegendem Interesse

21 Neben gesetzlichen Geheimhaltungsvorschriften wird der Auskunftsanspruch auch begrenzt, soweit die Geheimhaltung aus **überwiegendem Interesse** des Anlageninhabers

(oder eines Dritten) notwendig ist. Dabei ist zwischen nicht schutzwürdigen und schutzwürdigen Interessen zu unterscheiden.

Das Interesse des Anlageninhabers, nicht zum **Schadensersatz** herangezogen zu werden, muss unberücksichtigt bleiben (Begr. S. 19; *Kohler* in Staudinger UmweltHR Rn. 42; *Salje/Peter* Rn. 23). Denn die Vorschrift verfolgt gerade das Ziel, dem Geschädigten die Durchsetzung seiner Haftungsansprüche zu erleichtern. **22**

Auch die Gefahr, sich durch die Auskunft einer **strafbaren Handlung** bezichtigen zu müssen, begründet regelmäßig kein überwiegendes Interesse, auf das der Anlagenbetreiber eine Auskunftsverweigerung stützen könnte (BGHZ 41, 318 (324 ff.) = NJW 1964, 1469; NJW 1990, 511; *Kohler* in Staudinger UmweltHR Rn. 42; *Reuter* in Paschke Rn. 136). Zwar hat das BVerfG aus Art. 1 Abs. 1, Art. 2 Abs. 1 GG das verfassungsrechtlich gewährleistete **Verbot der Selbstbelastungspflicht** gegenüber der öffentlichen Hand abgeleitet, zugleich aber, ausgehend von der Gemeinschaftsgebundenheit des Grundrechtsträgers, die Grenzen des Schweigerechts abgesteckt (BVerfGE 56, 37 (41 f., 50 f.) = NJW 1981, 1431; BVerfGE 95, 220 (241) = NJW 1997, 1841; s. hierzu insbes. *Hahn* S. 153 ff.). Das Schutzinteresse des Auskunftspflichtigen und das Informationsinteresse sind gegeneinander abzuwägen. Tritt ersteres zurück, besteht ein strafrechtliches Verwertungsverbot (*Leonhard* S. 207 f.). **23**

Im **Zivilrecht** sind die Grenzen des Schweigerechts eng zu ziehen. Dort konkurrieren individuelle Rechtsgüter (*Stürner* S. 365 ff.). Der Schutz dieser Güter kann nicht deshalb abgeschwächt werden, weil sich der Eingriff in ein solches Recht zugleich als strafbare Handlung darstellt. Die Belange des Geschädigten sind höher zu bewerten als das Schutzinteresse des Schädigers, zumal sich dieser selbst durch sein schuldhaftes Verhalten in die Konfliktsituation gebracht hat (*Salje/Peter* Rn. 28; *Kohler* in Staudinger UmweltHR Rn. 42; *Landsberg/Lülling* Rn. 25; *Reuter* in Paschke Rn. 136; einschränkend *Schmidt-Salzer* Rn. 103; *Sautter* S. 177 f.; *Fluck/Theuer* in Fluck/Fischer/Martini § 8 UIG Rn. 281 ff.). Diese Wertung findet ihren gesetzlichen Ausdruck insbes. in § 807 ZPO, der besagt, dass der Schuldner unabhängig davon Auskunft zu geben und den Offenbarungseid zu leisten hat, ob er sich damit einer Straftat bezichtigt. Erwägungswert ist allerdings die Anerkennung eines **strafrechtlichen Verwertungsverbots** zugunsten des Informationspflichtigen, der sich mit seiner Auskunft einer Straftat bezichtigt (vgl. → Rn. 23; *Salje/Peter* Rn. 28). **24**

Als schutzwürdige Interessen iSd § 8 Abs. 2 kommen vor allem **Betriebs- und Geschäftsgeheimnisse** in Betracht. Zur Bestimmung dieser Begriffe kann im Interesse der Einheit der Rechtsordnung an die im Wettbewerbsrecht geltende Definition angeknüpft werden. Es besteht kein Bedürfnis, für das UmweltHG einen eigenständigen Begriff zu entwickeln (*Salje/Peter* Rn. 25; *Sautter* S. 181 ff.; *Kohler* in Staudinger UmweltHR Rn. 43). Dabei betreffen Geschäftsgeheimnisse den kaufmännischen, Betriebsgeheimnisse den technischen Bereich des Unternehmens wie etwa die Zusammensetzung von Produkten oder die Funktionsweise eines Geräts oder einer Anlage (BGH NJW-RR 2019, 159 Rn. 28). Im Umwelthaftungsrecht geht es im Allg. um Betriebsgeheimnisse. **25**

Hins. der **Definition** eines Betriebs und Geschäftsgeheimnisses haben Rspr. und Literatur zum bisherigen § 17 UWG vier Elemente herausgearbeitet. Es muss sich erstens um eine Tatsache handeln, die mit dem wirtschaftlichen Geschäftsbetrieb (ua dem technischen Bereich) in Zusammenhang steht, die zweitens nur einem eng begrenzten Personenkreis bekannt ist, also nicht offenkundig ist, die drittens nach dem Willen des Unternehmens geheim gehalten werden soll und die viertens ein berechtigtes Geheimhaltungsinteresse begründet (BGH GRUR 1961, 40 (42); BAG NJW 1983, 134; *Alexander* in Köhler/Bornkamm/Feddersen UWG § 2 GeschGehG Rn. 15 ff.; dem folgend **26**

BVerfGE 115, 205 Rn. 87 = NVwZ 2006, 1041; BVerwG NVwZ 2017, 1775 Rn. 64; *Kloepfer/Greve* NVwZ 2011, 577 (579 ff.)).

27 Die Geschäftsgeheimnis-Richtlinie (RL 2016/943/EU), die durch das **Gesetz zum Schutz von Geschäftsgeheimnissen** (GeschGehG) von 2019 umgesetzt worden ist, sieht eine hiervon teilw. abweichende Definition vor (dazu *Alexander* in Köhler/Bornkamm/Feddersen UWG § 2 GeschGehG Rn. 21 ff.; *Wiebe* NVwZ 2019, 1705 (1706)). Danach ist ein Geschäftsgeheimnis eine Information, die in den Verkehrskreisen nicht allgemein bekannt oder ohne weiteres zugänglich ist, daher von wirtschaftlichem Wert ist und Gegenstand von angemessenen Geheimhaltungsmaßnahmen durch ihren Inhaber ist. Der Begriff des Geschäftsgeheimnisses umfasst auch Betriebsgeheimnisse. Anstatt des Geheimhaltungswillens stellt die Richtlinie auf Maßnahmen der Geheimhaltung ab, was aber einen entsprechenden Willen impliziert. Allerdings verzichtet die Richtlinie auf das bisherige Merkmal des **berechtigten Interesses.** Dagegen hat das GeschGehG entspr. Erwägungsgrund 14 der Richtlinie dieses Merkmal beibehalten (§ 2 Nr. 1 Buchst. c; vgl. Ausschussbericht BT-Drs. 19/8300 S. 13 f.; zust. BVerwG NVwZ 2020, 715 Rn. 11). Unionsrechtlichen Bedenken kann man mit einer weiten Auslegung begegnen (*Alexander* in Köhler/Bornkamm/Feddersen UWG § 2 GeschGehG Rn. 74 ff., 79 ff.; aM *Wiebe* NVwZ 2019, 1705 (1707 f.)). Die Berechtigung des Geheimhaltungsinteresses wurzelt grds. in der Wettbewerbsrelevanz der geheim gehaltenen Tatsache. Informationen über rechtswidriges Verhalten sind aber nicht geschützt

28 Eine Interessenabwägung findet auf der Definitionsebene noch nicht statt. Maßgebend ist vielmehr allein das objektive Interesse des Anlageninhabers. Liegt aber ein Betriebsgeheimnis vor, so sind das Geheimhaltungsinteresse und das Informationsinteresse gegen einander **abzuwägen** (BVerwGE 135, 34 Rn. 61 ff. = NVwZ 2010, 189; *Kohler* in Staudinger UmweltHR Rn. 44 ff.; *Reuter* in Paschke Rn. 129 f.; *Leonhard* S. 212 ff.). Dabei entfällt der Auskunftsanspruch erst dann, wenn das Geheimhaltungsinteresse überwiegt. Dies beurteilt sich nach den konkreten Umständen des Einzelfalls.

29 Bei der **Abwägung** ist zu beachten, dass das Betriebsgeheimnis unter dem Schutz des Art. 12 Abs. 1 GG und ggf. auch des 14 Abs. 1 Satz 1 GG steht (BVerfGE 115, 205 Rn. 81 f. = NVwZ 2006, 1041; BVerfGE 167, 100 (142) = NJW 1984, 2271; *Shirvani* FS Peine, 2016, S. 231 ff.) und dass in einer marktwirtschaftlichen Ordnung auch ein gesamtwirtschaftliches Interesse am Schutz von gewerblichen Daten mit wirtschaftlichem Wert besteht. Das Gewicht des Geheimhaltungsinteresses wird aber dadurch abgeschwächt, dass der Anlageninhaber durch seine risikobehaftete Aktivität den Grund für das Auskunftsbegehren selbst geschaffen hat. Auf jeden Fall wird die verfassungsrechtlich anerkannte Schutzposition des Anlageninhabers durch den Schutz anderer Gemeinschaftsgüter begrenzt (*Schröder* UPR 1985, 394 (396 ff.); iErg auch *Hahn* S. 17). Die durch den Informationsanspruch geschützten Rechtsgüter des Geschädigten stehen ebenfalls unter dem Schutz der Grundrechte. Soweit es sich hierbei um Leben, Körper und Gesundheit handelt, besitzt der Schutz dieser Rechtsgüter nach Art. 2 Abs. 2 GG ein hohes Gewicht (BVerfGE 121, 317 Rn. 119 = NJW 2008, 209; BVerfGE 56, 54 (73) = NJW 1981, 1655). Allerdings handelt es sich bei der Haftung nach § 1 – abgesehen vom Schmerzensgeld – um vermögensrechtliche Ansprüche; über die Kompensation hinaus dient § 1 lediglich der Generalprävention. Daher ist nicht von einem Vorrang, sondern nur von einem besonderen Gewicht des Informationsinteresses auszugehen (iErg ähnlich *Kohler* in Staudinger UmweltHR Rn. 45; *Reuter* in Paschke Rn. 130; *Sautter* S. 187; weitergehend *Salje/Peter* Rn. 29). Mit der Annahme eines überwiegenden Geheimhaltungsinteresses ist deshalb insgesamt Zurückhaltung geboten.

30 Selbst wenn ein überwiegendes Geheimhaltungsinteresse zu bejahen ist, führt dies nicht notwendigerweise dazu, dass der Auskunftsanspruch überhaupt nicht durchgesetzt werden kann. Vielmehr liegt es in Anlehnung an die Grundsätze im Wettbewerbsrecht nahe, einen zur Verschwiegenheit verpflichteten **Sachverständigen** (Beweismittler) einzuschalten, dem die gewünschten Auskünfte erteilt werden und der dann unter Wahrung der Geheimhaltungsinteressen des Anlagenbetreibers dem Geschädigten die relevanten Ergebnisse mitteilt (Begr. S. 19f.; *Kohler* in Staudinger UmweltHR Rn. 46; *Salje/Peter* Rn. 30; *Leonhard* S. 216f.). Wie die Regelung in § 10 Abs. 2 BImSchG, § 10 Abs. 3 der 9. BImSchV (→ Bd. III, § 10 BImSchG Rn. 67) zeigt, wird eine komprimierte Darstellung vielfach dem Informationsinteresse des Geschädigten genügen. Dieser kann aber auch ein schutzwürdiges Interesse an detaillierten Angaben haben (*Reuter* in Paschke Rn. 132). Es kommt hinzu, dass der so erreichte Geheimnisschutz im gerichtlichen Verfahren problematisch ist (→ Rn. 36).

Praktisch dürfte der Auskunftsanspruch des Geschädigten meist auf Art, Beschaffenheit **31** und Menge **der an die Umwelt abgegebenen Emissionen, Abwässer und Abfälle** oder sonst wie in die Umwelt abgegebenen Stoffe gerichtet sein. Betriebsgeheimnisse werden durch solche Auskünfte aber nur dann berührt, wenn sie Rückschlüsse auf nicht allgemein bekannte Produktionsverfahren zulassen (→ Bd. III, § 27 BImSchG Rn. 27; *Salje/Peter* Rn. 27; *Reuter* in Paschke Rn. 125, 129; *Nieß-Mache* UPR 1987, 130 (131)). Angesichts der Breite und Differenziertheit der Produktionsverfahren und der darauf abgestimmten Abgasvermeidungs- und Abgasreinigungstechniken dürfte dies regelmäßig zu verneinen sein (hierzu näher *Schröder* ZHR 155 (1991) 471 (476)). Die Gefahr, dass durch Auskunftsbegehren bzgl. der eingesetzten Stoffe Rückschlüsse auf Rezepturen gezogen werden können, besteht idR nicht, da bei eingesetzten Gemischen kein Anspruch auf Auskünfte über das Mischungsverhältnis besteht (vgl. aber *Reuter* in Paschke Rn. 125).

F. Verknüpfung von Auskunfts- und Schadensersatzanspruch

Auskunftsanspruch und Schadensersatzanspruch sind grds. voneinander **unabhängig** **32** (*Stürner* S. 305). Das bedeutet etwa, dass dann, wenn der Geschädigte die Auskunft anmahnt, der Inhaber der Anlage nur mit dem Auskunftsanspruch, nicht aber mit dem Schadensersatzanspruch in Verzug gerät (vgl. BGH NJW 1984, 868 (869)).

Auch im Hinblick auf die **Verjährung** folgen beide Ansprüche grds. ihren eigenen **33** Regeln (BGH NJW 2017, 2755 Rn. 8ff.). Zwar sind die Regelfristen identisch (§ 199 Abs. 1 BGB). Während jedoch der Schadensersatzanspruch nach § 17 wie ein Deliktsanspruch mit Höchstfristen von 30 Jahren verjährt (§ 199 Abs. 2, 3 BGB; → § 17 Rn. 2), gilt für den Auskunftsanspruch eine Höchstfrist von 10 Jahren (§ 299 Abs. 1 BGB). Aus dem Zweck des Auskunftsanspruchs, den Schadensersatzanspruch vorzubereiten, ergibt sich aber eine mittelbare Abhängigkeit des Auskunftsanspruchs vom Schadensersatzanspruch. Ist nämlich der Schadensersatzanspruch verjährt, erlischt regelmäßig das Informationsinteresse, so dass der Informationsanspruch, mag er selbst auch noch nicht verjährt sein, aus materiellen Gründen nicht mehr geltend gemacht werden kann (BGH NJW 2017, 2755 Rn. 8ff.; vgl. BGHZ 33, 373 (379) = NJW 1961, 602). Zur Unterbrechung der Verjährung kann deshalb der Geschädigte gezwungen sein, im Wege der Klagehäufung gleichzeitig mit der Auskunftsklage eine Schadensersatzklage zu erheben (zur Zulässigkeit s. BGHZ 189, 79 Rn. 13 = NJW 2011, 1815; *Greger* in Zöller ZPO § 254 Rn. 6; vgl. → Rn. 34). Damit übernimmt er aber ein Kostenrisiko, das ihm mit der Gewährung des Auskunftsanspruchs gerade genommen werden sollte.

G. Geltendmachung des Auskunftsanspruchs

34 Der Geschädigte kann zur Vermeidung des Kostenrisikos der Leistungsklage den Auskunftsanspruch **selbständig einklagen** und im Anschluss daran ggf. die Schadensersatzklage erheben. Er kann den Auskunftsanspruch aus Gründen der Prozessökonomie auch **inzidenter** mit der Schadensersatzklage geltend machen (BGH NJW 1988, 1210 (1214)). Dagegen kann die Klage auf Auskunft **nicht im Wege der Stufenklage** (§ 254 ZPO) mit der Schadensersatzklage verbunden werden, da der Auskunftsanspruch nicht auf Bestimmung der noch nicht bezifferbaren Höhe des Schadensersatzanspruchs, sondern auf Ermittlung der Voraussetzungen des Anspruchs wie insbes. der Kausalität abzielt (BGHZ 189, 79 Rn. 7ff. = NJW 2011, 1815; *Greger* in Zöller ZPO § 254 Rn. 6; *Kohler* in Staudinger UmweltHR Rn. 59; aM *Reuter* in Paschke Rn. 174; *Salje/Peter* Rn. 51).

35 Die Auskunft ist eine Wissenserklärung des Schuldners. Im allg. stellt sie eine **unvertretbare Handlung** dar, die nach § 888 ZPO zu vollstrecken ist. Wenn die Auskunft allerdings erschöpfend an Hand von betrieblichen Unterlagen erteilt werden kann, ist sie eine **vertretbare Handlung,** die gemäß § 887 ZPO durch Ersatzvornahme vollstreckt wird (BGH NJW 2006, 2706 Rn. 13; 2016, 3536 Rn. 18; GRUR 2015, 1248 Rn. 14f.; *Bartels* in Stein/Jonas ZPO § 887 Rn. 14, § 888 Rn. 5; *Salje/Peter* Rn. 33; *Kohler* in Staudinger UmweltHR Rn. 65).

36 Schwierige prozessuale Fragen entstehen, wenn sich der Anlagenbetreiber auf ein überwiegendes Geheimhaltungsinteresse beruft und deshalb die Auskunft verweigert, die Berechtigung dieses Interesses aber bestritten wird. **Die gerichtliche Kontrolle** des geltend gemachten Geheimhaltungsinteresses hängt von der Möglichkeit der Einsichtnahme in die streitigen Unterlagen ab. Gerade hierdurch kann aber das Geheimhaltungsinteresse verletzt werden. Für den Zivilprozess gilt der Grundsatz der Gerichtsöffentlichkeit (§ 169 GVG). Der mögliche Ausschluss der Öffentlichkeit nach § 172 Nr. 2 GVG betrifft jedoch nur die allgemeine Öffentlichkeit. Davon unberührt bleibt das in Art. 103 GG und in den §§ 357 Abs. 1 und 285 Abs. 1 ZPO garantierte Recht der Parteien, der Beweisaufnahme beizuwohnen und zum Beweisergebnis Stellung zu nehmen. Es kollidieren somit das Gebot der gerichtlichen Kontrolle des geltend gemachten Geheimhaltungsinteresses und der Schutz eben dieses Geheimnisses. Es ist zweifelhaft, ob der Konflikt stets dadurch entschärft werden kann, dass ein zur Verschwiegenheit verpflichteter **Sachverständiger** (Beweismittler) eingeschaltet wird, dem die umstrittenen Auskünfte zu erteilen sind. Dies wird vielfach bei Auskunftsansprüchen angenommen (s. etwa BGHZ 150, 377 (387) = NJW-RR 2002, 1617). Das Gericht muss sich aber unabhängig von der Art des Anspruchs eine eigene Überzeugung bilden und kann daher Aussagen von Sachverständigen nicht ohne Überprüfung zugrunde legen. Auch ist eine Einschränkung des rechtlichen Gehörs der Verfahrensbeteiligten nur vertretbar, wenn die Tatsachenbeurteilung durch den Richter erfolgt (BVerfGE 115, 205 Rn. 108f. = NVwZ 2006, 1041; auch BGHZ 116, 47 (58) = NJW 1992, 1817; aM BAG NJW 1993, 612 (613ff.); Begr. S. 19; *Reuter* in Paschke Rn. 131f.; *Kersting,* Der Schutz des Wirtschaftsgeheimnisses im Zivilprozess, 1995, S. 300; teilw. auch Vorkommentierung *Hager* Rn. 36, → 16. EL Juni 1992; *Stürner* S. 373). Denkbar wäre es zuzulassen, dass der Anlageninhaber zusätzlich zur Einschaltung eines Sachverständigen sein Geheimhaltungsinteresse in einer für das Gericht nachvollziehbaren Weise darlegt (vgl. BVerwGE 75, 1 (11) = NJW 1987, 202; dagegen aber BVerfGE 101, 106 (127) = NJW 2000, 1175).

H. Beweiserleichterungen bei mangelhafter oder unterlassener Auskunft

Erteilt der Anlageninhaber keine Auskunft oder ist die erteilte Auskunft unzulänglich, so kann der Geschädigte unter den Voraussetzungen des § 8 Abs. 3 und 4 Einsicht in vorhandene Unterlagen sowie eine eidesstattliche Versicherung verlangen (→ Rn. 42 ff., 49 ff.). Er kann auch auf Auskunftserteilung und ggf. Einsicht in die Unterlagen klagen und das Urteil vollstrecken (→ Rn. 34 f., 43). Eine weitere Frage ist, ob dem Geschädigten daneben auch die **Beweiserleichterungen** zugutekommen, die die Rspr. an die Verletzung von Mitwirkungspflichten knüpft (*Stephan* in Zöller ZPO Vor § 284 Rn. 21; *Thole* in Stein/Jonas ZPO § 286 Rn. 206). Hier sind zwei Fallgestaltungen zu unterscheiden. **37**

Verletzt der Anlagenbetreiber seine Auskunftspflicht, wird der Geschädigte auf die in § 8 Abs. 3 und 4 eingeräumten Rechtsbehelfe verwiesen. Der Geschädigte hat grds. **kein Wahlrecht** zwischen diesen Rechtsbehelfen und der Inanspruchnahme von Beweiserleichterungen. Im Einzelfall kann freilich das in § 8 Abs. 3 und 4 vorgesehene Verfahren unzumutbar sein. Es steht dann nichts im Wege, dass der Geschädigte sogleich seinen Schadensersatzanspruch geltend macht und das Gericht im Schadensersatzprozess die Verletzung der Auskunftspflicht unter dem Gesichtspunkt der **Beweisvereitelung** würdigt und Beweislerleichterungen bis zur Beweislastumkehr gewährt. Denn die in § 8 Abs. 3 und 4 vorgesehenen Rechtsbehelfe sollen die Rechtposition des Geschädigten verbesssern, ihm aber nicht die Vergünstigungen des allgemeinen Beweisrechts nehmen *(Landsberg/Lülling* § 6 Rn. 58). **38**

Kann der Anlageinhaber die gebotenen Auskünfte nicht erteilen, weil er die entsprechenden Daten nicht erhoben oder nicht aufbewahrt hat, helfen das Einsichtsrecht sowie die eidesstattliche Versicherung ohnehin nicht weiter. Hier kommen dann aber die Beweiserleichterungen zum Zuge, die die Rspr. insbes. im Produkthaftungsrecht für den Fall entwickelt hat, dass der Schädiger seine Pflicht zur **Erhebung und Sicherung von Befunden und Daten** nicht erfüllt hat (BGHZ 104, 223 (233 ff.) = NJW 1988, 2611; VersR 1983, 441; vgl. BGH MDR 2012, 549 Rn. 16). **39**

Voraussetzung für das Eingreifen von Beweiserleichterungen ist zunächst eine **Kontroll- und Dokumentationspflicht** des Anlageninhabers. Eine solche Pflicht kann sich bereits aus dem öffentlichen Recht ergeben (→ § 6 Rn. 56 ff.). Aber auch unabhängig von solchen besonderen Vorschriften ist eine privatrechtliche Pflicht des Anlagenbetreibers zu bejahen, die Freisetzung von Schadstoffen im Hinblick auf Art, Menge und Dauer zu kontrollieren und zu dokumentieren (BGHZ 92, 143 (151 f.) = NJW 1985, 47; *Knebel* JUTR 1988, 26 (271 f.); *Brüggemeier* JUTR 1990, 261 (278)) Eine solche Pflicht folgt aus der besonderen Gefährdung der Umwelt, die mit der Freisetzung von Schadstoffen verbunden ist. Es handelt sich um eine Ausprägung der allg. Verkehrssicherungspflicht. **40**

Die Kontroll- und Dokumentationspflicht des Anlagenbetreibers dient in erster Linie der Gefahrenabwehr. Sie zielt aber auch auf die Aufhellung eines unklaren Zustandes. Ihre Verletzung löst deshalb **Beweiserleichterungen** bis zur Beweislastumkehr aus. Welches Maß an Beweiserleichterung zu gewähren ist, hängt davon ab, inwieweit die Erfüllung der Kontroll- und Dokumentationspflicht die Aufklärung des Sachverhalts ermöglicht hätte. Praktisch wird die Verletzung einer in diesem Sinn beweisrechtlich relevanten Sicherungspflicht zur Folge haben, dass die Geeignetheit der Anlage zur Schadensverursachung vermutet wird. **41**

I. Einsichtsrecht

I. Verhältnis zum Auskunftsrecht

42 Im Schrifttum wird zu Recht betont, dass Auskunft und Einsicht nicht notwendigerweise in einem Stufenverhältnis stehen müssen (*Stürner* S. 346). Je nach den Umständen kann für den Verpflichteten einmal die Auskunft, einmal die Einsicht mit geringerem Aufwand verbunden sein. Gleichwohl hat § 8 Abs. 3 beide Rechte in ein **Stufenverhältnis** gesetzt und das Einsichtsrecht neben den Voraussetzungen des Auskunftsrechts von der zusätzlichen Voraussetzung (aM *Schmidt-Salzer* Rn. 79) abhängig gemacht, dass die Annahme begründet ist, dass die Auskunft unvollständig, unrichtig oder nicht ausreichend ist oder nicht in angemessener Zeit erteilt wird. Das Einsichtsrecht ist also subsidiär. Damit sollen der Zugriff auf innerbetriebliche Akten und eine Ausforschung erschwert werden (*Salje/Peter* Rn. 40; *Kohler* in Staudinger UmweltHR Rn. 47).

II. Voraussetzungen des Einsichtsrechts

43 Das Gesetz knüpft das Einsichtsrecht zum einen an den Grund zur Annahme einer **unvollständigen oder unrichtigen** Auskunft. Notwendig aber auch ausreichend ist damit ein – vom Geschädigten zu beweisender – **berechtigter, an Tatsachen orientierter Verdacht.** Hierfür genügt es nicht, dass der Verpflichtete die Auskunft vor Klageerhebung zunächst verweigert hat (BGH NJW 1966, 1117). Dagegen ist ein berechtigter Verdacht zu bejahen, wenn eine Auskunft mehrfach ergänzt und berichtigt wird (BGH LM Nr. 8 zu § 259 BGB; OLG Köln NJW-RR 1998, 126). Das UmweltHG verlangt nur den objektiven Tatbestand eines berechtigten Verdachts. Anders als nach § 260 Abs. 2 BGB kommt es auf das Vorliegen einer Sorgfaltspflichtverletzung nicht an (*Salje/Peter* Rn. 42; *Kohler* in Staudinger UmweltHR Rn. 48; *Reuter* in Paschke Rn. 149; aM wohl *Landsberg/Lülling* Rn. 33). Der Unterschied dürfte aber im Ergebnis nicht allzu groß sein. Vermag der Auskunftsberechtigte eine Lückenhaftigkeit oder sachliche Unrichtigkeit der Auskunft darzutun, ist der Tatbestand des berechtigten Verdachts iSd § 8 Abs. 3 zunächst erfüllt (vgl. BGHZ 89, 137 (139) = NJW 1984, 484; BGHZ 92, 62 (64 f.) = NJW 1984, 2822). Ein Beispiel ist das Fehlen von Mitteilungen über Betriebspflichten oder die fehlende Abdeckung des Zeitraums der Exposition des Geschädigten. Kann aber der Auskunftsverpflichtete dartun, dass der Fehler auf unverschuldeter Unkenntnis oder auf einem entschuldbaren Irrtum beruht, so kann er seine Auskunft ergänzen oder berichtigen (*Salje/Peter* Rn. 40; ohne diese Einschränkung *Kohler* in Staudinger UmweltHR Rn. 47; aM *Sautter* S. 207 f.). Geschieht dies, dürfte der berechtigte Verdacht wieder entkräftet sein (vgl. BGHZ 89, 137 (140) = NJW 1984, 484), so dass das Einsichtsrecht des Geschädigten erlischt. Bei Unvollständigkeit der Auskunft kann der Auskunft suchende Geschädigte statt der Einsichtnahme auch den Auskunftsanspruch weiter verfolgen (BGHZ 92, 62 (69) = NJW 1984, 2822; *Kohler* in Staudinger UmweltHR Rn. 33).

44 Ein Einsichtsrecht besteht ferner, wenn die Auskunft **nicht ausreicht.** Die Abgrenzung zum Fall der Unvollständigkeit ist zweifelhaft, aber unerheblich (*Salje/Peter* Rn. 41). Die Auskunft reicht dann nicht aus, wenn **allein die Einsicht** in die fraglichen Unterlagen dem berechtigten Informationsbedürfnis des Geschädigten Rechnung trägt (*Kohler* in Staudinger UmweltHR Rn. 51; *Leonhard* S. 259). So kann es für die Beurteilung eines Kausalzusammenhangs zwischen dem Betrieb einer Anlage und dem erlittenen Schaden

darauf ankommen, die graphischen Aufzeichnungen eines Schadstoffschreibers in Augenschein zu nehmen (*Landsberg/Lülling* Rn. 35).

Schließlich kommt ein Einsichtsrecht in Betracht, wenn die Auskunft nicht **innerhalb angemessener Frist** erteilt wird. Dies schließt den Fall der gänzlichen Verweigerung der Auskunft ein. Das Gesetz verlangt keine unverzügliche Auskunft, vielmehr gilt ein weicherer Maßstab, der es ermöglicht, die Gegebenheiten des Einzelfalles, insbes. die Komplexität des Sachverhalts, zu berücksichtigen (*Salje/Peter* Rn. 43; *Reuter* in Paschke Rn. 156; *Kohler* in Staudinger UmweltHR Rn. 52). 45

III. Gegenstand, Modalitäten und Grenzen des Einsichtsrechts

Hins. des **Gegenstands** und der **Modalitäten** des Einsichtsrechts gilt grds. das Gleiche wie beim Auskunftsrecht. Dies ergibt sich aus der Verweisung in § 8 Abs. 3 auf § 8 Abs. 1 und Abs. 2. Nur die für den Schadensersatzanspruch relevanten Unterlagen müssen bereitgehalten werden. Der Erforderlichkeit der Einsichtnahme steht der mögliche Zugriff auf Daten nach öffentlichem Recht, wie etwa auf die Emissionserklärung nach § 27 BImSchG, nicht entgegen (→ Rn. 9). **Grenzen** des Einsichtsrechts ergeben sich aber aus dem Geheimnisschutz (→ Rn. 19 ff.). Vertrauliche Teile der Unterlagen kann der Besitzer schwärzen oder abtrennen (*Salje/Peter* Rn. 45; *Reuter* in Paschke Rn. 160). Besonders wichtig dürfte gerade beim Einsichtsrecht die Einschaltung eines zur Verschwiegenheit verpflichteten neutralen Dritten sein, um einer unzulässigen Betriebsausspähung vorzubeugen. 46

§ 8 Abs. 3 beschränkt das Einsichtsrecht auf die Unterlagen des Anlageninhabers. Ein Recht auf **Besichtigung der Anlage** sieht das Gesetz nicht vor (*Salje/Peter* Rn. 37, 44; *Leonhard* S. 261 f.; *Kohler* in Staudinger UmweltHR Rn. 53). Aus dem Wortlaut, der Entstehungsgeschichte und dem Zweck des § 8 Abs. 3 ergeben sich keinerlei Anhaltspunkte für ein solches Recht (iErg aM *Reuter* in Paschke Rn. 161 ff.; *Schmidt-Salzer* Rn. 79 ff.). Es würde sich um einen erheblichen Eingriff in die Freiheitssphäre des Inhabers handeln, weil hierdurch eine weitgehende Ausforschung ermöglicht würde. Allerdings bleibt das inhaltlich begrenzte Besichtigungsrecht nach § 809 BGB (→ Rn. 3) unberührt. 47

IV. Kosten und Vollstreckung

Die **Kosten** der Einsichtsgewährung obliegen wie beim Auskunftsrecht dem Anlageninhaber. Die **Vollstreckung** eines Urteils auf Einsichtnahme erfolgt analog § 883 ZPO, da das Urteil auf befristete Einräumung der Verfügungsgewalt über die betrieblichen Unterlagen gerichtet ist und daher einem Herausgabeurteil gleichsteht (OLG Frankfurt NJW-RR 1992, 171; OVG Koblenz NJW 1987, 1220 (1221); *Bartels* in Stein/Jonas ZPO § 883 Rn. 10; *Salje/Peter* Rn. 65; *Kohler* in Staudinger UmweltHR Rn. 65). 48

J. Die eidesstattliche Versicherung

Nach § 8 Abs. 4 kann der Geschädigte unter bestimmten Voraussetzungen eine eidesstattliche Versicherung verlangen. Die Vorschrift § 8 Abs. 4 verweist insoweit auf die §§ 259 bis 261 BGB, insbes. § 259 Abs. 2, § 260 Abs. 2 BGB. Dies bedeutet, dass Grund zu der Annahme bestehen muss, dass die Auskunft nicht mit der **erforderlichen Sorgfalt** erteilt worden ist (Begr. S. 20 zu § 9; *Salje/Peter* Rn. 49; *Kohler* in Staudinger Um- 49 weltHR Rn. 57). Praktische Bedeutung erlangt dieses Recht im Hinblick auf den Verdacht einer unvollständigen oder unrichtigen Auskunft. Die Vorschrift erfasst darüber hinaus Verstöße gegen die Pflicht zur Gewährung der Einsichtnahme, etwa durch unvollständige Auswahl der Unterlagen (*Salje/Peter* Rn. 49; *Kohler* in Staudinger UmweltHR Rn. 57; *Haller* S. 95). Bei einer unzureichenden Auskunft ist eine eidesstattliche Erklärung nicht zulässig, da es hier nicht um eine Frage der Wahrheit oder Vollständigkeit geht. Entsprechendes gilt bei Verweigerung der Auskunft oder Einsichtnahme, es sei denn der Anlageninhaber begründet diese damit, dass er über keine Unterlagen verfüge.

50 Erforderlich ist der **berechtigte Verdacht einer Pflichtverletzung.** Bei Unvollständigkeit oder Unrichtigkeit liegt idR ein solcher Verdacht vor (vgl. *Reuter* in Paschke Rn. 167). Dies gilt aber nicht, wenn diese entschuldbar ist (vgl. BGHZ 89, 137 (140) = NJW 1984, 484). Auch die ursprüngliche Verweigerung der Auskunft reicht nicht aus (BGH NJW 1966, 1117). Anders ist dagegen zu entscheiden, wenn die ursprüngliche Auskunft mehrfach ergänzt oder berichtigt wird (BGH LM Nr. 8 zu § 259 BGB).

51 Grds. besteht **Gleichrangigkeit** zwischen Einsichtnahme und eidesstattlicher Versicherung (BGHZ 55, 201 (204 f.) = WM 1971, 238; *Habersack* in MünchKomm BGB § 260 Rn. 34; *Salje/Peter* Rn. 48; *Kohler* in Staudinger UmweltHR Rn. 57). Der Anspruch auf eidesstattliche Versicherung ist jedoch ausnahmsweise mangels **Rechtsschutzinteresses** nicht durchsetzbar, wenn der Geschädigte sich durch Einsichtnahme auf einfachere und weniger eingriffsintensive Weise Klarheit verschaffen kann (BGHZ 92, 62 (65) = NJW 1984, 2822; BGHZ 55, 201 (206) = WM 1971, 238; *Salje/Peter* Rn. 47; *Landsberg/Lülling* Rn. 40). Dies ist insbes. der Fall, wenn das Einsichtsrecht in zumutbarer Weise ausgeübt werden kann. Hierfür müssen die relevanten Informationen ohne größeren Aufwand durch Einsichtnahme zugänglich sein. Darüber hinaus muss der Informationsverpflichtete die Einsichtnahme freiwillig anbieten; verweigert er sie, hat der Gläubiger die freie Wahl (*Stürner* S. 354).

§ 9 Auskunftsanspruch des Geschädigten gegen Behörden*

Liegen Tatsachen vor, die die Annahme begründen, daß eine Anlage den Schaden verursacht hat, so kann der Geschädigte von Behörden, die die Anlage genehmigt haben oder überwachen, oder deren Aufgabe es ist, Einwirkungen auf die Umwelt zu erfassen, Auskunft verlangen, soweit dies zur Feststellung, daß ein Anspruch auf Schadensersatz nach diesem Gesetz besteht, erforderlich ist. Die Behörde ist zur Erteilung der Auskunft nicht verpflichtet, soweit durch sie die ordnungsgemäße Erfüllung der Aufgaben der Behörde beeinträchtigt würde, das Bekanntwerden des Inhalts der Auskunft dem Wohle des Bundes oder eines Landes Nachteile bereiten würde oder soweit die Vorgänge nach einem Gesetz oder ihrem Wesen nach, namentlich wegen der berechtigten Interessen der Beteiligten oder dritter Personen, geheimgehalten werden müssen. § 8 Abs. 1 Satz 2 gilt entsprechend für die Behörden, die die Anlage genehmigt haben oder überwachen; von diesen Behörden können auch Angaben über Namen und Anschrift des Inhabers der Anlage, seines gesetzlichen Vertreters oder eines Zustellungsbevollmächtigten verlangt werden.

Übersicht

A. Grundzüge und Zweck der Vorschrift

1 Zweck des öffentlich-rechtlichen Auskunftsanspruchs nach § 9 ist es, den Geschädigten in die Lage zu versetzen, von einer Behörde die für die **Durchsetzung** seines (möglicherweise bestehenden) Schadensersatzanspruchs erforderlichen Angaben zu erlangen. Ein solcher gegen die Behörde gerichteter Auskunftsanspruch stellt eine sinnvolle Ergänzung des gegen den Anlageninhaber gerichteten Auskunftsanspruchs nach § 8 dar. Beide Ansprüche bestehen neben einander (*Salje/Peter* Rn. 11; *Kohler* in Staudinger UmweltHR Rn. 4). Die Behörden können über Informationen verfügen, die dem Anlageninhaber nicht zugänglich sind (vgl. *Salje/Peter* Rn. 3; *Kohler* in Staudinger UmweltHR Rn. 2). Da sie entsprechend ihrer Aufgabe als Sachwalter des öffentlichen Interesses eher als der Anlageninhaber in seiner Eigenschaft als potentieller Schuldner des Schadensersatzanspruchs zur Auskunftserteilung bereit sein werden, erscheint es sinnvoll, sich zuerst an diese zu wenden (*Salje/Peter* Rn. 3). Der Anspruch gegen die Behörde erweist sich aber auch dann als nützlich, wenn der Anlagenbetreiber seiner Auskunftspflicht nicht nachkommt. Schwerpunkt der behördlichen Auskunft dürften insbes. das Bestehen und die Einhaltung von Betriebspflichten sein (*Landsberg/Lülling* Rn. 11). Die Bedeutung

* Teile der Kommentierung beruhen auf der von Günther Hager verfassten Vorauflage.

des Auskunftsanspruchs nach § 9 wird allerdings dadurch relativiert, dass nach Inkrafttreten des UmweltHG weitergehende allg. Regelungen über das **Recht auf freien Zugang** zu behördlichen Umweltinformationen geschaffen worden sind (→ Rn. 2f.). Diese sind neben § 9 anwendbar (*Kohler* in Staudinger UmweltHR Rn. 15).

B. Informationszugang nach anderen Umweltgesetzen

2 Für den Zugang zu bei den Behörden vorliegenden Umweltinformationen von zentraler Bedeutung sind das nur für die Bundesbehörden geltende **Umweltinformationsgesetz** des Bundes (UIG) und die meist gleichlautenden oder auf des UIG verweisenden Umweltinformationsgesetze der Länder einschl. der gleichwertigen Informationsfreiheits-,Transparenz- und Umweltverwaltungsgesetze einiger Länder (Berlin, Schleswig-Holstein, Rheinland-Pfalz, Baden-Württemberg). Der Zugang bedarf nicht der Geltendmachung eines rechtlichen Interesses (§ 3 Abs. 1 S. 1 UIG). Der **Begriff der Umweltinformationen** ist weit (BVerwGE 130, 223 Rn. 11ff. = NVwZ 2008, 791). Erfasst werden ua Daten über den Zustand von Umweltbestandteilen wie etwa die Luftqualität, sowie Daten über Faktoren, die sich auf den Zustand der Umwelt auswirken wie etwa Stoffe und Emissionen (§ 2 Abs. 3 Nr. 1 und 2 UIG). Auch Daten über behördliche Maßnahmen mit Umweltbezug, insbes. zum Schutz der Umwelt wie Vollzugs- und Kontrollaktivitäten und deren Ergebnisse, sind zugänglich (§ 2 Abs. 3 Nr. 3 UIG; → Bd. I, § 2 UIG Rn. 43, 45). Der Informationszugang kann durch Auskunft, Akteneinsicht oder in sonstiger Weise beansprucht werden (§ 3 Abs. 2 UIG). Allerdings ergeben sich Grenzen durch den Schutz öffentlicher und sonstiger Belange, insbes. von Betriebsgeheimnissen (§§ 8, 9 UIG). Der Zugang zu **Informationen über Emissionen** kann allerdings nicht unter Berufung auf Betriebs- oder Geschäftsgeheimnisse versagt werden (§ 9 Abs. 1 S. 2 UIG; → Rn. 16). Einfache schriftliche Auskünfte und Einsichtnahmen in Unterlagen sind kostenfrei (§ 12 Abs. 1 UIG). Diese allg. Regelungen zur Umweltinformation sind geeignet, die Geltendmachung von Schadensersatzansprüchen nach § 1 erheblich zu erleichtern. Sie decken zumindest einen Großteil der nach § 9 S. 3 iVm § 8 Abs. 1 S. 2 benannten Informationen ab. Das UIG wird durch § 8 nicht verdrängt (§ 3 Abs. 1 S. 2 UIG). Aus der Sicht des Geschädigten erscheint es zweckmäßig, die Rechte nach § 8 gleichzeitig mit denen nach dem UIG geltend zu machen.

3 Daneben bestehen besondere Rechte auf freien Informationszugang zu bestimmten Umweltdaten nach § 27 Abs. 3 BImSchG und § 2 Abs. 1 PRTR-Gesetz. Die in den beiden Gesetzen erfassten Umweltdaten stellen eine leicht zugängliche und wichtige Informationsquelle zur Beurteilung der Herkunft und Emissionsmenge von Schadstoffen dar, die einen Umweltschaden verursacht haben können. Die Daten aus der **Emissionserklärung** zahlreicher Kategorien genehmigungsbedürftiger Anlagen, die die Art, Menge, räumliche und zeitliche Verteilung von Luftverunreinigungen und die Austrittsbedingungen umfassen (§ 27 Abs. 1 BImSchG, § 11 Abs. 1 der 11. BImSchV), sind auf Antrag Dritten zugänglich zu machen. Sie unterliegen grds. der Geheimhaltung, wenn aus ihnen (ausnahmsweise) Rückschlüsse auf Betriebsgeheimnisse, etwa bestimmte Produktionsverfahren, gezogen werden können (§ 27 Abs. 3 S. 2, 3 BImSchG; → Bd. III, § 27 BImSchG Rn. 30; *Jarass* BImSchG § 27 Rn. 16). Analog § 9 Abs. 1 S. 2 UIG, § 31 Abs. 5 S. 2 BImSchG kommt aber ein Geheimnisschutz für Emissionen nicht in Betracht (→ Rn. 16). Informationszugang besteht auch nach dem **PRTR-Gesetz** (Gesetz zur Ausführung des Protokolls über das Schadenstofffreisetzungs- und -verbringungsregister und zur Umsetzung der Verordnung (EG) Nr. 166/2006 – SchadRegProtAG – von 2007. Dieses Gesetz regelt das deutsche Schadstofffreisetzungs- und -verbringungsregister

und die Weitergabe der entsprechenden Daten an die Kommission für Zwecke des europäischen Registers. Es erfasst die Freisetzung von 91 Schadstoffen oder Schadstoffverbindungen in die Luft, das Wasser und den Boden sowie Schadstoffverbringungen aus neun Arten von Tätigkeiten mit zahlreichen Anlagenkategorien. Es gelten anlagen- und schadstoffbezogene Schwellenwerte. Die Daten sind frei zugänglich (§ 2 Abs. 1 PRTR-Gesetz). Der Anlagenbetreiber kann jedoch grds. Geheimnisschutz in Anspruch nehmen; in diesem Fall sind die Daten nur bei einem überwiegenden öffentlichen Interesse in das Register aufzunehmen (§ 5 Abs. 3 S. 2, 3 PRTR-Gesetz; vgl. *Bodle/Homann,* PRTR-Gesetz, 2. Aufl. 2017, S. 59 ff.). Auch hier ist allerdings § 9 Abs. 1 S. 2 UIG analog anzuwenden.

C. Voraussetzungen des Auskunftsanspruchs

Der Auskunftsanspruch nach § 9 setzt voraus, dass dem Anspruchsteller ein **Schaden** 4
entstanden ist, dass Tatsachen vorliegen, die die Annahme einer **Schadensverursachung** durch die Anlage begründen und dass die Auskunft zur Feststellung eines Anspruchs nach dem Umwelthaftungsgesetz **erforderlich** ist. Diese Voraussetzungen decken sich völlig mit denen des Auskunftsanspruchs nach § 8 gegen den Anlagenbetreiber (→ § 8 Rn. 6–11). Allerdings gilt der Grundsatz der **Amtsermittlung.** Die Behörde ist zur Ermittlung der anspruchsbegründenden Tatsachen verpflichtet; die Rolle des Geschädigten beschränkt sich auf eine Mitwirkungspflicht und er trägt ggf. die materielle Beweislast (*Salje/Peter* Rn. 9; *Kohler* in Staudinger UmweltHR Rn. 31).

§ 9 begründet **kein generelles Auskunftsrecht** gegenüber allen Behörden. Der 5
Anspruch richtet sich lediglich gegen die Behörde, die die Genehmigung erteilt hat oder die Anlage überwacht, sowie gegen die Behörden, deren alleinige oder teilweise Aufgabe es ist, Einwirkungen auf die Umwelt, etwa durch Schadstoffmessungen, zu erfassen (Monitoringbehörden). Behörden, die im Genehmigungsverfahren nur Stellungnahmen abzugeben haben, sind nicht Adressaten der Auskunftspflicht (*Salje/Peter* Rn. 14; *Kohler* in Staudinger UmweltHR Rn. 7).

D. Inhalt, Form und Lasten des Auskunftsanspruchs

Für den **Inhalt** der Auskunftserteilung durch die Behörde gelten grds. die gleichen 6
Regeln wie für den gegen den Inhaber der Anlage gerichteten Auskunftsanspruch (→ § 8 Rn. 12–19). Zum Schutz gegen eine Ausforschung ist der Auskunftsanspruch gegen die Genehmigungs- und Überwachungsbehörden wie im Fall des § 8 auf **bestimmte haftungsrelevante Informationen** beschränkt (§ 9 S. 3 iVm § 8 Abs. 1 S. 2). Diese Einschränkung gilt aber nicht für den Auskunftsanspruch gegen Monitoringbehörden. Diese Behörden sind an das – insoweit weit auszulegende – Kriterium der Erforderlichkeit gebunden. Sie dürfen aber, wie sich aus ihrer Aufgabe und aufgrund einer systematischen Auslegung des § 9 S. 3 ergibt, überhaupt keine anlagenbezogenen Auskünfte erteilen; anders kann man das Fehlen einer entspr. Schutzklausel für Betriebs- und Geschäftsgeheimnisse nicht erklären (*Reuter* in Paschke Rn. 23; *Landsberg/Lülling* Rn. 11; aM aber *Salje/Peter* Rn. 16 f.; *Kohler* in Staudinger UmweltHR Rn. 9, 11; *Haller* S. 77 f., die § 9 S. 3 analog anwenden wollen). Von der Genehmigungs- und Überwachungsbehörde können noch zusätzlich zur Sicherung der Zustellungsmöglichkeit gemäß § 51b BImSchG Angaben über Namen und Anschrift des Inhabers der Anlage, seines gesetzlichen Vertreters oder eines Zustellungsbevollmächtigten verlangt werden (→ Rn. 14).

Der Auskunftsanspruch beschränkt sich auf die bei der Behörde **vorliegenden Informationen**; es besteht keine (behördenexterne) Beschaffungspflicht (BVerwG NVwZ 2019, 840 Rn. 15).

7 Die Auskunft hat **schriftlich** zu erfolgen. Die Behörde kann ihre Auskunftspflicht auch dadurch erfüllen, dass sie dem Bürger **Einsicht** in die betreffenden Akten gewährt (*Landsberg/Lülling* Rn. 26 f.; *Kohler* in Staudinger UmweltHR Rn. 17 f.; ebenso *Reuter* in Paschke Rn. 52 f., für Monitoringbehörden; aM *Schmidt-Salzer* Rn. 13). Für die Behörde mag dies praktikabler sein (*Sautter* S. 212). Für den Geschädigten stellt die Akteneinsicht regelmäßig die verlässlichere Information dar. Ein Recht des Geschädigten auf Akteneinsicht besteht allerdings ebenso wenig wie ein Recht der Behörde, ihre Auskunftspflicht gegen den Willen des Geschädigten in dieser Weise zu erfüllen (*Salje/Peter* Rn. 38 f.; *Sautter* S. 212; *Reuter* in Paschke Rn. 53; *Kohler* in Staudinger UmweltHR Rn. 17 f.; vgl. aber *Haller* UPR 1995, 338 (339); aM wohl *Landsberg/Lülling* Rn. 27). Geheimnisschutz ist im Fall der Akteneinsicht durch Schwärzen oder Separierung von Aktenteilen zu gewährleisten. **Lasten und Kosten** der Auskunft trägt die Behörde (iE → § 8 Rn. 18 f.). Dies unterscheidet die Regelung von § 12 UIG.

E. Grenzen des Auskunftsanspruchs

8 In Anlehnung an die Regelung des § 29 Abs. 2 VwVfG und des § 99 Abs. 1 S. 2 VwGO aF normiert § 9 Satz 2 einen Katalog von Gründen, deren Vorliegen die Behörde zur **Verweigerung der Auskunft** berechtigt, allerdings nicht zwingend verpflichtet (→ Rn. 19).

I. Beeinträchtigung von Belangen des öffentlichen Interesses

9 Die Auskunft kann zunächst wegen Beeinträchtigung der **ordnungsgemäßen Erfüllung der Aufgaben** der Behörden verweigert werden (§ 9 S. 2). Mit dieser Ausnahmeregelung soll der Schutz der Funktionsfähigkeit der Behörde vor einer übermäßigen Belastung gesichert werden. Relevanz könnte diese Ausnahmebestimmung vor allem bei **Massenverfahren** erlangen. Allerdings begründet nur eine aktuelle Beeinträchtigung der Funktionsfähigkeit der Behörde ein Auskunftsverweigerungsrecht. Behinderungen und Verzögerungen der Arbeit der Behörde von nicht allzu großer Dauer genügen nicht. Auch eine außergewöhnliche Belastung der Behörde reicht nicht aus, wenn diese durch entsprechende organisatorische Maßnahmen aufgefangen werden kann und die Behördentätigkeit nicht zum Erliegen kommt (*Ritgen* in Knack/Henneke VwVfG § 29 Rn. 66 f.; *Kopp/Ramsauer* VwVfG § 29 Rn. 32 f.; vgl. BVerwG NVwZ 2019, 1840 Rn. 33 ff.). Insgesamt dürfte der Gesichtspunkt des Schutzes der Funktionsfähigkeit der Behörde nur in Ausnahmefällen ein Auskunftsverweigerungsrecht begründen (*Salje/Peter* Rn. 23).

10 Die Ausnahmeregelung kann auch zum Zuge zu kommen, wenn durch die Auskunft die **Effektivität eines konkreten Verfahrens** beeinträchtigt würde. Zu denken ist etwa an den Fall, dass die Behörde einem Umweltskandal auf der Spur ist, die Ermittlungen aber durch die Auskunft gefährdet würden (*Landsberg/Lülling* Rn. 15; *Salje/Peter* Rn. 24).

11 Zum anderen besteht ein Auskunftsverweigerungsrecht, wenn das Bekanntwerden des Inhalts der Auskunft **Nachteile für das Wohl des Bundes oder eines Landes** zur Folge haben würde. Dieser Begriff wird auch in den §§ 29 Abs. 2 VwVfG, 99 Abs. 1 S. 2 VwGO und 96 StPO verwendet. Erforderlich ist die **Beeinträchtigung oder Gefähr-**

dung des Bestandes oder der Funktionsfähigkeit des Staates oder einer seiner wesentlichen Einrichtungen (BVerwGE 75, 1 (10) = NJW 1987, 202). Im Bereich der Umwelthaftung mag diese Vorschrift zum Zuge kommen, wenn die Nachricht über einen Störfall zu panikartigen Reaktionen fuhren könnte (*Landsberg/Lülling* Rn. 19). Ein so begründetes Auskunftsverweigerungsrecht muss freilich die absolute Ausnahme bleiben. Denn angesichts hoher Umweltgefahren besteht ein gesteigertes Informationsinteresse. Im Übrigen entfaltet gerade im Umweltbereich die Publizität eine hohe Präventionswirkung (*Salje/Peter* Rn. 26; *Kohler* in Staudinger UmweltHR Rn. 23).

II. Geheimhaltungsbedürftigkeit nach einem Gesetz oder dem Wesen nach

Im Hinblick auf **Betriebsgeheimnisse** (dazu → § 8 Rn. 26f.) kommen § 30 VwVfG und die entspr. Regelungen der Länder als gesetzliche Geheimhaltungsvorschriften in Betracht (*Kopp/Ramsauer* VwVfG § 29 Rn. 37). Diese Regelungen sind als Ausdruck eines allgemeinen Rechtsgedankens auch außerhalb konkreter Verfahren i.S. des § 9 VwVfG anwendbar (*Kopp/Ramsauer* VwVfG § 30 Rn. 2).). Es ist allerdings zweifelhaft, ob es sich um Offenbarungsverbote iSd § 9 S. 2 handelt. Im Rahmen der Bundesverwaltung könnte § 9 nach § 1 Abs. 1 VwVfG Vorrang haben. Im Landesrecht fehlt eine ausdrückliche Subsidiaritätsklausel im Verhältnis zu speziellen bundesrechtlichen Regelungen. Dies ist jedoch iErg unerheblich. § 30 VwVfG verbietet die **unbefugte Offenbarung** (dazu *Ritgen* in Knack/Henneke § 30 VwVfG Rn. 23; *Kopp/Raumsauer* VwVfG § 30 Rn. 12f.). Eine Befugnis zur Offenbarung wird auch durch § 9 S. 1 begründet. Diese Vorschrift wird aber durch § 9 S. 2 begrenzt, der wiederum über § 8 Abs. 2 in der Sache auf § 30 VwVfG und entspr. Landesrecht als gesetzliche Geheimhaltungsvorschriften verweist. Dieser Zirkelschluss ist durch eine Güterabwägung aufzulösen (→ § 8 Rn. 25). Im Rahmen des § 9 S. 2 (wie auch des § 8 Abs. 2) setzt sich nur ein überwiegendes Geheimhaltungsinteresse gegen das Informationsinteresse durch (vgl. Begr. S. 20 zu § 10; *Landsberg/Lülling* Rn. 22; aM *Salje/Peter* Rn. 29: auch bei gleichem Gewicht Vorrang des Informationsinteresses, weil die Auskunft dem Schutz persönlicher Rechtsgüter dient; zust. *Kohler* in Staudinger UmweltHR Rn. 20). Aus § 30 VwVfG und vergleichbarem Landesrecht ergibt sich iErg daher allenfalls dann ein Offenbarungsverbot, wenn das Geheimhaltungsinteresse das Informationsinteresse überwiegt (zur Abwägung → § 8 Rn. 35). 12

Gesetzliche Geheimhaltungspflichten können sich aus den strafrechtlichen Vorschriften zum Geheimnisschutz (§§ 203, 353b StGB) ergeben. Verboten ist danach aber wiederum nur die **unbefugte Offenbarung** fremder Geheimnisse. Bedeutung und Funktion des Merkmals „unbefugt" sind umstritten (*Eisele* in Schönke/Schröder StGB § 203 Rn. 29). Darauf kommt es aber hier nicht an. Eine Offenbarungsbefugnis kann sich jedenfalls aus § 9 S. 1 ergeben. Für das Zusammenspiel von § 9 S. 2 und §§ 203, 353b StGB gilt wiederum, dass der zwischen diesen Normen aufgrund der wechselseitigen Verweisung bestehende Konflikt durch eine Güterabwägung zu lösen ist (→ Rn. 12 und § 8 Rn. 25). Das bedeutet iErg, dass auch die genannten strafrechtlichen Vorschriften nur im Fall eines überwiegenden Geheimhaltungsinteresses ein Offenbarungsverbot begründen. Ist allerdings der Tatbestand des § 353b StGB erfüllt, wird regelmäßig das Geheimhaltungsinteresse überwiegen, weil durch die Offenbarung wichtige öffentliche Interessen gefährdet werden. 13

Eine spezielle gesetzliche Geheimhaltungspflicht ergibt sich aus den Regelungen der Datenschutzgrundverordnung (DSGVO) und der **Datenschutzgesetze** des Bundes und der Länder. Sie betreffen aber nur personenbezogene Daten. Die Verpflichtung zur Nen- 14 nung des Namens und der Anschrift des Inhabers der Anlage, seines gesetzlichen Vertreters und des Zustellungsbevollmächtigten nach § 9 S. 3 geht aufgrund der Subsidiaritätsklausel des § 1 Abs. 3 BDSG vor; dies hält auch einer Güterabwägung stand (*Salje/Peter* Rn. 28). Soweit Kataloganlagen von juristischen Personen betrieben werden, greift das Datenschutzrecht ohnehin nicht ein. Im Übrigen stellen die anlagenbezogenen Auskünfte gemäß § 9 S. 3 keine personenbezogenen Daten dar.

15 Auch wenn es an einem speziellen gesetzlichen Geheimhaltungsgebot fehlt, kann die verlangte Information verweigert werden, wenn sie ihrem **Wesen nach geheimhaltungsbedürftig** ist. Als Anwendungsfälle nennt das Gesetz die berechtigten Interessen der Beteiligten oder Dritter.

16 Ihrem Wesen nach geheimhaltungsbedürftig sind insbes. **Betriebsgeheimnisse.** Maßgeblich ist grds. das herkömmliche Begriffsverständnis (→ § 8 Rn. 26f.). Die teilw. abweichende Definition nach § 2 Nr. 1 GeschGehG gilt im öffentlichen Recht nicht (§ 1 Abs. 2 GeschGehG; Begr. BT-Drs. 19/4724 S. 23; ebenso BVerwG NVwZ 2020, 1368 Rn. 24; 2020, 715 Rn. 11). Denkbar ist allerdings eine Berücksichtigung dieser Definition (so *Wiebe* NVwZ 2019, 1705 (1706); *Goldhammer* NVwZ 2017, 1809 (1810)). Die Geltendmachung eines Betriebsgeheimnisses dürfte der praktisch wichtigste Grund für eine Auskunftsverweigerung sein. Allerdings vermag nur ein überwiegendes Geheimhaltungsinteresse den Auskunftsanspruch auszuschließen (→ § 8 Rn. 35). Eine Besonderheit des Auskunftsanspruchs nach § 9 besteht darin, dass die Ausnahmeregelung des § 9 Abs. 1 S. 2 UIG **analog** auch auf § 9 S. 3 anzuwenden ist. Eine analogiefähige Lücke des § 9 ergibt sich aus der Wirkkraft veränderter normativer Wertungen, wie sie im UIG für den Gesamtbereich des Informationszugangs zu Behörden in Umweltangelegenheiten zum Ausdruck gelangt sind. Im Interesse der Einheit und Widerspruchsfreiheit der Rechtsordnung sind diese Wertungen auch im UmweltHG maßgeblich. Nach § 9 Abs. 1 S. 2 UIG besteht kein Geheimnisschutz für **Informationen über Emissionen** (BVerwGE 135, 34 Rn. 39ff. = NVwZ 2010, 189; → Bd. I, § 8 UIG Rn. 45f., § 9 UIG Rn. 33 mwN). Der Begriff der „Emission" ist im Interesse eines weiten Informationszugangs auszulegen. Er umfasst jede Form der Information über die Freisetzung von Stoffen und die hierdurch verursachte Beeinträchtigung der Umwelt, einschl. Studien zur Toxizität der Stoffe sowie Messergebnisse und Messbedingungen (EuGH Rs. C-442/14 – Bayer CropScience, ECLI:EU:C:2016:890 Rn. 67, 86ff., 96, 103 = NVwZ 2017, 380 (zur RL 2003/4); VGH Mannheim, ZUR 2017, 560 Rn. 56; OVG Berlin-Brandenburg NVwZ 2019, 1373 Rn. 57ff.; *Guckelberger* NuR 2018, 508 (513); für engere Auslegung *Wiebe* NVwZ 2019, 1705 (1708)). Die für den Geheimnisschutz bes. relevanten internen Produktionsvorgänge in der Anlage werden nicht erfasst, soweit sie ohne unmittelbare Auswirkungen auf die Emissionen sind (insoweit ist BVerwGE 135, 34 Rn. 43, 46f. = NVwZ 2010, 189 nicht überholt).

F. Entscheidung der Behörde

17 Die Entscheidung über die Gewährung und Versagung des geltend gemachten Geheimnisschutzes trifft die zuständige Behörde. Sie ist anders als im Fall des § 8 nicht Partei eines Schadensersatzprozesses, sondern Sachwalter des Allgemeinwohls. Ihre Aufgabe ist es auch, bei Bejahung des Geheimnisschutzes dem Geschädigten Auskünfte mittels eines Sachverständigen oder **in komprimierter Form** zu erteilen, um ihm so viel an Information, wie ohne Beeinträchtigung des Anlageninhabers möglich ist, zur Verfügung zu stellen (*Salje/Peter* Rn. 35f.; *Reuter* in Paschke Rn. 45; *Kohler* in Staudinger UmweltHR Rn. 30).

Die Behörde entscheidet über das Auskunftsbegehren durch **Verwaltungsakt.** Dieser ist gemäß § 39 VwVfG zu begründen. Der Anlageninhaber ist gemäß § 13 Abs. 2 VwVfG beizuladen und gemäß § 28 VwVfG anzuhören. Für die Geltendmachung seines Geheimhaltungsinteresses genügt **Plausibilität** seiner Angaben (OVG Koblenz NVwZ 2013, 376 (377 f.)). Auch die positive Entscheidung über die Erteilung der Auskunft ist ein Verwaltungsakt, da sie dem Auskunftsersuchen stattgibt und eine Feststellung über das Bestehen des Anspruchs mit potentieller Belastung des Anlageninhabers impliziert (*Salje/Peter* Rn. 4 f.; *Kohler* in Staudinger UmweltHR Rn. 21; *Reuter* in Paschke Rn. 54; *Haller* NuR 1995, 217 (218); *Sautter* S. 214). Sollte hierfür eine gesetzliche Ermächtigung erforderlich sein, so ergibt sie sich im Wege der Auslegung aus § 9 S. 3 (vgl. zur Streitfrage allg. BVerwGE 141, 243 Rn. 14 = NVwZ 2012, 1123; BVerwGE 119, 123 (124 f.) = NJW 2004, 1191; *Kopp/Ramsauer* VwVfG § 35 Rn. 24 ff.; *Henneke/Berger* in Knack/Henneke VwVfG Vor § 35 Rn. 68; *Jeremias* DVBl. 2014, 1047 ff.). **18**

Liegen die Voraussetzungen des § 9 S. 2 nicht vor, so besteht ein **Rechtsanspruch** auf Auskunftserteilung. Sind dagegen die Voraussetzungen des § 9 Satz 2 gegeben, ist die Behörde befugt, die Auskunft zu verweigern. § 9 S. 2 schafft aber kein Verbot der Auskunftserteilung, sondern gewährt nur ein entsprechendes Recht. Die Behörde muss im Rahmen einer **Ermessensentscheidung** das Für und Wider einer Auskunftserteilung abwägen (*Salje/Peters* Rn. 20; *Kohler* in Staudinger UmweltHR Rn. 20; *Ritgen* in Knack/Henneke VwVfG § 30 Rn. 31). Im Interesse eines effektiven Rechtsschutzes ist im Zweifel zugunsten des Auskunftsrechts zu entscheiden. **19**

G. Rechtsschutz

Die Entscheidung der Behörde über die Auskunftserteilung ist **verwaltungsgerichtlich überprüfbar,** bei Versagung des Antrags durch den Antragsteller im Wege der Verpflichtungsklage, bei Stattgabe durch den Anlageninhaber im Wege der Anfechtungsklage; bei drohender Stattgabe kommt einstweiliger Rechtsschutz aufgrund eines vorgezogenen Antrags nach § 80a Abs. 1 Nr. 2 iVm § 80 Abs. 4 VwGO in Betracht (für § 123 VwGO *Salje/Peter* Rn. 6 f.). **20**

Der tatsächliche Umfang der gerichtlichen Kontrolle hängt notwendigerweise davon ab, ob und inwieweit das Gericht die Möglichkeit hat, die streitigen Auskünfte zu erhalten und Unterlagen einzusehen. Macht die Behörde geltend, dass eine Auskunftspflicht nicht besteht, weil das Bekanntwerden der umstrittenen Vorgänge dem Wohle des Bundes oder eines Landes Nachteile bereiten würde, gesetzliche Geheimhaltungsvorschriften entgegenstehen oder die Vorgänge ihrem Wesen nach geheimhaltungsbedürftig sind, besteht das Problem darin, dass der verwaltungsgerichtliche **Rechtsschutz** und das **Geheimhaltungsinteresse** in Kollision geraten. Im Verwaltungsgerichtsverfahren gilt der Grundsatz der Parteiöffentlichkeit, der ein Akteneinsichtsrecht begründet (§ 100 VwGO). Wäre die Behörde gezwungen, im Streit um die Auskunftserteilung die fraglichen Auskünfte zu erteilen oder die Unterlagen dem Gericht vorzulegen, könnten die Parteien durch Ausübung dieses Einsichtsrechts den Geheimnisschutz unterlaufen. **21**

Der Lösung derartiger Konflikt dient die Regelung des § 99 VwGO (vgl. aber BVerwG NVwZ 2012, 112 Rn. 11 f.). Die Regelung erfasst auch Fälle, in denen Auskünfte oder Unterlagen nicht lediglich als Beweismittel in Betracht kommen, sondern ein streitiger Anspruch auf Auskunft oder Einsichtnahme die Hauptsache darstellt (BVerwGE 130, 236 Rn. 9, 19 = NVwZ 2008, 554; *Neumann* DVBl. 2016, 473 (482); iErg auch *Kopp/Schenke* VwGO § 99 Rn. 4 mwN). § 99 Abs. 1 VwGO gibt der obersten Aufsichtsbehörde ein Recht auf Verweigerung der Auskunft oder Aktenvorlage durch **22** eine **Sperrerklärung.** Dieses Recht ist nach **pflichtgemäßem Ermessen** unter Abwägung des Interesses an effektivem Rechtsschutz und des grundrechtlichen Schutzes von Betriebsgeheimnissen auszuüben (BVerwG aaO Rn. 17 ff.; vgl. NVwZ-RR 2020, 909 Rn. 30). Wird eine solche Sperrerklärung abgegeben, stellt das Oberverwaltungsgericht durch Beschluss fest, ob die Verweigerung rechtmäßig ist. Wird die Rechtswidrigkeit der Sperrerklärung festgestellt, so hat die oberste Aufsichtsbehörde grds. dem Gericht der Hauptsache die geforderten Auskünfte zu erteilen oder Unterlagen vorzulegen – mit der Folge, dass der Antragsteller nach § 100 Akteneinsicht nehmen kann und trotz des materiellen Geheimnisschutzes (§ 99 Abs. 2 S. 7 VwGO) sein Klageziel erreicht. Die Behörde kann allerdings unter Berufung auf den Geheimnisschutz weiterhin die Auskunft oder Vorlage an das Gericht der Hauptsache verweigern. In diesem Fall wird über die Auskunfts- oder Vorlagepflicht nach § 99 Abs. 2 VwGO in einem **geheimen Verfahren** („in camera"-Verfahren) vor einem speziellen Spruchkörper (Fachsenat) entschieden (zur verfassungsrechtlichen Zulässigkeit s. BVerfGE 115, 205 (140) = NVwZ 2006, 1041; BVerwG NVwZ 2004, 105 (106); zustimmend *Mayen* NVwZ 2003, 537 (541 ff.); einschränkend *Kopp/Schenke* VwGO § 99 Rn. 3). Bei Betriebsgeheimnissen, die Gegenstand der Hauptsache sind, werden die maßgeblichen Ermessenserwägungen bei der Entscheidung über die Vorlage an das Gericht und über den materiellen Anspruch auf Auskunft und Einsichtnahme im Hauptsacheverfahren zwar nicht in allem, aber doch teilw. deckungsgleich sein, woraus sich eine problematische präjudizielle Wirkung ergeben kann (BVerwGE 130, 236 Rn. 19 = NVwZ 2008, 554; NVwZ 2013, 1285 Rn. 23 f.; *Neumann* DVBl. 2016, 473 (482)).

§ 10 Auskunftsanspruch des Inhabers einer Anlage*

(1) **Wird gegen den Inhaber einer Anlage ein Anspruch aufgrund dieses Gesetzes geltend gemacht, so kann er von dem Geschädigten und von dem Inhaber einer anderen Anlage Auskunft und Einsichtsgewährung oder von den in § 9 genannten Behörden Auskunft verlangen, soweit dies zur Feststellung des Umfangs seiner Ersatzpflicht gegenüber dem Geschädigten oder seines Ausgleichsanspruchs gegen den anderen Inhaber erforderlich ist.**

(2) **Für den Anspruch gegen den Geschädigten gilt § 8 Abs. 2, 3 Satz 1 und § 8 Abs. 4, für den Anspruch gegen den Inhaber einer anderen Anlage gilt § 8 Abs. 1 Satz 2, Abs. 2 bis 4 und für den Auskunftsanspruch gegen Behörden § 9 entsprechend.**

Übersicht

A. Grundzüge und Zweck der Vorschrift

§ 10 regelt den Auskunftsanspruch des Inhabers einer Anlage, gegen den ein Anspruch aufgrund des UmweltHG geltend gemacht wird, gegen den Geschädigten, den Inhaber einer anderen Anlage oder gegen die in § 9 genannten Behörden. Bei den betroffenen Anlagen muss es sich um Kataloganalagen handeln. Die Gewährung eines besonderen Auskunftsanspruchs verfolgt den Zweck, dem Inhaber der in Anspruch genommenen Anlage einmal die Feststellung des **Umfangs** seiner Ersatzpflicht, zum anderen die Durchsetzung eines **Ausgleichsanspruchs** zu erleichtern. 1

B. Allgemeine Voraussetzungen des Anspruchs

I. Geltendmachung eines Anspruchs nach dem UmweltHG

Grundvoraussetzung des Auskunftsanspruchs des Inhabers einer Anlage ist, dass gegen diesen **ein Anspruch nach dem UmweltHG** geltend gemacht wird. Anspruch in diesem Sinne ist in erster Linie ein **Schadensersatzanspruch** nach § 1. Es genügt aber auch die Geltendmachung eines den Schadensersatzanspruch vorbereitenden **Auskunftsanspruchs.** Diese Auslegung ist durch den Wortlaut des § 10 gedeckt. Eine solche Vorverlegung des Auskunftsanspruchs ist auch sachgerecht. Sobald nämlich gegen den Inhaber einer Anlage ein Auskunftsanspruch geltend gemacht wird, muss sich dieser auf einen Schadensersatzprozess einstellen und Verteidigungsmöglichkeiten gegenüber dem Geschädigten oder Rückgriffsmöglichkeiten gegen andere Anlageninhaber vorbereiten 2

* Teile der Kommentierung beruhen auf der von Günther Hager verfassten Vorauflage.

(ebenso *Sautter* S. 215f.; *Leonhard* S. 167f.; aM *Salje/Peter* Rn. 3; *Kohler* in Staudinger UmweltHR Rn. 3; *Reuter* in Paschke Rn. 3).

3 § 10 setzt voraus, dass ein Anspruch nach dem UmweltHG **geltend gemacht** wird. Eine Geltendmachung liegt sicherlich in der Klageerhebung. Es genügt aber, dass ein solcher Anspruch vorprozessual in der Weise geltend gemacht wird, dass der Inhaber der Anlage ernsthaft mit einer Klage rechnen muss (*Salje/Peter* Rn. 3).

II. Erforderlichkeit der Auskunft

4 Die Auskunft muss entweder zur Feststellung des **Umfangs** der Ersatzpflicht gegenüber dem Geschädigten oder zur Feststellung eines **Ausgleichsanspruchs** gegen einen anderen Anlageninhaber erforderlich sein. Das Bestehen der Ersatzpflicht stellt einen Sonderfall des Umfangs dar. Steht fest, dass der Auskunft suchende Anlageninhaber selbst dem Grunde nach überhaupt **nicht haftet,** entfällt mangels Erforderlichkeit der Auskunftsanspruch. Dies ist der Fall, wenn der haftungsbegründende Tatbestand nicht erfüllt ist, ein nicht ersatzfähiger Schaden geltend gemacht wird oder der Anspruch verjährt ist (*Kohler* in Staudinger UmweltHR Rn. 5; *Salje/Peter* Rn. 4; *Reuter* in Paschke Rn. 5, 13; *Landsberg/Lülling* Rn. 3). Für die Haftungsausschlüsse nach den §§ 4 und 5 gilt dies nicht, da deren Anwendbarkeit nur aufgrund betrieblicher Informationen im Hauptsacheverfahren beurteilt werden kann (→ § 8 Rn 10; *Reuter* in Paschke Rn. 13, § 8 Rn. 35, 118; *Schmidt-Salzer* Rn. 61f.; aM *Landsberg/Lülling* Rn. 3; *Kohler* in Staudinger UmweltHR Rn. 5; *Sautter* S. 216f.; Vorkommentierung *Hager* Rn. 4, → 16. EL Juni 1992).

5 Ist die Frage der Ersatzpflicht offen, braucht im Auskunftsstreit die Haftungsfrage nicht vollständig geklärt zu werden. Die Auskunft ist vielmehr schon dann erforderlich, wenn die Haftung des auskunftssuchenden Anlageninhabers aufgrund der von diesem vorgetragenen und ggf. bewiesenen Tatsachen als **plausibel** erscheint, dh. für sie eine gewisse Wahrscheinlichkeit besteht. Das Gleiche gilt für die Feststellung eines Ausgleichsanspruchs im Rahmen einer gesamtschuldnerischen Haftung. Je nach Anspruchsgrundlage folgt dies aus einer entsprechenden Anwendung des § 8 Abs. 1 S. 1, die zur Behebung von Wertungswidersprüchen geboten ist, oder aus § 10 Abs. 1 iVm § 9 Abs. 1 S. 1 (*Kohler* in Staudinger UmweltHR Rn. 6, 12; *Salje/Peter* Rn. 6f., 21, 39; *Reuter* in Paschke Rn. 6f., 16, 36).

6 Die Erforderlichkeit fehlt, wenn der Anlageninhaber allg. oder individuell **in der Lage ist,** sich die benötigte Auskunft aus leicht zugänglichen Quellen selbst zu beschaffen.

C. Inhalt und Grenzen des Anspruchs

7 Der Anspruch nach § 10 richtet sich gegen den **Geschädigten,** den **Inhaber einer anderen Anlage** oder gegen die **Behörde.**

I. Auskunftsanspruch gegen den Geschädigten

8 Der Auskunftsanspruch des Inhabers einer Anlage gegen den Geschädigten betrifft insbes. die Frage nach dem Umfang seiner Haftung. Ein solcher Anspruch wurde von der Mehrheit des Rechtsausschusses im Interesse der **Waffengleichheit** für erforderlich gehalten. Man wollte damit den Anlageninhaber in die Lage versetzen, von solchen Um-

ständen Kenntnis zu erlangen, die in der Sphäre des Geschädigten liegen, wie etwa Mitverschulden oder frühere Erkrankungen (Ausschussbericht S. 33; *Salje/Peter* Rn. 2; kritisch *Schmidt-Salzer* Rn. 4). Diese Umstände können zu einer anteiligen Haftung, im Extremfall sogar zum Ausschluss der Haftung führen. Der Anspruch ist nicht relevant für das Verhältnis zu anderen Anlageninhabern (*Reuter* in Paschke Rn. 16).

Der gegen den Geschädigten gerichtete Auskunftsanspruch wird thematisch nur durch 9
den Grundsatz der Erforderlichkeit (§ 10 Abs. 1), im Übrigen durch ein vorrangiges Geheimhaltungsinteresse begrenzt (§ 10 Abs. 2). Vorgänge, die unter den **Schutz der Persönlichkeits- und Intimsphäre** fallen, sind ihrem Wesen nach geheim zu halten und unterliegen deshalb – vorbehaltlich einer Güterabwägung – keiner Auskunftspflicht (*Kohler* in Staudinger UmweltHR Rn. 12f.; *Salje/Peter* Rn. 9, 11). Meist kann der Konflikt zwischen dem Informationsbedürfnis und dem Geheimhaltungsinteresse durch Einschaltung eines zur Geheimhaltung verpflichteten Sachverständigen gelöst werden (*Kohler* in Staudinger UmweltHR Rn. 10; *Salje/Peter* Rn. 13).

Unter den erschwerten Voraussetzungen des § 8 Abs. 3 Satz 1 UmweltHG steht dem 10
Anlageninhaber auch ein **Einsichtsrecht** gegenüber dem Geschädigten zu. Ebenso kann der Anlageninhaber vom Geschädigten eine **eidesstattliche Versicherung** verlangen (§ 10 Abs. 2 iVm § 8 Abs. 4; dazu *Salje/Peter* Rn. 16f., 18).

II. Auskunftsanspruch gegen einen anderen Anlageninhaber

Der Auskunftsanspruch gegen den Inhaber einer anderen Anlage kann der Feststellung 11
des Umfangs der Haftung oder eines Ausgleichsanspruchs dienen.

Zur Feststellung des **Umfangs der Ersatzpflicht** kann eine Auskunft dann erforder- 12
lich sein, wenn der in Anspruch genommene Anlageninhaber die Voraussetzungen einer lediglich **anteiligen Haftung** dartun will; dabei kann im Einzelfall sein Anteil gegen Null gehen. Eine anteilige Haftung kommt bei Mitkausalität mehrerer Kataloganlagen in Betracht. Kann der in Anspruch genommene Anlageninhaber seinen Anteil an der Verursachung beweisen, haftet er nicht als Gesamtschuldner, sondern nur anteilig (→ § 7 Rn. 11ff.). Sofern der Anlageninhaber zur Führung dieses Beweises auf Auskünfte des anderen Anlageninhabers angewiesen ist, hilft ihm § 10. Die Regelung versagt jedoch, wenn es sich bei der anderen beteiligten Anlage nicht um eine Kataloganlage handelt. Hier kann sich ein Auskunftsanspruch nur auf allg. Regelungen stützen (→ § 6 Rn. 3f.).

Die Erforderlichkeit einer Auskunft kann sich auch daraus ergeben, dass der in An- 13
spruch genommene Anlageninhaber sie zur Durchsetzung etwaiger **Ausgleichsansprüche** gegen den Inhaber einer anderen Anlage nach § 426 BGB benötigt. Ein solcher Anspruch setzt ein **Gesamtschuldverhältnis** zwischen den Anlageninhabern voraus (dazu näher → § 7 Rn. 11ff.). Vorbehaltlich eines Nachweises der Verursachungsanteile haften mehrere Anlagen insbes. dann gesamtschuldnerisch, wenn sie den entstandenen Schaden gerade durch ihr Zusammenwirken verursacht haben. Eine derartige Haftung besteht auch, wenn die Anlagen in nicht aufklärbarer Weise an der Schadensentstehung beteiligt sind (Anteilszweifel) sowie im Fall von Urheberzweifeln (alternative Kausalität). Hier kann der Auskunftsanspruch dazu dienen, Informationen über den Umfang des Ausgleichsanspruchs des um Auskunft ersuchenden Anlageninhabers zu gewinnen.

Der Auskunftsanspruch des Anlageninhabers beschränkt sich **inhaltlich** auf die Ge- 14
genstände, die für den Auskunftsanspruch des Geschädigten nach § 8 Abs. 1 S. 2 gelten (§ 10 Abs. 2; iE → § 8 Rn. 11ff.; *Salje/Peter* Rn. 24). Diese spiegelbildliche Regelung entspricht der gesetzgeberischen Konzeption der Kampfparität. Auch hins. des Geheim-

nisschutzes wird auf § 8 verwiesen (§ 10 Abs. 2 iVm § 8 Abs. 2). Bei einem Auskunftsverlangen gegenüber dem Inhaber einer anderen Anlage kann dem Schutz von Betriebsgeheimnissen wegen einer möglichen **Konkurrenzsituation** größere Bedeutung zukommen kann als im Normalfall des § 8 Abs. 2 (vgl. *Salje/Peter* Rn. 28f.; *Kohler* in Staudinger UmweltHR Rn. 10). Bei der hier gebotenen Güterabwägung verbietet sich ein schematisches Vorgehen, etwa durch Vergleich der Höhe des Anspruchs und des Wertes des Betriebsgeheimnisses (so aber *Salje/Peter* Rn. 30; dagegen *Kohler* in Staudinger UmweltHR Rn. 10; *Sautter* S. 220). Die Einschaltung eines zur Geheimhaltung verpflichteten Sachverständigen dürfte sich vielfach als geeignetes Verfahren zur Konfliktlösung anbieten (*Salje/Peter* Rn. 31; *Reuter* in Paschke Rn. 31). § 10 Abs. 2 iVm § 8 Abs. 3 und 4 sieht auch ein **Einsichtsrecht** und ein Recht auf Abgabe einer **eidesstattlichen Versicherung** vor (iE → § 8 Rn. 42ff., 49ff.).

III. Auskunftsanspruch gegen die Behörde

15 § 10 gewährt dem Inhaber einer Anlage auch einen öffentlich-rechtlichen Auskunftsanspruch gegen die Behörde. Dieser kann im Verhältnis zu Anlagen von Bedeutung sein, die ebenfalls einen Kausalbeitrag zur Entstehung des Schadens geleistet haben. Dies gilt sowohl für den Umfang der Haftung bei anteilsmäßiger Haftung als auch für einen möglichen Regressanspruch bei gesamtschuldnerischer Haftung (vgl. → Rn. 12f.). In beiden Fällen können Informationen der Genehmigungs- und Überwachungsbehörden etwa über die Emissionen, Einsatzstoffe und Einrichtungen dieser Anlagen die Rechtsposition des um Auskunft ersuchenden Anlageninhabers verbessern. Eine wichtige Informationsquelle sind auch Auskünfte von **Monitoringbehörden,** wenn am Schadensentstehungsprozess haftungsrechtlich irrelevante Kausalfaktoren, also **zufällige Ereignisse** wie die allg. Umweltbelastung oder metereologische oder klimatische Einflüsse, beteiligt sein können. Hier kann die Mitkausalität der zufälligen Ereignisse zu einer entspr. Kürzung des Ersatzanspruchs, dh zu einer lediglich anteiligen Haftung führen (→ § 7 Rn. 41). Bedarf der Anlageninhaber zum Nachweis einer solchen Mitkausalität zusätzlicher Informationen, kann er sich auf § 10 UmweltHG stützen.

16 Der Auskunftsanspruch des Anlageninhabers nach § 10 gegen die Behörde deckt sich hins. Voraussetzungen, Inhalt und Grenzen mit dem des Geschädigten nach § 9 (→ § 9 Rn. 4ff.). Bei der Frage des Schutzes von Betriebsgeheimnissen muss die Behörde insbes. eine mögliche **Konkurrenzsituation** in Rechnung stellen.

LANDMANN/ROHMER

UMWELTRECHT

BAND II

KOMMENTAR

Herausgegeben von

Prof. Dr. Martin Beckmann
Rechtsanwalt und Fachanwalt für Verwaltungsrecht, Honorarprofessor der Universität Münster

Prof. Dr. Dr. Wolfgang Durner LL. M.
Rheinische Friedrich-Wilhelms-Universität Bonn und Direktor des Instituts für das Recht der Wasser- und Entsorgungswirtschaft

Prof. Dr. Thomas Mann
Direktor des Instituts für Öffentliches Recht, Lehrstuhl für Verwaltungsrecht der Georg-August-Universität Göttingen

Prof. Dr. Marc Röckinghausen
Hochschule für Polizei und öffentliche Verwaltung NRW, Abteilung Gelsenkirchen, Fachbereich Allgemeine Verwaltung/Rentenversicherung

Stand: 1. Dezember 2020
(94. Ergänzungslieferung)

(Zum Bearbeitungsstand im Einzelnen siehe die Datumszeile am unteren Ende jeder Seite)

C.H.BECK

Dieses Titelblatt entstammt der 94. Ergänzungslieferung Dezember 2020

(Anschluss an die 93. Ergänzungslieferung August 2020)

ISBN 978 3 406 77072 2

Der Kommentar wurde von der 1. bis zur 50. Ergänzungslieferung
von Prof. Dr. Klaus Hansmann und von der 51. bis zur 58. Ergänzungslieferung von
Prof. Dr. Martin Beckmann herausgegeben.

Zitiervorschläge:

Beckmann in Landmann/Rohmer UmweltR KrWG § 17 Rn. 1
Landmann/Rohmer UmweltR/*Beckmann* KrWG § 17 Rn. 1

www.beck.de

Grundwerk ISBN 978 3 406 34327 8 ergänzt bis ISBN 978 3 406 77072 2

Wilhelmstraße 9, 80801 München
Satz und Druck: Druckerei C. H. Beck Nördlingen
(Adresse wie Verlag)

CO_2 neutral
chbeck.de/nachhaltig

Gedruckt auf säurefreiem, alterungsbeständigem Papier
(hergestellt aus chlorfrei gebleichtem Zellstoff)

Inhaltsverzeichnis (Band II)

Umweltrecht Besonderer Teil (Fortsetzung)

1. Wasserrecht (Verordnungen)

2. und 3. *(zur Zeit nicht besetzt)*

4. Benzinbleigesetz (BzBlG) und Verordnung

Kommentierung

5. Fluglärmgesetz

5.1 Gesetz zum Schutz gegen Fluglärm (FluglärmG)

Kommentierung

6. Kreislaufwirtschaftsrecht

6. Kreislaufwirtschaftsgesetz (KrWG)

Erster Teil. Allgemeine Vorschriften

Zweiter Teil. Grundsätze und Pflichten der Erzeuger und Besitzer von Abfällen sowie der Entsorgungsträger

1. Abschnitt. Grundsätze der Abfallvermeidung und Abfallbewirtschaftung

2. Abschnitt. Kreislaufwirtschaft

3. Abschnitt. Abfallbeseitigung

4. Abschnitt. Öffentlich-rechtliche Entsorgung und Beauftragung Dritter

Bearbeiterverzeichnis (Band I–IV)

Prof. Dr. Martin Beckmann Rechtsanwalt in Münster	Vorb. Abfallrecht, §§ 1–2, 4–39, 41–57, 62–68, 70–72 KrWG § 15 UVPG, Umweltschadensgesetz (mit Wittmann)
Dr. Christian-Dietrich Bracher Rechtsanwalt in Bonn	§§ 41 bis 43 BImSchG, 16. und 24. BImSchV
Prof. Dr. Peter Bruckmann Landesamt für Natur, Umwelt und Verbraucherschutz Nordrhein-Westfalen, Essen	39. BImSchV (mit Strecker und Vogt), 43. BImSchV (mit van Endern und Vogt)
Prof. Dr. Pascale Cancik O. Professorin an der Universität Osnabrück	Vorb. §§ 47a ff. BImSchG, §§ 47a–47f BImSchG (§§ 47a–47c, 47e und 47f mit Hansmann)
Prof. Dr. Johannes Dietlein O. Professor an der Universität Düsseldorf	§§ 1, 2, Vorb. §§ 4–21, 4 bis 8, 9 bis 11, 16a, 19, 23a–23c und 25a BImSchG, 9. BImSchV
Dr. Robert Dix Syndikusrechtsanwalt der EWE AG, Oldenburg	§§ 29–32 UVPG
Prof. Dr. Matthias Dombert Rechtsanwalt in Potsdam	§§ 4–6, 8, 13, 14, 20, 24, 25 BBodSchG
Rolf-Dieter Dörr Ministerialrat a. D.	OberflächengewässerV (mit Walter)
Prof. Dr. Dr. Wolfgang Durner LL. M. O. Professor an der Universität Bonn	Umweltvölkerrecht, Vorb. §§ 27 ff. WHG, §§ 27–31, 34, 35, 82–85 WHG
Benedikt van Endern Ministerium für Umwelt, Landwirtschaft, Natur- und Verbraucherschutz des Landes Nordrhein-Westfalen	43. BImSchV (mit Bruckmann und Vogt)
Prof. Dr. Astrid Epiney LL. M. O. Professorin an der Université de Fribourg	Art. 191–193 AEUV
Prof. Dr. Wolfgang Ewer Rechtsanwalt in Kiel	Vorb. BBodSchG, §§ 9, 15, 16 BBodSchG
Prof. Dr. Kurt Faßbender O. Professor an der Universität Leipzig	§§ 1–5, 33, 36–38 WHG
Dr. Frank Fellenberg LL. M. Rechtsanwalt in Berlin	Fluglärmgesetz (mit Reidt und Schiller), Umweltrechtsbehelfsgesetz (mit Schiller)
Dr. Henrik Flatter Bundesamt für Naturschutz, Bonn	§§ 69–74 BNatSchG

Dr. Matthias Ganske Rechtsanwalt in Bonn	§§ 25, 26, 54–61 WHG
Prof. Dr. Klaus Ferdinand Gärditz O. Professor an der Universität Bonn	Art. 20a GG
Prof. Dr. Martin Gellermann Rechtsanwalt, apl. Professor an der Universität Osnabrück	Vorb. BNatSchG, §§ 4, 7–51, §§ 52–56, §§ 57–68 Vorb. §§ 37, 38, §§ 37–40, BNatSchG (§§ 41–43 mit Sanden)
Nela Gies Richterin am Verwaltungsgericht Gelsenkirchen	§§ 41, 42 WHG
Prof. Dr. Christoph Görisch Hochschule für Polizei und öffentliche Verwaltung NRW, Abteilung Münster	§§ 4–14 UAG
Dipl.-Met. Arno Graff Umweltbundesamt, Dessau	Nr. 5.5 TA Luft (mit Hansmann), Vorb. zu Anhang 3 der TA Luft
Moritz Grunow Rechtsanwalt in Düsseldorf	Vorb. AwSV, § 1 AwSV
Prof. Dr. Günter Hager † O. Professor an der Universität Freiburg	§§ 6, 7 UmweltHG (mit Rehbinder)
Prof. Dr. Klaus Hansmann Leitender Ministerialrat a. D.	§§ 17, 18, 20, 21, 26–37, 38–40, 44–47c, 47e, 47f, 52, 52b–58d, 59, 60, 62–72, 74 BImSchG (§§ 17, 18 mit Ohms, Vor § 26, §§ 26–31 mit Pabst, Vor § 38, §§ 38–40 mit Hofmann, §§ 20, 21, Vor 32, §§ 32–37, Vorb. §§ 44–47, §§ 45, 46, 46a, 47, 52, 52b, 62, 66 und 67 mit Röckinghausen, §§ 47a–47c, 47e und 47f mit Cancik), Vor § 53, §§ 53–58d mit Maciejewski, 14., 32. und 34. BImSchV, TA Lärm, TA Luft (ohne Vorb. zu Anhang 3), 4., 11., 20., 21., 25., 27., 28., 30. und 35. BImSchV (mit Röckinghausen), 2. BImSchV (mit Mahrwald und Röckinghausen), 5. BImSchV mit Maciejewski, 12. BImSchV (mit König), BzBlG, 1. DVO BzBlG
Dr. Felix Hardach Bundesministerium für Umwelt, Naturschutz und nukleare Sicherheit	§§ 1, 8, 11–13, 17, 20, 22, 23, 26 31, 32, 35 TEHG
Prof. Dr. Torsten Heilshorn Rechtsanwalt in Freiburg	Vor § 22 BImSchG, §§ 22–25 BImSchG (mit Sparwasser)

Michael Heugel Bundesministerium für Umwelt, Naturschutz und nukleare Sicherheit	§§ 5, 6 BNatSchG
Prof. Dr. Ekkehard Hofmann O. Professor an der Universität Trier	Vorb. § 38, §§ 38–40 BImSchG, §§ 16–18 UVPG
Dr. Frank Hofmann Bundesministerium für Umwelt, Naturschutz und nukleare Sicherheit	§ 23 WHG
Dr. Georg Hünnekens Rechtsanwalt in Münster	§§ 50–53 WHG, Vorb. §§ 64–66, §§ 64–66 WHG, Vorb. §§ 72–81 WHG, §§ 72–81 WHG
Georg Kahl † Ministerialrat a. D.	7. BImSchV
Lutz Keppner Bundesministerium für Umwelt, Naturschutz und nukleare Sicherheit	Grundwasserverordnung
Dr. Andreas Kersting Rechtsanwalt in Münster	§§ 58–61 KrWG
Dr. Heike Kieserling Deutsche Bahn AG	§§ 13, 14, 25–38 AwSV
Dr. Jens Martin König Hessisches Ministerium für Umwelt, Klimaschutz, Landwirtschaft und Verbraucherschutz	12. BImSchV (mit Hansmann)
Dr. Olaf Konzak Rechtsanwalt in Köln	§§ 2, 3 und 7 VerpackG (mit Körner)
Dr. Michael Körner, LL.M. Rechtsanwalt in Köln	§§ 2, 3 und 7 VerpackG (mit Konzak)
Dr. Philip Kubitza Richter auf Probe, Rheinland-Pfalz	§§ 100–102 WHG
Prof. Dr. Silke Ruth Laskowski O. Professorin an der Universität Kassel	§ 24 WHG, § 58e BImSchG mit der EMASPrivilegV
Prof. Dr. Joachim Lege O. Professor an der Universität Greifswald	§§ 96–99 WHG
Dr. Rasso Ludwig LL. M. Bayerisches Staatsministerium für Umwelt und Verbraucherschutz	§§ 19, 21–23, 26 BBodSchG
Prof. Dr. Karim Maciejewski Hochschule des Bundes für öffentliche Verwaltung	Vor § 53 BImSchG, §§ 53–58d BImSchG (mit Hansmann), 5. BImSchV (mit Hansmann)
Birgit Mahrwald Bundesministerium für Umwelt, Naturschutz und nukleare Sicherheit	2. BImSchV (mit Hansmann und Röckinghausen)

Bearbeiter

Bearbeiter	Bearbeitete Vorschriften
Prof. Dr. Thomas Mann O. Professor an der Universität Göttingen	§§ 8a, 12 BImSchG, Vorb. ElektroG, §§ 1, 2 ElektroG, §§ 1–14, 16–28, 30–46, 48–74 UVPG
Dr. Cedric Christian Meyer Rechtsanwalt in Köln	§§ 46–49, 62–63 WHG
Dr. Uwe Neuser Bundesministerium für Umwelt, Naturschutz und nukleare Sicherheit	§§ 2, 27, 33, 34 TEHG
Volkmar Nies Landwirtschaftsdirektor bei der Landwirtschaftskammer Rheinland	§§ 1, 2, 7, 17, 18 BBodSchG
Dr. Martin Ohms Rechtsanwalt in Berlin	§§ 17, 18 BImSchG (mit Hansmann), 13. BImSchV, 17. BImSchV (z. T. mit Sahm)
Prof. Dr. Heinz-Joachim Pabst Hochschule des Bundes für öffentliche Verwaltung	Vor § 26, §§ 26–31 BImSchG (mit Hansmann), § 61 BImSchG, 41. BImSchV
Dr. Kay Artur Pape Rechtsanwalt in Bonn	Vorb. WHG, §§ 6–22 WHG
Dr. Malte Petersen LL. M. Ministerium für Umwelt, Landwirtschaft, Natur- und Verbraucherschutz des Landes Nordrhein-Westfalen	§§ 89–95 WHG
Prof. Dr. Alexander Proelß O. Professor an der Universität Trier	§§ 43–45l WHG
Prof. Dr. Eckard Rehbinder Em. Professor an der Universität Frankfurt/Main	§ 14 BImSchG UmweltHG (§§ 6, 7 mit Hager)
Prof. Dr. Olaf Reidt Rechtsanwalt in Berlin	§ 16 BImSchG (mit Schiller), 18. BImSchV (mit Schiller), Fluglärmgesetz (mit Fellenberg und Schiller), Umweltinformationsgesetz (mit Schiller)
Dr. Christoph Riese Rechtsanwalt in Berlin	§§ 67–71, 86 WHG
Prof. Dr. Marc Röckinghausen Hochschule für Polizei und öffentliche Verwaltung NRW, Abteilung Gelsenkirchen	§§ 20, 21, Vor § 32, §§ 32–37, Vorb. §§ 44–47, §§ 45, 46, 46a, 47, 52, 52b, 62, 66, 67 BImSchG (mit Hansmann), §§ 37a bis 37f, 52a, 73 BImSchG, 1., 10., 26., 36., 37., 38., 42. BImSchV, 4., 11., 20., 21., 25., 27., 28., 30. und 35. BImSchV (mit Hansmann), 2. BImSchV (mit Hansmann und Mahrwald), Schadstofffreisetzungs- und Verbringungsregistergesetz
Christoph Sahm LL. M. E.ON Kernkraft GmbH	§§ 23–25, 27 der 17. BImSchV (mit Ohms)

Prof. Dr. Dr. Joachim Sanden † Behörde für Stadtentwicklung und Umwelt, Freie und Hansestadt Hamburg, zugl. Apl. Prof. an der Universität Lüneburg	§§ 41–43 (mit Gellermann)
Dr. Gernot Schiller Rechtsanwalt in Berlin	§ 16 BImSchG (mit Reidt), 18. BImSchV (mit Reidt), Fluglärmgesetz (mit Reidt und Fellenberg), Umweltinformationsgesetz (mit Reidt) Umweltrechtsbehelfsgesetz (mit Fellenberg), §§ 14a, 15 BImSchG
Prof. Dr. Marcus Schladebach, LL.M. O. Professor an der Universität Potsdam	§ 47 UVPG
Matthias Schleifenbaum, LL.M. Rechtsanwalt in Köln	Vorb. BattG, §§ 1–14, 16, 19–22 BattG
Prof. Dr. Hendrik Schoen Hochschule für Polizei und öffentliche Verwaltung NRW, Abteilung Münster	§ 50 BImSchG
Prof. Dr. Meinhard Schröder Em. Professor an der Universität Trier	EG-Abfallverbringungs-VO
Prof. Dr. Max-Jürgen Seibert Vorsitzender Richter am Oberverwaltungsgericht Münster	§ 13 BImSchG
Prof. Dr. Reinhard Sparwasser Rechtsanwalt in Freiburg	Vor § 22 BImSchG, §§ 22–25 BImSchG (mit Heilshorn)
Prof. Dr. Indra Spiecker genannt Döhmann, LL.M. O. Professorin an der Universität Frankfurt a. M.	UStatG
Prof. Dr. Peter-Tobias Stoll O. Professor an der Universität Göttingen	EG-Artenschutzverordnung
Silvia Strecker Ministerium für Umwelt, Landwirtschaft, Natur- und Verbraucherschutz des Landes Nordrhein-Westfalen	39. BImSchV (mit Bruckmann und Vogt)
Prof. Dr. Dr. Markus Thiel Deutsche Hochschule der Polizei, Münster	§§ 3, 48–48b BImSchG
Dr. Christian Tünnesen-Harmes Rechtsanwalt in Duisburg	AbfAEV
Dr. Klaus Vogt Landesamt für Natur, Umwelt und Verbraucherschutz Nordrhein-Westfalen	39. BImSchV (mit Bruckmann und Strecker), 43. BImSchV (mit Bruckmann und van Endern)
Anne-Barbara Walter Umweltbundesamt	OberflächengewässerV (mit Dörr)
Dr. Dirk Weinreich Bundesministerium für Umwelt, Naturschutz und nukleare Sicherheit	Vorb. TEHG, §§ 7, 19 TEHG

Bearbeiter

Dr. Armin von Weschpfennig Akademischer Rat, Universität Bonn	§§ 13a, 13b, 103–107 WHG
Dr. Antje Wittmann Rechtsanwältin in Münster	UmweltschadensG (zusammen mit Beckmann)
Frank Wolke Umweltbundesamt, Deutsche Emissionshandelsstelle	§§ 4, 18, 24 TEHG

Einführung in das Kreislaufwirtschaftsrecht

Übersicht

A. Vorbemerkung

1 Am 17.9.2020 hat der Bundestag eine erneute Novelle des Kreislaufwirtschaftsgesetzes (KrWG) beschlossen. Die Gesetzesnovelle ist am 9.10.2020 vom Bundesrat gebilligt worden. Das novellierte KrWG ist als Art. 1 des Gesetzes zur Umsetzung der Abfallrahmenrichtlinie der Europäischen Union vom 23.10.2020 nach seiner Verkündung im Bundesgesetzblatt am 28.10.2020 am 29.10.2020 in Kraft getreten (BGBl. I S. 2232 siehe dazu *Petersen/Friedrich* NVwZ 2021, 1). Die Neuregelungen der Gesetzesnovelle sollen alsbald in den nächsten Ergänzungslieferungen umfassend bei der Kommentierung Berücksichtigung finden.

2 Die Novelle des KrWG 2020 dient der Umsetzung der im Jahre 2014 geänderten EU-Abfallrahmenrichtlinie, der EU-Einwegkunststoff-Richtlinie sowie von Änderungen der Verpackungsrichtlinie und der Elektroaltgeräterichtlinie in deutsches Recht und geht dabei in einigen Punkten noch über die Vorgaben der EU hinaus. Recycelte Produkte bekommen mit der Neufassung des Gesetzes Vorrang bei der öffentlichen Beschaffung.

3 Mit der im Jahre 2020 neu eingeführten **Obhutspflicht** können die zuständigen Behörden gegen eine Entsorgung von Neuware oder Retouren einschreiten. Die Produktverantwortung erstreckt sich nunmehr gem. § 23 Abs. 1 Nr. 11 KrWG auch auf eine Obhutspflicht hinsichtlich der vertriebenen Erzeugnisse, insbesondere auf die Pflicht, beim Vertrieb der Erzeugnisse, auch im Zusammenhang mit deren Rücknahme oder Rückgabe, dafür zu sorgen, dass die Gebrauchstauglichkeit der Erzeugnisse erhalten bleibt und diese nicht zu Abfall werden. Die Bundesregierung wird durch § 24 Nr. 10 KrWG ermächtigt, durch Rechtsverordnung zu bestimmen, dass beim Vertrieb bestimmter Erzeugnisse, auch im Zusammenhang mit deren Rücknahme oder Rückgabe, dafür zu sorgen ist, dass die Gebrauchstauglichkeit der Erzeugnisse erhalten bleibt und diese nicht zu Abfall werden. Außerdem ermächtigt der Gesetzgeber mit der Novelle des KrWG 2020 die Bundesregierung, Hersteller und Händler von Einwegplastikprodukten, wie To-Go-Becher oder Zigarettenkippen, im Wege einer Verordnung an den Reinigungskosten von Parks und Straßen zu beteiligen.

4 Deutschland verfügt über eine **moderne Kreislaufwirtschaft.** Diese genießt nach einem Bericht des Bundesumweltministeriums zur Abfallwirtschaft im Jahr 2018 in Deutschland höchste Priorität der Umweltpolitik. Über 270.000 Menschen sind in etwa 11 000 Unternehmen der Abfallwirtschaft tätig, in der ca. 70 Mrd. Euro Umsatz jährlich erzeugt werden. Nach dem Bericht des Bundesumweltministeriums werden Abfälle in mehr als 15 500 Anlagen recycelt. Das ermöglicht hohe Recyclingraten für Siedlungsabfälle von 67%, für Abfälle aus Produktion und Gewerbe von rund 70% sowie für Bau- und Abbruchabfälle von fast 90%.

5 Im Jahre 2018 betrug das **Abfallaufkommen** in Deutschland 417,2 Mio. t. Die größte Zunahme wurde im Jahre 2018 nach Angaben des Statistischen Bundesamts aufgrund der guten Baukonjunktur bei den Bau- und Abbruchabfällen verzeichnet (+7,9 Mio. t oder +3,6%). Das Statistische Bundesamt teilte im Juni 2020 außerdem mit, dass das Gesamtabfallaufkommen damit den höchsten Stand seit Beginn der Zeitreihe im Jahr 2006 erreicht hat. In diesem Zeitraum betrug der Zuwachs 11,9%. 338,5 Mio. t Abfälle wurden nach dem Bericht des Statistischen Bundesamts im Jahre 2018 stofflich oder energetisch verwertet, was einer Verwertungsquote von 81,1% entspricht. Die Verwertungsquote ist seit dem Jahre 2006 (74,3%) kontinuierlich gestiegen. Dagegen blieb die Recycling-Quote nach Auskunft des Statistischen Bundesamts mit etwa 70% nahezu unverändert (2006: 69,4%, 2018: 69,6%).

6 Neben der stofflichen Verwertung (290,5 Mio. t) und der energetischen Verwertung (48,0 Mio. t) wurden Abfälle entweder auf Deponien abgelagert (17,1% bzw.

71,2 Mio. t), zur Schadstoffbeseitigung ohne energetische Rückgewinnung verbrannt oder einer sonstigen Behandlung zur anschließenden Beseitigung unterzogen (1,8% bzw. 7,5 Mio. t).

Oberstes Ziel der Kreislaufwirtschaft ist eine **Vermeidung von Abfällen.** Dazu hat 7 die Bundesregierung gemeinsam mit den Bundesländern im Jahre 2013 ein Abfallvermeidungsprogramm beschlossen, das Maßnahmen der öffentlichen Hand darstellt, die zu einer Reduzierung der Abfallmengen beitragen können. Das Bundesumweltministerium hat der Öffentlichkeit bis zum 27.7.2020 Gelegenheit gegeben, sich zu dem Entwurf der Fortschreibung dieses Programms zu beteiligen. Das Umweltbundesamt hat dafür in einer UBA-Studie prioritäre Abfallströme und Konzepte erarbeitet sowie Maßnahmenvorschläge zur Abfallvermeidung entwickelt (zu kommunalen Maßnahmen zur Abfallvermeidung siehe *Ludwig/Hentschel* AbfallR 2020, 12).

Auch im privaten Bereich werden Vermeidungsanstrengungen unternommen. Als po- 8 sitives Beispiel dafür gilt die freiwillige Einführung einer nur noch entgeltlichen Abgabe von **Kunststofftragetaschen** durch den Einzelhandel, die dazu geführt hat, dass der Durchschnittsverbrauch in Deutschland von etwa 72 Plastiktüten pro Jahr und Bürger auf zurzeit ca. 38 Tüten verringert worden ist. Abfallvermeidung und Kreislaufwirtschaft dienen auch dazu, die Abfallmengen von einer wachsenden Wirtschaftsleistung zu entkoppeln und die in den Abfällen enthaltenen Rohstoffe und Energien der Wirtschaft wieder zur Verfügung zu stellen.

Schon seit Mitte 2005 dürfen unvorbehandelte organische Abfälle nicht mehr auf 9 Deponien abgelagert werden. Zur **Restabfallbehandlung** wurden im Jahre 2017 in Deutschland 68 Müllverbrennungsanlagen (MVA) mit einer Kapazität von rund 20 Mio. t und 32 Ersatzbrennstoffkraftwerke mit einer Kapazität von 5 Mio. t betrieben. Hinzu kommen 45 Anlagen für eine mechanisch-biologische Abfallbehandlung mit einer Kapazität von rund 5 Mio. t, die etwa 4,5 Mio. t Abfälle behandeln, von denen lediglich ca. 0,5 Mio. t abgelagert werden. Im Jahre 2019 waren die MVA in Deutschland in einer schon prekären Auslastungssituation. Grund dafür war unter anderem, dass große Abfallmengen nach Deutschland importiert und in deutschen MVA entsorgt wurden.

§ 7 Abs. 3 der im Jahr 2020 geänderten DepV schreibt vor, dass Abfallerzeuger und 10 Abfallbesitzer recycelbare und verwertbare Abfälle zukünftig nicht mehr auf Deponien ablagern dürfen. Eine Ablagerung soll nur noch dann zulässig sein, wenn im Rahmen der Behandlung getrennt gesammelter Abfälle Fraktionen anfallen, für die eine Ablagerung auf Deponien den Schutz von Mensch und Umwelt in gleichwertiger Weise gewährleistet wie das Recycling oder die Verwertung dieser Abfälle.

Das Kreislaufwirtschaftsrecht regelt die Anforderungen an die *Vermeidung,* die *Verwer-* 11 *tung* und die *Beseitigung* von Abfällen sowie an *sonstige Maßnahmen* der Abfallbewirtschaftung.

Leitgesetz des deutschen Kreislaufwirtschaftsrechts ist das Kreislaufwirtschaftsgesetz, 12 das durch verschiedene Gesetze und Rechtsverordnungen ergänzt wird. Dazu gehören neben dem KrWG das Verpackungsgesetz – VerpackG –, das Elektro- und Elektronikgerätegesetz – ElektroG, das Batteriegesetz – BattG sowie das Abfallverbringungsgesetz – AbfVerbrG. Von den zahlreichen Verordnungen, die auf der Grundlage des KrWG ergangen sind, seien beispielhaft die Abfallverzeichnis-Verordnung – AVV, die Nachweisverordnung – NachwV, die Anzeige- und Erlaubnisverordnung – AbfAEV, die Gewerbeabfallverordnung – GewAbfV, die Deponieverordnung – DepV, die zum 1.1.2021 geänderte AltfahrzeugV, die POP-Abfall-Überwachungs-Verordnung – POP-Abfall-ÜberwV, die Klärschlammverordnung – AbfKlärV und die Bioabfallverordnung – BioAbfV erwähnt.

B. Entwicklung des Kreislaufwirtschaftsrechts in Deutschland

13 Das Recht der Abfallentsorgung wurde vom Gesetzgeber vor dem Inkrafttreten des Abfallbeseitigungsgesetzes im Jahre 1972 eher stiefmütterlich behandelt. Einzelne gesetzliche Regelungen der Abfallentsorgung waren in verschiedenen Gesetzen verstreut, eine geschlossene Regelung gab es nicht. Lediglich einige grundsätzliche Bestimmungen zur Abfallbeseitigung fanden sich in kommunalen Satzungen. 1935 wurden die Gemeinden durch § 18 der Deutschen Gemeindeordnung (DGO) ermächtigt, bei Vorliegen eines dringenden öffentlichen Bedürfnisses im Wege einer Satzung für Grundstücke ihres Gebiets den Anschluss- und Benutzungszwang für die gemeindliche „Müllabfuhr" anzuordnen.

14 In der Nachkriegszeit stand der Wiederaufbau der Wirtschaft im Vordergrund. Abfallprobleme fanden kaum Beachtung. Erst als sich mit zunehmendem Wirtschaftswachstum, Konsum und steigender Produktion und insbesondere durch die zunehmende Verwendung kurzlebiger und modeabhängiger Wirtschafts- und Konsumgüter die Menge der häuslichen Abfälle verdoppelte und parallel dazu die gewerblichen Abfallmengen schnell wuchsen, wurden die Entsorgungsprobleme offenkundig.

15 Anfang der 1970er Jahre beabsichtigte die Bundesregierung angesichts der wachsenden Müllberge die Einführung bundeseinheitlicher Regelungen des Abfallrechts. Jedoch gab es im Grundgesetz keine ausdrückliche Gesetzgebungskompetenz des Bundes für den Bereich des Abfallrechts. Daher wurde 1972 zunächst eine umfassende konkurrierende Gesetzgebungskompetenz des Bundes (Art. 74 Nr. 24 GG) für die Abfallbeseitigung geschaffen.

16 Am 11.6.1972 trat dann das Gesetz über die Beseitigung von Abfall (Abfallbeseitigungsgesetz – AbfG) in Kraft (BGBl. I S. 593). Das Gesetz hatte noch eine stark ordnungsrechtliche, von der Gefahrenabwehr und Seuchenhygiene geprägte Zielsetzung. Verbindliche abfallwirtschaftliche Regelungen enthielt das Gesetz noch nicht.

17 Bereits im Abfallwirtschaftsprogramm 1975 (BT-Drs. 7/4826) begründete die Bundesregierung jedoch ihre Absicht, das Abfallbeseitigungsgesetz durch die Aufnahme umweltvorsorgender und abfallwirtschaftlicher Aspekte zu einem Abfallwirtschaftsgesetz weiterzuentwickeln. Ziel des Abfallrechts sollte eine Verringerung des Abfallaufkommens und eine stärkere Verwertung der Abfälle werden. Dieser abfallpolitische Grundgedanke des Abfallwirtschaftsprogramms 1975 fand in den Novellen von 1976, 1982 und 1985 noch keinen Niederschlag im Abfallbeseitigungsgesetz. Anlass für diese Novellen waren vielmehr verbesserte Erkenntnisse über die Umweltgefährlichkeit zahlreicher Abfälle.

18 Erst mit der 4. Novelle des Abfallbeseitigungsgesetzes vom 27.8.1986 (BGBl. I S. 1410, ber. S. 1501) wurden im Gesetz über die Vermeidung und Entsorgung von Abfällen (Abfallgesetz – AbfG) einige der seit 1975 angestrebten abfallwirtschaftlichen Elemente gesetzlich geregelt. Der Abfallverwertung wurde erstmalig grundsätzlich **Vorrang** vor der Abfallbeseitigung eingeräumt. Zur Abfallvermeidung verpflichteten diese Regelungen allerdings nicht. Das neu eingefügte **Abfallvermeidungsgebot** entfaltete keine unmittelbar verbindliche rechtliche Wirkung für Bürger und Gewerbebetriebe. Das Abfallvermeidungsgebot blieb im Wesentlichen ein Programmsatz. Die abfallwirtschaftlichen Ansätze des Abfallgesetzes von 1986 blieben hinter dem schon damals abfallpolitisch Gewollten zurück.

19 Die Weiterentwicklung des Abfallrechts zu einem Kreislaufwirtschaftsrecht begann 1993 mit der Novellierung des Zulassungsrechts für Abfallentsorgungsanlagen durch das Investitionserleichterungs- und Wohnbaulandgesetz. Abfallentsorgungsanlagen werden

seitdem grundsätzlich immissionsschutzrechtlich genehmigt. Lediglich Abfalldeponien sind weiterhin planfeststellungsbedürftig. Mit der Wahl des immissionsschutzrechtlichen Genehmigungsverfahrens für die Abfallentsorgungsanlagen sollten durch einen Verzicht auf die Prüfung eines Bedarfs im Sinne einer Planrechtfertigung, durch die Entbehrlichkeit einer Alternativenprüfung und einer planerischen Abwägung die Zulassungsverfahren für Abfallentsorgungsanlagen und insbesondere auch für die damals besonders umstrittenen Müllverbrennungsanlagen erleichtert und beschleunigt werden.

Zunehmend erlangt das Kreislaufwirtschaftsrecht Bedeutung für den Klimaschutz und 20
die Ressourcenschonung (siehe dazu das **Abfallvermeidungsprogramm** des Bundes unter Beteiligung der Länder mit Stand vom Juli 2013 und den Entwurf zur Fortschreibung des Abfallvermeidungsprogramms aus Juli 2020, herausgegeben vom Bundesumweltministerium; *Wendenburg,* Der Beitrag der Kreislaufwirtschaft zum **Klima- und Ressourcenschutz,** AbfallR 2019, 230; *Fischer,* AbfallR 2019, 83; *Falke,* Neue Entwicklungen im Europäischen Umweltrecht, ZUR 2020, 440). Die Emissionen treibhausgasrelevanter Schadstoffe aus der Abfallwirtschaft sind in den vergangenen Jahren stark gesunken. Durch Strategien der Vermeidung und Verwertung werden in erheblichem Umfang natürliche Ressourcen (Rohstoffe und Primärenergieträger) geschont. Wertstoffe werden verstärkt getrennt erfasst und verwertet. Weit mehr als die Hälfte des Hausmülls – vor allem Altpapier, Altglas, Verpackungen und Bioabfall – wird verwertet. Das schont Rohstoffvorräte, vermindert den Energieeinsatz und spart CO_2-Emissionen. Eine effiziente energetische Nutzung der verbleibenden Restabfälle trägt ebenfalls zum Klimaschutz bei, indem fossile Brennstoffe für die Energieerzeugung ersetzt werden. Zur Senkung von Treibhausgasemissionen tragen außerdem eine verminderte Freisetzung des Methans aus Deponien durch eine verbesserte Erfassung und energetische Nutzung der Deponiegase sowie das Ablagerungsverbot für nicht vorbehandelte Siedlungsabfälle bei.

I. Kreislaufwirtschafts- und Abfallgesetz 1994/1996

Das im Jahre 2012 durch das neue Kreislaufwirtschaftsgesetz abgelöste Gesetz zur För- 21
derung der Kreislaufwirtschaft und Sicherung der umweltverträglichen Beseitigung von Abfällen (Kreislaufwirtschafts- und Abfallgesetz – KrW-/AbfG) war vor seiner Verabschiedung sehr umstritten.

Die Mehrheit der Bundesländer lehnte den Entwurf der Bundesregierung in Teilen ab. 22
Wesentliche Kritikpunkte waren der Abfallbegriff, die Zielhierarchie einschließlich des Vorrangs der stofflichen vor der energetischen Verwertung, die befürchtete Aushöhlung der Entsorgungspflicht der Kommunen, die Regelungen zur Produktverantwortung sowie insgesamt eine fehlende Vollzugstauglichkeit des Gesetzentwurfes, insbesondere hinsichtlich der Überwachungsvorschriften. Nachdem der Bundestag das Gesetz am 15.4.1994 beschlossen hatte, lehnte der Bundesrat am 20.5.1994 die Anrufung des Vermittlungsausschusses ab und verweigerte dem Gesetz die Zustimmung. Daraufhin rief die Bundesregierung den Vermittlungsausschuss an. Am 6.6.1994 einigte sich eine vom Vermittlungsausschuss eingesetzte politische Arbeitsgruppe auf eine Kompromisslösung. Der Bundestag nahm das KrW-/AbfG am 24.6.1994 einstimmig an. Der Bundesrat stimmte am 8.7.1994 zu.

Während der Regierungsentwurf den Anwendungsbereich des Abfallrechts über den 23
Begriff „Rückstände“ definierte, der sich seinerseits in das Begriffspaar Sekundärrohstoffe und Abfälle aufteilte, wurden im KrW-/AbfG diese Begriffe durch das Begriffspaar „Abfall zur Verwertung“ und „Abfall zur Beseitigung“ ersetzt. Die lange Diskussion um die Neufassung des Abfallbegriffs, von dem der Anwendungsbereich des Gesetzes abhängt,

endete mit einer in weiten Teilen wörtlichen Übernahme des europäischen Abfallbegriffs.

24 Im damaligen Gesetzgebungsverfahren waren auch das Verhältnis von Abfallvermeidung und Abfallverwertung sowie die Verwertungshierarchie zwischen stofflicher und energetischer Verwertung umstritten. Auch hier einigte man sich auf die wörtliche Übernahme der entsprechenden Bestimmung der Abfallrahmenrichtlinie. Danach waren Abfälle in erster Linie zu vermeiden und erst in zweiter Linie stofflich und energetisch zu verwerten. Im Gegensatz zu dieser klaren Regelung war eine eindeutige Abgrenzung zwischen stofflicher und energetischer Verwertung im KrW-/AbfG nicht gelungen. Das Ergebnis der heftigen Diskussion darüber, ob eine stoffliche oder energetische Verwertung vorzuziehen sei, führte zu unklaren und missverständlichen Regelungen. Während Anforderungen an die energetische Verwertung in § 4 Abs. 4 KrW-/AbfG formuliert wurden, fanden sich Vorrangkriterien für die stoffliche und energetische Verwertung auch in § 6 Abs. 2 KrW-/AbfG.

25 Den Meinungsstreit um die Abgrenzung von energetischer Abfallverwertung und Abfallbeseitigung entschied der EuGH mit mehreren Urteilen, deren Konsequenzen für das deutsche Abfallrecht und für die Entwicklung der Stoffströme bis zur Umsetzung der Novelle der Abfallrahmenrichtlinie im Jahre 2012 umstritten blieben. Fraglich war insbesondere, ob und inwieweit eine energetische Verwertung von Abfällen in Hausmüllverbrennungsanlagen zulässig ist. Von der Beantwortung dieser Frage hing nicht nur die Auslastung der deutschen MVA ab. Auch für die Einhaltung einer Verwertungsquote von 85% nach § 5 Abs. 1 GewAbfV war entscheidend, ob die Abfälle aus einer Vorbehandlungsanlage in einer Hausmüllverbrennungsanlage energetisch verwertet werden konnten. Während Länderbehörden einen **Verwerterstatus** der MVA akzeptierten, lehnte die Rechtsprechung einen solchen Status ab. Seit dem Inkrafttreten des KrWG im Jahre 2012 können MVA, die ein definiertes **Effizienzkriterium** erreichen, Abfälle jedoch energetisch verwerten und damit einen sog. Verwerterstatus erreichen.

26 Schließlich wurden in der Vergangenheit die Aufgaben der Kommunen als öffentlich-rechtliche Entsorgungsträger kontrovers diskutiert. Während nach dem alten Abfallrecht die Kommunen grundsätzlich für die Entsorgung zuständig waren, sollte deren Aufgabenbereich zugunsten einer stärkeren Verantwortung der Privatwirtschaft verkleinert werden. Durch die §§ 13–18 KrW-/AbfG wurde die **Entsorgungsverantwortlichkeit** grundsätzlich auf den Abfallerzeuger verlagert. Aber auch in diesem Zusammenhang war durch zahlreiche Ausnahmetatbestände für weiteren Meinungsstreit gesorgt. Um die kommunale Zuständigkeit für die Hausmüllentsorgung auch bei einer Einordnung der Hausmüllverbrennung als energetische Verwertung zu sichern, kommen Grundsätze der Nähe und Autarkie nach einer entsprechenden Änderung der Abfallrahmenrichtlinie und der EU-AbfVerbrV auf Haushaltsabfälle unabhängig davon zur Anwendung, ob es sich bei ihnen um Abfälle zur Verwertung oder um Abfälle zur Beseitigung handelt.

27 Eine ganze Reihe von Änderungen des KrW-/AbfG ergaben sich aus Art. 8 des Gesetzes zur Umsetzung der UVP-Änderungsrichtlinie, der IVU-Richtlinie und weiterer EG-Richtlinien zum Umweltschutz (BGBl. 2001 I S. 1950).

28 Mit dem Gesetz zur Vereinfachung der abfallrechtlichen Überwachung wurden zahlreiche Bestimmungen des KrW-/AbfG im Jahre 2006 im Sinne einer Vereinfachung der abfallrechtlichen Überwachung erneut geändert. Aufgegeben wurde insbesondere die Unterscheidung zwischen überwachungsbedürftigen, besonders überwachungsbedürftigen und nicht überwachungsbedürftigen Abfällen. Unterschieden wird stattdessen der EU-Systematik folgend – nur noch zwischen gefährlichen und nicht gefährlichen Abfällen.

II. Kreislaufwirtschaftsgesetz 2012

Durch das zum 1.6.2012 in Kraft getretene KrWG wurde die novellierte Abfallrahmenrichtlinie der EU (2008/98/EG) in deutsches Recht umgesetzt und das bis dahin geltende Abfallrecht modernisiert (*Petersen/Doumet/Stöhr* NVwZ 2012, 521; *Beckmann* AbfallR 2012, 142). Ziel des KrWG 2012 war eine nachhaltige Verbesserung des Umwelt- und Klimaschutzes sowie der Ressourceneffizienz in der Abfallwirtschaft durch erhöhte Vermeidungsanstrengungen und ein verbessertes Recycling von Abfällen. Das KrWG 2012 sollte außerdem durch eine Übernahme von Definitionen der Abfallrahmenrichtlinie sowie durch eine Präzisierung zentraler Regelungen die Praktikabilität und Anwendbarkeit des Gesetzes erleichtern. **29**

Das KrWG 2012 führte allerdings auch zu einer nicht unproblematischen Neuregelung der Aufgabenverteilung zwischen den öffentlich-rechtlichen Entsorgungsträgern und der privaten Entsorgungswirtschaft. Insbesondere **gewerbliche Sammlungen** von Haushaltsabfällen durch die private Entsorgungswirtschaft wurden erheblich erschwert. Die Aufgabenverteilung zwischen den öffentlich-rechtlichen Entsorgungsträgern und der privaten Entsorgungswirtschaft, insbesondere die Zulässigkeit der gewerblichen Sammlungen waren im Gesetzgebungsverfahren besonders umstritten. Erst im Vermittlungsausschuss konnte ein Kompromiss gefunden werden, dem Bundesrat und Bundestag zustimmen konnten. Seit Inkrafttreten des Gesetzes wird in zahlreichen Verfahren vor den Verwaltungsgerichten um die Zulässigkeit gewerblicher Sammlungen gestritten (aus jüngerer Zeit siehe zB BVerwG, Urt. v. 8.7.2020 – 7 C 30/18; Urt. v. 28.11.2019 – 7 C 10/18; Urt. v. 30.6.2016 – 7 C 4/15 und 7 C 5/15, NVwZ 2016, 1559 und dazu *Bühs* LKV 2018, 49; *Dippel/Ottensmeier* AbfallR 2017, 13 ff.; VGH München, B. v. 30.1.2017 – 20 CS 16.1416; OVG Hamburg, B. v. 20.3.2013 – 5 Bs 208/12; OVG Lüneburg, Urt. v. 21.3.2013 – 7 LB 56/11). Mehrere Hundert Gerichtsentscheidungen zur Zulässigkeit gewerblicher Sammlungen sind zwischenzeitlich veröffentlicht worden. Hinzu kommt eine nicht erfasste Zahl von unveröffentlichten Entscheidungen der Verwaltungsgerichte. **30**

Die Rechtsprechung geht von einer Vereinbarkeit der einschränkenden Regelungen zur gewerblichen Sammlung von Siedlungsabfällen mit dem EU-Recht aus, hält aber ganz überwiegend zur Wahrung der Europarechtskonformität eine einschränkende Auslegung der §§ 17, 18 KrWG für erforderlich (BVerwG, Urt. v. 23.2.2018 – 7 C 9/16; Urt. v. 30.6.2016 – 7 C 4/15, Rn. 50; VGH Mannheim, B. v. 9.9.2013, NVwZ-RR 2014, 385; OVG NRW, Urt. v. 27.9.2015 – 20 A 2120/14). **31**

III. Kreislaufwirtschaftsgesetz 2020

Mit einem Gesetz zur Umsetzung der Abfallrahmenrichtlinie der Europäischen Union ist das KrWG im Jahr 2020 wiederum umfassend novelliert worden (dazu *Petersen/Friedrich* NVwZ 2021, 1). Die Novellierung des KrWG diente neben der Umsetzung der geänderten Abfallrahmenrichtlinie auch der Umsetzung einzelner Regelungen der Einweg-Kunststoff-Richtlinie (Richtlinie 2019/904/EU soweit diese sich nicht auf Verpackungen bezieht) sowie der – in einigen Bereichen auch über das EU-Recht hinausgehenden – Weiterentwicklung des Kreislaufwirtschaftsrechts mit Blick auf die Erreichung einer verbesserten Kreislaufschließung und Ressourcenschonung. **32**

Das 2020 novellierte KrWG behält bewährte Strukturen des bisherigen Kreislaufwirtschaftsgesetzes und die teilweise über das Unionsrecht hinausgehenden deutschen Umweltstandards bei und übernimmt die Vorgaben des EU-Legislativpaktes soweit wie möglich auf Basis einer sogenannten 1:1 Umsetzung (Gesetzesbegründung BT-Drs. 19/ **33**

19373, S. 27). Das 2020 novellierte KrWG soll die Vermeidung und Verwertung von Abfällen durch die Erhöhung und Fortschreibung von Quoten für die Vorbereitung zur Wiederverwendung und das Recycling, durch die Verstärkung von Getrenntsammlungspflichten und den Ausbau der Produktverantwortung befördern. Hinzu kommen Neuregelungen zur **Beschaffung der öffentlichen Hand** und zur Erweiterung der Produktverantwortung in Richtung einer **Obhutspflicht.**

C. Europäisches Abfallrecht

34 Das Kreislaufwirtschaftsrecht ist nicht auf das KrWG und die Abfallgesetze der Länder beschränkt. Auch auf der europäischen Ebene ist das Abfallrecht umfassend geregelt. Die EU wirkt durch Verordnungen und durch zahlreiche Richtlinien und Entscheidungen der Kommission immer stärker auf die nationale Gesetzgebung ein. Soweit in den Mitgliedstaaten europäisches Abfallrecht unmittelbar gilt (zB auf Grundlage der Europäischen Abfallverbringungsverordnung), kann zur Auslegung unbestimmter Rechtsbegriffe nicht auf deutsches Recht verwiesen werden.

I. Allgemeines

35 Erste gemeinsame Ziele des Abfallrechts wurden auf EU-Ebene schon durch das erste Aktionsprogramm zum Umweltschutz der Europäischen Gemeinschaften von 1973 (ABl. EG 1973 C 112, S. 1 f.) sowie durch das für die Jahre 1977 bis 1981 fortgeschriebene Programm von 1977 (ABl. EG 1977 C 139, S. 33 f.) aufgestellt. Die insgesamt noch allgemeine Zielsetzung des Aktionsprogramms von 1973 sah bereits die Erstellung eines qualitativen und quantitativen Abfallverzeichnisses, die Förderung und Entwicklung neuer Abfalltechnologien und die Errichtung von Auskunftszentralen über vorhandene Abfälle vor. Damit fanden sich auf europäischer Ebene bereits früh Tendenzen für den Weg zu einer Abfallwirtschaft.

36 Das fortgeschriebene Aktionsprogramm für den Umweltschutz der Europäischen Gemeinschaften von 1977 wiederholte zum Teil die Programmatik des ersten Aktionsprogramms, schrieb aber erstmals als vorrangiges Ziel der Abfallpolitik die Abfallvermeidung fest. Erst dann folgten die Wiederverwertung und schließlich die Abfallbeseitigung als „ultima ratio“.

37 Diese Ziele wurden im dritten Aktionsprogramm, das im Februar 1983 (ABl. EG 1983, 46, S. 1) verabschiedet wurde, bestätigt und sollten nach dem Willen des Rates auch für das vierte Aktionsprogramm (ABl. EG 1988 C 328, S. 32) ihre Geltung behalten.

38 Infolgedessen beinhaltete auch das vierte Aktionsprogramm die Trias der „Abfallverhütung, Abfallverwertung und Abfallbeseitigung“. Dabei bezeichnet die Reihenfolge der drei „politischen Leitsätze“ zugleich die Prioritätenfolge, nach der Maßnahmen zur Begrenzung der Risiken für die Bevölkerung und die Umwelt und zur Schonung der Ressourcen ergriffen werden sollen. Das Vierte Aktionsprogramm legte eindeutig einen Vorrang solcher Verfahren fest, die durch eine Vermeidung bzw. Verwertung bereits den Anfall von Abfällen verhindern.

39 Die Prioritätenfolge der Abfallvermeidung vor der Verwertung und der sicheren Abfallbeseitigung sowie die damit einhergehenden Zielvorstellungen werden in den Abfallrichtlinien durch entsprechende Gebote aufgegriffen. Allerdings begründete das geltende Recht noch keinen durchgängigen Vorrang der Abfallvermeidung vor der Verwertung bzw. der Beseitigung.

40 Das sechste Umweltaktionsprogramm der Europäischen Gemeinschaft vom 22.7.2002 für die Zeit bis 2012 (ABl. EG 2002 L 242, S. 1 ff.) setzte auf eine Entkopplung von Wirtschaftswachstum und Ressourcenverbrauch. Dazu sollte das Gesamtvolumen der Abfälle und das Aufkommen der zu beseitigenden Abfälle verringert werden (Art. 8 des Beschlusses Nr. 1600/2002/EG des Europäischen Parlaments und des Rates vom 22.7.2002 über das sechste Umweltaktionsprogramm). Das siebte Umweltaktionsprogramm beschlossen das Europäische Parlament und der Rat für den Zeitraum bis zum Jahr 2020 am 20.11.2013. Einen besonderen Schwerpunkt dieses Programms bildete die Umwandlung von Abfällen in Rohstoffe, einschließlich der Ausweitung von Abfallvermeidung, -wiederverwendung und -recycling, sowie die schrittweise Abschaffung verschwenderischer und schädlicher Verfahren wie der Deponierung.

41 Die EU hat im Jahre 2018 durch ein Paket von mehreren Richtlinien den Ausbau der Kreislaufwirtschaft europaweit vorangetrieben. Die neuen Regeln sehen vor, dass ab dem Jahr 2025 mindestens 55% der Siedlungsabfälle recycelt werden müssen; ab dem Jahr 2030 gilt das für 60% und ab dem Jahr 2035 für 65% der Siedlungsabfälle. Die Recyclingziele für Verpackungen betragen 65% ab dem Jahr 2025 und 70% ab dem Jahr 2030 mit spezifischen Zielen für Papier und Pappe, Kunststoffe, Glas, Metall und Holz.

42 Nach den neuen Vorschriften darf die maximale Deponierungsquote für Siedlungsabfall ab dem Jahr 2035 nur noch 10% betragen. Schon im Jahr 2014 wurde in Österreich, Belgien, Dänemark, Deutschland, den Niederlanden und Schweden praktisch kein Hausmüll mehr auf Deponien abgelagert, während Zypern, Kroatien, Griechenland, Lettland und Malta noch mehr als drei Viertel ihrer Siedlungsabfälle auf diese Weise entsorgten.

43 Ab dem Jahr 2024 sollen EU-weit auch Bioabfälle, wie in Deutschland bereits üblich, getrennt gesammelt werden. Gleiches gilt für Textilien und als gefährlich eingestufte Haushaltsabfälle ab dem Jahr 2025. Unverbindlich vorgegeben wird, dass die Lebensmittelverschwendung bis zum Jahre 2025 um 25% und bis zum Jahre 2030 um 50% reduziert werden soll. Textilien und als gefährlich eingestufte Haushaltsabfälle müssen ab dem Jahr 2025 getrennt gesammelt werden. Ab dem Jahre 2024 müssen auch Bioabfälle entweder getrennt gesammelt oder zu Hause durch Kompostierung verwertet werden.

44 Im März 2020 hat die EU-Kommission als wichtigsten Baustein des europäischen **Green Deal** einen neuen **Aktionsplan für die Kreislaufwirtschaft** vorgestellt. Der Aktionsplan enthält Maßnahmen, die sich über den gesamten Lebenszyklus von Produkten erstrecken. Diese sollen länger nutzbar sein und leichter wiederverwendet, repariert und recycelt werden können. Weitere Ziele sind weniger Verpackungen und die Vermeidung von Abfall. Grundlegendes Ziel ist es, dass genutzte Ressourcen so lange wie möglich in der EU-Wirtschaft verbleiben.

II. Instrumente

45 Das Recht der EU kennt als Handlungsinstrumente Verordnungen, Richtlinien, Beschlüsse, Empfehlungen und Stellungnahmen.

46 Gemäß Art. 288 Abs. 3 AEUV richten sich die EU-Richtlinien an die Mitgliedstaaten und werden grundsätzlich erst durch eine Umsetzung in das jeweilige nationale Recht für den Einzelnen verbindlich; sie sind hinsichtlich des zu erreichenden Ziels verbindlich, überlassen jedoch den innerstaatlichen Stellen die Wahl der Form und der Mittel. Die Umsetzung muss in Deutschland durch Gesetz oder Rechtsverordnung vorgenommen werden; der Erlass wesentlicher Regelungen in der Form (normenkonkretisierender)

Verwaltungsvorschriften reicht nach Auffassung des EuGH für eine Umsetzung grundsätzlich nicht aus (EuGH, Urt. v. 30.5.1991 – Rs. C-361/88 und Rs. C-59/89, NVwZ 1991, 866 und 868). Nicht zuletzt deshalb wurden die Anforderungen an eine umweltverträgliche Abfallbeseitigung durch Verordnung (siehe dazu die DepV) konkretisiert und nicht allein in Technischen Anleitungen als Verwaltungsvorschriften geregelt. Sofern eine EU-Richtlinie trotz Ablaufs der dafür gesetzten Frist (noch) nicht oder nicht vollständig in nationales Recht transformiert ist, kann sie auch ohne Umsetzung Direktwirkung für den Einzelnen entfalten, sofern die Umsetzungsfrist abgelaufen ist und die einschlägigen Bestimmungen der Richtlinie inhaltlich unbedingt und hinreichend bestimmt sind.

47 Verordnungen haben nach Art. 288 Abs. 2 S. 1 AEUV allgemeine Geltung. Sie sind in allen ihren Teilen verbindlich und gelten unmittelbar in jedem Mitgliedstaat. Einer Umsetzung in nationales Recht bedürfen sie nicht. Ein Beispiel für eine unmittelbar verbindliche europäische Verordnung ist die europäische AbfVerbrV. Wenn neben einer europäischen Verordnung auch ein nationales Gesetz verabschiedet wird, ergänzt dieses die Regelungen der Verordnung. Ein Beispiel dafür ist das AbfVerbrG des Bundes, das die Regelungen der EU-AbfVerbrV ergänzt. Wegen des Vorrangs des Unionsrechts vor dem nationalen Recht (BVerfG Urt. v. 5.5.2020, NVwZ 2020, 857; Urt. v. 30.6.2009, BVerfGE 123, 267 – „Lissabon"; Urt. v. 22.10.1986, BVerfGE 73, 339, 375 – „Solange II") verdrängt das **höherrangige Unionsrecht** das nationale Recht. Etwas anderes kann nur in Ausnahmefällen gelten, wenn bei Erlass des Unionsrechts Kompetenzgrenzen in einer das Prinzip der begrenzten Einzelermächtigung spezifisch verletzenden Art überschritten haben. Das setzt voraus, dass das kompetenzwidrige Handeln der EU offensichtlich ist und innerhalb des Kompetenzgefüges zu einer strukturell bedeutsamen Verschiebung zulasten mitgliedstaatlicher Kompetenzen führt. In solchen Fällen hat das Unionsrecht ausnahmsweise keinen Vorrang vor dem deutschen Recht (BVerfG Urt. v. 5.5.2020 – 2 BvR 859/15, juris Rn. 118ff.). Im Kreislaufwirtschaftsrecht sind solche Kompetenzüberschreitungen der EU nicht ersichtlich, so dass der Vorrang des EU-Kreislaufwirtschaftsrechts uneingeschränkt gilt.

III. Abfallrichtlinien

48 Unter den Abfallrichtlinien nimmt die Richtlinie 2008/98/EG über Abfälle – Abfallrahmenrichtlinie die zentrale Stellung ein. Mit der Novelle der Abfallrahmenrichtlinie im Jahr 2008 verfolgte der Richtliniengeber das Ziel einer Verstärkung des Ressourcen- und Umweltschutzes, einer Straffung des europäischen Abfallrechts durch Integration der Altölrichtlinie und der Richtlinie über gefährliche Abfälle in die Abfallrahmenrichtlinie und eine Erhöhung der Rechtssicherheit bei der Auslegung zentraler Rechtsbegriffe, insbesondere bei der Abgrenzung zwischen Abfall und Produkt sowie bei der Abgrenzung zwischen Verwertung und Beseitigung. Die Novelle der Abfallrahmenrichtlinie 2008 führte zu wesentlichen Änderungen und Ergänzungen des europäischen und durch deren Umsetzung auch des deutschen Rechts. Ergänzende Regelungen ergaben sich aus der Novelle der Abfallrahmenrichtlinie insbesondere zur Abgrenzung von Abfällen zu (Neben-)Produkten, zum Ende der Abfalleigenschaft, zur Einordnung der Abfallverbrennung in Abfallverbrennungsanlagen als energetische Verwertung mit Hilfe einer Energieeffizienzformel, zur Absicherung der Hausmüllautarkie auch für Verwertungsabfälle. Es gilt eine fünfstufige Abfallhierarchie, nach der die Vermeidung Vorrang vor der Verwertung und diese wiederum Vorrang vor der Beseitigung haben soll; innerhalb der Verwertung soll jedoch die Vorbereitung zur Wiederverwendung Vorrang vor der Wiederaufbereitung des Materials für gleiche oder andere Zwecke (Recycling) und das Recycling Vorrang vor sonstigen Verwertungsverfahren, insbesondere vor der energetischen Verwertung haben. Auch auf europäischer Ebene wurde mit einer Novelle der Abfallrahmenrichtlinie der Grundsatz der Produktverantwortung anerkannt (dort „erweiterte Herstellerverantwortung" genannt (zur Novelle der Abfallrahmenrichtlinie *Petersen* ZUR 2007, 449; *Schink* AbfallR 2007, 50).

Mit der Richtlinie (EU) 2018/851 des Europäischen Parlaments und des Rates vom 30.5.2018 wurde die Abfallrahmenrichtlinie weiterentwickelt. Die Änderung der Abfallrahmenrichtlinie diente dazu, die Abfallbewirtschaftung in der Union zu verbessern und zu einer nachhaltigen Materialwirtschaft mit dem Ziel umzugestalten, die Umwelt zu schützen, zu erhalten und ihre Qualität zu verbessern, die menschliche Gesundheit zu schützen, eine umsichtige, effiziente und rationelle Verwendung der natürlichen Ressourcen zu gewährleisten, die Grundsätze der Kreislaufwirtschaft und die Verbreitung erneuerbarer Energieträger zu fördern, die Energieeffizienz zu verbessern, die Abhängigkeit der Union von Ressourceneinfuhren zu verringern und für neue Chancen in der Wirtschaft sowie zur langfristigen Wettbewerbsfähigkeit beizutragen. Damit eine wirklich kreislauforientierte Wirtschaft entsteht, sollen in Bezug auf die Nachhaltigkeit von Erzeugung und Verbrauch zusätzliche Maßnahmen getroffen werden, indem der gesamte Lebenszyklus von Produkten in einer Art und Weise betrachtet wird, die Ressourcen erhält und den Kreislauf schließt. Dazu werden insbesondere die in der Abfallrichtlinie festgelegten Zielvorgaben für die Vorbereitung zur Wiederverwendung und das Recycling von Abfällen erhöht. **49**

Die mit dem Kreislaufwirtschaftspaket der EU im Jahre 2018 vorgegebenen Ziele sehen vor, dass bis zum Jahr 2025 mindestens 55% der Siedlungsabfälle in der EU recycelt werden. Diese EU-weite Zielvorgabe wird bis zum Jahr 2030 auf 60% und bis zum Jahr 2035 auf 65% angehoben. Das EU-Recyclingziel für Verpackungsabfälle beträgt 65% (bis zum Jahr 2025) bzw. 70% (bis zum Jahr 2030), wobei spezifische Zielvorgaben für bestimmte Materialien festgelegt werden. **50**

IV. Abfallverbringungsverordnung

Für Abfälle zur Beseitigung gilt in den Mitgliedstaaten der Europäischen Union grundsätzlich das Prinzip der Inlandsentsorgung. Ausnahmen sind möglich, wenn im Inland keine geeigneten Anlagen zur Beseitigung der speziellen Abfallart vorhanden sind oder wenn sich die Nutzung grenznaher ausländischer Anlagen anbietet. Abfälle zur Verwertung werden dagegen grundsätzlich als Wirtschaftsgut betrachtet. Die Verwertung dazu geeigneter Abfälle kann in der Regel auch im Ausland erfolgen. Sie unterliegt jedoch Beschränkungen hinsichtlich der Inhaltsstoffe und der Zielländer entsprechend dem in Deutschland geltenden Recht. **51**

Der europäische **Green Deal** sieht vor, auch die Verbringungsvorschriften der EU zu überprüfen und zu überarbeiten, Gegenstand der Überprüfung ist unter anderem, wie die Ausfuhr von Abfällen verringert werden kann, zB durch ein besseres Kontrollsystem, Maßnahmen gegen die illegale Verbringung von Abfällen sowie durch Maßnahmen zur Vermeidung möglicher Umwelt- und gesundheitlicher Schäden durch die Verbringung von Abfällen in Drittländer. **52**

Das in Deutschland geltende Abfallverbringungsrecht ergibt sich in erster Linie aus der unmittelbaren europäischen Verordnung über die Verbringung von Abfällen. Diese baut auf dem **Basler Übereinkommen** und einem OECD-Ratsbeschluss auf. Das Basler Übereinkommen wurde mit dem Ziel geschlossen, die Ausfuhr gefährlicher Abfälle in **53**

Entwicklungsländer einzuschränken. Parallel zum Basler Übereinkommen wurde für die OECD-Staaten mit dem OECD-Ratsbeschluss ein System für die Notifizierung, Identifizierung und Kontrolle der grenzüberschreitenden Verbringung von Abfällen zur Verwertung geschaffen. Ergänzt werden die EU-Vorschriften durch das AbfVerbrG. Dieses Gesetz enthält zusätzliche Anforderungen unter anderem zur Umsetzung des Basler Übereinkommens in Deutschland und zur EU-AbfallVerbrV. Aus dem AbfVerbrG ergeben sich zB ergänzende Regelungen zu Wiedereinfuhrpflichten, zur Sicherheitsleistung, zur Zuweisung von Behördenzuständigkeiten (Genehmigungsbehörden für Export und Import in den Bundesländern und für den Transit das Umweltbundesamt), zum Datenaustausch sowie zu Bußgeldvorschriften.

D. Überblick über das deutsche Kreislaufwirtschaftsrecht

54 Neben dem europäischen Abfallrecht ist das in Deutschland geltende Kreislaufwirtschaftsrecht bundesrechtlich, landesrechtlich und in Satzungen der kommunalen Entsorgungsträger geregelt.

55 Mit Erlass des Abfallbeseitigungsgesetzes hatte der Bund im Jahre 1972 erstmalig von seinem Gesetzgebungsrecht Gebrauch gemacht. Allerdings hinderte der Erlass dieses Gesetzes die Bundesländer nicht, ihrerseits Landesabfallgesetze zu verabschieden. Die Kompetenzsperre des Art. 72 GG reicht nämlich nur soweit, wie der Bund eine abschließende Regelung getroffen hat. Nicht oder nicht abschließend in einem Bundesgesetz geregelte Fragen können deshalb gleichwohl Gegenstand von Landesabfallgesetzen sein. Der Spielraum, der den Landesgesetzgebern zum Erlass landesabfallrechtlicher Regelungen neben dem Bundesrecht verbleibt, kann allerdings im Einzelfall sehr streitig sein. Das BVerfG hat in zwei Urteilen vom 7.5.1998 (BVerfG NJW 1998, 2341, 2346) sowohl **kommunale Verpackungssteuern** als auch landesrechtliche **Sonderabfallabgaben** und mit Beschluss vom 29.3.2000 (NVwZ 2000, 1160) eine **Lizenzpflicht** in Nordrhein-Westfalen für die Ablagerung von Abfällen wegen eines Verstoßes gegen Bundesrecht für verfassungswidrig erklärt (siehe dazu *Burgi* Die unterschätzte Kompetenz: Spielräume für die Landesgesetzgebung im Kreislaufwirtschaftsrecht, DVBl. 2017, 921). Das BVerwG hat mit einem Beschluss vom 24.3.1994 zur Überwachung der Altölentsorgung entschieden, dass der Bund die Überwachung abschließend geregelt habe. Die Länder könnten deshalb keine landesrechtliche Andienungspflichten für Altöle anordnen. Solche andienungspflichtigen möchten zwar rechtspolitisch zweckmäßig sein, dies ändere aber nichts an der Sperrwirkung des Bundesrechts (BVerwG Beschl. v. 24.3.1994 NVwZ 1995, 273, 275).

I. Bundesrecht

56 Leitgesetz für den Bereich der Kreislaufwirtschaft und der Abfallentsorgung ist das Kreislaufwirtschaftsgesetz. Ergänzt wird das KrWG durch zahlreiche weitere abfallrechtliche Vorschriften des Bundes, zB durch das Abfallverbringungsgesetz, durch Regelungen im Fleischhygienegesetz, im Pflanzenschutzgesetz, im Atomgesetz und im Strahlenschutzgesetz, im Bundes-Immissionsschutzgesetz, im Bundesberggesetz, durch das Verpackungsgesetz vom 5.7.2017, zuletzt geändert am 23.10.2020, das Elektro- und Elektronikgerätegesetz vom 20.10.2015, zuletzt geändert am 3.11.2020 (dazu *Queitsch* AbfallR 2018, 228; *Müggenborg* NuR 2019, 658; *Schoppen* NVwZ 2013, 187), das Batteriegesetz vom 25.6.2009, zuletzt geändert am 3.11.2020.

Mit dem Verpackungsgesetz – VerpackG sollte die bis zu seinem Inkrafttreten geltende Verpackungsverordnung weiterentwickelt werden, um hohe ökologische Standards bei der Sammlung und Verwertung der Verpackungsabfälle zu gewährleisten und einen funktionierenden Wettbewerb zwischen den Systemen sowie rechtskonformes Verhalten aller betroffenen Marktteilnehmer auf Dauer sicherzustellen. Das VerpackG trat am 1.1.2019 in Kraft. Gleichzeitig trat die VerpackV außer Kraft (dazu *Wüstenberg* AbfallR 2020, 83; *Webersinn* Das Verpackungsgesetz – Aufbruch in die Wertstoffwirtschaft?, UPR 2018, 96; *Hartwig/Gruneberg* AbfallR 2017, 202; *Brandt* NuR 2017, 305). Eine Novelle des VerpackG ist für das Jahr 2021 zu erwarten. **57**

1. Kreislaufwirtschaftsgesetz. Das Kreislaufwirtschaftsgesetz gliedert sich in neun Teile. Der erste Teil des Gesetzes (§§ 1–5) enthält allgemeine Vorschriften über den Gesetzeszweck und den Geltungsbereich des Gesetzes und zahlreiche zentrale Begriffsbestimmungen sowie Regelungen zu Nebenprodukten und zum Ende der Abfalleigenschaft. Der zweite Teil des Gesetzes (§§ 6–22) bestimmt Grundsätze und Pflichten der Erzeuger und Besitzer von Abfällen sowie der öffentlich-rechtlichen Entsorgungsträger. Die Teile 3 und 4 des Gesetzes (§§ 23–27 bzw. 28–34) regeln Grundfragen der Produkt- und Planungsverantwortung; die Teile 5, 6 und 7 des Gesetzes (§§ 45–46, 47–55 und 56–57) enthalten Bestimmungen zu Absatzförderung und Abfallberatung, zur abfallrechtlichen Überwachung und zu Entsorgungsfachbetrieben. Teil 8 des KrWG (§§ 58–61) enthält Bestimmungen zur Betriebsorganisation, zum Betriebsbeauftragten für Abfall und Erleichterungen für auditierte Unternehmensstandorte. Teil 9 des Gesetzes (§§ 62–72) enthält die Schlussbestimmungen. **58**

Dem KrWG sind fünf **Anlagen** beigefügt zu Beseitigungsverfahren (Anl. 1), Verwertungsverfahren (Anl. 2), Kriterien zur Bestimmung des Standes der Technik (Anl. 3), Beispiele für Abfallvermeidungsmaßnahmen nach § 33 (Anl. 4) und Beispiele für wirtschaftliche Instrumente und andere Maßnahmen zur Schaffung von Anreizen für die Anwendung der Abfallhierarchie (Anl. 5). **59**

a) Umweltpolitisches Konzept. Mit dem KrWG wurde die Abfallrahmenrichtlinie aus dem Jahre 2008 in deutsches Recht umgesetzt. Ziel der Richtlinie ist es, die schädlichen Auswirkungen der Erzeugung und Bewirtschaftung von Abfällen zu verringern, die Gesamtauswirkungen der Ressourcennutzung zu reduzieren und die Ressourceneffizienz der Abfallwirtschaft zu verbessern. Dementsprechend soll auch das KrWG die Vermeidung von Abfällen stärken und das Recycling von Abfällen nachhaltig fördern. Der Gesetzgeber hat sich bemüht, die Vorgaben der Abfallrahmenrichtlinie möglichst unverändert in das bestehende deutsche System des Kreislaufwirtschaftsrechts zu integrieren ohne die von der deutschen Abfallwirtschaft bereits erreichten abfallwirtschaftlichen Erfolge abzuschwächen oder zu gefährden. **60**

Nach § 1 Abs. 1 KrWG ist es Zweck des Gesetzes, die Kreislaufwirtschaft zur Schonung der natürlichen Ressourcen zu fördern und den Schutz von Mensch und Umwelt bei der Erzeugung und Bewirtschaftung von Abfällen sicherzustellen. Mit dem KrWG soll nach § 1 Abs. 2 KrWG in der seit 2020 geltenden Fassung außerdem das Erreichen der europarechtlichen Zielvorgaben der Abfallrahmenrichtlinie gefördert werden. Der Gesetzgeber bezieht sich insoweit auf die in Art. 11 AbfRRL genannten Ziele für die Vorbereitung zur Wiederverwendung und das Recycling. **61**

Die Mitgliedstaaten ergreifen nach Art. 11 Abs. 1 AbfRRL Maßnahmen zur Förderung der Vorbereitung zur Wiederverwendung, insbesondere durch Förderung der Errichtung und Unterstützung von Netzwerken für die Vorbereitung zur Wiederverwendung und die Reparatur, durch Erleichterung – sofern dies mit einer ordnungsgemäßen **62**

Abfallbewirtschaftung vereinbar ist – des Zugangs solcher Netzwerke zu Abfällen, die sich bei Sammelsystemen oder bei Sammelstellen befinden und die zur Wiederverwendung vorbereitet werden können, von diesen Systemen oder Stellen aber nicht für die Vorbereitung zur Wiederverwendung bestimmt sind, sowie durch Förderung des Einsatzes von wirtschaftlichen Instrumenten, Beschaffungskriterien, quantitativen Zielen oder durch andere Maßnahmen.

63 Zur Förderung eines qualitativ hochwertigen Recyclings führen die Mitgliedstaaten vorbehaltlich des Art. 10 Abs. 2 und 3 AbfRRL die **getrennte Sammlung** von zumindest Papier, Metall, Kunststoffen und Glas sowie, bis zum 1.1.2025, von Textilien ein.

64 Außerdem sollen die Mitgliedstaaten Maßnahmen zur Förderung des **selektiven Abbruchs** fördern, damit gefährliche Stoffe entfernt und sicher gehandhabt werden können sowie die Wiederverwendung und das hochwertige Recycling durch die selektive Entfernung der Materialien gefördert wird, und zur Einrichtung von Sortiersystemen für Bau- und Abbruchabfälle mindestens für Holz, mineralische Fraktionen (Beton, Back- und Ziegelstein, Fliesen, Keramik und Steine), Metall, Glas, Kunststoffe und Gips.

65 Zur Erfüllung der Ziele der AbfRRL und im Interesse der Entwicklung zu einer europäischen Kreislaufwirtschaft sollen die Mitgliedstaaten nach Art. 11 Abs. 2 AbfRRL Maßnahmen mit einem hohen Maß an Ressourceneffizienz ergreifen. Bis zum Jahr 2020 sollte die Vorbereitung zur Wiederverwendung und das Recycling von Abfallmaterialien wie – zumindest – Papier, Metall, Kunststoff und Glas aus Haushalten und gegebenenfalls aus anderen Quellen, soweit die betreffenden Abfallströme Haushaltsabfällen ähnlich sind, auf mindestens 50 Gewichtsprozent insgesamt erhöht werden. Außerdem sollten schon bis 2020 die Vorbereitung zur Wiederverwendung, des Recyclings und die sonstige stoffliche Verwertung (einschließlich der Verfüllung, bei der Abfälle als Ersatz für andere Materialien genutzt werden) von nicht gefährlichen Bau- und Abbruchabfällen – mit Ausnahme von in der Natur vorkommenden Materialien, die in Kategorie 17 05 04 AVV definiert sind – auf mindestens 70 Gewichtsprozent erhöht werden.

66 Bis zum Jahre 2025 müssen außerdem die Vorbereitung zur Wiederverwendung und das Recycling von Siedlungsabfällen auf mindestens 55 Gewichtsprozent erhöht werden. Bis 2030 sind die Vorbereitung zur Wiederverwendung und das Recycling von Siedlungsabfällen auf mindestens 60 Gewichtsprozent zu erhöhen. Bis zum Jahre 2035 werden die Vorbereitung zur Wiederverwendung und das Recycling von Siedlungsabfällen auf mindestens 65 Gewichtsprozent erhöht.

67 **b) Anwendungsbereich des KrWG.** Zur Kreislaufwirtschaft zählt nach § 3 Abs. 19 KrWG die Vermeidung und die Verwertung von Abfällen. Die Förderung der Kreislaufwirtschaft war bereits Zweck des alten, bis zum Jahr 2012 geltenden KrW-/AbfG. Im Gegensatz zur früheren Rechtslage ist jedoch der zusätzliche Zweck neben der Förderung der Kreislaufwirtschaft erweitert worden. Das Gesetz bezweckt nicht mehr nur – wie zuvor – die Sicherung der umweltverträglichen Beseitigung von Abfällen, sondern den Schutz von Mensch und Umwelt bei der Erzeugung und Bewirtschaftung von Abfällen insgesamt.

68 Die Vorschriften des KrWG gelten für die Vermeidung, Verwertung und Beseitigung von Abfällen sowie für sonstige Maßnahmen der Abfallbewirtschaftung. § 2 Abs. 2 KrWG enthält eine Vielzahl von Ausnahmen vom Anwendungsbereich des KrWG, zB für Stoffe, die nach dem Lebensmittel- und Futtermittelrecht, nach dem Tabakerzeugnisgesetz, nach dem Milch- und Margarinegesetz, nach dem Tiergesundheitsgesetz oder nach dem Pflanzenschutzgesetz zu entsorgen sind.

69 Nicht anwendbar ist das KrWG außerdem auf bestimmte **tierische Nebenprodukte,** auf bestimmte **Einzelfuttermittel,** bestimmte **Tierkörper, Kernbrennstoffe** und

sonstige **radioaktive Stoffe** im Sinne des Atomgesetzes oder des Strahlenschutzgesetzes.

Hinzu kommen Ausnahmen vom Anwendungsbereich für Abfälle, die unmittelbar beim Aufsuchen, Gewinnen und Aufbereiten sowie bei der damit zusammenhängenden Lagerung von **Bodenschätzen** in Betrieben anfallen, die der Bergaufsicht unterstehen und die nach Bergrecht unter Bergaufsicht entsorgt werden (§ 2 Abs. 2 Nr. 7 KrWG; zu den Grundlagen der Abfallentsorgung im Bergbau siehe *Frenz* AbfallR 2018, 129 ff.; *Kropp* AbfallR 2018, 50 ff.; *Piens* in Piens/Schulte(Graf Vitzthum, Bundesbergesetz, Kommentar, 3. Aufl. 2020, § 55 Rn. 87 ff.). Für **gasförmige Stoffe,** die nicht in Behältern gefasst sind (§ 2 Abs. 2 Nr. 8 KrWG) und Stoffe, sobald sie in Gewässer oder **Abwasseranlagen** eingeleitet oder eingebracht werden (§ 2 Abs. 2 Nr. 9 KrWG; siehe dazu BVerwG, Urt. v. 8.7.2020 – 7 C 19/18; *Beckmann,* DVBl. 2014, 1032). Für in Abwasseranlagen eingeleitet Stoffe wird das Abfallrecht wieder anwendbar, wenn die Abwasserbeseitigung abgeschlossen ist. Hierzu bedarf es nach der Rechtsprechung des BVerwG keiner räumlich-örtlichen Entfernung des Stoffs aus der Abwasserbeseitigungsanlage (BVerwG, Urt. v. 8.7.2020 – 7 C 19/18). 70

§ 2 Abs. 2 Nr. 10 KrWG enthält eine Ausnahmeregelung für **Böden am Ursprungsort,** einschließlich nicht ausgehobener kontaminierter Böden und dauerhaft mit dem Grund und Boden verbundener Bauwerke. Eine solche Ausnahme vom Anwendungsbereich des Gesetzes war notwendig, weil auch nicht ausgehobene Böden nach dem europäischen Abfallrecht und dementsprechend auch nach dem deutschen Abfallrecht Abfälle sind. Die frühere deutsche Abfalldefinition, wonach Abfälle nur bewegliche Sachen waren, musste wegen ihrer Unvereinbarkeit mit dem europäischen Recht aufgegeben werden. Die Sanierung von Altlasten und schädlichen Bodenveränderungen ist Gegenstand des Bodenschutzrechts. 71

c) Grundbegriffe des Kreislaufwirtschaftsrechts. Der Gesetzgeber definiert entsprechend der Abfallrahmenrichtlinie im Kreislaufwirtschaftsgesetz zahlreiche Grundbegriffe des Kreislaufwirtschaftsrechts. 72

Der Schlüsselbegriff für das Kreislaufwirtschaftsrecht, der den Anwendungsbereich des Gesetzes eröffnet, ist der **Abfallbegriff.** Die Vorschriften des KrWG gelten gem. § 2 Abs. 1 KrWG für die Vermeidung, die Verwertung und die Beseitigung von Abfällen. Abfälle im Sinne des Gesetzes sind alle Stoffe oder Gegenstände, deren sich ihr Besitzer entledigt, entledigen will oder entledigen muss. 73

Eine **Entledigung** ist nach § 3 Abs. 2 KrWG anzunehmen, wenn der Besitzer Stoffe oder Gegenstände einer Verwertung oder einer Beseitigung zuführt oder die tatsächliche Sachherrschaft über sie unter Wegfall jeder weiteren Zweckbestimmung aufgibt. Der **Wille zur Entledigung** – der ebenfalls zur Einordnung eines Stoffes oder Gegenstandes als Abfall führen kann – ist nach § 3 Abs. 3 KrWG anzunehmen hinsichtlich solcher Stoffe oder Gegenstände, die bei der Energieumwandlung, Herstellung, Behandlung oder Nutzung von Stoffen oder Erzeugnissen oder bei Dienstleistungen anfallen, ohne dass der Zweck der jeweiligen Handlung hierauf gerichtet ist, oder deren ursprüngliche Zweckbestimmung entfällt oder aufgegeben wird, ohne dass ein neuer Verwendungszweck unmittelbar an deren Stelle tritt. Für die Beurteilung der Zweckbestimmung ist die Auffassung des Erzeugers oder Besitzers unter Berücksichtigung der Verkehrsanschauung nach § 3 Abs. 3 S. 2 KrWG zugrunde zu legen. 74

Eine gewisse Einschränkung erfährt der subjektive Abfallbegriff durch die im Jahre 2020 vom Gesetzgeber eingeführte **Obhutspflicht.** Nach § 23 Abs. 1 S. 3 KrWG ist beim Vertrieb von Erzeugnissen dafür zu sorgen, dass deren Gebrauchstauglichkeit erhalten bleibt und diese nicht zu Abfall werden. Die **Produktverantwortung** erstreckt sich 75 nach § 23 Abs. 2 KrWG auf eine Obhutspflicht hinsichtlich der vertriebenen Erzeugnisse, insbesondere die Pflicht, beim Vertrieb der Erzeugnisse, auch im Zusammenhang mit deren Rücknahme oder Rückgabe, dafür zu sorgen, dass die Gebrauchstauglichkeit der Erzeugnisse erhalten bleibt und diese nicht zu Abfall werden. Zur Festlegung von Anforderungen nach § 23 KrWG wird die Bundesregierung durch § 24 Nr. 10 KrWG ermächtigt, nach Anhörung der beteiligten Kreise (§ 68 KrWG) durch Rechtsverordnung mit Zustimmung des Bundesrates zu bestimmen, dass beim Vertrieb bestimmter Erzeugnisse, auch im Zusammenhang mit deren Rücknahme oder Rückgabe, dafür zu sorgen ist, dass die Gebrauchstauglichkeit der Erzeugnisse erhalten bleibt und diese nicht zu Abfall werden.

76 Weder der Entledigungswille noch die objektive Wertlosigkeit einer Sache berechtigt einen Dritten, den in einem Abfallcontainer befindlichen Abfall wegzunehmen. Das sog. **Containern** erfüllt somit den Tatbestand eines Diebstahls (Bayerisches Ob. LG, Beschl. v. 2.10.2019 – 206 StRR 1013/19, NStZ-RR 2020, 104; BVerfG, Beschl. v. 5.8.2020 – 2 BvR 1985/19, NJW 2020, 2953).

77 Die dritte Alternative zur Einordnung eines Stoffes oder eines Gegenstands als Abfall ist der sog. **Zwangsabfall.** Nach § 3 Abs. 4 KrWG muss der Besitzer sich bestimmter Stoffe oder Gegenstände entledigen, wenn diese nicht mehr entsprechend ihrer ursprünglichen Zweckbestimmung verwendet werden, aufgrund ihres konkreten Zustands geeignet sind, gegenwärtig oder künftig das Wohl der Allgemeinheit, insbesondere die Umwelt, zu gefährden und deren Gefährdungspotenzial nur durch eine ordnungsgemäße und schadlose Verwertung oder gemeinwohlverträgliche Beseitigung ausgeschlossen werden kann.

78 Mit der **Gesetzesnovelle 2020** wurden unter anderem auch weitere (Unter-)Abfallbegriffe, nämlich der Begriff der **Siedlungsabfälle,** der **Bau- und Abbruchabfälle** und der **Lebensmittelabfälle** in § 3 KrWG legaldefiniert. Die ergänzende Definition der Siedlungsabfälle ist insbesondere für die Bestimmung der erreichten und zu erreichenden Verwertungsquoten wichtig.

79 Geregelt wird vom Gesetzgeber auch die Abgrenzung von Abfällen und **Nebenprodukten.** § 4 KrWG setzt Art. 5 AbfRRL um und hält sich weitgehend wortgleich an die Vorgaben der Abfallrichtlinie, die wiederum aus der Rechtsprechung des EuGH entwickelt worden sind. § 4 KrWG ergänzt die bereits erwähnte Bestimmung zum Entledigungswillen in § 3 Abs. 3 Nr. 1 KrWG. Fällt ein Stoff oder Gegenstand bei einem Herstellungsverfahren an, dessen hauptsächlicher Zweck nicht auf die Herstellung dieses Stoffes oder Gegenstandes gerichtet ist, ist er als Nebenprodukt und nicht als Abfall anzusehen mit der Folge, dass das Abfallrecht auf diesen Stoff oder Gegenstand nicht anzuwenden ist, wenn sichergestellt ist, dass der Stoff oder Gegenstand weiterverwendet wird, eine weitere, über ein normales industrielles Verfahren hinausgehende Vorbehandlung hierfür nicht erforderlich ist, der Stoff oder Gegenstand als integraler Bestandteil eines Herstellungsprozesses erzeugt wird und die weitere Verwendung rechtmäßig ist; dies ist der Fall, wenn der Stoff oder Gegenstand alle für seine jeweilige Verwendung anzuwendenden Produkt-, Umwelt- und Gesundheitsschutzanforderungen erfüllt und insgesamt nicht zu schädlichen Auswirkungen auf Mensch und Umwelt führt.

80 Im Gesetz geregelt ist auch das **Ende der Abfalleigenschaft** (§ 5 KrWG). Stoffe oder Gegenstände können ihre Eigenschaft als Abfall auch wieder verlieren und damit aus dem Anwendungsbereich des Kreislaufwirtschaftsrechts ausscheiden. § 5 KrWG setzt Art. 6 AbfRRL um. Die Abfalleigenschaft von Stoffen oder Gegenständen soll erst dann enden, wenn die Rechtspflichten zur Verwertung oder Beseitigung der Abfälle erfüllt sind und insoweit das abfallrechtliche Pflichtenverhältnis beendet werden kann (dazu BVerwG, B. v. 5.12.2012 – 7 B 17/12, juris Rn. 9; VGH Kassel, B. v. 9.10.2012 – 2 B

1860/12, juris Rn. 10; VGH München, B. v. 18.12.2014 – 20 ZB 14.689). Nach § 5 Abs. 1 KrWG endet die Abfalleigenschaft eines Stoffes oder Gegenstands, wenn dieser ein Recycling oder ein anderes Verwertungsverfahren durchlaufen hat und so beschaffen ist, dass er üblicherweise für bestimmte Zwecke verwendet wird, ein Markt für ihn und eine Nachfrage nach ihm besteht, er alle für seine jeweilige Zweckbestimmung geltenden technischen Anforderungen sowie alle Rechtsvorschriften und anwendbaren Normen für Erzeugnisse erfüllt sowie seine Verwendung insgesamt nicht zu schädlichen Auswirkungen auf Mensch und Umwelt führt. Art. 6 Abs. 2 AbfRRL sieht vor, dass die in § 5 Abs. 1 KrWG geregelten allgemeinen Anforderungen für das Ende der Abfalleigenschaft durch ein Komitologieverfahren konkretisiert werden können.

Die Abfalleigenschaft eines Stoffes oder Gegenstandes endet bei Vorliegen der in § 5 **81** Abs. 1 KrWG genannten Voraussetzungen unmittelbar **ohne konstitutive Feststellung** durch einen Verwaltungsakt. Das Vorliegen dieser Voraussetzungen unterliegt uneingeschränkter verwaltungsgerichtlicher Kontrolle. Einen **Prognose- oder Beurteilungsspielraum** haben die Behörden nicht (VGH München, Beschl. v. 17.2.2020 – 12 CS 19.2505, AbfallR 2020, 204).

Die Mitgliedstaaten können, wenn auf Unionsebene keine bestimmten Kriterien fest- **82** gelegt werden, im Einzelfall und unter Berücksichtigung der geltenden Rechtsprechung das Ende der Abfalleigenschaft festlegen. Der Gesetzgeber hat die entsprechende **Verordnungsermächtigung** in § 5 Abs. 2 KrWG im Rahmen der Novellierung des Gesetzes 2020 durch eine Konkretisierung der zulässigen Inhalte einer solchen Verordnung ergänzt, ohne allerdings die Verordnungsermächtigung materiell-rechtlich zu erweitern (dazu *Loschwitz* AbfallR 2020, 210).

Neu in das Gesetz aufgenommen wurde im Jahre 2020 in § 7a KrWG eine Grund- **83** pflicht, die im Zusammenhang mit der Beendigung der Abfalleigenschaft nach § 5 KrWG steht und mit Blick auf die Nahtstelle zwischen dem Kreislaufwirtschaftsrecht und den Rechtsvorschriften für Chemikalien und Produkte der übergreifenden Absicherung des Schutzes von Mensch und Umwelt dient. Nach § 7a Abs 1 KrWG haben natürliche oder juristische Personen, die Stoffe und Gegenstände, deren Abfalleigenschaft beendet ist, erstmals verwenden oder erstmals in Verkehr bringen, dafür zu sorgen, dass diese Stoffe und Gegenstände den geltenden **Anforderungen des Chemikalien- und Produktrechts** genügen. § 7a Abs. 2 KrWG bestimmt, dass für Stoffe oder Gegenstände die Rechtsvorschriften für Chemikalien und Produkte erst dann zur Anwendung kommen, wenn deren Abfalleigenschaft gemäß den Anforderungen des § 5 Abs. 1 KrWG beendet ist.

Abfälle zur Verwertung sind Abfälle, die verwertet werden; Abfälle die nicht ver- **84** wertet werden, sind Abfälle zur Beseitigung (§ 3 Abs. 1 KrWG). Entscheidend für die Einordnung ist somit nicht, ob die Abfälle verwertbar sind, sondern ob sie tatsächlich verwertet werden oder nicht. Indem der Abfallbegriff ausdrücklich zu verwertende Stoffe in den Abfallbegriff einbezieht, erweitert der Gesetzgeber den Anwendungsbereich des Kreislaufwirtschaftsrechts, um im Sinne einer Kreislaufwirtschaft die Stoffströme umfassender dem abfallrechtlichen Instrumentarium unterstellen zu können. Abfälle, die aufgrund einer Wiederverwendung oder einer sonstigen Nutzung als sog. Sekundärrohstoffe im Wirtschaftskreislauf verwertbar sind, sind noch keine Abfälle zur Verwertung. Eine Verwertungsmöglichkeit, die sich erst einem späteren Abfallbesitzer eröffnet und ggf. von ihm auch genutzt wird, erlaubt nach Ansicht des BVerwG noch nicht den Rückschluss, dass beim Abfallbesitzer kein Beseitigungsabfall vorhanden ist. Entledigt sich ein Abfallbesitzer verwertungsfähiger Abfallfraktionen dadurch, dass er sie dem örtlich zuständigen öffentlich-rechtlichen Entsorgungsträger überlässt, handelt es sich um Abfall zur Beseitigung (BVerwG Beschl. v. 23.4.2008, NVwZ 2008, 1119).

85 Die **Vorbehandlung infektiöser Abfälle** zur Beseitigung ihrer gefahrenrelevanten Eigenschaften stellt nicht zwangsläufig eine Abfallbeseitigungsmaßnahme dar. Für die Einordnung einer Vorbehandlung als Maßnahme zur Verwertung von Abfällen oder zur Beseitigung kommt es darauf an, ob diese als eigenes Entsorgungsverfahren anzusehen ist oder Teil eines mehraktigen Entsorgungsverfahrens zur Verwertung ist (VG Augsburg, Urt. v. 29.6.2020 – Au 9 K 18.1776, juris).

86 In Übernahme der europäischen Systematik unterscheidet § 3 Abs. 5 KrWG zwischen **gefährlichen Abfällen,** die besonders überwacht werden, und nicht gefährlichen Abfällen. Der Gesetzgeber definiert außerdem, was Siedlungsabfälle (§ 3 Abs. 5a KrWG), Inertabfälle (§ 3 Abs. 6 KrWG), Bau- und Abbruchabfälle (§ 3 Abs. 6a KrWG), Bioabfälle (§ 3 Abs. 7 KrWG), Lebensmittelabfälle (§ 3 Abs. 7a) und Rezyklate (§ 3 Abs. 7b KrWG) sind.

87 Abfallrechtliche Pflichten richten sich an Besitzer und an Erzeuger von Abfällen, an Sammler, Beförderer, Händler und Makler. Diese **Pflichtenadressaten** werden ebenfalls im Gesetz (§ 3 Abs. 8–14 KrWG) definiert.

88 **Erzeuger** von Abfällen sind natürliche oder juristische Personen, durch deren Tätigkeit Abfälle anfallen **(Ersterzeuger)** oder die eine Vorbehandlung, Mischung oder sonstige Behandlung vornehmen, die eine Veränderung der Beschaffenheit oder der Zusammensetzung dieser Abfälle bewirkt **(Zweiterzeuger);** zur öffentlich-rechtlichen und zivilrechtlichen Verantwortung des Abfallerzeugers *Enders* AbfallR 2008, 56; siehe auch BVerwG Urt. v. 15.10.2014, NVwZ 2014, 153).

89 **Besitzer** von Abfällen sind natürliche oder juristische Personen, die die **tatsächliche Sachherrschaft** über Abfälle haben (BVerwG Urt. v. 22.7.2004, DVBl. 2004, 1556; BayVGH Urt. v. 5.4.2004, DVBl. 2004, 1047). Ein Abfallbesitzer, der einen Dritten mit der Entsorgung seiner Abfälle beauftragt und diesem hierzu den Besitz an den Abfällen überträgt, bleibt weiterhin für deren ordnungsgemäße Entsorgung verantwortlich (BVerwG Urt. v. 28.6.2007, NVwZ 2007, 1185). Bedenken, auch **Personengesellschaften** (zB eine GmbH & Co. KG) als Besitzerin oder Erzeugerin von Abfällen anzusehen, obwohl es sich bei ihr im gesellschaftsrechtlichen Sinne nicht um eine natürliche oder juristische Person handelt, bestehen nicht (BVerwG Urt. v. 1.10.2015, NVwZ 2016, 316; *Petersen/Hermanns* AbfallR 2014, 62; *Beckmann* AbfallR 2013, 296). Ist Anknüpfungspunkt behördlichen Handelns nicht in erster Linie das Gebot der umweltgerechten Entsorgung von Abfällen, sondern geht es um die Bekämpfung konkreter durch die rechtswidrige Ablagerung von Abfällen hervorgerufener Gefahren, so richten sich Maßnahmen und die Verantwortlichkeit (im Sinne einer Störerhaftung) nach dem Ordnungsrecht der Länder. Über dieses Ordnungsrecht können Pflichtadressaten auch in die Stellung eines Abfallbesitzers mit den zusätzlichen abfallrechtlichen Pflichten gezwungen werden (BVerwG Beschl. v. 5.11.2012 – 7 B 25/12, juris Rn. 11; zum Abfallbesitz auch BVerwG Besch. v. 15.8.2012 – 9 B 19/12).

90 Von erheblicher Bedeutung sind auch die Definitionen des Gesetzgebers für die **Sammlung** von Abfällen. Unter einer Sammlung versteht der Gesetzgeber nach § 3 Abs. 15 KrWG das Einsammeln von Abfällen, einschließlich deren vorläufiger Sortierung und vorläufiger Lagerung zum Zweck der Beförderung zu einer Abfallbehandlungsanlage. Der Gesetzgeber unterscheidet außerdem *getrennte, gemeinnützige* und *gewerbliche* Sammlungen.

91 **Getrennte Sammlungen** sind nach § 3 Abs. 16 KrWG Sammlungen, bei denen ein Abfallstrom nach Art und Beschaffenheit des Abfalls getrennt gehalten wird, um eine bestimmte Behandlung zu erleichtern oder zu ermöglichen.

92 Eine **gemeinnützige Sammlung** ist eine Sammlung, die durch eine nach § 5 Abs. 1 Nr. 9 KStG steuerbefreite Körperschaft, Personenvereinigung oder Vermögensmasse getragen wird und der Beschaffung von Mitteln zur Verwirklichung ihrer gemeinnützigen,

mildtätigen oder kirchlichen Zwecke im Sinne der §§ 52–54 AO dient. Um eine gemeinnützige Sammlung soll es sich nach § 3 Abs. 17 S. 2 KrWG auch dann handeln, wenn die Körperschaft, Personenvereinigung oder Vermögensmasse einen gewerblichen Sammler mit der Sammlung beauftragt und dieser den Veräußerungserlös nach Abzug seiner Kosten und eines angemessenen Gewinns vollständig an die Körperschaft, Personen-vereinigung oder Vermögensmasse auskehrt (zum Begriff der gemeinnützigen Sammlung VG Arnsberg Urt. v. 16.12.2013, juris).

Besonders umstritten war vor dem Inkrafttreten des KrWG der Begriff der **gewerblichen Sammlung.** Das BVerwG hatte diesen Begriff mit seiner Rechtsprechung stark eingeschränkt; der Gesetzgeber hat diese restriktive Rechtsprechung korrigiert. Eine gewerbliche Sammlung ist nach § 3 Abs. 18 S. 1 KrWG eine Sammlung, die zum Zwecke der Einnahmeerzielung erfolgt. Die Durchführung der Sammeltätigkeit auf der Grundlage vertraglicher Bindungen zwischen dem Sammler und den privaten Haushaltungen in dauerhaften Strukturen steht – anders als vom BVerwG zur alten Rechtslage angenommen – einer gewerblichen Sammlung nicht entgegen. **93**

Zur Kreislaufwirtschaft zählt der Gesetzgeber nach § 3 Abs. 19 KrWG die Vermeidung und Verwertung von Abfällen. Als **Vermeidung von Abfällen** sieht der Gesetzgeber (§ 3 Abs. 20 S. 1 KrWG) jede Maßnahme an, die ergriffen wird, bevor ein Stoff, Material oder Erzeugnis zu Abfall geworden ist, und dazu dient, die Abfallmenge, die schädlichen Auswirkungen des Abfalls auf Mensch und Umwelt oder den Gehalt an schädlichen Stoffen in Materialien und Erzeugnissen zu verringern. Hierzu zählen nach § 3 Abs. 20 S. 2 KrWG insbesondere die **anlageninterne Kreislaufführung** von Stoffen, die **abfallarme Produktgestaltung,** die **Wiederverwendung von Erzeugnissen** oder die **Verlängerung ihrer Lebensdauer** sowie ein **Konsumverhalten,** das auf den Erwerb von abfall- und schadstoffarmen Produkten sowie die Nutzung von **Mehrwegverpackungen** gerichtet ist. **94**

Angesichts des Vorrangs, den der Gesetzgeber der Verwertung vor der Beseitigung von Abfällen einräumt und der Tatsache, dass sich der Umfang der Pflichten zur Überlassung von Abfällen auch daran orientiert, ob es sich um Abfälle zur Beseitigung oder um Abfälle zur Verwertung handelt, kommt dem Begriff der **Abfallverwertung** besondere Bedeutung zu. Nach § 3 Abs. 23 S. 1 KrWG ist Verwertung jedes Verfahren, als dessen Hauptergebnis die Abfälle innerhalb der Anlage oder in der weiteren Wirtschaft einem sinnvollen Zweck zugeführt werden, indem sie entweder andere Materialien ersetzen, die sonst zur Erfüllung einer bestimmten Funktion verwendet worden wären, oder indem die Abfälle so vorbereitet werden, dass sie diese Funktion erfüllen. **95**

Mit der Gesetzesnovelle 2020 hat der Gesetzgeber auch den Begriff der stofflichen Verwertung erstmalig definiert (§ 3 Abs. 23a KrWG). **Stoffliche Verwertung** ist danach jedes Verwertungsverfahren, nicht aber die energetische Verwertung und die Aufbereitung zu Materialien, die für die Verwendung als Brennstoff oder als anderes Mitteln der Energieerzeugung bestimmt sind. Zur stofflichen Verwertung gehören auch Verfahren der Vorbereitung zur Wiederverwendung, des Recyclings und der Verfüllung, die im Gesetz aber jeweils eigenständig definiert werden. **96**

Als Unterfall der stofflichen Verwertung regelt der Gesetzgeber erstmalig mit der Gesetzesnovelle 2020 auch dem Begriff der **Verfüllung.** Nach § 3 Abs. 23a KrWG ist die Verfüllung jedes Verwertungsverfahren, bei dem geeignete, nicht gefährliche Abfälle zum Zweck der Rekultivierung von Abgrabungen oder zu bautechnischen Zwecken bei der Landschaftsgestaltung verwendet werden. Die für die Verfüllung verwendeten Abfälle müssen Materialien ersetzen, die keine Abfälle sind, für die vorstehend genannten Zwecke geeignet sein und auf die für die Erfüllung dieser Zwecke unbedingt erforderlichen Mengen beschränkt sein. **97**

98 Zur Umsetzung der Abfallrahmenrichtlinie sieht der Gesetzgeber (§ 6 KrWG) eine **fünfstufige Abfallhierarchie** vor (dazu *Petersen* AbfallR 2013, 2; *Seibert* AbfallR 2017, 264; *Franßen* AbfallR 2017, 80; zur Abfallhierarchie in der Gewerbeabfallverordnung siehe *Strosing* AbfallR 2020, 532)). Vorrang hat danach die Vermeidung vor der Verwertung und die Verwertung von der Beseitigung. Innerhalb der Verwertung hat die Vorbereitung zur Wiederverwendung Vorrang vor dem Recycling und das Recycling Vorrang vor einer sonstigen Verwertung, insbesondere einer energetischen Verwertung oder Verfüllung (§ 6 Abs. 1 KrWG).

99 Durch die Gesetzesänderung im Jahr 2020 wurde § 6 KrWG durch einen Abs. 3 ergänzt, der auf eine neue **Anlage 5** des Gesetzes verweist, die Beispiele für Maßnahmen und wirtschaftliche Instrumente zur Schaffung von Anreizen für die Anwendung der Abfallhierarchie enthält. Dabei handelt es sich nach der Gesetzesbegründung allerdings vorerst nur um eine Blaupause und einen Ideengeber für den Gesetzgeber ohne unmittelbare Folgen für die Vollzugspraxis (*Versteyl/Kersandt* AbfallR 2020, 297, 298, unter Verweis auf die Gesetzesbegründung der Bundesregierung, BT-Drs. 88/20, S. 40).

100 Um eine effektive Umsetzung der Abfallhierarchie zu fördern, definiert der Gesetzgeber nicht nur den Begriff der Verwertung, sondern auch Unterfälle der Verwertung, nämlich die Vorbereitung zur Wiederverwendung und das Recycling. Als **Vorbereitung zur Wiederverwendung** bezeichnet der Gesetzgeber (§ 3 Abs. 24 KrWG) jedes Verwertungsverfahren der Prüfung, Reinigung oder Reparatur, bei dem Erzeugnisse oder Bestandteile von Erzeugnissen, die zu Abfällen geworden sind, so vorbereitet werden, dass sie ohne weitere Vorbehandlung wieder für denselben Zweck verwendet werden können, für den sie ursprünglich bestimmt waren (zur Förderung des Einsatzes von Recyklaten siehe *Bruckschen* AbfallR 2020, 142).

101 **Recycling** ist nach § 3 Abs. 25 KrWG jedes Verwertungsverfahren, durch das Abfälle zu Erzeugnissen, Materialien oder Stoffen entweder für den ursprünglichen Zweck oder für andere Zwecke aufbereitet werden. Das Recycling schließt die Aufbereitung organischer Materialien ein, nicht aber die energetische Verwertung und die Aufbereitung zu Materialien, die für die Verwendung als Brennstoff oder zur Verfüllung bestimmt sind.

102 Als **Beseitigung** bezeichnet der Gesetzgeber schließlich jedes Verfahren, das keine Verwertung ist, auch wenn das Verfahren zur Nebenfolge hat, dass Stoffe oder Energie zurückgewonnen werden (§ 3 Abs. 26 KrWG).

103 **d) Grundsätze der Abfallvermeidung und Abfallbewirtschaftung.** Zentraler Kern des KrWG ist die fünfstufige Abfallhierarchie des § 6 KrWG, die durch ein Grundpflichtenmodell umgesetzt wird (§§ 6–8 KrWG).

104 **aa) Abfallhierarchie.** Nach § 6 Abs. 1 KrWG stehen die Maßnahmen der Vermeidung und der Abfallbewirtschaftung in folgender Rangfolge: Vermeidung, Vorbereitung zur Wiederverwendung, Recycling, sonstige Verwertung, insbesondere energetische Verwertung und Verfüllung, Beseitigung (dazu *Petersen* AbfallR 2013, 2; *Krahnefeld/Conzelmann* AbfallR 2014, 2). Ausgehend von der Rangfolge nach § 6 Abs. 1 KrWG soll gem. § 6 Abs. 2 KrWG nach Maßgabe der §§ 7, 8 KrWG diejenige Maßnahme Vorrang haben, die den Schutz von Mensch und Umwelt bei der Erzeugung und Bewirtschaftung von Abfällen unter Berücksichtigung des Vorsorge- und Nachhaltigkeitsprinzips am besten gewährleistet. Für die Betrachtung der Auswirkungen auf Mensch und Umwelt ist der gesamte Lebenszyklus des Abfalls zugrunde zu legen. Hierbei sind insbesondere zu berücksichtigen die zu erwartenden Emissionen, das Maß der Schonung der natürlichen Ressourcen, die einzusetzende oder zu gewinnende Energie sowie die Anreicherung von Schadstoffen in Erzeugnissen, in Abfällen zur Verwertung oder in daraus gewonnenen

Erzeugnissen. Die technische Möglichkeit, die wirtschaftliche Zumutbarkeit und die sozialen Folgen der Maßnahmen sind zu beachten (§ 6 Abs. 2 KrWG).

§ 6 Abs. 3 KrWG verweist auf **Anlage 5** des Gesetzes, die Beispiele für wirtschaftliche Instrumente und andere Maßnahmen zur Schaffung von Anreizen für die Anwendung der Abfallhierarchie auflistet. Dazu gehören zB gebührenrechtliche und steuerrechtliche Instrumente, Anforderungen der Produktverantwortung, Pfandsysteme, ein auf Nachhaltigkeit ausgerichtetes öffentliches Beschaffungswesen, der Abbau von Subventionen, die nicht mit der Abfallhierarchie vereinbar sind, etc. **105**

bb) Grundpflichten der Kreislaufwirtschaft. Die Pflichten zur Abfallvermeidung richten sich gem. § 7 Abs. 1 KrWG nach § 13 KrWG sowie den Rechtsverordnungen, die auf der Grundlage der §§ 24, 25 KrWG erlassen worden sind. Erzeuger oder Besitzer von Abfällen sind zur Verwertung ihrer Abfälle verpflichtet (§ 7 Abs. 2 S. 1 KrWG). Die Verwertung von Abfällen hat Vorrang vor deren Beseitigung. Der Vorrang entfällt, wenn die Beseitigung der Abfälle den Schutz von Mensch und Umwelt nach Maßgabe des § 6 Abs. 2 S. 2 und 3 KrWG am besten gewährleistet. Der Vorrang gilt nicht für Abfälle, die unmittelbar und üblicherweise durch Maßnahmen der Forschung und Entwicklung anfallen (§ 7 Abs. 2 KrWG). **106**

Die Verwertung von Abfällen hat ordnungsgemäß und schadlos zu erfolgen. Die Verwertung erfolgt **ordnungsgemäß,** wenn sie im Einklang mit den Vorschriften des Kreislaufwirtschaftsgesetzes und anderen öffentlich-rechtlichen Vorschriften steht. Sie erfolgt **schadlos,** wenn nach der Beschaffenheit der Abfälle, dem Ausmaß der Verunreinigungen und der Art der Verwertung Beeinträchtigungen des Wohls der Allgemeinheit nicht zu erwarten sind, insbesondere keine Schadstoffanreicherung im Wertstoffkreislauf erfolgt (§ 7 Abs. 3 KrWG). **107**

Die Pflicht zur Verwertung von Abfällen ist zu erfüllen, soweit dies technisch möglich und wirtschaftlich zumutbar ist, insbesondere für gewonnene Stoffe oder gewonnene Energie ein Markt vorhanden ist oder geschaffen werden kann. Die Verwertung von Abfällen ist auch dann technisch möglich, wenn hierzu eine Vorbehandlung erforderlich ist. Die wirtschaftliche Zumutbarkeit ist gegeben, wenn die mit der Verwertung verbundenen Kosten nicht außer Verhältnis zu den Kosten stehen, die für eine Abfallbeseitigung zu tragen wären (§ 7 Abs. 4 KrWG). **108**

cc) Rangfolge und Hochwertigkeit der Verwertungsmaßnahmen. § 8 KrWG setzt die in § 6 KrWG als Grundsatz vorgeschriebene Rangfolge der Verwertungsoptionen auf der Ebene der Grundpflichten der Abfallerzeuger und Abfallbesitzer um. Während § 7 Abs. 2 KrWG vorschreibt, dass Abfallerzeuger und Abfallbesitzer eine ordnungsgemäße und schadlose Verwertung durchzuführen haben, bestimmt § 8 KrWG, welche der in § 6 Abs. 1 KrWG genannten Verwertungsmaßnahmen (Vorbereitung zur Wiederverwendung, Recycling oder sonstige Verwertung) im konkreten Fall zu ergreifen ist. Außerdem fordert der Gesetzgeber in § 8 KrWG, dass auch bei der Ausgestaltung der einzelnen Verwertungsmaßnahme eine den Schutz von Mensch und Umwelt am besten gewährleistende, hochwertige Verwertung anzustreben ist. **109**

§ 8 Abs. 2 S. 1 KrWG ermächtigt die Bundesregierung, den Vorrang oder Gleichrang einer Verwertungsmaßnahme und Anforderungen an die Hochwertigkeit der Verwertung zu bestimmen. Soweit der Vorrang oder Gleichrang der energetischen Verwertung nicht in einer Rechtsverordnung nach § 8 Abs. 2 KrWG festgelegt wird, war nach dem bisherigen § 8 Abs. 3 S. 1 KrWG anzunehmen, dass die energetische Verwertung einer stofflichen Verwertung gleichrangig ist, wenn der Heizwert des einzelnen Abfalls, ohne Vermischung mit anderen Stoffen, mindestens 11 000 Kilojoule pro Kilogramm beträgt. Ob diese Regelung mit den europäischen Vorschriften über **110** die Abfallhierarchie vereinbar war, blieb zweifelhaft. Sie weichte den Vorrang des Recyclings vor der Abfallverbrennung sehr weitgehend auf. Die Effizienz der Abfallhierarchieregelung ist jedoch für die Weiterentwicklung der Recycling-Gesellschaft maßgeblich. Die Europäische Kommission hatte wegen einer nach ihrer Ansicht fehlerhaften Umsetzung der fünfstufigen Abfallhierarchie im KrWG ein förmliches Vertragsverletzungsverfahren nach Art. 258 AEUV gegen Deutschland eröffnet. Nach Ansicht der Kommission hat der deutsche Gesetzgeber die fünfstufige Abfallhierarchie nach Art. 4 Abs. 1 AbfRRL zwar in § 6 Abs. 1 KrWG wörtlich wiedergegeben, sie aber durch die Ausnahmeregelungen in § 6 Abs. 2, § 7 und § 8 KrWG faktisch auf eine dreistufige Hierarchie reduziert.

111 Mit dem Gesetz zur Änderung des Kreislaufwirtschaftsgesetzes und des Elektro- und Elektronikgerätegesetzes vom 27.3.2017 hat der Gesetzgeber § 8 Abs. 3 KrWG mit Wirkung vom 1.6.2017 aufgehoben. Dem lag eine Prüfung der Bundesregierung auf der Grundlage des § 8 Abs. 3 S. 2 KrWG zugrunde, wonach bis zum 31.12.2016 von der Bundesregierung zu prüfen war, ob und inwieweit der Heizwert zur effizienten und rechtssicheren Umsetzung der Abfallhierarchie in Deutschland noch erforderlich ist. Die Bundesregierung war nach eingehender Prüfung zu dem Ergebnis gekommen, dass der Heizwert zur effizienten und rechtssicheren Umsetzung der Abfallhierarchie nicht mehr erforderlich ist.

112 **dd) Vermischungsverbot.** Die Regelungen zur Getrennthaltung und zum Vermischungsverbot des § 9 KrWG wurden im Jahre 2020 neu gefasst und durch § 9a KrWG ergänzt. Soweit dies zur Erfüllung der Grundpflichten der Kreislaufwirtschaft erforderlich ist, sind Abfälle nach § 9 Abs. 1 KrWG getrennt zu sammeln und zu behandeln (zu Getrennthaltung bzw. Getrenntsammlung *Kropp* ZUR 2012, 474, 543; *Rüdiger* AbfallR 2017, 90; *Dippel* AbfallR 2016, 230). Im Rahmen der Behandlung sind unter den in § 9 Abs. 1 KrWG genannten Voraussetzungen gem. § 9 Abs. 2 KrWG gefährliche Stoffe, Gemische oder Bestandteile aus den Abfällen zu entfernen und nach den Anforderungen des KrWG zu verwerten oder zu beseitigen.

113 Eine getrennte Sammlung von Abfällen ist nach § 9 Abs. 3 KrWG nicht erforderlich, wenn die gemeinsame Sammlung der Abfälle deren Potential zur Vorbereitung zur Wiederverwendung, zum Recycling oder zu sonstigen Verwertungsverfahren unter Beachtung der Vorgaben des § 8 Abs. 1 KrWG nicht beeinträchtigt und wenn in diesen Verfahren mit einer gemeinsamen Sammlung verschiedener Abfallarten ein Abfallstrom erreicht wird, dessen Qualität mit dem Abfallstrom vergleichbar ist, der mit einer getrennten Sammlung erreicht wird. Eine getrennte Sammlung ist außerdem nicht erforderlich, wenn die getrennte Sammlung der Abfälle unter Berücksichtigung der von ihrer Bewirtschaftung ausgehenden Umweltauswirkungen den Schutz von Mensch und Umwelt nicht am besten gewährleistet oder wenn die getrennte Sammlung unter Berücksichtigung guter Praxis der Abfallsammlung technisch nicht möglich ist oder schließlich die getrennte Sammlung im Vergleich zur gemeinsamen Sammlung für den Verpflichteten unverhältnismäßig hohe Kosten verursachen würde.

114 Soweit Abfälle zur Vorbereitung zur Wiederverwendung oder zum Recycling getrennt gesammelt worden sind, ist gem. § 9 Abs. 4 KrWG eine energetische Verwertung nur zulässig für die Abfallfraktionen, die bei der nachgelagerten Behandlung der getrennt gesammelten Abfälle angefallen sind, und nur soweit die energetische Verwertung dieser Abfallfraktionen den Schutz von Mensch und Umwelt unter Berücksichtigung der in § 6 Abs. 2 S. 2 KrWG und § 6 Abs. 3 KrWG festgelegten Kriterien am besten oder in gleichwertiger Weise wie die Vorbereitung zur Wiederverwendung oder das Recycling gewährleistet.

§ 9a KrWG regelt seit dem Jahr 2020 das **Vermischungsverbot und die Behandlung gefährlicher Abfälle.** Die Vermischung, einschließlich der Verdünnung, gefährlicher Abfälle mit anderen Kategorien von gefährlichen Abfällen oder mit anderen Abfällen, Stoffen oder Materialien ist nach § 9a Abs. 1 KrWG unzulässig. Abweichend davon ist nach § 9a Abs. 2 KrWG eine Vermischung ausnahmsweise dann zulässig, wenn sie in einer nach dem KrWG oder dem BImSchG hierfür zugelassenen Anlage erfolgt, die Anforderungen an eine ordnungsgemäße und schadlose Verwertung nach § 7 Abs. 3 KrWG eingehalten werden und schädliche Auswirkungen der Abfallbewirtschaftung auf Mensch und Umwelt durch die Vermischung nicht verstärkt werden sowie das Vermischungsverfahren dem Stand der Technik entspricht. 115

Soweit gefährliche Abfälle in unzulässiger Weise vermischt worden sind, sind die Erzeuger und Besitzer der Abfälle nach § 9a Abs. 3 S. 1 KrWG verpflichtet, diese unverzüglich zu trennen, soweit die **Trennung** zur ordnungsgemäßen und schadlosen Verwertung der Abfälle nach § 7 Abs. 3 KrWG erforderlich ist. Ist eine Trennung zum Zweck der ordnungsgemäßen und schadlosen Verwertung nicht erforderlich oder zwar erforderlich, aber technisch nicht möglich der wirtschaftlich nicht zumutbar, sind die Erzeuger und Besitzer der gemischten Abfälle verpflichtet, diese unverzüglich in einer Anlage zu behandeln, die nach dem KrWG oder nach dem BImSchG hierfür zugelassen ist. diese zu trennen, soweit dies erforderlich ist, um eine ordnungsgemäße und schadlose Verwertung sicherzustellen, und die Trennung technisch möglich und wirtschaftlich zumutbar ist. 116

ee) Förderung des Recyclings und der sonstigen stofflichen Verwertung. Die Vorbereitung zur Wiederverwendung und das Recycling von Siedlungsabfällen sollen nach § 14 Abs. 1 KrWG betragen: 1. spätestens ab dem 1.1.2020 insgesamt mindestens 50 Gewichtsprozent, 2. spätestens ab dem 1.1.2025 insgesamt mindestens 55 Gewichtsprozent, 3. spätestens ab dem 1.1.2030 insgesamt mindestens 60 Gewichtsprozent und 4. spätestens ab dem 1.1.2035 insgesamt mindestens 65 Gewichtsprozent. Die Vorbereitung zur Wiederverwendung, das Recycling und die sonstige stoffliche Verwertung von nicht gefährlichen Bau- und Abbruchabfällen mit Ausnahme von in der Natur vorkommenden Materialien, die in der Anlage zur Abfallverzeichnisverordnung mit dem Abfallschlüssel 17 05 04 gekennzeichnet sind, sollen nach § 14 Abs. 2 KrWG spätestens ab dem 1.1.2020 mindestens 70 Gewichtsprozent betragen. 117

e) Abfallbeseitigung. § 15 KrWG regelt die Grundpflichten der Abfallerzeuger und Abfallbesitzer zur gemeinwohlverträglichen Abfallbeseitigung. Die Erzeuger oder Besitzer von Abfällen, die nicht verwertet werden, sind danach verpflichtet, diese zu beseitigen, soweit in § 17 KrWG (Überlassungspflichten) nichts anderes bestimmt ist. Durch die Behandlung von Abfällen sind deren Menge und Schädlichkeit zu vermindern. Energie oder Abfälle, die bei der Beseitigung anfallen, sind hochwertig zu nutzen (§ 15 Abs. 1 KrWG). Abfälle sind so zu beseitigen, dass das Wohl der Allgemeinheit nicht beeinträchtigt wird. Soweit dies zur Erfüllung der Grundpflichten der Abfallbeseitigung erforderlich ist, sind Abfälle zur Beseitigung nach § 15 Abs. 3 S. 1 KrWG getrennt zu sammeln und zu behandeln. Die konkreten Anforderungen an die Abfallbeseitigung können in Rechtsverordnungen auf der Grundlage des § 16 KrWG festgelegt werden. Die Ablagerung von Siedlungsabfällen auf Deponien darf nach dem im Jahr 2020 in das Gesetz aufgenommenen § 15 Abs. 4 KrWG spätestens ab dem 1.1.2035 höchstens 10 Gewichtsprozent des gesamten Siedlungsabfallaufkommens betragen (dazu *Versteyl/Kersandt* AbfallR 2020, 297, 298). Diese Quote dürfte für die deutsche Entsorgungspraxis nicht relevant sein, weil in Deutschland ohnehin nur etwa 0,2% der Siedlungsabfälle unmittelbar auf Deponien abgelagert werden (Gesetzesbegründung der Bundesregierung, BT-Drs. 88/20, S. 41). 118

119 Unabhängig davon ist die Beseitigung von Abfällen durch ihre Ablagerung auf einer Deponie zu den gesetzlich anerkannten Maßnahmen der Abfallentsorgung zulässig, soweit ein Teil der Abfälle nach wie vor nicht verwertet werden kann (OVG NRW Urt. v. 11.9.2018, ZUR 2019, 164; VG Gelsenkirchen Urt. v. 14.1.2020, AbfallR 2020, 147 zum Erfordernis, mit Asbest verunreinigte mineralische Abfälle zu beseitigen; siehe dazu auch *Franßen* AbfallR 2020, 302; zur Verwertung von Abfällen auf Deponien siehe *Jarass* AbfallR 2021, 32ff.).

120 **f) Öffentlich-rechtliche Entsorgung und Beauftragung Dritter.** Nach der Grundkonzeption des Gesetzes sollen Abfallbesitzer und Abfallerzeuger im Sinne des Verursacherprinzips grundsätzlich für eine Vermeidung, Verwertung und Beseitigung ihrer Abfälle selbst sorgen. Dieser Grundsatz ist allerdings durch **Überlassungspflichten** für den Bereich der Siedlungsabfälle zur Beseitigung weitgehend durchbrochen (zum Verhältnis von privater und kommunaler Entsorgungspflicht *Beckmann* VerwArch 2003, 371; siehe auch *Rethmann/Schäfer,* Öffentlich-Private Partnerschaften. Ein Auslaufmodell oder eine Strategie für kommunale die Daseinsvorsorge?, Berlin 2020). Auch wenn das Gesetz in verstärktem Maße die Möglichkeit einräumt, Rücknahme- und Rückgabepflichten außerhalb der öffentlichen Entsorgung zu regeln, bleibt es für die Siedlungsabfälle zur Beseitigung bei dem Grundsatz, dass für die Abfallentsorgung die nach Landesrecht zur Entsorgung verpflichteten öffentlichen Entsorgungsträger, dh die Kreise und kreisfreien Städte, in manchen Bundesländern auch die kreisangehörigen Gemeinden, verantwortlich bleiben.

121 Die Erzeuger oder Besitzer von Abfällen aus privaten Haushaltungen sind nach § 17 Abs. 1 S. 1 KrWG verpflichtet, diese Abfälle den öffentlich-rechtlichen Entsorgungsträgern zu überlassen, soweit sie zu einer Verwertung auf den von ihnen im Rahmen ihrer privaten Lebensführung genutzten Grundstücken nicht in der Lage sind oder diese nicht beabsichtigen. Überlassungspflichten bestehen auch für Erzeuger und Besitzer von Abfällen zur Beseitigung aus anderen Herkunftsbereichen, soweit sie diese nicht in eigenen Anlagen beseitigen. Die Befugnis zur Beseitigung der Abfälle in eigenen Anlagen besteht nicht, soweit eine Überlassung der Abfälle an den öffentlich-rechtlichen Entsorgungsträger aufgrund überwiegender öffentlicher Interessen erforderlich ist (§ 17 Abs. 1 S. 2 und 3 KrWG).

122 Ob Besitzer von Haushaltsabfällen berechtigt sind, ein Unternehmen mit der Verwertung der Abfälle zu beauftragen und sich damit der Überlassungspflicht gegenüber dem öffentlich-rechtlichen Entsorgungsträger entziehen können, war in der Vergangenheit umstritten. Nach der Rechtsprechung des BVerwG (Urt. v. 18.6.2009, NVwZ 2009, 1292; kritisch dazu *Beckmann/Wittmann* AbfallR 2009, 235) müssen private Haushaltungen ihren Hausmüll einschließlich seiner verwertbaren Bestandteile (wie zB Altpapier) grundsätzlich den öffentlich-rechtlichen Entsorgungsträgern überlassen; sie sind nicht befugt, Dritte (private Entsorgungsunternehmen) mit der Verwertung solcher Bestandteile zu beauftragen.

123 Der Gesetzgeber sieht verschiedene **Ausnahmen von der Überlassungspflicht** vor. So besteht die Überlassungspflicht nicht für Abfälle, die einer Rücknahme- oder Rückgabepflicht aufgrund einer Rechtsverordnung nach § 25 KrWG unterliegen, soweit nicht die öffentlich-rechtlichen Entsorgungsträger aufgrund einer Bestimmung nach § 25 Abs. 2 Nr. 4 KrWG an der Rücknahme mitwirken. Hierfür kann insbesondere eine einheitliche **Wertstofftonne** oder eine einheitliche Wertstofferfassung in vergleichbarer Qualität vorgesehen werden, durch die werthaltige Abfälle aus privaten Haushaltungen in effizienter Weise erfasst und einer hochwertigen Verwertung zugeführt werden (zur Diskussion um die Einführung einer Wertstofftonne siehe *Hezel* Landkreis 2014, 45; *Seitel* AbfallR 2012, 111; *Franßen/Blatt* AbfallR 2011, 106; *Karpenstein/Schink* AbfallR 2011, 222).

124 Das zum 1.1.2019 in Kraft getretene **Verpackungsgesetz** verzichtet auf die ursprünglich vorgesehene Erweiterung der Produktverantwortung auf stoffgleiche Nichtverpackungen. Eine flächendeckende gemeinsame Erfassung von Verpackungsabfällen und stoffgleichen Nichtverpackungen wurde nicht vorgeschrieben. Stattdessen sollen die Gemeinden zusammen mit den dualen Systemen entscheiden können, ob sie auf ihrem Gebiet eine einheitliche Wertstoffsammlung durchführen wollen. Dazu wird die Zusammenarbeit zwischen den Gemeinden und den dualen Systemen durch das VerpackG erleichtert. Die Verantwortung der Kommunen für die Sammlung und Verwertung der stoffgleichen Nichtverpackungen bleibt erhalten. Das VerpackG soll ökologische Verbesserungen bewirken. Dazu werden unter anderem die Anforderungen an das Recycling deutlich erhöht und die dualen Systeme verpflichtet, ihre Beteiligungsentgelte stärker an der Recyclingfähigkeit der Verpackungen sowie an dem jeweils eingesetzten **Recyclatanteil** zu orientieren. Das VerpackG schreibt außerdem konkrete Maßnahmen zur Förderung von **Mehrwegverpackungen** vor.

125 Im November 2020 hat das Bundesumweltministerium den Entwurf eines Gesetzes zur Änderung des VerpackG vorgestellt, mit dem Vorgaben der **EU-Einwegkunststoffrichtlinie** und der Abfallrahmenrichtlinie umgesetzt werden sollen. Danach sollen Hersteller von Verpackungen die finanzielle, ggfls. auch die organisatorische Verantwortung für die Bewirtschaftung, einschließlich der getrennten Sammlung sowie von Sortier- und Behandlungsverfahren, übernehmen, wenn die Produkte zu Abfall geworden sind. Ab dem Jahre 2025 soll für die Herstellung von **PET-Einwegflaschen** und ab dem Jahre 2030 für sämtliche **Einweggetränkeflaschen** erstmals der Einsatz einer bestimmten Menge von Rezyklaten vorgeschrieben werden. Der Gesetzesentwurf sieht außerdem Verpflichtungen von Letztvertreibern vor, Mehrwegalternativen anbieten zu müssen. Außerdem soll die **Einwegpfandpflicht** erweitert werden.

126 Eine weitere Ausnahme von den Überlassungspflichten besteht für **gemeinnützige und gewerbliche Sammlungen** nach § 17 Abs. 2 S. 1 Nr. 3, 4 KrWG (dazu *Hahn* AbfallR 2020, 197). Gewerbliche Sammlungen sind Sammlungen, bei denen Gewerbetreibende Abfälle mit Gewinnerzielungsabsicht einsammeln. Nach Ansicht des BVerwG schloss der Begriff der gewerblichen Sammlung iSv § 13 Abs. 3 S. 1 Nr. 3 KrW/AbfG Tätigkeiten aus, die nach Art eines Entsorgungsträgers auf der Grundlage vertraglicher Bindungen zwischen dem sammelnden Unternehmen und den privaten Haushaltungen in dauerhaften Strukturen abgewickelt werden. Die im Wege einer Gesamtwürdigung vorzunehmende Abgrenzung hatte sich nach Ansicht des BVerwG an einem Vergleich mit dem Bild des Entsorgungsträgers zu orientieren (BVerwG, Urt. v. 18.6.2009, NVwZ 2009, 1292). Diese Interpretation des BVerwG war unzutreffend (*Beckmann/Wittmann* AbfallR 2009, 235). Der Bundesgesetzgeber hat diese Rechtsprechung in § 3 Abs. 18 KrWG korrigiert.

127 Die neuen Vorschriften über die gewerbliche Sammlung waren im Gesetzgebungsverfahren 2012 besonders umstritten. Der Gesetzgeber hat die Möglichkeiten der gewerblichen Sammlung durch eine sehr komplexe Regelung zu den überwiegenden öffentlichen Interessen, die einer gewerblichen Sammlung entgegenstehen können, eingeschränkt (§ 17 Abs. 3 KrWG). Hinzu kommt das für gemeinnützige und gewerbliche Sammlungen vorgesehene **Anzeigeverfahren** (§ 18 KrWG), das es den zuständigen Behörden ermöglichen soll, gewerbliche Sammlungen zu untersagen oder von Bedingungen abhängig zu machen, sie zeitlich zu befristen oder Auflagen für sie vorzusehen. Seit dem Inkrafttreten des neuen Rechts wehren sich zahlreiche Träger von gewerblichen Sammlungen gegen die Untersagung der von ihnen angezeigten Sammlungen durch die zuständigen Aufsichtsbehörden durchaus mit Erfolg (dazu *Queitsch* AbfallR 2019, 184; *Beckmann* AbfallR 2018, 171 ff.; *Dippel/Ottensmeier* AbfallR 2017, 13 ff.; *Thärichen* AbfallR 2016, 42; *Denz-Hedlund* AbfallR 2016, 40; *Wasielewski* NuR 2015, 173; *Gruber* AbfallR 2019, 285, AbfallR 2017, 209, AbfallR 2015, 174).

128 Auch öffentlich-rechtliche Entsorgungsträger, dh die nach Landesrecht zuständigen Kommunen bzw. die von ihnen beauftragten Entsorgungsgesellschaften, sind in erheblichem Umfang an den Rechtsstreitigkeiten um die Zulässigkeit gewerblicher Sammlungen beteiligt. Zutreffend hat das BVerwG allerdings den öffentlich-rechtlichen Entsorgungsträgern ein eigenes **Klagerecht** in diesem Zusammenhang verweigert (BVerwG, Urt. v. 27.9.2018, NVwZ 2019, 163; *Beckmann* AbfallR 2014, 151; *Hufen* JuS 2019, 606; *Reese* ZUR 2019, 90ff.; *Kment* NVwZ 2019, 165). Das KrWG vermittele – so das BVerwG – öffentlich-rechtlichen Entsorgungsträgern keine Klagebefugnis für eine auf die Untersagung einer gewerblichen Sammlung durch die Abfallbehörde gerichteten Verpflichtungsklage. Eine Subjektivierung der Rechtsposition der öffentlich-rechtlichen Entsorgungsträger sei § 17 Abs. 2 S. 1 Nr. 4, Abs. 2 KrWG nicht zu entnehmen. Der Schutz der Funktionsfähigkeit der öffentlich-rechtlichen Entsorgungsträger sei der für die Entscheidung nach § 18 Abs. 5 KrWG zuständigen Abfallbehörde aufgegeben.

129 Mit der Gesetzesnovelle 2020 hat der Gesetzgeber in § 18 Abs. 8 KrWG den öffentlich-rechtlich Entsorgungsträgern jedoch einen Anspruch darauf, dass die für gewerbliche Sammlungen geltenden Bestimmungen des Anzeigeverfahrens eingehalten werden, eingeräumt, soweit die öffentlich-rechtlichen Entsorgungsträger von der gewerblichen Sammlung betroffen sind. Damit wird den Kommunen als Teil der mittelbaren Staatsverwaltung ein Klagerecht gegenüber den als Untere Abfallbehörde zuständigen Kommunalbehörden eingeräumt. Das ist verfassungsrechtlich unbedenklich, rechtssystematisch jedoch nicht sinnvoll. Häufig sind der Rechtsträger des öffentlich-rechtlichen Entsorgungsträgers und der zuständigen Abfallbehörde identisch, sodass ein Bedürfnis für einen In-Sich-Prozess ohnehin nicht ersichtlich ist. Nach der Rechtsprechung müssen die zuständige Abfallbehörde und der öffentlich-rechtliche Entsorgungsträger nicht unterschiedlichen Rechtsträgern zugeordnet werden. Es soll vielmehr genügen, dass verwaltungsintern für eine organisatorische und personelle Trennung der Aufgabenbereiche gesorgt ist und damit auf Arbeitsebene keine Personalunion der verantwortlichen Personen besteht (BVerwG, Urt. v. 11.7.2017, juris Rn. 18; VGH München, B. v. 3.6.2020, juris Rn. 36).

130 Aber auch wenn zwischen zuständiger Abfallbehörde und öffentlich-rechtlichem Entsorgungsträger keine Trägeridentität besteht, weil zB kreisangehörige Gemeinden für die Einsammlung der Abfälle zuständig sind, während die Untere Abfallbehörde bei dem Landkreis angesiedelt ist, besteht kein Bedürfnis für ein solches Klagerecht, weil sich die öffentlich-rechtlichen Entsorgungsträger in dem Fall, dass nach ihrer Einschätzung die Bestimmungen des Anzeigeverfahrens von der Abfallbehörde nicht ordnungsgemäß eingehalten werden, an die nächsthöhere gemeinsame Aufsichtsbehörde wenden können. Eine Beeinträchtigung des Selbstverwaltungsrechts von Gemeinden ergibt sich daraus nicht.

131 Eine gewerbliche Abfallsammlung darf insbesondere nicht zu dem Zweck untersagt werden, dem öffentlich-rechtlichen Entsorgungsträger den Zugriff auf die Abfallmenge allein mit dem Blick auf eine beabsichtigte Vergabe zu erlauben (BVerwG, Urt. v. 28.11.2019, NVwZ 2020, 1597).

132 Die öffentlich-rechtlichen Entsorgungsträger haben nach § 20 Abs. 1 KrWG die in ihrem Gebiet angefallenen und überlassenen Abfälle aus privaten Haushaltungen und Abfälle zur Beseitigung aus anderen Herkunftsbereichen zu verwerten oder – wenn dies nicht möglich ist – zu beseitigen. Werden Abfälle zur Beseitigung überlassen, weil die Pflicht zur Verwertung aus den in § 7 Abs. 4 KrWG genannten Gründen nicht erfüllt werden muss, sind die öffentlich-rechtlichen Entsorgungsträger zur Verwertung verpflichtet, soweit bei ihnen diese Gründe nicht vorliegen. Nach § 20 Abs. 2 S. 1 KrWG sind die öffentlich-rechtlichen Entsorgungsträger verpflichtet, in ihrem Gebiet in privaten Haushaltungen angefallene und überlassene Bioabfälle, Kunststoffabfälle, Metallabfälle, Papierabfälle, Glas, Textilabfälle, Sperrmüll und gefährliche Abfälle getrennt zu sammeln. Die Verpflichtung zur getrennten Sammlung von Textilabfällen gilt nach § 20 Abs. 2 S. 2 KrWG ab dem 1. Januar 2025.

Die öffentlich-rechtlichen Entsorgungsträger können nach § 20 Abs. 3 S. 1 KrWG mit Zustimmung der zuständigen Behörde Abfälle von der Entsorgung ausschließen, soweit diese der **Rücknahmepflicht** aufgrund einer nach § 25 KrWG erlassenen Rechtsverordnung oder auf Grund eines Gesetzes unterliegen und entsprechende Rücknahmeeinrichtungen tatsächlich zur Verfügung stehen. Ein **Ausschluss aus der öffentlichen Entsorgung** kommt außerdem nach § 20 Abs. 3 S. 2 KrWG in Betracht für Abfälle zur Beseitigung aus anderen Herkunftsbereichen als privaten Haushaltungen, soweit diese nach Art, Menge oder Beschaffenheit nicht mit den in Haushaltungen anfallenden Abfällen entsorgt werden können oder die Sicherheit der umweltverträglichen Beseitigung im Einklang mit den Abfallwirtschaftsplänen der Länder durch einen anderen öffentlich-rechtlichen Entsorgungsträger oder Dritten gewährleistet ist. 133

Die zur Verwertung und Beseitigung Verpflichteten können nach § 22 S. 1 KrWG **Dritte** mit der Erfüllung ihrer Pflichten beauftragen. Ihre Verantwortlichkeit für die Erfüllung der Pflichten bleibt hiervon unberührt und besteht solange fort, bis die Entsorgung endgültig und ordnungsgemäß abgeschlossen ist. Die beauftragten Dritten müssen über die erforderliche Zuverlässigkeit verfügen. Die in der Vergangenheit bestehende Möglichkeit der befreienden Pflichtenübertragung von öffentlich-rechtlichen Entsorgungsträgern, Verbänden und Selbstverwaltungskörperschaften der Wirtschaft auf Dritte ist vom Gesetzgeber gestrichen worden. Allerdings sieht § 72 Abs. 1 KrWG einen Übergangszeitraum für noch bestehende Pflichtenübertragungen vor. Nach § 17 Abs. 2 S. 2 KrWG dürfen gemischte Abfälle aus privaten Haushaltungen und gefährliche Abfälle nicht mit Hilfe einer Ausnahme von der Überlassungspflicht von gewerblichen Sammlern eingesammelt werden. **Sperrmüll** gehört allerdings nicht zu den gemischten Abfällen im Sinne dieser Rückausnahme (BVerwG, Urt. v. 23.2.2018, NVwZ-RR 2018, 928). 134

g) Produktverantwortung. Der dritte Teil des Gesetzes enthält Regelungen zur Produktverantwortung. § 23 KrWG weist demjenigen, der Erzeugnisse entwickelt, herstellt, be- und verarbeitet oder vertreibt, die zur Erfüllung der Ziele der Kreislaufwirtschaft bestehende Produktverantwortung zu. Zur Erfüllung dieser Produktverantwortung sind Erzeugnisse möglichst so zu gestalten, dass bei deren Herstellung und Gebrauch das Entstehen von Abfällen vermindert wird und sichergestellt ist, dass die nach ihrem Gebrauch entstandenen Abfälle umweltverträglich verwertet oder beseitigt werden. Beim Vertrieb der Erzeugnisse ist dafür zu sorgen, dass deren Gebrauchstauglichkeit erhalten bleibt und diese nicht zu Abfall werden. Der Umfang der Produktverantwortung wird beispielhaft in § 23 Abs. 2 KrWG aufgelistet. Im Rahmen der Produktverantwortung sind neben der Verhältnismäßigkeit der Anforderungen die sich aus anderen Rechtsvorschriften ergebenden Regelungen zur Produktverantwortung und zum Schutz von Mensch und Umwelt sowie die Festlegungen des Unionsrechts über den freien Warenverkehr zu berücksichtigen. 135

Spezifische **Produktanforderungen** können von der Bundesregierung durch Rechtsverordnung nach den §§ 24, 25 KrWG bestimmt werden. In Rechtsverordnungen können außerdem **Kennzeichnungspflichten, Rücknahme- und Rückgabepflichten** sowie **Pfandregelungen** vorgesehen werden. Die Möglichkeit, auch Rückgabepflichten 136 durch Rechtsverordnung zu bestimmen, ist auf Druck der kommunalen Spitzenverbände in das Gesetz aufgenommen worden, die eine solche Verpflichtungsmöglichkeit im Rahmen des Dualen Systems vermissten.

137 Die Verpackungsverordnung wurde zum 1.1.2019 durch das **VerpackG** ersetzt. Das VerpackG hebt die Verwertungsanforderungen für Verpackungsabfälle an. Beteiligungsentgelte der dualen Systeme müssen sich an der späteren Verwertbarkeit der Verpackungsabfälle orientieren. Das VerpackG verpflichtet außerdem zur Stabilisierung des Wettbewerbs eine **Zentrale Stelle** einzurichten, die sämtliche Informationen über die in Verkehr gebrachten, gesammelten und verwerteten Verpackungsmengen erhält, abgleicht und auswertet. Das soll es ermöglichen, Schlupflöcher und Manipulationen frühzeitiger zu erkennen und die Marktteilnehmer zu einem rechtskonformen Verhalten anzuhalten. Das VerpackG sieht zusätzlich vor, dass Mehrwegverpackungen gegenüber Einwegverpackungen bevorzugt werden. Nicht zuletzt sollen die Einflussmöglichkeiten der Kommunen hinsichtlich der von den dualen Systemen durchzuführenden Sammlungen der Verpackungsabfälle verstärkt werden. Das Gesetz regelt aber keine Erweiterung der Produktverantwortung auf stoffgleiche Nichtverpackungen. Dennoch sollen einheitliche Wertstoffsammlungen in Abstimmung zwischen den Kommunen und den dualen Systemen rechtssicher ermöglicht werden.

138 Der Umsetzung europäischen Rechts und der Produktverantwortung dient auch das Elektro- und Elektronikgerätegesetz vom 20.10.2015. Das Gesetz legt Anforderungen an die Produktverantwortung nach § 23 KrWG für **Elektrogeräte und Elektronikgeräte** fest und bezweckt vorrangig die Vermeidung von Abfällen von solchen Geräten und darüber hinaus die Vorbereitung zur Wiederverwendung, das Recycling und andere Formen der Verwertung solcher Abfälle, um die zu beseitigende Abfallmenge zu reduzieren und dadurch die Effizienz der Ressourcennutzung zu verbessern.

139 Es besteht dazu erheblicher Handlungsdruck. Deshalb soll das Gesetz alsbald novelliert werden. Ein Referentenentwurf liegt dazu mit Stand von September 2020 vor (siehe dazu *Hafner* AbfallR 2021, 2ff.; *Thärichen/Neubauer* AbfallR 2021, 10ff.). Gedacht ist unter anderem an eine Verdichtung und Optimierung von Sammelstrukturen. Außerdem sollen Lebensmitteleinzelhändler mit einer Gesamtverkaufsfläche von mehr als 800 qm in die Sammelstrukturen einbezogen werden. Auch die Einbindung des online-Handels soll optimiert werden.

140 Weltweit soll das Abfallaufkommen von Elektronikaltgeräten bis zum Jahr 2030 von derzeit 53,6 Mio. t auf ca. 74 Mio. t steigen. In der EU zählen Elektronikaltgeräte zu den am schnellsten wachsenden Abfallströmen. Derzeit werden europaweit nur etwa 40% der Elektronikaltgeräte recycelt.

141 Das ElektroG regelt Pflichten beim Inverkehrbringen von Elektro- und Elektronikgeräten (zB Verbot bestimmter Schadstoffe, Pflicht zur Registrierung von Geräten, finanzielle Garantien der Rücknahme von Altgeräten etc.), die von der allgemeinen Entsorgung getrennte Erfassung und Einsammlung solcher Geräte durch die Kommunen und die Rücknahme- und Verwertungspflichten der Hersteller (dazu *Schoppen* NVwZ 2013, 187; *Oexle/Janke* AbfallR 2013, 74; *Jacobi* AbfallR 2009, 35). Deutlich stärker als in der Vergangenheit werden durch den Gesetzgeber die Hersteller – neben Produzenten auch Importeure und Exporteure sowie Vertreiber – von Elektro- und Elektronikgeräten für den gesamten Lebensweg der Geräte verantwortlich gemacht. Die Kommunen müssen Elektro- und Elektronik-Altgeräte aus Privathaushalten an Sammelstellen entgegennehmen, wo sie von den Herstellern abzuholen und danach ordnungsgemäß zu entsorgen sind. Für die fachgerechte Entsorgung von Geräten, die ausschließlich im gewerblichen Bereich eingesetzt und nach dem 13.8.2005 in Verkehr gebracht wurden, sind ebenfalls die Hersteller verpflichtet, die dazu ein eigenes Rücknahmesystem für die Altgeräte zur

Verfügung zu stellen haben. Wurden die Geräte vor dem 13.8.2005 (bzw. vor dem 24.10.2015, sofern sie mit diesem Datum erstmals im Anwendungsbereich des ElektroG sind) in Verkehr gebracht, obliegt die fachgerechte Entsorgung den jeweiligen Besitzern.

Die Verbraucher müssen ihre ausrangierten Elektro- und Elektronikgeräte getrennt vom Hausmüll entsorgen; sie können sie dazu kostenlos bei den kommunalen Sammelstellen abgeben oder alternativ ein Rücknahmesystem der Hersteller oder Vertreiber nutzen. Zudem sind Vertreiber mit einer Verkaufsfläche für Elektro- und Elektronikgeräte von mindestens 400 qm verpflichtet, beim Verkauf eines neuen Gerätes an einen Endnutzer ein Altgerät der gleichen Geräteart, das im Wesentlichen die gleichen Funktionen wie das neue Gerät erfüllt, unentgeltlich zurückzunehmen und Altgeräte, die in keiner äußeren Abmessung größer als 25 cm sind, in haushaltsüblichen Mengen unentgeltlich zurückzunehmen, wobei die Rücknahme nicht an den Kauf eines Elektro- oder Elektronikgerätes geknüpft werden darf. Dasselbe gilt auch im Versandhandel, in dem Fall bezieht sich die Mindestfläche von 400 qm auf die gesamte Lager- und Versandfläche des Händlers. **142**

Mit dem Gesetz zur Änderung des Kreislaufwirtschaftsgesetzes und des Elektro- und Elektronikgerätegesetzes vom 27.3.2017 wurden § 17 Abs. 1 S. 1 und § 45 Abs. 1 und Abs. 2 ElektroG geändert. Konkretisiert wurde die Rücknahmepflicht der Vertreiber in § 17 Abs. 1 S. 1 ElektroG, indem festgelegt wird, in welchem Umfang und zu welchem Zeitpunkt Altgeräte zurückgenommen werden müssen. Die Vorschrift soll für die Vertreiber die Umsetzung der sie betreffenden Pflichten erleichtern. Nach Nr. 13a handeln Vertreiber, die ihren Rücknahmepflichten nach § 17 Abs. 1 und 2 ElektroG nicht nachkommen, ordnungswidrig. Die Vorschrift dient der Vereinfachung des Vollzugs gegen sich rechtswidrig verhaltende Vertreiber und soll insbesondere sich rechtstreu verhaltende Vertreiber schützen. Ergänzt wurde § 45 Abs. 2 ElektroG mit Blick auf den Bußgeldtatbestand. Danach können Verstöße gegen die Rücknahmepflichten der Vertreiber mit einer Geldbuße bis zu 100 000 € geahndet werden. **143**

Mit einer weiteren Novelle des ElektroG sollen Vorgaben der EU-Richtlinie 2012/19/EU umgesetzt werden. Die Richtlinie schreibt eine Mindestsammelquote von 75% gemessen an den durchschnittlich in den drei Vorjahren vor dem Jahr 2019 in Verkehr gebrachten Mengen vor. Verhindert werden soll mit der erneuten Novelle des Gesetzes das Trittbrettfahren von Herstellern mit Sitz außerhalb der EU, die zum Teil ihre Pflichten zum Nachteil alle anderen Hersteller nach dem ElektroG nachkommen. **144**

Einen wichtigen Bereich der Produktverantwortung regelt außerdem das **Batteriegesetz.** Das Batteriegesetz mit der letzten Änderung vom 3.11.2020 richtet sich an Hersteller, Vertreiber, Endverbraucher und öffentlich-rechtliche Entsorgungsträger. Ziel des Gesetzes ist es, den Eintrag von Schadstoffen in Abfällen durch Batterien zu verringern. Weitere Ziele sind die Steigerung der Sammelmenge und die Sicherstellung der Entsorgung alter Batterien in der Produktverantwortung der Batteriehersteller und des Handels. Dadurch sollen die durch Altbatterien insgesamt verursachten Umweltbelastungen auf ein Mindestmaß reduziert werden (*Chryssos* Der Landkreis 2014, 36; *Wendenburg/Seitel* AbfallR 2009, 206). **145**

Am 20.5.2020 hat die Bundesregierung einen Entwurf für ein Erstes Gesetz zur Änderung des Batteriegesetzes beschlossen (dazu *Chryssos/Dieckmann* AbfallR 2020, 46; *Dieckmann* Die Novelle des Batteriegesetzes, AbfallR 2020, 258). Ziel der Gesetzesnovelle ist die dauerhafte Sicherstellung einer flächendeckenden Sammlung und hochwertigen Verwertung von Geräte-Altbatterien und das Erreichen der entsprechenden EU-Vorgaben. Das novellierte Batteriegesetz soll negativen Entwicklungen im Hinblick auf entstandene Wettbewerbsverzerrungen entgegentreten. Dem BattG soll ein reines **Wettbewerbssystem** zwischen herstellereigenen Rücknahmesystemen zu Grunde liegen. Es sollen faire Wettbewerbsbedingungen für alle herstellereigenen Rücknahmesysteme sichergestellt **146** und einheitliche Anforderungen an die Systeme selbst sowie an die Rücknahme durch die Systeme festgelegt werden. Das Zusammenwirken der fünf herstellergetragenen Rücknahmesysteme erfolgt im Wettbewerb (kritisch mit Blick auf fehlende Vorkehrungen zum Schutz vor Wettbewerbsverzerrungen *Dieckmann* AbfallR 2020, 258). Das in der Vergangenheit bestehende Solidarsystem existiert seit der Einführung eines herstellergetragenen Rücknahmesystems nicht mehr.

147 **h) Planungsverantwortung.** Unter dem Titel „Planungsverantwortung" sind im vierten Teil des Gesetzes die Ordnung und Durchführung der Abfallbeseitigung, Abfallwirtschaftspläne und Abfallvermeidungsprogramme sowie die Zulassung von Abfallbeseitigungsanlagen geregelt. Die Zulassung von Anlagen zur Abfallverwertung bestimmt sich ausschließlich nach dem BImSchG.

148 **aa) Ordnung der Abfallbeseitigung.** Gemäß § 28 Abs. 1 KrWG dürfen Abfälle zum Zweck der Beseitigung nur in den dafür zugelassenen Anlagen oder Einrichtungen (Abfallbeseitigungsanlagen) behandelt, gelagert oder abgelagert werden. § 28 Abs. 1 S. 1 KrWG gilt nur für ortsfeste Abfallbeseitigungsanlagen. Gegen diese Verpflichtung wird zB dann verstoßen, wenn Abfälle auf einem Grundstück gelagert werden, dass keine zugelassenen Abfallbeseitigungsanlage im Sinne von § 28 ist (VG Aachen Beschl. v. 5.9.2019 – 6 L 713/19).

149 Ergänzt wird diese Regelung für Altfahrzeuge durch § 4 AltfahrzeugV. Danach muss derjenige, der sich eines Fahrzeugs entledigt, entledigen will oder entledigen muss, dieses einer anerkannten Annahmestelle, einer anerkannten Rücknahmestelle oder einem anerkannten Demontagebetrieb überlassen (dazu VG Minden Urt. v. 14.2.2018 – 11 K 1308/17).

150 Vorsätzliche oder fahrlässige Verstöße gegen den Anlagenbenutzungszwang sind eine **Ordnungswidrigkeit.** Wer Abfälle zur Beseitigung außerhalb einer zugelassenen Abfallbeseitigungsanlage behandelt, lagert oder ablagert, handelt nach § 69 Abs. 1 Nr. 2 KrWG ordnungswidrig.

151 Vom Anlagenzwang des § 28 Abs. 1 S. 1 KrWG sieht der Gesetzgeber **Ausnahmen** vor. Nach § 28 Abs. 1 S. 2 KrWG dürfen Abfälle zur Beseitigung auch in solchen Anlagen behandelt werden, die überwiegend einem anderen Zweck als der Abfallbeseitigung dienen und die immissionsschutzrechtlich genehmigungsbedürftig sind. Nach § 28 Abs. 2 KrWG kann die zuständige Behörde im Einzelfall Ausnahmen vom Anlagenbenutzungszwang zulassen (OVG NRW Urt. v. 13.9.2017, NWVBL 2018, 204; VG Minden Urt. v. 27.5.2009, AbfallR 2009, 199).

152 Außerdem können die Landesregierungen eine **Befreiung** von dem Anlagenbenutzungszwang nach § 28 Abs. 3 KrWG bewirken. Sofern ein Bedürfnis besteht und keine Beeinträchtigung des Wohls der Allgemeinheit zu besorgen ist, können die Landesregierungen durch Rechtsverordnung, dh allgemeingültig, die Beseitigung bestimmter Abfälle oder bestimmter Mengen dieser Abfälle außerhalb von Abfallbeseitigungsanlagen zulassen. In Betracht kommen insoweit vor allem Verordnungen über die Beseitigung pflanzlicher Abfälle. Entsprechende Verordnungen sind in der Vergangenheit von den Bundesländern erlassen worden.

153 Ergänzende Bestimmungen zur Durchführung der Abfallbeseitigung sind in § 29 KrWG geregelt. Die Vorschrift räumt der zuständigen Behörde die Möglichkeit der **Zwangszuweisung** von Abfällen in eine bestimmte Anlage ein. Damit sollen im Interesse der Entsorgungssicherheit zur Not auch gegen den Willen des Betreibers einer Anlage oder des Verfügungsberechtigten vorhandene Beseitigungsmöglichkeiten genutzt werden können. Nach § 29 Abs. 1 S. 1 KrWG kann die zuständige Behörde den Betreiber einer Abfallbeseitigungsanlage verpflichten, einem Beseitigungspflichtigen nach § 15

KrWG sowie dem Entsorgungsträger im Sinne des § 20 KrWG die Mitbenutzung der Abfallbeseitigungsanlage gegen angemessenes Entgelt zu gestatten, soweit dieser auf eine andere Weise den Abfall nicht zweckmäßig oder nur mit erheblichen Mehrkosten beseitigen kann und die Benutzung für den Betreiber zumutbar ist. Kommt eine Einigung über das Entgelt nicht zustande, wird es durch die zuständige Behörde festgesetzt. Ob § 29 Abs. 1 S. 3 KrWG eine hinreichend bestimmte Ermächtigungsgrundlage zur Festlegung eines angemessenen Entgelts darstellt, ist zweifelhaft (dazu BVerwG Urt. v. 26.3.2015, NVwZ 2015, 1215).

§ 29 Abs. 2 KrWG räumt der zuständigen Behörde die Möglichkeit ein, den Betreiber einer Abfallbeseitigungsanlage, der Abfälle wirtschaftlicher als der öffentlich-rechtliche Entsorgungsträger beseitigen kann, die Beseitigung dieser Abfälle auf seinen Antrag hin zu übertragen. Das Verhältnis dieser Regelungen zum Vergaberecht ist nicht abschließend geklärt. 154

bb) Abfallwirtschaftspläne. Die Verpflichtung zur Aufstellung von Abfallwirtschaftsplänen ergibt sich für die Mitgliedstaaten der EU aus Art. 28 AbfRRL (EuGH, Urt. v. 1.4.2004, NVwZ 2004, 842; *Frenz* UPR 2009, 241; *Frenz* NuR 2013, 105). Als Instrument der Lenkung von Abfallströmen sind die Abfallwirtschaftspläne in der Vergangenheit nicht selten ungenutzt geblieben. Die Abfallwirtschaftspläne waren früher überwiegend als Abfallbeseitigungspläne angelegt. Heutzutage sollen die Pläne stärker für die Ziele einer abfallarmen Kreislaufwirtschaft genutzt werden. 155

Nach § 30 Abs. 1 KrWG stellen die Länder für ihren Bereich Abfallwirtschaftspläne nach überörtlichen Gesichtspunkten auf. Die Abfallwirtschaftspläne enthalten die Ziele der Abfallvermeidung und -verwertung, insbesondere der Vorbereitung zur Wiederverwendung des Recyclings, sowie der Abfallbeseitigung, die bestehende Situation der Abfallbewirtschaftung, die erforderlichen Maßnahmen zur Verbesserung der Abfallverwertung und Abfallbeseitigung einschließlich einer Bewertung ihrer Eignung zur Zielerreichung sowie die Abfallentsorgungsanlagen, die zur Sicherung der Beseitigung von Abfällen sowie der Verwertung von gemischten Abfällen aus privaten Haushaltungen einschließlich solcher, die dabei auch in anderen Herkunftsbereiche gesammelt werden, im Inland erforderlich sind, dar. 156

Der Gesetzgeber hat die verpflichtende Darstellung der erforderlichen Entsorgungsinfrastruktur auf Anlagen zur Verwertung von gemischten Abfällen aus privaten Haushaltungen erstreckt. Damit soll dem Umstand Rechnung getragen werden, dass Müllverbrennungsanlagen als Verwertungsanlagen anerkannt werden können. Ohne die gesetzliche Neuregelung hätten Müllverbrennungsanlagen, in denen die Abfälle aus privaten Haushaltungen verwertet werden, keine verbindlichen Zuweisungen über die Abfallwirtschaftspläne mehr bekommen können. Das Bundeskartellamt hält eine solche Steuerung der Abfallströme über die Abfallwirtschaftspläne für wettbewerbsfeindlich. Auch die Monopolkommission bei der Bundesregierung kritisiert in ihrem Hauptgutachten 2014 Einschränkungen des Wettbewerbs in der Abfallwirtschaft durch die zunehmende Ausdehnung kommunaler Entsorgungsaktivitäten. 157

Die Abfallwirtschaftspläne stellen nach § 30 Abs. 1 S. 2 KrWG die Ziele der Abfallvermeidung, der Abfallverwertung, insbesondere der Vorbereitung zur Wiederverwendung und des Recyclings, sowie der Abfallbeseitigung dar. Außerdem stellen sie die getroffenen Maßnahmen zur Abfallvermeidung und die bestehende Situation der Abfallbewirtschaftung, die erforderlichen Maßnahmen zur Verbesserung der Abfallverwertung und Abfallbeseitigung einschließlich einer Bewertung ihrer Eignung zur Zielerreichung sowie die Abfallentsorgungsanlagen, die zur Sicherung der Beseitigung von Abfällen sowie der Verwertung von gemischten Abfällen aus privaten Haushaltungen einschließlich 158 solcher, die dabei auch in anderen Herkunftsbereichen gesammelt werden, im Inland erforderlich sind, dar. Die Abfallwirtschaftspläne weisen nach § 30 Abs. 1 S. 3 KrWG die zugelassenen Abfallentsorgungsanlagen sowie die Flächen, die für Deponien, für sonstige Abfallbeseitigungsanlagen sowie für Abfallentsorgungsanlagen geeignet sind. Die Abfallwirtschaftspläne können gem. § 30 Abs. 1 S. 3 KrWG ferner bestimmen, welcher Entsorgungsträger vorgesehen ist und welcher Abfallentsorgungsanlage sich die Entsorgungspflichtigen zu bedienen haben. Unzulässig ist dagegen die Festlegung von Einzugsgebieten für Abfallentsorgungsanlagen.

159 Bei der Darstellung des Bedarfs sind zukünftige, innerhalb eines Zeitraums von mindestens zehn Jahren zu erwartende Entwicklungen gem. § 30 Abs. 2 S. 1 KrWG zu berücksichtigen. Soweit dies zur Darstellung des Bedarfs erforderlich ist, sind Abfallwirtschaftskonzepte und Abfallbilanzen gem. § 30 Abs. 2 S. 2 KrWG auszuwerten. Grundlage für die im Rahmen der Planrechtfertigung einer Deponie zu erstellende **Bedarfsprognose** sind vorrangig die bestehenden Verhältnisse und die Aussagen des maßgeblichen Abfallwirtschaftsplans (OVG Koblenz Urt. v. 13.4.2016, NVwZ-RR 2016, 621). Zur Begründung der Planrechtfertigung eines konkreten Deponievorhabens können landesweite Bedarfsanalysen herangezogen werden, wenn sie Aussagen zur betreffenden Deponieklasse des Deponievorhabens enthalten. Eine solche Bedarfsanalyse kann auch noch Jahre später zur Bedarfsfeststellung bzw. Planrechtfertigung für eine Deponie herangezogen werden, wenn es zwischenzeitlich keine neueren Zahlen gibt und das geplante Vorhaben in einem Zeitraum betrieben werden soll, auf den sich die Bedarfsanalyse zumindest teilweise auch erstreckt (OVG NRW Urt. v. 11.9.2018 – 20 D 79/17 A.K.; *Franßen* AbfallR 2020, 302, 303).

160 **Mindestinhalte** der Abfallwirtschaftspläne ergeben sich aus § 30 Abs. 6 KrWG, weitere mögliche Planinhalte nennt § 30 Abs. 7 KrWG.

161 Mit der Gesetzesnovelle 2020 wurde eine ergänzende Verpflichtung zur **Darstellung getroffener Abfallvermeidungsmaßnahmen** im Abfallwirtschaftsplan geregelt. Außerdem ist nunmehr eine Prüfung der Notwendigkeit der Errichtung zusätzlicher oder der Stilllegung bestehender Abfallentsorgungsanlagen verpflichtend. Die Länder müssen dafür finanzielle Vorkehrungen treffen. In den Abfallwirtschaftsplänen müssen zukünftig auch Informationen enthalten sein über Maßnahmen, die zur Erreichung der Zielvorgabe der Abfallrahmenrichtlinie, dass nämlich recyclingfähige Abfälle grundsätzlich nicht mehr abgelagert werden dürfen. Außerdem müssen die Abfallwirtschaftspläne auch eine Beurteilung der bestehenden Abfallsammelsysteme und Maßnahmen zur Bekämpfung und Verhinderung jeglicher Form von **Vermüllung** sowie zur Reinigung der Umwelt von Abfällen jeder Art enthalten.

162 Da Abfallwirtschaftspläne geeignete Flächen für Abfallbeseitigungsanlagen ausweisen, sind sie als Instrument der **Standortfindung** für derartige Anlagen gedacht. Bei der Standortentscheidung waren Abfallentsorgungspläne in der Vergangenheit allerdings regelmäßig kein effektives Instrument. Die Flächenausweisung nach § 30 Abs. 1 KrWG ist deshalb auch nach § 30 Abs. 3 S. 2 KrWG nicht Voraussetzung für die Planfeststellung oder Genehmigung der Abfallbeseitigungsanlagen.

163 Allerdings können **Flächenausweisungen** gem. § 30 Abs. 4 KrWG für die Entsorgungspflichtigen für verbindlich erklärt werden (zur Standortsuche für Abfalldeponien *Beckmann* DVBl. 1994, 236 ff., *Franßen* AbfallR 2020, 302, 304; *Franßen/Grunow* AbfallR 2015, 241 ff., 296 ff.; zur **Standortalternativenprüfung** im abfallrechtlichen Planfeststellungsverfahren OVG Lüneburg DVBl. 2017, 1440; zur Bedeutung verbindlicher Abfallwirtschaftspläne für die Ausschreibungsverpflichtung *Beckmann* UPR 2002, 41 ff.).

164 Die **Öffentlichkeitsbeteiligung** bei der Aufstellung von Abfallentsorgungsplänen regelt § 32 KrWG. Bei der Aufstellung oder Änderung von Abfallwirtschaftsplänen nach

§ 30 KrWG, einschließlich besonderer Kapitel oder gesonderter Teilpläne, insbesondere über die Entsorgung von gefährlichen Abfällen, Altbatterien und Akkumulatoren oder Verpackungen und Verpackungsabfällen, ist die Öffentlichkeit durch die zuständige Behörde zu beteiligen. Einzelheiten zur Beteiligung regelt § 32 Abs. 1 S. 2, Abs. 2–5 KrWG. Abfallwirtschaftspläne und kommunale Abfallwirtschaftskonzepte fallen nach § 2 Abs. 7 UVPG in Verbindung mit Nrn. 2.4 und 2.5 der Anlage 5 in den Anwendungsbereich des UVPG. Abfallwirtschaftspläne werden der konditionalen Umweltprüfung zugeordnet. Die Pläne weisen, wenn ein entsprechender Bedarf besteht, zugelassene Abfallentsorgungsanlagen und geeignete Flächen für Abfallbeseitigungsanlagen zur Ablagerung von Abfällen sowie für sonstige Abfallbeseitigungsanlagen aus. Außerdem können sie bestimmen, welcher Entsorgungsträger vorgesehen ist und welcher Beseitigungsanlage sich die Beseitigungspflichtigen zu bedienen haben. Dementsprechend bedarf es nach § 30 Abs. 2 S. 1 UVPG einer strategischen Umweltprüfung, wenn die Pläne für die Entscheidung über die Zulässigkeit der genannten Abfallentsorgungsanlagen einen Rahmen setzen und nach einer Vorprüfung im Einzelfall voraussichtlich Umweltauswirkungen haben.

cc) Abfallvermeidungsprogramme. Nach § 33 Abs. 1 S. 1 KrWG erstellt der Bund ein Abfallvermeidungsprogramm. Der Gesetzgeber setzt mit dieser Verpflichtung eine entsprechende Forderung der Abfallrahmenrichtlinie um. Die Länder können sich nach § 33 Abs. 1 S. 2 KrWG an der Erstellung des Abfallvermeidungsprogramms beteiligen. In diesem Fall leisten sie nach § 33 Abs. 1 S. 2 KrWG für ihren jeweiligen Zuständigkeitsbereich eigenverantwortliche Beiträge, die in das Abfallvermeidungsprogramm des Bundes aufgenommen werden. **165**

Soweit sich die Länder nicht an einem Abfallvermeidungsprogramm des Bundes beteiligen, müssen sie nach § 33 Abs. 2 KrWG eigene Abfallvermeidungsprogramme erstellen. Dem Bund ist damit die Federführung für ein einheitliches Abfallvermeidungsprogramm eingeräumt worden, das für das gesamte Bundesgebiet gilt. Das Abfallvermeidungsprogramm legt Abfallvermeidungsziele fest, die darauf gerichtet sind, das Wirtschaftswachstum und die mit der Abfallerzeugung verbundenen Auswirkungen auf Mensch und Umwelt zu entkoppeln. Außerdem stellt das Abfallvermeidungsprogramm die bestehenden Abfallvermeidungsmaßnahmen dar und bewertet die Zweckmäßigkeit solcher Maßnahmen. Des Weiteren legt das Abfallvermeidungsprogramm, soweit erforderlich, weitere Abfallvermeidungsmaßnahmen fest und gibt zweckmäßige, spezifische, qualitative oder quantitative Maßstäbe für festgelegte Abfallvermeidungsmaßnahmen vor, anhand deren die mit den Maßnahmen erzielten Fortschritte überwacht und bewertet werden. Die Abfallvermeidungsprogramme waren bereits zum 12.12.2013 erstmals zu erstellen (*Schomerus/Herrmann-Reichold/Stropahl* ZUR 2011, 507). Das Bundesumweltministerium hat das Abfallvermeidungsprogramm des Bundes unter Beteiligung der Länder mit Stand vom Juli 2013 herausgegeben. Die Fortschreibung des Programms ist für das Jahr 2021 vorgesehen. Eine Beteiligung der Öffentlichkeit zum Entwurf der Fortschreibung des Abfallvermeidungsprogramms hat bis Juli 2020 stattgefunden. **166**

Das Programm nennt die Entkopplung der Ressourcennutzung von dem Wirtschaftswachstum als zentrales umweltpolitisches Ziel. Da Abfälle stets aus ehemaligen Rohstoffen und Produkten entstünden, leiste die Abfallvermeidung einen wesentlichen Beitrag zu dieser Zielsetzung. Hierbei sei zu beachten, dass das Ziel der Abfallvermeidung in Konkurrenz zu anderen politischen Zielen stehe. Soziale und ökonomische Aspekte müssten bei der Entwicklung von Abfallvermeidungsmaßnahmen berücksichtigt werden. Das Abfallvermeidungsprogramm leiste im Zusammenspiel und in Koordination mit anderen bestehenden Strategien der Bundesregierung einen Beitrag zu einem kohären- **167** ten und nachhaltigen Umgang mit natürlichen Ressourcen und Rohstoffen in Deutschland.

168 **dd) Zulassung von Anlagen, in denen Abfälle entsorgt werden.** Die Errichtung und der Betrieb von Anlagen, in denen Abfälle entsorgt werden, sowie die wesentliche Änderung einer solchen Anlage oder ihres Betriebs bedürfen der Genehmigung nach den Vorschriften des BImSchG. Eine gesonderte abfallrechtliche Zulassung wird insoweit nicht benötigt (§ 35 Abs. 1 S. 1 KrWG). Gem. § 35 Abs. 2 S. 1 KrWG bedürfen die Errichtung und der Betrieb von Deponien sowie die wesentliche Änderung einer solchen Anlage oder ihres Betriebes der **Planfeststellung** durch die zuständige Behörde. In dem Planfeststellungsverfahren ist eine **Umweltverträglichkeitsprüfung** nach dem UVPG durchzuführen.

169 Für das abfallrechtliche Planfeststellungsverfahren gelten gem. § 38 Abs. 1 S. 1 KrWG die §§ 72 bis 78 VwVfG. Die Bundesregierung ist gem. § 38 Abs. 1 S. 2 KrWG ermächtigt, durch Rechtsverordnung mit Zustimmung des Bundesrates weitere Einzelheiten des Planfeststellungsverfahrens, insbesondere Art und Umfang der Antragsunterlagen zu regeln.

170 An Stelle eines Planfeststellungsverfahrens kann die zuständige Behörde gem. § 35 Abs. 3 KrWG bei unbedeutenden Deponien (soweit keine erheblichen nachteiligen Auswirkungen auf ein in § 2 Abs. 1 S. 1 UVPG genanntes Schutzgut möglich sind), bei wesentlichen Änderungen einer Deponie oder ihres Betriebes oder bei Probeanlagen auf Antrag oder von Amts wegen ein einfacheres **Plangenehmigungsverfahren** durchführen. Die zuständige Behörde soll ein Genehmigungsverfahren durchführen, wenn die Änderung keine erheblichen nachteiligen Auswirkungen auf ein in § 2 Abs. 1 S. 2 UVPG genanntes Schutzgut hat und den Zweck verfolgt, eine wesentliche Verbesserung für diese Schutzgüter herbeizuführen.

171 Gemäß § 35 Abs. 4 KrWG gilt § 15 Abs. 1 S. 1–4 und Abs. 2 BImSchG entsprechend. Für die Änderung von Deponien ist daher ein **Anzeigeverfahren** durchzuführen. Gemäß § 35 Abs. 5 KrWG kann der Vorhabenträger für ein anzeigebedürftiges Vorhaben auch eine Planfeststellung oder eine Plangenehmigung beantragen. **Stilllegung** und **Nachsorge** von Deponien sind in § 40 KrWG und in §§ 3ff. DepV geregelt (dazu OVG Lüneburg Beschl. v. 17.4.2019, NVwZ-RR 2020, 153; BVerwG Beschl. v. 26.7.2016, AbfallR 2016, 250; VG Neustadt Urt. v. 11.7.2019, juris).

172 Die DepV ist am 30.6.2020 geändert worden; die Änderung trat am 4.7.2020 in Kraft mit Ausnahme von § 7 Abs. 3 DepV, welcher am 1.1.2024 in Kraft tritt. Nach der zuletzt genannten Bestimmung dürfen zukünftig im Einzelnen aufgelistete Abfälle nicht mehr der Abfallablagerung zugeführt werden (zu dem Ablagerungsverbot für recycelbare und verwertbare Abfälle als marktwirtschaftliches Hindernis oder sinnvolles Lenkungsinstrument siehe *Versteyl/Kersandt* AbfallR 2020, 297; *Franßen/Homann* AbfallR 2021, 26). Das neue **Ablagerungsverbot** gilt grundsätzlich für recycelbare und verwertbare Abfälle; es ist nicht auf bestimmte Abfallarten beschränkt, bezieht sich jedoch vorrangig auf mineralische Abfälle, soweit diese gegenwärtig noch zu einem hohen Anteil auf Deponien abgelagert werden. Ob für die mineralischen Abfällen genügend rechtssichere Verwertungsmöglichkeiten als Alternative zur Ablagerung bestehen, ist zweifelhaft.

173 Der Inhaber einer Deponie hat die **beabsichtigte Stilllegung** der zuständigen Behörde anzuzeigen, die ergänzend zum Planfeststellungsbeschluss Anordnungen für die Rekultivierung und Nachsorge treffen kann. Besteht der Verdacht, dass von einer stillgelegten Deponie schädliche Bodenveränderungen ausgehen, so finden gem. § 40 Abs. 2 S. 2 KrWG für die Erfassung, Untersuchung, Bewertung und Sanierung Vorschriften des BBodSchG Anwendung. Das BBodSchG ist aber erst dann anwendbar, wenn die zustän-

dige Behörde den Schluss der Stilllegung (endgültige Stilllegung) festgestellt hat. Das Stilllegungsverfahren unterfällt dem abfallrechtlichen Regime des KrWG (OVG Lüneburg Beschl. v. 17.4.2019, NVwZ-RR 2020, 153; zur endgültigen Stilllegung von Deponien siehe *Müller-Mitschke,* AbfallR 2019, 254).

i) Abfallrechtliche Überwachung. In Deutschland fallen jährlich bis zu 20 Mio. t gefährlicher Abfälle an, die in aller Regel nicht am Entstehungsort entsorgt werden können und deshalb eine Vielzahl von Abfalltransporten erfordern. Zur Gewährleistung einer umwelt- und allgemeinwohlverträglichen Entsorgung dieser Abfälle, wird die Zulässigkeit der Entsorgungswege in ca. 120 000 Entsorgungsnachweisverfahren jährlich geprüft. **174**

Nach § 62 KrWG können von der zuständigen Behörde, aber nicht von der Kommune als öffentlich-rechtlicher Entsorgungsträger Anordnungen zur Durchsetzung der Pflichten nach dem KrWG getroffen werden. § 62 KrWG ist die allgemeine Ermächtigungsgrundlage für behördliche Anordnungen. Die Anordnungsbefugnis bezieht sich auf die Durchführung aller Vorschriften des KrWG und aller aufgrund des KrWG erlassenen Rechtsverordnungen. Eine Verletzung von abfallrechtlichen Bestimmungen einer Abfallsatzung der Kommune kann dagegen nicht auf § 62 KrWG, möglicherweise aber auf eine Ermächtigungsgrundlage des jeweiligen Landesrechts gestützt werden (VGH Mannheim Urt. v. 27.3.2007, VBlBW 2008, 102). **175**

Die abfallrechtliche Überwachung ist im sechsten Teil des Gesetzes geregelt. § 47 KrWG stellt die allgemeinen Anforderungen an die Vermeidung, Verwertung und Beseitigung der Abfälle, und zwar sowohl für die Überwachung der einzelnen Entsorgungsvorgänge als auch für die Anlagenüberwachung auf. Mit dem Gesetz zur Umsetzung der Richtlinie über Industrieemissionen wurden die zuständigen Behörden nach § 47 Abs. 7 KrWG verpflichtet, für grundsätzlich alle zulassungspflichtigen Deponien in ihrem Zuständigkeitsbereich **Überwachungspläne** und **Überwachungsprogramme** aufzustellen. Zur Überwachung gehören insbesondere auch die Überwachung der Errichtung, **Vor-Ort-Besichtigungen,** die Überwachung der Emissionen und die Überprüfung interner Berichte, erfolgen Dokumente sowie Messungen und Kontrollen, die Überprüfung der Eigenkontrolle, die Prüfung der angewandten Techniken und der Eignung des Umwelt-managements der Deponie (§ 47 Abs. 7 S. 2 KrWG). **176**

An die Entsorgung sowie die Überwachung gefährlicher Abfälle sind gem. § 48 S. 1 KrWG besondere Anforderungen zu stellen. Diese sind in der Nachweisverordnung geregelt. § 49 KrWG regelt Registerpflichten für Anlagenbetreiber und Entsorgungsunternehmen (dazu *Beckmann* AbfallR 2015, 157). In § 50 KrWG ist das obligatorische Nachweisverfahren für die Entsorgung gefährlicher Abfälle geregelt (zu den Rechten der Entsorgungsunternehmen im Nachweisverfahren siehe OVG Münster Urt. v. 18.12.1998, NuR 2000, 110; VGH Mannheim Urt. v. 28.4.1997, NuR 1999, 330 f.; zur Bevollmächtigung im Nachweisverfahren *Wittmann* AbfallR 2009, 2 ff.). **177**

Das abfallrechtliche Überwachungssystem für **Sammler, Beförderer, Händler und Makl**er wurde durch das KrWG grundlegend verändert und an die Anforderungen der Abfallrahmenrichtlinie angepasst. Zur Überwachung sieht § 53 KrWG eine **Anzeigepflicht** vor. Soweit die Entsorgung gefährliche Abfälle betrifft, gilt für Sammler, Beförderer, Händler und Makler nach § 54 KrWG eine **Erlaubnispflicht.** Einzelheiten dazu sind in der Verordnung über das Anzeige- und Erlaubnisverfahren für Sammler, Beförderer, Händler und Makler von Abfällen geregelt. **178**

Am 1.8.2017 ist die **POP-Abfall-Überwachungs-Verordnung** in Kraft getreten. Nach dieser Verordnung sind die in § 2 der Verordnung genannten POP-haltigen Abfälle getrennt zu sammeln und zu befördern (§ 3) sowie deren ordnungsgemäße Entsorgungs- **179** wege und deren Verbleib mit den abfallrechtlichen Nachweisen der Nachweisverordnung nachzuweisen (§ 4) und zu registrieren (§ 5). Dass Abfälle in den Anwendungsbereich der Verordnung fallen, steht ihrer energetischen Verwertung nicht entgegen (OVG SA, B. v. 16.7.2019, juris).

180 **j) Entsorgungsfachbetriebe.** Die Einrichtung von Entsorgungsfachbetrieben soll dazu beitragen, dass es möglichst wenige „schwarze Schafe" in der Entsorgungsbranche gibt und insbesondere der Abfallerzeuger bei Inanspruchnahme eines Entsorgungsfachbetriebs haftungsrechtlich entlastet wird. Nach der Rechtsprechung des BGH muss sich der Abfallerzeuger bei Übergabe seiner Abfälle an einen Entsorger vergewissern, dass dieser zuverlässig und in der Lage ist, die von ihm überlassenen Abfälle auch ordnungsgemäß zu entsorgen (BGH Urt. v. 2.3.1994, NJW 1994, 1745; zur Haftung des Abfallerzeugers *Mohr* NVwZ 2020, 32; *Michler/Funk* GewArch 2020, 208; *Versteyl/Grunow* AbfallR 2018, 71; *Hagmann* AbfallR 2013, 150; *Enders* NVwZ 2005, 381).

181 Die ordnungsrechtliche Verantwortung der Abfallbesitzer und Abfallerzeuger für die Entsorgung ihrer Abfälle ist streng. Sie besteht verschuldensunabhängig und ist grundsätzlich zeitlich unbegrenzt; die Rechtsprechung versteht außerdem den Begriff des Abfallerzeugers sehr weit (BVerwG Urt. v. 15.10.2014, NVwZ 2015, 153).

182 **Abfallerzeuger** ist grundsätzlich derjenige, der als Inhaber der tatsächlichen Sachherrschaft die letzte Ursache für die Umwandlung einer Sache in Abfall gesetzt hat. Ausnahmsweise kann nach der Rechtsprechung eine andere, vorgelagert handelnde Person ebenfalls als Abfallerzeuger zu qualifizieren sein, wenn ihr Verhalten sich aufgrund besonderer Umstände bei wertender Betrachtung als wesentliche Ursache für die Entstehung darstellt (BVerwG Urt. v. 15.10.2014, NVwZ 2015, 153).

183 Entsorgungsfachbetriebe wirken nach § 56 Abs. 1 S. 1 KrWG an der Förderung der Kreislaufwirtschaft und der Sicherstellung des Schutzes von Mensch und Umwelt bei der Erzeugung und Bewirtschaftung von Abfällen mit. Entsorgungsfachbetrieb ist nach § 56 Abs. 2 KrWG ein Betrieb, der gewerbsmäßig, im Rahmen wirtschaftlicher Unternehmen oder öffentlicher Einrichtungen Abfälle sammelt, befördert, lagert, behandelt, verwertet, beseitigt, mit diesen handelt oder makelt und in Bezug auf eine oder mehrere der genannten Tätigkeiten durch eine technische Überwachungsorganisation oder eine Entsorgergemeinschaft als Entsorgungsfachbetrieb zertifiziert ist (dazu BVerwG Beschl. v. 22.4.2010, DVBl. 2010, 860).

184 Die Eigenschaft eines Entsorgungsfachbetriebs wird somit nicht vom Staat oder einer Kommune, sondern von der Entsorgungswirtschaft selbst verliehen. Staatliche Genehmigungen, Lizenzen oder Verleihungen, staatliche Prüfungen oder Anerkennungen gibt es in diesem Zusammenhang nicht. Aus § 15 Abs. 1, Abs. 4 EfbV ergibt sich, dass die staatliche Kontrolle im Bereich der Zertifizierung auf die Zustimmung bzw. den Widerruf dieser Zustimmung zum Überwachungsvertrag durch die oberste Landesbehörde beschränkt ist (VG Gelsenkirchen Beschl. v. 19.12.2012 – 14 L 1242/12 juris Rn. 8). Stellt die zuständige Behörde relevante Rechtsverstöße fest, kann sie ihre Zustimmung zum Überwachungsvertrag widerrufen oder auf der Grundlage des § 62 KrWG Anordnungen im Einzelfall treffen (VG Gelsenkirchen Beschl. v. 19.12.2012 – 14 L 1242/12, juris Rn. 13).

185 Die **Vergabe eines Gütezeichens** als Entsorgungsfachbetrieb durch die staatlich anerkannte Entsorgergemeinschaft setzt den Nachweis bestimmter **Fachkenntnisse** voraus, sowie eine **Ausstattung** mit bestimmten Geräten und Ausrüstungen, ferner die Zuverlässigkeit des Betriebsinhabers. Das Zertifikat darf nach § 56 Abs. 3 S. 1 KrWG nur erteilt werden, wenn der Betrieb die für die ordnungsgemäße Wahrnehmung seiner Aufgaben erforderlichen Anforderungen an seine Organisation, seine personelle, gerätetech-

nische und sonstige Ausstattung, seine Tätigkeit sowie die **Zuverlässigkeit** und **Fach- und Sachkunde** seines Personals erfüllt. Nähere Anforderungen an Entsorgungsfachbetriebe hat die Bundesregierung durch eine Rechtsverordnung geregelt.

Die Entsorgungsfachbetriebe-Verordnung vom 2.11.2016 (BGBl. I 2016, S. 2770) **186** entwickelt das Instrument auf Grundlage der neuen gesetzlichen Grundlage der §§ 56, 57 KrWG weiter. Die beiden **Zertifizierungswege** über den Abschluss eines Überwachungsvertrages mit einer technischen Überwachungsorganisation oder die Mitgliedschaft in einer Entsorgergemeinschaft sowie die Anforderungen an die technische Überwachungsorganisation und die Entsorgergemeinschaft unter Berücksichtigung der jeweiligen Besonderheiten wurden vereinheitlicht.

Die **Rechtsfähigkeit einer technischen Überwachungsorganisation** im Sinne **187** von § 56 Abs. 5 KrWG setzt den Zusammenschluss von Sachverständigen in einer vom Privatrecht zur Verfügung gestellten Rechtsform wie der GmbH oder des eingetragenen Vereins voraus. Fehlt es dem Zusammenschluss an der Rechtsfähigkeit, kann die zuständige Behörde den Sachverständigen gemäß § 62 KrWG die weitere Auditierungstätigkeit bezüglich von ihnen bereits zertifizierter Entsorgungsfachbetriebe untersagen (VG Gießen Beschl. v. 12.12.2016, juris).

Neu geregelt nach dem Vorbild der bisherigen Vollzugshinweise und dem Umweltau- **188** ditgesetz (UAG) wurde die Qualifikation der für die technische Überwachungsorganisationen und die Entsorgergemeinschaften tätigen Sachverständigen. Neu sind auch die Regelungen über den Ablauf des Überwachungsverfahrens. Insbesondere werden Vorgaben für die Vor-Ort-Kontrollen formuliert.

k) Betriebsorganisation und Beauftragter für Abfall. § 58 KrWG regelt Mittei- **189** lungspflichten zur Betriebsorganisation für Kapitalgesellschaften und für Personengesellschaften mit mehreren vertretungsberechtigten Gesellschaftern. Die Behörde soll darüber unterrichtet werden, welche natürliche Person für die Erfüllung der abfallrechtlichen Pflichten verantwortlich ist. Außerdem soll dem Betreffenden durch die Mitteilung seine Verantwortung vor Augen geführt werden. Sinn und Zweck der Regelung ist es, unter mehreren vertretungsberechtigten Gesellschaftern eine natürliche Person als Verantwortlichen für die Erfüllung der abfallrechtlichen Pflichten festzulegen. Der zuständigen Behörde ist nach § 58 Abs. 1 S. 1 KrWG anzuzeigen, wer von den vertretungsberechtigten Gesellschaftern für die Gesellschaft die Pflichten des Betreibers einer genehmigungsbedürftigen Anlage im Sinne des § 4 BImSchG oder des Besitzers im Sinne des § 27 KrWG wahrnimmt, die nach dem KrWG und nach den auf Grund dieses Gesetzes erlassenen Rechtsverordnungen obliegen.

Gemäß § 58 Abs. 2 KrWG hat der Betreiber einer genehmigungsbedürftigen Anlage **190** im Sinne des § 4 BImSchG, der Besitzer im Sinne des § 27 KrWG oder, im Rahmen ihrer Geschäftsführungsbefugnis, die nach § 58 Abs. 1 S. 1 KrWG anzuzeigende Person, der zuständigen Behörde mitzuteilen, auf welche Weise sichergestellt ist, dass die der Vermeidung, Verwertung und umweltverträglichen Beseitigung von Abfällen dienenden Vorschriften und Anordnungen beim Betrieb beachtet werden.

Betreiber von genehmigungsbedürftigen Anlagen im Sinne des § 4 BImSchG, von **191** Anlagen, in denen regelmäßig gefährliche Abfälle anfallen, von ortsfesten Sortier-, Verwertungs- oder Abfallbeseitigungsanlagen sowie Besitzer im Sinne des § 27 KrWG müssen einen oder mehrere Betriebsbeauftragte für Abfälle haben. Solcher Abfallbeauftragter bedarf es allerdings nur, wenn dies im Hinblick auf die Art oder die Größe der Anlagen wegen der in den Anlagen anfallenden, verwerteten oder beseitigten Abfälle, technischen Probleme der Vermeidung, Verwertung oder Beseitigung oder Eignung der Produkte oder Erzeugnisse, die bei oder nach bestimmungsgemäßer Verwendung Probleme hinsichtlich der ordnungsgemäßen und schadlosen Verwertung oder umweltverträglichen Beseitigung hervorzurufen, erforderlich ist. Das Bundesumweltministerium ist nach § 59 Abs. 1 S. 2 KrWG ermächtigt, nach Anhörung der beteiligten Kreise durch Rechtsverordnung mit Zustimmung des Bundesrates Anlagen nach § 59 Abs. 1 S. 1 KrWG zu bestimmen, deren Betreiber Abfallbeauftragte zu bestellen haben.

192 Die Verordnung über Betriebsbeauftragte für Abfall ist mit der Zweiten Verordnung zur Fortentwicklung der abfallrechtlichen Überwachung vom 2.12.2016 novelliert worden. Außerhalb der Rechtsverordnung kann im Einzelfall die zuständige Behörde nach § 59 Abs. 2 KrWG die Bestellung eines Abfallbeauftragten verlangen. Der Abfallbeauftragte hat den Betreiber und Betriebsangehörige in Angelegenheiten zu beraten, die für die Kreislaufwirtschaft und die Abfallbeseitigung bedeutsam sein können (§ 60 Abs. 1 S. 1 KrWG). Ferner ist dem Betreiber jährlich ein Bericht über die getroffenen und beabsichtigten Maßnahmen zu erstatten, zu denen er berechtigt und verpflichtet ist (§ 60 Abs. 2 KrWG).

193 **2. Abfallverbringung.** Die grenzüberschreitende Abfallverbringung ist einerseits in der unmittelbar verbindlichen Abfallverbringungsverordnung der EU vom 14.6.2006 und andererseits im Abfallverbringungsgesetz geregelt (dazu *Kropp* AbfallR 2020, 98 ff.; AbfallR 2012, 13; *Raasch* ZfW 2009, 125). Die Europäischen Kommission überprüft aktuell ob und inwieweit es für die Abfallverbringungsverordnung Änderungsbedarf gibt. Die Kommission hat dazu im Jahre 2020 eine öffentliche Konsultation durchgeführt. Gegenstand der Überarbeitung könnten ein besseres Kontrollsystem, Maßnahmen gegen die illegale Verbringung von Abfällen sowie Maßnahmen zur Vermeidung möglicher Umwelt – und gesundheitlicher Schäden durch die Verbringung von Abfällen in Drittländer sein. Die Ausfuhr von Abfällen aus der EU in Länder außerhalb der Union soll beschränkt oder, soweit möglich, beendet werden. Das ergibt sich aus Ankündigungen der Kommission in ihrem Green Deal und in ihrem neuen Aktionsplan für die Kreislaufwirtschaft.

194 Das zentrale Regelwerk für die grenzüberschreitende Abfallverbringung ist die EU-AbfVerbrV (VO 1013/2006/EG). Die Verordnung setzt die Anforderungen des Basler Übereinkommens über die Kontrolle der grenzüberschreitenden Verbringung gefährlicher Abfälle und ihrer Entsorgung aus dem Jahre 1989 sowie die OECD-Ratsentscheidung zur Abfallverbringung um. Sie enthält neben Begriffsbestimmungen und generellen Verbringungsverboten im Wesentlichen Verfahrensvorschriften, die im grenzüberschreitenden Verkehr zu beachten sind. Im Rahmen eines sog. Notifizierungsverfahrens sind nunmehr alle Arten des Exportes, Importes oder Transits von Abfällen zwischen den Mitgliedstaaten aber auch mit Beteiligung von Drittländern anzeige-, genehmigungs- bzw. zustimmungspflichtig. Eine grenzüberschreitende Abfallverbringung ohne die erforderliche Notifizierung und/oder behördliche Zustimmung ist unzulässig und stellt eine Ordnungswidrigkeit oder – bei gefährlichen Abfällen – sogar eine Straftat nach § 326 Abs. 2 StGB dar. Diese Verpflichtungen gelten allerdings nur zum Teil für die Verbringung von Abfällen, die in einer grünen Liste aufgeführt sind, die ausschließlich zur Verwertung in ordnungsgemäß dafür zugelassenen Anlagen bestimmt sind (zur Grünlistung von Abfällen siehe BVerwG Beschl. v. 29.3.2011 – 7 B 76/10, juris Rn. 8).

195 Die Vertragsstaaten des Basler Abkommens berichten jährlich über die Durchführung des Übereinkommens. Alle drei Jahre erstellt die EU-Kommission anhand dieser Basel-Berichte der Mitgliedstaaten einen Durchführungsbericht. Aus dem Bericht der Kommission vom 22.11.2018 ergibt sich unter anderem, dass in den Jahren 2013–2015 von den Mitgliedstaaten 1.2 Mio. t gefährlicher Abfälle aus der EU ausgeführt wurden, während im gleichen Zeitraum 6.2 Mio. t aus Drittstaaten in die EU verbracht worden ist.

Gefährliche Abfälle machten in dem Zeitraum vom 2013–2015 rund 35% der Gesamtmenge von Abfällen aus, die aus den Mitgliedstaaten ausgeführt wurden.

Mit Urteil vom 16.12.2004 stellte der EuGH fest, dass die zuständigen Behörden am Versandort und am Bestimmungsort Einwände gegen eine Verbringung von zur Verwertung bestimmten Abfällen auf Erwägungen stützen können, die an die im Zusammenhang mit der Verbringung vorgesehene Verwertungsmaßnahme anknüpfen. Dabei kann die zuständige Behörde am Versandort bei der Prüfung der Auswirkungen der geplanten Verwertung auf die Gesundheit und die Umwelt die im Versandstaat für die Abfallverwertung geltenden Standards zugrunde legen, um einer Abfallverbringung zu widersprechen (EuGH AbfallR 2004, 47). Die Voraussetzungen für die Erhebung dieses Ökologieeinwandes sind in der AbfVerbrV ausdrücklich geregelt worden. Im Jahre 2014 ist die AbfVerbrV durch die Verordnung (EU) 660/2014 erneut geändert worden. 196

Die Verordnung sichert eine **Hausmüllautarkie** der Mitgliedstaaten ab. Exporte von gemischten Siedlungsabfällen aus privaten Haushaltungen können von den Behörden dadurch verhindert werden, dass unabhängig von einer Beseitigung oder Verwertung der Abfälle die Einwandsmöglichkeiten wie bei der Beseitigung gelten. Zudem können die Behörden einen speziellen Einwand gegen Verbringungen von Restmüll erheben. 197

Die Kommission hat sich in ihrem **„Green Deal"** im Jahre 2020 dafür ausgesprochen, mit der Überarbeitung der Verordnung Ausfuhren aus der Union einzuschränken. Diese Beschränkungen sollen nicht nur Abfälle betreffen, die sich in Drittländern negativ auf Gesundheit und Umwelt auswirken, sondern auch Abfälle, die innerhalb der EU behandelt werden können. 198

Das **Abfallverbringungsgesetz** regelt die für die Anwendung der Verordnung notwendigen ergänzenden Verfahrensbestimmungen für das Notifizierungsverfahren, konkretisiert Informationsverpflichtungen, Rücknahmeverpflichtungen und Kennzeichnungspflichten und ermächtigt zur Durchführung behördlicher Kontrollen und zu Anordnungen im Einzelfall. Das Gesetz bestimmt außerdem einen Autarkiegrundsatz, der sich auf einen Vorrang der Inlandsbeseitigung und auf einen Vorrang der Inlandsentsorgung für gemischte Siedlungsabfälle bezieht. Mit dem Gesetz zur Änderung abfallverbringungsrechtlicher Vorschriften vom 1.11.2016 sind das Abfallverbringungsgesetz, § 326 Abs. 2 StGB und die Abfallverbringungsbußgeldverordnung geändert worden. Eingeführt wurde die Pflicht der Länder, Kontrollpläne nach den Maßgaben der EU-V 1013/2006 für die nach dieser Verordnung durchzuführenden Kontrollen zu erstellen sowie regelmäßig zu überprüfen und zu aktualisieren. Die Kontrollpläne müssen auf einer Risikobewertung für spezifische Abfallströme und Ursprünge illegaler Verbringungen aufbauen. Mit der Risikobewertung soll die erforderliche Mindestzahl von Kontrollen ermittelt werden. Außerdem wurden strafrechtliche Sanktionsregelungen für Verstöße gegen die Verordnung (EG) 1013/2006 und von zusätzlichen Bußgeldtatbeständen für bestimmte Verstöße im Abfallverbringungsgesetz eingefügt. Die Strafvorschrift des § 326 Abs. 2 Nr. 1 StGB für Verstöße gegen die genannte Verordnung wird in das Abfallverbringungsgesetz verlagert. § 326 Abs. 2 StGB wird damit in die Fassung zurückgesetzt, die vor Inkrafttreten des 45. Strafrechtsänderungsgesetzes galt. 199

3. Untergesetzliche Regelwerke. Das Kreislaufwirtschaftsgesetz enthält eine Vielzahl von Ermächtigungen zum Erlass von Rechtsverordnungen, die für den Vollzug des Gesetzes von maßgeblicher Bedeutung sind. 200

a) Abfallverzeichnis-Verordnung. Das erste einheitliche europäische Abfallverzeichnis, der Europäische Abfallkatalog – EAK – wurde von der Europäischen Kommission am 20.12.1993 erlassen. Das große Verdienst dieses ersten Europäischen Abfallkata- 201 loges lag in der Zusammenführung völlig unterschiedlicher systematischer Ansätze in den unterschiedlichen Abfallverzeichnissen der Mitgliedstaaten der Europäischen Gemeinschaft. Neben dem EAK wurde auf europäischer Ebene 1994 noch das Verzeichnis gefährlicher Abfälle beschlossen. Der EAK und das Verzeichnis gefährlicher Abfälle sind durch die Kommission fortentwickelt worden.

202 Das Europäische Abfallverzeichnis führte zu einer Reihe von Änderungen (siehe *Hagmann/Reppekus* AbfallR 2004, 64). So wurde die Summe der Abfallarten und -schlüssel von bislang 655 auf 839 und die Zahl der gefährlichen Abfälle von 235 auf 405 erhöht. Daneben kam es auch zu einer Reihe von strukturellen Veränderungen. So wurde die bisherige Zweiteilung in einen Abfallkatalog, der das Gesamtverzeichnis aller Abfallarten enthält, und ein gesondertes Verzeichnis der gefährlichen Abfälle aufgegeben. Es gibt nur noch einen einheitlichen Gesamtkatalog, das Abfallverzeichnis, in dem jedoch die als gefährlich eingestuften Abfallarten gesondert mit einem Sternchen gekennzeichnet werden. Dieser neue europäische Abfallkatalog wurde durch die Abfallverzeichnisverordnung vom 10.12.2001 für Deutschland übernommen.

203 Mit einer Verordnung zur Umsetzung der novellierten abfallrechtlichen Gefährlichkeitskriterien vom 4.3.2016 ist die AVV novelliert worden (dazu *Kropp* AbfallR 2017, 22 ff., der die Umsetzungsprobleme der Novelle im Einzelnen erläutert). Mit der Verordnung (EU) der Kommission Nr. 1357/2014 vom 18.12.2014 zur Ersetzung von Anhang III der Richtlinie 2008/98/EG des Europäischen Parlaments und des Rates über Abfälle und zur Aufhebung bestimmter Richtlinien sowie mit dem Beschluss der Kommission vom 18.12.2014 zur Änderung der Entscheidung 2000/532/EG über ein Abfallverzeichnis gemäß der Richtlinie 2008/98/EG des Europäischen Parlaments und des Rates (2014/955/EU) sind die Regelungen zur Einstufung von Abfällen als gefährliche Abfälle an die Rechtsvorschriften der Gemeinschaft über Chemikalien, hier die Verordnung (EG) Nr. 1272/2008 (sog. CLP-Verordnung), angeglichen worden. Ausgehend von dem in Erwägungsgrund 14 der AbfRRL formulierten Regelungsanspruch sind zukünftig insbesondere die chemikalienrechtlichen Regelungen zur Einstufung von Gemischen als gefährlich, einschließlich der zu diesem Zweck verwendeten Konzentrationsgrenzwerte, anzuwenden. Hierdurch wird eine harmonisierte Bestimmung gefährlicher Abfälle in der Gemeinschaft sichergestellt. Erforderlich ist dieser Novellierungsprozess auch vor dem Hintergrund geworden, dass seit dem 1.6.2015 die Stoff- und die Zubereitungsrichtlinie (67/548/EWG und 1999/45/EG) aufgehoben wurden und für die Einstufung, Kennzeichnung und Verpackung von Stoffen und Gemischen ausschließlich die CLP-Verordnung anzuwenden ist.

204 **b) Nachweisverordnung.** Der Gesetzgeber knüpft an die Gefährlichkeit von Abfällen ein obligatorisches Nachweisverfahren, das ohne besondere Anordnung der zuständigen Behörde durchzuführen ist (§ 50 KrWG). Die zuständige Behörde kann nach § 51 Abs. 1 S. 1 KrWG anordnen, dass die Erzeuger, Besitzer, Beförderer oder Entsorger von nicht gefährlichen Abfällen, jedoch ausgenommen private Haushaltungen, Register oder Nachweise zu führen und vorzulegen oder Angaben aus den Registern mitzuteilen haben, soweit Pflichten nach den §§ 49, 50 KrWG nicht bestehen oder sie bestimmten Anforderungen entsprechend § 10 Abs. 2 Nrn. 2 und 3 sowie 5 bis 8 KrWG nachzukommen haben.

205 Beim Nachweisverfahren ist grundsätzlich zwischen einer **Vorabkontrolle** über die Zulässigkeit der beabsichtigten Verwertung oder Beseitigung sowie einer **Verbleibkontrolle** über die bereits durchgeführte Verwertung oder Beseitigung zu unterscheiden. Die Nachweisverordnung regelt dementsprechend im Kern die Überwachung der Zulässigkeit der vorgesehenen Entsorgung sowie die Überwachung der bereits durchgeführten

Entsorgung. Auf der Grundlage der bisherigen Erfahrungen mit der Nachweisverordnung ist die Verordnung 2002 und 2007 novelliert worden, wobei allerdings Struktur, Systematik und der wesentliche Regelungsgehalt der einzelnen Bestimmungen unberührt geblieben sind. Ersetzt worden ist die Deklarationsanalyse des Entsorgungsnachweises durch Angaben zur Entstehung des Abfalls, die Zulässigkeit der Führung von Sammelentsorgungsnachweisen wurde erweitert, das Anzeigeverfahren im privilegierten Verfahren wurde gestrichen und eine Experimentierklausel für Nachweisverfahren in elektronischer Form wurde eingeführt. Zur Führung von Nachweisen und Registern über die Entsorgung gefährlicher Abfälle ist die elektronische Form verbindlich eingeführt worden. Für nicht gefährliche Abfälle wird die Führung von Registern in elektronischer Form freigestellt. Die Register ersetzen die bisherigen Nachweisbücher. Das bisher mögliche vereinfachte Nachweisverfahren ist abgeschafft worden. Gleiches gilt für das privilegierte Verfahren, das durch ein an das Grundverfahren angepasstes Anzeigeverfahren ersetzt worden ist.

II. Abfallrecht der Länder

Da das Abfallrecht nicht abschließend bundesrechtlich geregelt ist, bedurfte es der **206** Ausführungsgesetze der Bundesländer, die vor allem Fragen der Organisation der Abfallentsorgung, die Bestimmung der öffentlich-rechtlichen Entsorgungsträger, die Vollzugsbehörden, Fragen der Abfallwirtschaftsplanung, der Finanzierung und der Verantwortlichkeit für Altlasten und Altstandorte regeln. § 71 KrWG legt fest, dass von den im KrWG und den aufgrund dieses Gesetzes getroffenen Regelungen zum Verwaltungsverfahren durch Landesrecht nicht abgewichen werden kann.

Neben der Bestimmung der für die Ausführung des Bundesrechts zuständigen Behör- **207** den regeln die Ländergesetze unter anderem auch die Anforderungen an die kommunalen Abfallsatzungen und die kommunale Zusammenarbeit im Rahmen der Abfallentsorgung.

III. Kommunales Abfallrecht

Die Landesgesetzgeber haben die Aufgaben der Abfallentsorgung regelmäßig den **208** Kreisen und kreisfreien Städten, teilweise auch für Teilleistungen, etwa für das Einsammeln und Befördern, den Gemeinden übertragen. Diese **Hochzonung** der Aufgaben von den Gemeinden ist verfassungsrechtlich nicht zu beanstanden, sachlich ist sie geboten (BVerfG Beschl. v. 23.11.1988, BVerfGE 79, 127; *Hoppe* DVBl. 1990, 609; *Beckmann/Wittmann* AbfallR 2011, 55 ff.). Kommunales Abfallrecht wird in kommunalen **Abfallwirtschaftskonzepten,** die als Satzung ergehen, in **Abfallsatzungen** und in **Abfallgebührensatzungen** geregelt.

Die kommunalen Abfallwirtschaftskonzepte enthalten eine Übersicht über den Stand **209** der öffentlichen Abfallentsorgung. Sie listen Abfallmengen, Abfallströme, geplante Maßnahmen, den Nachweis der Entsorgungssicherheit etc. auf. Die Abfallsatzung regelt, in welcher Weise der Körperschaft die Abfälle zu überlassen sind. Den Umfang der Überlassungspflichten für Abfälle aus anderen Herkunftsbereichen kann sie dagegen nicht regeln (VGH Mannheim Urt. v. 5.2.2002, AbfallR 2002, 38; VGH Mannheim Urt. v. 2.2.2003, ZUR 2004, 358). Sie kann **Anschluss- und Benutzungszwang** vorsehen.

In **Abfallgebührensatzungen** schließlich werden die Gebühren für die Entsorgungs- **210** leistungen der Kommunen festgelegt. Die Einführung kommunaler Verpackungssteuern durch Satzungen der Kommunen ist allerdings unzulässig (vgl. BVerfG Urt. v. 7.5.1998,

NJW 1998, 2341; siehe auch *Tomerius* NuR 1999, 621). Die Kommunen sind auch nicht berechtigt, in ihrer Abfallsatzung das Abfallrecht des Bundes normativ auszulegen. Das Getrennthalten von Abfällen etwa können sie nur hinsichtlich der Modalitäten der Überlassung regeln (BayVGH Beschl. v. 27.10.2000, DÖV 2001, 257 f.).

6. Gesetz zur Förderung der Kreislaufwirtschaft und Sicherung der umweltverträglichen Bewirtschaftung von Abfällen (Kreislaufwirtschaftsgesetz – KrWG)[1]

Vom 24. Februar 2012

(BGBl. I S. 212), zuletzt geändert durch Art. 2 Abs. 2 G v. 9.12.2020 (BGBl. I S. 2873)

Teil 1. Allgemeine Vorschriften

§ 1 Zweck des Gesetzes

(1) **Zweck des Gesetzes ist es, die Kreislaufwirtschaft zur Schonung der natürlichen Ressourcen zu fördern und den Schutz von Mensch und Umwelt bei der Erzeugung und Bewirtschaftung von Abfällen sicherzustellen.**

(2) **Mit dem Gesetz soll außerdem das Erreichen der europarechtlichen Zielvorgaben der Richtlinie 2008/98/EG des Europäischen Parlaments und des Rates vom 19. November 2008 über Abfälle und zur Aufhebung bestimmter Richtlinien (ABl. L 312 vom 22.11.2008, S. 3, L 127 vom 26.5.2009, S. 24, L 297 vom 13.11.2015, S. 9, L 42 vom 18.2.2017, S. 43), die zuletzt durch die Richtlinie (EU) 2018/851 (ABl. L 150 vom 14.6.2018, S. 109) geändert worden ist, gefördert werden.**

Schrifttum: *Beckmann,* Das neue Kreislaufwirtschaftsgesetz. Ziele des Gesetzgebers und deren Erreichbarkeit mit dem KrWG, AbfallR 2012, 142; *Beckmann,* Das deutsche Abfallrecht als Instrument des Klimaschutzes und der Ressourcenschonung, AbfallR 2008, 65; *Dieckmann,* Abfallarme Beschaffung im Spannungsfeld zwischen Kreislaufwirtschaftsrecht und Vergaberecht, AbfallR 2019, 274; *Dieckmann,* Der Arbeitsentwurf für das neue Kreislaufwirtschaftsgesetz, AbfallR 2010, 64; *Elger,* Landfill Mining: Ein realistischer Beitrag zum Ressourcenschutz?, NuR 2013, 257; *Faßbender,* Abfallhierarchie, Vermeidungsprogramme, Recyclingquoten – wirksame Instrumente für Vermeidung und Ressourcenschutz?, AbfallR 2011, 165; *Frenz,* Abfallwirtschaftsplanung und Klimaschutz zwischen alter und neuer Abfallrahmenrichtlinie, UPR 2009, 241; *Hutsch,* Rechtspolitische Ziele des Kreislaufwirtschaftsgesetzes auf dem Prüfstand, DÖV 2012, 145; *Friege/Kummer/Steinhäuser/Wuttke/Zeschmar-Lahl,* Umgang mit Schnittstellen zwischen Chemikalien-, Produkt- und Abfallrecht, AbfallR 2019, 66; *Jung,* Kreislaufwirtschaft als Wirtschaftsmodell, AbfallR 2020, 2 ff.; *Jung,* Der Arbeitsentwurf des neuen Kreislaufwirtschaftsgesetzes aus Sicht des Landes Rheinland-Pfalz, AbfallR 2010, 114; *Ludwig/Hentschel,* Verbote, Steuern und Abfallvermeidungspläne – Kommunale Maßnahmen zur Plastikvermeidung, AbfallR 2020, 12; *Petersen/Doumet/Stöhr,* Das neue Kreislaufwirtschaftsgesetz, NVwZ 2012, 521 ff.; *Queitsch,* Die Novellierung des Kreislaufwirtschafts- und Abfallgesetzes, AbfallR 2011, 30; *Rummler,* Auswirkungen der Abfallrahmenrichtlinie auf Stoffströme und Ressourcenpolitik, in: Thome-Kozmiensky/Goldmann, Recycling und Rohstoffe, 2009, S. 113; *Sanden/Schomerus,* Rechtsfragen des Landfill Mining, AbfallR 2012, 194; *Schomerus/Herrmann-Reichold/Stropahl,* Abfallvermeidungsprogramme im neuen Kreislaufwirtschaftsgesetz – ein Beitrag zum Ressourcenschutz?, ZUR 2011, 507; *Smeddinck,* Die Entwicklung des Ressourcenschutzrechts, VerwArch 2012, 183; *Thomas,* Die Bedeutung eines Wertstoffgesetzes im Lichte von Ressourceneffizienz und Klimaschutz, AbfallR 2013, 69; *Wendenburg,* Von der Müllkippe zur Ressourcenpolitik – 40 Jahre Abfallpolitik in Deutschland, Müll und Abfall 2009, 163.

---

[1] Die Änderungen des KrWG durch Art. 1 G v. 23.10.2020 (BGBl. I S. 2232) und Art. 2 Abs. 2 G v. 9.12.2020 (BGBl. I S. 2873) sind in den Vorschriftentexten und Kommentierungen noch nicht vollständig berücksichtigt. Eine Anpassung erfolgt mit einer der nächsten Ergänzungslieferungen.

Übersicht

A. Überblick

1 § 1 ist durch das Gesetz zur Umsetzung der Abfallrahmenrichtlinie der Europäischen Union 2020 um einen Absatz 2 ergänzt worden. Der bisherige Wortlaut gilt unverändert als Absatz 1 dieser Bestimmung fort.

2 § 1 baut auf der Vorgängervorschrift des § 1 KrW-/AbfG auf. Der erste Teil der Zielbestimmung, der die Förderung der Kreislaufwirtschaft zur Schonung der natürlichen Ressourcen als Gesetzeszweck bestimmt, bleibt gegenüber der früheren Regelung inhaltlich unverändert. Allerdings wird der Begriff der Kreislaufwirtschaft nunmehr in § 3 Abs. 19 legaldefiniert. Zur Kreislaufwirtschaft zählen danach die Vermeidung und Verwertung von Abfällen. Instrumente zur Förderung der Kreislaufwirtschaft sind einerseits in den §§ 6–14 und andererseits vor allem in den §§ 23 ff. zur Produktverantwortung und nicht zuletzt auch in den Vorschriften zur Abfallwirtschaftsplanung und zu Abfallvermeidungsprogrammen (§§ 30 ff.) geregelt (zur Bedeutung einer einheitlichen Wertstofferfassung für die Ressourcenschonung siehe *Thomas,* AbfallR 2013, 69, 73).

3 Der zweite Teil der Zweckbestimmung des Gesetzes in § 1 Abs. 1 ist gegenüber der früheren Regelung erweitert worden. Zweck des Gesetzes ist nicht mehr nur die Sicherung der umweltverträglichen Beseitigung von Abfällen. Entsprechend den Vorgaben des Art. 1 AbfRRL dient das Gesetz dem Schutz von Mensch und Umwelt bei der Erzeugung und Bewirtschaftung von Abfällen. Das Schutzniveau des Gesetzes hat sich dadurch jedoch nicht erhöht. Als Abfallbewirtschaftung definiert der Gesetzgeber in § 3 Abs. 14 die Bereitstellung, die Überlassung, die Sammlung, die Beförderung sowie die Verwertung und die Beseitigung von Abfällen, einschließlich der Überwachung dieser Verfahren, der Nachsorge von Beseitigungsanlagen sowie der Tätigkeiten, die von Händlern und Maklern vorgenommen werden.

4 § 1 dient der Information der Gesetzesadressaten über die vom Gesetzgeber mit dem Gesetz verfolgten Zwecke. Deshalb wäre es zu begrüßen gewesen, wenn sich der Gesetzgeber in § 1 Abs. 2 nicht auf einen Verweis auf europarechtliche Zielvorgaben der Abfallrahmenrichtlinie beschränkt, sondern die von ihm gemeinten Zielvorgaben auch im Gesetz selbst bezeichnet hätte. Darüber hinaus dient § 1 als **Auslegungsgrundlage** für das Gesetz insgesamt sowie als zu berücksichtigende Vorgabe für die Ausübung behördlichen Ermessens und nicht zuletzt als Vorgabe für die Ausübung zahlreicher Ermächtigungen zum Erlass untergesetzlicher Regelungen. Angesichts wenig konkreter Zielvorgaben spielt die Vorschrift allerdings praktisch keine große Rolle. Die Zielbestimmung des Gesetzes steht in unmittelbarem Zusammenhang mit der **Staatszielbestimmung** des Art. 20a GG zum Schutz natürlicher Lebensgrundlagen, welche die Gesetzgebung und nach Maßgabe der Gesetze die Exekutive und die Rechtsprechung verpflichtet. Der Schutz natürlicher Lebensgrundlagen durch Art. 20a GG bedarf einer Konkretisierung

durch den Gesetzgeber. § 1 ist eine Konkretisierung in diesem Sinne. Exekutive und Judikative haben bei der Anwendung und Auslegung einfachgesetzlicher Regelungen die Staatszielbestimmung des Art. 20a GG zu berücksichtigen.

Nicht zuletzt forderte bereits die „Thematische Strategie der EU zur Ressourcenschonung“ aus dem Jahr 2005 die Mitgliedstaaten auf, nationale Programme für die nachhaltige Verwendung natürlicher Ressourcen aufzulegen (*Smeddinck,* VerwArch 2012, 183, 186). Erwägungsgrund Nr. 27 der AbfRRL erläutert dazu, dass die Einführung einer erweiterten Herstellerverantwortung eines der Mittel sein soll, um die Gestaltung und Herstellung von Gütern zu fördern, die während ihres gesamten Lebenszyklus, einschließlich ihrer Reparatur, Wiederverwendung und der Montage sowie ihres Recyclings, eine effiziente Ressourcennutzung in vollem Umfang berücksichtigen und fördern, ohne dass dadurch der freie Warenverkehr im Binnenmarkt beeinträchtigt wird. Die Abfallrahmenrichtlinie strebt insgesamt eine Recyclinggesellschaft mit effizienter Ressourcennutzung an. Erwägungsgrund 41 führt dazu aus, um dem Ziel einer Europäischen Recyclinggesellschaft mit einem hohen Maß an Effizienz der Ressourcennutzung näher zu kommen, sollten Zielvorgaben für die Vorbereitung von Abfällen zur Wiederverwendung und zum Recycling aufgestellt werden. 5

Im März 2020 hat die Europäische Kommission einen **Aktionsplan für die Kreislaufwirtschaft** bekannt gegeben. Ziel dieses Plans ist es, dazu beizutragen, dass der Ressourcenverbrauch innerhalb der Belastungsgrenzen des Planeten bleibt. Der Plan verfolgt eine Strategie für eine klimaneutrale, ressourceneffiziente und wettbewerbsfähige Wirtschaft. Produkte, Dienstleistungen und Geschäftsmodelle sollen so verändert werden, dass möglichst kein Abfall erzeugt wird. Weitere Maßnahmen sollen darauf abzielen, Abfallmengen zu verringern und sicherzustellen, dass innerhalb der EU ein effizienter Binnenmarkt für hochwertige Sekundärrohstoffe entsteht. 6

Eine Förderung der Kreislaufwirtschaft zur Schonung der natürlichen Ressourcen dient unmittelbar und mittelbar auch dem Schutz von Mensch und Umwelt. Gleichwohl kann es zwischen den beiden Gesetzeszwecken der Förderung der Kreislaufwirtschaft und dem Schutz von Mensch und Umwelt zu Konflikten kommen. Nicht alles, was der Förderung der Kreislaufwirtschaft dient, muss auch umweltverträglich sein, das heißt, mit anderen Umweltbelangen, etwa dem Gewässerschutz, dem Bodenschutz oder der Luftreinhaltung, verträglich sein. Insoweit kann es im Einzelfall bei der Auslegung einzelner Bestimmungen des Gesetzes, bei dem Erlass untergesetzlicher Regelungen oder bei der Ausübung von behördlichem Ermessen eines verhältnismäßigen Ausgleichs konfligierender Zielsetzungen bedürfen, soweit nicht das Gesetz selbst bereits verbindliche Vorgaben zur Lösung dieses latenten Konflikts vorsieht. Die Notwendigkeit eines verhältnismäßigen Ausgleichs wird nicht zuletzt auch aus § 6 Abs. 2 S. 3 Nr. 2 deutlich, wonach das Maß der Schonung der natürlichen Ressourcen ein Kriterium von mehreren ist, das für die Betrachtung der Auswirkungen von Abfallbewirtschaftungsmaßnahmen auf Mensch und Umwelt zu berücksichtigen ist. 7

Zwar ist die Förderung der Kreislaufwirtschaft in § 1 Abs. 1 als erster Zweck der dualen Zweckbestimmung vor dem Schutz von Mensch und Umwelt bei der Erzeugung und Bewirtschaftung von Abfällen genannt. Daraus lässt sich jedoch keine **Rangfolge** der beiden Gesetzeszwecke in Absatz 1 ableiten (so zutreffend *Schink,* in: Schink/Versteyl, KrWG, § 1 Rn. 7). Aus der doppelten Zwecksetzung des Gesetzgebers wird allerdings deutlich, dass das Kreislaufwirtschaftsrecht Teil des Wirtschaftsverwaltungsrechts einerseits und des Umweltschutzrechts andererseits ist. 8

Die in § 1 Abs. 1 ausdrücklich gesetzlich geregelten Gesetzeszwecke sind von den Zielen des Gesetzgebers im Übrigen abzugrenzen, die er mit dem KrWG verfolgt und die sich im Wesentlichen aus der Gesetzesbegründung ergeben. Das zum 1.6.2012 in Kraft 9 getretene Gesetz dient der Umsetzung der Abfallrichtlinie 2008/98/EG und der Weiterentwicklung des deutschen Abfallrechts auf der Basis seiner europarechtlichen Grundlage. In der einführenden Begründung des Gesetzentwurfs (BT-Drs. 17/6052, S. 1) erläutert die Bundesregierung unter der Überschrift „Problem und Ziel", das Gesetz diene dazu, die Abfallrahmenrichtlinie umzusetzen, deren Ziel es sei, die schädlichen Auswirkungen der Erzeugung und Bewirtschaftung von Abfällen zu verringern, die Gesamtauswirkungen der Ressourcennutzung zu reduzieren und die Ressourceneffizienz der Abfallwirtschaft zu verbessern. Mit verbesserten Regelungen zur Kreislaufwirtschaft sollen – so die Begründung der Bundesregierung – Rohstoffe noch besser erfasst und noch weitgehender Sekundärrohstoffe substituiert werden. Ziel der Novelle des Abfallrechts sei insgesamt eine ökologisch und ökonomisch effizientere sowie verbraucherfreund liche Ausrichtung der Abfallwirtschaft. Des Weiteren wird in der Gesetzesbegründung darauf hingewiesen, dass das Gesetz der Vermeidung von Abfällen der nachhaltigen Förderung des Recyclings dient und die Grundlage für eine durchgreifende Verbesserung des Ressourcenmanagements und der Ressourceneffizienz in Deutschland legt (BT-Drs. 17/6052, S. 1; zu den Zielen des Gesetzgebers *Beckmann,* AbfallR 2012, 142). Diese in der Gesetzesbegründung genannten Ziele des Gesetzgebers können keine mit dem ausdrücklich geregelten Gesetzeszweck vergleichbare Bindungswirkung entfalten. Im Rahmen einer historischen Auslegung können solche Erläuterungen in der Gesetzesbegründung aber neben anderen Auslegungskriterien eine Rolle spielen, soweit der sich daraus ergebende Wille des Gesetzgebers im Gesetzestext zumindest Anklang gefunden hat.

B. Förderung der Kreislaufwirtschaft (Absatz 1)

I. Begriff der Kreislaufwirtschaft

10 Die Förderung der Kreislaufwirtschaft zur Schonung der natürlichen Ressourcen war bereits Zweck des KrW-/AbfG. Allerdings wird der Begriff der Kreislaufwirtschaft jetzt in § 3 Abs. 19 vom Gesetzgeber selbst definiert. Kreislaufwirtschaft sind danach die Vermeidung und Verwertung von Abfällen. Überzeugend ist diese neue Begriffsbestimmung allerdings nicht (*Beckmann* AbfallR 2012, 142, 143). Der Begriff der Kreislaufwirtschaft lässt nämlich ein auf die Bildung von Stoffkreisläufen gerichtetes Abfallwirtschaftskonzept vermuten. Waren oder Stoffe sollen in diesem Sinne nach ihrer Verwendung nicht als Abfall zur Beseitigung aus dem Kreislauf ausgeschlossen, sondern im Kreislauf gehalten werden, um möglichst für den ursprünglichen oder aber zumindest für einen anderen, möglichst hochwertigen Verwendungszweck weitergenutzt werden zu können.

11 § 8 Abs. 2 ermächtigt die Bundesregierung deshalb zB zum Erlass einer Rechtsverordnung, mit der eine sogenannte **Kaskadennutzung** vorgeschrieben werden kann, die dazu führt, dass Abfälle entsprechend ihrer Art, Beschaffenheit, Menge und Inhaltsstoffe durch mehrfache, hintereinander geschaltete stoffliche und anschließende energetische Verwertungsmaßnahmen verwertet werden. Und dementsprechend bezeichnet § 3 Abs. 20 S. 2 die anlageninterne Kreislaufführung von Stoffen als eine Maßnahme der Abfallvermeidung, die definitionsgemäß Teil der Kreislaufwirtschaft ist. Auch Rücknahme- und Rückgabepflichten im Rahmen der Produktverantwortung können (müssen aber nicht) zu Stoffkreisläufen im Sinne der Kreislaufwirtschaft führen.

12 Warum jedoch der gesamte Bereich der Verwertung, dh insbesondere auch die energetische Nutzung von Abfällen durch ihre schlichte Verbrennung und die Verfüllung von Hohlräumen und Tagebauen sowie die stoffliche Verwertung von Abfällen beim Bau von

Deponien oder Lärmschutzeinrichtungen der Kreislaufwirtschaft zugerechnet werden, erschließt sich nicht. Mit der Bildung von Stoffkreisläufen haben diese Formen der sonstigen Verwertung nichts zu tun (*Beckmann* AbfallR 2012, 142, 143; *Beckmann,* AbfallR 2008, 65, 66 f.).

13 Als **Verfüllung** bezeichnet der Gesetzgeber in § 3 Abs. 23a S. 1 jedes Verwertungsverfahren, bei dem geeignete nicht gefährliche Abfälle zur Rekultivierung von Abgrabungen oder zu bautechnischen Zwecken bei der Landschaftsgestaltung verwendet werden. Die Verfüllung ist insoweit ein Verwertungsverfahren; die Kreislaufwirtschaft wird damit allerdings nicht befördert.

14 Zutreffend weist Jung darauf hin, dass die Legaldefinition der Kreislaufwirtschaft in § 3 Abs. 19 sich auf den Begriff der Kreislaufwirtschaft im Sinne des KrWG bezieht und insoweit zumeist als Synonym für den Begriff Abfallwirtschaft und nicht darüber hinaus in einem umfassenderen, die Wirtschaft insgesamt einbeziehenden Sinne verstanden wird (*Jung,* AbfallR 2020, 2 unter Verweis auf den Statusbericht der deutschen Kreislaufwirtschaft 2018 der in der Abfallwirtschaft tätigen Wirtschaftsverbände; zu einem weiteren Verständnis des Begriffs Kreislaufwirtschaft siehe *Rat von Sachverständigen für Umweltfragen,* Umweltgutachten 2020, S. 115 ff.).

15 Der Aktionsplan für die Kreislaufwirtschaft der EU-Kommission nennt als Ziel der Kreislaufwirtschaft eine „stärker kreislauforientierte Wirtschaft, bei der es darum geht, den Wert von Produkten, Stoffen und Ressourcen innerhalb der Wirtschaft so lange wie möglich zu erhalten und möglichst wenig Abfall zu erzeugen". Dazu soll nach Erwägungsgrund 1 EU-Änderungsrichtlinie 2018/851/EU zur Abfallrahmenrichtlinie der gesamte Lebenszyklus von Produkten in einer Art und Weise betrachtet werden, die die Ressourcen erhält und den Kreislauf schließt. Im Gegensatz zu der im KrWG verwendeten Legaldefinition der Kreislaufwirtschaft bezieht die EU-Strategie die Produktions- und Konsumphase ausdrücklich ein (SRU-Umweltgutachten 2020, S. 118).

16 Mit dem auf eine Förderung der Kreislaufwirtschaft bezogenen Gesetzeszweck verdeutlicht der Gesetzgeber, dass das Gesetz weder dazu gedacht noch geeignet ist, eine idealtypische Kreislaufwirtschaft zu realisieren. Vielmehr handelt es sich um eine Zielvorgabe, an welche die Abfallwirtschaft auf der Grundlage der im Gesetz bestimmten rechtlichen Rahmenbedingungen heranzuführen ist (*Mann,* in: Versteyl/Mann/Schomerus, KrWG, § 1 Rn. 4).

II. Instrumente der Kreislaufwirtschaft

17 Unabhängig davon bestimmt das KrWG mit verschiedenen Instrumenten wichtige Vorgaben für einen effektiveren Ressourcenschutz zur Förderung der Kreislaufwirtschaft. Das gilt zB für die sich aus der Abfallrahmenrichtlinie ergebende Verpflichtung zur Aufstellung von **Abfallvermeidungsprogrammen** (§ 33) und für die Förderung des Recyclings im Rahmen der fünfstufigen **Abfallhierarchie** (§ 6). § 6 Abs. 3 verweist auf die Anlage 5 des Gesetzes, die eine nicht abschließende Liste von Beispielen für Maßnahmen und wirtschaftliche Instrumente zur Schaffung von Anreizen für die Anwendung der Abfallhierarchie von Verwertungsverfahren enthält. Verbindlich ist diese Liste der Anlage 5 allerdings nicht. Nicht zuletzt sind die **Getrenntsammlungspflichten und Vermischungsverbote** der §§ 9, 9a, 15 Abs. 3 Instrumente der Kreislaufwirtschaft und der Ressourcenschonung. Für die Verwertung sieht das KrWG ein generelles Vermischungsverbot für gefährliche Abfälle (§ 9a) und Verordnungsermächtigungen für die Bundesregierung vor, die unter anderem auch spezielle Getrenntsammlungspflichten für bestimmte Abfälle ermöglichen. Nach § 20 Abs. 2 sind die öffentlichen-rechtlichen Entsorgungsträger verpflichtet, Bioabfälle, Kunststoffabfälle, Metallabfälle, Papierabfälle, Glas, Textilabfälle, Sperrmüll und gefährliche Abfälle getrennt zu sammeln.

18 Schließlich dienen der Kreislaufwirtschaft und dem Ressourcenschutz auch die zur Umsetzung einer entsprechenden Verpflichtung nach Art. 11 Abs. 2 AbfRRL vorgesehenen Quoten für die Vorbereitung zur Wiederverwendung und das Recycling von Siedlungsabfällen. § 14 Abs. 1 schreibt vor, dass die Vorbereitung zur Wiederverwendung und das Recycling ab dem 1.1.2020 insgesamt mindestens 50 Gewichtsprozent, spätestens ab dem 1.1.2025 insgesamt 55 Gewichtsprozent, spätestens ab dem 1.1.2030 insgesamt 60 Gewichtsprozent und spätestens ab dem 1.1.2035 insgesamt mindestens 65 Gewichtsprozent betragen soll. Diese **Quoten** sind zwar nicht für einzelne Abfallerzeuger und Abfallbesitzer unmittelbar verbindlich, sondern als Zielvorgaben an die gesamte Abfallwirtschaft adressiert. Schon von daher dürften sie nicht geeignet sein, die verantwortlichen Abfallbesitzer und Abfallerzeuger zu veranlassen, ihre Bemühungen um ein Recycling ihrer Abfälle zu erhöhen..

III. Ressourcenschonung

19 Die Förderung der Kreislaufwirtschaft dient nach dem Willen des Gesetzgebers keinem Selbstzweck, sondern der Schonung der natürlichen Ressourcen. Auch wenn der Gesetzgeber in § 1 Abs. 1 lediglich die Schonung natürlicher Ressourcen als Zweck der Förderung der Kreislaufwirtschaft angibt, ist nicht zuletzt angesichts der Staatszielbestimmung des Art. 20a GG der Schutz natürlicher Lebensgrundlagen von den Förderabsichten des Gesetzgebers gedeckt. Angesichts einer wachsenden Weltbevölkerung und des gleichzeitigen Bestrebens nach höherem Wohlstand steigt der weltweite Ressourcenverbrauch kontinuierlich. Der gesamte Rohstoffverbrauch erhöhte sich zwischen den Jahren 1980 und 2007 um 62% (*Elger,* NuR 2013, 257, 258). Der weltweite Verbrauch von Materialien wie Biomasse, fossilen Brennstoffen, Metallen und Mineralien wird sich voraussichtlich in den nächsten 40 Jahren verdoppeln, während das jährliche Abfallaufkommen bis zum Jahre 2050 voraussichtlich um 70 Prozent steigen wird (vgl. die Einleitung des Aktionsplans für die Kreislaufwirtschaft der EU-Kommission vom 11.3.2020; SRU-Umweltgutachten 2020, S. 115). In Deutschland ist die Nutzung von Rohstoffen seit Jahrzehnten besonders hoch. Er war im Jahr 2017 mit 22,8t pro Einwohner fast doppelt so hoch wie der weltweite Durchschnitt von 12,2t pro Einwohner und Jahr SRU-Umweltgutachten 2020, S. 116).

20 Die EU-Kommission verfolgt mit ihrem Green Deal und ihrem Aktionsplan für die Kreislaufwirtschaft das Ziel, Europa und die Welt vor den existenziellen Bedrohungen durch den Klimawandel und die Umweltzerstörung zu bewahren. Europa braucht nach Einschätzung der EU-Kommission eine neue Wachstumsstrategie, wenn der Übergang zu einer modernen, ressourceneffizienten und wettbewerbsfähigen Wirtschaft gelingen soll, in der bis zum Jahr 2050 keine Netto-Treibhausgasemissionen mehr freigesetzt werden, das Wirtschaftswachstum von der Ressourcennutzung abgekoppelt wird sowie niemand, weder Mensch noch Region, im Stich gelassen wird. Der sogenannte europäische Green Deal erstreckt sich auf einen Aktionsplan zur Förderung effizienterer Ressourcennutzung durch den Übergang zu einer sauberen und kreislauforientierten Wirtschaft und zur Wiederherstellung der Biodiversität und zur Bekämpfung der Umweltverschmutzung.

21 Natürliche Ressourcen, die durch die Kreislaufwirtschaft geschont werden sollen, sind Rohstoffe und Primärenergieträger. An sie vor allem dürfte der Gesetzgeber bei der Formulierung des Gesetzeszwecks gedacht haben. In der Gesetzesbegründung der

Bundesregierung zur insoweit inhaltsgleichen Vorgängerregelung heißt es dazu, stärker noch als im Abfallgesetz aus dem Jahre 1986 rücke das KrW-/AbfG **Abfallvermeidung** und Schonung der natürlichen Ressourcen in den Vordergrund. Eine abfallarme Kreislaufwirtschaft diene diesen beiden Zielen (BT-Drs. 12/5672, S. 39). Abfallvermeidung im Wege der Ressourcenschonung wird in erster Linie durch die Verwendung von Abfällen als Sekundärrohstoffe und als Sekundärbrennstoffe ermöglicht. Ein solcher Einsatz von Abfällen verringert den Einsatz von natürlichen Rohstoffen, wie zB Holz bei der Papierherstellung, und Primärbrennstoffen, wie zB Kohle, Gas und Öl, die durch Bevölkerungs- und Wirtschaftswachstum weltweit knapp zu werden drohen. Der Einsatz von Sekundärrohstoffen und Sekundärbrennstoffen dient dem Umweltschutz aber nicht nur durch die Vermeidung ansonsten anfallender Abfälle zur Beseitigung. Vielmehr vermeidet eine Ressourcenschonung durch den Einsatz von Sekundärrohstoffen und Sekundärbrennstoffen Umweltprobleme, die mit der Gewinnung natürlicher Rohstoffe und Primärbrennstoffe unvermeidbar verbunden sind. Ressourcenschonende Ziele verfolgen insbesondere die Verpackungsverordnung, die Altfahrzeug-Verordnung und das Elektrogesetz (dazu *Smeddinck,* VerwArch 2012, 183, 195). Als Instrument der Ressourcenschonung wird auch der Rückbau von alten Mülldeponien mit dem Ziel, dort abgelagerte Sekundärrohstoffe gewinnen zu können, diskutiert (*Elger,* NuR 2013, 257).

In der Volkswirtschaftslehre werden als Ressourcen typischerweise Produktionsfaktoren **22** wie Arbeit, Boden, Umwelt und Kapital bezeichnet. Als **natürliche Ressourcen** werden insoweit vor allem natürliche Produktionsfaktoren, das heißt Rohstoffe und Energie verstanden. In einem engeren Sinn bezeichnen natürliche Ressourcen daher die vorhandenen Rohstoffe und Energiequellen. Bei einem in diesem Sinne engeren Verständnis des Begriffs der natürlichen Ressourcen würde die Förderung der Kreislaufwirtschaft nicht dem Schutz natürlicher Lebensgrundlagen, sondern ausschließlich der Sicherung von Rohstoff- und Energievorkommen dienen. Das hätte zur Konsequenz, dass bei der Abfallbeseitigung, die nicht zur Kreislaufwirtschaft zählt, der Schutz natürlicher Lebensgrundlagen zu beachten wäre, während Verwertung und Vermeidung von Abfällen im Rahmen der Kreislaufwirtschaft nicht diesem Schutz natürlicher Lebensgrundlagen verpflichtet wären. Eine solche Auslegung der Gesetzeszweckbestimmung widerspräche aber nicht nur der Systematik des Gesetzes, weil die sich anschließenden Regelungen zu den Grundsätzen und Grundpflichten der Kreislaufwirtschaft ganz zweifellos auf eine Beachtung des gebotenen Umweltschutzes ausgerichtet sind. Eine Freistellung der Kreislaufwirtschaft vom Schutz natürlicher Lebensgrundlagen wäre auch nicht mit der Staatszielbestimmung des Art. 20a GG vereinbar. Es spricht deshalb Überwiegendes dafür, den Begriff der natürlichen Ressourcen erweiternd auf den Schutz natürlicher Lebensgrundlagen zu beziehen. Es ist im Übrigen auch nicht zwingend, dass der Gesetzgeber mit der Erwähnung der Schonung der natürlichen Ressourcen eine abschließende Förderabsicht bekunden wollte und damit letztlich in einem Konflikt zwischen Ressourcenschonung und Umweltschutz die Ressourcenschonung präferieren wollte. Ressourcenschonung darf insbesondere nicht mit dem Ziel des Schutzes knapper Anlagenkapazitäten, insbesondere Ablagerungskapazität, verwechselt werden (*Smeddinck,* VerwArch 2012, 183, 191).

Ressourcenschonung kann aber auch in einem Spannungsverhältnis zum gebotenen **23** Umweltschutz stehen. So mag eine flächenhafte Aufbringung von Klärschlämmen und Biokomposten in der Landwirtschaft ansonsten erforderlichen Kunststoffdünger ersetzen oder die energetische Verwertung von Abfällen den Verbrauch natürlicher Rohstoffe und den Einsatz von Primärenergieträgern verringern. Unübersehbar sind allerdings die mit einem solchen Einsatz von Sekundärrohstoffen und Sekundärbrennstoffen verbundenen Umweltauswirkungen. Die nach dem Gesetz gebotene Förderung der Kreislaufwirtschaft zur Schonung natürlicher Ressourcen kann jedoch nicht gegen den Schutz natürlicher

Lebensgrundlagen in Stellung gebracht werden. Aus § 1 Abs. 1 lässt sich kein Vorrang der Rohstoff- und Energiesicherheit vor dem Schutz natürlicher Lebensgrundlagen ableiten. Das dürfte unmittelbar einleuchten, wenn man den Begriff der natürlichen Ressourcen im Sinne einer mit Blick auf Art. 20a GG verfassungskonformen Auslegung im Sinne der mit der Staatszielbestimmung geschützten natürlichen Lebensgrundlagen versteht und bei der Auslegung im Übrigen auch den Sinn und Zweck der Kreislaufwirtschaft nicht auf den Ressourcenschutz verengt, sondern auf die Ordnungsgemäßheit und Schadlosigkeit der gebotenen Verwertung erstreckt. Ziel einer ressourcenschonenden Kreislaufwirtschaft ist deshalb die Verwertung von Abfällen als Sekundärrohstoffe und Sekundärbrennstoffe, soweit diese Verwertung umweltverträglich, ordnungsgemäß und schadlos möglich ist. Das ist bei der Abfallverbrennung mit moderner Rauchgasreinigungstechnik kein ernsthaftes Problem, bei der flächenhaften Verbreitung von schadstoffbelasteten Abfällen in der Landwirtschaft bleiben jedoch durchaus Zweifel. Notwendig ist insoweit auch aus der Sicht des Gesetzgebers eine Abwägung zwischen den Zielen des Umweltschutzes und der Ressourcenschonung im engeren Sinne. Deshalb entfällt der Vorrang der Verwertung vor der Abfallbeseitigung, wenn die Beseitigung der Abfälle den Schutz von Mensch und Umwelt am besten gewährleistet (§ 7 Abs. 2 S. 3). Das Entfallen des Vorrangs bedeutet allerdings nicht, dass die Abfälle nicht mehr verwertet werden dürften. Es entfällt vielmehr nur die Verpflichtung zur Verwertung. Dem Abfallbesitzer bleibt insoweit ein Wahlrecht zwischen Verwertung und Ressourcenschonung einerseits und der umweltverträglicheren Beseitigung andererseits. Für die Abwägung zwischen Ressourcenschutz und Umweltschutz bedarf es einer **Ökobilanz.**

24 Den **Klimaschutz** erwähnt der Gesetzgeber in der Zweckbestimmung des § 1 nicht. Ressourcenschonung ist aber zugleich auch Klimaschutz, weil sich der Begriff der natürlichen Ressourcen auf alle natürlichen Lebensgrundlagen und damit an hervorragender Stelle auch auf das Klima erstreckt. Klimarelevant waren in der Vergangenheit vor allem die Einstellung der Ablagerung unvorbehandelter Abfälle und die damit einhergehende Verringerung anfallender Deponiegase und die Nutzung der in Abfällen enthaltenen Energie. Das Verbot der Ablagerung unvorbehandelter Siedlungsabfälle soll nach Schätzungen der Kommission europaweit zwischen 40 bis über 100 Mio Tonnen CO_2-Äquivalente einsparen. In Deutschland allein sollen es bis zu 20 Mio Tonnen zwischen 1990 und 2003 gewesen sein. Besonders negativ wirkte sich in der Vergangenheit die Ablagerung unvorbehandelter Abfälle aus, weil das dabei entstehende Methan ein Treibhausgas ist, das um ein Vielfaches schädlicher ist als Kohlendioxid. Deutschland hat sich völkerrechtlich verpflichtet, seine **Treibhausgasemissionen** gegenüber 1990 um 21% zu senken. Das sind 256 Mio Tonnen Kohlendioxid-Äquivalente und etwa 70% der EU-Gesamtverpflichtung. Durch die Einstellung der Ablagerung unvorbehandelter Abfälle wurden zwischen 1990 bis 2003 etwa 20 Mio Tonnen Kohlendioxid-Äquivalente eingespart. Insgesamt werden die Leistungen der Abfallwirtschaft zur Emissionsminderung in einer Studie des Ökoinstituts auf etwa 46 Mio Tonnen zwischen 1990 und 2005 geschätzt (zur Bedeutung der Abfallwirtschaftsplanung für den Klimaschutz siehe *Frenz,* UPR 2009, 241).

C. Schutz von Mensch und Umwelt

25 Der zweite Gesetzeszweck, der in § 1 Abs. 1 vom Gesetzgeber bestimmt worden ist, erweitert den im früheren Recht auf die Sicherung einer umweltverträglichen Beseitigung von Abfällen bezogenen Gesetzeszweck und trägt damit unter anderem auch Art. 1 AbfRRL Rechnung, wonach mit der Richtlinie Maßnahmen zum Schutz der Umwelt

und der menschlichen Gesundheit festgelegt werden, indem die schädlichen Auswirkungen der Erzeugung und Bewirtschaftung von Abfällen vermieden oder verringert, die Gesamtauswirkungen der Ressourcennutzung reduziert und die Effizienz der Ressourcennutzung verbessert werden.

Der vom Gesetzgeber beabsichtigte Schutz von Mensch und Umwelt erstreckt sich vom Zeitpunkt des Anfalls der Abfälle über den gesamten Zeitraum ihrer Bewirtschaftung. Zur Abfallbewirtschaftung zählen nach § 3 Abs. 14 die Bereitstellung und Überlassung, die Sammlung, die Beförderung, die Verwertung und Beseitigung von Abfällen, einschließlich der Sortierung der Abfälle und der Überwachung dieser Verfahren, der Nachsorge von Beseitigungsanlagen sowie der Tätigkeiten, die von Händlern und Maklern vorgenommen werden. Regelmäßig endet der Anwendungsbereich der Vorschriften des KrWG zum Schutz von Mensch und Umwelt bei der Abfallbewirtschaftung mit dem vollständigen Abschluss der Bewirtschaftungsmaßnahme und dem damit verbundenen **Ende der Abfalleigenschaft.** Allerdings ergibt sich aus § 2 Abs. 1, dass der Anwendungsbereich des Gesetzes sich auf die Vermeidung, Verwertung, Beseitigung und auf alle sonstigen Maßnahmen der Abfallbewirtschaftung und damit im Sinne von § 3 Abs. 14 auch auf die Nachsorge von Beseitigungsanlagen erstreckt. Daraus folgt, dass Vorschriften zum Schutz der Umwelt bei der Abfallbewirtschaftung auch über den Zeitpunkt des Endes der Abfalleigenschaft hinaus beachtlich sein können (dazu auch *Mann,* in: Versteyl/Mann/Schomerus, KrWG, § 1 Rn. 6). **26**

Hinsichtlich des auf den Schutz der Umwelt bezogenen Gesetzeszwecks kann auf den Umweltbegriff des § 2 Abs. 1 S. 2 UVPG zurückgegriffen werden. Die Schutzstandards, die bei der Erzeugung von Abfällen und bei Maßnahmen der Abfallbewirtschaftung zu beachten sind, ergeben sich nur teilweise aus dem KrWG. So hat die Verwertung von Abfällen nach § 7 Abs. 3 S. 1 ordnungsgemäß und schadlos zu erfolgen. Die Verwertung erfolgt nach § 7 Abs. 3 S. 2 ordnungsgemäß, wenn sie im Einklang mit den Vorschriften des KrWG und anderen öffentlich-rechtlichen Vorschriften steht. Insoweit können sich für die Abfallverwertung Anforderungen zum Schutz von Mensch und Umwelt nicht nur aus dem KrWG selbst ergeben. § 10 ermächtigt im Übrigen die Bundesregierung, zur Sicherung der schadlosen Verwertung Rechtsverordnungen zu erlassen. Für die Abfallbeseitigung schreibt § 15 Abs. 2 S. 1 vor, dass sie so zu erfolgen hat, dass das Wohl der Allgemeinheit nicht beeinträchtigt wird. Anforderungen an eine in diesem Sinne gemeinwohlverträgliche Abfallbeseitigung kann die Bundesregierung nach § 16 S. 1 durch Verordnung regeln. **27**

D. Europarechtliche Zielvorgaben (Absatz 2)

Nach § 1 Abs. 2 soll mit dem Gesetz außerdem das Erreichen der europarechtlichen Zielvorgaben der Richtlinie 2008/98/EG des Europäischen Parlaments und des Rates vom 19. November 2008 über Abfälle und zur Aufhebung bestimmter Richtlinien gefördert werden. Der Gesetzgeber bezieht sich ausweislich der Begründung des Gesetzesentwurfs insbesondere auf die in Art. 11 AbfRRL genannten Ziele für die Vorbereitung zur Wiederverwendung und das Recycling bestimmter Abfallarten. **28**

Regelungstechnisch im Sinne einer Lesbarkeit und Nachvollziehbarkeit ist der abstrakte Verweis auf europarechtliche Zielvorgaben der Richtlinie wenig überzeugend. Vorzugswürdig wäre es gewesen, die Vorbereitung zur Wiederverwendung und das Recycling von Abfällen ausdrücklich in den Förderzweck des Gesetzes einzubeziehen. **29**

Nach Art 11 Abs. 1 S. 1 AbfRRi ergreifen die Mitgliedstaaten, soweit angemessen, Maßnahmen zur Förderung der Wiederverwendung von Produkten und der Vorberei- **30** tung zur Wiederverwendung, insbesondere durch Förderung der Errichtung und Unterstützung von Wiederverwendungs- und Reparaturnetzen sowie durch Einsatz von wirtschaftlichen Instrumenten, Beschaffungskriterien oder quantitativen Zielen oder durch andere Schritte. Außerdem ergreifen die Mitgliedstaaten nach Art. 11 Abs. 1 S. 2 AbfRRi Maßnahmen zur Förderung eines qualitativ hochwertigen Recyclings; hierzu führen sie die getrennten Sammlungen von Abfällen ein, soweit sie technisch, ökologisch und ökonomisch durchführbar und dazu geeignet ist, die für die jeweiligen Recycling-Sektoren erforderlichen Qualitätsniveaus zu erreichen.

31 Nach dem Erwägungsgrund Nr. 28 der AbfRRi soll die EU dem Ziel einer Recycling-Gesellschaft näher gebracht werden, indem die Erzeugung von Abfall vermieden und Abfall als Ressource verwendet wird. Insbesondere sollen Maßnahmen zur Sicherstellung der Getrennthaltung am Anfallort, der Sammlung und des Recyclings vorrangiger Abfallströme durchgeführt werden. Im Einklang damit und zur Erleichterung oder Verbesserung des Verwertungspotenzials von Abfällen sollen diese getrennt gesammelt werden, falls dies technisch, ökologisch und wirtschaftlich durchführbar ist, bevor sie Verwertungsverfahren unterzogen werden, die insgesamt das beste Ergebnis hinsichtlich des Umweltschutzes erbringen. Die Mitgliedstaaten sollen die Trennung gefährlicher Bestandteile von Abfallströmen fördern, wenn das notwendig ist, um eine umweltverträgliche Bewirtschaftung zu erreichen.

32 Die Mitgliedstaaten sollen außerdem nach Erwägungsgrund Nr. 29 der Richtlinie die Verwendung von Recyclingmaterialien, wie Altpapier, im Einklang mit der Abfallhierarchie und dem Ziel der Schaffung einer Recyclinggesellschaft fördern und die Deponierung oder Verbrennung solcher Recyclingmaterialien nach Möglichkeit nicht unterstützen.

33 Ausweislich ihres Aktionsplans für die Kreislaufwirtschaft beabsichtigt die EU-Kommission, die Ökodesign-Richtlinie über energieverbrauchsrelevante Produkte hinaus so zu erweitern, dass der Ökodesign-Rahmen auf ein möglichst breites Produktspektrum angewendet werden kann und zur Kreislaufwirtschaft beiträgt. Dabei geht es unter anderem um Vorgaben zur Verbesserung der Haltbarkeit, Wiederverwendbarkeit, Nachprüfbarkeit und Reparierbarkeit von Produkten, um eine Erhöhung des Rezyklatanteils in Produkten, um eine verbesserte Möglichkeit zur Wiederaufarbeitung und eines hochwertigen Recyclings und zB auch um eine Beschränkung des einmaligen Gebrauchs, um Maßnahmen gegen eine vorzeitige Obsoleszenz und um die Einführung von Verboten der Vernichtung unverkaufter, nicht verdorbener Waren.

34 Des Weiteren will die EU-Kommission das Kreislaufprinzip in Produktionsprozessen stärken, insbesondere um Materialeinsparungen in allen Wertschöpfungsketten und Produktionsprozessen zu bewirken.

35 Auch die Anstrengungen, die Abfallmengen bei bestimmten Abfallströmen zu verringern, sollen verstärkt werden. Ziele der EU-Kommission ist es, das gesamte Abfallaufkommen innerhalb der EU erheblich zu verringern und die Menge der nicht recycelten Restsiedlungsabfälle bis zum Jahre 2030 zu halbieren. Dazu sollen insbesondere auch die verschiedenen Systeme der Getrenntsammlung von Abfällen harmonisiert werden. Außerdem soll ein gut funktionierender EU-Markt für Sekundärrohstoffe geschaffen werden.

§ 2 Geltungsbereich

(1) **Die Vorschriften dieses Gesetzes gelten für**

1. die Vermeidung von Abfällen sowie

2. die Verwertung von Abfällen,

3. die Beseitigung von Abfällen und

4. die sonstigen Maßnahmen der Abfallbewirtschaftung.

(2) **Die Vorschriften dieses Gesetzes gelten nicht für**

1. Stoffe, die zu entsorgen sind

a) nach dem Lebensmittel- und Futtermittelgesetzbuch in der Fassung der Bekanntmachung vom 22. August 2011 (BGBl. I S. 1770) in der jeweils geltenden Fassung, soweit es für Lebensmittel, Lebensmittel-Zusatzstoffe, kosmetische Mittel, Bedarfsgegenstände und mit Lebensmitteln verwechselbare Produkte gilt,

b) nach dem Tabakerzeugnisgesetz vom 4. April 2016 (BGBl. I S. 569) in der jeweils geltenden Fassung,

c) nach dem Milch- und Margarinegesetz vom 25. Juli 1990 (BGBl. I S. 1471), das zuletzt durch Artikel 22 des Gesetzes vom 9. Dezember 2010 (BGBl. I S. 1934) geändert worden ist, in der jeweils geltenden Fassung,

d) nach dem Tierseuchengesetz in der Fassung der Bekanntmachung vom 22. Juni 2004 (BGBl. I S. 1260, 3588), das zuletzt durch Artikel 18 des Gesetzes vom 9. Dezember 2010 (BGBl. I S. 1934) geändert worden ist, in der jeweils geltenden Fassung,

e) nach dem Pflanzenschutzgesetz in der Fassung der Bekanntmachung vom 14. Mai 1998 (BGBl. I S. 971, 1527, 3512), das zuletzt durch Artikel 14 des Gesetzes vom 9. Dezember 2010 (BGBl. I S. 1934) geändert worden ist, in der jeweils geltenden Fassung sowie

f) nach den auf Grund der in den Buchstaben a bis e genannten Gesetze erlassenen Rechtsverordnungen,

2. tierische Nebenprodukte, soweit diese nach der Verordnung (EG) Nr. 1069/2009 des Europäischen Parlaments und des Rates vom 21. Oktober 2009 mit Hygienevorschriften für nicht für den menschlichen Verzehr bestimmte tierische Nebenprodukte und zur Aufhebung der Verordnung (EG) Nr. 1774/2002 (Verordnung über tierische Nebenprodukte) (ABl. L 300 vom 14.11.2009, S. 1) in der jeweils geltenden Fassung, nach den zu ihrer Durchführung ergangenen Rechtsakten der Europäischen Union, nach dem Tierische Nebenprodukte-Beseitigungsgesetz vom 25. Januar 2004 (BGBl. I S. 82), das zuletzt durch Artikel 19 des Gesetzes vom 9. Dezember 2010 (BGBl. I S. 1934) geändert worden ist, in der jeweils geltenden Fassung oder nach den auf Grund des Tierische Nebenprodukte-Beseitigungsgesetzes erlassenen Rechtsverordnungen abzuholen, zu sammeln, zu befördern, zu lagern, zu behandeln, zu verarbeiten, zu verwenden, zu beseitigen oder in Verkehr zu bringen sind, mit Ausnahme derjenigen tierischen Nebenprodukte, die zur Verbrennung, Lagerung auf einer Deponie oder Verwendung in einer Biogas- oder Kompostieranlage bestimmt sind,

3. Stoffe, die

a) bestimmt sind für die Verwendung als Einzelfuttermittel gemäß Artikel 3 Absatz 2 Buchstabe g der Verordnung (EG) Nr. 767/2009 des Europäischen Parlaments und des Rates vom 13. Juli 2009 über das Inverkehrbringen und die Verwendung von Futtermitteln, zur Änderung der Verordnung (EG)

Nr. 1831/2003 des Europäischen Parlaments und des Rates und zur Aufhebung der Richtlinien 79/373/EWG des Rates, 80/511/EWG der Kommission, 82/471/EWG des Rates, 83/228/EWG des Rates, 93/74/EWG des Rates, 93/113/EG des Rates und 96/25/EG des Rates und der Entscheidung 2004/217/EG der Kommission (ABl. L 229 vom 1.9.2009, S. 1, L 192 vom 22.7.2017, S. 71), die zuletzt durch die Verordnung (EU) 2018/1903 (ABl. L 310 vom 6.12.2018, S. 22) geändert worden ist, und

b) weder aus tierischen Nebenprodukten bestehen noch tierische Nebenprodukte enthalten,

4. Körper von Tieren, die nicht durch Schlachtung zu Tode gekommen sind, einschließlich von solchen Tieren, die zur Tilgung von Tierseuchen getötet wurden, soweit diese Tierkörper nach den in Nummer 2 genannten Rechtsvorschriften zu beseitigen oder zu verarbeiten sind,

5. Fäkalien, soweit sie nicht durch Nummer 2 erfasst werden, Stroh und andere natürliche nicht gefährliche land- oder forstwirtschaftliche Materialien, die in der Land- oder Forstwirtschaft oder zur Energieerzeugung aus einer solchen Biomasse durch Verfahren oder Methoden verwendet werden, die die Umwelt nicht schädigen oder die menschliche Gesundheit nicht gefährden,

6. Kernbrennstoffe und sonstige radioaktive Stoffe im Sinne des Atomgesetzes oder des Strahlenschutzgesetzes,

7. Abfälle, die unmittelbar beim Aufsuchen, Gewinnen und Aufbereiten sowie bei der damit zusammenhängenden Lagerung von Bodenschätzen in Betrieben anfallen, die der Bergaufsicht unterstehen und die nach dem Bundesberggesetz vom 13. August 1980 (BGBl. I S. 1310), das zuletzt durch Artikel 15a des Gesetzes vom 31. Juli 2009 (BGBl. I S. 2585) geändert worden ist, in der jeweils geltenden Fassung und den auf Grund des Bundesberggesetzes erlassenen Rechtsverordnungen unter Bergaufsicht entsorgt werden,

8. gasförmige Stoffe, die nicht in Behältern gefasst sind,

9. Stoffe, sobald sie in Gewässer oder Abwasseranlagen eingeleitet oder eingebracht werden,

10. Böden am Ursprungsort (Böden in situ), einschließlich nicht ausgehobener, kontaminierter Böden und Bauwerke, die dauerhaft mit dem Grund und Boden verbunden sind,

11. nicht kontaminiertes Bodenmaterial und andere natürlich vorkommende Materialien, die bei Bauarbeiten ausgehoben wurden, sofern sichergestellt ist, dass die Materialien in ihrem natürlichen Zustand an dem Ort, an dem sie ausgehoben wurden, für Bauzwecke verwendet werden,

12. Sedimente, die zum Zweck der Bewirtschaftung von Gewässern, der Unterhaltung oder des Ausbaus von Wasserstraßen sowie der Vorbeugung gegen Überschwemmungen oder der Abschwächung der Auswirkungen von Überschwemmungen und Dürren oder zur Landgewinnung innerhalb von Oberflächengewässern umgelagert werden, sofern die Sedimente nachweislich nicht gefährlich sind,

13. die Erfassung und Übergabe von Schiffsabfällen und Ladungsrückständen, soweit dies auf Grund internationaler oder supranationaler Übereinkommen durch Bundes- oder Landesrecht geregelt wird,

14. das Aufsuchen, Bergen, Befördern, Lagern, Behandeln und Vernichten von Kampfmitteln sowie

15. Kohlendioxid, das für den Zweck der dauerhaften Speicherung abgeschieden, transportiert und in Kohlendioxidspeichern gespeichert wird, oder das in Forschungsspeichern gespeichert wird.

(3) **Die Vorschriften dieses Gesetzes gelten nach Maßgabe der besonderen Vorschriften des Strahlenschutzgesetzes und der auf Grund des Strahlenschutzgesetzes erlassenen Rechtsverordnungen auch für die Entsorgung von Abfällen, die infolge eines Notfalls im Sinne des Strahlenschutzgesetzes radioaktiv kontaminiert sind oder radioaktiv kontaminiert sein können.**

Schrifttum: *Abraham/Denkhaus,* Abwassertransport gleich Klärschlammtransport? – Ein Spagat zwischen Wasser- und Abfallrecht, ZfW 2020, 153; *Attendorn,* Die Entstehung eines Bergbauabfallrechts – Rechtsfragen der Umsetzung der Bergbauabfallrichtlinie 2006/21/EG, NuR 2008, 153; *Beckmann,* Rechtliche Rahmenbedingungen der Gewinnung und energetischen Nutzung von Grubengas, DVBl. 2014, 1032; *Böhler,* Abgas als Abfall, NVwZ 2018, 956; *Dieckmann,* Der Arbeitsentwurf für das neue Kreislaufwirtschaftsgesetz, AbfallR 2010, 64; *Dippel,* Die Verfüllung von Tagebauen mit ungeeigneten Abfallstoffen, AbfallR 2010, 132; *Dippel/Ottensmeier,* Lebensmittelabfälle – Abfälle?, AbfallR 2019, 122; *Elgeti/Brunner,* Klärschlammentsorgung zwischen Wasser- und Abfallrecht, AbfallR 2019, 300; *Fertig,* Tierische Nebenprodukte aus der Sicht des Entsorgungs- und Abfallverbringungsrechts, GewArch 2000, 305; *Franßen,* Kann Grubengas Abfall sein?, AbfallR 2008, 240; *Frenz,* Abwasserverwertung zwischen Abfall- und Wasserrecht, UPR 2006, 383; *Frenz,* Die Wiedernutzbarmachung von Kalihalden durch Abfälle, AbfallR 2012, 72; *Frenz,* Grundlagen der Abfallentsorgung im Bergbau, AbfallR 2018, 129; *Frenz,* Abfallmitverbrennung im Kohlekraftwerk zwischen Berg- und Immissionsschutzrecht, UPR 2012, 55; *Kropp,* Abfallverbringung in Bergwerke – Verwertung oder Beseitigung?, AbfallR 2018, 50; *Kropp,* Die Abgrenzung zwischen Berg- und Abfallrecht bei der Rekultivierung einerBohrspülungsdeponie, NuR 2003, 526; *Mann/Hundertmark,* Das neue Strahlenschutzgesetz und seine Schnittstellen zum Umwelt-, Bau- und Katastrophenschutzrecht, NVwZ 2019, 825; *Petersen/Lorenz,* Das „van de Walle"-Urteil des EuGH" – Sanierung von Altlasten nach Abfallrecht, *Petersen/Friedrich,* Die Novellierung des Kreislaufwirtschaftsgesetzes 2020, NVwZ 2021, 1; NVwZ 2005, 257; *Riese/Karsten,* Ist unausgekofferter kontaminierter Boden Abfall?, ZUR 2005, 75; *Scheier,* Die Nichtanwendung des KrWG im Verhältnis bzw. in Abgrenzung zu Wasser- und Bodenrecht, UPR 2011, 300; *Seibert,* Mutterbodenaushub im Lichte des Kreislaufwirtschaftsrechts – oder: § 202 BauGB als Konkretisierung der (europäischen) Abfallhierarchie, EuRUP 2017, 264.

Übersicht

A. Allgemeines

1 § 2 bestimmt den **sachlichen Geltungsbereich** des Gesetzes. Wegen des Vorrangs unmittelbar verbindlicher europäischer Regelungen wird der sachliche Geltungsbereich des Gesetzes darüber hinaus eingeschränkt, so zB im Bereich der grenzüberschreitenden Abfallverbringung durch die EUAbfVerbrV. Der **räumliche Geltungsbereich** des Gesetzes wird im Gesetz selbst nicht ausdrücklich geregelt. Er ergibt sich aus dem **Territorialprinzip,** wonach das deutsche Bundesrecht auf dem Gebiet der Bundesrepublik Deutschland und im Küstenmeer gilt.

2 In Abs. 1 wird der Geltungsbereich positiv bestimmt **(Positivkatalog).** Das Gesetz gilt danach für die Vermeidung (§ 3 Abs. 20), die Verwertung (§ 3 Abs. 23) und die Beseitigung von Abfällen (§ 3 Abs. 26) sowie für sonstige Maßnahmen der Abfallbewirtschaftung (§ 3 Abs. 14). In Abs. 2 listet der Gesetzgeber **Ausnahmen** vom Geltungsbereich des Gesetzes auf **(Negativkatalog).**

3 Dem vom Gesetzgeber in § 3 Abs. 1 definierten Abfallbegriff und den ebenfalls legaldefinierten Begriffen der Vermeidung, Verwertung und Beseitigung kommt zur Bestimmung des sachlichen Geltungsbereichs entscheidende Bedeutung zu. Insoweit steht § 2 im rechtssystematischen Zusammenhang zu den Begriffsbestimmungen des § 3. Der Anwendungsbereich des Gesetzes ergibt sich nicht aus sich heraus, sondern erst im Zusammenlesen mit den genannten gesetzlichen Definitionen. Die Geltung dieser gesetzlichen Definitionen wird zur Bestimmung des Anwendungsbereichs vorausgesetzt, obwohl an sich ihre Anwendung ihrerseits bereits voraussetzt, dass das Gesetz anwendbar ist.

4 Art. 1 AbfRRL enthält – insoweit durchaus dem deutschen Recht ähnlich – ebenfalls eine positive Umschreibung von Gegenstand und Anwendungsbereich der Richtlinie und in Art. 2 einen Katalog von Ausnahmen von ihrem Anwendungsbereich. Nach Art. 1 AbfRRL werden mit der Richtlinie Maßnahmen zum Schutz der Umwelt und der menschlichen Gesundheit festgelegt, in dem die schädlichen Auswirkungen der Erzeugung und Bewirtschaftung von Abfällen vermieden oder verringert, die Gesamtauswirkungen der Ressourcennutzung reduziert und die Effizienz der Ressourcennutzung verbessert werden. Der Richtliniengeber beschreibt damit allerdings eher den Regelungszweck der Richtlinie als eine trennscharfe Abgrenzung ihres Anwendungsbereichs

(*Petersen* in Jarass/Petersen § 2 Rn. 7). Die eigentliche Abgrenzung des Anwendungsbereichs der Richtlinie ergibt sich aus Art. 2 AbfRRL und den dort geregelten Ausnahmetatbeständen. Hinsichtlich der Ausnahmetatbestände des Abs. 2 orientiert sich der deutsche Gesetzgeber an Art. 2 AbfRRL.

B. Positivkatalog (Absatz 1)

Nach § 2 Abs. 1 gelten die Vorschriften des KrWG für die Vermeidung von Abfällen, für die Verwertung von Abfällen, die Beseitigung von Abfällen und die sonstigen Maßnahmen der Abfallbewirtschaftung. Für die Bestimmung des Anwendungsbereichs kommt es angesichts des Auffangcharakters des Abs. 1 Nr. 4 letztlich nicht darauf an, eine Maßnahme als Abfallverwertung oder Abfallbeseitigung einzuordnen, wenn nur sichergestellt ist, dass es sich entweder um eine Maßnahme der Vermeidung, Verwertung oder Beseitigung oder jedenfalls um eine sonstige Maßnahme der Abfallbewirtschaftung handelt. 5

I. Abfallvermeidung (Abs. 1 Nr. 1)

Vermeidung im Sinne des KrWG ist nach § 3 Abs. 20 S. 1 jede Maßnahme, die ergriffen wird, bevor ein Stoff, Material oder Erzeugnis zu Abfall geworden ist, und dazu dient, die Abfallmenge, die schädlichen Auswirkungen des Abfalls auf Mensch und Umwelt oder den Gehalt an schädlichen Stoffen in Materialien und Erzeugnissen zu verringern. Hierzu zählen nach § 3 Abs. 20 S. 2 insbesondere die anlageninterne Kreislaufführung von Stoffen, die abfallarme Produktgestaltung, die Wiederverwendung von Erzeugnissen und die Verlängerung ihrer Lebensdauer sowie ein Konsumverhalten, das auf den Erwerb von abfall- und schadstoffarmen Produkten sowie die Nutzung von Mehrwegverpackungen gerichtet ist. Der sachliche Geltungsbereich des Gesetzes ist mit Blick auf die Abfallvermeidung sehr weit; er erstreckt sich auf die gewerbliche und industrielle Produktion im Vorfeld der Abfallentstehung und auch – wiederum vor der Entstehung von Abfällen – auf das Konsumverhalten der Verbraucher. Das Kreislaufwirtschaftsgesetz regelt insoweit nicht nur das bundesdeutsche Abfallrecht; es handelt sich vielmehr um ein weit darüber hinausgehendes, rechtliche Rahmenbedingungen für eine Kreislaufwirtschaft schaffendes **Stoffrecht.** 6

Die Pflichten der Betreiber von genehmigungsbedürftigen und nicht genehmigungsbedürftigen Anlagen nach dem BImSchG, diese so zu errichten und zu betreiben, dass Abfälle vermieden werden, richten sich gemäß § 13 nach den Vorschriften des BImSchG. Daraus ergibt sich eine Einschränkung des sachlichen Anwendungsbereichs des Gesetzes. Nach § 23 Abs. 1 S. 2 sind Erzeugnisse möglichst so zu gestalten, dass bei ihrer Herstellung und ihrem Gebrauch das Entstehen von Abfällen vermindert wird. Deshalb umfasst die **Produktverantwortung** nach § 23 Abs. 2 Nr. 1 auch die Entwicklung, Herstellung und das Inverkehrbringen von Erzeugnissen, die mehrfach verwendbar und technisch langlebig sind. Zur Festlegung von Anforderungen nach § 23 zur Vermeidung von Abfällen kann die Bundesregierung im Wege einer Rechtsverordnungen Verbote, Beschränkungen und Kennzeichnungen regeln. 7

II. Abfallverwertung (Abs. 1 Nr. 2)

Verwertung im Sinne des KrWG ist gemäß § 3 Abs. 23 S. 1 jedes Verfahren, als dessen Hauptergebnis die Abfälle innerhalb der Anlage oder in der weiteren Wirtschaft einem 8 sinnvollen Zweck zugeführt werden, indem sie entweder andere Materialien ersetzen, die sonst zur Erfüllung einer bestimmten Funktion verwendet worden wären, oder indem die Abfälle so vorbereitet werden, dass sie diese Funktion erfüllen. Anl. 2 des Gesetzes enthält eine nicht abschließende Liste von Verwertungsverfahren. Zur Abfallverwertung zählen die Vorbereitung zur Wiederverwendung im Sinne von § 3 Abs. 24, das Recycling im Sinne von § 3 Abs. 25 und alle sonstigen Maßnahmen der stofflichen und energetischen Verwertung.

III. Abfallbeseitigung (Abs. 1 Nr. 3)

9 Abfallbeseitigung im Sinne des KrWG ist gemäß § 3 Abs. 26 S. 1 jedes Verfahren, das keine Verwertung ist, auch wenn das Verfahren zur Nebenfolge hat, dass Stoffe oder Energie zurückgewonnen werden. Anl. 1 des Gesetzes enthält eine nicht abschließende Liste von Beseitigungsverfahren. Zur Abfallbeseitigung zählen danach in erster Linie Ablagerungen in oder auf dem Boden (zB Deponien) und die Abfallverbrennung, soweit es sich bei ihr nicht um energetische Verwertung handelt. Die Bestimmungen zur Abfallbeseitigung bilden den ursprünglichen Kern des deutschen Abfallrechts.

IV. Sonstige Maßnahmen der Abfallbewirtschaftung (Abs. 1 Nr. 4)

10 Schließlich erstreckt sich der sachliche Geltungsbereich des Gesetzes noch auf sonstige Maßnahmen der Abfallbewirtschaftung. Als Abfallbewirtschaftung definiert der Gesetzgeber in § 3 Abs. 14 die Bereitstellung, die Überlassung, die Sammlung, die Beförderung, die Verwertung und die Beseitigung von Abfällen, einschließlich der Überwachung dieser Verfahren, der Nachsorge von Beseitigungsanlagen sowie der Tätigkeiten, die von Händlern und Maklern vorgenommen werden. § 2 Abs. 1 Nr. 4 stellt im Sinne einer **Auffangregelung** sicher, dass das Gesetz auf alle genannten Tätigkeiten anzuwenden ist, ohne dass im Einzelnen geklärt werden muss, ob die jeweilige Tätigkeit der Vermeidung, Verwertung oder Beseitigung zugeordnet werden kann.

C. Ausnahmen vom Geltungsbereich (Absatz 2)

11 § 2 Abs. 2 schließt zahlreiche Stoffe, die nach Vorschriften spezieller Gesetze zu entsorgen sind, aus dem sachlichen Geltungsbereich des Kreislaufwirtschaftsgesetzes aus. Die Vorschrift enthält neben den bereits aus dem Vorgängergesetz (KrW-/AbfG) bekannten Ausnahmen auch Neuregelungen zur Umsetzung von Art. 2 Abs. 1 und 2 AbfRRL und eine Ausnahmeregelung für **Schiffsabfälle.** Im Vergleich zur Vorgängerregelung des § 2 Abs. 2 KrW-/AbfG wurden die Ausnahmetatbestände thematisch neu geordnet und zur besseren Lesbarkeit teilweise auch neu strukturiert.

12 Die Aufzählung in Abs. 2 ist insoweit nicht abschließend, als in § 13 hinsichtlich der Pflicht, immissionsschutzrechtlich genehmigungsbedürftige und nicht genehmigungsbedürftige Anlagen so zu errichten und zu betreiben, dass Abfälle vermieden werden, auf die Vorschriften des **BImSchG** verwiesen wird.

13 Die entscheidende Funktion des Negativkatalogs besteht darin, die **Schnittstelle** zwischen dem Anwendungsbereich des Kreislaufwirtschaftsrechts und verschiedenen Spezialgesetzen zu definieren, die ihrerseits den Umgang mit Abfällen reglementieren. Es sollen Doppelregelungen vermieden bzw. Gesetzeskonkurrenzen aufgelöst werden. Wichtig ist jedoch, dass Stoffe oder Gegenstände, die über § 2 Abs. 2 vom Anwendungsbereich des

Kreislaufwirtschaftsrechts ausgenommen werden, Abfälle im Sinne des § 3 sein können. Insofern ist die systematische Stellung des § 2 Abs. 2 vor der Definition des Abfallbegriffs in § 3 etwas irreführend. Andererseits kann sich unter Umständen eine Zuordnung eines Stoffes oder Gegenstandes als Abfall im Sinne der Definition des § 3 Abs. 1 erübrigen, wenn der Stoff oder der Gegenstand unzweifelhaft einem Spezialgesetz unterfällt, das seinerseits über § 2 Abs. 2 der Anwendbarkeit des Kreislaufwirtschaftsrechts vorgeht. Der Negativkatalog des § 2 Abs. 2 beruht auf der Vorstellung, dass bestimmte Stoffe oder Gegenstände nicht dem Kreislaufwirtschaftsrecht unterworfen werden müssen, weil die von ihnen möglicherweise ausgehenden Gefahren oder unterhalb der Gefahrenschwelle anzusiedelnder Auswirkungen in anderen Gesetzen hinreichend geregelt sind.

I. Stoffe (Abs. 2 Nr. 1)

Die Vorschriften des KrWG gelten nicht für Stoffe, die nach bestimmten Spezialgesetzen zu entsorgen sind (zum Stoffbegriff siehe → § 3 Rn. 14). **14**

1. Lebensmittel und Futtermittel (**Abs. 2 Nr. 1 lit. a**). Nicht anwendbar sind die Vorschriften des KrWG auf Stoffe, die nach dem Lebensmittel- und Futtermittelgesetzbuch in der Fassung der Bekanntmachung vom 22.8.2011 (BGBl. I 1770) zu entsorgen sind, soweit es für Lebensmittel, Lebensmittel-Zusatzstoffe, kosmetische Mittel, Bedarfsgegenstände und mit Lebensmittel verwechselbare Produkte gilt. Das Gesetz regelt vornehmlich Anforderungen an die Herstellung sowie das Inverkehrbringen der in den Geltungsbereich dieses Gesetzes fallenden Erzeugnisse. Zweck des Gesetzes ist es, Gefahren für die menschliche Gesundheit durch diese schädigenden oder gefährdenden Stoffe vorzubeugen und abzuwehren. Das Gesetz enthält allerdings auch einige entsorgungsbezogene Bestimmungen (siehe dazu im Einzelnen *Petersen* in Jarass/Petersen § 2 Rn. 23; *Dippel/Ottensmeier,* AbfallR 2019, 122, 125). Das Gesetz ermächtigt unter anderen zum Erlass von Rechtsverordnungen sowie von Einzelanordnungen, um Erzeugnisse, von denen eine Gefahr für die Gesundheit ausgeht, sicherstellen und beseitigen zu lassen. Eine generelle, allgemeine Anforderungen an die Entsorgung von Lebensmitteln formulierende Bestimmung enthält das LFGB nicht. **15**

Unabhängig von diesem Ausnahmetatbestand kommt eine Anwendung des KrWG auf Lebensmittel nur dann in Betracht, wenn es sich bei den Lebensmitteln um Abfälle handelt (dazu *Dippel/Ottensmeier* AbfallR 2019, 122; VG Düsseldorf Beschl. v. 20.7.2010 – 17 L 1137/10, juris Rn. 12). Lebensmittel werden regelmäßig dann zu Abfall, wenn sie entweder nicht mehr genießbar sind oder wenn der Besitzer sie nicht mehr verzehren möchte, obwohl sie noch genießbar sind, so zB weil ein Mindesthaltbarkeitsdatum abgelaufen ist (*Dippel/Ottensmeier* AbfallR 2019, 122, 123). Lebensmittel können ihre Abfalleigenschaft auch wieder verlieren, wenn sie zB für den Einsatz als Biogas, Dünger oder Futtermittel wieder aufbereitet werden. Der Verschwendung von Lebensmitteln soll durch die neue **Obhutspflicht** des § 23 Abs. 1 S. 2 begegnet werden (siehe *Petersen/Friedrich* NVwZ 2021, 1, 5). **16**

2. Tabakerzeugnisse (Abs. 2 Nr. 1 lit. b). Nicht anwendbar sind die Vorschriften des KrWG auf Stoffe, die nach dem Tabakerzeugnisgesetz – TabakerzG in der jeweils geltenden Fassung zu entsorgen sind. Das TabakerzG vom 4.4.2016 (BGBl. I, S. 569), mit dem wesentliche Regelungen des Vorläufigen Tabakgesetzes übernommen wurden (siehe dazu *Rohnfelder* in:Erbs/Kohlhaas, Strafrechtliche Nebengesetze, Stand 8/2018), enthält Bestimmungen über das Herstellen, Inverkehrbringen, Behandeln und Verzehren von Tabakerzeugnissen, nicht jedoch über deren Entsorgung. Das Gesetz enthält insbesondere keine Ermächtigung zum Erlass von Anordnungen zur Beseitigung von Tabaker- **17**

zeugnissen Insoweit bleibt das KrWG, solange das TabakerzG keine Entsorgungsbestimmungen aufnimmt, auf Tabakerzeugnisse anwendbar, die zu Abfall geworden sind. Der Gesetzgeber hat mit der Novelle des KrWG 2020 die Bundesregierung ermächtigt, ua auch Hersteller und Händler von Zigaretten im Wege einer Verordnung zu verpflichten, sich an den Reinigungskosten von Parks und Straßen von Zigarettenkippen zu beteiligen (§ 25 Abs. 1 Nr. 4).

18 **3. Milch und Margarine (Abs. 2 Nr. 1 lit. c).** Auch das Milch- und Margarinegesetz vom 25.7.1990 (BGBl. I 1171), Art. 3 G v. 20.4.2013 (BGBl. I 917), enthält keine Bestimmungen zur Entsorgung und auch keine entsprechende Verordnungsermächtigung, so dass die Vorschriften des KrWG auf Abfälle aus der Produktion von Milch und Margarine uneingeschränkt anzuwenden sind.

19 **4. Tierseuchen (Abs. 2 Nr. 1 lit. d).** Das KrWG gilt nicht für Stoffe, die nach dem Tierseuchengesetz in der Fassung der Bekanntmachung vom 22.6.2004 (BGBl. I 126) in der jeweils geltenden Fassung zu entsorgen sind. Zweck des Tierseuchengesetzes ist die Bekämpfung von Tierseuchen, dh von Krankheiten und Infektionen, die bei Tieren auftreten und auf Tiere oder Menschen übertragen werden können. Es dient außerdem auch der Vorsorge für die menschliche und tierische Gesundheit und zu deren Schutz. Das Tierseuchengesetz enthält in § 18 iVm §§ 19–30 TierSG Vorschriften über die unschädliche Beseitigung von Tierkörpern, des Düngers, der Streu- und Futtervorräte, des Schlamms aus Anlagen oder Einrichtungen zur Zucht und Haltung, der Gerätschaften, Kleidungsstücke und sonstigen Gegenstände, die mit kranken oder krankheitsverdächtigen Tieren in Berührung gekommen sind oder von denen sonst anzunehmen ist, dass sie ansteckende Stoffe enthalten (§ 27 Abs. 2 TierSG). § 6 Abs. 1 Nr. 1, 2 TierSG enthält außerdem Anforderungen für die grenzüberschreitende Verbringung.

20 Diese Regelungen werden durch zahlreiche **Rechtsverordnungen** im Sinne von § 2 Abs. 2 Nr. 1 f. konkretisiert. Dazu gehören zB die Geflügelpest-Verordnung, die Schweinepest-Verordnung und die Verordnung zum Schutz gegen die Maul- und Klauenseuche. Diese Verordnungen enthalten nicht nur Bestimmungen zur Tötung, sondern auch zur Beseitigung von Tieren bei solchen Verdachtslagen. Angesichts dieser spezialgesetzlichen Bestimmungen sind die Vorschriften des KrWG nicht anwendbar.

21 **5. Pflanzenschutz (Abs. 2 Nr. 1 lit. e).** Das KrWG gilt auch nicht für Stoffe, die nach dem Pflanzenschutzgesetz in der Fassung der Bekanntmachung vom 14.5.1998 (BGBl. I 971, 1527, 3512) in der jeweils geltenden Fassung zu entsorgen sind. Zweck des Pflanzenschutzgesetzes ist es, Pflanzen, insbesondere Kulturpflanzen, vor Schadorganismen und nichtparasitären Beeinträchtigungen zu schützen, Pflanzenerzeugnisse vor Schadorganismen zu schützen und Gefahren, die durch die Anwendung von Pflanzenschutzmitteln oder durch andere Maßnahmen des Pflanzenschutzes insbesondere für die Gesundheit von Mensch und Tier und für den Naturhaushalt entstehen können, abzuwenden oder ihnen vorzubeugen. § 6 Abs. 1 Nr. 5 PflSchG ermächtigt den Verordnungsgeber, Regelungen zum Vernichten von durch Schadorganismen befallenen Pflanzen, Pflanzenerzeugnissen oder sonstigen Gegenständen zu treffen. Soweit der Verordnungsgeber darauf gestützt Vorschriften über die Beseitigung von befallenen Pflanzen, Pflanzenerzeugnissen oder sonstigen Gegenständen regelt, gehen diese dem KrWG vor.

22 § 7 Abs. 1 PflSchG ordnet außerdem eine ausdrückliche Beseitigungspflicht für Pflanzenschutzmittel an, die aufgrund eines Stoffverbots nicht mehr verwendet werden dürfen. Diese Pflanzenschutzmittel sind nach den Bestimmungen des KrWG oder einer auf

der Grundlage des KrWG ergangenen Rechtsverordnung unverzüglich zu beseitigen. Insoweit bleibt das KrWG anwendbar. Da spezialgesetzlich eine unverzügliche Beseitigung angeordnet ist, gilt der Vorrang für die Verwertung des KrWG in diesem Zusammenhang nicht (*Petersen* in Jarass/Petersen § 2 Rn. 30). Die materiellen Anforderungen an die Beseitigung der Pflanzenschutzmittel richten sich dagegen nach den einschlägigen Bestimmungen des KrWG (§§ 15, 16, 17 Abs. 1).

Gebrauchte, nicht mehr benutzte oder nicht mehr benutzbare Pflanzenschutzmittel **23** sind Abfälle im Sinne von § 3 Abs. 1. Das Pflanzenschutzgesetz enthält zwar Vorschriften über die Anwendung und das Inverkehrbringen von Pflanzenschutzmitteln. Soweit Pflanzenschutzmittel nach diesen Vorgaben nicht mehr angewendet werden können, müssen sie aus Gründen des Wohls der Allgemeinheit ordnungsgemäß entsorgt werden. Pflanzenschutzmittel, die für den deutschen Markt nicht oder nicht mehr zugelassen sind, dürfen nicht aufgebracht werden. § 16b PflSchG bestimmt eine Pflicht zur Rückgabe von Pflanzenschutzmitteln. Nach Beendigung der Zulassung eines Pflanzenschutzmittels muss dieses an den Zulassungsinhaber bzw. den Einführer oder dessen Vertreter oder an einen von diesen beauftragten Dritten zurückgegeben werden. Dadurch werden die in § 17 vorgesehenen Überlassungspflichten für Pflanzenschutzmittel modifiziert. Der Qualifizierung der nicht mehr zugelassenen Pflanzenschutzmittel als Abfälle steht die Regelung des § 16b PflSchG nicht entgegen.

6. Rechtsverordnungen. Das KrWG gilt auch dann nicht, wenn Stoffe nach **24** Rechtsverordnungen zu entsorgen sind, die auf der Grundlage der in § 2 Abs. 2 Nr. 1 lit. a bis c genannten Gesetze erlassen worden sind.

II. Tierische Nebenprodukte (Abs. 2 Nr. 2)

Nach § 2 Abs. 2 Nr. 2 gelten die Vorschriften des KrWG nicht für tierische Neben- **25** produkte, soweit diese nach der Verordnung (EG) Nr. 1069/2009 des Europäischen Parlaments und des Rates vom 21. Oktober 2009 mit Hygienevorschriften für nicht für den menschlichen Verzehr bestimmte tierische Nebenprodukte und zur Aufhebung der Verordnung (EG) Nr. 1774/2002 (Verordnung über tierische Nebenprodukte) (ABl. EU 2009 L 300, 1) in der jeweils geltenden Fassung, nach den zu ihrer Durchführung ergangenen Rechtsakten der Europäischen Union, nach dem Tierische Nebenprodukte-Beseitigungsgesetz vom 25.1.2004 (BGBl. I 82), das zuletzt durch Artikel 19 des Gesetzes vom 9.12.2010 (BGBl. I 1934)) geändert worden ist, in der jeweils geltenden Fassung oder nach den auf Grund des Tierische Nebenprodukte-Beseitigungsgesetz erlassenen Rechtsverordnungen abzuholen, zu sammeln, zu befördern, zu lagern, zu behandeln, zu verarbeiten, zu verwenden, zu beseitigen oder in Verkehr zu bringen sind, mit Ausnahme derjenigen tierischen Nebenprodukte, die zur Verbrennung, Lagerung auf einer Deponie oder Verwendung in einer Biogas- oder Kompostieranlage bestimmt sind.

Die Regelung entspricht weitgehend der Vorgängerbestimmung des § 2 Abs. 2 Nr. 1 **26** lit. a KrW-/AbfG und dient der Umsetzung von Art. 2 Abs. 2 lit. b AbfRRL. Tierische Nebenprodukte sind gemäß Art. 3 Nr. 1 VO (EG) Nr. 1069/2009 ganze Tierkörper oder Teile von Tieren oder Erzeugnissen tierischen Ursprungs bzw. andere von Tieren gewonnene Erzeugnisse, die nicht für den menschlichen Verzehr bestimmt sind, einschließlich Eizellen, Embryonen und Samen. Tierische Nebenprodukte im Sinne dieser Anwendungsbereichsausnahme sind nicht mit den Nebenprodukten des § 4 zu verwechseln. Ein „tierisches Nebenprodukt" im Sinne von § 2 Abs. 2 Nr. 2 muss insoweit nicht die Voraussetzungen für ein Nebenprodukt im Sinne dieser Vorschrift erfüllen (EuGH Urt. v. 3.9.2020 – C-21/19; *Gruber* AbfallR 2020, 285, 292).

27 Der Anwendungsbereich der Verordnung erstreckt sich auch auf **Folgeprodukte** tierischer Nebenprodukte. Dazu gehören zB Knochenmehl, Heimtierfutter, Häute, Wolle und ausgeschmolzene Fette. Nicht zu den tierischen Nebenprodukten, die definitionsgemäß nicht für den menschlichen Verzehr bestimmt sind, gehört das Schlachtfleisch. Auch Küchen- und Speiseabfälle fallen nicht in den Anwendungsbereich der VO EG 1069/2009, so dass sie grundsätzlich dem KrWG unterfallen (siehe dazu *Grünewald* AbfallR 2004, 123, 124).

28 Fraglich ist, ob der Anwendungsausschluss des § 2 Abs. 2 Nr. 2 auch dann gilt, wenn tierische Nebenprodukte mit anderen, nicht gefährlichen Abfällen vermischt werden. Der EuGH hat entschieden, dass die AbfallVerbrV wegen des Anwendungsausschlusses für tierische Nebenprodukte grundsätzlich auch dann nicht anwendbar ist, wenn es sich um die Verbringung eines **Gemisches** bestehend aus tierischen Nebenprodukten der Kategorie 3 und aus anderen, nicht gefährlichen Abfällen im Sinne der AbfallVerbrV handelt. Für den Anwendungsausschluss ist nach der Rechtsprechung des EuGH nicht entscheidend, welcher Anteil an tierischen Nebenprodukten das Gemisch enthält. Auch ein geringer Anteil an tierischen Nebenprodukten der Kategorie 3 an dem Gemisch soll danach grundsätzlich zur Unanwendbarkeit der AbfallVerbrV und damit zur alleinigen Geltung des Rechts der tierischen Nebenprodukte führen. Erst wenn nicht gefährliche Abfälle missbräuchlich mit tierischen Nebenprodukten der Kategorie 3 vermischt werden, um das Abfallverbringungsrecht zu umgehen, soll die AbfallVerbrV nach Ansicht des EuGH ausnahmsweise doch auf die besagten Gemische anwendbar sein (EuGH Urt. v. 3.9.2020 – C-21/19; siehe dazu *Gruber* AbfallR 2020, 285, 292). Diese Rechtsprechung des EuGH lässt sich möglicherweise auch auf den Anwendungsausschluss des § 2 Abs. 2 Nr. 2 übertragen (*Gruber* AbfallR 2020, 285, 292).

29 Vom Anwendungsbereich des KrWG sind die genannten tierischen Nebenprodukte allerdings nur insoweit befreit, als es um die in § 2 Abs. 2 Nr. 2 aufgezählten Tätigkeiten des Abholens, Sammelns, Beförderns, Lagerns, Behandelns, Verarbeitens, Verwendens, Beseitigens und des Inverkehrbringens geht.

30 § 3 Abs. 1 des Tierische Nebenprodukte-Beseitigungsgesetzes bezieht sich nur auf tierische Nebenprodukte der Kategorien 1 und 2 im Sinne von Art. 8, 9 VO (EG) 1069/2009. Die weniger gefährlichen tierischen Nebenprodukte der Kategorie 3 im Sinne von Art. 10 VO (EG) 1069/2009 sind damit nur Gegenstand der Verordnung selbst und nicht des Tierische Nebenprodukte-Beseitigungsgesetzes. Das KrWG wird deshalb nur von den Vorschriften der VO (EG) 1069/2009 verdrängt, die sich auf materielle Anforderungen an die Behandlung des Materials der Kategorie 3 beziehen, so dass die Pflichtenregelungen des KrWG ergänzend zur Anwendung kommen können.

31 Anzuwenden ist auf der Grundlage der Rückausnahme des § 2 Abs. 2 Nr. 2 das KrWG auf diejenigen tierischen Nebenprodukte, die zur Verbrennung, Lagerung auf einer Deponie oder Verwendung in einer Biogas- oder Kompostieranlage bestimmt sind. Diese Rückausnahme setzt Art. 2 Abs. 2 lit. b AbfRRL um. Die §§ 3, 4 TierNebV enthalten spezielle Anforderungen für Küchen- und Speiseabfälle, die in Biogas- oder Kompostierungsanlagen eingesetzt werden.

III. Einzelfuttermittel (Abs. 2 Nr. 3)

32 Der Ausnahmetatbestand für Einzelfuttermittel wurde durch die Gesetzesnovelle 2020 in das Gesetz aufgenommen. Geregelt wird eine Ausnahme vom Anwendungsbereich des Gesetzes für Stoffe, die als Einzelfuttermittel gemäß der Verordnung (EG) Nr. 767/2009 bestimmt sind. Mit dieser Ausnahme wird Art. 2 Abs. 2 Buchstabe e AbfRRL umgesetzt.

Der Ausnahmetatbestand bezieht sich auf pflanzliche Stoffe aus der Agrar- und Ernährungsindustrie sowie Lebensmittel nichttierischen Ursprungs, die nicht mehr für den menschlichen Verzehr bestimmt sind und zur Tierernährung zur oralen Fütterung verwendet werden sollen. Der unionsrechtlich vorgegebene Anwendungsausschluss für die AbfRRL soll Doppelregelungen des Abfallregimes mit den futtermittelrechtlichen Vorschriften vermeiden (s. Erwägungsgrund 8 der Richtlinie 851/2018/EU). Dasselbe soll auch für das deutsche Recht gelten (Gesetzesbegründung, BT-Drs. 19/19373, S. 45).

IV. Sonstige Tierkörper (Abs. 2 Nr. 4)

Nach § 2 Abs. 2 Nr. 4 ist das KrWG nicht anzuwenden auf Körper von Tieren, die nicht durch Schlachtung zu Tode gekommen sind, einschließlich von solchen Tieren, die zur Bekämpfung von Tierseuchen getötet wurden, soweit diese Tierkörper nach den in Nummer 2 genannten Rechtsvorschriften zu beseitigen oder zu verarbeiten sind. 33

§ 2 Abs. 2 Nr. 4 enthält eine neue Ausnahmeregelung und dient der Umsetzung von Art. 2 Abs. 2 lit. c AbfRRL. Es geht dabei in erster Linie um Tiere, die nicht geschlachtet worden sind, sondern im Rahmen der **Jagd** erlegt oder bei **Verkehrsunfällen** verendet sind (BT-Drs. 17/6052, 69). Das KrWG ist nur dann nicht anwendbar, wenn die Tierkörper nach der Verordnung (EG) Nr. 1069/2009, den entsprechenden Durchführungsrechtsakten, nach dem TierNebG oder darauf beruhenden Rechtsverordnungen beseitigt oder verarbeitet werden müssen. 34

V. Land- und forstwirtschaftliche Materialien (Abs. 2 Nr. 5)

Nicht anwendbar ist das KrWG auf Fäkalien, soweit sie nicht durch Abs. 2 Nr. 2 erfasst werden, Stroh und andere natürliche, nicht gefährliche land- oder forstwirtschaftliche Materialien, die in der Land- oder Forstwirtschaft oder zur Energieerzeugung aus einer solchen Biomasse durch Verfahren oder Methoden verwendet werden, die die Umwelt nicht schädigen und die menschliche Gesundheit nicht gefährden. 35

Die Ausnahmeregelung des Abs. 2 Nr. 5 setzt Art. 2 Abs. 1 f. AbfRRL um. Sie nimmt Rücksicht auf Interessen der Land- und Forstwirtschaft und soll die Erzeugung von **Energie aus Biomasse** fördern (BT-Drs. 17/6052, 69). Zu den dadurch privilegierten, nicht gefährlichen land- und forstwirtschaftlichen Materialien gehören ausweislich der Gesetzesbegründung auch natürliche, nicht gefährliche Hölzer aus der Landschaftspflege, da sie eine vergleichbare stoffliche Beschaffenheit haben wie Hölzer aus der Forstwirtschaft. Die Ausnahme vom Geltungsbereich des Gesetzes für Materialien, die zur Energieerzeugung aus Biomasse eingesetzt werden, gilt nur, soweit sichergestellt ist, dass die Verfahren oder Methoden die Umwelt nicht schädigen oder die menschliche Gesundheit nicht gefährden. 36

Mit **Fäkalien** sind nur tierische Fäkalien gemeint, wie insbesondere Gülle, Jauche und Festmist. Zu den anderen natürlichen, nicht gefährlichen land- und forstwirtschaftlichen Materialien zählen Pflanzenreste, zB Rübenblätter oder Gemüsestrünke (BT-Drs. 17/6052, 69). Zur Landwirtschaft im Sinne dieser Vorschrift gehört auch der **Gartenbau.** 37

Mit Verfahren zur Energieerzeugung aus Biomasse sind zB **Biogasanlagen** gemeint, in welchen durch den biologischen Prozess der Verkehrung Gas erzeugt wird, das dann zur Energiegewinnung verbrannt wird. Als weiteres Beispiel für ein in der Land- oder Forstwirtschaft angewendetes Verfahren nennt die Gesetzesbegründung das Verbleiben und spätere Unterpflügen von Reststoffen aus der landwirtschaftlichen Produktion auf landwirtschaftlichen Flächen (BT-Drs. 17/6052, 69). 38

39 Der Ausnahmetatbestand des Abs. 2 Nr. 5 erstreckt sich nicht auf **Altholz,** das nach § 2 Nr. 1 AltholzV als Industrierestholz und Gebrauchtholz definiert wird. Industrierestholz sind nach § 2 Nr. 2 AltholzV die in den Betrieben der Holzbearbeitung oder Holzverarbeitung anfallenden Holzreste; Gebrauchtholz sind nach § 2 Nr. 3 AltholzV gebrauchte Erzeugnisse aus Massivholz, Holzwerkstoffen oder aus Verbundstoffen mit überwiegendem Holzanteil. Es handelt sich insoweit nicht um natürliche land- oder forstwirtschaftliche Materialien.

VI. Radioaktive Stoffe (Abs. 2 Nr. 6)

40 Gemäß § 2 Abs. 2 Nr. 6 gilt das KrWG auch nicht für Kernbrennstoffe und sonstige radioaktive Stoffe im Sinne des AtG. Die Vorschrift setzt Art. 2 Abs. 1 lit. d AbfRRl um.

41 Radioaktive Stoffe sind auf der Grundlage des AtG zu entsorgen. § 9a Abs. 1 S. 1 AtG schreibt dazu vor, dass derjenige, der Anlagen, in denen mit Kernbrennstoffen umgegangen wird, errichtet, betreibt, sonst innehat, wesentlich verändert, stilllegt oder beseitigt, außerhalb solcher Anlagen mit radioaktiven Stoffen umgeht oder Anlagen zur Erzeugung ionisierender Stoffe betreibt, dafür zu sorgen hat, dass anfallende radioaktive Reststoffe sowie ausgebaute oder abgebaute radioaktive Anlagenteile den in § 1 Nr. 2–4 AtG bezeichneten Zwecken entsprechend schadlos verwertet oder als radioaktive Abfälle geordnet beseitigt werden.

42 Was Kernbrennstoffe und sonstige radioaktive Stoffe im Sinne des AtG sind, bestimmt § 2 Abs. 1 AtG. **Radioaktive Stoffe** (Kernbrennstoffe und sonstige radioaktive Stoffe) im Sinne des AtG sind alle Stoffe, die ein Radionuklid oder mehrere Radionuklide enthalten und deren Aktivität oder spezifische Aktivität im Zusammenhang mit der Kernenergie oder dem Strahlenschutz nach den Regelungen des AtG oder einer aufgrund des AtG erlassenen Rechtsverordnung nicht außer Acht gelassen werden kann. **Kernbrennstoffe** sind nach § 2 Abs. 1 S. 2 AtG besondere spaltbare Stoffe in Form von Plutonium 239 und Plutonium 241, mit den Isotopen 205 oder 233 angereichertem Uran, jedem Stoff, der einen oder mehrere der in den Nr. 1 und 2 genannten Stoffe enthält, Stoffen, mit deren Hilfe in einer geeigneten Anlage eine sich selbst tragende Kettenreaktion aufrechterhalten werden kann und die in einer Rechtsverordnung bestimmt werden. **Sonstige radioaktive Stoffe** sind solche Stoffe, die, ohne Kernbrennstoffe zu sein, ionisierende Strahlen spontan aussenden oder einen oder mehrere der zuvor erwähnten Stoffe enthalten oder mit solchen Stoffen kontaminiert sind.

43 § 2 Abs. 2 S. 1 AtG legt eine **Beachtlichkeitsschwelle** fest, die auch für die atomare Entsorgung von Bedeutung ist. Danach kann die Aktivität oder spezifische Aktivität eines Stoffes außer Acht gelassen werden, wenn der Stoff die durch eine Rechtsverordnung festgelegten Freigrenzen unterschreitet (§ 2 Abs. 2 S. 1 Nr. 1 AtG) oder sonstige Kriterien erfüllt (§ 2 Abs. 2 S. 1 Nr. 2 und 3 AtG). Stoffe unterhalb dieser strahlungsbezogenen Irrelevanz können als Abfälle dem KrWG unterfallen (*Dippel* in Schink/Versteyl § 2 Rn. 36). Das betrifft zB radioaktiv verunreinigte Rückstände aus einer Bodensanierung, die wegen ihrer geringfügigen Radioaktivität keine Beseitigung nach atom- oder strahlenschutzrechtlichen Vorschriften erfordern. Dabei ist allerdings zu berücksichtigen, dass nach § 2 Abs. 2 Nr. 10 **Böden** am Ursprungsort (Böden in situ), einschließlich nicht ausgehobener kontaminierter Böden, nicht in den Anwendungsbereich des Gesetzes fallen. Radioaktiv belastete Böden können deshalb erst nach einer Auskofferung des Erdreichs auf der Grundlage des KrWG entsorgt werden (*Petersen* in Jarass/Petersen § 2 Rn. 73).

44 Umstritten ist, ob **radioaktiv kontaminierte Stoffe** oder Gegenstände (zB Lebensmittel oder Böden) als radioaktive Stoffe anzusehen sind (siehe zu diesem Meinungsstreit

Petersen in Jarass/Petersen § 2 Rn. 66). Teilweise wird die Auffassung vertreten, aus Systematik und Funktionalität der atomrechtlichen Regelungen ergebe sich die Notwendigkeit einer engen Auslegung des Begriffs „radioaktive Stoffe". Radioaktiv kontaminierte Stoffe oder Gegenstände fielen deshalb in den Anwendungsbereich des Strahlenschutzvorsorgegesetzes und damit unter den Ausnahmetatbestand des § 2 Abs. 2 Nr. 6 (*Petersen* in Jarass/Petersen § 2 Rn. 66).

VII. Bergbau (Abs. 2 Nr. 7)

§ 2 Abs. 2 Nr. 7 enthält das so genannte **„Bergbauprivileg".** Danach fallen Abfälle, 45
die unmittelbar beim Aufsuchen, Gewinnen und Aufbereiten sowie bei der damit zusammenhängenden Lagerung von Bodenschätzen in Betrieben anfallen, die der Bergaufsicht unterstehen und die nach dem Bundesberggesetz und den auf Grund des Bundesberggesetzes erlassenen Rechtsverordnungen unter Bergaufsicht entsorgt werden, nicht in den Anwendungsbereich des KrWG (zur Einordnung des Bergversatzes mit bergbaufremden Abfällen als Verwertung siehe *Kropp* AbfallR 2018, 50; zur Einordnung der Verfüllung eines Steinbruchs mit nicht mineralischen Abfällen als Verwertung oder Beseitigung EuGH Urt. v. 28.7.2016, AbfallR 2016, 260). Für diese **Bergbauabfälle** gilt § 55 Abs. 1 S. 1 Nr. 6 BBergG, der für die bergrechtliche Betriebsplanzulassung verlangt, dass die anfallenden Abfälle ordnungsgemäß verwendet oder beseitigt werden. Der Begriff des **Verwendens** in § 55 Abs. 1 S. 2 Nr. 6 BBergG ist ein Redaktionsversehen und müsste durch den Begriff des „Verwertens" ersetzt werden (*Frenz* AbfallR 2018, 129, 130; *Frenz* in Frenz, Hrsg., BBergG, 2019, § 55 Rn. 138;). Über die als ergänzende Zulassungsvoraussetzung zu verstehende Bestimmung des § 48 Abs. 2 BBergG werden darüber hinaus in das bergrechtliche Betriebsplanzulassungsverfahren die abfallrechtlichen Anforderungen übernommen (*Frenz* AbfallR 2018, 129; BVerwG Urt. v. 14.4.2005 – 7 C 26/03, BVerwGE 123, 247). Die Bereichsausnahme des § 2 Abs. 2 Nr. 7 trägt der sonderrechtlichen Tradition des Bergrechts durch die Eigenständigkeit und Geschlossenheit sowie die vorrangige Anwendbarkeit des Bergrechts und der Bergaufsicht Rechnung (VG Hannover Urt. v. 6.7.2005 – 11 A 1884/03, juris Rn. 38; kritisch zum Bergbauprivileg *Freytag* NuR 1996, 334 ff.; *Kropp* NuR 2003, 526 ff.).

Die Vorschrift steht in engem Zusammenhang zu dem Ausnahmetatbestand des Art. 2 46
Abs. 2 lit. d AbfRRL, wonach Abfälle, die beim Aufsuchen, Gewinnen, Aufbereiten und Lagern mineralischer Ressourcen sowie beim Betrieb von Steinbrüchen entstehen, vom Anwendungsbereich der AbfRRL ausgenommen sind, soweit sie unter die Bergbauabfallrichtlinie 2006/21/EG über die Bewirtschaftung von Abfällen aus der mineralgewinnenden Industrie fallen. Allerdings sind der Anwendungsbereich von KrWG und AbfRRL bezogen auf bergbauliche Abfälle nicht deckungsgleich. Art. 2 Abs. 2 lit. d AbfRRL sieht eine Ausnahme von ihrem Anwendungsbereich für alle Abfälle vor, die Regelungsgegenstand der Bergbauabfallrichtlinie sind. Anders als die Bereichsausnahme des § 2 Abs. 2 Nr. 7 beschränkt sich der Ausnahmetatbestand der Richtlinie insoweit nicht auf Abfälle, die in Betrieben unter Bergaufsicht anfallen.

Die Notwendigkeit der Beachtung abfallrechtlicher Vorschriften bei der Zulassung 47
bergrechtlicher Betriebspläne kann sich auch aus § 48 Abs. 2 BBergG ergeben. Nach § 52 Abs. 2a S. 3 BBergG sind Anforderungen eines vorsorgenden Umweltschutzes, die sich bei der Umweltverträglichkeitsprüfung ergeben und über die Zulassungsvoraussetzungen des § 55 sowie der auf das Vorhaben anwendbaren Vorschriften in anderen Gesetzen hinausgehen, öffentliche Interessen im Sinne von § 48 Abs. 2 BBergG. Nach § 48 Abs. 2 S. 1 BBergG kann die für die Zulassung von Betriebsplänen zuständige Be-

hörde eine Aufsuchung oder eine Gewinnung beschränken oder untersagen, soweit ihr überwiegende öffentliche Interessen entgegenstehen. Die Vorschrift begründet nicht nur die Befugnis der Bergbehörde, neben dem Betriebsplan oder ihm nachfolgend Anordnungen zu treffen. Das Nichtentgegenstehen überwiegender öffentlicher Interessen ist eine zusätzliche Zulassungsvoraussetzung neben den Zulassungsvoraussetzungen des § 55 Abs. 1 BBergG. Der Begriff der entgegenstehenden öffentlichen Interessen ist weit gefasst. Er bezieht sich in Abgrenzung zu § 55 Abs. 1 BBergG gerade auf andere Belange als den Schutz vor betrieblichen Gefahren im engeren Sinne. In diesem Sinne sind zB auch die abfallrechtlichen Grundpflichten der Erzeuger und Besitzer von Abfällen öffentliche Interessen im Sinne des § 48 Abs. 2 BBergG (BVerwG Urt. v. 14.4.05, BVerwGE 123, 247, 254; OVG Lüneburg Urt. v. 24.6.2011 – 7 LC 10/10, juris Rn. 82).

48 Für die Abfälle, die vom Anwendungsbereich des KrWG ausgenommen werden, schreibt § 22a ABBergV vor, welche Anforderungen an ihre Entsorgung zu stellen sind und ergänzt insoweit § 55 Abs. 1 S. 1 Nr. 6 BBergG, aus dem sich die Anforderungen an eine ordnungsgemäße Verwendung und Beseitigung und über den Wortlaut hinausgehend auch für eine Verwertung anfallender Abfälle für betriebsplanpflichtige Vorhaben ergeben. § 55 Abs. 1 S. 1 Nr. 6 BBergG verlangt für die bergrechtliche Betriebsplanzulassung, dass die anfallenden Abfälle ordnungsgemäß verwendet oder beseitigt werden (zur Erforderlichkeit einer Einbeziehung der Verwertung bei der Auslegung des § 55 Abs. 1 S. 1 Nr. 6 BBergG siehe *Frenz* AbfallR 2018, 129; *Kropp* in v. Lersner/Wendenburg Recht der Abfallbeseitigung § 2 Rn. 60; *Scheier* in Fluck/Frenz/Fischer/Franßen, § 2 Rn. 122).

49 Mit der Bergbauabfallrichtlinie werden Maßnahmen, Verfahren und Leitlinien eingeführt, mit denen durch die Bewirtschaftung von Abfällen aus der mineralgewinnenden Industrie verursachte negative Auswirkungen auf die Umwelt, insbesondere auf Wasser, Luft, Boden, Fauna und Flora und das Landschaftsbild sowie sich daraus ergebende Risiken für die menschliche Gesundheit so weit wie möglich vermieden oder reduziert werden sollen (Art. 1 RL 2006/21/EG). Das Bundesberggesetz enthält weder einen allgemeinen Abfallbegriff, noch einen spezifischen Begriff der bergbaulichen Abfälle. Für die Anwendung des Bergbauprivilegs nach § 2 Abs. 2 Nr. 7 kommt es deshalb auf den Abfallbegriff des § 3 Abs. 1 an. Dabei kann es im Einzelfall schwierig sein, einen abfallrechtlichen Entledigungstatbestand von der Gewinnung von Bodenschätzen zu unterscheiden. Dies gilt zB bei der Einordnung von Grubengas.

50 Bei dem in den untertägigen Hohlräumen des Steinkohlenbergbaus enthaltenen **Grubengas** handelt es sich gemäß § 3 Abs. 3 BBergG um einen bergfreien Bodenschatz (siehe dazu *Beckmann,* DVBl. 2014, 1032; *Piens* in Piens/Schulte/Graf Vitzthum, BBergG, 3. Aufl., 2020, § 55 Rn. 110). Bei den aktiven Bergwerken, in denen Steinkohle gewonnen wurde, ergab sich die Berechtigung zur Gewinnung des Grubengases aus dem Mitgewinnungsrecht des § 42 Abs. 1 S. 1 BBergG. Soll Grubengas ohne einen betrieblichen Zusammenhang mit der Gewinnung von Steinkohle gefördert werden, bedarf es einer eigenständigen bergbaulichen Berechtigung. Die Gewinnung von Grubengas zur Erzeugung von Strom erfüllt regelmäßig keinen Entledigungstatbestand des § 3 Abs. 1 S. 1. Es handelt sich deshalb bei solchem Grubengas nicht um Abfall; der Einsatz des Grubengases in einem **Blockheizkraftwerk** ist insoweit kein Fall der energetischen Verwertung von Abfällen, sondern der wirtschaftlichen Verwendung eines bergfreien Bodenschatzes. Als Abfall ist Grubengas nur dann einzuordnen, wenn es nach seiner Gewinnung nicht zweckentsprechend energetisch verwertet, sondern lediglich an die Atmosphäre freigesetzt wird. Davon ist jedoch angesichts der Förderung des Einsatzes von Grubengas durch das EEG und angesichts der erst mit dieser Förderung einsetzenden, gezielten Gewinnung und Verwendung des Grubengases in Blockheizkraftwerken vorbehaltlich der Prüfung der Umstände des jeweiligen Einzelfalls in aller Regel nicht auszugehen.

Umstritten ist, ob das KrWG anzuwenden ist, wenn Abraum oder Bergematerial mit Abfällen vermischt wird, die nicht unter das sogenannte Bergbauprivileg fallen, wenn zB Kraftwerksrückstände zusammen mit Abraum zur Verfüllung eines Tagebaus eingesetzt werden sollen. Dazu wird die Auffassung vertreten, dass in solchen Fällen das KrWG anzuwenden ist (*Attendorn* NuR 2008, 157; *Freytag* NuR 1996, 334, 335). Nach anderer Auffassung soll bei **Mischabfällen** das Mischungsverhältnis zwischen bergbaulichen und nicht bergbaulichen Abfällen entscheidend für die Zuordnung des Gesamtmaterials sein (*Piens* in Piens/Schulte/Graf Vitzthum, Bundesberggesetz, 3. Aufl., 2020, § 55 Rn. 118). Überwiegen die bergbaulichen Abfälle, soll das Bergbauprivileg gelten und damit das KrWG unanwendbar sein. **51**

1. Aufsuchen, Gewinnen und Aufbereiten. Voraussetzung für diese Ausnahme vom Anwendungsbereich des KrWG ist es, dass die Abfälle beim Aufsuchen, Gewinnen, Aufbereiten von Bodenschätzen oder bei der damit zusammenhängenden Lagerung von Bodenschätzen anfallen. **52**

a) Bodenschätze. Bodenschätze, bei deren Aufsuchung, Gewinnung oder Aufbereitung bergbauspezifische Abfälle anfallen, für die das KrWG nicht anzuwenden ist, sind nur die in § 3 Abs. 1 BBergG genannten bergfreien und grundeigenen Bodenschätze. Bodenschätze im Sinne von § 3 Abs. 1 BBergG sind mit Ausnahme von Wasser alle mineralischen Rohstoffe in festem oder flüssigem Zustand und Gase, die in natürlichen Ablagerungen oder Ansammlungen (Lagerstätten) in oder auf der Erde, auf dem Meeresgrund, im Meeresuntergrund oder im Meerwasser vorkommen. **53**

Der Gesetzgeber unterscheidet im Bundesberggesetz grundeigene Bodenschätze, die im Eigentum des Grundeigentümers stehen (§ 3 Abs. 2 S. 1 BBergG), und bergfreie Bodenschätze, auf die sich das Eigentum an einem Grundstück nicht erstreckt (§ 3 Abs. 2 S. 2 BBergG). **54**

Die **bergfreien Bodenschätze** werden in § 3 Abs. 3 BBergG aufgelistet. Dazu zählen zB Stein- und Braunkohle, zahlreiche Metalle, Stein-, Kali-, Magnesia- und Borsalze und Kohlenwasserstoffen nebst den bei ihrer Gewinnung anfallenden Gasen. Gemäß § 3 Abs. 3 S. 2 Nr. 2 lit. b BBergG gilt auch die Erdwärme als bergfreier Bodenschatz. **55**

Auch bei dem in den untertägigen Hohlräumen des Steinkohlenbergbaus enthaltenen **Grubengas** handelt es sich gemäß § 3 Abs. 3 BBergG um einen bergfreien Bodenschatz. Grubengas fällt definitionsgemäß – anders als Flözgas – im Zusammenhang mit der Gewinnung von Steinkohle an, so dass das Grubengas, weil es im Zusammenhang mit der Gewinnung von Steinkohle auftritt, als bergfreier Bodenschatz einzuordnen ist (*Neuhaus gen. Wever* Bergrechtliche Voraussetzungen für die Gewinnung von Grubengas in Tagungsband Oberhausener Grubengas-Tage, 2000, 47 (49); *Minke/Beßelmann* Gewinnung und Verwertung von Grubengas aus der Karbonlagerstätte in Nordrhein-Westfalen, 7. Altbergbau-Kolloquium, Freiberg, 2007, 296). Hinzu kommt, dass es sich bei Grubengas um Kohlenwasserstoffe nebst den bei ihrer Gewinnung anfallenden Gasen im Sinne von § 3 Abs. 3 BBergG handelt (*Franke* in Frenz/Müggenborg EEG, 3. Aufl. 2013, § 26 Rn. 3; *Franke,* Rechtsfragen der Methangewinnung aus Steinkohleflözen, RdE 1994, 1). Grubengas ist auch deshalb und insoweit mit Flözgas gemeinsam als Kohlenwasserstoff nebst den bei ihrer Gewinnung anfallenden Gasen ein bergfreier Bodenschatz. Kohlegebundenes Methangas taucht im Katalog der bergfreien Bodenschätze des **56**

§ 3 Abs. 3 BBergG insoweit zweimal auf, einmal als mit der Gewinnung von Stein- und Braunkohle anfallendes Gas und zum anderen als Kohlenwasserstoff in Verbindung mit den bei der Gewinnung von Kohlenwasserstoffen anfallenden Gasen.

57 **Grundeigene Bodenschätze** sind in § 3 Abs. 4 BBergG abschließend aufgezählt. Dabei handelt es sich unter anderem um Basaltlava mit Ausnahme des Säulenbasalts, Bauxit, Bentonit, Dachschiefer, Feldspat, Quarz und Quarzid, Speckstein, Talkum und Ton, soweit er sich zur Herstellung von feuerfesten, säurefesten oder nicht als Ziegeleierzeugnisse anzusehenden keramischen Erzeugnissen oder zur Herstellung von Aluminium eignet.

58 Nicht zu den Bodenschätzen des Bundesberggesetzes zählen dagegen die **Grundeigentümerbodenschätze,** das sind Bodenschätze, die dem Grundeigentümer gehören und die nicht in den Anwendungsbereich des BBergG fallen. Ihre Gewinnung wird nach Vorschriften des Wasserrechts (zB bei einer Nassauskiesung) oder des landesrechtlich geregelten Abgrabungsrechts genehmigt. Dazu gehören zB Kiese und Sande, Natursteine, Bims, Gips und Anhydrit, etc. Auf Abfälle, die im Zusammenhang mit dem Abbau dieser Grundeigentümerbodenschätze anfallen, ist das KrWG anzuwenden. Für sie gilt außerdem die **Gewinnungsabfallverordnung.**

59 **b) Aufsuchen.** Aufsuchen ist nach § 4 Abs. 1 S. 1 BBergG die mittelbar oder unmittelbar auf die Entdeckung oder Feststellung der Ausdehnung von Bodenschätzen gerichtete Tätigkeit mit Ausnahme der Tätigkeiten im Rahmen der amtlichen geologischen Landesaufnahme, der Tätigkeiten, die ausschließlich und unmittelbar Lehr- oder Unterrichtszwecken dienen, und des Sammelns von Mineralien in Form von Handstücken oder kleinen Proben für mineralogische oder geologische Sammlungen.

60 **c) Gewinnen.** Bei der Gewinnung von Bodenschätzen handelt es sich nach § 4 Abs. 2 BBergG um das Lösen oder Freisetzen von Bodenschätzen einschließlich der damit zusammenhängenden vorbereitenden, begleitenden und nachfolgenden Tätigkeiten. Ausgenommen ist das Lösen oder Freisetzen von Bodenschätzen in einem Grundstück aus Anlass oder im Zusammenhang mit dessen baulicher oder sonstiger städtebaulicher Nutzung und in oder an einem Gewässer als Voraussetzung für dessen Ausbau und Unterhaltung.

61 **d) Aufbereiten.** Bei der Aufbereitung schließlich handelt es sich nach § 4 Abs. 3 S. 1 BBergG um das Trennen oder Anreichern von Bodenschätzen nach stofflichen Bestandteilen oder geometrischen Abmessungen auf physikalischer oder physikalisch-chemischer Grundlage einschließlich der damit zusammenhängenden vorbereitenden, begleitenden und nachfolgenden Tätigkeiten. Zu Aufbereitung zählt außerdem das Brikettieren, Verschwelen, Verkoken, Vergasen, Verflüssigen und Verlösen von Bodenschätzen.

62 Voraussetzung für die Einordnung einer solchen bergbaulichen Tätigkeit als Aufbereiten ist nach § 4 Abs. 3 S. 1 BBergG, dass der Unternehmer Bodenschätze der aufzubereitenden Art in unmittelbarem betrieblichem Zusammenhang selbst gewinnt oder dass die Bodenschätze in unmittelbarem räumlichen Zusammenhang mit dem Ort ihrer Gewinnung aufbereitet werden. Eine Aufbereitung liegt dagegen nicht vor, wenn eine Tätigkeit im Sinne von § 4 Abs. 3 S. 1 BBergG mit einer sonstigen Bearbeitung oder Verarbeitung von Bodenschätzen **(Weiterverarbeitung)** oder mit der Herstellung anderer Erzeugnisse **(Nebengewinnung)** durchgeführt wird und das Schwergewicht der Tätigkeit nicht bei der Aufbereitung liegt. Da es sich bei der Weiterverarbeitung nicht um eine Aufbereitung und auch nicht um eine Aufsuchung oder Gewinnung von Bodenschätzen handelt, ist auf Abfälle, die bei der Weiterverarbeitung von Bodenschätzen anfallen, das KrWG anwendbar (*Petersen* in Jarass/Petersen § 2 Rn. 78; *Kropp* in von Lersner/Wendensburg

Recht der Abfallbeseitigung § 2 Rn. 61; aA *Schomerus* in Versteyl/Mann/Schomerus § 2 Rn. 26; *Dippel* in Schink/Versteyl § 2 Rn. 42).

e) Lagerung. Das Bergbauprivileg erstreckt sich schließlich auch auf Abfälle, die bei der mit der Aufsuchung, Gewinnung und Aufbereitung zusammenhängenden Lagerung anfallen. Einen spezifischen Lagerbegriff des Bergrechts gibt es nicht. Da auch das KrWG den Begriff der Lagerung nicht ausdrücklich definiert, kann auf das abfallrechtliche Verständnis zurückgegriffen werden. Im Unterschied zur Ablagerung, bei der die Abfälle dauerhaft und endgültig abgelagert werden sollen, handelt es sich bei der Lagerung um eine vorübergehende Ablage der Abfälle in der Vorstellung, diese zu einem späteren Zeitpunkt wieder zu entfernen, um sie zu behandeln, zu verarbeiten oder auf einer Deponie endgültig abzulagern. Soweit bei einer Lagerung im Zusammenhang mit der Aufsuchung, Gewinnung und Aufbereitung von Bodenschätzen Abfälle anfallen, richtet sich ihre Entsorgung ebenfalls nicht nach dem KrWG. **63**

2. Unmittelbarkeit. § 2 Abs. 2 Nr. 7 setzt für das Bergbauprivileg außerdem voraus, dass die Abfälle unmittelbar bei den genannten bergbaulichen Tätigkeiten anfallen. Mit dem Begriff der Unmittelbarkeit ist kein zeitlicher Zusammenhang gemeint. Es geht also nicht darum, dass Abfälle in einer bestimmten Zeitnähe zu der Umsetzung der bergbaulichen Tätigkeiten anfallen (*Piens* in Piens/Schulte/Graf Vitzthum BBergG 2020 § 55 Rn. 100). Das Unmittelbarkeitskriterium soll auch nicht verhindern, dass dem Abfall zwischenzeitlich eine andere Zweckbestimmung, zB durch eine Zwischenbehandlung, beigemessen wird (so *Piens* in Piens/Schulte/Graf Vitzthum BBergG 2. Aufl. 2020 § 55 Rn. 100). Vielmehr beschränkt sich die Bedeutung des Unmittelbarkeitskriteriums auf die Forderung eines betrieblich-funktionalen Zusammenhangs zwischen dem Anfall des Abfalls und den bergbaulichen Tätigkeiten (zutreffend *Dippel* in Schink/Versteyl § 2 Rn. 40; VG AAchen, Urt. v. 4.10.2011 – 6 K 2332/09, juris Rn. 59 ff.). Maßgeblich ist, dass die Abfälle bei betrieblichen Arbeitsabläufen des Aufsuchens, Gewinnens, Aufbereitens oder der damit im Zusammenhang stehenden Lagerung unmittelbar entstehen. **64**

Die weitere Einschränkung der Vorgängerbestimmung des § 2 Abs. 2 Nr. 4 KrW-/AbfG, wonach die Ausnahme vom Anwendungsbereich des KrWG auch davon abhing, dass es sich um Abfälle handelte, die üblicherweise ein Bergbau anfallen, hat der Gesetzgeber in das KrWG nicht übernommen. Fraglich ist, ob sich dadurch die Rechtslage materiell verändert hat. Mit dem Kriterium der **Üblichkeit** sollte erreicht werden, dass nur solche Abfälle privilegiert werden, die regelmäßig und typischerweise bei den genannten bergbaulichen Tätigkeiten im Rahmen des technischen Betriebsablaufs anfallen. Als bergbautypische Abfälle in diesem Sinne wurden Abraummassen, Bergematerial, Waschberge sowie sonstiges Haldenmaterial angesehen. Als bergbautypische Abfälle galten außerdem Bauschutt aus dem Abriss von Betriebsanlagen, Rückstände aus Feuerungsanlagen, verbrauchte Hydraulikflüssigkeit, etc. **65**

Mit dem Unmittelbarkeitskriterium des § 2 Abs. 2 Nr. 7 bleibt es dabei, dass das Bergbauprivileg regelmäßig nur für solche Abfälle gilt, die im Sinne der früheren Regelung üblicherweise bei den genannten bergbaulichen Tätigkeiten anfallen. Der Ausnahmetatbestand des § 2 Abs. 2 Nr. 7 folgt insoweit einer ähnlichen Systematik wie die BergbauabfallRL, die ebenfalls nicht für Abfälle gilt, die zwar bei der Gewinnung von Mineralen oder deren Aufbereitung entstehen, aber nicht unmittelbar mit der Gewinnung oder Aufbereitung in Zusammenhang stehen, zB Nahrungsmittelabfälle, Altöl, Altfahrzeuge, Altbatterien und Altakkumulatoren (vgl. Erwägungsgrund Nr. 8 dieser Richtlinie und *Petersen* in Jarass/Petersen § 2 Rn. 79; aA *Dippel* in Schink/Versteyl § 2 Rn. 43). Aller- **66** dings sind das Unmittelbarkeitskriterium und das frühere Üblichkeitskriterium nicht völlig identisch. Denn anderenfalls hätte es in der Vergangenheit keinen Sinn gemacht, neben der schon damals geforderten Unmittelbarkeit zusätzlich zu verlangen, dass die Abfälle üblicherweise beim Bergbau anfallen. Es muss deshalb dem Bergbautreibenden unbenommen bleiben, Abfälle außerhalb des Anwendungsbereichs des KrWG zu entsorgen, wenn er nachweist, dass diese Abfälle zwar nicht üblicherweise, dh regelmäßig und typischerweise bei vergleichbaren bergbaulichen Tätigkeiten anfallen, dass jedoch im konkreten Fall ein unmittelbarer Zusammenhang zwischen der bergbaulichen Tätigkeit und dem Abfallanfall besteht (*Dippel* in Schink/Versteyl § 2 Rn. 43).

67 **3. Bergaufsicht.** Voraussetzung für das Eingreifen des Bergbauprivilegs ist, dass es sich um Abfälle handelt, die in Betrieben anfallen, die der Bergaufsicht unterstehen. Außerdem muss auch die Entsorgung dieser Abfälle unter Bergaufsicht stattfinden. Die Bergaufsicht ist insofern sowohl hinsichtlich des Anfalls der Abfälle als auch hinsichtlich ihrer Entsorgung für die Reichweite des Bergbauprivilegs von Bedeutung.

68 **a) Anfall in einem Betrieb unter Bergaufsicht.** Der Begriff „Bergaufsicht" wird vom Gesetzgeber als die Aufsicht des Bergbaus durch die zuständige Behörde definiert (§ 69 BBergG). Der Begriff des Bergbaus wird vom Gesetzgeber dagegen nicht definiert. Aus der Gesetzesbegründung ergibt sich jedoch, dass damit sämtliche in § 2 Abs. 1 BBergG genannten Tätigkeiten, Einrichtungen und Anlagen gemeint sind (Begründung, Seite 121, ZfB 123, 182). Die Bergaufsicht erstreckt sich damit auf sämtliche Tätigkeiten im Zusammenhang mit dem Aufsuchen, Gewinnen und Aufbereiten von bergfreien und grundeigenen Bodenschätzen einschließlich des Verladens, Beförderns, Abladens, Lagerns und Ablagerns von Bodenschätzen, Nebengestein und sonstigen Massen, soweit es im unmittelbaren betrieblichen Zusammenhang mit dem Aufsuchen, Gewinnen und Aufbereiten steht und sich aus § 4 Abs. 4 BBergG nicht etwas anderes ergibt. Die Bergaufsicht erstreckt sich darüber hinaus auf Tätigkeiten im Zusammenhang mit dem Wiedernutzbarmachen der Oberfläche während und nach der Aufsuchung, Gewinnung und Aufbereitung von bergfreien und grundeigenen Bodenschätzen sowie auf Betriebsanlagen und Betriebseinrichtungen, die überwiegend einer der vorgenannten Tätigkeiten dienen oder zu dienen bestimmt sind.

69 Der **Zeitpunkt,** zu dem die Bergaufsicht einsetzt, ist vom Gesetzgeber nicht ausdrücklich geregelt worden. Geht man davon aus, dass es sich bei der Bergaufsicht um eine Betriebsaufsicht handelt, dann beginnt die Bergaufsicht mit dem Beginn einer bergbaulichen Tätigkeit im Sinne des § 2 Abs. 1 BBergG. Die Bergaufsicht endet nach der Durchführung des Abschlussbetriebsplans oder entsprechender Anordnungen der zuständigen Behörde zu dem Zeitpunkt, in dem nach allgemeiner Erfahrung nicht mehr damit zu rechnen ist, dass durch den Betrieb Gefahren für Leben und Gesundheit Dritter, für andere Bergbaubetriebe und für Lagerstätten, deren Schutz im öffentlichen Interesse liegt, oder gemeinschädliche Einwirkungen eintreten werden (§ 69 Abs. 2 BBergG).

70 Die Entsorgung von Bergbauabfällen außerhalb des Anwendungsbereichs des KrWG setzt voraus, dass sie bei einem Betrieb anfallen, der in diesem Sinne der Bergaufsicht unterliegt.

71 **b) Entsorgung unter Bergaufsicht.** Der Gesetzgeber setzt für die Ausnahme vom Anwendungsbereich des BBergG außerdem voraus, dass die Abfälle auch unter Bergaufsicht entsorgt werden. Im ursprünglichen Gesetzentwurf der Bundesregierung war noch vorgesehen, dass die Abfälle in einer Abfallentsorgungseinrichtung unter Bergaufsicht entsorgt werden müssen. Der Bundesrat hatte jedoch für einen Verzicht auf den Begriff „Abfallentsorgungseinrichtung" plädiert, weil die Beibehaltung dieses Begriffs zur Kon-

sequenz gehabt hätte, dass eine Entsorgung von Abfällen in Hohlräumen, bei denen es sich nach § 22a ABBergV nicht um Entsorgungseinrichtungen handelt, in den Anwendungsbereich des KrWG gefallen wäre, gleichzeitig aber auch der ABBergV unterlegen hätte (siehe dazu *Prelle* in Schmehl § 2 Rn. 20).

Fraglich ist, ob sich aus der Notwendigkeit einer Entsorgung in einem Betrieb unter Bergaufsicht ergibt, dass der Umgang mit den Abfällen nach ihrem Anfall bis zur endgültigen Entsorgung zeitlich und räumlich lückenlos unter Bergaufsicht stehen muss, wenn die Abfälle außerhalb des KrWG entsorgt werden sollen. Nach dem Wortlaut des § 2 Abs. 2 Nr. 7 verlangt der Gesetzgeber lediglich, dass die Abfälle unter Bergaufsicht entsorgt werden müssen. Der Gesetzgeber nimmt damit auf den legaldefinierten Begriff der Abfallentsorgung Bezug. Als Abfallentsorgung bezeichnet der Gesetzgeber Verwertungs- und Beseitigungsverfahren, einschließlich der Vorbereitung vor der Verwertung oder Beseitigung (§ 3 Abs. 22). Das Bergbauprivileg gilt deshalb für bergbautypische Abfälle nur, wenn diese Abfälle in einem Betrieb unter Bergaufsicht verwertet und beseitigt werden und wenn auch eine eventuelle Vorbereitung vor der Verwertung oder Beseitigung unter Bergaufsicht stattfindet. **72**

Es kommt insoweit nicht darauf an, dass auch alle sonstigen **Maßnahmen der Abfallbewirtschaftung,** die für die Entsorgung dieser bergbauspezifischen Abfälle notwendig werden können, unter Bergaufsicht stehen. Nach § 3 Abs. 14 zählen zur Abfallbewirtschaftung die Bereitstellung, die Überlassung, die Sammlung, die Beförderung, die Verwertung und die Beseitigung von Abfällen, einschließlich der Überwachung dieser Verfahren, der Nachsorge von Beseitigungsanlagen sowie der Tätigkeiten, die von Händlern und Maklern vorgenommen werden. Diese Palette der Abfallbewirtschaftungsmaßnahmen findet nicht vollständig unter Bergaufsicht statt, wenn die Abfälle in einem anderen unter Bergaufsicht stehenden Betrieb entsorgt werden sollen. Aus § 2 Abs. 4 BBergG ergibt sich, dass das Bundesberggesetz nicht für das Verladen, Befördern und Abladen von Bodenschätzen, Nebengestein und sonstigen Massen im Sinne des § 2 Abs. 1 Nr. 1 BBergG im Schienenverkehr der Eisenbahnen des öffentlichen Verkehrs, im Kraftfahrzeugverkehr auf öffentlichen Wegen oder Plätzen, im Schiffsverkehr seewärts der Begrenzung des Küstenmeeres, auf Binnen- und Seewasserstraßen und in den Seehäfen, in Luftfahrzeugen und in Rohrleitungen ab Übergabestation, Einleitung in Sammelleitungen oder letzter Messstation für den Ausgang gilt, soweit die Leitungen unmittelbar und ausschließlich der Abgabe an Dritte oder an andere Betriebe desselben Unternehmens dienen, die nicht zum Aufsuchen, Gewinnen und Aufbereiten von bergfreien oder grundeigenen Bodenschätzen bestimmt sind. Soweit insoweit der sachliche Anwendungsbereich des BBergG beschränkt ist, stehen diese Tätigkeiten natürlich auch nicht unter Bergaufsicht. Insbesondere die Beförderung der bergbauspezifischen Abfälle im öffentlichen Verkehrsnetz fällt insoweit nicht unter Bergaufsicht. Werden die Abfälle jedoch zu einer unter Bergaufsicht stehenden Anlage befördert, um dort entsorgt zu werden, bleibt den Abfällen das Bergbauprivileg erhalten. **73**

4. Entsorgung in einem anderen unter Bergaufsicht stehenden Betrieb. Die Frage, ob die Entsorgung von Bergbauabfällen außerhalb des Anwendungsbereichs des KrWG zulässig ist, wenn sie nicht in dem Betrieb stattfindet, in dem sie angefallen sind, sondern in einem anderen unter Bergaufsicht stehenden Betrieb, ist dementsprechend zu bejahen (*Kropp* in v. Lersner/Wendenburg Recht der Abfallbeseitigung § 2 Rn. 67; *Frenz* in Frenz, Hrsg., BBergG, 2019, § 55 Rn. 171; aA *Dippel* in Schink/Versteyl § 2 Rn. 42; VG Hannover AbfallR 2005, 231 f.). Allerdings wird dazu die Auffassung vertreten, der vom Gesetzgeber für das Bergbauprivileg geforderte unmittelbare Zusammenhang sei unproblematisch gegeben, wenn die Abfälle auf dem Betriebsgelände des Aufsuchungs-, **74**

Gewinnungs- oder Aufbereitungsbetriebs stattfinde. Das betrifft zB auch die Situation, dass angefallene Bergbauabfälle als Versatzstoff in dem Betrieb eingesetzt werden, indem sie angefallen sind. Unproblematisch zulässig soll die Entsorgung außerhalb des Anwendungsbereichs des KrWG außerdem sein, wenn die Bergbauabfälle aus mehreren Betrieben zentral auf dem einzigen (gemeinsamen) Betriebsgelände unter Bergaufsicht entsorgt werden. Schließlich soll der unmittelbare Zusammenhang auch nicht allein dadurch entfallen, dass die Abfälle das durch den räumlichen Geltungsbereich des zugelassenen Betriebsplans räumlich abgegrenzte Gelände für eine Zwischenlagerung verlassen (siehe dazu *Petersen* in Jarass/Petersen § 2 Rn. 82). Der unmittelbare Zusammenhang soll allerdings dann nicht mehr bestehen, wenn die in einem unter Bergaufsicht stehenden Betrieb angefallenen Abfälle in einem anderen, ebenfalls unter Bergaufsicht stehenden Betrieb entsorgt werden, wenn zB Haldenmaterial für den Versatz in einem anderen Bergwerksbetrieb genutzt werden soll (*Petersen* in Jarass/Petersen § 2 Rn. 82). Begründet wird diese Sichtweise damit, dass der vom Gesetz geforderte unmittelbare Zusammenhang sich erst aus dem räumlichen Bezug des zugelassenen Betriebsplans ergeben soll. Würden Bergbauabfälle jedoch auf einer nicht in den Betriebsplan einbezogenen Verbrennungsanlage oder Deponie für Siedlungsabfälle entsorgt, sei auf sie das KrWG anzuwenden. Falle der Entsorgungsweg nicht in den Betriebsplan, sei das Bergbauprivileg für die fraglichen Abfälle verloren gegangen, selbst wenn ein Dritter dieses für die in seinem eigenen Betrieb anfallenden Abfälle beanspruchen könnte (*Petersen* in Jarass/Petersen § 2 Rn. 82).

75 Überzeugend ist diese Sichtweise schon deshalb nicht, weil der Gesetzgeber keinen unmittelbaren Zusammenhang zwischen den bergbaulichen Tätigkeiten und dem unter Bergaufsicht stehenden Betrieb, an dem die Entsorgung stattfindet, voraussetzt, sondern lediglich auf den unmittelbaren Zusammenhang zwischen dem Abfallanfall und den durchgeführten bergbaulichen Tätigkeiten abstellt (zutreffend *Dippel* in Schink/Versteyl § 2 Rn. 40). Da der Gesetzgeber für die Ausnahme vom Anwendungsbereich des KrWG nicht voraussetzt, dass der Abfall in dem unter Bergaufsicht stehenden Betrieb entsorgt wird, in dem er angefallen ist, kann für die Bestimmung des unmittelbaren Zusammenhangs nur insoweit auf den für den unter Bergaufsicht stehenden Betrieb notwendigen Betriebsplan und dessen Zulassung zurückgegriffen werden, als sich daraus ableiten lässt, ob der Abfall tatsächlich im unmittelbaren Zusammenhang mit den betrieblichen Tätigkeiten, die Gegenstand des zugelassenen Betriebsplans sind, angefallen ist.

76 § 55 Abs. 1 S. 1 Nr. 6 BBergG schreibt zwar vor, dass ein Betriebsplan nur zugelassen werden kann, wenn die anfallenden Abfälle ordnungsgemäß verwendet oder beseitigt werden. Das bedeutet jedoch nicht, dass eine Entsorgung der Bergbauabfälle außerhalb des Anwendungsbereichs nur an dem unter Bergaufsicht stehenden Standort stattfinden könnte, an dem die Abfälle angefallen sind. § 55 Abs. 1 S. 1 Nr. 6 BBergG verlangt lediglich eine ordnungsgemäße Verwendung oder Beseitigung, überlässt es insoweit jedoch dem Unternehmer, sich entweder für eine Entsorgung im Anwendungsbereich des KrWG oder aber für eine Entsorgung außerhalb des Anwendungsbereichs, dann aber in einem unter Bergaufsicht stehenden Betrieb zu entscheiden (*Prelle* in Schmehl § 2 Rn. 21; *Kropp* in v. Lersner/Wendenburg Recht der Abfallbeseitigung § 2 Rn. 67).

77 **5. Konsequenzen des Bergbauprivilegs.** Für die Entsorgung von Bergbauabfällen, auf die das KrWG nicht anzuwenden ist, kann bei der Prüfung, ob ein eingereichter bergrechtlicher Betriebsplan die gesetzlichen Zulassungsvoraussetzungen erfüllt, ob insbesondere im Sinne von § 55 Abs. 1 S. 1 Nr. 6 BBergG die anfallenden Abfälle ordnungsgemäß verwendet oder beseitigt werden, nicht auf die Vorschriften des KrWG zurückgegriffen werden (aA VG Hannover Urt. v. 6.7.2005 – 11 A 1884/03, juris Rn. 59). Die abfallrechtlichen Bestimmungen des KrWG können jedenfalls nicht unmittelbar, insbesondere nicht zur Konkretisierung der Ordnungsgemäßheit der Verwendung bzw. Beseitigung im Sinne von § 55 Abs. 1 S. 1 Nr. 6 BBergG oder bei der Auslegung der überwiegenden Interessen im Sinne von § 48 Abs. 2 S. 1 BBergG herangezogen werden. Daraus folgt unter anderem, dass auch die Abfallhierarchie des § 6 Abs. 1 für die Entsorgung bergbaulicher Abfälle außerhalb des Anwendungsbereichs des Gesetzes nicht gilt (aA *Frenz* in Frenz, BBergG, 2019, § 55 Rn. 131). Maßnahmen der Verfüllung sind nach § 6 Abs. 1 Nr. 4 gegenüber dem Recycling und der Vorbereitung zur Wiederverwendung nachrangig, mit der sonstigen Verwertung, insbesondere der energetischen Verwertung, gleichrangig und gegenüber der Beseitigung vorrangig. Diese Rangfolge gilt für bergbauliche Abfälle außerhalb des Anwendungsbereichs des KrWG nicht.

Die Verordnung über den Versatz von Abfällen vom 24.6.2002 beruht auf der Er- **78**
mächtigungsgrundlage des ehemaligen § 7 Abs. 2 KrW-/AbfG. Sie galt angesichts dessen nicht für Abfälle, die vom Anwendungsbereich des KrW-/AbfG ausgenommen waren. Daran hat sich nichts geändert. Die Ermächtigungsgrundlage ist in das neue Recht nicht übernommen worden. § 10 Abs. 1 Nr. 5 ermächtigt die Bundesregierung allerdings Anforderungen an die Verwertung von mineralischen Abfällen in technischen Bauwerken festzulegen. Eine darauf gestützte Ersatzbaustoffverordnung kann angesichts dieser Ermächtigungsgrundlage des § 10 Abs. 1 Nr. 5 nicht auf bergbauliche Abfälle erstreckt werden, die nicht in den Anwendungsbereich des Gesetzes fallen.

Die **Duldungspflicht** des § 29 Abs. 3 S. 1 gilt auch für Abbauberechtigte oder **79**
Unternehmer eines Mineralgewinnungsbetriebs, der unter Bergaufsicht steht, soweit es um Abfälle geht, die in den Anwendungsbereich des Gesetzes fallen. Für bergbauliche Abfälle außerhalb des Anwendungsbereichs kann eine solche Duldungspflicht nicht angeordnet werden (*Piens* in Piens/Schulte/Graf Vitzthum BBergG, 3. Aufl. 2020 § 55 Rn. 138).

Anforderungen an die Entsorgung von Bergbauabfällen, die nicht in den Anwen- **80**
dungsbereich des KrWG fallen, ergeben sich aus § 22a ABergV. Danach müssen bei der Errichtung, Führung und Einstellung von Anlagen, die der Bergaufsicht unterliegen, zur Entsorgung bergbaulicher Abfälle Maßnahmen getroffen werden, die nachteilige Auswirkungen auf die Umwelt sowie Risiken für die menschliche Gesundheit soweit wie möglich vermeiden. Für Anlagen, die nicht der Bergaufsicht unterliegen, ist zur Umsetzung der BergbauabfallRL die **GewinnungsAbfallVO** erlassen worden. Sie gilt für die Errichtung, den Betrieb, die Stilllegung und die Nachsorge einer Beseitigungsanlage für Gewinnungsabfälle in nicht der Bergaufsicht unterstehenden Betrieben, die Lagerung und Ablagerung von Gewinnungsabfällen zur Beseitigungszwecken sowie die Verwertung von Gewinnungsabfällen zu Bau- und Sanierungszwecken im Abgrabungsbetrieb. Gewinnungsabfälle im Sinne dieser Verordnung sind Abfälle, die unmittelbar beim Aufsuchen, gewinnen und aufbereiten sowie bei der damit zusammenhängenden Lagerung von Bodenschätzen anfallen. Eine Beseitigungsanlage für Gewinnungsabfälle ist nach § 3 S. 1 GewinnungsAbfallVO so zu errichten, zu betreiben, stillzulegen und nachzusorgen, dass das Wohl der Allgemeinheit nicht beeinträchtigt wird. Setzt der Erzeuger von Gewinnungsabfällen dies zu Bau- oder Sanierungszweck im Abgrabungsbetrieb ein, hat er geeignete Maßnahmen zu treffen, durch die die Stabilität der Gewinnungsabfälle am Einsatzort gewährleistet wird, eine Verunreinigung des Gewässers und des Bodens verhindert wird und der ordnungsgemäße Einsatz kontrolliert wird (§ 4 GewinnAbfVO).

81 Für bergbaufremde Abfälle, die außerhalb eines Bergbaubetriebs anfallen und in einem Bergbaubetrieb zB im Wege des untertägigen Versatzes oder zur Verfüllung eines Tagebaus verwertet werden, findet das KrWG Anwendung.

VIII. Nicht gefasste gasförmige Stoffe

82 § 2 Abs. 2 Nr. 8 dient der Abgrenzung des Anwendungsbereichs des KrWG zum **Immissionsschutzrecht.** Das KrWG ist nicht anwendbar auf gasförmige Stoffe, die frei in die Umgebung entweichen, weil die damit in Zusammenhang stehenden Gefahren Gegenstand des Immissionsschutzrechts sind (siehe dazu *Kropp* in v. Lersner/Wendenburg Recht der Abfallbeseitigung § 3 Rn. 69). Zweck des BImSchG ist es, Mensch und Umwelt vor schädlichen Umwelteinwirkungen zu schützen und dem Entstehen schädlicher Umwelteinwirkungen vorzubeugen (§ 1 Abs. 1 BImSchG). Schädliche Umwelteinwirkungen im Sinne des BImSchG sind Immissionen, die nach Art, Ausmaß oder Dauer geeignet sind, Gefahren, erhebliche Nachteile oder erhebliche Belästigungen für die Allgemeinheit oder die Nachbarschaft herbeizuführen. Immissionen im Sinne des BImSchG sind nach § 3 Abs. 2 BImSchG Luftverunreinigungen, Geräusche, Erschütterungen, Licht, Wärme, Strahlen und ähnliche Umwelteinwirkungen, die auf Mensch und Umwelt, insbesondere auch auf die Atmosphäre, einwirken.

83 Anwendbar ist das Gesetz dagegen für in Behälter gefasste gasförmige Stoffe. Behälter im Sinne von § 2 Abs. 2 Nr. 8 sind regelmäßig bewegliche Gefäße zur Aufbewahrung, so zB Fässer oder Stahlflaschen. Als Behälter kommen grundsätzlich aber auch stationäre Einrichtungen, zB untertägige Kohlendioxid-Speicher, künstlich zur Gasspeicherung technisch eingerichtete **Kavernen** oder **Rohrleitungsanlagen** in Betracht (*Beckmann* DVBl. 2014, 1032, 1033 f.; *Petersen* in Jarass/Petersen, KrWG, § 2 Rn. 90; *Brandt* in Jahn/Deifuß-Kruse/Brandt, KrWG, 2012, § 2 Rn. 27; aA *Dippel* in Schink/Versteyl, KrWG, 2. Aufl. 2017, § 2 Rn. 47. vermittelnd *Prelle* in Schmehl, GK-KrWG, 2013, § 2 Rn. 23, und *Franßen* AbfallR 2008, 240, 242; siehe auch *Böhler* Abgas als Abfall, NVwZ 2018, 956 957, der auf die amtliche Begründung zum Gesetzesentwurf BT-Drs. 12/7284, 11 – verweist, in der es heißt, dass gasförmige Stoffe, die lediglich in Rohrleitungen gefasst sind, dem Anwendungsbereich des Gesetzes nicht unterfallen). Ein ganzes Bergwerk bzw. seine untertägigen **Grubeneinrichtungen** lassen sich in diesem Sinne nicht als Behälter einordnen, weil solche untertägigen Bergwerksanlagen nicht der Aufbewahrung von gasförmigen Stoffen dienen; sie sind dazu nicht angelegt oder umgerüstet worden.

84 Die Annahme, dass ein gasförmiger Stoff in einem Behälter gefasst ist, setzt voraus, dass der gasförmige Stoff mit dem Ziel seiner Aufbewahrung/Lagerung oder Beförderung in das Behältnis eingeleitet oder eingefüllt wird. Das Freisetzen eines natürlich entstehenden Gases und seine Vermischung mit der in einem **Grubengebäude** vorhandenen atmosphärischen Luft führen in diesem Sinne nicht zu einem Aufbewahrungs- oder Lagerungszustand in einem Behältnis. Das Grubengas wird insoweit nicht vom Bergwerksunternehmen im untertägigen Grubengebäude gelagert. Daran ändert sich auch nichts, wenn das Grubengas, das aus einer Vermischung der freigesetzten Kohlenwasserstoffe mit atmosphärischer Luft entsteht, aufgrund des Verschlusses der Bergwerksanlagen und einer nach der Einstellung des Gewinnungsbetriebs nicht mehr durchgeführten Bewetterung nur deutlich langsamer an die Atmosphäre der Tagesoberfläche abgegeben wird. Da das untertägige Grubengebäude nicht zuverlässig und dauerhaft eine Entgasung des Grubengases an die Tagesoberfläche verhindert, kann nicht von in Behältern gefassten, gasförmigen Stoffen gesprochen werden, weil ein in diesem Sinne undichter „Behälter" an der gasförmigen Ableitung in die Atmosphäre – die Art. 2 lit. a AbfRRL im Blick hat – nichts ändert, sie jedenfalls nicht vermeidet, sondern allenfalls verzögert.

Auch die Gesetzgebungsgeschichte spricht dafür, dass ein Grubengebäude oder Teile **85** eines Grubengebäudes nicht als Behältnisse im Sinne des Ausnahmetatbestands anzusehen sind. Zutreffend ist darauf hingewiesen worden, dass die Gesetz gewordene Fassung eine Ausnahmeregelung unverändert übernommen hat, die auf einer Beschlussempfehlung des Umweltausschusses des Bundestages beruhte. Im damaligen Gesetzesentwurf der Bundesregierung waren „nicht gefasste gasförmige Stoffe" ohne jede Ausnahme vom Geltungsbereich des Gesetzes ausgenommen. Der Umweltausschuss empfahl jedoch diesen Ausnahmetatbestand um die Worte „in Behälter" zu ergänzen. Diese dann Gesetz gewordene Fassung sollte dazu dienen, die Anwendbarkeit des Abfallrechts auf Gase zu verhindern, die bei Produktionsprozessen in Einrichtungen entstehen, die dem Anlagenbegriff des § 3 Abs. 5 BImSchG unterfallen und durch Rohrleitungen abgeleitet werden (dazu *Franßen* AbfallR 2008, 240, 242, mit Verweisen auf die entsprechenden Gesetzesmaterialien BT-Drs. 12/7240, 6 und 12/7284, 11 und BT-Drs. 12/5672, 8). Insoweit ist der Hinweis, dass das Grubengas innerhalb des Grubengebäudes nicht in diesem Sinne in einem Behälter oder Behältnis gefasst wird, berechtigt (*Franßen* AbfallR 2008, 240 (242)). Wortlaut, Gesetzesmaterialien und der sich daraus ergebende Sinn und Zweck der Regelung sprechen somit dafür, den Ausnahmetatbestand nicht durch die Einbeziehung ganzer Grubenanlagen oder einzelner Schacht- oder Stollenanlagen einzuschränken.

Fraglich könnte jedoch sein, ob insoweit eine europarechtskonforme Einengung des **86** Wortlauts der Vorschrift notwendig ist. Dazu wird die Ansicht vertreten, dass nach Art. 2 Abs. 1 lit. a AbfRRL gasförmige Stoffe nicht per se aus dem Anwendungsbereich des Abfallrechts herausgenommen werden sollen, sondern nur dann, wenn sie in die Atmosphäre abgeleitet werden (*Kropp* in von Lersner/Wendenburg Recht der Abfallbeseitigung § 3 Rn. 69; *Franßen* AbfallR 2008, 240 (242)). Der Ausschlusstatbestand der Abfallrahmenrichtlinie sei enger gefasst als der Ausnahmetatbestand des § 2 Abs. 2 Nr. 8. Das wiederum rechtfertige es, den Ausnahmetatbestand über den Wortlaut hinaus erweiternd auszulegen. Überzeugend ist diese Überlegung nicht, weil angesichts der bereits erläuterten Anwendbarkeit des Immissionsschutzrechts insoweit keine Regelungslücke besteht, die mit Hilfe einer europarechtskonformen Auslegung zu schließen wäre.

Mit dem Begriff der **Atmosphäre** bezeichnet man die gasförmige Hülle um einen **87** Himmelskörper, mit dem Begriff der Erdatmosphäre dementsprechend die gasförmige Hülle der Erde. Untertägige Bergwerksanlagen sind von dieser Atmosphäre nicht abgeschlossen; die in den verbliebenen Hohlräumen vorhandene Luft ist vielmehr Teil dieser Atmosphäre. Für aktive Bergwerke ist dies schon deshalb selbstverständlich, weil die untertägigen Einrichtungen bewettert werden, um dort arbeiten zu können. Den aktiven Bergwerken wird die atmosphärische Luft dadurch zugeführt, dass entweder zu der im Grubengebäude befindlichen Wettermenge Luft hinzugefügt, also hineingeblasen, oder Luft abgesaugt wird, was zu einem Nachströmen von kühlerer und sauberer Luft führt. Aber auch stillgelegte Bergwerke bleiben mit ihren untertägigen Einrichtungen Teil der Atmosphäre, weil die untertägigen Anlagen nicht hermetisch abgeschlossen sind, sondern lediglich über deutlich längere Zeiträume entgasen und Luft von der Tagesoberfläche auf diffusen Wegen nachströmt.

Eine erweiternde Auslegung des Ausnahmetatbestands, um Grubengebäude, Stollen **88** und Schächte als Behältnisse anzusehen, wäre nur dann im Sinne einer europarechtskonformen Auslegung erforderlich, wenn der Gasaustritt aus dem Nebengestein und eine Vermischung mit der zugeführten atmosphärischen Luft nicht bereits eine gasförmige Ableitung in die Atmosphäre im Sinne von Art. 2 Abs. 1 lit. a AbfRRL darstellt. Davon ist jedoch angesichts der Gas- und Luftaustauschverhältnisse auszugehen (dazu auch *Oschmann* in Danner/Theobald Energierecht § 26 Rn. 15). Die Absaugung des Grubengases und der nachfolgende Einsatz des Gases zur Energieerzeugung unterfällt auch dem Ausnahmetatbestand des Art. 2 Abs. 1 lit. a AbfRRL, weil damit nachteilige Einwirkungen durch Luftverunreinigungen der gasförmigen Ableitung in die Atmosphäre vermieden oder verringert werden. Untertägige Grubengebäude, Stollen und Schächte, sind insoweit keine Behälter im Sinne von § 2 Abs. 2 Nr. 8.

IX. Einleiten/Einbringen von Stoffen in Gewässer oder Abwasseranlagen (Abs. 2 Nr. 9)

89 Die Vorschriften des KrWG gelten auch nicht für Stoffe, sobald sie in Gewässer oder Abwasseranlagen eingeleitet oder eingebracht werden. In diesen Fällen soll nur das Wasserrecht zur Anwendung kommen, das als spezielleres Gesetz auf den Schutz des Umweltmediums Wasser orientiert ist (Gesetzesbegründung, BT-Drs. 17/6052, 60; zu Zweifeln an der EU-Rechtskonformität des § 2 Abs. 2 Nr. 9 siehe *Gruber* AbfallR 2020, 285, 288 unter Verweis auf EuGH Urt. v. 14.10.2020 – C-629/19, juris). Der Ausnahmetatbestand dient insoweit der Abgrenzung des Anwendungsbereichs des Kreislaufwirtschaftsgesetzes zum Wasserrecht. Eine solche Abgrenzung ist insbesondere auch deshalb erforderlich, weil sowohl der Abfallbegriff als auch der Abwasserbegriff sehr weit gefasst sind, so dass es ohne eine hinreichende Regelung zu den Anwendungsbereichen zu erheblichen Überschneidungen käme. Nach § 54 Abs. 1 S. Nr. 1 WHG ist jedes durch häuslichen, gewerblichen, landwirtschaftlichen oder sonstigen Gebrauch in seinen Eigenschaften verändertes Wasser als Abwasser einzuordnen. Flüssige Abfälle können technisch grundsätzlich auf dem abfallrechtlichen Entsorgungsweg oder aber auch in einer Abwasserbehandlungsanlage entsorgt werden. Gemäß § 55 Abs. 3 WHG können flüssige Stoffe, die kein Abwasser sind, mit Abwasser beseitigt werden, wenn eine solche Entsorgung der Stoffe umweltverträglicher ist als eine Entsorgung als Abfall und wasserwirtschaftliche Belange nicht entgegenstehen.

90 Der Ausnahmetatbestand steht im Zusammenhang mit Art. 2 Abs. 2 lit. a AbfRRL, wonach Abwässer aus dem Anwendungsbereich der Richtlinie ausgeschlossen werden. Nach Auffassung der Gesetzesbegründung verstößt der Ausnahmetatbestand des Abs. 2 Nr. 9 gleichwohl nicht gegen die Abfallrahmenrichtlinie, weil auch das Wasserrecht eine umweltverträgliche Entsorgung sicherstellt, insbesondere für bestimmte flüssige Abfälle, für die bei entsprechender Eignung auch eine Behandlung in einer Abwasseranlage in Betracht kommen kann (Gesetzesbegründung, BT-Drs. 17/6052, 60). Dem wird allerdings entgegengehalten, dass die Zielsetzung des WHG sich von der der Abfallrahmenrichtlinie unterscheidet. Das Ziel der Abfallrahmenrichtlinie richte sich auf eine Minimierung nachteiliger Auswirkungen der Abfallerzeugung und -bewirtschaftung sowie auf die Verringerung des Ressourcenverbrauchs durch eine praktische Umsetzung der Abfallhierarchie. Das WHG diene nach § 1 WHG demgegenüber einer nachhaltigen Gewässerbewirtschaftung und berücksichtige dabei nicht die Abfallhierarchie, so dass es zweifelhaft sei, ob die Bereichsausnahme zu Gunsten des Wasserrechts europarechtskonform ist (*Dippel* in Schink/Versteyl § 2 Rn. 50; siehe dazu auch *Gruber* AbfallR 20, 285, 287 f.; EuGH Urt. v. 14.10.2020 – C-629/19). Auch der EuGH hat in seinem Urteil vom 14.10.2020 für die Frage, ob auf die Entsorgung von Klärschlamm das EU-Kreislaufwirtschaftsrecht anzuwenden ist, darauf abgehoben, ob es andere Unionsvorschriften gibt, die genaue Bestimmungen über die Bewirtschaftung der betreffenden Stoffe als Abfälle enthalten und die ein Schutzniveau gewährleisten, das demjenigen zumindest gleichwertig ist, welches sich aus der Abfallrahmenrichtlinie ergibt. Fehle es daran, greife der Anwendungsausschluss gemäß Art. 2 Abs. 2 der Richtlinie 2008/98/EG nicht (EuGH Urt. v. 14.10.2020 C-629/19). Für Klärschlamm soll nach Ansicht des EuGH das Abfallrecht weitergelten, weil die Unionsregelungen über die Behandlung von kommunalem Abwasser keinen gleichwertigen Schutz vermitteln.

Was **Gewässer** sind, regelt das WHG. der Gesetzgeber unterscheidet gemäß § 2 **91** Abs. 1 S. 1 WHG zwischen oberirdischen Gewässern, Küstengewässer und Grundwasser. Oberirdisches Gewässer ist gemäß § 3 Nr. 1 WHG das ständig oder zeitweilig im Becken fließende oder stehende oder aus Quellen wild abfließende Wasser; Grundwasser ist das unterirdische Wasser in der Sättigungszone, das in unmittelbarer Berührung mit dem Boden oder dem Untergrund steht (§ 3 Nr. 2 WHG).

Abwasser ist gemäß § 54 Abs. 1 S. 1 WHG das durch häuslichen, gewerblichen, **92** landwirtschaftlichen oder sonstigen Gebrauch in seinen Eigenschaften veränderte Wasser und das bei trockenem Wetter damit zusammen abfließende Wasser (Schmutzwasser) sowie das von Niederschlägen aus dem Bereich von bebauten oder befestigten Flächen gesammelt abfließende Wasser (Niederschlagswasser). Als Schmutzwasser gelten auch die aus Anlagen zum Behandeln, Lagern und ablagern von Abfällen austretenden und gesammelten Flüssigkeiten (*Petersen* in Jarass/Petersen § 2 Rn. 97).

Der Begriff der **Abwasseranlage** ist weder im KrWG noch im WHG vom Gesetzge- **93** ber definiert. Darunter werden alle auf eine gewisse Dauer angelegten Einrichtungen zur Abwasserbeseitigung, insbesondere zum Sammeln, Fortleiten, Behandeln, Einleiten, Versickern, Verregnen und Verrieseln von Abwasser sowie zum Entwässern von Klärschlamm erfasst (*Petersen* in Jarass/Petersen § 2 Rn. 97; VG Sigmaringen, Urt. v. 10.4.2019 – 5 K 1924/18, juris Rn. 28). Dazu gehören Abwasserbehandlungsanlagen und Abwasserleitungen. Auch **ortsveränderliche Anlagen,** dh zB Saug- und Pumpwagen, können Abwasseranlagen in diesem Sinne sein. Nicht dazu gehören allerdings **Tankwagen,** die allein dem Transport des Abwassers zu der Abwasserbeseitigungsanlage dienen. Eine Behandlung des Abwassers findet in den Tankwagen nicht statt. Damit endet die Anwendbarkeit des Kreislaufwirtschaftsrechts nicht bereits mit dem Einlassen des Abwassers in den Tankwagen. Der Transport auf öffentlichen Straßen zur Einleitung ist nach dem Abfallrecht zu beurteilen (siehe dazu OVG Lüneburg ZUR 2007, 323; *Dippel* in Schink/Versteyl § 2 Rn. 49). Tanklastwagen, die Abwasser zu einer Abwasserbeseitigungsanlage transportieren, werden zum Teil als sogenannte „rollende Kanäle" eingeordnet (*Kopp-Assenmacher/Schwartz* in Kopp-Assenmacher, KrWG, § 2 Rn. 40). Dies soll in Frage kommen, soweit die Tankwagen zB nach § 54 Abs. 2 S. 2 WHG zur Abwasserbeseitigung des in Kleinkläranlagen anfallenden Schlammes verwendet werden (vgl. OVG Niedersachsen Beschl. v. 9.3.2007 – 7 LA 197/06, ZUR 2007, 323), der typischerweise bei isolierten Kleinkläranlagen (ohne Leitungsanschluss) zunächst gesammelt werden muss, weshalb ein Zusammenhang zum Sammeln als Teil der Abwasserbeseitigung nach § 54 Abs. 2 Satz 1 WHG angenommen wird. Als „Sammeln" im Sinne von § 54 Abs. 2 S. 1 WHG wird das Zusammenführen von Abwasser aus unterschiedlichen Anfallorten durch Sammelleitungen sowie das Sammeln von Abwasser aus geschlossenen Gruben mit Fäkalienwagen und das Sammeln von Klärschlamm aus Kleinkläranlagen verstanden (vgl. *Ganske* in: Landmann/Rohmer, UmweltR, § 54 WHG Rn. 38; weiter: *Nisipeanu* in Berendes/Frenz/Müggenborg, WHG, 2017, § 54 Rn. 32; VG Sigmaringen Urt. v. 10.4. 2019 – 5 K 1924/18, juris Rn. 28).

Das **Einbringen** und **Einleiten** von Stoffen in Gewässer sind Benutzungstatbestände **94** im Sinne von § 9 Abs. 1 Nr. 4 WHG, wobei sich das Einbringen auf feste Stoffe, das Einleiten auf flüssige oder gasförmige Stoffe jeder Art bezieht.

Für die Reichweite des Ausnahmetatbestands des Abs. 2 Nr. 9 kommt es zeitlich dar- **95** auf an, wann die Stoffe in ein Gewässer oder eine Abwasseranlage eingeleitet werden.

Der Anwendungsbereich des KrWG endet, *sobald* Stoffe in Gewässer oder Abwasseranlagen eingeleitet oder eingebracht werden (siehe dazu OVG NRW Urt. v. 13.9.2017 – 20 A 601/14, juris Rn. 58; VG Sigmaringen, Urt. v. 10.4.2019 – 5 K 1924/18, juris Rn. 28; *Kopp-Assenmacher/Schwartz* in: Kopp-Assenmacher, KrWG, 2014, § 2 Rn. 38). Damit wird klargestellt, dass der Beginn der Einleitung oder Einbringung den Anwendungsbereich des KrWG enden und denjenigen des Wasserrechts beginnen lässt. Unerheblich ist insoweit, ob für die Einleitung oder Einbringung eine wasserrechtliche Erlaubnis vorliegt und ob die Voraussetzungen für eine solche Erlaubnis erfüllt sind. Vor Beginn der Einleitung gilt für die einzuleitenden oder einzubringenden Stoffe, die den Abfallbegriff erfüllen, das KrWG. Für solche Abfälle sind insbesondere die Überlassungspflichten des Kreislaufwirtschaftsgesetzes zu beachten, aus denen sich ergibt, ob und inwieweit auch flüssige Abfälle den öffentlich-rechtlichen Entsorgungsträgern zu überlassen sind. Werden die Abfälle unter Missachtung dieser Überlassungspflichten in ein Gewässer oder eine Abwasseranlage eingebracht oder eingeleitet, gilt für sie nach der Einleitung nicht das Abfallrecht, sondern das Wasserrecht. Für ein ordnungsbehördliches Einschreiten sind insoweit die nach Wasserrecht zuständigen Behörden, nicht jedoch die Abfallbehörden zuständig (*Dippel* in Schink/Versteyl § 2 Rn. 49; *Scheier* UPR 2011, 300, 301). Fällt der abfallrechtliche Entledigungstatbestand mit dem Einleiten oder Einbringen in ein Gewässer zusammen, dann handelt es sich bei dem Stoff vor der Einleitung bzw. Einbringung noch um Abfall, so dass auch die abfallrechtliche Überlassungspflichten noch zu beachten sind.

96 Der Anwendungsbereich des Wasserrechts ist nur eröffnet, **sobald** Stoffe in Gewässer eingeleitet werden. Das KrWG wird durch das Wasserrecht nur insoweit verdrängt, soweit und solange es die Abwasserbeseitigung regelt. Für **Klärschlamm** bedeutet dies, dass das Entwässern und Ausfaulen des Klärschlamms Teil der wasserrechtlich geregelten Abwasserbeseitigung ist (VGH München Beschl. v. 1.8.2007 DVBl 2007, 1184; VG Sigmaringen, Urt. v. 10.4.2019 – 5 K 1924/18, juris Rn. 31; siehe dazu auch *Elgeti/Brunner,* AbfallR 2019, 300). Soweit Klärschlamm auch den Abfallbegriff des § 3 Abs. 1 erfüllt, ist die Entwässerung zwar auch ein vorbereitendes Behandlungsverfahren zu dessen Verwertung oder Beseitigung. Aus § 2 Abs. 2 Nr. 9 ergibt sich jedoch, dass diese Entwässerungsmaßnahmen ausschließlich nach Wasserrecht zu beurteilen sind. Wenn der entwässerte Klärschlamm anschließend jedoch auf Böden aufgebracht werden soll, endet der Anwendungsbereich des Wasserrechts, so dass wiederum das KrWG zu beachten ist (*Petersen* in Jarass/Petersen § 2 Rn. 104; zum Ende der Abfalleigenschaft von Klärschlammkompost BVerwG Urt. v. 14.12.2006 NVwZ 2007, 338). Klärschlamm, der zum Zwecke der Entwässerung im Zusammenhang mit der Abwasserbeseitigung auf einem Kläranlagengelände in Erdbecken zwischenlagert wird, bleibt nur so lange unter dem Regime des Wasserrechts wie die – hier: genehmigte – Entwässerung nicht beendet ist und der Zusammenhang zur Abwasserbeseitigung noch fortbesteht (VG Düsseldorf, Urt. v. 24.1.2014 – 17 K 2868/11). Ein erstmaliges Einbringen („sobald") in eine Abwasserbehandlung bzw. eine Abwasseranlage eröffnet den Anwendungsbereich des Wasserrechts nicht zugleich mit der Folge, dass die damit als Abwasser qualifizierten Stoffe diese Eigenschaft durchgehend bis zum endgültigen Abschluss des Abwasserbehandlungsprozesses beibehalten müssen (VG VG Sigmaringen, Urt. v. 10.4.2019 – 5 K 1924/18, juris Rn. 31).

97 § 2 Abs. 2 Nr. 9 begrenzt den Anwendungsbereich des KrWG nicht nur hinsichtlich des Beginns der Unanwendbarkeit des Kreislaufwirtschaftsrechts, sondern auch hinsichtlich der Dauer dieser Unanwendbarkeit. Die Vorschrift dient der Abgrenzung der Anwendungsbereiche des Kreislaufwirtschaftsrechts und des Wasserrechts. Die Bestimmung bezieht sich hinsichtlich der Abwasserbeseitigung auch auf die Dauer des Ausschlusses der Geltung des Abfallrechts. Erreicht werden soll, dass Vorgänge, die bereits von wasserrechtlichen Bestimmungen abgedeckt werden, dem Kreislaufwirtschaftsrecht entzogen werden und so ein unnötiges Nebeneinander beider Rechtsregime vermieden wird (OVG NRW, Urt. v. 13.9.2017 – 20 A 601/14, juris Rn. 58). Klärschlamm, der bei der Abwasserbeseitigung angefallen ist, aber nicht mehr Gegenstand der Abwasserbeseitigung ist, ist als Abfall aus Abwasserbehandlungsanlagen einzustufen (OVG NRW Urt. v. 13.9.2017 – 20 A 601/14, juris Rn. 58; BVerwG Urt. v. 14.12.2006 – 7 C 4.06, BVerwGE 127, 250). Aus § 54 Abs. 2 Satz 2 WHG ergibt sich allerdings, dass die Beseitigung des in Kleinkläranlagen anfallenden Fäkalschlamms noch zur Abwasserbeseitigung gehört und dass solche Schlämme der Beseitigungspflicht in kommunalen Abwasserbehandlungsanlagen unterworfen werden können (BVerwG Beschl. v. 7.2.2017 – 9 B 30/16, juris Rn. 11 unter Verweis auf BR-Drs. 280/1/09 S. 41; BT-Drs. 16/13306 S. 12f.; BT-Drs. 16/13426 S. 17; *Zöllner* in Sieder/Zeitler, WHG AbwAG, § 54 WHG Rn. 38f.). Der Begriff der Abwasserbeseitigung ergibt sich aus § 54 Abs. 2 S. 1 WHG. Danach gehört auch das Sammeln des in Kleinkläranlagen anfallenden Schlamms durch Transportfahrzeuge zur Abwasserbeseitigung (BVerwG Beschl. v. 7.2.2017 – 9 B 30/16, juris Rn. 11).

Zur Wiedereröffnung des Anwendungsbereichs des KrWG bedarf es nicht zwingend einer räumlich-örtlichen Entfernung des Stoffs aus einer Abwasserbeseitigungsanlage (BVerwG Urt. v. 8.7.2020, juris Rn. 18). Aus dem systematischen Zusammenhang mit § 54 Abs. 2 Satz 1 WHG ergibt sich, dass der Anwendungsbereich des Wasserrechts endet und das KrWG wieder anwendbar wird, wenn die Abwasserbeseitigung abgeschlossen ist (BVerwG Urt. v. 8.7.2020, juris Rn. 18). § 54 Abs. 2 Satz 1 WHG regelt das Entwässern von Klärschlamm zur Abwasserbeseitigung, sofern es im Zusammenhang mit der Abwasserbeseitigung steht. Die Klärschlammentwässerung kann nach dem Urteil des BVerwG vom 8.7.2020 nur unter qualifizierten Umständen zur Abwasserbeseitigung gerechnet werden. Erforderlich ist danach ein funktionaler Zusammenhang von Entwässerung des Klärschlamms und Abwasserbeseitigung, der besteht, wenn die Klärschlammentwässerung Teil des Abwasserbeseitigungsprozesses ist. Dieser umfasst jeden Vorgang, der dazu dient, die Schädlichkeit des Abwassers zu vermindern oder zu beseitigen, namentlich die Schadstofffracht im Abwasser zu reduzieren. Die Klärschlammentwässerung steht dann mit einem zielgerichteten Entwässerungsvorgang in Zusammenhang; eine zufällige und ungeplante Entwässerung allein aufgrund der andauernden Lagerung und voranschreitenden Austrocknung des Klärschlamms fällt aus dem Begriff der Abwasserbeseitigung heraus (BVerwG Urt. v. 8.7.2020, juris Rn. 18). **98**

Ob diese Abgrenzung der Anwendungsbereiche des Wasserrechts und des Kreislaufwirtschaftsrechts mit Unionsrecht übereinstimmt, ist zweifelhaft, weil der Anwendungsausschluss des Kreislaufwirtschaftsrechts nur dann greifen kann, wenn das Wasserrecht ein mindestens gleichwertiges Schutzniveau bietet (EuGH Urt. v. 14.10.2020 – C-629/19). Eine solche Prüfung ist vom BVerwG mit Blick auf seine Abgrenzungsdogmatik nicht vorgenommen worden. **99**

X. Böden in situ (Abs. 2 Nr. 10)

Abs. 2 Nr. 10 enthält eine Ausnahmeregelung für Böden am Ursprungsort. Das KrWG ist danach nicht anzuwenden auf Böden am Ursprungsort, einschließlich nicht ausgehobener, kontaminierter Böden und Bauwerke, die dauerhaft mit dem Grund und Boden verbunden sind (zur Verwendung des Begriffs „Bauwerke“ in § 2 Abs. 2 Nr. 10 anstelle des Begriffs „Gebäude“ in Art. 2 Abs. 1b) ARRL, siehe VGH München Beschl. v. 7.11.2017 – 20 ZB 16.991, juris Rn. 25). Mit dieser Ausnahme vom Anwendungsbe- **100** reich des Gesetzes trägt der Bundesgesetzgeber der Tatsache Rechnung, dass der europäische Abfallbegriff sich nicht auf bewegliche Sachen beschränkt, sondern sich auch auf Immobilien erstreckt (Art. 2 Abs. 1 lit. b AbfRRL; EuGH NVwZ 2004, 1341). Der sich auf bewegliche Sachen beschränkende Anwendungsbereich des früheren Gesetzes war insoweit mit dem Europäischen Recht unvereinbar. Im Ergebnis bleibt es durch diesen Ausnahmetatbestand dabei, dass das deutsche Abfallrecht vornehmlich auf bewegliche Sachen im Sinne des § 90 BGB anzuwenden ist (Gesetzesbegründung, BT-Drs. 17/6052, 70).

101 Dieser Ausnahmetatbestand grenzt die Anwendungsbereiche des KrWG und des BBodSchG voneinander ab. Zu berücksichtigen ist insoweit allerdings auch § 3 BBodSchG. § 3 Abs. 1 Nr. 1, Nr. 2 BBodSchG bestimmt, dass das BBodSchG auf schädliche Bodenveränderungen und Altlasten nur Anwendung findet, soweit Vorschriften des Kreislaufwirtschaftsgesetzes über das Aufbringen von Abfällen zur Verwertung als Düngemittel im Sinne des § 2 des Düngemittelgesetzes und der hierzu aufgrund des Kreislaufwirtschaftsgesetzes und des bis zum 1.6.2012 geltenden Kreislaufwirtschafts- und Abfallgesetzes erlassenen Rechtsverordnungen sowie der Klärschlammverordnung und Vorschriften des Kreislaufwirtschaftsgesetzes über die Zulassung und den Betrieb von Abfallbeseitigungsanlagen zur Beseitigung von Abfällen sowie über die Stilllegung von Deponien Einwirkungen auf den Boden nicht regeln.

102 Nach § 13 Abs. 5 BBodSchG gilt § 28 Abs. 1 S. 1 nicht, soweit entnommenes Bodenmaterial im Bereich der von der Altlastensanierung betroffenen Fläche wieder eingebracht werden soll, wenn durch einen für verbindlich erklärten Sanierungsplan oder eine Anordnung zur Durchsetzung der Pflichten nach § 4 BBodSchG sichergestellt wird, dass das Wohl der Allgemeinheit nicht beeinträchtigt wird. Bei dieser Vorschrift handelt es sich um eine ergänzende Regelung für Altlasten. Voraussetzung für ihre Anwendbarkeit ist daher, dass es sich bei der Umlagerung der Böden um eine Maßnahme der Altlastensanierung handelt.

103 Was Böden sind, ergibt sich aus § 2 Abs. 1 BBodSchG. Boden ist danach die obere Schicht der Erdkruste, soweit die Träger der in § 2 Abs. 2 BBodSchG genannten Bodenfunktionen ist, einschließlich des flüssigen Bestandteile (Bodenlösung) und der gasförmigen Bestandteile (Bodenluft), ohne Grundwasser und Gewässerbetten. Entscheidend ist die dauerhafte Verbindung mit Grund und Boden, einer aus § 94 Abs. 1 BGB abgeleiteten Voraussetzung zu wesentlichen Bestandteilen eines Grundstücks oder Gebäudes. Zu den von der Vorschrift erfassten Bauwerken sollen nach der Gesetzesbegründung zB Kabelschächte, Abwasserkanäle, Rohrleitungen und Fundamente gehören.

104 Hinsichtlich der Abgrenzung des Kreislaufwirtschaftsrechts zum Bodenschutzrecht ist im Zusammenhang mit einer **endgültig stillgelegten Deponie** § 40 Abs. 2 S. 2 zu beachten. Besteht der Verdacht, dass von einer endgültig stillgelegten Deponie schädliche-Bodenveränderungen oder sonstige Gefahren für den Einzelnen oder die Allgemeinheit ausgehen, so sind nach dieser Vorschrift für die Erfassung, Untersuchung, Bewertung und Sanierung die Vorschriften des BBodSchG anzuwenden.

105 Böden am Ursprungsort erfüllen regelmäßig nicht den Abfallbegriff des KrwG. Von Bedeutung ist der Ausnahmetatbestand deshalb insbesondere für die ausdrücklich eingeschlossenen, nicht ausgehobenen und kontaminierten Böden und Bauwerke. Insoweit ist allerdings zu prüfen, ob und inwieweit insbesondere kontaminierte Böden tatsächlich dauerhaft mit dem Grund und Boden verbunden sind. Soweit kontaminierte Bodenmaterialien auf einem Grundstück abgelagert werden und noch körperlich abgrenzbar sind, handelt es sich nicht um kontaminierte Böden im Sinne des Ausnahmetatbestands, auf die das Gesetz nicht zur Anwendung kommt, sondern um Abfälle, auf die das Gesetz ohne weiteres anzuwenden ist. Solche Böden sind kein wesentlicher Bestandteil im

Sinne von § 94 Abs. 1 BGB, solange sie noch mühelos vom Grundstück wieder entfernt werden können bzw. noch nicht mit dem Boden verwachsen sind (siehe dazu OVG Weimar Beschl. v. 29.3.1994 NVwZ-RR 1995, 253, 254; OVG Koblenz Urt. v. 23.6. 2010 NVwZ-RR 2010, 800; Urt. v. 26.1.2012 DVBl. 2012, 515). Von Relevanz für die Frage der Anwendbarkeit von Abfall- oder Bodenschutzrecht ist eine Verwachsung von Abfällen mit dem Boden nur dann, wenn die Stoffe dabei eine Verbindung mit dem (natürlichen) Erdboden eingehen, die sie zu einem wesentlichen Bestandteil des betreffenden Grundstücks machen, mit der Folge, dass Bodenschutzrecht Anwendung findet (OVG Koblenz, Urt. v. 26.1.2012 – 8 A11081, juris Rn. 51).

Werden die Böden ausgehoben, endet die sachliche Zuordnung zum Grund und Boden, so dass das KrWG Anwendung findet. § 2 Abs. 2 Nr. 10 stellt auf die räumliche Zuordnung zum Ursprungsort und nicht darauf ab, wie der Boden sich zusammensetzt. Entscheidend ist insoweit, ob die Bestandteile des Bodens wie Bauwerke, die dauerhaft mit dem Grund und Boden verbunden sind, im Rechtssinne gemäß § 94 Abs. 1 BGB als wesentlich anzusehen sind (BVerwG Beschl. v. 26.7.2016 – 7 B 28/15, juris Rn. 6 unter Verweis auf Drs. 17/6052 S. 70). Danach allein entscheidet sich auch in zeitlicher Hinsicht, wie lange abgelagerte Stoffe und Gegenstände sich am betroffenen Ort befunden haben müssen, bis dieser zu deren Ursprungsort im Rechtssinne geworden ist. Unerheblich ist nach der Rechtsprechung des BVerwG, ob die Stoffe und Gegenstände vor ihrer Einbringung in den Boden als Abfall einzustufen waren. Unterfallen sie nicht mehr dem Anwendungsbereich des KrWG, könne es auch nicht mehr darauf ankommen, wann nach dessen Regelungskonzept die Abfalleigenschaft ende (BVerwG Beschl. v. 26.7.2016 – 7 B 28/15, juris Rn. 6). Aufgrund der gesetzlichen Systematik sei eine aus Gründen des Umweltschutzes gebotene Abwehr der durch die Ab- und Einlagerung schädlicher Stoffe und Gegenstände im Boden hervorgerufenen Gefahren die Aufgabe von Bestimmungen außerhalb des Kreislaufwirtschaftsrechts. Sei eine Sanierung nur „ex situ" möglich und folglich ein Bodenaushub erforderlich, werde das dabei anfallende verunreinigte Erdreich zu Abfall (§ 3 Abs. 1 KrWG), so dass das Abfallrecht wieder einschlägig sei (BVerwG Beschl. v. 26.7.2016 – 7 B 28/15, juris Rn. 6). 106

XI. Nicht kontaminiertes Bodenmaterial (Abs. 2 Nr. 11)

Nach § 2 Abs. 2 Nr. 11 ist das KrWG auch nicht anwendbar auf nicht kontaminiertes Bodenmaterial und andere natürlich vorkommende Materialien, die bei Bauarbeiten ausgehoben wurden, sofern sichergestellt ist, dass die Materialien in ihrem natürlichen Zustand an dem Ort, an dem sie ausgehoben wurden, für Bauzwecke verwendet werden (so auch *Seibert* EuRUP 2017, 264, 266). Abs. 2 Nr. 11 enthält eine Ausnahmeregelung für die weitere bautechnische Verwendung von nicht kontaminiertem Bodenmaterial und anderen natürlich vorkommenden Materialien. 107

Die Vorschrift dient der Umsetzung von Art. 2 Abs. 1 lit. c AbfRRL. Bodenmaterial ist nach § 2 Nr. 1 BBodSchV Material aus Böden im Sinne des § 2 Abs. 1 BBodSchG und deren Ausgangssubstraten einschließlich Mutterboden, das im Zusammenhang mit Baumaßnahmen oder anderen Veränderungen der Erdoberfläche ausgehoben, abgeschoben oder behandelt wird. Zu den anderen, natürlich vorkommenden Materialien zählen zB Steine, Lehm und Ton (*Kropp* in von Lersner/Wendenburg Recht der Abfallbeseitigung § 2 KrWG Rn. 85). 108

Wesentliche Voraussetzung für die Reichweite des Ausnahmetatbestandes ist die Frage, ob die Materialien an dem Ort Verwendung finden, an dem sie bei Bauarbeiten ausgehoben worden sind. Fraglich ist, wie die **Grenzen des Anfallortes** zu definieren sind. 109

Zum Teil wird ein enges Begriffsverständnis gefordert, wonach der Aushub tatsächlich nur in unmittelbarer räumlicher Nähe zur Entnahmestelle verwendet werden kann (dazu *Seibert* EuRUP 2017, 264, 266; *Petersen* in Jarass/Petersen, KrWG, § 2 R. 124), zum Teil wird jedoch ein weiteres Begriffsverständnis für erforderlich gehalten (*Dippel* in Schink/Versteyl, KrWG, § 2 Rn. 53). Denkbar ist es, in diesem Zusammenhang auf einen genehmigungsrechtlich definierten Standort oder auf den Geltungsbereich eines Sanierungsplans gemäß § 13 Abs. 5 BBodSchG abzustellen. Fraglich ist, ob innerhalb eines **Industrieparks** davon ausgegangen werden darf, dass Böden, die innerhalb des Industrieparks aufgenommen und im Rahmen von Baumaßnahmen innerhalb des Industrieparks verwendet werden, vom Ausnahmetatbestand des § 2 Abs. 2 Nr. 11 erfasst werden.

XII. Sedimente (Abs. 2 Nr. 12)

110 Abs. 2 Nr. 12 setzt Art. 2 Abs. 3 AbfRRL um. Nach Abs. 2 Nr. 12 gilt das KrWG nicht für Sedimente, die zur Bewirtschaftung von Gewässern, zum Zweck der Unterhaltung und des Ausbaus von Wasserstraßen, zur Vorbeugung gegen Überschwemmungen und Dürren oder zur Landgewinnung innerhalb von Oberflächengewässern umgelagert werden. Sedimente sind Ablagerungs- und Schichtgesteine. Unter umlagern ist ein Ortswechsel in oder auf dem Wasser zu verstehen (Gesetzesbegründung, BT-Drs. 17/6052, 70).

111 Der Ausnahmetatbestand erstreckt sich nur auf solche Sedimente, die nachweislich nicht gefährlich sind. Die **Gefährlichkeit** von Sedimenten beurteilt sich nach dem Wasserrecht und damit nicht nach abfallrechtlichen Vorschriften, insbesondere nicht nach den §§ 3 Abs. 5, 48 Abs. 2 und § 3 AVV. Die Anforderungen an die **Nachweispflicht** beziehen sich auf die von den Sedimenten ausgehenden Gefahren. Werden gefährliche Sedimente umgelagert, ist sowohl das Wasserhaushaltsgesetz als auch das KrWG anwendbar (Gesetzesbegründung, BT-Drs. 17/6052, 70).

112 Wenn die Sedimente nach wasserrechtlichen Maßstäben nicht gefährlich sind, findet auf Umlagerungen das KrWG keine Anwendung. Zu beachten ist dann das **Verschlechterungsverbot** des § 27 WHG, wonach Umlagerungen innerhalb eines Gewässerabschnitts zulässig sein können, wenn die Umlagerung nicht zu einer Verschlechterung des Zustands des Gewässers wird.

113 Kritisiert wird, mit Blick auf die entsprechende Praxis, dass der Ausnahmetatbestand sich nur auf Sedimente und nicht auf sonstigen Bodenaushub aus dem Gewässerbett und dem Uferbereich erstreckt (*Scheier* UPR 2011, 300, 305; *Dippel* in Schink/Versteyl § 2 Rn. 56).

XIII. Schiffsabfälle (Abs. 2 Nr. 13)

114 Nach § 2 Abs. 2 Nr. 13 ist das KrWG nicht anwendbar auf die Erfassung und Übergabe von Schiffsabfällen und Ladungsrückständen, soweit dies aufgrund internationaler oder supranationaler Übereinkommen durch Bundes- oder Landesrecht geregelt wird. § 2 Abs. 2 Nr. 13 enthält eine Ausnahme für die Erfassung und Übergabe von Schiffsabfällen aufgrund völkerrechtlicher Regelungen. Mit der Vorschrift bezweckt der Gesetzgeber die Vermeidung einer Kollision zwischen internationalen und supranationalen Übereinkommen und allgemeinem Abfallrecht. Die Umsetzung solcher Abkommen kann landesrechtlichen Regelungsbedarf auslösen. Der Ausnahmetatbestand soll klarstellen, dass solche landesrechtlichen, aber auch entsprechende bundesrechtliche, Regelungen zulässig und insbesondere mit dem KrWG vereinbar sind (Gesetzesbegründung, BT-

Drs. 17/6052, 70). In der Gesetzesbegründung wird außerdem darauf hingewiesen, dass der Ausnahmetatbestand sich lediglich auf die Erfassung und Übergabe der Schiffsabfälle bezieht, so dass das KrWG für die Entsorgung solcher Schiffsabfälle im Übrigen anwendbar bleibt.

XIV. Kampfmittel (Abs. 2 Nr. 14)

Nach § 2 Abs. 2 Nr. 14 ist das KrWG auch nicht auf das Aufsuchen, Bergen, Befördern, Lagern, Behandeln und Vernichten von Kampfmitteln anzuwenden. Der Ausnahmetatbestand setzt Art. 2 Abs. 1 lit. e AbfRRL um. Der Begriff der Kampfmittel erstreckt sich auf die in der **Kriegswaffenliste** (Anhang 1 zum Kriegswaffenkontrollgesetz) aufgeführten Gegenstände, Stoffe und Organismen, von denen potenziell eine Gefahr bei deren Aufsuchen, Bergen, Befördern, Lagern, Behandeln und Vernichten ausgeht (Gesetzesbegründung, BT-Drs. 17/6052, 70). In der Gesetzesbegründung wird darauf hingewiesen, dass der Begriff enger zu verstehen ist als der in der Abfallrahmenrichtlinie aufgeführte Begriff des Sprengstoffs, weil das EU-Recht auch Sprengstoffe jenseits von Kampfmitteln kennt. Entstehen bei der Beseitigung von Kampfmitteln Abfälle, die ihrerseits nicht mehr als Kampfmittel einzuordnen sind, sind auf diese Abfälle die Bestimmungen des KrWG anzuwenden (*Dippel* in Schink/Versteyl § 2 Rn. 58, der dazu als Beispiel auf Abfälle hinweist, die durch eine kontrollierte Sprengung einer Bombe entstehen, selbst wenn es sich dabei um Reste des ehemaligen Kampfmittels handelt). 115

XV. Kohlendioxid (Abs. 2 Nr. 15)

Schließlich ist das KrWG auch nicht anwendbar auf Kohlendioxid, das für den Zweck der dauerhaften Speicherung abgeschieden, transportiert und im Kohlendioxidspeichern gespeichert wird, oder dass in Forschungsspeichern gespeichert wird. Der Ausnahmetatbestand dient dazu, dem mit dem Kohlendioxid-Speicherungsgesetz geschaffenen speziellen Regelungsrahmen einen Vorrang vor dem KrWG einzuräumen. Das **Kohlendioxid-Speicherungsgesetz** setzt die CCS-Richtlinie der EU um, die einen europaweiten rechtlichen Rahmen für die umweltverträgliche geologische Speicherung von Kohlendioxid eingeführt hat, um damit den Folgen des Klimawandels zu begegnen. 116

D. Radioaktiv kontaminierte Abfälle (Abs. 3)

Nach § 2 Abs. 3 gelten die Vorschriften des KrWG nach Maßgabe der besonderen Vorschriften des Strahlenschutzgesetzes (StrlSchG) und der auf Grund des Strahlenschutzgesetzes erlassenen Rechtsverordnungen auch für die Entsorgung von Abfällen, die infolge eines Notfalls im Sinne des Strahlenschutzgesetzes radioaktiv kontaminiert sind oder radioaktiv kontaminiert sein können. Abs. 3 wurde im Jahr 2017 durch Art. 15 Nr. 2 des Gesetzes zur Neuordnung des Rechts zum Schutz vor der schädlichen Wirkung ionisierender Strahlung eingefügt, durch das das frühere Strahlenschutzvorsorgegesetz mit anderen Regelungen im Strahlenschutzgesetz (StrlSchG v. vom 27.6.2017 (BGBl. I 1966) zusammengefasst worden ist. 117

Ein Teil der früher im Atomgesetz und der auf Grundlage des AtG erlassenen Regelungen über radioaktive Stoffe wurde im Jahr 2017 in das Strahlenschutzrecht übernommen. Als Folgeänderung wurde die Bereichsausnahme in § 2 Abs. 2 Nr. 6 auf radioaktive Stoffe im Sinne des Strahlenschutzgesetzes erweitert. Gemäß § 3 Strahlenschutzgesetz 118 sind Stoffe, die im Zusammenhang mit bestehenden Expositionssituationen und Notfallexpositionssituationen auftreten, keine radioaktiven Stoffe.

119 Anlässlich der Aufhebung des Strahlenschutzvorsorgegesetzes wurde auch die entsprechende Bereichsausnahme in § 2 Abs. 2 Nr. 6 aufgehoben und durch § 2 Abs. 3 ersetzt. § 2 Abs. 3 legt fest, dass die Vorschriften des KrWG und damit auch die auf Grund des KrWG erlassenen Rechtsverordnungen nach Maßgabe der besonderen Vorschriften des StrlSchG und der auf Grund des StrlSchG erlassenen Rechtsverordnungen auch für die Entsorgung von Abfällen gelten, die infolge eines Notfalls im Sinne des § 5 Abs. 26 StrlSchG radioaktiv kontaminiert sind oder radioaktiv kontaminiert sein können. Nach den Regelungen des StrlSchG sind die Bestimmungen des KrWG und der sonstigen für Abfälle und Abfallentsorgungsanlagen geltenden allgemeinen Bundesgesetze grundsätzlich auch auf infolge eines Notfalls kontaminierte Abfälle anwendbar. Die allgemeinen abfallrechtlichen Bestimmungen werden jedoch durch die für radiologische Notfälle und für die nach solchen Notfällen bestehenden Expositionssituationen geltenden Vorschriften des Strahlenschutzrechts ergänzt (siehe dazu die Gesetzesbegründung, BT-Drs. 18/11241, S. 462).

120 Die speziellen Maßgaben des Strahlenschutzrechts ergänzen und modifizieren die allgemeinen abfallrechtlichen Bestimmungen, insbesondere durch strahlenschutzspezifische Bewertungsmaßstäbe, durch die Ermächtigung durch Rechtsverordnung für einen effektiven Schutz der Bevölkerung vor den Gefahren ionisierender Strahlung Ausnahmen von den sonst geltenden abfallrechtlichen Bestimmungen zuzulassen und durch spezielle Verfahren für eine kurzfristige Anpassung der gesetzlichen und untergesetzlichen Vorgaben für die Abfallentsorgung in der Krisensituation eines radiologischen Notfalls.

121 Die Anwendungsbereiche des KrWG und der Notfallschutzbestimmungen des StrlSchG werden so nicht mehr wie zuvor streng voneinander abgegrenzt, sondern miteinander verzahnt (Gesetzesbegründung, BT-Drs. 18/11241, S. 462). Die bestehenden abfallrechtlichen Instrumente, Verwaltungsstrukturen und Entsorgungseinrichtungen sollen unter Beachtung der speziellen Vorgaben zum Strahlenschutz auch bei einem radiologischen Notfall zur Entsorgung von Abfällen genutzt werden, die infolge des Notfalls radioaktiv kontaminiert sein können. Auf diese Weise soll ausweislich der Gesetzesbegründung das **Notfallmanagementsystem** von Bund und Ländern es der Exekutive ermöglichen, durch flexible Instrumente kurzfristig nicht nur angemessene Maßnahmen zum Strahlenschutz zu treffen, sondern dabei auch die Abfallentsorgung als ein wichtiges Element der Daseinsvorsorge aufrechtzuerhalten (Gesetzesbegründung, BT-Drs. 18/11241, S. 462).

122 § 95 Abs. 1 S. 1 StrlSchG bestimmt, dass die Bundesregierung für mögliche Notfälle, für einen bereits eingetretenen Notfall und für eine nach einem Notfall bestehende Expositionssituation durch Rechtsverordnung mit Zustimmung des Bundesrates **Kontaminationswerte** für Abfälle und sonstige Gegenstände oder Stoffe, die durch einen Notfall kontaminiert sind oder kontaminiert sein können, festlegt. Werden diese Kontaminationswerte unterschritten, so ist gem. § 95 Abs. 1 S. 1 StrlSchG davon auszugehen, dass der erforderliche Schutz von Mensch und Umwelt vor der schädlichen Wirkung ionisierender Strahlung bei der Bewirtschaftung dieser Abfälle sowie der Errichtung und dem Betrieb oder der Benutzung der nachfolgend genannten Anlagen nach Maßgabe des KrWG und der sonstigen für Abfälle und für die Anlagen geltenden Bundesgesetze und der auf diese Gesetze gestützten Rechtsverordnungen ohne zusätzliche spezielle Schutzmaßnahmen sichergestellt ist.

123 Um den Schutz des Menschen und der Umwelt vor der schädlichen Wirkung ionisierender Strahlung sicherzustellen, regelt die Bundesregierung nach § 95 Abs. 2 S. 1 StrlSchG durch Rechtsverordnung mit Zustimmung des Bundesrates für die Vermei-

dung, Verwertung, Beseitigung oder sonstige Bewirtschaftung von Abfällen, die infolge eines Notfalls radioaktiv kontaminiert sind oder radioaktiv kontaminiert sein können, für die Errichtung und den Betrieb der in § 95 Abs. 1 S. 2 StrlSchG genannten Anlagen sowie für die Gewässeraufsicht ergänzende Anforderungen und Ausnahmen zu nachfolgenden Rechtsvorschriften oder lässt die Erteilung von Ausnahmen zu diesen Rechtsvorschriften durch die zuständigen Behörden zu, zu denen insbesondere die Bestimmungen des KrWG zählen. Geregelt werden soll ergänzend die Rangfolge der Maßnahmen zur Abfallvermeidung und zur Abfallbewirtschaftung, Anforderungen an die Schadlosigkeit der Verwertung, die Ordnung und Durchführung der Abfallbeseitigung, Anforderungen an die Errichtung und den Betrieb von Deponien sowie deren Zulassung einschließlich des Zulassungsverfahrens, Anforderungen an die Überwachung der Abfallwirtschaft und an Sammler, Beförderer, Händler und Makler von Abfällen sowie deren jeweilige Zulassung einschließlich des Zulassungsverfahrens.

Die Länder müssen nach § 95 Abs. 4 StrlSchG festlegen, welche juristischen Personen **124**
als öffentlich-rechtliche Entsorgungsträger im Sinne des § 17 zur Entsorgung solcher Abfälle aus privaten Haushaltungen und aus anderen Herkunftsbereichen verpflichtet sind, die auf Grund ihrer notfallbedingten Kontamination nicht in den für die Beseitigung anderer Abfälle vorgesehenen Anlagen oder Einrichtungen behandelt, gelagert oder abgelagert werden können.

In dem der Bundesgesetzgeber im StrlSchG von der Bundesregierung als Verord- **125**
nungsgeber lediglich verlangt, ergänzend Besonderheiten und Modifikationen zu regeln, während ansonsten das KrWG anwendbar bleiben soll, erspart sich der Gesetzgeber eine noch umfangreichere Entsorgungsregelung im StrlSchG (siehe dazu *Mann/Hundertmark,* NVwZ 2019, 825, 827).

Zu bedenken ist dabei allerdings, dass für das Strahlenschutzrecht ein eigenständiger **126**
Abfallbegriff gilt. Gem. § 5 Abs. I StrlSchG sind Abfälle im Sinne des StrlSchG alle Abfälle iSv § 3 Abs. 1 einschließlich aller nach §§ 2 Abs. 2 Nr. -5 oder 7 15 vom abfallrechtlichen Anwendungsbereich ausgenommener Stoffe. Nicht einbezogen werden insoweit lediglich die von § 2 Abs. 2 Nr. 6 Kernbrennststoffe und radioaktive Abfälle nach § 9a Abs. 1 AtG. Mit diesem weiteren Abfallbegriff soll das Strahlenschutzrecht sicherstellen, dass auch Stoffe, welche vom Geltungsbereich des KrWG ausgenommen sind, im Falle von Notfallexpositionen durch das StrlSchG erfasst werden können (kritisch dazu *Mann/Hundertmark,* NVwZ 2019, 825, 828, denen die Regelung zwar regelungstechnisch einleuchtet, doch rechtssystematisch fraglich erscheint, weil zwei unterschiedlich weite Abfallbegriffe Rechtsunsicherheiten schaffen könnten). Außerdem bemängeln *Mann/Hundertmark,* dass eine Weichenstellung anhand der Kontaminationswerte dazu führe, dass die Anwendbarkeit des KrWG von der Nichteinschlägigkeit der Grenzwerte aus der strahlenschutzrechtlichen Verordnung abhänge. Der Rechtsanwender im Abfallrecht müsse künftig daher zwei Gesetze und eine Verordnung in den Blick nehmen, um sicher klären zu können, ob ein Stoff als Abfall unter das KrWG falle oder nicht (*Mann/Hundertmark,* NVwZ2019, 825, 828).

§ 3 Begriffsbestimmungen

(1) **Abfälle im Sinne dieses Gesetzes sind alle Stoffe oder Gegenstände, derer sich ihr Besitzer entledigt, entledigen will oder entledigen muss. Abfälle zur Verwertung sind Abfälle, die verwertet werden; Abfälle, die nicht verwertet werden, sind Abfälle zur Beseitigung.**

(2) **Eine Entledigung im Sinne des Absatzes 1 ist anzunehmen, wenn der Besitzer Stoffe oder Gegenstände einer Verwertung im Sinne der Anlage 2 oder einer Beseitigung im Sinne der Anlage 1 zuführt oder die tatsächliche Sachherrschaft über sie unter Wegfall jeder weiteren Zweckbestimmung aufgibt.**

(3) **Der Wille zur Entledigung im Sinne des Absatzes 1 ist hinsichtlich solcher Stoffe oder Gegenstände anzunehmen,**

1. **die bei der Energieumwandlung, Herstellung, Behandlung oder Nutzung von Stoffen oder Erzeugnissen oder bei Dienstleistungen anfallen, ohne dass der Zweck der jeweiligen Handlung hierauf gerichtet ist, oder**
2. **deren ursprüngliche Zweckbestimmung entfällt oder aufgegeben wird, ohne dass ein neuer Verwendungszweck unmittelbar an deren Stelle tritt.**

Für die Beurteilung der Zweckbestimmung ist die Auffassung des Erzeugers oder Besitzers unter Berücksichtigung der Verkehrsanschauung zugrunde zu legen.

(4) **Der Besitzer muss sich Stoffen oder Gegenständen im Sinne des Absatzes 1 entledigen, wenn diese nicht mehr entsprechend ihrer ursprünglichen Zweckbestimmung verwendet werden, auf Grund ihres konkreten Zustandes geeignet sind, gegenwärtig oder künftig das Wohl der Allgemeinheit, insbesondere die Umwelt, zu gefährden und deren Gefährdungspotenzial nur durch eine ordnungsgemäße und schadlose Verwertung oder gemeinwohlverträgliche Beseitigung nach den Vorschriften dieses Gesetzes und der auf Grund dieses Gesetzes erlassenen Rechtsverordnungen ausgeschlossen werden kann.**

(5) **Gefährlich im Sinne dieses Gesetzes sind die Abfälle, die durch Rechtsverordnung nach § 48 Satz 2 oder auf Grund einer solchen Rechtsverordnung bestimmt worden sind. Nicht gefährlich im Sinne dieses Gesetzes sind alle übrigen Abfälle.**

(5a) **Siedlungsabfälle im Sinne von § 14 Absatz 1, § 15 Absatz 4, § 30 Absatz 6 Nummer 9 Buchstabe b sind gemischt und getrennt gesammelte Abfälle**

1. **aus privaten Haushaltungen, insbesondere Papier und Pappe, Glas, Metall, Kunststoff, Bioabfälle, Holz, Textilien, Verpackungen, Elektro- und Elektronik-Altgeräte, Altbatterien und Altakkumulatoren sowie Sperrmüll, einschließlich Matratzen und Möbel, und**
2. **aus anderen Herkunftsbereichen, wenn diese Abfälle auf Grund ihrer Beschaffenheit und Zusammensetzung mit Abfällen aus privaten Haushaltungen vergleichbar sind.**

   Keine Siedlungsabfälle im Sinne des Satzes 1 sind
   a) Abfälle aus Produktion,
   b) Abfälle aus Landwirtschaft,
   c) aus Forstwirtschaft,
   d) Abfälle aus Fischerei,
   e) Abfälle aus Abwasseranlagen,
   f) Bau- und Abbruchabfälle und
   g) Altfahrzeuge.

(6) **Inertabfälle im Sinne dieses Gesetzes sind mineralische Abfälle,**

1. die keinen wesentlichen physikalischen, chemischen oder biologischen Veränderungen unterliegen,
2. die sich nicht auflösen, nicht brennen und nicht in anderer Weise physikalisch oder chemisch reagieren,
3. die sich nicht biologisch abbauen und
4. die andere Materialien, mit denen sie in Kontakt kommen, nicht in einer Weise beeinträchtigen, die zu nachteiligen Auswirkungen auf Mensch und Umwelt führen könnte.

Die gesamte Auslaugbarkeit und der Schadstoffgehalt der Abfälle sowie die Ökotoxizität des Sickerwassers müssen unerheblich sein und dürfen insbesondere nicht die Qualität von Oberflächen- oder Grundwasser gefährden.

(6a) **Bau- und Abbruchabfälle im Sinne dieses Gesetzes sind Abfälle, die durch Bau- und Abbruchtätigkeiten entstehen.**

(7) **Bioabfälle im Sinne dieses Gesetzes sind biologisch abbaubare pflanzliche, tierische oder aus Pilzmaterialien bestehende**

1. Garten- und Parkabfälle,
2. Landschaftspflegeabfälle,
3. Nahrungs- und Küchenabfälle aus privaten Haushaltungen, aus dem Gaststätten-, Kantinen- und Cateringgewerbe, aus Büros und aus dem Groß- und Einzelhandel sowie mit den genannten Abfällen vergleichbare Abfälle aus Nahrungsmittelverarbeitungsbetrieben und
4. Abfälle aus sonstigen Herkunftsbereichen, die den in den Nummern 1 bis 3 genannten Abfällen nach Art, Beschaffenheit oder stofflichen Eigenschaften vergleichbar sind.

(7a) **Lebensmittelabfälle im Sinne dieses Gesetzes sind alle Lebensmittel gemäß Artikel 2 der Verordnung (EG) Nr. 178/2002 des Europäischen Parlaments und des Rates vom 28. Januar 2002 zur Festlegung der allgemeinen Grundsätze und Anforderungen des Lebensmittelrechts, zur Errichtung der Europäischen Behörde für Lebensmittelsicherheit und zur Festlegung von Verfahren zur Lebensmittelsicherheit (ABl. L 31 vom 1.2.2002, S. 1), die zuletzt durch die Verordnung (EU) 2017/228 (ABl. L 35 vom 10.2.2017, S. 10) geändert worden ist, die zu Abfall geworden sind.**

(7b) **Rezyklate im Sinne dieses Gesetzes sind sekundäre Rohstoffe, die durch die Verwertung von Abfällen gewonnen worden sind oder bei der Beseitigung von Abfällen anfallen und für die Herstellung von Erzeugnissen geeignet sind.**

(8) **Erzeuger von Abfällen im Sinne dieses Gesetzes ist jede natürliche oder juristische Person,**

1. durch deren Tätigkeit Abfälle anfallen (Ersterzeuger) oder
2. die Vorbehandlungen, Mischungen oder sonstige Behandlungen vornimmt, die eine Veränderung der Beschaffenheit oder der Zusammensetzung dieser Abfälle bewirken (Zweiterzeuger).

(9) **Besitzer von Abfällen im Sinne dieses Gesetzes ist jede natürliche oder juristische Person, die die tatsächliche Sachherrschaft über Abfälle hat.**

(10) **Sammler von Abfällen im Sinne dieses Gesetzes ist jede natürliche oder juristische Person, die gewerbsmäßig oder im Rahmen wirtschaftlicher Unternehmen, das heißt, aus Anlass einer anderweitigen gewerblichen oder wirtschaftlichen Tätigkeit, die nicht auf die Sammlung von Abfällen gerichtet ist, Abfälle sammelt.**

(11) **Beförderer von Abfällen im Sinne dieses Gesetzes ist jede natürliche oder juristische Person, die gewerbsmäßig oder im Rahmen wirtschaftlicher Unterneh-**

men, das heißt, aus Anlass einer anderweitigen gewerblichen oder wirtschaftlichen Tätigkeit, die nicht auf die Beförderung von Abfällen gerichtet ist, Abfälle befördert.

(12) **Händler von Abfällen im Sinne dieses Gesetzes ist jede natürliche oder juristische Person, die gewerbsmäßig oder im Rahmen wirtschaftlicher Unternehmen, das heißt, aus Anlass einer anderweitigen gewerblichen oder wirtschaftlichen Tätigkeit, die nicht auf das Handeln mit Abfällen gerichtet ist, oder öffentlicher Einrichtungen in eigener Verantwortung Abfälle erwirbt und weiterveräußert; die Erlangung der tatsächlichen Sachherrschaft über die Abfälle ist hierfür nicht erforderlich.**

(13) **Makler von Abfällen im Sinne dieses Gesetzes ist jede natürliche oder juristische Person, die gewerbsmäßig oder im Rahmen wirtschaftlicher Unternehmen, das heißt, aus Anlass einer anderweitigen gewerblichen oder wirtschaftlichen Tätigkeit, die nicht auf das Makeln von Abfällen gerichtet ist, oder öffentlicher Einrichtungen für die Bewirtschaftung von Abfällen für Dritte sorgt; die Erlangung der tatsächlichen Sachherrschaft über die Abfälle ist hierfür nicht erforderlich.**

(14) **Abfallbewirtschaftung im Sinne dieses Gesetzes sind die Bereitstellung, die Überlassung, die Sammlung, die Beförderung sowiedie Verwertung und die Beseitigung von Abfällen, die beiden letztgenannten Verfahren schließen die Sortierung der Abfälle ein. Zur Abfallbewirtschaftung zählen auch die Überwachung der Tätigkeiten und Verfahren im Sinne des Satzes 1, die Nachsorge von Beseitigungsanlagen und die Tätigkeiten, die von Händlern und Maklern vorgenommen werden.**

(15) **Sammlung im Sinne dieses Gesetzes ist das Einsammeln von Abfällen, einschließlich deren vorläufiger Sortierung und vorläufiger Lagerung zum Zweck der Beförderung zu einer Abfallbehandlungsanlage.**

(16) **Getrennte Sammlung im Sinne dieses Gesetzes ist eine Sammlung, bei der ein Abfallstrom nach Art und Beschaffenheit des Abfalls getrennt gehalten wird, um eine bestimmte Behandlung zu erleichtern oder zu ermöglichen.**

(17) **Eine gemeinnützige Sammlung von Abfällen im Sinne dieses Gesetzes ist eine Sammlung, die durch eine nach § 5 Absatz 1 Nr. 9 des Körperschaftsteuergesetzes in der Fassung der Bekanntmachung vom 15. Oktober 2002 (BGBl. I S. 6 2002 I S. 4144), das zuletzt durch Artikel 8 des Gesetzes vom 22. Juni 2011 (BGBl. 2011 I S. 1126) geändert worden ist, in der jeweils geltenden Fassung steuerbefreite Körperschaft, Personenvereinigung oderVermögensmasse getragen wird und der Beschaffung von Mitteln zur Verwirklichung ihrer gemeinnützigen, mildtätigen oder kirchlichen Zwecke im Sinne der §§ 52 bis 54 der Abgabenordnung dient. Um eine gemeinnützige Sammlung von Abfällen handelt es sich auch dann, wenn die Körperschaft, Personenvereinigung oder Vermögensmasse nach Satz 1 einen gewerblichen Sammler mit der Sammlung beauftragt und dieser den Veräußerungserlös nach Abzug seiner Kosten und eines angemessenen Gewinns vollständig an die Körperschaft, Personenvereinigung oder Vermögensmasse auskehrt.**

(18) **Eine gewerbliche Sammlung von Abfällen im Sinne dieses Gesetzes ist eine Sammlung, die zum Zweck der Einnahmeerzielung erfolgt. Die Durchführung der Sammeltätigkeit auf der Grundlage vertraglicher Bindungen zwischen dem Sammler und der privaten Haushaltung in dauerhaften Strukturen steht einer gewerblichen Sammlung nicht entgegen.**

(19) **Kreislaufwirtschaft im Sinne dieses Gesetzes sind die Vermeidung und Verwertung von Abfällen.**

(20) **Vermeidung im Sinne dieses Gesetzes ist jede Maßnahme, die ergriffen wird, bevor ein Stoff, Material oder Erzeugnis zu Abfall geworden ist, und dazu dient, die Abfallmenge, die schädlichen Auswirkungen des Abfalls auf Mensch und Um-**

welt oder den Gehalt an schädlichen Stoffen in Materialien und Erzeugnissen zu verringern. Hierzu zählen insbesondere die anlageninterne Kreislaufführung von Stoffen, die abfallarme Produktgestaltung, die Wiederverwendung von Erzeugnissen oder die Verlängerung ihrer Lebensdauer sowie ein Konsumverhalten, das auf den Erwerb von abfall- und schadstoffarmen Produkten sowie die Nutzung von Mehrwegverpackungen gerichtet ist.

(21) **Wiederverwendung im Sinne dieses Gesetzes ist jedes Verfahren, bei dem Erzeugnisse oder Bestandteile, die keine Abfälle sind, wieder für denselben Zweck verwendet werden, für den sie ursprünglich bestimmt waren.**

(22) **Abfallentsorgung im Sinne dieses Gesetzes sind Verwertungs- und Beseitigungsverfahren, einschließlich der Vorbereitung vor der Verwertung oder Beseitigung.**

(23) **Verwertung im Sinne dieses Gesetzes ist jedes Verfahren, als dessen Hauptergebnis die Abfälle innerhalb der Anlage oder in der weiteren Wirtschaft einem sinnvollen Zweck zugeführt werden, indem sie entweder andere Materialien ersetzen, die sonst zur Erfüllung einer bestimmten Funktion verwendet worden wären, oder indem die Abfälle so vorbereitet werden, dass sie diese Funktion erfüllen. Anlage 2 enthält eine nicht abschließende Liste von Verwertungsverfahren.**

(23a) **Stoffliche Verwertung im Sinne dieses Gesetzes ist jedes Verwertungsverfahren mit Ausnahme der energetischen Verwertung und der Aufbereitung zu Materialien, die für die Verwendung als Brennstoff oder als anderes Mittel der Energieerzeugung bestimmt sind. Zur stofflichen Verwertung zählen insbesondere die Vorbereitung zur Wiederverwendung, das Recycling und die Verfüllung.**

(24) **Vorbereitung zur Wiederverwendung im Sinne dieses Gesetzes ist jedes Verwertungsverfahren der Prüfung, Reinigung oder Reparatur, bei dem Erzeugnisse oder Bestandteile von Erzeugnissen, die zu Abfällen geworden sind, so vorbereitet werden, dass sie ohne weitere Vorbehandlung wieder für denselben Zweck verwendet werden können, für den sie ursprünglich bestimmt waren.**

(25) **Recycling im Sinne dieses Gesetzes ist jedes Verwertungsverfahren, durch das Abfälle zu Erzeugnissen, Materialien oder Stoffen entweder für den ursprünglichen Zweck oder für andere Zwecke aufbereitet werden; es schließt die Aufbereitung organischer Materialien ein, nicht aber die energetische Verwertung und die Aufbereitung zu Materialien, die für die Verwendung als Brennstoff oder zur Verfüllung bestimmt sind.**

(25a) **Verfüllung im Sinne dieses Gesetzes ist jedes Verwertungsverfahren, bei dem geeignete nicht gefährliche Abfälle zur Rekultivierung von Abgrabungen oder zu bautechnischen Zwecken bei der Landschaftsgestaltung verwendet werden. Abfälle im Sinne des Satzes 1 sind solche, die Materialien ersetzen, die keine Abfälle sind, die für die vorstehend genannten Zwecke geeignet sind und auf die für die Erfüllung dieser Zwecke unbedingt erforderlichen Mengen beschränkt werden.**

(26) **Beseitigung im Sinne dieses Gesetzes ist jedes Verfahren, das keine Verwertung ist, auch wenn das Verfahren zur Nebenfolge hat, dass Stoffe oder Energie zurückgewonnen werden. Anlage 1 enthält eine nicht abschließende Liste von Beseitigungsverfahren.**

(27) **Deponien im Sinne dieses Gesetzes sind Beseitigungsanlagen zur Ablagerung von Abfällen oberhalb der Erdoberfläche (oberirdische Deponien) oder unterhalb der Erdoberfläche (Untertagedeponien). Zu den Deponien zählen auch betriebsinterne Abfallbeseitigungsanlagen für die Ablagerung von Abfällen, in denen ein Erzeuger von Abfällen die Abfallbeseitigung am Erzeugungsort vornimmt.**

(28) **Stand der Technik im Sinne dieses Gesetzes ist der Entwicklungsstand fortschrittlicher Verfahren, Einrichtungen oder Betriebsweisen, der die praktische Eignung einer Maßnahme zur Begrenzung von Emissionen in Luft, Wasser und Boden, zur Gewährleistung der Anlagensicherheit, zur Gewährleistung einer umweltverträglichen Abfallentsorgung oder sonst zur Vermeidung oder Verminderung von Auswirkungen auf die Umwelt zur Erreichung eines allgemein hohen Schutzniveaus für die Umwelt insgesamt gesichert erscheinen lässt. Bei der Bestimmung des Standes der Technik sind insbesondere die in Anlage 3 aufgeführten Kriterien zu berücksichtigen.**

Schrifttum: *Attendorn,* Die Abfallablagerung in Tagebauen als bergrechtliche Wiedernutzbarmachung, AbfallR 2005, 215; *Beckmann,* Keine gewerbliche Sammlung von Abfällen durch Personenhandelsgesellschaften?, AbfallR 2013, 296; *Beckmann,* Rechtliche Rahmenbedingungen der Gewinnung und energetischen Nutzung von Grubengas, DVBl. 2014, 1032; *Beckmann/Wittmann,* Zur Zulässigkeit gewerblicher Sammlungen und der Beauftragung Dritter bei der Verwertung von Haushaltsabfällen, AbfallR 2009, 235; *Bechtolsheim/Charlier,* Vorbereitung zur Wiederverwendung, AbfallR 2019, 22; *Böhler,* Abgas als Abfall, NVwZ 2018, 956; *Enders,* Die öffentlich-rechtliche und zivilrechtliche Verantwortlichkeit des Abfallerzeugers, NVwZ 2005, 381; *Dippel/Ottensmeier,* Lebensmittelabfälle – Abfälle?, AbfallR 2019, 122; *Dippel/Ottensmeier,* Der Abfallbegriff in der Abgrenzung zum Nebenprodukt (§ 4 KrWG) und zum Ende der Abfalleigenschaft (§ 5 KrWG), AbfallR 2018, 270; *Franßen/Verfers,* Die Umsetzung des EU-Kreislaufwirtschaftspakets im deutschen Kreislaufwirtschaftsgesetz: Bedeutung für mineralische Nebenprodukte und Abfälle, AbfallR 2020, 157; *Frenz,* Grundlagen der Abfallentsorgung im Bergbau, AbfallR 2018, 129; *Frenz,* Abfall und Kunst – wo verlaufen die Trennlinien?, DVBl 2012, 1349; *Frenz,* Grenzen des Abfallbegriffs nach dem neuen Kreislaufwirtschaftsgesetz, NVwZ 2012, 1590; *Frenz,* Verantwortlichkeit für Abfälle im Baubereich im neuen Licht? Folgen des Löschwasser-Urteils des BVerwG, AbfallR 2015, 135; *Frölich,* Auffüllungen und Aufschüttungen mit mineralischen Bauabfällen, NuR 2015, 246; *Hagmann,* Abfallerzeuger- und Besitzerhaftung nach dem KrWG, AbfallR 2013, 150; *Hamborg,* Zur Entstehung der Abfalleigenschaft von Elektro- und Elektronikgeräten, AbfallR 2014, 181; *Henke,* Abfallbegriff, Nebenprodukt und Ende der Abfalleigenschaft im neuen Kreislaufwirtschaftsgesetz, SächsVBl 2013, 225; *Hirsch,* Bauschutt ist Abfall: Genehmigung für Lagerung ist erforderlich!, IBR 2019, 402; *Hurst,* Das neue Kreislaufwirtschaftsgesetz aus Sicht eines Abfallerzeugers, UPR 2014, 216; *Jarass,* Pflichten qualifizierte Abfallverwertung auf Deponien und Verfüllungen AbfallR 2021, 32; *Jung,* Was ist Kreislaufwirtschaft und wie setzen wir sie um?, AbfallR 2017, 70; *Klett/Probst,* Chemisierung des Abfallrechts bei der Abgrenzung zwischen gefährlichen und nicht gefährlichen Abfällen, AbfallR 2017, 193; *Kropp,* Abfallverbringung in Bergwerke – Verwertung oder Beseitigung, AbfallR 2018, 50; *Kropp,* Die novellierte Abfallverzeichnis-Verordnung (AVV) – erste Erfahrungen, AbfallR 2017, 22; *Kropp,* Wer ist Erzeuger von Bau- und Abbruchabfällen?, AbfallR 2015, 226; *Kropp,* Die Abgrenzung von Abfällen und Nebenprodukten nach dem Kreislaufwirtschaftsgesetz, UPR 2013, 369; *Petersen,* Entwicklungen des Kreislaufwirtschaftsrechts, NVwZ 2009, 1063; *Petersen/Friedrich,* Die Novellierung des Kreislaufwirtschaftsgesetzes 2020, NVwZ 2021, 1; *Petersen/Hermanns,* Personengesellschaften als Träger gewerblicher Sammlungen im Sinne des § 3 Abs. 18 KrWG, AbfallR 2014, 62; *Prelle,* Begriff und Bedeutung der (Vorbereitung zur) Wiederverwendung im Abfallrecht, AbfallR 2008, 220; *Queitsch,* Änderungen in der Kreislauf- und Abfallwirtschaft und aktuelle Rechtsprechung, AbfallR 2021, 16; *Schink,* Der Abfallbegriff im Kreislaufwirtschaftsgesetz, UPR 2014, 201; *Schomerus/Fabian,* Die Vorbereitung zur Wiederverwendung von Elektro-Altgeräten, AbfallR 2014, 270; *Seibel,* Abgrenzung der „allgemein anerkannten Regeln der Technik" vom „Stand der Technik", NJW 2013, 3000; *Seibert,* Mutterbodenaushub im Lichte des Kreislaufwirtschaftsrechts – oder: § 202 BauGB als Konkretisierung der (europäischen) Abfallhierarchie, EuRUP 2017, 264; *Thiel,* Ist die Aufbringung von Erdaushubmaterial as einer Baugrube Abfall-„Verwertung"?, IBR 2016, 486; *Wahlen,* Biokompost: Abfall ohne Ende?, AbfallR 2013, 138.

Übersicht

A. Einführung

1 § 3 enthält einen umfangreichen, wenn auch nicht abschließenden Katalog von Legaldefinitionen zu Grundbegriffen der Kreislaufwirtschaft. Der Gesetzgeber hat mit der Novelle des Gesetzes im Jahre 2020 einige wichtige Legaldefinitionen hinzugefügt und weitere Legaldefinitionen geändert. Die Vorschrift ist thematisch gegliedert. In § 3

Abs. 1–7b definiert der Gesetzgeber den für den Anwendungsbereich nach § 2 Abs. 1 maßgeblichen Abfallbegriff und verschiedene Abfallarten. In § 3 Abs. 8–13 befinden sich personenbezogene Legaldefinitionen der verschiedenen Akteure der Kreislaufwirtschaft und der Abfallentsorgung. § 3 Abs. 14–26 dienen der Definition wesentlicher Entsorgungshandlungen. Zum Schluss definiert der Gesetzgeber noch den Begriff der Deponie (§ 3 Abs. 27) und den Begriff des Standes der Technik (§ 3 Abs. 28).

Die Legaldefinitionen des § 3 sind nicht abschließend. Weitere Zentralbegriffe der Kreislaufwirtschaft sind anderenorts legaldefiniert, so zB die für den Abfallbegriff maßgeblichen Begriffe des Nebenprodukts in § 4 und des Endes der Abfalleigenschaft in § 5, der Begriff des öffentlich-rechtlichen Entsorgungsträgers in § 17 Abs. 1 S. 1, des Entsorgers von Abfällen in § 49 Abs. 1 und der Begriff des Entsorgungsfachbetriebs in § 56 Abs. 2. Der Gesetzgeber hat außerdem den Verordnungsgeber verschiedentlich ermächtigt, weitere Begriffe verbindlich zu definieren. So wird die Bundesregierung in § 11 Abs. 1 S. 1 ermächtigt, durch Rechtsverordnung unter anderem festzulegen, welche Abfälle als Bioabfälle oder Klärschlämme gelten. In § 2 DepV hat der Verordnungsgeber zB zahlreiche Begriffe des Deponierechts ergänzend definiert. Manche Begriffe sind, obwohl sie für die Kreislaufwirtschaft von erheblicher Bedeutung sind, im KrWG und in Rechtsverordnungen auf der Grundlage des KrWG nicht definiert oder auch nur näher erläutert. Das gilt zB für die Begriffe „Lagerung“ und „Ablagerung“ und die Abgrenzung zwischen diesen beiden Begriffen sowie für den Begriff „private Haushaltungen“ im Sinne von § 17 Abs. 1 S. 1. Hinzu gekommen sind im Jahre 2020 Legaldefinitionen für die Begriffe „Rezyklate“, „stoffliche Verwertung“, und „Verfüllung“. 2

Die Legaldefinitionen des § 3 sichern eine einheitliche Verwendung dieser Begriffe im Geltungsbereich des KrWG. Unmittelbar verbindlich sind sie allerdings grundsätzlich nur dann und soweit das KrWG auch anwendbar ist. Der in § 2 geregelte Anwendungsbereich des KrWG ist insoweit auch maßgeblich für die Anwendung der Legaldefinitionen des § 3. Allerdings hat insbesondere der Abfallbegriff des KrWG seinerseits Bedeutung für die Eröffnung des Anwendungsbereichs des Gesetzes und auch für die Auslegung des Abfallbegriffs anderer Gesetze, so zB des in §§ 4 Abs. 1, 5 Abs. 1 S. 1 Nr. 3 BImSchG verwendeten Abfallbegriffs, der entsprechend dem des KrWG zu verstehen ist (*Delfs* in Schmehl/Klement Rn. 1; VGH München Beschl. v. 3.7.2018 – 22 ZB 18.855, juris; VGH BW Beschl. v. 19.9.2013 – 10 S 1725/13, juris Rn. 6; BVerwG Beschl. v. 14.8.2007, NVwZ 2007, 1314). 3

Auch für das **Umweltstrafrecht** (§ 326 StGB) ist der Abfallbegriff des § 3 Abs. 1 relevant. Zwar ist der Begriff im Strafrecht grundsätzlich eigenständig auszulegen; er wird aber angesichts einer im Strafgesetzbuch nicht vorhandenen eigenständigen Definition zumindest in Anlehnung an das Begriffsverständnis des KrWG im Strafrecht verwendet (*Petersen* in Jarass/Petersen § 3 Rn. 10; *Michalke* AbfallR 2007, 275 ff.; BGH Urt. v. 6.6.1997, NStZ 1997, 544 f.). Teilweise wird unmittelbar in anderen Gesetzen auf die Definitionen des § 3 verwiesen (zB in § 2 Abs. 12 BattG auf den Begriff der Beseitigung in § 3 Abs. 26). 4

Die wesentlichen Begriffsbestimmungen hat der Gesetzgeber aus Art. 3 AbfRRL zum Teil wortlautidentisch übernommen. Damit sollte eine möglichst weitgehende Kohärenz mit dem EU-Recht erreicht werden (*Petersen/Stöhr/Doumet* NVwZ 2012, 521). Im Zweifel müssen die Begriffe unionsrechtskonform ausgelegt werden. Die unmittelbar geltende EU-AbfVerbrV definiert für ihren Anwendungsbereich maßgeblichen Zentralbegriffe unter Verweis auf die Definitionen der AbfRRl. Auch insoweit ist ein einheitliches Begriffsverständnis auch für den Bereich der Abfallverbringung gesichert. 5

Die Umsetzung der geänderten Abfallrahmenrichtlinie durch die **Richtlinie 2018/851/EU** erfordert einige Änderungen bzw. Ergänzungen auch bei den Legaldefinitionen 6 des § 3. Änderungen der Richtlinie, die bis zum 5.7.2020 in deutsches Recht umzusetzen waren, beziehen sich zB auf eine Definition des Siedlungsabfalls, der Bau und Abbruchabfälle, des Bioabfalls, des Lebensmittelabfalls, einer ergänzenden Definition der stofflichen Verwertung und einer Definition der Verfüllung.

B. Abfallbegriff

7 Abfälle im Sinne des KrWG sind gem. § 3 Abs. 1 S. 1 alle Stoffe oder Gegenstände, derer sich ihr Besitzer entledigt, entledigen will oder entledigen muss. Der Abfallbegriff ist von zentraler Bedeutung für das gesamte deutsche und europäische Kreislaufwirtschaftsrecht. Er ist maßgeblich für den Anwendungsbereich des KrWG und Vorbedingung für sämtliche Entsorgungspflichten, dh für die Pflicht zur ordnungsgemäßen und schadlosen Verwertung, für eine gemeinwohlverträgliche Beseitigung und für sonstige Bewirtschaftungsmaßnahmen der ebenfalls in § 3 definierten Pflichtadressaten. Selbst für die Vermeidung von Abfällen, zu denen nach § 3 Abs. 20 jede Maßnahme zählt, die getroffen wird, bevor ein Stoff, Material oder Erzeugnis zu Abfall geworden ist, kommt es auf den Abfallbegriff an. Nicht anwendbar ist das KrWG auf Produkte und auf sonstige sogenannte Nicht-Abfälle. Zur Abgrenzung von Produkten und anderen Nicht-Abfällen dienen § 4 mit der Regelung zu den Nebenprodukten und § 5 mit der Definition des Endes der Abfalleigenschaft.

I. Stoffe oder Gegenstände

8 Anders als die Vorgängerregelungen stellt der Gesetzgeber § 3 Abs. 1 S. 1 für den Abfallbegriff nicht mehr darauf ab, ob es sich um **bewegliche Sachen** handelt. Der Gesetzgeber erstreckt vielmehr den Abfallbegriff grundsätzlich auch auf Stoffe und Gegenstände, die nicht beweglich sind. Damit trägt er der weiten Auslegung des Abfallbegriffs der AbfRRL durch den EuGH (Urt. v. 18.12.1997, Inter-Environnement Wallonie, C-129/96, EU:C:1997:628; Urt. v. 15.6.2000, ARCO Chemie Nederland ua, C-418/97 und C-419/97, EU:C:2000:318, Rn. 57 und 97) Rechnung.

9 Der durch das europäische Recht veranlasste Verzicht auf die Beweglichkeit einer Sache als Voraussetzung für ihre Einordnung als Abfall ändert nichts daran, dass sich der Abfallbegriff nach wie vor nur auf Stoffe oder Gegenstände, dh auf **körperliche Sachen,** bezieht und dass zur Bestimmung des Sachbegriffs, der für den Bereich des öffentlichen Rechts und insbesondere des Kreislaufwirtschaftsrechts nicht selbstständig definiert wird, auf den zivilrechtlichen Rechtsbegriff der Sache gemäß § 90 BGB zurückzugreifen ist. Sachen sind danach unabhängig von ihrem Aggregatzustand körperliche Gegenstände, die im Raum abgrenzbar sind. Körperlich nicht gefassten Stoffen, wie etwa Schadstoffen in der Luft, nicht gefassten Gasen und frei fließendem Wasser fehlt es an der Sacheigenschaft, die sowohl Gegenständen als auch Stoffen im Sinne von § 3 Abs. 1 S. 1 zukommen muss. Das Vorliegen einer Sacheigenschaft in diesem Sinne ist unter anderem auch deshalb notwendig, weil nur körperliche Gegenstände im Sinne von § 3 Abs. 15 gesammelt werden können. Der Abfallbesitzer übt nach § 3 Abs. 9 die tatsächliche „Sachherrschaft" aus. Es geht dementsprechend bei den Abfällen weiterhin nur um Sachen.

10 Aus der Rechtsprechung des EuGH folgt insoweit nichts anderes. Aus dem Urt. v. 7.9.2004 (C-1/03, Celex-Nr. 62003CJ0001van de Walle), wonach auch mit Kraftstoffen kontaminiertes Erdreich als Abfall einzuordnen ist, ergibt sich lediglich, dass Abfälle nicht

nur bewegliche, sondern auch unbewegliche Sachen sein können. Der EuGH verzichtet in diesem Urteil jedoch nicht auf eine körperliche Abgrenzbarkeit des Abfalls im Sinne des Sachbegriffs (*Frenz* in Fluck/Frenz/Fischer/Franßen Rn. 25). Auch das Urteil des EuGH v. 24.6.2008 (Commune des Mesquer) spricht nicht dafür, den Sachbegriff für die Einordnung eines Gegenstandes oder Stoffes als unerheblich anzusehen. Der EuGH hat in diesem Urteil festgestellt, dass Kohlenwasserstoffe (Rohöl), die nach einer Havarie unabsichtlich ins Meer ausgebracht worden waren und sich dort mit Wasser und Sedimenten vermischt hatten, an der Küste eines Mitgliedstaats entlanggetrieben waren und schließlich dort an Land geschwemmt wurden, Abfälle sind. In dem entschiedenen Fall handelte es sich um Rohöl, das im Wasser Emulsionen bildete und sodann mit Sedimenten verklumpte. Die Einordnung als Abfall bezog sich dementsprechend auf mit Sedimenten verklumptes, an der Küste angeschwemmtes Rohöl. Es war in diesem Zustand körperlich gefasst und verfügte dementsprechend auch über die zur Einordnung als Abfall notwendige Sacheigenschaft.

Nach anderer Auffassung enthält § 3 Abs. 1 S. 1 jedoch keine Beschränkung auf kör- **11**
perliche bzw. im Raum abgrenzbare Stoffe (*Kropp* in von Lersner/Wendenburg Rn. 24). Mit der Erstreckung des Abfallbegriffs auf Stoffe und Gegenstände beziehe der Gesetzgeber jede Materie ohne weitere Einschränkung grundsätzlich in das Abfallrecht ein. Deshalb enthalte § 3 Abs. 1 keine Beschränkung auf körperliche bzw. im Raum abgrenzbare Stoffe. Die nicht in Behältern gefassten Gase seien allerdings nach § 2 Abs. 2 Nr. 8 v. Anwendungsbereich des Gesetzes ausgenommen, so dass es im Ergebnis zumeist auf den Meinungsstreit nicht ankomme.

Durch die Beschränkungen des Anwendungsbereichs in § 2 Abs. 2 Nr. 10 wird in der **12**
Tat sichergestellt, dass sich die abfallrechtlichen Regelungen nach wie vor nur auf „bewegliche Sachen" beziehen (Gesetzesbegründung, BT-Drs. 17/6052, S. 71) und dass es insoweit im deutschen Recht bei der rechtssystematischen Aufgabenverteilung zwischen dem Bodenschutzrecht und Kreislaufwirtschaftsrecht bleiben kann.

Das Begriffspaar **„Stoffe oder Gegenstände"** wird verwendet, ohne dass es für diese **13**
Unterbegriffe geeignete Abgrenzungskriterien gäbe. Eine solche Binnenabgrenzung wird aber auch nicht für erforderlich gehalten. Dem Begriffspaar wird attestiert, dass es ihm fast jeder eingrenzenden Funktion fehle (*Delf* in Schmehl/Klement Rn. 17). Letztlich soll grundsätzlich sämtliche physikalische Materie als Abfall eingeordnet werden können (*Kopp-Assenmacher/Schwartz* in Kopp-Assenmacher Rn. 6). Nach der Rechtsprechung des EuGH ist der Abfallbegriff ohnehin weit auszulegen. Soweit das Abfallrecht auf bestimmte Stoffe oder Gegenstände nicht zur Anwendung kommen soll, scheitert die Anwendung nicht an der Einordnung als Stoff oder Gegenstand, sondern an den einschränkenden Bestimmungen zum Anwendungsbereich des § 2 Abs. 2.

Der **Stoffbegriff** soll nicht im chemikalienrechtlichen Sinne verstanden werden. Nach **14**
Art. 3 Nr. 1 REACH-VO bezeichnet der Begriff „Stoff" im chemikalienrechtlichen Sinne ein chemisches Element und seine Verbindungen. Bei Abfällen handelt es sich in diesem Sinne zumeist um ein Gemisch aus verschiedenen Stoffen, dass chemikalienrechtlich eher als Zubereitung einzuordnen wäre (Art. 3 Nr. 2 REACH-VO).

Der **Aggregatzustand** des Stoffs ist für die Einordnung eines Stoffes oder Gegen- **15**
stands als Abfall ebenfalls nicht erheblich. Abfälle können dementsprechend sowohl feste als auch flüssige oder gasförmige Stoffe sein (zur abfallrechtlichen Einordnung von Grubengas *Beckmann,* DVBl. 2014, 1032). Dabei ist allerdings zu berücksichtigen, dass das KrWG nicht auf gasförmige Stoffe anzuwenden ist, die nicht in Behältern gefasst werden und auch nicht auf flüssige Stoffe, die in Abwasseranlagen eingeleitet worden sind (§ 2 Abs. 2 Nr. 8 und 9). Die genannten Einschränkungen des Anwendungsbereichs des KrWG belegen jedoch, dass der Gesetzgeber von einem Abfallbegriff ausgeht, der auch

gasförmige und flüssige Stoffe grundsätzlich einbezieht (*Kopp-Assenmacher/Schwartz* in Kopp-Assenmacher Rn. 6).

16 Für die Einordnung eines Stoffes oder Gegenstandes als Abfall ist entscheidend, ob sich der Besitzer dieses Stoffes bzw. Gegenstandes seiner entledigt, entledigen will oder entledigen muss. Diese **drei Entledigungstatbestände** sind in § 3 Abs. 2–4 näher geregelt. Zumeist dürften mehrere Entledigungstatbestände gleichzeitig erfüllt werden, weil zB die tatsächliche Entledigung auf einem entsprechenden Entledigungswillen beruht oder aber auch einer entsprechenden Pflicht nachkommt. Der Begriff des Besitzers von Abfällen, auf den es in diesem Zusammenhang ankommt, ist in § 3 Abs. 9 definiert als jede natürliche oder juristische Person, die die tatsächliche Sachherrschaft über den Stoff oder Gegenstand hat.

17 Während das **Ende der Abfalleigenschaft** in § 5 im Einzelnen geregelt ist, definiert der Gesetzgeber den Zeitpunkt, zu dem ein Stoff oder Gegenstand Abfall wird, nicht ausdrücklich. Der **Beginn der Abfalleigenschaft** setzt zu dem Zeitpunkt ein, zudem sämtliche Voraussetzungen zur Einordnung eines Stoffes oder Gegenstandes als Abfall vorliegen, dh wenn die tatsächliche Entledigung stattgefunden hat, ein Entledigungswille manifestiert worden ist oder aber wenn eine Pflicht zur Entsorgung entstanden ist (*Kopp-Assenmacher/Schwartz* in Kopp-Assenmacher Rn. 10). Mit dem Beginn der Abfalleigenschaft ist der Abfall angefallen.

18 Der Begriff des **Anfallens von Abfällen** wurde in der Vergangenheit uneinheitlich verwendet. Im geltenden Recht ist als „Anfallen" das Entstehen von Abfall im Rechtssinne zu verstehen (BVerwG Urt. v. 13.12.2007, BVerwGE 130, 127). Das folgt aus dem Zweck des Gesetzes und dem Zusammenhang, in dem der Begriff überwiegend gebraucht wird. Der Zeitpunkt des Anfalls von Abfällen liegt regelmäßig vor deren Überlassung, wenn beide Vorgänge nicht zusammentreffen. Es ist ausgeschlossen, dass der Abfall überlassen wird, bevor er angefallen ist (BVerwG Urt. v. 13.12.2007, BVerwGE 130).

II. Abfälle zur Verwertung und Beseitigung (Absatz 1 S. 2)

19 Nach § 3 Abs. 1 S. 2 sind Abfälle zur Verwertung Abfälle, die verwertet werden; Abfälle, die nicht verwertet werden, sind Abfälle zur Beseitigung. Bevor der Gesetzgeber die einzelnen Entledigungstatbestände näher regelt, die zur Einordnung eines Stoffes oder Gegenstandes als Abfall entscheidend sind, differenziert er in § 3 Abs. 1 S. 2 zwischen Abfällen zur Verwertung und Abfällen zur Beseitigung und verwendet insoweit einen dualen Abfallbegriff (BVerwG Beschl. v. 23.4.2008, NVwZ 2008, 1119; BVerwG Urt. v. 1.12.2005, NVwZ 2006, 589).

20 Die Unterscheidung zwischen Abfällen zur Verwertung und Abfällen zur Beseitigung ist von erheblicher Bedeutung, weil Abfälle zur Beseitigung grundsätzlich dem öffentlich-rechtlichen Entsorgungsträger zu überlassen sind, soweit dieser sie nicht aus seiner öffentlichen Entsorgung ausgeschlossen hat (vgl. §§ 17 Abs. 1, 20 Abs. 1 S. 1). Hinzu kommt, dass nach Art. 16 Abs. 1, Abs. 3 AbfRRL Abfälle nach den **Grundsätzen der Nähe und Autarkie** beseitigt werden sollen. Jeder Mitgliedstaat soll sicherstellen, dass ein ausreichendes Netz an Beseitigungsanlagen vorhanden ist und dass Abfälle, die zur Beseitigung bestimmt sind, möglichst auch in der nächstgelegenen Anlage entsorgt werden. Für Abfälle zur Verwertung gilt der Grundsatz der Autarkie nach Art. 16 Abs. 1 AbfRRL allerdings nur hinsichtlich gemischter Siedlungsabfälle aus privaten Haushaltungen. Auch für **landesrechtliche Überlassungs- und Andienungspflichten** nach § 17 Abs. 4 ist die Unterscheidung von Abfällen zur Verwertung und Abfällen zur Beseitigung von erheblicher Relevanz. Landesrechtliche Andienungspflichten gibt es grundsätzlich nur für gefährliche Abfälle zur Beseitigung, nicht jedoch für gefährliche Abfälle zur Verwertung (etwas anderes gilt für das Land Rheinland-Pfalz, wo auch gefährliche Abfälle zur Verwertung auf der Grundlage des § 17 Abs. 4 S. 2 anzudienen sind).

Die Unterscheidung zwischen Abfällen zur Verwertung und Abfällen zur Beseitigung ist aber nicht nur für den Umfang von Andienungs- und Überlassungspflichten wichtig; vielmehr beruht auf ihr unter anderem auch die **Abfallhierarchie** des § 6, soweit dort die Verwertung von Abfällen Vorrang gegenüber ihrer Beseitigung hat. Zur Umsetzung dieser Abfallhierarchie regelt der Gesetzgeber im Übrigen auch unterschiedliche Getrenntsammlungsgebote für Abfälle zur Verwertung (§ 9 Abs. 1) und für Abfälle zur Beseitigung (§ 15 Abs. 3). **21**

Auch für die **grenzüberschreitende Abfallverbringung** ist die Unterscheidung von Abfällen zur Beseitigung und Abfällen zur Verwertung von Bedeutung, weil der Vorrang der Abfallbeseitigung im Inland (§ 2 Abs. 1 S. 1 AbfVerbrG) grundsätzlich nicht für Abfälle zur Verwertung gilt. Ausnahmen davon gibt es jedoch wiederum für die gemischten Abfälle aus Haushaltungen. Auch das Notifizierungsverfahren für die Verbringung von Abfällen unterscheidet sich für Abfälle zur Verwertung von dem für Abfälle zur Beseitigung. **22**

Der Überlassungspflicht für Abfälle zur Beseitigung entgeht der Abfallbesitzer nur, wenn er substantiiert darlegen kann, dass eine **konkrete Verwertungsmöglichkeit** tatsächlich besteht und von ihm genutzt werden soll (*Kopp-Assenmacher/Schwarz* in Kopp-Assenmacher Rn. 12; VGH Mannheim Beschl. v. 19.9.2013 – 10 S 1725/13, juris Rn. 8; OVG Lüneburg Beschl. v. 3.6.2010, NVwZ 2010, 1111, 1112). Gelingt ihm diese substantiierte Darlegung nicht, handelt es sich um Abfall zur Beseitigung. Abfälle bleiben (nur) so lange Abfälle zur Verwertung, wie die begründete Annahme besteht, dass die Abfälle objektiv für eine Verwertung geeignet sind und der Besitzer in rechtlicher, tatsächlicher, organisatorischer, finanzieller, personeller und unternehmerischer Hinsicht in der Lage ist, die Abfälle auch einer ordnungsgemäßen Verwertung zuzuführen (OVG Magdeburg Urt. v. 25.8.2011 – 2 L 34/10, juris Rn. 74; *Kopp-Assenmacher/Schwarz* in Kopp-Assenmacher Rn. 12). **23**

Entscheidend für die Einordnung ist danach nicht, ob die Abfälle verwertbar sind, sondern ob sie tatsächlich verwertet werden oder nicht. Der Abfall ist nur dann Abfall zur Verwertung, wenn er tatsächlich einer Verwertung zugeführt wird. Weder die Verwertbarkeit noch eine nicht hinreichend konkrete Verwertungsabsicht des Abfallbesitzers führen dazu, dass es sich bei dem Stoff oder Gegenstand um Abfall zur Verwertung handelt (OVG Saarland Beschl. v. 1.6.2017, NVwZ-RR 2017, 720). **24**

Innerhalb welchen Zeitraums eine dem Besitzer mögliche und zumutbare Verwertung von Abfällen zu erfolgen hat, dh wie lange sich der Besitzer nach Entstehung des Abfalls Zeit lassen kann, um seine Verwertungspflicht zu erfüllen, beurteilt sich nach den Umständen des Einzelfalls (OVG Magdeburg Urt. v. 25.8.2011 – 2 L 34/10, juris Rn. 77). Wenn der Abfall zur Entsorgung abgeholt wird, muss eine **konkrete Verwertung** geplant sein, um von einem Abfall zur Verwertung ausgehen zu können. Dazu muss allerdings nicht stets bereits der gesamte, möglicherweise über mehrere Stationen stattfindende Verwertungsweg feststehen. Im Zusammenhang mit der Zulässigkeit einer gewerblichen Sammlung von Altmetall hat das Bundesverwaltungsgericht erläutert, dass zB in einem funktionierenden Marktsegment wie dem für Altmetalle von einem Kleinsammler, der in ein mehrstufiges Verwertungsverfahren eingebunden ist, nach § 18 Abs. 2 Nr. 4 und 5 keine „anlagenscharfen" Darlegungen über den letztendlichen Verwertungsort und die Verwertungsverfahren zu verlangen sind (BVerwG Urt. v. 24.1.2019 – 7 C 16/17, juris; BVerwG Urt. v. 30.6.2016 , NVwZ 2017, 75 ff.). **25**

26 Der **duale Abfallbegriff** des § 3 Abs. 1 S. 2 wird insoweit **dynamisch** verstanden, als die Einordnung als Abfall zur Verwertung und als Abfall zur Beseitigung bei jedem Abfallbesitzer neu zu prüfen ist. Insbesondere öffentlich-rechtliche Entsorgungsträger haben bei den ihnen als Abfall zur Beseitigung überlassenen Abfällen zu prüfen, ob und inwieweit sie diese noch verwerten können (§ 20 Abs. 1 S. 2). Die Gründe, die nach § 7 Abs. 4 S. 1 eine Verwertungspflicht entfallen lassen können, dass nämlich die Verwertung technisch möglich und wirtschaftlich zumutbar ist, müssen nicht bei allen Abfallbesitzern in gleicher Weise vorliegen. Dies gilt insbesondere für die Frage der wirtschaftlichen Zumutbarkeit. Nach § 7 Abs. 4 S. 3 ist die wirtschaftliche Zumutbarkeit gegeben, wenn die mit der Verwertung verbundenen Kosten nicht außer Verhältnis zu den Kosten stehen, die für eine Abfallbeseitigung zu tragen wären. Eine Verwertungsmöglichkeit, die sich erst einem späteren Abfallbesitzer eröffnet und ggf. von ihm auch genutzt wird, erlaubt nach Ansicht des BVerwG noch nicht den Rückschluss, dass beim Abfallbesitzer kein Beseitigungsabfall vorhanden ist. Entledigt sich ein Abfallbesitzer verwertungsfähiger Abfallfraktionen dadurch, dass er sie dem örtlich zuständigen öffentlich-rechtlichen Entsorgungsträger überlässt, handelt es sich allerdings um Abfall zur Beseitigung (BVerwG Beschl. v. 23.4.2008 , NVwZ 2008, 1119, 1121).

III. Entledigungstatbestände (Absätze 2–4)

27 Abfälle im Sinne des KrWG sind nach § 3 Abs. 1 S. 1 alle Stoffe oder Gegenstände, derer sich ihr Besitzer entledigt, entledigen will oder entledigen muss.

28 **1. Entledigung (Abs. 2).** Eine Entledigung im Sinne des § 3 Abs. 1 ist nach § 3 Abs. 2 anzunehmen, wenn der Besitzer Stoffe oder Gegenstände einer Verwertung im Sinne der Anlage 2 oder einer Beseitigung im Sinne der Anlage 1 zuführt oder die tatsächliche Sachherrschaft über sie unter Wegfall jeder weiteren Zweckbestimmung aufgibt.

29 § 3 Abs. 2 enthält eine gesetzliche Konkretisierung des in der Abfalldefinition enthaltenen Rechtsbegriffs „Entledigung" und entspricht der Vorgängerbestimmung des § 3 Abs. 2 KrW-/AbfG. Die Gesetzesbegründung weist darauf hin, dass die Mitgliedstaaten nach der Rechtsprechung des EuGH in Ermangelung einer unionsrechtlichen Regelung für die Auslegung des Abfallbegriffs wählen dürfen, in welcher Form der Beweis für das Vorliegen der verschiedenen Tatbestandsmerkmale des Abfallbegriffs zu erbringen ist. Allerdings dürfe die Wirksamkeit des EU-Rechts hierdurch nicht beeinträchtigt werden. Zu diesem Zweck würden die einzelnen Entledigungstatbestände weiter konkretisiert. Die von Verwaltung und Rechtsprechung für den Vollzug des Gesetzes zugrunde zu legenden Regelungen hätten ganz wesentlich zur Rechtssicherheit und Vollziehbarkeit des Gesetzes beigetragen. Um die EU-rechtliche Vorgabe noch präziser umzusetzen, werde durch § 3 Abs. 2 klargestellt, dass es sich auch bei diesem Tatbestand lediglich um eine **Vermutungsregelung** handele (Gesetzentwurf der Bundesregierung, BT-Drs. 17/6052, S. 71).

30 Die Vermutungsregelung gilt nicht abschließend und ist zudem widerleglich. Eine Entledigung kann auch dann vorliegen, wenn die entsprechenden Verwertungs- und Beseitigungsverfahren in den Anlagen 1 und 2 des KrWG nicht erfasst sind. Außerdem muss auch in Fällen, in denen ein Stoff einem der in Anlage 1 und 2 des KrWG gelisteten Entsorgungsverfahren zugeführt wird, nicht zwangsläufig von einer Entledigung ausgegangen werden. Dies gilt insbesondere für Verfahren, deren Einsatzstoffe nicht zwingend Abfälle sind, sondern auch primäre Roh- oder Brennstoffe sein können, etwa die

Nutzung von Heizöl, Kerosin und Gas in Verfahren R 1 „Hauptverwendung als Brennstoff …" oder die Verwendung von Düngemitteln, Bodenhilfsstoffen, Kultursubstraten und Pflanzenhilfsmittel in Verfahren R 10 „Aufbringung auf dem Boden zum Nutzen der Landwirtschaft …" (Gesetzentwurf der Bundesregierung, BT-Drs. 17/6052, S. 71).

§ 3 Abs. 2 enthält zwei Vermutungsregelungen: Eine Entledigung ist anzunehmen, wenn der Besitzer Stoffe oder Gegenstände einer Verwertung im Sinne der Anlage 2 des KrWG oder einer Beseitigung im Sinne der Anlage 1 des KrWG zuführt oder wenn er die tatsächliche Sachherrschaft über sie unter Wegfall jeder weiteren Zweckbestimmung aufgibt. 31

a) Zuführung zur Verwertung oder Beseitigung. Nach § 3 Abs. 2 ist eine Entledigung anzunehmen, wenn der Besitzer Stoffe oder Gegenstände einer Verwertung im Sinne der Anlage 2 oder einer Beseitigung im Sinne der Anlage 1 zuführt. Die Zuführung im Sinne des § 3 Abs. 2 beginnt mit der Bereitstellung und Überlassung der Stoffe und Gegenstände an den öffentlich-rechtlichen Entsorgungsträger oder an das vom Abfallbesitzer beauftragte Entsorgungsunternehmen. Die „Entledigung" nach § 3 Abs. 2 beschreibt als objektives Merkmal des Abfallbegriffs ein der Verwertung oder Entsorgung zeitlich unmittelbar vorgelagertes Stadium (Bericht des Ausschusses für Umwelt, Naturschutz und Reaktorsicherheit, BT-Drs. 12/7284, S. 12). 32

Voraussetzung für die Einordnung als Entledigung ist ein bewusstes, **absichtsvolles Handeln** des Abfallbesitzers. Deshalb handelt es sich bei einem irrtümlichen Wegwerfen oder Verlieren einer Wertsache nicht um einen abfallrechtlich relevanten Entledigungstatbestand (*Petersen* in Jarass/Petersen, KrWG, § 3 Rn. 53). Eine Entledigung liegt vor, wenn der Besitzer die Stoffe oder Gegenstände, an denen er kein Gebrauchsinteresse mehr hat, selbst entsorgt oder an Dritte abgibt. Maßgeblich kann sein, dass der Besitzer sich des Stoffes oder Gegenstandes als für ihn wertlos geworden entledigen, dh sich davon befreien will, um ihn der Entsorgung zuzuführen oder zuzuführen zu lassen (BVerwG Urt. v. 11.7.2017, NVwZ 2018, 107). 33

Die Verbringung eines Postens ursprünglich für den Einzelhandel bestimmter, aber vom Verbraucher zurückgegebener oder aus unterschiedlichen Gründen vom Einzelhändler an seinen Lieferanten zurückgegebener elektrischer und elektronischer Geräte **(Rücknahme von Produkten)** ist als Verbringung von Abfällen anzusehen, wenn dieser Posten Geräte enthält, deren Funktionsfähigkeit zuvor nicht festgestellt wurde oder die nicht angemessen gegen Transportschäden geschützt sind. Dagegen sind solche im Sortiment des Verkäufers überschüssig gewordenen Gegenstände in ungeöffneter Originalverpackung mangels gegenteiliger Anhaltspunkte nicht als Abfälle anzusehen (EuGH Urt. v. 4.7.2019, C-624/17, Celex-Nr. 62017CJ0624). 34

Nicht vorausgesetzt wird für diesen Entledigungstatbestand die Aufgabe der tatsächlichen **Sachherrschaft** des Abfallerzeugers. Eine Entsorgung kann zB auch ohne die Sachherrschaft aufzugeben in einer Industrieanlage als anlageninterne Verwertung stattfinden, soweit es sich dabei nicht um als Abfallvermeidung einzuordnende anlageninterne Kreislaufführung im Sinne von § 3 Abs. 20 S. 2 handelt oder als Beseitigung in einer eigenen Anlage im Sinne von § 17 Abs. 1 S. 2 anzusehen ist (*Petersen* in Jarass/Petersen Rn. 54). 35

Zugeführt werden müssen die Stoffe oder Gegenstände einer Beseitigung im Sinne der Anl. 1 des Gesetzes oder einer Verwertung im Sinne der Anl. 2. Allerdings ist der Konkretisierungsgrad dieser Auflistungen in den Anhängen des Gesetzes für die Vermutungsregelung gering. Dies gilt insbesondere für die Verwertungsverfahren, weil auch die Verfahrensbeschreibungen der Anlage 2 weit sind, weil es sich bei den Anhängen bzw. 36

Anlagen ohnehin nicht um eine abschließende Liste handelt und weil § 3 Abs. 2 ohnehin nur eine widerlegbare Vermutungsregel enthält.

37 **b) Aufgabe der Sachherrschaft ohne weitere Zweckbestimmung.** Von einer Entledigung ist außerdem auszugehen, wenn der Besitzer seine Sachherrschaft über den Stoff oder Gegenstand unter Wegfall jeder weiteren Zweckbestimmung aufgibt. Dieser Entledigungstatbestand stellt nicht darauf ab, dass der Besitzer Stoffe oder Gegenstände einem bestimmten Entsorgungsweg zuführt, sondern auf eine absichtliche oder auch nur unabsichtliche Aufgabe der Sachherrschaft.

38 Allerdings kommt auch dieser Entledigungstatbestand nicht ohne ein **subjektives Element** aus, weil und soweit er auf den Wegfall jeder weiteren Zweckbestimmung abstellt. Es muss also geprüft werden, ob in diesem Sinne jegliche weitere Zweckbestimmung von dem Abfallbesitzer aufgegeben wird. Das ist zB in Fällen, in denen dem Abfallbesitzer eine Sache verloren geht, nicht anzunehmen. Der Verlust eines Gegenstands hat deshalb in diesem Sinne nur dann eine Einordnung der Fundsache als Abfall zur Folge, wenn der ursprüngliche Besitzer kein Interesse an der Wiedererlangung des Gegenstandes hat (*Jacobi* in Versteyl/Mann/Schomerus Rn. 23).

39 Im Zusammenhang mit Rechtsstreitigkeiten um die gewerbliche Sammlung von **Altkleidern** hat das BVerwG entschieden, dass bereits mit dem Einwurf in einen Sammelcontainer der Besitzer die tatsächliche Sachherrschaft über die Altkleider und -schuhe aufgibt und sie zum Zwecke der Verwertung oder gegebenenfalls Beseitigung an den Inhaber der Sachherrschaft über den Sammelcontainer überträgt. Der Besitzer habe keine Einflussmöglichkeiten auf die weitere Behandlung der Gegenstände und wolle sie offensichtlich nicht mehr zum bisherigen Zweck gebrauchen oder anderweitig über sie verfügen. Würden Alttextilien und -schuhe in einen öffentlich zugänglichen Sammelcontainer eingeworfen, bestehe daher regelmäßig kein Zweifel an einem Entledigungswillen, so dass es eines Rückgriffs auf die gesetzliche Vermutung in § 3 Abs. 3 Satz 1 Nr. 2 (vgl. BT-Drs. 17/6052 S. 71) nicht bedürfe. Die faktische Entledigung indiziere hier den Entledigungswillen (BVerwG Urt. v. 11.7.2017, NVwZ 2018, 1073). Die Feststellung der verschiedenen Entledigungstatbestände, die Feststellung einer tatsächlichen Entledigung oder eines Entledigungswillens, hängt insoweit systematisch sehr eng zusammen. In der Praxis muss häufig nicht entschieden werden, ob eine tatsächliche Entledigung oder ein Entledigungswille vorliegt.

40 Auf einem Grundstück frei gelagerte Elektro- und Elektronikgeräte sollen ebenfalls grundsätzlich als Abfall einzuordnen sein. Daran soll auch eine Absicht, die Geräte zu exportieren, nichts ändern. Diese stehe der Aufgabe der Zweckbestimmung nicht entgegen. Denn spätestens mit der Auslagerung der Gegenstände ins Freie, welche die Inkaufnahme von witterungsbedingten Schäden annehmen lasse, sei die ursprüngliche Zweckbestimmung aufgegeben worden. Auch lasse eine ungeordnete angehäufte Lagerung auf die Aufgabe der Zweckbestimmung schließen (VG Düsseldorf, Beschl. v. 11.7.2018 – 17 L 1507/18, juris).

41 **2. Entledigungswille (Absatz 3).** Gem. § 3 Abs. 3 ist der Wille zur Entledigung im Sinne des § 3 Abs. 1 hinsichtlich solcher Stoffe oder Gegenstände anzunehmen, die bei der Energieumwandlung, Herstellung, Behandlung oder Nutzung von Stoffen oder Erzeugnissen oder bei Dienstleistungen anfallen, ohne dass der Zweck der jeweiligen Handlung hierauf gerichtet ist, oder deren ursprüngliche Zweckbestimmung entfällt oder aufgegeben wird, ohne dass ein neuer Verwendungszweck unmittelbar an deren Stelle tritt.

42 § 3 Abs. 3 enthält eine gesetzliche Konkretisierung des in der Abfalldefinition enthaltenen Rechtsbegriffs „Wille zur Entledigung". Die Bestimmung entspricht dem bisheri-

gen § 3 Abs. 3 KrW-/AbfG und ist ebenfalls eine **Vermutungsregel** (Gesetzentwurf der Bundesregierung, BT-Drs. 17/6052, S. 71) und keine gesetzliche Fiktion (*Kopp-Assenmacher/Schwartz* in Kopp-Assenmacher, KrWG, § 3 Rn. 16).

Der Gesetzgeber beschreibt zwei Vorgänge, die nicht als tatsächliche Entledigung eingeordnet werden können, die aber nach seiner Einschätzung die Vermutung rechtfertigen, dass der Besitzer einen Entledigungswillen hat, mit der Folge, dass es sich um Produktions-, Verarbeitungs- oder Dienstleistungsabfälle (Nr. 1) oder um Produktabfälle (Nr. 2) handelt. **43**

a) Produktions-, Verarbeitungs- oder Dienstleistungsabfälle (Nr. 1). Nach § 3 Abs. 3 S. 1 Nr. 1 gelten als Abfälle alle Stoffe, die bei einer Handlung anfallen, ohne dass der Zweck der jeweiligen Handlung darauf gerichtet ist. Für die Beurteilung der Zweckbestimmung ist gemäß § 3 Abs. 3 S. 2 KrWG die **Auffassung des Erzeugers** oder Besitzers unter Berücksichtigung der **Verkehrsauffassung** zugrunde zu legen. Als Abfälle gelten insoweit insbesondere alle Stoffe, die bei einer Handlung anfallen, ohne dass der Zweck darauf gerichtet ist (VGH BW Beschl. v. 19.9.2013 – 10 S 1725/13, juris Rn. 7; OVG Magdeburg Urt. v. 25.8.2011, AbfallR 2011, 290). **44**

Eine Handlung bezweckt den Anfall eines Stoffes, wenn vor ihrer Durchführung der Anfall und die weitere Nutzung der Sache geplant sind und der (mit-)bestimmende Anlass für die Handlung waren. Angesichts der Fiktionsregelung des § 3 Abs. 3 S. 1 Nr. 1 bildet nicht die Feststellung eines Entledigungswillens den Ausgangspunkt bei der Ermittlung der Abfalleigenschaft von Produktionsrückständen, sondern das Auseinanderfallen des mit der Handlung verfolgten Zwecks und des erzielten Ergebnisses. Der Abfall ist insoweit vom **Produkt** wie vom **Nebenprodukt** im Sinne von § 4 abzugrenzen. § 4 ist insoweit eine Spezialregelung zu der Entledigungsfiktion des § 3 Abs. 3, soll gegebenenfalls auch im Rahmen der **Verkehrsanschauung** nach § 3 Abs. 2 S. 2 berücksichtigt werden und begrenzt den Anwendungsbereich des KrWG (VGH BW Beschl. v. 19.9.2013 – 10 S 1725/13, juris Rn. 7). **45**

Von besonderer praktischer Bedeutung ist, wen die **materielle Beweislast** für das Eingreifen der gesetzlichen Vermutung des § 3 Abs. 3 trifft. Maßgeblich für die materielle Beweislast sind primär die einschlägigen gesetzlichen Bestimmungen und soweit solche fehlen, die allgemeinen Grundsätze über die Verteilung der Beweislast. Wie im Privatrecht ergeben sich die gesetzlichen Beweislastregeln häufig aus der vom Gesetzgeber gewählten Formulierung. So bedeutet zB die Formulierung „es sein denn" in der Regel, dass von dem vor dieser Klausel stehenden Grundsatz auszugehen ist, wenn nicht das Gegenteil bewiesen wird. Zu den gesetzlichen Regelungen gehören auch die sogenannten gesetzlichen Vermutungen. Sieht eine Rechtsvorschrift eine gesetzliche Vermutung für das Bestehen oder Nicht-Bestehen einer bestimmten Tatsache vor, so ist zugunsten des Beteiligten, für den die Vermutung spricht, davon auszugehen, es sei denn, dass das Gegenteil bewiesen wird. Die Unerweislichkeit einer Tatsache geht grundsätzlich zu Lasten des Beteiligten, der aus ihr eine ihm günstige Rechtsfolge herleitet. Die Frage, welche Tatsachen rechtsbegründend und welche rechtshindernd sind, ist nicht isoliert allein nach der Fassung der anzuwendenden Vorschrift des materiellen Rechts zu beurteilen, sondern vor allem auch nach dem Zweck der Regelung. Maßgeblich ist letztlich, welche Prozesspartei nach dem Plan des Gesetzgebers, hilfsweise nach allgemeinen Rechtsgrundsätzen mit dem potentiellen Unrecht belastet werden kann. **46**

Nach diesen Grundsätzen obliegt die Beweislast nicht dem Besitzer der jeweiligen Sache. Hierfür spricht zunächst die Systematik. Entscheidend für die Vermutung des Entledigungswillens im Sinne des § 3 Abs. 3 S. 1 Nr. 1 ist die Zweckbestimmung. Nach § 3 Abs. 3 Satz 2 ist hierfür die Auffassung des Erzeugers oder Besitzers maßgeblich. Dieser **47**

Wille kann nur durch die Verkehrsanschauung korrigiert werden. Sowohl nach der Systematik als auch nach dem Zweck der Norm soll den Behörden ein Korrektiv für den Willen des Erzeugers oder Besitzers an die Hand gegeben werden. Dieses streitet für die Interessen der Behörden, so dass die Verkehrsanschauung das rechtsbegründende Instrument für die Behörden darstellt (siehe auch VGH München Beschl. v. 17.2.2020 – 12 CS 19,2505, juris; VG Würzburg Gerichtsbescheid v. 7.12.2020 – W 10 K 19.1528, juris Rn. 38). Nicht der Besitzer, sondern die Behörde soll mit dem potentiellen Unrecht belastet werden. Dementsprechend tragen die Behörden die materielle Beweislast dafür, dass der geäußerte Wille des Erzeugers bzw. Besitzers durch die Verkehrsanschauung widerlegt wird. Behauptet der Besitzer, seine Handlung sei gerade auf die Herstellung des fraglichen Stoffes gerichtet bzw. er habe einen neuen Verwendungszweck für die Sache, so kann ihm der objektive Befund der Verkehrsanschauung entgegengehalten werden. Dieser muss ihm von der Behörde nachgewiesen werden.

48 Um einen Produktionsabfall im Sinne von § 3 Abs. 3 S. 1 soll es sich zB bei **Bauschutt** handeln, der beim Abriss eines Hauses anfällt. Dies gilt jedenfalls dann, wenn der Hauptzweck der Maßnahme auf den Abriss des Gebäudes gerichtet ist und nicht auf die Gewinnung von Bauschutt zur Verwendung im Straßenbau. Anders sollen insoweit die seltenen Fälle bewertet werden, in denen der Unternehmer eine Abrissauftrag gerade wegen eines konkreten Materialbedarfs im Straßenbau annimmt (VGH Kassel Beschl. v. 1.3.2019, UPR 2019, 280; OVG Magdeburg Beschl. v. 12.8.2016 – 2 M 24/16, juris Rn. 13 f.; VGH München Beschl. v. 3.7.2018 – 22 ZB 18.855, juris Rn. 13; OVG Magdeburg Urt. v. 25.8.2011, AbfallR 2011, 290; *Jacobi* in Versteyl/Mann/Schomerus Rn. 23). Die Absicht einer Wiederverwendung der angefallenen Materialien stellt nach Ansicht des VGH Kassel nur eine Form der Entledigung dar und ist deshalb nicht geeignet, die geplante Herstellung wiederverwendbarer Stoffe anzunehmen (VGH Kassel Beschl. v. 1.3.2019, UPR 2019, 280).

49 **b) Produktabfälle (Nr. 2).** Gem. § 3 Abs. 3 S. 1 Nr. 2 ist der Wille zur Entledigung im Sinne des § 3 Abs. 1 auch hinsichtlich solcher Stoffe oder Gegenstände anzunehmen, deren ursprüngliche Zweckbestimmung entfällt oder aufgegeben wird, ohne dass ein neuer Verwendungszweck unmittelbar an deren Stelle tritt. Für die Beurteilung der Zweckbestimmung ist nach § 3 Abs. 4 S. 2 wiederum die Auffassung des Erzeugers oder Besitzers unter Berücksichtigung der Verkehrsanschauung zugrunde zu legen.

50 Der nach dem Gesetz erforderliche „unmittelbare" Zweckwechsel bedeutet nicht, dass der neue Zweck zeitlich unmittelbar an die Aufgabe des bisherigen Zwecks anzuschließen hätte (OVG SA Beschl. v. 8.7.2020 – 2 M 46/20, juris Rn. 12). Mit dem **Unmittelbarkeitskriterium** soll vielmehr lediglich ausgeschlossen werden, dass der fraglichen Sache zwischenzeitlich andere Zweckbestimmungen zugeordnet werden. Es darf insoweit keine Zwischenbehandlung notwendig werden; es muss ein einheitlicher, nicht unterbrochener Wille des Besitzers vorliegen, wie mit der Sache neu verfahren werden soll. Die Absicht des Besitzers darf im Zeitpunkt der Umwidmung auch nicht unrealisierbar erscheinen. Allzu hohe Anforderungen dürfen insoweit aber nicht gestellt werden (OVG Lüneburg Beschl. v. 29.9.2010 – 7 ME 54/10, juris; OVG SA Beschl. v. 8.7.2020 – 2 M 46/20, juris Rn. 12). Zeitlich soll es ausreichen, dass die Nutzung zum neuen Zweck in einem überschaubaren Zeitraum objektiv möglich ist. Das OVG Lüneburg weist darauf hin, dass das Zeitkriterium lediglich als unterstützendes Indiz für den neuen Nutzungszweck dient, ohne dass das Gesetz bestimmte Zeitvorgaben enthält, was mangels eines Gefährdungspotentials der Schwellen auch keine Berechtigung hätte.

51 Der Gefahr einer Schutzbehauptung des Abfallbesitzers zur Vermeidung einer Anwendung der Anforderungen des KrWG soll dadurch begegnet werden, dass für die Beurteilung der Zweckbestimmung nach § 3 Abs. 3 S. 2 die Auffassung des Erzeugers oder Besitzers unter Berücksichtigung der **Verkehrsanschauung** korrigiert werden kann. Allerdings bietet die Verkehrsanschauung nur eine Korrekturmöglichkeit. Ausgangspunkt ist nach § 3 Abs. 3 S. 2 die Auffassung des Erzeugers oder Besitzers. Er hat dementsprechend das Recht, den Zweck der Sache zu bestimmen. Dementsprechend darf er nicht nur eine Zweckbestimmung aufgeben, sondern auch einen neuen Verwendungszweck für die Sache definieren. Er trägt insoweit auch keine **Darlegungslast** (aA *Petersen* in Jarass/Petersen Rn. 87) und erst recht keine Beweislast. Vielmehr ist es umgekehrt so, dass die Behörde, wenn sie die Zweckbestimmung des Abfallbesitzers bzw. Abfallerzeugers auf der Grundlage der Verkehrsanschauung in Zweifel stellen will, nicht nur den dafür erforderlichen Sachverhalt auf der Grundlage des Amtsermittlungsgrundsatzes (§ 24 VwVfG) vollständig zu ermitteln hat, sondern auch für die Widerlegung der Zweckbestimmung des Abfallbesitzers bzw. Abfallerzeuger die Darlegungs- und Beweislast für eine tatsächliche oder aber auch nur vermeintliche missbräuchliche Zweckbestimmung trägt (VGH München Beschl. v. 17.2.2020 – 12 CS 19.2505, juris Rn. 43; VG Würzburg Urt. v. 16.10.2020 – W 10 K 19.451, juris Rn. 62).

Es dürfte sich insoweit bei der Regelung des § 3 Abs. 3 S. 2 um eine **Rangfolge** handeln, die dem Abfallbesitzer die Priorität bei der Zweckbestimmung einräumt und der Behörde, die diese Zweckbestimmung bestreiten will, eine Darlegungs- und Beweislast zuordnet (aA *Petersen* in Jarass/Petersen Rn. 91, der meint, die Verkehrsanschauung sei letztlich der entscheidende normative Maßstab für die Prüfung, ob die Absichten des Herstellers als Produktionszweck oder als Verwendungsabsicht rechtlich beachtlich seien). 52

Im Rahmen der Verkehrsanschauung kann berücksichtigt werden, ob **die technische und wirtschaftliche Realisierbarkeit** einer zweckentsprechenden Verwendung glaubhaft oder plausibel erscheint. Zumeist wird die Wirtschaftlichkeit im Rahmen der Verkehrsanschauung eine Rolle spielen, insbesondere die Frage, ob der Besitzer für die Abnahme der Sache zu zahlen hat oder umgekehrt einen wirtschaftlichen **Warenwert** durch ein Entgelt realisieren kann. Nach der Rechtsprechung des EuGH sind allerdings Stoffe oder Gegenstände mit einem Marktwert, die wirtschaftlich wiederverwendet werden können, nicht ohne weiteres aus dem Abfallbegriff auszuschließen (EuGH Urt. v. 4.7.2019, C-624/17, Celex-Nr. 62017CJ0624). Daneben mögen im Ausnahmefall auch **ideelle Motive,** zB künstlerische Interessen, von Bedeutung sein (*Petersen* in Jarass/Petersen Rn. 82). 53

Problematisiert wird die Abgabe **reparaturbedürftiger Gegenstände.** Ist zB ein defektes Fahrzeug zwar reparaturfähig, aktuell ohne Reparatur aber nicht mehr benutzbar, bleibt seine Zweckbestimmung als Fahrzeug erhalten, sofern eine Reparatur in absehbarer Zeit in Aussicht genommen wird. Oldtimer sollen hingegen zu Abfall werden, wenn aufgrund ihrer Lagerung erhebliche Substanzschäden entstehen, die eine Inbetriebnahme ohne erhebliche Restaurierungen unmöglich machen (OVG Lüneburg Beschl. v. 3.6. 2010, NVwZ 2010, 1111; OVG Koblenz Beschl. v. 24.8.2009, NVwZ 2009, 1508, 1509). 54

c) Verkehrsanschauung (Absatz 3 S. 2). Die Verkehrsanschauung soll willkürliche oder missbräuchliche Angaben des Besitzers zur Zweckbestimmung ausschließen. Anlass zur Prüfung der Zweckbestimmung anhand der Verkehrsanschauung besteht mithin nur, wenn der Besitzer den Entledigungswillen als solchen weder erklärt noch eindeutig den Umständen entnommen werden kann, zB durch Bereitstellen des Abfalls zur Abholung durch den öffentlichen Entsorgungsträger. 55

Die Verkehrsanschauung im Sinne des § 3 Abs. 3 Satz 2 wird vom Gesetzgeber nicht weiter definiert. Jedoch werden allgemein unter dem Begriff „Verkehrsanschauung" bzw. 56

„Verkehrsauffassung", die Anschauungen der beteiligten Verkehrskreise oder der (überwiegenden Mehrheit der) Allgemeinheit verstanden. Mithin müssen allgemeingültige Kriterien herangezogen werden. Gegebenenfalls können vorhandene Produktnormen, der Marktwert des zu gewinnenden Stoffes, das Vorliegen entsprechender Übernahmeverträge oder bestehende Handelsverträge einbezogen werden. Diese Anhaltspunkte dürfen jedoch nur als Indizien zur Bestimmung der Verkehrsanschauung verstanden werden.

57 Mit dem Kriterium der Verkehrsanschauung kann die Produktionsabsicht des Besitzers nicht widerlegt werden, wenn die anfallende Sache allgemeine oder gewerbliche Produktionsnormen oder Spezifikationen erfüllt. Hierbei genügt es, wenn **Qualitätsnormen** eingehalten werden, die für Produkte oder Rohstoffe gelten. Nach § 1 ist es Zweck des Gesetzes, durch Förderung der Kreislaufwirtschaft zur Schonung der natürlichen Ressourcen beizutragen. Gelingt es dem Besitzer, spezielle Qualitätsnormen für Produkte oder Primärrohstoffe zu erfüllen, dann sind die Erzeugnisse geeignet, zur Schonung der natürlichen Ressourcen beizutragen und bieten insoweit keinen Anlass, im Rahmen der Verkehrsanschauung die Zweckbestimmung des Besitzers zu korrigieren.

58 Ebenso wenig ist die Beschreibung des **Anlagenzwecks** einer immissionsschutzrechtlich genehmigungsbedürftigen Anlage nach § 4 Abs. 1 BImSchG in Verbindung mit der 4. BImSchV durch den Antragsteller im Genehmigungsantrag und in den Genehmigungsunterlagen sowie die Festlegung im Genehmigungsbescheid geeignet, über das Korrektiv der „Verkehrsanschauung" die vom Besitzer angegebene Zweckbestimmung zu widerlegen. Zwar werden immissionsschutzrechtlich genehmigungsbedürftige Anlagen in der Regel mit dem Ziel errichtet und betrieben, ein bestimmtes Produkt herzustellen, was wiederum den Hauptzweck der Anlage bestimmt. Daneben können aber mit einer Anlage auch noch „untergeordnete Produktionszwecke" verfolgt werden, ohne dass dieser Zweck im Genehmigungsantrag oder im Genehmigungsbescheid seinen Niederschlag gefunden hat. Der im Immissionsschutzrecht verwendete Begriff des Anlagenzwecks ist mit der Zielrichtung des KrWG nicht identisch. Ziel der 4. BImSchV ist es, die Genehmigungsbedürftigkeit einer Anlage zu begründen. Demgegenüber soll die Verkehrsanschauung im Sinne des § 3 Abs. 3 S. 2 als Korrektiv zur im Übrigen eigenverantwortlich vom Anlagenbetreiber zu definierenden Zweckbestimmung zu dienen. Daher verbleiben dem Betreiber eine Anlage durchaus Möglichkeiten, neben dem die Genehmigungsbedürftigkeit nach der 4. BImSchV auslösenden Hauptzweck der Anlage weitere Zwecke zu verfolgen, auch durch Nebeneinrichtungen oder Anlagenteile.

59 Auch der **Marktwert** eines Stoffes hat allenfalls in gewissem Umfang Indizwirkung. Weist der Stoff einen positiven Marktwert auf, ist dies ein wesentliches Indiz dafür, dass der Zweck gerade auf die Herstellung dieses Stoffes gerichtet ist. Denn in derartigen Fällen kann regelmäßig davon ausgegangen werden, dass – wie auch sonst im Wirtschaftsverkehr mit potentiell gefährlichen Gütern – die einschlägigen Fachgesetze zur Wahrung des Wohls der Allgemeinheit ausreichen. Andererseits kann bei gewerblichen Produktionsprozessen, wenn eine Sache einen negativen Marktwert aufweist, nicht im Regelfall davon ausgegangen werden, dass sie nicht von der Zweckbestimmung des Produktionsprozesses umfasst ist. Nach der Zielrichtung des KrWG sollen Abfälle vorrangig vermieden werden. Daher kann die Zuzahlung für die Abnahme eines Stoffes nicht zwingend für die Abfalleigenschaft des fraglichen Stoffes herangezogen werden.

60 Für die Frage des Vorliegens eines neuen Verwendungszweckes ist bei **Sachgesamtheiten** oder komplexeren Gegenständen auf den Gegenstand als solchen und nicht auf seine individuellen Bauteile abzustellen (BayVGH Urt. v. 4.7.2017 – 22 ZB 16.1463 juris; VG Ansbach Urt. v. 4.5.2016 – AN 11 K 15.00616, juris Rn. 59; VG Würzburg Urt. v. 16.10.2020 – W 10 K 19.451, juris Rn. 63). Liegen dessen überwiegend subjektiv geprägte Voraussetzungen vor, begründet § 3 Abs. 3 Satz 1 Nr. 2 KrWG die Fiktion des

Entledigungswillens. Bei der Prüfung kommt jedoch der Verkehrsanschauung besondere Bedeutung zu, was eine gewisse Verobjektivierung der Tatbestandsmerkmale ermöglicht.

Ein Wille zur Entledigung nach § 3 Abs. 3 Satz 1 Nr. 2 KrWG soll insbesondere auch dann angenommen werden können, wenn der Besitzer **Ersatzteile** aus reparaturbedürftigen Geräten ausbaut. Dadurch werde ein Wille zur Entledigung manifestiert, weil insofern eine Abfallbehandlung stattfinde (BayVGH Urt. v. 4.7.2017 – 22 ZB 16.1463 – juris; VG Ansbach, U. v. 4.5.2016 – AN 11 K 15.00616 – juris Rn. 59, VG Würzburg Urt. v. 16.10.2020 – W 10 K 19.451, juris Rn. 64). Der Begriff der Abfallbehandlung sei zwar weder im BImSchG noch im KrWG definiert, werde jedoch in beiden Gesetzen verwendet. Insofern könne auf die Definition von § 2 Nr. 5 DepV zurückgegriffen werden (*Dieckmann* in Jarass/Petersen, KrWG, 1. Aufl. 2014, § 15 Rn 26), wonach eine Abfallbehandlung durch mechanische, physikalische, thermische, chemische oder biologische Verfahren, die das Volumen oder die schädlichen Eigenschaften von Abfällen verringern, ihre Handhabung erleichtern oder ihre Verwertung oder Beseitigung begünstigen, definiert sei (VG Würzburg Urt. v. 16.10.2020 – W 10 K 19.451, juris Rn. 64). Das Ausschlachten von reparaturbedürftigen Gegenständen zur Ersatzteilgewinnung stelle eine Abfallbehandlung im Sinne eines mechanischen Verfahrens zur besseren Handhabbarkeit bzw. zur erleichterten Verwertung von Abfällen dar (BayVGH Urt. v. 4.7.2017 – 22 ZB 16.1463 ,juris; VG Ansbach Urt. v. 4.5.2016 – AN 11 K 15.00616, juris Rn. 60). 61

3. Entledigungspflicht (Absatz 4). Nach § 3 Abs. 4 muss der *Besitzer* sich Stoffen oder Gegenständen im Sinne des § 3 Abs. 1 entledigen, wenn diese nicht mehr entsprechend ihrer ursprünglichen Zweckbestimmung verwendet werden, auf Grund ihres konkreten Zustandes geeignet sind, gegenwärtig oder künftig das Wohl der Allgemeinheit, insbesondere die Umwelt, zu gefährden und deren Gefährdungspotenzial nur durch eine ordnungsgemäße und schadlose Verwertung oder gemeinwohlverträgliche Beseitigung nach den Vorschriften dieses Gesetzes und der auf Grund dieses Gesetzes erlassenen Rechtsverordnungen ausgeschlossen werden kann. 62

§ 3 Abs. 4 enthält eine gesetzliche Konkretisierung der in der Abfalldefinition enthaltenen Entledigungspflicht („entledigen muss") und entspricht dem früheren § 3 Abs. 4 KrW-/AbfG. Die Regelung beruht auf einer Rechtsprechung des BVerwG, mit der der subjektive Abfallbegriff um eine objektive Variante ergänzt worden ist (BVerwG Urt. v. 24.6.1993, BVerwGE 92, 353; Urt. v. 24.6.1993, BVerwGE 92, 359). Die zur Einordnung als Abfall führende Entledigungspflicht im Sinne von § 3 Abs. 4 dient ergänzend zur Ermöglichung einer Anwendung der Vorschriften des KrWG auf Stoffe oder Gegenstände, die aufgrund ihres Zustandes kurzfristig verwertet oder beseitigt werden müssen, derer sich ihr Abfallbesitzer jedoch nicht (freiwillig) entledigen will (sog. **Zwangsabfall**). 63

Der Abfallbesitzer muss sich eines Stoffes oder Gegenstandes unter drei Voraussetzungen entledigen, dass nämlich der Stoff oder Gegenstand nicht mehr entsprechend seiner ursprünglichen Zweckbestimmung verwendet wird, dass der Stoff oder Gegenstand aufgrund seines konkreten Zustands geeignet ist, gegenwärtig oder künftig das Wohl der Allgemeinheit, insbesondere die Umwelt, zu gefährden und schließlich dass das Gefährdungspotenzial des Stoffes oder Gegenstandes nur durch eine ordnungsgemäße und schadlose Verwertung oder gemeinwohlverträgliche Beseitigung nach den Vorschriften des KrWG ausgeschlossen werden kann. 64

a) Aufgabe der Verwendung. Die bisherige Verwendung der Sache muss von ihrem Besitzer nicht nur vorübergehend aufgegeben worden sein. Die Zweckbestimmung ist vom aktuellen Erzeuger oder Besitzer zu treffen, weil der Verwendungszweck zu jedem Zeitpunkt bestimmbar und nachvollziehbar sein muss. Die Bestimmung des konkreten 65

Verwendungszwecks kann nicht dergestalt offen gehalten werden, dass sie erst durch den späteren Produktverwerter (Besitzer) getroffen wird (BVerwG Urt. v. 29.5.2018, NVwZ-RR 2018, 961).

66 Entscheidend ist trotz der irreführenden Formulierung im Gesetz nicht die ursprüngliche, sondern die **letzte Zweckbestimmung** (*Kopp-Assenmacher/Schwartz* in Kopp-Assenmacher Rn. 24).

67 Die Zweckbestimmung ist (objektiv) entfallen, wenn der Stoff oder Gegenstand aus tatsächlichen oder rechtlichen Gründen nicht mehr zweckentsprechend verwendet werden kann. Das soll unter anderem dann der Fall sein, wenn die einschlägigen Anforderungen der außerhalb des Abfallrechts geltenden Vorschriften des allgemeinen Produkt- und Umweltrechts nicht mehr erfüllt werden (BVerwG Urt. v. 29.5.2018, NVwZ-RR 2018, 961).

68 Geht von einer Sache eine Gefährdung des Allgemeinwohls aus, die durch ihre ordnungsgemäße Entsorgung beseitigt werden sollte, dann kommt eine Entledigungspflicht gleichwohl nicht in Betracht, wenn der Besitzer die Zweckbestimmung nicht aufgegeben hat. Für Gefahren, die von Gegenständen ausgehen, die nicht als Abfälle eingeordnet werden können, gilt grundsätzlich das Ordnungsrecht (*Kopp-Assenmacher/Schwartz* in Kopp-Assenmacher Rn. 24; BVerwG, Urt. v. 24.6.1993, BVerwGE 92, 353).

69 Als Maßstab für die Beurteilung der Zweckbestimmung im Sinne des § 3 Abs. 4 kann nach der Rechtsprechung des BVerwG auf die Regelung des § 3 Abs. 3 Satz 2 zum subjektiven Abfallbegriff zurückgegriffen werden. Danach ist die Auffassung des Erzeugers oder Besitzers unter Berücksichtigung der **Verkehrsanschauung** zugrunde zu legen. Die Verkehrsanschauung dient als objektives Korrektiv der subjektiven Vorstellungen des Abfallbesitzers. Sie wird unter anderem von der Rechtsordnung geprägt, die für den Stoff oder Gegenstand in der jeweiligen Beurteilungssituation gilt (BVerwG Urt. v. 29.5.2018, NVwZ-RR 2018, 961).

70 Die unternehmerische Absicht, einen Stoff oder Gegenstand gewinnbringend zu veräußern, stellt nach Ansicht des BVerwG keine zulässige Zweckbestimmung dar, da auch Stoffe oder Gegenstände, die einen Handelswert haben, Abfall sein können. Anderenfalls würde – so das BVerwG – der Sinn und Zweck des Kreislaufwirtschaftsrechts, Umwelt und menschliche Gesundheit auch vorbeugend und vorsorglich zu schützen, unterlaufen. Selbst eine nur zeitweilige Ungewissheit über den Verwendungszweck eines Stoffes oder Gegenstandes begründe Missbrauchsgefahren, weil damit eine Grauzone zwischen der Abfall- und Produkteigenschaft erzeugt würde. Dem entspreche, dass nach der Rechtsprechung des EuGH zur Abgrenzung von (Neben-)Produkten und Abfall und gemäß der ausdrücklichen Regelung in § 4 Abs. 1 Nr. 1 die Verwendungsabsicht bereits im Herstellungsverfahren, dh spätestens im Zeitpunkt des Anfalls des Stoffes oder Gegenstandes klar sein müsse (BVerwG Urt. v. 29.5.2018, NVwZ-RR 2018, 9 unter Verweis auf EuGH Urt. v. 18.4.2002 – C-9/00 (ECLI:EU:C:2002:232) – Rn. 36 und v. 11.9. 2003 – C-114/01 (ECLI:EU:C:2003:448) – Rn. 36; BT-Drs. 17/6052 S. 76).

71 **b) Gefährdung des Gemeinwohls.** Eine Entledigungspflicht im Sinne von § 3 Abs. 4 setzt neben der Aufgabe der Verwendung eine Gefährdung des Allgemeinwohls aufgrund des konkreten Zustands der Sache voraus. Sie muss dementsprechend ein bestimmtes Gefährdungspotenzial besitzen, wobei eine situationsbezogene Betrachtung zur Ermittlung einer solchen Gefährdung erforderlich ist. Bei einer solchen Würdigung sind alle Umstände des Einzelfalls, insbesondere Beschaffenheit und Menge der in Rede stehenden Stoffe, Art, Ort und Zeitdauer ihrer Lagerung sowie der Grad der davon ausgehenden Gefahren zu bedenken (*Kopp-Assenmacher/Schwartz* in Kopp-Assenmacher Rn. 24; BVerwG Urt. v. 24.6.1993 – 7 C 11/92, BVerwGE 92, 353; siehe zB zur Entledigungspflicht für Asbestzementbruchstücke VG Gelsenkirchen Urt. v. 14.1.2020 – 9 K 5432/16, juris Rn. 51).

Die Entledigungspflicht setzt keine gegenwärtige Gefährdung voraus; vielmehr reicht auch eine **künftige Gefährdung** des Wohls der Allgemeinheit aus. Aus der präventiven, vorsorgeorientierten Zielsetzung des Abfallrechts ergeben sich nach der Rechtsprechung des BVerwG Konsequenzen für den Gefahrenmaßstab. Entscheidend ist nicht, ob eine konkrete Gefahr vorliegt. Das KrWG mit seinen Kontroll- und Genehmigungsanforderungen soll nicht erst dann repressiv eingreifen dürfen, wenn sich im Einzelfall eine Gefahr herausstellt oder eine Störung schon eingetreten ist. Ausreichend, aber auch erforderlich ist vielmehr, dass die gegenwärtige Aufbewahrung der Sache und ihre künftige Verwendung oder Verwertung nach Art oder Verfahren aufgrund allgemeiner Erfahrungen und wissenschaftlicher Erkenntnisse typischerweise zu einer Gemeinwohlgefährdung, insbesondere zu Umweltgefahren führen (BVerwG Urt. v. 24.6.1993, BVerwGE 92, 353). 72

Eine Entledigungspflicht wird insbesondere bei **Altfahrzeugen** angenommen. Erforderlich aber ausreichend sei eine abstrakte Gefährdungslage aufgrund des Zustandes der Sache sowie typischer Auslösungs- und Wirkungsketten, die das Risiko einer Allgemeinwohlgefahr, hier in Form des Auslaufens umweltgefährdender Flüssigkeiten nicht nur als theoretische, fernliegende Möglichkeit erscheinen lasse. Eine solche Gefahr sei insbesondere für Kraftfahrzeuge typisch, die unter freiem Himmel ungeschützt den Witterungseinflüssen ausgesetzt und auf unbefestigtem Untergrund abgestellt seien. Dann könne sich das Umweltrisiko des Auslaufens von Ölen und anderen Betriebsflüssigkeiten infolge von Beschädigungen oder altersbedingter Korrosion nach den gegebenen Umständen jederzeit realisieren (VG Aachen Beschl. v. 5.9.2019 – 6 L 713/19, juris Rn. 27 f.; VG Düsseldorf Urt. v. 29.4.2019 – 17 K 3108/17 juris; VG Augsburg Urt. v. 8.4.2019 – Au 9 K 18.1908, juris; OVG Lüneburg Beschl. v. 3.6.2010 – 7 LA 36/09, juris, Rn. 4; OVG Koblenz Beschl. v. 24.8.2009 – 8 A 10623/09, juris Rn. 8; VGH München Beschl. v. 15.7.2002 – 20 CS 02/1482, juris Rn. 24; siehe auch VG Cottbus Beschl. v. 7.7.2020 – 3 L 140/20, juris Rn. 16 zur Fiktion des Entledigungswillens im Rahmen der Verkehrsanschauung bei abgemeldeten Altfahrzeugen; VG Würzburg Gerichtsbescheid v. 7.12.2020 – W 10 K 19.1528, juris Rn. 39). Fahrzeuge und Fahrzeugteile enthielten üblicherweise eine Reihe von umwelt- und wassergefährdenden Stoffen wie Kraftstoffe, Öle, Bremsflüssigkeiten, FCKW und Blei. Die Karosserie werde mit Lacken, Farben und Lösemitteln behandelt. Weiter würden beim Bau von Kraftfahrzeugen schadstoffhaltige Bauteile wie zB Batterien, Reifen, Bremsbeläge und Katalysatoren verwendet. Bei ungeschützter Lagerung von Fahrzeugen oder Fahrzeugteilen auf einer unversiegelten Fläche im Freien sei es daher nicht unwahrscheinlich, dass Betriebsstoffe aus den Fahrzeugen auslaufen und im Boden versickern oder Schadstoffe durch Niederschläge ausgespült werden und sodann über den Boden in das Grundwasser gelangen könnten (VG Düsseldorf Urt. v. 29.4.2019 – 17 K 3108/17 juris; OVG Lüneburg Beschl. v. 3.6.2010 – 7 LA 36/09, juris, Rn. 4). Gemäß § 4 Abs. 1 AltfahrzeugV ist jeder, der sich eines Fahrzeugs entledigt, entledigen will oder entledigen muss, dazu verpflichtet, dieses einer anerkannten Annahmestelle oder einem anerkannten Demontagebetrieb zu überlassen. Die Betreiber von Demontagebetrieben sind gemäß § 4 Abs. 2 AltfahrzeugV verpflichtet, dies unverzüglich durch ein Verwertungsnachweis zu bescheinigen. 73

c) Gebotensein einer Entsorgung nach dem KrWG. Schließlich ist der objektive Abfallbegriff nur erfüllt, wenn das Gefährdungspotential nicht anders als durch eine Verwertung oder Beseitigung unter dem Regime des KrWG ausgeschlossen werden kann. Diese dritte Voraussetzung der Entledigungspflicht trägt der Subsidiarität des Kreislauf- 74 wirtschaftsrechts Rechnung. Die fragliche Sache soll nicht nach den Vorschriften des KrWG zwangsentsorgt werden, wenn das Ordnungsrecht in Form des Gefahrstoff-, Chemikalien-, Wasser-, Immissionsschutz- oder Baurechts die Gefahren bewältigen kann (vgl. Begründung des Vorschlages des Bundestagsausschusses, BT-Drs. 12/7284, S. 13; siehe auch BVerwG Urt. v. 24.6.1993, DVBl. 1993, 1139; *Weidemann* DVBl. 1994, 1014, 1016). Es ist demnach zu prüfen, ob das sonstige Ordnungsrecht ausreichend ist, um das durch die neue Nutzung der Sache ausgelöste Gefahrenpotential adäquat zu erfassen.

75 Die praktische Relevanz des dritten Entledigungstatbestands der Entledigungspflicht wird durch diese dritte Voraussetzung deutlich reduziert, weil in aller Regel auch das Ordnungsrecht im Übrigen geeignet sein dürfte, Gefahren, die von den Stoffen oder Gegenständen ausgehen, zu verhindern.

IV. Gefährliche und nicht gefährliche Abfälle (Absatz 5)

76 Nach § 3 Abs. 5 sind gefährlich im Sinne des KrWG die Abfälle, die durch Rechtsverordnung nach § 48 Satz 2 oder auf Grund einer solchen Rechtsverordnung bestimmt worden sind. Nicht gefährlich im Sinne dieses Gesetzes sind alle übrigen Abfälle.

77 Absatz 5 definiert die Gefährlichkeit von Abfällen. Die Regelung entspricht weitgehend dem früheren § 3 Abs. 8 KrW-/AbfG und dient der Umsetzung von Art. 3 Nr. 2 AbfRRL. Der Verweis auf die Verordnung wurde redaktionell an den veränderten Standort der Verordnungsermächtigung angepasst. Überdies wurde klargestellt, dass sich die Gefährlichkeitsbestimmung nicht nur unmittelbar aus der Rechtsverordnung ergeben kann, sondern auch durch behördliche Entscheidung aufgrund einer solchen Rechtsverordnung getroffen werden kann (Gesetzentwurf der Bundesregierung, BT-Drs. 17/6052, S. 71).

78 Die Unterscheidung von gefährlichen und nicht gefährlichen Abfällen hat erhebliche Folgen: Nach § 9a Abs. 1 ist die Vermischung einschließlich der Verdünnung gefährlicher Abfälle mit anderen Kategorien von gefährlichen Abfällen oder mit anderen Abfällen, Stoffen oder Materialien grundsätzlich unzulässig. Ausnahmsweise ist nach § 9a Abs. 2 jedoch eine Vermischung dann zulässig, wenn sie in einer nach dem KrWG oder dem BImSchG hierfür zugelassenen Anlage erfolgt, die Anforderungen an eine ordnungsgemäße und schadlose Verwertung nach § 7 Abs. 3 eingehalten und schädliche Auswirkungen der Abfallbewirtschaftung auf Mensch und Umwelt durch die Vermischung nicht verstärkt werden sowie das Vermischungsverfahren dem Stand der Technik entspricht. Soweit gefährliche Abfälle in unzulässiger Weise vermischt worden sind, sind diese gemäß § 9a Abs. 3 Satz 1 zu trennen, soweit dies erforderlich ist, um eine ordnungsgemäße und schadlose Verwertung nach § 7 Abs. 3 sicherzustellen, und die Trennung technisch möglich und wirtschaftlich zumutbar ist. Ist eine Trennung zum Zweck der ordnungsgemäßen und schadlosen Verwertung nicht erforderlich oder zwar erforderlich, aber technisch nicht möglich oder wirtschaftlich nicht zumutbar, sind gem. § 9a Abs. 3 S. 2 die Erzeuger und Besitzer der gemischten Abfälle verpflichtet, diese unverzüglich in einer Anlage zu behandeln, die nach diesem Gesetz oder nach dem Bundes-Immissionsschutzgesetz hierfür zugelassen ist.

79 Die Einordnung eines Abfalls als gefährlich ändert grundsätzlich nichts an der Entsorgungszuständigkeit. Insbesondere bleiben die **öffentlich-rechtlichen Entsorgungsträger** für die Entsorgung der ihnen überlassenen Abfälle auch dann zuständig, wenn es sich bei diesen Abfällen um gefährliche Abfälle handelt. Allerdings können die öffentlich-rechtlichen Entsorgungsträger gemäß § 20 Abs. 2 S. 2 Abfälle aus sonstigen Herkunftsbereichen von der öffentlichen Entsorgung ausschließen, wenn diese Abfälle nach Art,

Menge oder Beschaffenheit nicht mit den in Haushaltungen anfallenden Abfällen entsorgt werden können oder die Sicherheit der umweltverträglichen Beseitigung im Einklang mit den Abfallwirtschaftsplänen der Länder durch einen anderen öffentlich-rechtlichen Entsorgungsträger oder Dritten gewährleistet ist. Unter Beachtung dieser Voraussetzungen können gefährliche Abfälle aus sonstigen Herkunftsbereichen von der öffentlichen Entsorgung ausgeschlossen werden.

Nach § 17 Abs. 2 Satz 2 gelten die Ausnahmen von der gesetzlichen Überlassungspflicht des § 17 Abs. 2 Satz 1 Nr. 3 und 4 für gefährliche Abfälle nicht. Nach § 17 Abs. 4 Satz 1 können die Länder zur Sicherstellung der umweltverträglichen Beseitigung Andienungs- und Überlassungspflichten (nur) für gefährliche Abfälle bestimmen. **80**

An die Entsorgung sowie die Überwachung gefährlicher Abfälle sind gem. § 48 Satz 1 nach Maßgabe des KrWG besondere Anforderungen zu stellen. Die Verordnung über die Nachweisführung bei der Entsorgung von Abfällen (NachwV) regelt die Anforderungen an die Nachweisführung und die Registerführung über die Entsorgung von gefährlichen Abfällen. Sie kann allerdings auch auf die Entsorgung nicht gefährlicher Abfälle auf Anordnung der zuständigen Behörde Anwendung finden (zu weiteren Konsequenzen der Differenzierung zwischen gefährlichen und nicht gefährlichen Abfällen siehe die Kommentierung zu § 48). **81**

Eine Einordnung als gefährlicher Abfall kann durch Rechtsverordnung oder aber aufgrund einer Rechtsverordnung durch eine Behördenentscheidung im Einzelfall vorgenommen werden. Die Bundesregierung hat von der Ermächtigung Gebrauch gemacht und die AVV erlassen. Nach § 3 Abs. 1 Satz 1 AVV sind die mit einem Sternchen (*) versehenen Abfallarten im Abfallverzeichnis gefährlich iSd § 48. Von den als gefährlich eingestuften Abfällen wird nach § 3 Abs. 2 Satz 1 AVV angenommen, dass sie eine oder mehrere der in Anhang III der AbfRRL über gefährliche Abfälle aufgeführten Eigenschaften und hinsichtlich der dort aufgeführten Eigenschaften H 3 bis H 8, H 10 und H 11 eines oder mehrere der in § 3 Abs. 2 Satz 1 AVV aufgeführten Merkmale aufweisen, die sich auf den Flammpunkt und auch auf die Gesamtkonzentration bzw. Konzentration bestimmter Schadstoffe beziehen. **82**

Die AVV gibt insoweit nicht nur die Bezeichnung des Abfalls, sondern auch die Einstufung der Abfälle als gefährlich vor. Die Verordnung enthält somit das Gesamtverzeichnis der Abfallarten, in dem sowohl die nicht gefährlichen als auch die gefährlichen Abfallarten erfasst sind. **83**

Die Einstufung als gefährlicher Abfall beruht teilweise auf Erfahrungswerten, die sich insbesondere an der Herkunft der Abfälle orientieren. In solchen Fällen ist die Einstufung als gefährlich zumeist nicht besonders problematisch oder umstritten. Das gilt etwa für die Abfälle in Kapitel 13 des Anhangs zur AVV, bei denen es sich um Ölabfälle und Abfälle aus flüssigen Brennstoffen handelt, die mit einem Sternchen versehen als gefährliche Abfälle einzuordnen sind. Für diese Abfälle wird mit Blick auf ihre Herkunft vermutet, dass sie über die gefahrenrelevanten Eigenschaften verfügen (dazu *Hagmann/Repekus* AbfallR 2004, 64 ff.). **84**

Schwieriger kann die Einordnung von Abfällen als gefährlich in den Fällen werden, in denen das Abfallverzeichnis der AVV sogenannte **Spiegeleinträge** enthält. Hierbei handelt es sich um solche Abfallarten, deren Zuordnung als gefährlicher Abfall davon abhängt, dass er gefährliche Stoffe enthält. Für Abfallarten mit Spiegeleinträgen ist dazu eine Kenntnis der Konzentrationen einstufungsrelevanter gefährlicher Einzelverbindungen sowie sonstiger gefahrenrelevanter Eigenschaften, die sich nicht aus den Stoffgehalten ableiten lassen, erforderlich. Abfälle sind in der Praxis zumeist Gemische aus verschiedenen, teilweise unbekannten Stoffen, zu denen solche Kenntnisse fehlen und auch nur mit hohem analytischen Aufwand ermittelt werden können. Für den Vollzug wird deshalb **85** eine praktikable Herangehensweise an die abfallrechtliche Einstufung für erforderlich gehalten, die sich an den Vorgaben der AVV orientiert und eine vereinfachte Prüfung der gefährlichen Eigenschaften anhand geeigneter Parameter ermöglicht. Dazu hat die Bund/Länder-Arbeitsgemeinschaft Abfall Technische Hinweise zur Einstufung von Abfällen nach ihrer Gefährlichkeit mit Stand vom 4.12.2018 veröffentlicht und den Bundesländern zur Anwendung empfohlen. Die Technischen Hinweise der Bund/Länder Arbeitsgemeinschaft sind unverbindlich. Sie können durch Ländererlasse für die Vollzugsbehörden der Länder jedoch verbindlich gemacht werden.

86 Mit der Richtlinie 2018/851/EU zur Änderung der AbfRRL werden die Anforderungen an die Entsorgung von gefährlichen Abfällen verschärft. Die Mitgliedstaaten müssen nach Art. 20 Abs. 1 dieser Richtlinie bis zum 1.1.2025 eine getrennte Abfallsammlung für den Haushalten anfallenden gefährlicher Abfallfraktionen einführen, um sicherzustellen, dass diese im Einklang mit Art. 4 und 13 AbfRRL behandelt werden und andere Siedlungsabfälle nicht kontaminieren. Verschärft werden außerdem in die Anforderungen an die Vermischung und Behandlung gefährliche Abfälle.

87 § 326 Abs. 1 StGB knüpft nicht an die abfallrechtliche Klassifizierung als gefährlicher Abfall nach der AVV an, sondern bestimmt die an taugliche Tatobjekte zu stellenden tatbestandlichen Anforderungen selbst. Deshalb sind nach der Rechtsprechung des BGH der Tatbestand des § 326 Abs. 1 Nr. 4 Buchst. a StGB und die Kennzeichnung nach der AVV nicht deckungsgleich (BGH Urt. v. 30.7.2020, NStZ-RR 2020, 315). Die abfallrechtliche Bezeichnung als gefährlicher Abfall stellt nach Ansicht des BGH zwar ein Indiz für dessen Umweltgefährlichkeit im Sinne des § 326 Abs. 1 Nr. 4 Buchst. a StGB dar. Umgekehrt kann aus der Verwendung einer für nicht gefährliche Abfälle vorgesehenen Schlüsselnummer aus der Abfallverzeichnis-Verordnung jedoch nicht ohne weiteres der Schluss gezogen werden, dass dem betreffenden Abfall nach Art, Beschaffenheit oder Menge die Eignung fehlt, eines der in § 326 Abs. 1 Nr. 4 Buchst. a StGB tatbestandlich bezeichneten Umweltmedien nachhaltig zu schädigen (BGH Urt. v. 30.7.2020, NStZ-RR 2020, 315).

V. Siedlungsabfall (Absatz 5a)

88 Im Jahre 2020 wurde § 3 durch eine Legaldefinition des Begriffs „Siedlungsabfall" ergänzt. Siedlungsabfälle im Sinne von § 14 Abs. 1, § 15 Abs. 4, § 30 Abs. 6 Nr. 9 Buchstabe b sind danach gemischt und getrennt gesammelte Abfälle 1. aus privaten Haushaltungen, insbesondere Papier und Pappe, Glas, Metall, Kunststoff, Bioabfälle, Holz, Textilien, Verpackungen, Elektro- und Elektronik-Altgeräte, Altbatterien und Altakkumulatoren sowie Sperrmüll, einschließlich Matratzen und Möbel, und 2. aus anderen Herkunftsbereichen, wenn diese Abfälle auf Grund ihrer Beschaffenheit und Zusammensetzung mit Abfällen aus privaten Haushaltungen vergleichbar sind. Keine Siedlungsabfälle im Sinne des § 3 Abs. 5a S. 1 sind nach § 3 Abs. 5a S. 2a) Abfälle aus Produktion, b) Abfälle aus Landwirtschaft, c) Abfälle aus Forstwirtschaft, d) Abfälle aus Fischerei, e) Abfälle aus Abwasseranlagen, f) Bau- und Abbruchabfälle und g) Altfahrzeuge.

89 § 5a dient der Umsetzung von Art. 3 Nr. 2b AbfRRL. In der Gesetzesbegründung wird dazu erläutert, dass die Aufnahme dieser Begriffsdefinition, wie von der AbfRRL vorgegeben, allein für die präzise Bestimmung der ebenfalls bereits unionsrechtlich festgelegten Quotenvorgabe für die Vorbereitung zur Wiederverwendung und das Recycling von Siedlungsabfällen sowie für die Begrenzung der Ablagerung von Siedlungsabfällen auf Deponien relevant ist (BT-Drs. 19/19373, S. 46). Zur Klarstellung werde die Definition daher gezielt auf die Regelungen des § 14 Abs. 1 und § 15 Abs. 4 bezogen (kritisch dazu *Queitsch* AbfallR 2021, 16, 17). Relevanz habe die Definition außerdem für die Abfallwirtschaftsplanung der Länder. Für die Bestimmung des Begriffs „Siedlungsabfälle" seien bisher nach Angaben des Statistischen Bundesamtes die Abfallarten der Gruppe 15 01 (Verpackungen) und des Kapitels 20 Siedlungsabfälle herangezogen worden. Hieran solle sich – so die Gesetzesbegründung – auch zukünftig nichts ändern, allerdings seien von dem Begriff „Siedlungsabfall" die Abfallarten 200202 (Boden und Steine), 200304 (Fäkalschlamm) und 200306 (Abfälle aus der Kanalreinigung) ausgenommen (BT-Drs. 19/19373, S. 46).

Für die Bestimmung der Entsorgungsverantwortung ist der Begriff ausweislich der Gesetzesbegründung irrelevant (BT-Drs. 19/19373, S. 46 unter Verweis auf Art. 3 Nr. 2b, Satz 2 AbfRRL sowie Erwägungsgrund 10 Richtlinie 851/2018/EU). Die bereits auf EU-Ebene getroffene funktionale Einschränkung der Definition sei gerade auch für das KrWG und die dort getroffenen Regelungen bedeutsam. Dies gelte zum einen mit Blick auf die Regelungen der § 17 Abs. 1 und § 20 Abs. 1. Diese Vorschriften differenzierten hinsichtlich der öffentlich-rechtlichen Entsorgungsverantwortung – anders als die quotenbezogene Definition – zwischen den Herkunftsbereichen der „privaten Haushaltungen" und den „sonstigen", insbesondere gewerblichen Herkunftsbereichen (BT-Drs. 19/19373, S. 46). Relevant sei die Funktionsbeschränkung außerdem mit Blick auf die Unzulässigkeit einer gewerblichen Sammlung von „gemischten Abfällen aus privaten Haushaltungen" nach § 17 Abs. 1 Satz 2. Anders als von der quotenbezogenen Definition „Siedlungsabfall" vorgegeben, werde nach den Vorgaben des KrWG „Sperrmüll" vom Begriff der „gemischten Abfälle" nicht erfasst (BT-Drs. 19/19373, S. 46 unter Verweis auf Urteile des BVerwG v. 23.2.2018 – 7 C 9.16 und 7 C 10.16; kritisch dazu *Queitsch* AbfallR 2021, 17 f.). **90**

Der Begriff „Siedlungsabfall" sei auch nicht deckungsgleich mit der in § 2 Nr. 1 GewAbfV enthaltenen Definition „gewerbliche Siedlungsabfälle". Die Gewerbeabfallverordnung unterwerfe die dort eigenständig definierten gewerblichen Siedlungsabfälle spezifischen ordnungsrechtlichen Anforderungen zur Erfüllung des hochwertigen, hierarchiekonformen Recyclings. Aufgrund der unterschiedlichen Zielsetzung und des funktionalen Zusammenhangs seien die Definitionen eigenständig auszulegen. Dies gelte vor allem für die in § 2 Nr. 1b) GewAbfV genannten Abfälle. Die von in § 3 Abs. 5a definierten Begriff der „Siedlungsabfälle" ausgenommenen Herkunftsbereiche seien in Satz 3 abschließend genannt und entsprächen nahezu wortgleich der unionsrechtlichen Vorgabe. Buchstabe e) verwende allerdings anstelle der Bezeichnung „Klärgruben, der Kanalisation und Kläranlagen, einschließlich Klärschlämmen", den Begriff der „Abwasseranlagen". Durch die Übernahme der deutschen Begrifflichkeit würden Abgrenzungsprobleme in der Praxis vermieden. Der Begriff der Abwasseranlage sei dem Wasserrecht (zB § 60 Absatz 1, 2 WHG) geläufig und in einem weiten Sinne zu verstehen. Er sei zwar nicht gesetzlich definiert; allgemein würden darunter aber nicht nur Abwasserbehandlungsanlagen, die in § 2 Abs. 3 AbwAG definiert seien und Anlagen zur Behandlung des Abwassers (Kläranlagen, Regenklärbecken) umfasst, sondern darüber hinaus sämtliche Anlagen, die der Beseitigung von Abwasser gem. der Definition des § 54 Abs. 2 WHG dienten (zB Kanäle, Regenüberlaufbecken, Regenrückhaltebecken, abflusslose Gruben, Grundstücksentwässerungsanlagen), verstanden. Die in diesen Systemen anfallenden Abfälle würden ebenfalls für die Quoten nicht als Siedlungsabfälle behandelt (BT-Drs. 19/19373, S. 46). **91**

VI. Inertabfälle (Absatz 6)

§ 3 Abs. 6 definiert den Begriff „Inertabfälle"; die Regelung entspricht dem früheren § 3 Abs. 11 KrW-/AbfG. Die Untergliederung soll ausweislich der Gesetzesbegründung **92** dem besseren Rechtsverständnis dienen (Gesetzentwurf der Bundesregierung, BT-Drs. 17/6052, S. 71 f.). Eine Verordnungsermächtigung zur näheren Bestimmung der Inertabfälle enthält § 43 Abs. 1 S. 1 Nr. 3.

93 Die Definition der Inertabfälle steht nach Einschätzung der Gesetzesbegründung im Einklang mit der Entscheidung der Europäischen Kommission 2009/359/EG v. 30. April 2009 zur Ergänzung der Begriffsbestimmung von „Inertabfälle" gem. Art. 22 Abs. 1 f der Richtlinie 2006/21/EG des Europäischen Parlaments und des Rates über die Bewirtschaftung von Abfällen aus der mineralgewinnenden Industrie. Die Begriffsbestimmung erfasst alle der in Art. 1 Abs. 1 der Entscheidung genannten Schutzziele und Merkmale. Die stoffspezifischen Kriterien sowie die spezifischen Grenzwerte werden im Zusammenhang mit dem untergesetzlichen Regelwerk, insbesondere der Gewinnungsabfallverordnung, umgesetzt (Gesetzentwurf der Bundesregierung, BT-Drs. 17/6052, S. 72).

94 Inertabfälle im Sinne des KrWG sind nach § 3 Abs. 6 S. 1 mineralische Abfälle, die keinen wesentlichen physikalischen, chemischen oder biologischen Veränderungen unterliegen, die sich nicht auflösen, nicht brennen und nicht in anderer Weise physikalisch oder chemisch reagieren, die sich nicht biologisch abbauen und die andere Materialien, mit denen sie in Kontakt kommen, nicht in einer Weise beeinträchtigen, die zu nachteiligen Auswirkungen auf Mensch und Umwelt führen könnte. Die gesamte Auslaugbarkeit und der Schadstoffgehalt der Abfälle sowie die Ökotoxizität des Sickerwassers müssen nach § 3 Abs. 6 S. 2 unerheblich sein und dürfen insbesondere nicht die Qualität von Oberflächen- oder Grundwasser gefährden.

95 Angesichts ihrer im Vergleich zu anderen Abfällen geringeren Umweltrisiken gelten für Inertabfälle weniger strenge Anforderungen. Das betrifft insbesondere die Ablagerung dieser Abfälle. So bestehen für Deponien für Inertabfälle erweiterte Möglichkeiten zur Erteilung einer Plangenehmigung anstelle einer Planfeststellung (§ 35 Abs. 3 S. 3 Nr. 2); Deponien für Inertabfälle sind auch nicht Gegenstand von Überwachungsplänen und Überwachungsprogrammen, sodass sie auch nicht in vergleichbarer Weise wie andere Deponien in regelmäßigen Abständen im Rahmen von Vor-Ort-Terminen überwacht werden müssen. Auch materiell-rechtlich gelten für Deponien für Inertabfälle weniger strenge Anforderungen. Nach § 2 Nr. 6 DepV handelt es sich bei oberirdischen Deponien für Inertabfälle um Deponien der Klasse 0, für die lediglich die Zuordnungskriterien nach Anhang 3 Nr. 2 für die Deponieklasse 0 eingehalten werden müssen (§ 6 Abs. 5 Nr. 1 DepV). Deponien der Deponieklasse 0 benötige zusätzlich zur geologischen Barriere kein Basisabdichtungssystem; außerdem genügt als Oberflächenabdichtung eine Rekultivierungsschicht/technische Funktionsschicht.

VII. Bau- und Abbruchabfälle (Absatz 6a)

96 Bau- und Abbruchabfälle im Sinne des KrWG sind nach § 3 Abs. 6a Abfälle, die durch Bau- und Abbruchtätigkeiten entstehen. Diese Legaldefinition hat der Gesetzgeber im Jahre 2020 eingefügt. Die Regelung dient der Umsetzung von Art. 3 Nr. 2c AbfRRL und ist für die präzise Bestimmung der unionsrechtlich vorgegebenen Quotenvorgabe für die stoffliche Verwertung von nicht gefährlichen Bau- und Abbruchabfällen nach § 14 Abs. 2 maßgeblich. Nach § 3 Abs. 5a S. 2 gehören Bau-und Abbruchabfälle nicht zu den Siedlungsabfällen.

97 Bauschutt, der beim Abriss eines Hauses anfällt, ist Abfall, weil und soweit der (Haupt-)Zweck der Handlung auf Behandlung einer Sache, nämlich den Abriss gerichtet ist (HessVGH Beschl. v. 1.3.2019, ZUR 2019, 482; OVG SA Beschl. v. 12.8.2016 – 2 M 24/16, juris Rn. 13 f.; BayVGH Beschl. v. 3.7.2018 – 22 ZB 18.855, juris Rn. 13). Dass der Abfallbesitzer den Hauptzweck seiner Tätigkeit in der späteren Verwendung des Bauschutts auf dem Abrissgrundstück bzw. zur Errichtung einer Lärmschutzwand sieht, ist für die Begründung der Abfalleigenschaft des Bauschutts unerheblich, weil dies bereits dessen Verwertung betrifft (HessVGH Beschl. v. 1.3.2019, ZUR 2019, 482; zur öffentlich-rechtlichen und zivilrechtlichen Haftung bei der Entsorgung von Bau- und Abbruchabfällen *Versteyl/Grunow* AbfallR 2018, 71; zum Stellenwert qualifizierter Verwertung von Bau- und Abbruchabfällen siehe *Jarass* AbfallR 2021, 32ff.).

Wenn Bau- und Abbruchabfälle nicht unmittelbar als „sekundärer ungefährlicher Rohstoff" eingesetzt werden können, sondern ihre stofflichen Eigenschaften für andere Zwecke erst als gebrochener und gesiebter Bauschutt, sog. recycelter Bauschutt, genutzt werden können, endet die Anwendbarkeit des Abfallrechts erst, wenn die Schadlosigkeit der Verwertung bis zur abschließenden Verwendung des Abfalls für den anderen Zweck sichergestellt ist (VG Gera Urt. v. 24.8.2017 – 5 K 84/16, juris Rn. 54, 69; BVerwG Urt. v. 14.12.2006, BVerwGE 127, 250). **98**

VIII. Bioabfälle (Absatz 7)

Bioabfälle sind nach § 3 Abs. 7 biologisch abbaubare pflanzliche, tierische oder aus Pilzmaterialien bestehende Garten- und Parkabfälle, Landschaftspflegeabfälle, die Nahrungs- und Küchenabfälle aus privaten Haushaltungen, aus dem Gaststätten-, Kantinen- und Cateringgewerbe, aus Büros und aus dem Groß- und Einzelhandel sowie mit den genannten Abfällen vergleichbare Abfälle aus Nahrungsmittelverarbeitungsbetrieben und Abfälle aus sonstigen Herkunftsbereichen, die den vorgenannten Abfällen nach Art, Beschaffenheit oder stofflichen Eigenschaften vergleichbar sind. Mit der Gesetzesnovelle 2020 wurden Kantinenabfälle sowie Abfälle aus Büros und aus dem Großhandel in den Begriff der Bioabfälle einbezogen. Die Neufassung 2020 dient der Umsetzung von Art. 3 Nr. 4 AbfRRL und steht im Zusammenhang mit der Verpflichtung zur getrennten Sammlung von Bioabfällen nach § 20 Abs. 2 sowie der Verordnungsermächtigung nach § 12 (Gesetzesbegründung, BT-Drs. 19/19373, S. 46). **99**

Die öffentlich-rechtlichen Entsorgungsträger sind nach § 20 Abs. 2 S. 1 Nr. 1 verpflichtet, in ihrem Gebiet in privaten Haushaltungen angefallenen und überlassenen Bioabfälle getrennt zu sammeln. § 9 Abs. 1 und 3 Nr. 3 und 4 sowie Abs. 4 gilt entsprechend, Danach ist eine getrennte Sammlung von Bioabfällen nicht erforderlich, wenn die getrennte Sammlung unter Berücksichtigung guter Praxis der Abfallsammlung technisch nicht möglich ist oder die getrennte Sammlung im Vergleich zur gemeinsamen Sammlung für den Verpflichteten unverhältnismäßig hohe Kosten verursachen würde. Soweit die Bioabfälle zur Vorbereitung zur Wiederverwendung oder zum Recycling getrennt gesammelt worden sind, ist eine energetische Verwertung nur zulässig für die Abfallfraktionen, die bei der nachgelagerten Behandlung der getrennt gesammelten Abfälle angefallen sind, und nur soweit die energetische Verwertung dieser Abfallfraktionen den Schutz von Mensch und Umwelt unter Berücksichtigung der in § 6 Abs. 2 Satz 2 und 3 festgelegten Kriterien am besten oder in gleichwertiger Weise wie die Vorbereitung zur Wiederverwendung oder das Recycling gewährleistet. Überlassungspflichtig sind nach § 17 Abs. 1 S. 1 Bioabfälle aus privaten Haushaltungen nur, soweit deren Besitzer nicht in der Lage sind, die Abfälle auf den von ihnen im Rahmen der privaten Lebensführung genutzten Grundstücken zu verwerten oder eine solche Verwertung nicht beabsichtigen. Die Kompostierung von Bioabfällen auf den zur privaten Lebensführung selbst genutzten Grundstücken ist weiterhin zulässig. Überlassungspflichtig sind außerdem Bioabfälle aus anderen Herkunftsbereichen, die nicht verwertet werden. Bioabfälle aus anderen Herkunftsbereichen, die verwertet werden, sind dagegen nicht überlassungspflichtig. Ange- **100** sichts der Beschränkung der Getrenntsammlungspflicht des § 11 Abs. 1 auf überlassungspflichtige Abfälle sind Adressaten dieser Verpflichtung in erster Linie die öffentlich-rechtlichen Entsorgungsträger. Jedoch ergibt sich auch für die Besitzer und Erzeuger von überlassungspflichtigen Bioabfällen mittelbar die Pflicht, die für eine getrennte Erfassung der Bioabfälle bereitgestellten **Bio-Tonnen** zu nutzen. Die Verpflichtung zur Nutzung der Bio-Tonne wird in der Abfallsatzung des öffentlich-rechtlichen Entsorgungsträgers konkretisiert, wo nicht nur der Anschluss- und Benutzungszwang allgemein, sondern konkret festgelegt wird, welche Abfallbehältnisse für die Bereitstellung der Abfälle zu nutzen sind. Für die nicht überlassungspflichtigen Bioabfälle gilt die allgemeine Getrenntsammlungspflicht des § 9 Abs. 1, die von den Abfallbesitzern und Abfallerzeugern zu beachten ist.

101 Zur Förderung der Kreislaufwirtschaft und zur Sicherstellung des Schutzes von Mensch und Umwelt bei der Erzeugung und Bewirtschaftung von Bioabfällen und Klärschlämmen nach Maßgabe der hierfür geltenden Rechtsvorschriften können die Träger der Qualitätssicherung und die Qualitätszeichennehmer nach § 12 Abs. 1 eine regelmäßige Qualitätssicherung einrichten.

102 Die Bundesregierung wird gem. § 11 Abs. 2 ermächtigt, nach Anhörung der beteiligten Kreise (§ 68) durch Rechtsverordnung mit Zustimmung des Bundesrates zur Förderung der Verwertung von Bioabfällen, soweit es zur Erfüllung der Pflichten nach § 20 Abs. 2 Nr. 1, § 7 Abs. 2 bis 4 und § 8 Abs. 1 erforderlich ist, insbesondere festzulegen, welche Abfälle als Bioabfälle gelten, welche Anforderungen an die getrennte Sammlung von Bioabfällen zu stellen sind, ob und auf welche Weise Bioabfälle zu behandeln, welche Verfahren hierbei anzuwenden und welche anderen Maßnahmen hierbei zu treffen sind, welche Anforderungen an die Art und Beschaffenheit der unbehandelten, der zu behandelnden und der behandelten Bioabfälle und Klärschlämme zu stellen sind sowie dass bestimmte Arten von Bioabfällen nach Ausgangsstoff, Art, Beschaffenheit, Herkunft, Menge, Art oder Zeit der Aufbringung auf den Boden, Beschaffenheit des Bodens, Standortverhältnissen und Nutzungsart nicht, nur in bestimmten Mengen, nur in einer bestimmten Beschaffenheit oder nur für bestimmte Zwecke in Verkehr gebracht oder verwertet werden dürfen (zum weiteren Umfang der Verordnungsermächtigung siehe § 11 Abs. 2 S. 2, 3, Abs. 3). Einzelheiten der Verwertung von Bioabfällen auf landwirtschaftlich, volkswirtschaftlich und gärtnerisch genutzten Böden regelt die BioAbfV.

103 Die Legaldefinition des § 3 Abs. 7 erweitert den Begriff des Bioabfalls der AbfRRl, ohne mit der Richtlinie zu kollidieren. Bioabfall sind nach Art 3 Nr. 4 AbfRRL biologisch abbaubare Garten- und Parkabfälle, Nahrungs- und Küchenabfälle aus Haushalten, aus dem Gaststätten- und Cateringgewerbe und aus dem Einzelhandel sowie vergleichbare Abfälle aus Nahrungsmittelverarbeitungsbetrieben.

104 Während die Abfallrahmenrichtlinie Bioabfälle primär herkunftsbezogen bestimmt, definiert die BioAbfV Bioabfälle mit Blick auf ihre Einsatzstoffe. Bioabfälle sind nach § 2 Nr. 1 BioAbfV Abfälle tierischer oder pflanzlicher Herkunft oder aus Pilzmaterialien zur Verwertung, die durch Mikroorganismen, bodenbürtige Lebewesen oder Enzyme abgebaut werden können, einschließlich Abfälle zur Verwertung mit hohem organischen Anteil tierischer oder pflanzlicher Herkunft oder an Pilzmaterialien; zu den Bioabfällen gehören insbesondere die in Anhang 1 Nummer 1 in Spalte 1 genannten, in Spalte 2 der BioAbfV weiter konkretisierten und durch die ergänzenden Bestimmungen in Spalte 3 näher gekennzeichneten Abfälle; Bodenmaterial ohne wesentliche Anteile an Bioabfällen gehört nicht zu den Bioabfällen; Pflanzenreste, die auf forst- oder landwirtschaftlich genutzten Flächen anfallen und auf diesen Flächen verbleiben, sind keine Bioabfälle.

105 Die Begriffsbestimmung des § 3 Abs. 7 kombiniert beide Ansätze. Der Bioabfallbegriff der Abfallrahmenrichtlinie wird erweitert übernommen, da er für den in Deutschland bereits erreichten Stand der Bioabfallverwertung im Hinblick auf Abfallarten wie auch erfasste Mengen zu eng war. Die Erweiterung der Begriffsbestimmung war aus umweltbezogenen und abfallwirtschaftlichen Gründen erforderlich, da biologisch abbaubare Abfälle durch Aufbringen auf den Boden verwertet werden, insbesondere in der Landwirtschaft und damit im besonders sensiblen Bereich der Lebensmittel- und Futtermittelerzeugung (Gesetzentwurf der Bundesregierung, BT-Drs. 17/6052, S. 72).

Einleitend wird mit der Begriffsbestimmung festgelegt, dass die biologisch abbaubaren Abfälle pflanzlichen oder tierischen Ursprungs sein oder aus Pilzmaterialien bestehen müssen. Daraus folgt ausweislich der Gesetzesbegründung keine Einschränkung und auch keine Erweiterung des europäischen Bioabfallbegriffs, sondern lediglich eine Präzisierung. Sowohl der Wortlaut der Definition in Art. 3 Nr. 4 AbfRRL wie auch die Ausführungen des Grünbuchs über die Bewirtschaftung von Bioabfall in der Europäischen Union ließen erkennen, dass auch auf europäischer Ebene diese stoffliche Beschaffenheit der Bioabfälle allgemein zugrunde gelegt wird (Gesetzentwurf der Bundesregierung, BT-Drs. 17/6052, S. 72). **106**

Weiter ist der Begriff des Bioabfalls in § 3 Abs. 7 im Vergleich zur Definition des Art. 3 Nr. 4 AbfRRL, weil und soweit er über die in der Richtlinie genannten Herkunftsbereiche noch hinausgeht. Nach § 3 Abs. 7 Nr. 4 erstreckt sich der Begriff der Bioabfälle auch auf Abfälle aus sonstigen Herkunftsbereiche, die den vorgenannten Abfällen nach Art, Beschaffenheit oder stofflichen Eigenschaften vergleichbar sind. Damit gehören auch biologisch abbaubare Abfälle aus anderen Herkunftsbereichen wie zB Reste aus der Holzverarbeitung, natürliche Textilwaren, Papier, etc. zu den Bioabfällen (*Hahn* in Kopp-Assenmacher Rn. 38). Damit soll sichergestellt werden, dass solche Abfälle aus anderen Herkunftsbereichen, die in den Bereichen der Landwirtschaft und der Lebensmittel- und Futtermittelerzeugung durch das Aufbringen auf Böden tatsächlich verwertet werden, einheitlich reguliert werden können. **107**

Das für den Begriff des Bioabfalls zentrale Merkmal der **biologischen Abbaubarkeit** des Abfalls wird im Gesetz nicht zusätzlich definiert. Nach § 2 Nr. 1 BioAbfV bedeutet die biologische Abbaubarkeit, dass ein Stoff durch Mikroorganismen, bodenbürtige Lebewesen oder Enzyme chemisch zersetzt wird. **108**

IX. Lebensmittelabfälle (Absatz 7a)

Neu in das KrWG aufgenommen wurde Jahr 2020 auch die Legaldefinition der Lebensmittelabfälle in § 3 Abs. 7a. Lebensmittelabfälle sind danach alle Lebensmittel gemäß Art. 2 der Verordnung (EG) Nr. 178/2002 des Europäischen Parlaments und des Rates v. 28. Januar 2002 zur Festlegung der allgemeinen Grundsätze und Anforderungen des Lebensmittelrechts, zur Errichtung der Europäischen Behörde für Lebensmittelsicherheit und zur Festlegung von Verfahren zur Lebensmittelsicherheit (ABl. L 31 v. 1.2.2002, S. 1), die zuletzt durch die Verordnung (EU) 2017/228 (ABl. L 35 v. 10.2.2017, S. 10) geändert worden ist, die zu Abfall geworden sind. Eine Anwendung des KrWG auf Lebensmittel kommt insoweit nur in Betracht, wenn es sich bei den Lebensmitteln um Abfälle handelt (dazu *Dippel/Ottensmeier* AbfallR 2019, 122; VG Düsseldorf Beschl. v. 20.7. 2010 – 17 L 1137/10, juris Rn. 12). Lebensmittel werden regelmäßig dann zu Abfall, wenn sie entweder nicht mehr genießbar sind oder wenn der Besitzer sie nicht mehr verzehren möchte, obwohl sie noch genießbar sind, so zB weil ein Mindesthaltbarkeitsdatum abgelaufen ist (*Dippel/Ottensmeier* AbfallR 2019, 122, 123). Lebensmittel können ihre Abfalleigenschaft auch wieder verlieren, wenn sie zB für den Einsatz als Biogas, Dünger oder Futtermittel wieder aufbereitet werden. **109**

110 Wenn Lebensmittel auf dem Betriebsgelände eines Einzelhandelsgeschäfts zur Entsorgung bereit gestellt werden, führt dies nicht zur Gewahrsamsaufgabe bzw. zur Herrenlosigkeit der Lebensmittel mit der Konsequenz, dass sie im Rahmen des sog. **Containerns** nicht mehr Gegenstand eines Diebstahls sein könnten (BVerfG Nichtannahmebeschluss v. 5.8.2020 – 2 BvR 1985/19, juris). Das Eigentum an den Lebensmittelabfällen wird im Rahmen des § 242 StGB unabhängig von ihrem wirtschaftlichen Wert geschützt. Auf einen objektiv messbaren Substanzwert oder auf eine wirtschaftliche Interessenverletzung kommt es im Rahmen des § 242 StGB nicht an (BVerfG, Nichtannahmebeschluss v. 5.8.2020 – 2 BvR 1985/19, juris) In Fällen des Containerns wird nach der Rechtsprechung des BVerfG nicht lediglich eine rein formale, inhaltsleere Eigentumsposition geschützt, sondern ein legitimes Verfügungs- und Ausschlussinteresse am betroffenen Privateigentum. Bereits das Interesse des verfügungsberechtigten Eigentümers daran, von vornherein etwaige Risiken im Zusammenhang mit verdorbener Ware durch die Vernichtung seiner Sachen auszuschließen und keinen erhöhten Sorgfaltspflichten im Hinblick auf die Sicherheit der Lebensmittel ausgesetzt zu sein, sei im Rahmen der Eigentumsfreiheit grds. zu akzeptieren, soweit der Gesetzgeber die Verfügungsbefugnis des Eigentümers nicht durch eine gegenläufige, verhältnismäßige Inhalts- und Schrankenbestimmung eingegrenzt habe (BVerfG Nichtannahmebeschluss v. 5.8.2020 – 2 BvR 1985/19, juris Rn. 42; siehe dazu *Mitsch* ZfL 2020, 457; *Hellermann/Birkholz* Jura 2020, 303; *Ogorek* JZ 2020, 909).

111 Erwägungsgrund 31 der AbfRRL weist auf das Ziel hin, bis zum Jahr 2030 die weltweit auf Ebene des Einzelhandels und auf der Verbraucherebene pro Kopf anfallende Menge an Lebensmittelabfällen zu halbieren und die Verluste von Lebensmitteln entlang der Produktions- und Lieferkette, der Nachernteverluste, zu reduzieren (zur Lebensmittelverschwendung siehe *Dippel/Ottensmeier* AbfallR 2019, 122; siehe auch „Nationale Strategie zur Reduzierung der Lebensmittelverschwendung" des BMEL, S. 7, abrufbar unter https://www.bmel.de/SharedDocs/Downloads/Ernaehrung/Nationale_Strategie). Dazu sollen die Mitgliedstaaten Maßnahmen zur Vermeidung und Reduzierung von Lebensmittelabfällen treffen. Diese Maßnahmen sollen darauf abzielen, die Lebensmittelabfälle in der Primärerzeugung, Verarbeitung und Herstellung, im Einzelhandel und anderen Formen des Vertriebs von Lebensmitteln, in Gaststätten und Verpflegungsdiensten sowie in privaten Haushalten zu vermeiden und zu reduzieren. Die Mitgliedstaaten sollen darauf hinarbeiten, die unionsweit geltende indikative Zielvorgabe für die Verringerung der Lebensmittelabfälle um 30% bis 2025 und 50% bis 2030 zu erreichen. Angesichts der ökologischen, sozialen und wirtschaftlichen Vorteile, die sich aus der Vermeidung von Lebensmittelabfällen ergeben, sollen die Mitgliedstaaten spezifische Maßnahmen zur Vermeidung von Lebensmittelabfällen festlegen – einschließlich Sensibilisierungskampagnen im Rahmen ihrer Abfallvermeidungsprogramme, bei denen vermittelt wird, wie Lebensmittelabfälle verhindert werden können. Die Mitgliedstaaten sollen nach dem Erwägungsgrund 31 der AbfRRL außerdem die Fortschritte bei der Verringerung von Lebensmittelabfällen messen. Um diese Fortschritte zu messen und den unionsweiten Austausch bewährter Verfahren sowohl zwischen den Mitgliedstaaten als auch zwischen Lebensmittelunternehmern zu erleichtern, soll eine einheitliche Methode für diese Messung festgelegt werden. Die Berichterstattung über das Ausmaß von Lebensmittelabfällen soll auf der Grundlage dieser Methoden jährlich erfolgen. Um Lebensmittelabfälle zu vermeiden, sollen die Mitgliedstaaten nach dem Erwägungsgrund 32 der AbfRRL Anreize schaffen, damit Lebensmittel, die nicht verkauft werden, in allen Stufen der Lebensmittelkette gesammelt und beispielsweise an Wohltätigkeitsorganisationen abgegeben werden, wobei ihre Unbedenklichkeit sicherzustellen ist. Außerdem sollen Verbraucher zur Verringerung der Menge an Lebensmittelabfällen besser über die Bedeutung des Verfalls- und des Mindesthaltbarkeitsdatums aufgeklärt werden.

X. Rezyklate (Absatz 7b)

Ebenfalls neu aufgenommen wurde im Jahr 2020 die Legaldefinition des Begriffs Rzyklate. Nach § 7a sind Rezyklate im Sinne des KrWG sekundäre Rohstoffe, die durch die Verwertung von Abfällen gewonnen worden sind oder bei der Beseitigung von Abfällen anfallen und für die Herstellung von Erzeugnissen geeignet sind. Die neue Legaldefinition soll der Bedeutung des Rezyklateinsatzes für die Förderung der Kreislaufwirtschaft Rechnung tragen (Gesetzesbegründung, BT-Drs. 19/19373, S. 46). Art. 6 Abs. 5 der Einwegkunststoff-Richtlinie fordert einen Mindestrezyklateinsatz bei Getränkeeinwegflaschen. Art. 8 Abs. 2 AbfRRL sieht die Förderung von Produkten vor, die recycelte Materialien enthalten. Der Einsatz von Rezyklaten soll über die Bestimmungen zur Produktverantwortung der §§ 23 ff. KrWG gefördert werden. § 45 Abs. 2 Nr. 2 verpflichtet die Behörden und Einrichtungen des Bundes, bei der Beschaffung insbesondere solche Erzeugnisse zu bevorzugen, die Rezyklate enthalten, wenn und soweit die Erzeugnisse zu ihrem vorgesehenen Einsatzzweck geeignet sind und keine unzumutbaren Mehrkosten entstehen. Die Definition der Rezyklate ist absichtsvoll weit gewählt; es kommt weder auf eine bestimmte Herkunft noch auf bestimmte Eignungskriterien an (*Petersen/Friedrich* NVwZ 2021, 14). **112**

C. Berechtigte und Verpflichtete der Kreislaufwirtschaft

§ 3 Abs. 8–13 definiert nicht alle, aber wesentliche Akteure der Kreislaufwirtschaft, die im Gesetz verschiedentlich berechtigt und verpflichtet werden. Dazu zählen Abfallerzeuger, Abfallbesitzer, Sammler von Abfällen, Beförderer von Abfällen, Händler von Abfällen und Makler von Abfällen. Sämtliche Definitionen stellen auf natürliche und juristische Personen ab. Damit bezieht sich der Gesetzgeber auf eine in der Rechtsordnung, insbesondere auch im BGB verwendete Systematik. Das für Personen, seien es natürliche oder juristische Personen, maßgebliche Merkmal ist ihre Rechtsfähigkeit, dh die Fähigkeit, Träger von Rechten und Pflichten zu sein. Bei den natürlichen Personen geht die Rechtsordnung davon aus, dass jeder Mensch rechtsfähig ist. Bei den juristischen Personen beruht die Rechtsfähigkeit hingegen ausschließlich auf einer entsprechenden Anerkennung durch die Rechtsordnung. **113**

Bei den juristischen Personen werden solche des öffentlichen Rechts und solche des Privatrechts unterschieden. Die nachfolgenden Definitionen der Pflichtadressaten des KrWG können sowohl juristische Personen des Privatrechts als auch solche des öffentlichen Rechts sein. **114**

Von den juristischen Personen werden **Gemeinschaften zur gesamten Hand** unterschieden. Dazu zählen zB die Gesellschaft bürgerlichen Rechts, die OHG und die KG. Solche Gemeinschaften zur gesamten Hand sind grundsätzlich nicht in gleicher Weise rechtsfähig wie die juristischen Personen. Deshalb war umstritten, ob insbesondere auch Personengesellschaften Abfallerzeuger, Abfallbesitzer, Sammler, etc. sein können. Dies ist zu bejahen. Geklärt wurde die umstrittene Frage im Zusammenhang mit Rechtsstreitigkeiten über die Zulässigkeit gewerblicher Sammlungen. **115**

I. Personengesellschaften

Dass der Gesetzgeber die verschiedenen Akteure der Kreislaufwirtschaft (Abfallerzeuger, Abfallbesitzer, Sammler, Beförderer, Makler, etc.) in § 3 als natürliche oder juristi- **116** sche Personen definiert, schließt es nicht aus, auch Personengesellschaften, etwa die Gesellschaft bürgerlichen Rechts oder die GmbH & Co. KG, als Abfallerzeuger, Abfallbesitzer oder als einen der sonstigen Pflichtadressaten des § 3 einzuordnen. Für die Kreislaufwirtschaft ist diese Erkenntnis von hoher praktischer Relevanz, weil insbesondere mittelständische Unternehmen der Kreislaufwirtschaft häufig als GmbH & Co. KG agieren. Nachdem einige Obergerichte gemeint hatten, dass Personengesellschaften nicht Sammler im Sinne von § 3 Abs. 10 sein können (VGH Mannheim Beschl. v. 21.10.2013, NVwZ-RR 2014, 138; OVG Münster Beschl. v. 9.12.2013 – 20 B 205/13, juris Rn. 17; VGH München Urt. v. 26.9.2013 – 20 BV 13.516, juris; offengelassen von OVG Lüneburg Beschl. v. 22.5.2015, NVwZ-RR 2015, 692, 693) hat das BVerwG dies zwischenzeitlich dankenswerterweise eindeutig klargestellt (BVerwG Urt. v. 1.10.2015 – 7 C 8/14, BVerwGE 153, 99–109; kritisch zu der zwischenzeitlich überholten Rechtsprechung der Obergerichte *Beckmann* AbfallR 2013, 296; *Petersen/Hermanns,* AbfallR 2014, 62, 71).

117 Zwar ist unter einer juristischen Person nach herkömmlichem Rechtsverständnis nur ein Rechtsgebilde mit vollständiger Rechtsfähigkeit zu verstehen. Das schließt aber nicht aus, sachgebietsbezogen jedenfalls auch Personenvereinigungen einzubeziehen, die – wie die Gesellschaft bürgerlichen Rechts (BGH Beschl. v. 4.11.1991, BGHZ 116, 86 und Urt. v. 29.1.2001, BGHZ 146, 341) – teilrechtsfähig sind. So ist etwa für Art. 19 Abs. 3 GG anerkannt, dass juristische Personen im Sinne dieser Vorschrift über den Wortlaut hinaus auch teilrechtsfähige inländische Vereinigungen sein können (vgl. BVerfG Beschl. v. 19.7.2000, BVerfGE 102, 197, 212 ff.; Kammerbeschl. v. 2.9.2002, NJW 2002, 3533).

II. Erzeuger von Abfällen (Absatz 8)

118 § 3 Abs. 8 definiert den Begriff des Erzeugers von Abfällen. Die Regelung entspricht im Wesentlichen dem früheren § 3 Abs. 5 KrW-/AbfG und dient der Umsetzung von Art. 3 Nr. 5 AbfRRL. Für die schon früher vorgesehene Differenzierung beim Erzeugerbegriff wurden die Bezeichnungen „Ersterzeuger" (Nummer 1) und „Zweiterzeuger" (Nummer 2) eingeführt. Die Abfallrahmenrichtlinie sieht nur für den ersten Unterfall des Erzeugerbegriffs eine besondere Bezeichnung („Abfallersterzeuger/Ersterzeuger") vor. Mit der Einführung des Begriffs „Zweiterzeuger" wollte der Gesetzgeber ausweislich der Gesetzesbegründung diese Begriffssystematik im Kreislaufwirtschaftsgesetz konsequent fortführen.

119 Erzeuger von Abfällen im Sinne des KrWG ist jede natürliche oder juristische Person, durch deren Tätigkeit Abfälle anfallen (Ersterzeuger) oder die Vorbehandlungen, Mischungen oder sonstige Behandlungen vornimmt, die eine Veränderung der Beschaffenheit oder der Zusammensetzung dieser Abfälle bewirken (Zweiterzeuger).

120 Abfallerzeuger ist grundsätzlich derjenige, der als Inhaber der tatsächlichen Sachherrschaft die **letzte Ursache** für die Umwandlung einer Sache zu Abfall gesetzt hat. Ausnahmsweise kann aber auch eine andere, **vorgelagert handelnde Person** als Abfallerzeuger zu qualifizieren sein, wenn ihr Verhalten sich aufgrund besonderer Umstände bei wertender Betrachtung als wesentliche Ursache für die Abfallentstehung darstellt (BVerwG Urt. v. 15.10.2014, NVwZ 2015, 153; OVG NRW Urt. v. 10.8.2012 – 20 A 222/10, juris Rn. 35; *Frenz* AbfallR 2014, 135; *Krahnefeld* NVwZ 2015, 156). Bei Abfällen, die durch Schadensfälle oder sonstige außergewöhnliche Ereignisse entstehen, soll in einer Kette von mehreren Ursachen auch die jeweilige Risikosphäre berücksichtigt werden (siehe dazu *Hagmann* AbfallR 2013, 150, 151).

Die Abfallerzeugerverantwortung kann nach der Rechtsprechung im Einzelfall sehr **121** weit reichen. So hat der EuGH (Urt. v. 24.6.2008, EuZW 2008, 433) im Falle eines auf hoher See havarierten Tankers die Inanspruchnahme des Herstellers des Tankers für die Entsorgung des mit dem Tanker beförderten Schweröls als Abfallerzeuger bestätigt. Das BVerwG hat in einem Fall, in dem eine Anlage in Brand geraten war und die Feuerwehr das erheblich kontaminierte Löschwasser aufgefangen und gesondert gelagert hatte, die Inanspruchnahme der Betreiberin der abgebrannten Anlage als Abfallerzeugerin des Löschwassers bejaht. Das Löschwasser sei zwar nicht durch eine eigene Tätigkeit der Anlageninhaberin angefallen. Diese habe aber eine erste Ursache für ein Tätigwerden der Feuerwehr gesetzt, da das Feuer von ihrem Betrieb ausgegangen sei (BVerwG Urt. v. 15.10.2014 – 7 C 1/13, NVwZ 2015, 153).

Zweiterzeuger ist nach § 3 Abs. 8 Nr. 2 jede Person, die Vorbehandlungen, Mi- **122** schungen oder sonstige Behandlungen vornimmt, die eine Veränderung der Beschaffenheit oder der Zusammensetzung der Abfälle bewirken. Als Zweiterzeuger wurde zB ein Straßenbauunternehmen angesehen, das durch den Einbau eines teerhaltigen Straßenaufbruchs als Fundationsschicht den Abfall behandelt und seine Beschaffenheit verändert hat (VGH München Beschl. v. 20.2.2015, AbfallR 2015, 147; OVG Berlin-Brandenburg Beschl v. 19.9.2014, Bayerischer Verwaltungsgerichtshof, Beschl. v. 20.2.2015, AbfallR 2014, 251). Noch keine Abfallveränderung in diesem Sinne soll das **Einsammeln** von Abfällen sein. Auch eine **Vermischung** mit Abfällen gleicher Art bewirkt noch keine Änderung der relevanten Zusammensetzung der Abfälle (BVerwG Urt. v. 28.6.2007, BVerwGE 129, 93 ff; *Hagmann* AbfallR 2013, 150, 152).

Abfallerzeuger und Abfallbesitzer sind die maßgeblichen Pflichtadressaten des KrWG. **123** Sie sind für die Entsorgung der Abfälle verantwortlich, die von ihnen erzeugt worden sind bzw. die sie besitzen oder besessen haben. Für Abfallerzeuger und Abfallbesitzer gelten Verwertungspflichten (§ 7 Abs. 2 S. 1), Beseitigungspflichten (§ 15 Abs. 1) und Überlassungspflichten (§ 17 Abs. 1). Die Verantwortung der Abfallerzeuger für die Entsorgung des von ihnen erzeugten Abfalls entspricht dem **Verursacherprinzip.**

Die Erzeugerverantwortung ist eine besondere Verhaltensverantwortung. Der Abfall- **124** erzeuger kann nach § 22 S. 1 einen Dritten, insbesondere ein Entsorgungsunternehmen, mit der Erfüllung seiner Entsorgungspflichten beauftragen. Seine Verantwortlichkeit für die Erfüllung dieser Pflichten bleibt davon jedoch nach § 22 S. 2 unberührt. Sie endet erst, wenn die Entsorgung endgültig und ordnungsgemäß abgeschlossen worden ist (VG Frankfurt (Oder), Beschl. v. 9.4.2018 – 5 L 1423/17, juris; BVerwG Urt. v. 28.6.2007, BVerwGE 129, 93; *Jacobi* in Versteyl/Mann/Schomerus Rn. 8). Endgültig abgeschlossen ist die Entsorgung, wenn die Abfalleigenschaft des Stoffes oder Gegenstandes unter den in § 5 Abs. 1 genannten Voraussetzungen endet oder der Abfall im Zuge des Durchlaufens seines Verwertungsverfahrens als Abfall untergeht. Bei Abfällen zur Beseitigung muss der Abfall endgültig aus dem Wirtschaftskreislauf ausgeschieden sein, dh, dass er entweder vernichtet (zB durch die Verbrennung) oder so abgelagert worden ist, dass er zukünftig nicht mehr genutzt werden kann (*Jacobi* in Versteyl/Mann/Schomerus Rn. 9).

Auch im Rahmen des KrWG wird eine **Rechtsnachfolge** in abstrakte Verhaltens- **125** pflichten für möglich gehalten und zwar insbesondere auch mit Blick auf die Verantwortung des Abfallerzeugers (VG Cottbus Beschl. v. 12.2.2019 – 3 L 680/18, juris).

Nach § 22 S. 3 muss der vom Abfallerzeuger mit der Entsorgung der von ihm erzeug- **126** ten Abfälle beauftragte Dritte über die erforderliche **Zuverlässigkeit** verfügen. Wer einen Dritten mit der Entsorgung von Abfällen beauftragt, muss sich der abfallrechtlichen Zuverlässigkeit des Beauftragten vergewissern. Das ist nicht der Fall, wenn er bereits die Identität des beauftragten Dritten nicht kennt (OLG Karlsruhe Beschl. v. 9.4.2019, AbfallR 2019, 227).

127 Problematisiert wird, wer in einem Auftragsverhältnis Abfallerzeuger ist, wenn bei der Durchführung eines Auftrags, etwa dem Abriss einer baulichen Anlage, Abfälle anfallen. Bei dem **Hausabriss** soll der Auftraggeber Abfallerzeuger sein (*Jacobi* in Versteyl/Mann/Schomerus Rn. 60; *Kropp* AbfallR 2015, 225; aA *Frenz* AbfallR 2015, 135, 144). Bei einer **Kfz-Reparatur** soll hingegen der Werkstattbetreiber Abfallerzeuger beim Austausch von Fahrzeugteilen sein, da die Abfälle in seinem Organisationsbereich und in seiner Verfügungsgewalt entstehen (*Reese/Schütte* ZUR 1999, 136, 199; *Jacobi* in Versteyl/Mann/Schomerus Rn. 58).

128 Umstritten ist, ob bei rechtsfähigen Unternehmen auch die persönlich verantwortlichen **Mitarbeiter** als Abfallerzeuger in Anspruch genommen werden können (ablehnend *Hagmann* AbfallR 2013, 150, 155, *Enders* NVwZ 2005, 381, 383; *Jacobi* in Versteyl/Mann/Schomerus Rn. 58). Gegen die Annahme, dass auch Mitarbeiter eines Unternehmens persönlich als Abfallerzeuger in Anspruch genommen werden können, spricht, dass diese Mitarbeiter regelmäßig im Auftrag ihres Arbeitgebers bzw. weisungsabhängig tätig sind. Dem Verursacherprinzip, das der Erzeugerhaftung zu Grunde liegt, widerspricht deshalb ihre Inanspruchnahme. Etwas anderes kann aber für Leitungsorgane juristischer Personen oder diesen weitgehend gleichgestellter Personengesellschaften gelten, die durchaus als Verursacher eingeordnet werden können und deshalb auch als Abfallerzeuger infrage kommen (siehe zum vergleichbaren Problem der Einordnung als Verursacher schädlicher Bodenveränderungen im Sinne von § 4 Abs. 3 S. 1 BBodSchG OVG NRW Urt. v. 21.11.2012, W+B 2013, 102; OVG NRW Beschl. v. 26.3.2007, UPR 2007, 315).

III. Besitzer von Abfällen (Absatz 9)

129 § 3 Abs. 9 definiert den Begriff des Besitzers von Abfällen. Die Regelung entspricht dem früheren § 3 Abs. 6 KrW-/AbfG und dient der Umsetzung von Art. 3 Nr. 6 AbfRRL. Die Entsorgungspflicht des Abfallbesitzers ist eine besondere Art der **Zustandsverantwortung.**

130 Besitzer von Abfällen im Sinne dieses Gesetzes ist jede natürliche oder juristische Person, die die tatsächliche Sachherrschaft über Abfälle hat. Die tatsächliche Sachherrschaft liegt vor, wenn die Möglichkeit besteht, auf die Abfälle einzuwirken (*Hagmann* AbfR 2013, 150, 155).

131 Anders als im Zivilrecht bedarf es im Kreislaufwirtschaftsrecht keines **Besitzbegründungswillens.** Deshalb kann auch derjenige Abfallbesitzer sein, der ohne sein Wissen oder sogar gegen seinen Willen Besitz an den Abfällen erlangt. Das gilt insbesondere für den Besitz von Abfällen, die gegen den Willen eines Grundstückseigentümers auf dessen Grundstück gelangen. Grundsätzlich unterliegen solche Abfälle der Sachherrschaft des Grundstückseigentümers (BVerwG Urt. v. 19.1.1989, NJW 1989, 1295 ff.). Das gilt allerdings nur dann, wenn der Eigentümer auf seinen Grundstücken tatsächlich auch Sachherrschaft ausüben kann. Dies wird für nicht allgemein zugängliche Grundstücke in städtischen Bereichen bejaht, während bei Grundstücken im Außenbereich, die für die Allgemeinheit aufgrund naturschutzrechtlicher bzw. forstrechtliche Betretungsrechte frei zugänglich sind, hingegen eine Sachherrschaft insoweit abgelehnt wird, sodass der Grundstückseigentümer auch nicht Besitzer der dort wild abgelagerten Abfälle wird (BVerwG Urt. v. 11.2.1983, BVerwGE 67, 8). Entsprechendes gilt für Wasserflächen, die der Allgemeinheit wegen des wasserrechtlichen Gemeingebrauchs zur Verfügung stehen (BVerwG Urt. v. 2.9.1983, NJW 1984, 817).

132 Die für den Abfallbesitz konstitutive tatsächliche Sachherrschaft bleibt auch dann erhalten, wenn der Grundstückseigentümer oder Grundstücksbesitzer trotz einer eingeschränkten Zugänglichkeit des Grundstücks, etwa durch eine Zaunanlage, nicht verhindern kann, dass Abfälle auf seinem Grundstück **wild abgelagert** werden (BVerwG Urt. v. 19.1.1989, NJW 1989, 1295) oder im Zusammenhang mit einem Hochwasser auf seinem Grundstück anstranden (BVerwG, Urt. v. 11.12.1997, BVerwGE 106, 43).

133 Als Abfallbesitzer wird auch der **Vermieter** hinsichtlich solcher Abfälle angesehen, die der Mieter mit Einverständnis des Vermieters außerhalb der Mieträume in besonderen Behältnissen auf einem von ihm bewohnten Grundstück sammelt (*Jacobi* in Versteyl/ann/Schomerus Rn. 67). Auch der **Beförderer** von Abfall erlangt mit der Übernahme der Abfälle Abfallbesitz; der **weisungsabhängige Fahrer** wird dagegen nicht Abfallbesitzer. Auch sonstige weisungsabhängige **Arbeitnehmer** werden nicht Abfallbesitzer; der Abfallbesitz verbleibt beim Arbeitgeber (*Hagmann* AbfallR 2013, 150, 155). Weisungsabhängige Mitarbeiter sind lediglich Besitzdiener im Sinne von § 855 BGB.

134 Auch die **gesellschaftsrechtlichen Organe** einer juristischen Person, insbesondere die Geschäftsführer einer GmbH und die Vorstände einer AG haben keinen (persönlichen) Abfallbesitz. Sie sind zwar nicht Besitzdiener im Sinne von § 855 BGB. Allerdings wird der Organbesitz der juristischen Person zugerechnet, so dass nicht das Organ der juristischen Person Abfallbesitzer, sondern die juristische Person selbst Abfallbesitzer ist (OVG Berlin-Brandenburg Beschl. v. 14.9.2005 – 11 S 4.05, juris; *Hagmann* AbfallR 2013, 150, 156; *Enders* AbfallR 2008, 56, 58).

135 Der **Insolvenzverwalter** wird regelmäßig Besitzer der Abfälle des Insolvenzschuldners. Das gilt allerdings nicht, wenn er die Abfälle rechtzeitig wirksam aus der Insolvenzmasse freigibt (OVG Lüneburg Beschl. v. 3.12.2009, NJW 2010, 1546, 1547). Die dem **Testamentsvollstrecker** eingeräumte zivilrechtliche Möglichkeit, vom Erben die Überlassung des Besitzes und damit der von diesem ausgeübten tatsächlichen Sachherrschaft über ein zum Nachlass gehörendes Grundstück zu verlangen (§ 2205 Satz 2 BGB), macht ihn nicht zum Besitzer des auf dem Grundstück vom Erben gelagerten, nicht zum Nachlass gehörenden Abfalls (VGH BW Beschl. v. 21.12.2017, UPR 2018, 18).

136 An einem Abfall können auch **mehrere Personen** Abfallbesitz haben (*Delfs* in: Schmehl/Klement, KrWG, Rn. 76). Dies gilt insbesondere für den mittelbaren Besitzer, der neben dem Besitzmittler die tatsächliche Sachherrschaft über den Abfall haben kann. Im Todesfall geht der Besitz auf den **Erben** über, wenn er die tatsächliche Sachherrschaft auch übernimmt (*Delfs* in Schmehl/Klement Rn. 77).

IV. Sammler von Abfällen (Absatz 10)

137 § 3 Abs. 10 führt eine Bestimmung für den Begriff des Sammlers ein. Der Begriff des Abfallsammlers steht im Zusammenhang mit verschiedenen Arten der Sammlung (§ 3 Abs. 15–18) und mit den Ausnahmen von der Überlassungspflicht für gemeinnützige und gewerbliche Sammlungen nach § 17 Abs. 2 S. 1. Art. 3 AbfRRL enthält zwar keine entsprechende Begriffsdefinition, jedoch wird das gewerbsmäßige Sammeln von Abfällen als Tätigkeitsform etwa in Art. 26 S. 1a AbfRRL vorausgesetzt. Die dort geregelte Registrierungspflicht gilt für „Anlagen und Unternehmen, die gewerbsmäßig Abfälle sammeln oder befördern". Sammler von Abfällen im Sinne des KrWG ist jede natürliche oder juristische Person, die gewerbsmäßig oder im Rahmen wirtschaftlicher Unternehmen, das heißt, aus Anlass einer anderweitigen gewerblichen oder wirtschaftlichen Tätigkeit, die nicht auf die Sammlung von Abfällen gerichtet ist, Abfälle sammelt.

138 Wer zB **Altkleidercontainer** aufstellt, entleert und ihren Inhalt über öffentliche Verkehrswege abtransportiert, ist, unabhängig davon, ob er diese Aktivitäten als Träger der Sammlung entfaltet oder lediglich als ein mit deren Durchführung beauftragter selbständiger Dienstleister, selbst ein Sammler und Beförderer von Abfällen im Sinne des § 3 Abs. 10, Abs. 11. Soweit nicht nachgewiesen ist, dass die von dem Sammler aufgestellten und/oder geleerten Container sich einer bereits angezeigten Sammlung in der Trägerschaft eines Auftraggebers zuordnen lassen, wird die Tätigkeit des Sammlers durch die etwaige Anzeige einer Sammlung seitens eines Auftraggebers nicht legitimiert (OVG Lüneburg Urt. v. 21.11.2018 – 7 LB 96/16, juris).

139 **1. Gewerbsmäßigkeit.** Gewerbsmäßig handelt eine Person, die Abfälle im Rahmen einer darauf gerichteten wirtschaftlichen Tätigkeit für eine gewisse Dauer selbstständig und mit der Absicht der Gewinnerzielung sammelt (*Delfs* in Schmehl/Klement Rn. 77). Zu dem Begriff der Gewerbsmäßigkeit hatte der EuGH (Urt. v. 9.6.2005, Rs. C-270/03) bereits zur entsprechenden Vorgängervorschrift des Art. 12 der Richtlinie 2006/12/EG entschieden, dass die gewerbsmäßige Abfallbeförderung nicht nur den erfasst, der im Rahmen seines Gewerbes als Transportunternehmer von Dritten erzeugte Abfälle befördert, sich also auf die Abfallbeförderung spezialisiert hat, sondern auch den, der ohne das Gewerbe des Transportunternehmers auszuüben, im Rahmen einer anderweitigen gewerblichen Tätigkeit von ihm selbst erzeugte Abfälle befördert. Um dieser Reichweite des EU-rechtlichen Gewerbsmäßigkeitsbegriffs gerecht zu werden, hat der Gesetzgeber ausweislich der Gesetzesbegründung den zuvor im Kreislaufwirtschafts- und Abfallgesetz verwendeten Begriff der Gewerbsmäßigkeit erweitert um Sammler-, Beförderer-, Händler- und Maklertätigkeiten, die im Rahmen wirtschaftlicher Unternehmen ausgeübt werden.

140 **2. Im Rahmen wirtschaftlicher Unternehmen.** Mit wirtschaftlichen Unternehmen sind solche Unternehmen gemeint, die aus Anlass einer anderweitigen gewerblichen oder wirtschaftlichen Tätigkeit, die nicht auf die Sammlung, die Beförderung, den Handel oder das Makeln von Abfällen gerichtet ist, vorgenommen werden. Allerdings schränkt der EuGH den Gewerbsmäßigkeitsbegriff dahingehend ein, dass die Abfallbeförderung eine gewöhnliche und regelmäßige Tätigkeit des Unternehmens darstellen muss, ohne jedoch weiter konkretisierende Kriterien vorzugeben (EuGH, Urt. v. 9.6. 2005 – C-270/03, Slg. 2005, I-5245, 5256 ff.). Deshalb ist derjenige, der nur gelegentlich, dh eben nicht regelmäßig oder „gewöhnlich" Abfälle sammelt, kein Sammler im Sinne von § 3 Abs. 10 (*Delfs* in Schmehl/Klement Rn. 78; *Kropp* AbfallR 2013, 98, 99). Dies gilt zB für Handwerker, die anlässlich ihrer Dienstleistung entstandenen Abfälle mitnehmen und zur Entsorgung bringen. Auch diejenigen, die im Rahmen einer privaten Nachbarschaftshilfe oder aus anderen privaten Gründen Abfälle von Dritten zu einem Recycling-Hof bringen, sind keine Sammler im Sinne von § 3 Abs. 10. Bezweifelt wird, ob Hersteller und Vertreiber, die ihre zu Abfall gewordenen Produkte im Rahmen ihrer Produktverantwortung zurücknehmen, Sammler im Sinne von § 3 Abs. 10 sind (*Jacobi* in Versteyl/Mann/Schomerus Rn. 72; bejahend *Kropp* in von Lersner/Wendenburg Rn. 112).

141 Soweit nach der Rechtsprechung Ausnahmen von der Registrierungspflicht des Art. 26 AbfRRL für Sammler-, Beförderer-, Händler- und Makler in Betracht kommen, können diese im deutschen Recht wegen der Vielzahl der möglichen Fallgestaltungen durch Rechtsverordnung nach § 53 Abs. 6 bzw. nach § 54 Abs. 7 bestimmt werden. Gleichzeitig ist durch die Übergangsvorschrift des § 72 Abs. 4 sichergestellt, dass die Rechtsfolgen der Anzeige- und Erlaubnispflicht nach den §§ 53 und 54 für Sammler und

Beförderer, die Abfälle im Rahmen wirtschaftlicher Unternehmen sammeln oder befördern, erst zwei Jahre nach Inkrafttreten des KrWG wirksam geworden sind. Insoweit verblieb ausreichend Zeit, um entsprechende Einzelfallregelungen auf Verordnungsebene zu installieren.

V. Beförderer von Abfällen (Absatz 11)

§ 3 Abs. 11 definiert den Begriff des Beförderers von Abfällen. Die Abfallrahmenrichtlinie enthält zwar keine ausdrückliche Definition des Begriffs, bestimmt aber in Art. 26 S. 1a AbfRRL, dass „Anlagen oder Unternehmen, die gewerbsmäßig Abfälle sammeln oder befördern", einer Registrierungspflicht unterliegen. Beförderer von Abfällen im Sinne des KrWG ist jede natürliche oder juristische Person, die gewerbsmäßig oder im Rahmen wirtschaftlicher Unternehmen, das heißt, aus Anlass einer anderweitigen gewerblichen oder wirtschaftlichen Tätigkeit, die nicht auf die Beförderung von Abfällen gerichtet ist, Abfälle befördert. **142**

VI. Händler von Abfällen (Absatz 12)

§ 3 Abs. 12 definiert den Begriff des Abfallhändlers. Die Regelung dient der Umsetzung von Art. 3 Nr. 7 AbfRRL. Händler von Abfällen im Sinne des KrWG ist jede natürliche oder juristische Person, die gewerbsmäßig oder im Rahmen wirtschaftlicher Unternehmen, das heißt, aus Anlass einer anderweitigen gewerblichen oder wirtschaftlichen Tätigkeit, die nicht auf das Handeln mit Abfällen gerichtet ist, oder öffentlicher Einrichtungen in eigener Verantwortung Abfälle erwirbt und weiterveräußert; die Erlangung der tatsächlichen Sachherrschaft über die Abfälle ist hierfür nicht erforderlich. **143**

Für die EU-rechtliche Definition wird vorausgesetzt, dass es sich bei dem Händler um ein Unternehmen handelt. Der Unternehmensbegriff wird aber durch die Richtlinie nicht definiert. Der Gesetzgeber setzt zur Umsetzung dieses weiten Begriffs als Tätigkeitsformen voraus, dass es sich beim Handeln um gewerbsmäßige Tätigkeiten oder um Tätigkeiten im Rahmen wirtschaftlicher Unternehmen oder öffentlicher Einrichtungen handeln muss. **144**

Entscheidend für den Begriff des Abfallhändlers, insbesondere in Abgrenzung zum Begriff des Abfallmaklers ist, dass er die Abfälle in eigener Verantwortung erwirbt und weiterveräußert. In eigener Verantwortung bedeutet in diesem Zusammenhang, dass der Händler im eigenen Namen handelt und insoweit selbst Vertragspartner wird und nicht wie ein Makler lediglich an dem Zustandekommen eines Vertrags zwischen anderen mitwirkt (*Jacobi* in Versteyl/Mann/Jacobi, KrWG, § 3 Rn. 79). Nicht entscheidend ist, ob für den Erwerb der Abfälle oder für die Weiterveräußerung ein **Entgelt** gezahlt wird. Der Abfallhändler kann Abfälle auch gegen Zuzahlung übernehmen und weitergeben (*Jacobi* in Versteyl/Mann/Jacobi Rn. 79; Hurst in Jarass Petersen, KrWG, § 3 Rn. 236; aA *Kropp* in von Lersner/Wendenburg Rn. 119). **145**

Der Gesetzgeber stellt in § 3 Abs. 12 ausdrücklich klar, dass die Erlangung der tatsächlichen Sachherrschaft über die Abfälle nicht erforderlich ist. Deshalb kann auch Abfallhändler sein, wer die Abfälle weder erzeugt noch in anderer Weise sie überhaupt in die Hände bekommen hat, der also allein über seine Vertragsrechte Einflussmöglichkeiten auf den Abfall ausübt. Dementsprechend kann auch ein **Streckenhändler,** der bei einem Händler Abfall erwirbt und sogleich weiterveräußert und diesen direkt von seinem Verkäufer an seinen Erwerber liefern lässt, Abfallhändler im Sinne des § 3 Abs. 12 sein. **146**

VII. Makler von Abfällen (Absatz 13)

147 § 3 Abs. 13 definiert den Begriff des Abfallmaklers. Die Regelung dient der Umsetzung von Art. 3 Nr. 8 AbfRRL. Die EU-rechtliche Definition bezieht sich auf den Begriff des Unternehmens. Der Gesetzgeber setzt zur Umsetzung dieses weiten Begriffs als Tätigkeitsformen voraus, dass es sich bei der Vermittlung um gewerbsmäßige Tätigkeiten oder um Tätigkeiten im Rahmen wirtschaftlicher Unternehmen oder öffentlicher Einrichtungen handeln muss.

148 Makler von Abfällen im Sinne des KrWG ist jede natürliche oder juristische Person, die gewerbsmäßig oder im Rahmen wirtschaftlicher Unternehmen, das heißt aus Anlass einer anderweitigen gewerblichen oder wirtschaftlichen Tätigkeit, die nicht auf das Makeln von Abfällen gerichtet ist, oder öffentlicher Einrichtungen für die Bewirtschaftung von Abfällen für Dritte sorgt; die Erlangung der tatsächlichen Sachherrschaft über die Abfälle ist hierfür nicht erforderlich. Der Makler sorgt für die Entsorgung der Abfälle von Dritten und führt dazu ein Rechtsgeschäft zwischen dem Abfallerzeuger und Abfallbesitzer und einem Entsorger herbei. Abfallmakler in diesem Sinne kann auch ein Ingenieurbüro sein, das im Rahmen einer Sanierungsmaßnahme Abfallwirtschaftsmaßnahmen vermittelt (*Jacobi* in Versteyl/Mann/Schomerus Rn. 82).

149 Für wesentliche Teile der Maklerdefinition gelten dieselben Kriterien wie bei den anderen Akteuren. Als Abfallmakler kommen auch **Personengesellschaften** in Betracht. Insbesondere der Begriff der Gewerbsmäßigkeit ist nicht anders auszulegen als bei Sammlern, Abfallhändlern und Abfallbeförderern.

D. Grundbegriffe der Kreislaufwirtschaft

150 Nach der Definition des für den Anwendungsbereich nach § 2 Abs. 1 maßgeblichen Abfallbegriffs und verschiedener Abfallarten in § 3 Abs. 1–7 und den in § 3 Abs. 8–13 befindlichen Legaldefinitionen der verschiedenen Akteure der Kreislaufwirtschaft definiert der Gesetzgeber in § 3 Abs. 14–26 wesentliche Entsorgungshandlungen der Kreislaufwirtschaft und der Sicherung der umweltverträglichen Bewirtschaftung von Abfällen.

I. Abfallbewirtschaftung (Absatz 14)

151 Zur Umsetzung von Art. 3 Nr. 9 AbfRRL enthält § 3 Abs. 14 eine Definition des zentralen Begriffs der Abfallbewirtschaftung. Abfallbewirtschaftung im Sinne des KrWG ist die Bereitstellung, die Überlassung, die Sammlung, die Beförderung sowie die Verwertung und die Beseitigung von Abfällen, die beiden letztgenannten Verfahren schließen die Sortierung der Abfälle ein. Zur Abfallbewirtschaftung zählen auch die Überwachung der Tätigkeiten und Verfahren im Sinne von Abs. 14 S. 1, die Nachsorge von Beseitigungsanlagen und die Tätigkeiten, die von Händlern und Maklern vorgenommen werden. Mit einer Neufassung des § 3 Abs. 14 durch die Gesetzesnovelle 2020 wurde klargestellt, dass die Abfallbewirtschaftung sowohl im Rahmen der Verwertung als auch der Beseitigung auch die „Sortierung" umfasst.

152 Der Begriff erstreckt sich damit auf alle entsorgungsrelevanten Handlungen, einschließlich solcher, die der Vorbereitung, Logistik, Nachsorge oder Überwachung der Entsorgung dienen. Ausgenommen ist allein die Abfallvermeidung, welche sich auf Maßnahmen erstreckt, die der Entstehung der Abfalleigenschaft eines Stoffes oder Ge-

genstandes vorgelagert sind. Bedeutung erlangt der Begriff insbesondere für die Zweckbestimmung des § 1, die Abfallhierarchie des § 6 und die Abfallwirtschaftsplanung nach § 30. Auf der Grundlage der Änderungsrichtlinie 2018/851 wird zukünftig klargestellt, dass zur Abfallbewirtschaftung auch die jeweilige Sortierung der Abfälle gehört.

Der Gesetzgeber listet in § 3 Abs. 14 zur Definition der Abfallbewirtschaftung verschiedene **Unterbegriffe** auf, von denen einige eigenständig in § 3 (Sammlung in § 3 Abs. 10, Verwertung in § 3 Abs. 23, Beseitigung in § 3 Abs. 26 sowie Händler in § 3 Abs. 12 und Makler in § Abs. 15) definiert werden. **153**

Nicht genannt, gleichwohl aber zur Abfallbewirtschaftung gehörend, zählt die **Lagerung** von Abfällen. Nicht zur Abfallbewirtschaftung rechnet hingegen die Abfallvermeidung, die der Gesetzgeber eigenständig in § 3 Abs. 20 definiert, wonach es sich dabei um Maßnahmen handelt, die ergriffen werden, bevor ein Stoff, Material oder ein Erzeugnis Abfall geworden ist, der im Sinne von § 3 Abs. 14 bewirtschaftet werden könnte. **154**

Das **Überlassen von Abfällen** an den öffentlich-rechtlichen Entsorgungsträger ist Bestandteil der Kreislaufwirtschaft und löst dessen Entsorgungspflicht aus (BVerwG Urt. v. 13.12.2007, BVerwGE 130, 127). Der **öffentlich-rechtliche Entsorgungsträger** kann seiner Entsorgungspflicht erst nachkommen, wenn er die tatsächliche Sachherrschaft über die Abfälle hat. Diese erlangt er regelmäßig bei der Abholung der Abfallbehälter zur Abfuhr. Bis zu diesem Zeitpunkt bleibt der Abfallbesitzer überlassungspflichtig. Das entspricht nach Ansicht des BVerwG dem Zweck der gesetzlichen Regelung, ein Auseinanderfallen von Überlassen und Entsorgungspflicht zu vermeiden, was eine Lücke in der Entsorgungsverantwortlichkeit zur Folge hätte. Der bundesrechtliche Begriff des Überlassens schließt eine landesrechtliche Regelung aus, die das Bereitstellen als Überlassen fingiert (BVerwG Urt. v. 13.12.2007, BVerwGE 130, 127). **155**

Ist ein Abfallbesitzer vorhanden, muss er die Abfälle zusammentragen und entsprechend den satzungsrechtlichen Bestimmungen so bereitstellen, dass der öffentliche Entsorgungsträger sie ohne weiteren Aufwand einsammeln kann (BVerwG Urt. v. 27.8.2009 – 7 CN 2/08, juris Rn. 17). Der Abfallbesitzer überlässt die bei ihm angefallenen Abfälle, wenn er dem öffentlich-rechtlichen Entsorgungsträger die Übernahme der tatsächlichen Sachherrschaft an den Abfällen und damit zivilrechtlich auch die Besitzverschaffung und den Eigentumsübergang ermöglicht. Gemeint ist damit die physische Übergabe an den öffentlich-rechtlichen Entsorgungsträger durch den Abfallerzeuger/-besitzer zur Abholung nach Maßgabe des einschlägigen kommunalen Satzungsrechts. Die Abfälle können nicht vor deren Anfallen überlassen werden (VGH Mannheim Urt. v. 27.3.2007 – 10 S 1684/06, juris Rn. 31 f.). **156**

Nach dem KrWG ist die Abfallüberlassung eine von mehreren Entsorgungshandlungen. Sie ist nach der Rechtsprechung des BVerwG vom Bereitstellen, Einsammeln und Befördern zu unterscheiden. Das BVerwG hat sich mit den verschiedenen Phasen der Entsorgung bis zur Überlassung im Zusammenhang mit der Frage nach der Zulässigkeit des Nachsortierens von Abfällen, die bereits in den von der Kommune bereit gestellten Abfallbehältern eingefüllt sind, auseinandergesetzt. Der Überlassungsvorgang geht dem Einsammeln und Befördern voraus (BVerwG, Urt. v. 13.12.2007 – 7 C 42/07, juris Rn. 9; Urt. v. 11.2.1983 – 7 C 45.80, BVerwGE 67, 8, 11). Wenn beide Entsorgungshandlungen nicht ausnahmsweise zusammen-fallen, folgt die Überlassung regelmäßig dem Bereitstellen der Abfälle nach. Das ergibt sich aus der Unterscheidung des Bereitstellens und des Überlassens in § 10 Abs. 1 Nr. 2, § 16 Satz 1 Nr. 2. Von einem Bereitstellen ist auszugehen, wenn Abfallerzeuger und Abfallbesitzer Sachen in Entledigungsabsicht absondern, für eine Abholung kennzeichnen oder in zur Abholung bestimmte Abfallbehälter werfen (BVerwG Urt. v. 13.12.2007 – 7 C 42/07, juris Rn. 9). **157**

158 Das Überlassen von Abfällen an den öffentlich-rechtlichen Entsorgungsträger ist nach der Rechtsprechung des BVerwG Bestandteil der Kreislaufwirtschaft und löst dessen Entsorgungspflicht aus.

II. Grundbegriffe der Abfallsammlung

159 Nichts war seit Inkrafttreten des KrWG im Jahr 2012 so umstritten, wie die Einzelheiten der Zulässigkeit gewerblicher und gemeinnütziger Sammlungen. Wesentliche Grundbegriffe der Sammlung definiert der Gesetzgeber in § 3 Abs. 15–18.

160 **1. Sammlung (Absatz 15).** § 3 Abs. 15 definiert zur Umsetzung von Art. 3 Nr. 10 AbfRRL den Begriff der Sammlung, der für die Getrennthaltung von Bioabfällen sowie Papier-, Metall-, Kunststoff- und Glasabfällen gemäß § 3 Abs. 16 iVm § 11 Abs. 1 und § 11 Abs. 2 Nr. 2, § 14 Abs. 1 sowie für den Umfang der Überlassungspflichten nach § 17 Abs. 2 S. 1 und für die Registerpflicht nach § 49 Abs. 1 von Bedeutung ist.

161 Sammlung im Sinne des KrWG ist das Einsammeln von Abfällen, einschließlich deren vorläufiger Sortierung und vorläufiger Lagerung zum Zweck der Beförderung zu einer Abfallbehandlungsanlage. Einsammeln im Sinne dieser Vorschrift ist das Entgegennehmen und Zusammentragen von Abfällen entweder in einem Holsystem oder in einem Bringsystem, bei dem die Abfälle zu einer von dem öffentlich-rechtlichen Entsorgungsträger bereitgestellten Sammelstelle gebracht und dort entgegengenommen werden, um dann von dort aus weiter entsorgt zu werden (*Hurst/Reese* in Jarass/Petersen, Rn. 84; *Delfs* in Schmehl/Klement, Rn. 84). Ob man allerdings tatsächlich noch von einem Einsammeln und damit auch von einer Sammlung sprechen kann, wenn bestimmte Abfälle lediglich an einem Betriebsstandort entgegengenommen, dort möglicherweise angekauft werden, ist zweifelhaft (siehe dazu *Jahn* in Jahn/Deifuß-Kruse/Brandt Rn. 83).

162 Die Sammlung beginnt dort, wo die bereit gestellten Abfälle übernommen werden. Die körperliche Übergabe der Abfälle trennt das Bereitstellen der Abfälle von deren Sammlung. Nach der ausdrücklichen Regelung gehören auch die vorläufige Sortierung und eine vorläufige Lagerung zum Zweck der Beförderung zu einer Abfallbehandlungsanlage noch zur Sammlung. Vorbehandlungseinrichtungen, so zB Mulden oder Behälter eines Recycling-Hofs zur Vorsortierung bei einem Bringsystem, sind insoweit noch Teil der Sammelinfrastruktur. Eine Sortierung oder Lagerung vor dem Bereitstellen der Abfälle gehört hingegen nicht zur Sammlung der Abfälle. Der Abfallbesitzer ist bei Beachtung des Gebots der gemeinwohlverträglichen Entsorgung befugt, vor der Überlassung von Haushaltsabfällen an den öffentlich-rechtlichen Entsorgungsträger werthaltige Abfälle aus dem Restabfallbehälter zu entnehmen, um sie der ordnungsgemäßen Entsorgung zuzuführen (BVerwG Urt. v. 13.12.2007, BVerwGE 130, 127).

163 **2. Getrennte Sammlung (Absatz 16).** § 3 Abs. 16 definiert den Begriff der getrennten Sammlung. Die Begriffsbestimmung dient der Umsetzung von Art. 3 Nr. 11 AbfRRL. Die getrennte Sammlung ist ein Unterfall des Sammlungsbegriffs in § 3 Abs. 15 und hat insbesondere für Bioabfälle (§ 11) und die Förderung des Recyclings und der sonstigen stofflichen Verwertung (§ 14) Bedeutung. Getrennte Sammlung im Sinne des KrWG ist eine Sammlung, bei der ein Abfallstrom nach Art und Beschaffenheit des Abfalls getrennt gehalten wird, um eine bestimmte Behandlung zu erleichtern oder zu ermöglichen. In den Getrenntsammlungsvorgaben des § 11 Abs. 1 und des § 14 Abs. 1, ist klargestellt, dass die Getrenntsammlungspflichten dem Zweck der ordnungsgemäßen, schadlosen und hochwertigen Verwertung dienen. Damit unterliegen sie den

Grenzen und der Zweckbindung der Verwertungsgrundpflicht (Gesetzesbegründung, BT-Drs. 17/6052, S. 73). Mit einer getrennten Sammlung von Abfällen soll erreicht werden, dass eine vorzugswürdige Verwertung von Abfällen nicht unterbleibt oder gar nicht mehr möglich ist, weil und soweit diese Abfälle gemischt gesammelt worden sind.

3. Gemeinnützige Sammlung (Absatz 17). § 3 Abs. 17 definiert den Begriff der gemeinnützigen Sammlung, der – genauso wie der in § 3 Absatz 18 definierte Begriff der gewerblichen Sammlung – für die Reichweite der kommunalen Überlassungspflichten für Abfälle aus privaten Haushaltungen (vgl.§ 17 Abs. 1 S. 1 und Abs. 2) und das Anzeigeverfahren (vgl. § 18) relevant ist. Abfälle, die über diese Sammlungssysteme einer ordnungsgemäßen und schadlosen Verwertung zugeführt werden, müssen nicht dem öffentlich-rechtlichen Entsorgungsträger überlassen werden. Vor dem Hintergrund einer Privilegierung der gemeinnützigen Sammlung gegenüber der gewerblichen Sammlung müssen beide Sammelsystem voneinander abgegrenzt werden. **164**

Nach § 3 Abs. 17 S. 1 ist eine gemeinnützige Sammlung eine Sammlung, die durch eine nach § 5 Abs. 1 Nr. 9 KStG steuerbefreite Körperschaft, Personenvereinigung oder Vermögensmasse getragen wird und der Beschaffung von Mitteln zur Verwirklichung ihrer gemeinnützigen, mildtätigen oder kirchlichen Zwecke im Sinne der §§ 52 bis 54 AO dient. Um eine gemeinnützige Sammlung von Abfällen handelt es sich nach § 3 Abs. 1 S. 2 auch dann, wenn die Körperschaft, Personenvereinigung oder Vermögensmasse einen gewerblichen Sammler mit der Sammlung beauftragt und dieser den Veräußerungserlös nach Abzug seiner Kosten und eines angemessenen Gewinns vollständig an die Körperschaft, Personenvereinigung oder Vermögensmasse auskehrt. **165**

Mit dem Begriff „Träger" zielt der Gesetzgeber auf eine wirtschaftliche und juristische Gesamtverantwortung. Nach § 17 Abs. 2 S. 1 Nr. 3 kommt dem Träger der gemeinnützigen Sammlung eine Verantwortung für die ordnungsgemäße und schadlose Verwertung der von ihm gesammelten Abfälle zu. Der Träger der Sammlung ist gem. § 18 Abs. 3 Satz 1 zudem verantwortlich für Angaben zu Art, Ausmaß und Dauer der Sammlung. Ihm können nach § 18 Abs. 3 Satz 2 Unterlagen entsprechend § 18 Abs. 2 Nrn. 3 bis 5 abverlangt werden, also unter anderem eine Darlegung der vorgesehenen Verwertungswege und der Art und Weise, wie die ordnungsgemäße und schadlose Verwertung der gesammelten Abfälle gewährleistet wird. Daraus ergibt sich, dass Träger einer gemeinnützigen Sammlung nur derjenige sein kann, der sie tatsächlich maßgeblich steuert und überblickt (OVG NRW Beschl. v. 24.3.2015, NWVBL 2015, 340; VGH BW Beschl. v. 16.1.2014, NVwZ 2014, 1253; OVG NRW Beschl. v. 9.12.2013 – 20 B 319/13, juris). **166**

Bei dem Sammlungsträger muss es sich um eine steuerbefreite Körperschaft, Personenvereinigung oder Vermögensmasse im Sinne von § 5 Abs. 1 Nr. 9 KStG handeln. Das bedeutet, dass der Träger nach seiner Satzung, dem Stiftungsgeschäft oder der sonstigen Verfassung und nach der tatsächlichen Geschäftsführung ausschließlich und unmittelbar gemeinnützigen, mildtätigen oder kirchlichen Zwecken dient (§§ 51 ff. AO). Ob in diesem Sinne eine Gemeinnützigkeit vorliegt, entscheiden auf der Grundlage entsprechender Nachweise die Finanzbehörden. **167**

Nach § 3 Abs. 17 S. 2 kann der Träger der gemeinnützigen Sammlung auch einen gewerblichen Sammler mit der Sammlung beauftragen, wenn dieser den Veräußerungserlös nach Abzug seiner Kosten und eines angemessenen Gewinns vollständig an den Träger der gemeinnützigen Sammlung auskehrt. Die Höhe des angemessenen Gewinns, den der von dem Träger beauftragte gewerbliche Sammler einbehalten darf, lässt sich nicht abstrakt, sondern nur anhand der jeweiligen Umstände des Einzelfalls festlegen (*Jacobi* in Versteyl/Mann/Schomerus Rn. 92; *Dippel/Hamborg* AbfallR 2014, 30). **168**

169 **4. Gewerbliche Sammlung (Absatz 18).** § 3 Abs. 18 definiert den Begriff der gewerblichen Sammlung. Eine gewerbliche Sammlung von Abfällen im Sinne des KrWG ist eine Sammlung, die zum Zweck der **Einnahmeerzielung** erfolgt. Die Durchführung der Sammeltätigkeit auf der Grundlage vertraglicher Bindungen zwischen dem Sammler und der privaten Haushaltung in dauerhaften Strukturen steht einer gewerblichen Sammlung nicht entgegen.

170 Hintergrund der Präzisierung in § 3 Abs. 17 S. 2 ist die EU-rechtliche Funktion der gewerblichen Sammlung. Gewerbliche Sammlungen stellen einen wichtigen Ausnahmetatbestand im Bereich der kommunalen Überlassungspflichten dar. Nach § 17 Abs. 2 S. 1 Nr. 4 unterliegen Haushaltsabfälle nicht der Überlassungspflicht, soweit sie einer ordnungsgemäßen und schadlosen Verwertung zugeführt werden und überwiegende Interessen nicht entgegenstehen. Durch die gesetzlich eingeräumte Möglichkeit gewerblicher Sammlungen wird im Bereich der Hausmüllentsorgung der **Warenverkehrs- und Wettbewerbsfreiheit** der notwendige Raum gegeben. Der Begriff der gewerblichen Sammlung ist vor diesem Hintergrund EU-rechtskonform auszulegen. Die Größe, der Organisationsgrad und die wirtschaftliche Leistungsfähigkeit der Sammlung sowie deren Intensität oder Marktverhalten gegenüber dem Bürger spielen für die Definition daher keine Rolle. Derartige Aspekte können allerdings im Zusammenhang mit der behördlichen Prüfung, ob einer gewerblichen Sammlung auf Grund ihrer Auswirkungen auf bestehende Entsorgungsstrukturen überwiegende öffentliche Interessen entgegenstehen, relevant sein (vgl. Gesetzesbegründung, BT-Drs. 17/6052, S. 73).

171 Zu Recht wird zu dieser Definition der gewerblichen Sammlung angemerkt, dass die gewerbliche Sammlung den Dreh- und Angelpunkt in dem sogenannten Kampf um Abfall bildet und deshalb dazu auch eine große Anzahl von Rechtsstreitigkeiten geführt worden sind (*Jacobi* in Versteyl/Mann/Schomerus Rn. 93).

172 Soweit nach der Legaldefinition der Zweck einer Einnahmeerzielung vorausgesetzt wird, dürfte damit gemeint sein, dass nicht nur die Erzielung von Einnahmen, sondern auch von Gewinnen bezweckt wird. Unabhängig davon, bedeutet diese Zwecksetzung nicht, dass die Einordnung einer Sammlung als gewerblich davon abhängt, ob solche Einnahmen oder sogar Gewinne tatsächlich erzielt werden.

173 Gewerbliche Sammlungen können in unterschiedlichen **Sammelsystemen** stattfinden; es können sowohl Holsysteme – wie zB Straßensammlungen mit Körben – oder aber Bringsysteme durch Aufstellung von Containern für Altkleider und alte Schuhe eingerichtet werden.

174 Auch der Abschluss von Verträgen zwischen dem Sammler und den privaten Haushalten steht der Einordnung als gewerbliche Sammlung nach § 3 Abs. 18 S. 2 nicht entgegen. Es geht dementsprechend bei den gewerblichen Sammlungen nicht nur um die in der Vergangenheit vornehmlich tätigen Gelegenheitssammler, sondern auch um systematische, flächendeckende Sammelaktivitäten mittelständischer und größerer Unternehmen in einer bestimmten Region. Mit dieser Klarstellung sollte der Warenverkehrs- und Wettbewerbsfreiheit durch gewerbliche Sammlungen hinreichend Raum gegeben werden (Gesetzesbegründung, BT-Drs. 17/6052, S. 74; *Delfs* in Schmehl/Klement Rn. 68).

III. Kreislaufwirtschaft (Absatz 19)

175 § 3 Abs. 19 definiert den zuvor bereits bekannten Begriff der Kreislaufwirtschaft. Diese umfasst die Vermeidung und Verwertung von Abfällen. Der Begriff „Vermeidung" wird in § 3 Abs. 20 und der Begriff der Verwertung in § 3 Abs. 23 näher bestimmt. Da zur Vermeidung nach § 3 Abs. 20 S. 2 auch die Wiederverwendung von Erzeugnissen

gehört, wird die Wiederverwendung nicht von der Kreislaufwirtschaft erfasst. Die Kreislaufwirtschaft erstreckt sich auch nicht auf die Abfallbeseitigung, weil sie gerade zur Ausschleusung der Abfälle aus der Kreislaufwirtschaft führen soll. Die Beseitigung ist insoweit Teil der Abfallbewirtschaftung, nicht jedoch der Kreislaufwirtschaft.

IV. Vermeidung (Absatz 20)

§ 3 Abs. 20 definiert zur Umsetzung von Art. 3 Nr. 12 AbfRRL den Begriff der Vermeidung. Zur Abfallvermeidung zählt gemäß § 3 Abs. 20 S. 1 jede Maßnahme, die ergriffen wird, bevor ein Stoff, Material oder Erzeugnis zu Abfall geworden ist, und dazu dient, die Abfallmenge, die schädlichen Auswirkungen des Abfalls auf Mensch und Umwelt oder den Gehalt an schädlichen Stoffen in Materialien und Erzeugnissen zu verringern. Hierzu gehören nach § 3 Abs. 20 S. 2 insbesondere die **anlageninterne Kreislaufführung** von Stoffen, die **abfallarme Produktgestaltung,** die **Wiederverwendung von Erzeugnissen** oder die **Verlängerung ihrer Lebensdauer** sowie ein **Konsumverhalten,** das auf den Erwerb von abfall- und schadstoffarmen Produkten sowie die Nutzung von Mehrwegverpackungen gerichtet ist. **176**

Wie sich aus dem Begriff „insbesondere" ergibt, ist die Aufzählung der Maßnahmen nicht abschließend. Bedeutung erlangt die Definition insbesondere in Zusammenhang mit den Abfallvermeidungsprogrammen im Sinne des § 33. Dazu sind auf der Grundlage der Richtlinie 2018/51 zur Änderung der AbfRRL wesentliche Änderungen geplant. **177**

Die Vermeidung ist nach der Abfallhierarchie des § 6 die grundsätzlich vorrangige Option. Die Pflicht zur Abfallvermeidung richtet sich gem. § 7 nach § 13 sowie den Rechtsverordnungen, die aufgrund der §§ 24 und 25 erlassen worden sind. § 13 bestimmt, dass die Pflichten von Betreibern genehmigungsbedürftiger und nicht genehmigungsbedürftiger Anlagen nach dem BImSchG, diese so zu errichten und zu betreiben, dass Abfälle vermieden, verwertet oder beseitigt werden, sich nach den Vorschriften des BImSchG richten. Ziele der Abfallvermeidung sind nach § 30 Abs. 1 S. 1 Nr. 1 in den Abfallwirtschaftsplänen darzustellen. Nach § 33 Abs. 1 S. 1 erstellt der Bund ein **Abfallvermeidungsprogramm.** Die Länder können sich nach § 33 Abs. 1 S. 2 an der Erstellung dieses Abfallvermeidungsprogramms beteiligen. Soweit sie sich nicht an einem Abfallvermeidungsprogramm des Bundes beteiligen, erstellen sie gem. § 33 Abs. 2 eigene Abfallvermeidungsprogramme. **178**

V. Wiederverwendung (Absatz 21)

§ 3 Abs. 21 definiert in Umsetzung von Art. 3 Nr. 13 AbfRRL den Begriff der Wiederverwendung. Wiederverwendung im Sinne des KrWG ist jedes Verfahren, bei dem Erzeugnisse oder Bestandteile, die keine Abfälle sind, wieder für denselben Zweck verwendet werden, für den sie ursprünglich bestimmt waren. Der Begriff beschreibt Maßnahmen, die in einer Phase stattfinden, bei der das Erzeugnis oder dessen Bestandteile noch kein Abfall, bzw. nach Beendigung der Verwertung kein Abfall mehr sind. Besondere Bedeutung hat der Begriff daher vor allem für die Definition der – nach der Abfallhierarchie des § 6 Abs. 1 grundsätzlich vorrangigen – Verwertungsoption „Vorbereitung zur Wiederverwendung" (vgl. § 3 Abs. 24). Die Wiederverwendung gehört systematisch zur Abfallvermeidung; sie wird deshalb in § 3 Abs. 20 S. 2 ausdrücklich als Maßnahme der Abfallvermeidung aufgezählt. Die Vorbereitung zur Wiederverwendung ist hingegen die grundsätzliche rangbeste Form der Verwertung nach § 6 Abs. 1 Nr. 2. **179**

180 Entscheidend für die Abgrenzung der Wiederverwendung eines Erzeugnisses zu anderen Verwendungsmöglichkeiten ist das Merkmal **desselben Verwendungszwecks.** Insoweit ist eine vergleichende Betrachtung des ursprünglichen Verwendungszwecks und des Verwendungszwecks nach Durchführung des Verwertungsverfahrens notwendig. Nur bei gleichen Verwendungszwecken liegt eine Wiederverwendung vor (Gesetzesbegründung der Bundesregierung, BT-Drs. 17/6052, S. 74).

181 Da die wiederholte Verwendung eines Erzeugnisses oder Produkts – abgesehen von Einweg-Produkten – den Regelfall darstellen dürfte, muss die Wiederverwendung von einer solchen „normalen" **Weiterverwendung** unterschieden werden (dazu näher *Bechtolsheim/Charlier* AbfallR 2019, 22, 23). Eine Wiederverwendung liegt nur vor, wenn die Verwendung des Erzeugnisses unterbrochen worden ist, weil zB eine Reparatur notwendig geworden ist oder weil der Besitzer des Erzeugnisses sich seiner mangels weiterer Verwendungsabsicht entledigt hat und danach die Verwendung zu demselben Verwendungszweck wieder aufgenommen wird (*Delfs* in Schmehl/Klement Rn. 99). Eine Vorbereitung zur Wiederverwendung Sinne von § 3 Abs. 24 ist nicht zwingend vor der Wiederverwendung erforderlich. Maßnahmen der Vorbereitung zur Wiederverwendung finden statt, wenn eine Wiederverwendung ohne solche Vorbereitungsmaßnahmen nicht möglich ist, weil etwa eine Reparatur oder einer Reinigung zuvor notwendig geworden ist.

VI. Abfallentsorgung (Absatz 22)

182 § 3 Abs. 22 definiert den Begriff der Abfallentsorgung als Oberbegriff für alle Verwertungs- und Beseitigungsverfahren, einschließlich der Vorbereitung vor der Verwertung oder Beseitigung. Die Definition setzt Art. 3 Nr. 14 AbfRRL um. Im Gegensatz zur EU-rechtlichen Vorschrift wird jedoch nicht der Oberbegriff der „Behandlung", sondern der im deutschen Recht eingeführte Rechtsbegriff der „Entsorgung" verwendet. Die Beibehaltung des in einer Vielzahl gesetzlicher und untergesetzlicher Reglungen enthaltenen deutschen Rechtsbegriffs dient ausweislich der Gesetzesbegründung der Rechtssicherheit sowie der praktikablen Anwendung des KrWG durch Behörden und betroffene Rechtsanwender (Gesetzesbegründung der Bundesregierung, BT-Drs. 17/6052, S. 74).

VII. Verwertung (Absatz 23)

183 § 3 Abs. 23 definiert zur Umsetzung von Art. 3 Nr. 15 AbfRRL den Begriff der Verwertung. Die Definition löst die früheren Begriffsbestimmungen des Kreislaufwirtschafts- und Abfallgesetzes für die Unterbegriffe stoffliche Verwertung (§ 4 Abs. 3 KrW-/AbfG) und energetische Verwertung (§ 4 Abs. 4 KrW-/AbfG) ab.

184 Verwertung im Sinne des KrWG ist jedes Verfahren, als dessen **Hauptergebnis** die Abfälle innerhalb der Anlage oder in der weiteren Wirtschaft einem **sinnvollen Zweck** zugeführt werden, indem sie entweder andere Materialien ersetzen, die sonst zur Erfüllung einer bestimmten Funktion verwendet worden wären, oder indem die Abfälle so vorbereitet werden, dass sie diese Funktion erfüllen. Anlage 2 des KrWG enthält eine **nicht abschließende Liste** von Verwertungsverfahren.

185 Die allgemeine Verwertungsdefinition stellt in Abgrenzung zur Beseitigung (vgl. § 3 Abs. 26) im Wesentlichen darauf ab, dass beim Entsorgungsverfahren als **Hauptergebnis** Abfälle innerhalb der Anlage oder in der weiteren Wirtschaft einem sinnvollen Zweck zugeführt werden, indem sie andere Materialien ersetzen, die ansonsten zur Erfüllung der

Funktion verwendet worden wären. Entscheidend ist die **Substitutionswirkung** des Entsorgungsverfahrens, welche sich auf einen **Rohstoff- oder Brennstoffersatz** richten kann (VGH BW Beschl. v. 25.5.2016, UPR 2016, 355).

Anders als die Vorgängerbestimmungen stellt die Definition der Verwertung nicht **186** mehr auf einen Hauptzweck, sondern auf ein Hauptergebnis der Maßnahme ab, womit eine stärkere Verobjektivierung erreicht werden soll (*Delfs* in Schmehl/Klement Rn. 110). Dient die Entsorgungsmaßnahme dazu, dass die Abfälle überwiegend primäre Rohstoffe oder Brennstoffe ersetzen, dann ist diese Ersetzung ihr Hauptergebnis. Allerdings kann das Überwiegen dieser Ersetzung primärer Stoffe zu Begründung des Hauptergebnisses nicht ausschließlich nach quantitativen Kriterien festgestellt werden. Das Hauptergebnis einer Maßnahme kann auch dann in der Substitutionswirkung liegen, wenn die Abfälle nur in einem geringeren Umfang als 50% dem Ersatz von Rohstoffen und Brennstoffen dienen (*Delfs* in Schmehl/Klement Rn. 111; aA *Reese* NVwZ 2009, 1073, 1079).

Zur Verwertung genügt es nicht, dass überhaupt ein Nutzen aus dem Abfall gezogen **187** wird, denn dies kann durchaus Teil einer Beseitigungsmaßnahme sein. Deshalb ist die Ablagerung von Abfällen im Rechtssinne „Abfallbeseitigung" und nicht „Abfallverwertung", wenn die betreffenden Abfälle weder Rohstoffe ersetzen noch auf Grund ihrer stofflichen Eigenschaften einen bestimmten abfallrechtlichen Nutzen erfüllen (*Schink* UPR 2012, 201, 205; VGH BW Beschl. v. 25.5.2016, UPR 2016, 355). Ein Verwertungsverfahren nach R 10 der Anlage 2 zu § 3 Abs. 23 Satz 2 setzt voraus, dass im Fall der Aufbringung von Erdreich auf den Boden dieses Erdreichs unmittelbar zum Nutzen der Landwirtschaft ist. Erdaushub aus nicht belebtem Unterboden erfüllt diese Anforderungen des Verwertungsverfahrens nicht. Eine spätere Aufbringung von Mutterboden lässt die Beseitigung des Erdaushubs nicht zu einer Abfallverwertung werden (VGH BW Beschl. v. 25.5.2016, UPR 2016, 355).

Nach § 3 Abs. 23 kann auch eine vorbereitende Behandlung von Abfällen im Rah- **188** men eines mehrstufigen Entsorgungsverfahrens als Verwertung eingestuft werden, wenn die Abfälle so vorbereitet werden, dass sie diese Funktion erfüllen. Gemeint ist damit die Funktion, für die normalerweise andere Materialien verwendet werden. Lässt sich die Behandlung von Abfällen bereits selbst eindeutig als Verwertung oder Beseitigung einordnen, so ist auf die jeweilige Einzelmaßnahme abzustellen (VG Augsburg Urt. v. 29.6.2020 – Au 9 K 18.1776, juris Rn. 45; *Kropp* in v. Lersner/Wendenburg/Kropp/Rüdiger, Recht der Abfall- und Kreislaufwirtschaft, § 3 KrWG Rn. 182). Bei einer Vorbehandlungsmaßnahme handelt es sich um eine eigenständige Verwertung, wenn in der Vorbehandlungsanlage selbst eine Rückgewinnung von Sekundärrohstoffen stattfindet oder eine anderweitige stoffliche oder energetische Nutzung des Abfalls erfolgt. In einem solchen Fall ist die Vorbehandlung einem der endgültigen Verwertungsverfahren nach R1 bis R11 der Anlage 2 zum KrWG zuzuordnen (VG Augsburg Urt. v. 29.6.2020 – Au 9 K 18.1776, juris Rn. 45). Kann das Verfahren in der Vorbehandlungsanlage selbst nicht als Verwertung oder Beseitigung eingeordnet werden, so hat die Bestimmung der Qualität der Vorbehandlung anhand einer Gesamtbetrachtung unter Berücksichtigung der der Vorbehandlung nachfolgenden Entsorgungsschritte zu erfolgen. Die Einordnung der Vorbehandlung es Verwertung oder Beseitigung hängt von dem Tiel ab, dem sie dient. Werden die bei der Vorbehandlung entstehenden Abfälle einer weiteren Verwertung zugeführt, dann handelt es sich bei der Vorbehandlungsmaßnahme um eine Verwertung im Sinne des § 3 Abs. 23 Satz 1 Halbs. 2 (VG Augsburg Urt. v. 29.6.2020 – Au 9 K 18.1776, juris Rn. 46). Ist keine eindeutige Zuordnung des Vorbehandlungsverfahrens zu einem späteren Verwertungsverfahren möglich, ist jedenfalls zum maßgeblichen Zeitpunkt der Beförderung der Abfälle zur Vorbehandlungsanlage eine Verwertung nicht gewiss, so dass die Vorbehandlung als Beseitigung einzuordnen ist (VG Augsburg Urt. v. 29.6.2020 – Au 9 K 18.1776, juris Rn. 46).

189 Umweltbezogene Aspekte, wie etwa die Schädlichkeit des Abfalls oder die Vermischung, spielen für die Abgrenzung zwischen Verwertung und Beseitigung keine Rolle. Die Gefährlichkeit oder Ungefährlichkeit von Abfällen ist für die Frage, ob ein Verfahren der Abfallbehandlung als Verwertung oder als Beseitigung eingestuft werden kann, nicht entscheidend. Dass im Rahmen der Vorbehandlung von infektiösen Abfällen in einer Desinfektionsanlage die infektiösen Eigenschaften der Abfälle beseitigt werden, bedeutet nicht, dass diese Vorbehandlung als Abfallbeseitigung einzuordnen wäre (VG Augsburg Urt. v. 29.6.2020 – Au 9 K 18.1776, juris Rn. 50). Der Substitutionseffekt kann dabei auch außerhalb der entsorgenden Anlage eintreten, wie etwa durch Auskoppelung von Fernwärme einer Müllverbrennungsanlage in ein Fernwärmenetz. Vorbereitende Verfahren, die auf diese Funktion ausgerichtet sind, fallen ebenfalls unter den Verwertungsbegriff (Gesetzesbegründung der Bundesregierung, BT-Drs. 17/6052, S. 74).

190 In Übereinstimmung mit der Abfallrahmenrichtlinie wird die allgemeine Definition durch Anlage 2 konkretisiert, die eine nicht abschließende Liste von Verwertungsverfahren enthält. Der Oberbegriff der Verwertung wird in den Bestimmungen über die spezifischen Verwertungsverfahren der Vorbereitung zur Wiederverwendung (Absatz 24) und dem Recycling (§ 3 Abs. 25) weiter differenziert.

191 Relevanz hat die Einstufung insbesondere für die Abfallhierarchie (§ 6 Abs. 1). Ein Verwertungsverfahren, das nicht von den spezifischen Definitionen erfasst wird, ist als „sonstige Verwertung" zu bezeichnen (vgl. § 6 Abs. 1 Nr. 4). Derartige Verfahren, zu denen etwa die energetische Verwertung oder der Bergversatz zählt (*Kropp* AbfallR 2018, 50 ff.), sind nach der Abfallhierarchie des § 6 grundsätzlich als nachrangige Verwertungsoption zu werten. Allerdings kann im Einzelfall aufgrund einer Abwägung nach § 6 Abs. 2 eine andere Verwertungsoption vorzugswürdig sein. Nach der Rechtsprechung des EuGH ist der Grundsatz der „Abfallhierarchie" nach Art. 4 AbfRRL dahin auszulegen, dass er zB einer nationalen Regelung nicht entgegensteht, die Abfallverbrennungsanlagen als „strategische Infrastrukturen und Einrichtungen von vorrangigem nationalem Interesse" einstuft, sofern diese Regelung mit den übrigen Bestimmungen der AbfRRL im Einklang steht, die speziellere Verpflichtungen vorsehen (EuGH Urt. v. 8.5.2019, C-305/18, Celex-Nr. 62018CJ0305).

192 Auf der Grundlage der durch die Änderungsrichtlinie 2018/851 geänderten AbfRRL wird in § 3 Abs. 23a ergänzend der Begriff der **stofflichen Verwertung** definiert. Stoffliche Verwertung ist danach jedes Verwertungsverfahren, mit Ausnahme der energetischen Verwertung und der Aufbereitung zu Materialien, die für die Verwendung als Brennstoff oder als anderes Mittel der Energieerzeugung bestimmt sind. Zur stofflichen Verwertung zählen insbesondere die Vorbereitung zur Wiederverwendung, das Recycling und die Verfüllung.

193 Erstmalig definiert worden ist in § 3 Abs. 25a auch der Begriff der **Verfüllung.** Verfüllung ist danach jedes Verwertungsverfahren, bei dem geeignete nicht gefährliche Abfälle zur Rekultivierung von Abgrabungen oder zu bautechnischen Zwecken bei der Landschaftsgestaltung verwendet werden. Die für die Verfüllung verwendeten Abfälle müssen Materialien ersetzen, die keine Abfälle sind, für die vorstehend genannten Zwecke geeignet sein und auf die für die Erfüllung dieser Zwecke unbedingt erforderlichen Mengen beschränkt sein. **Bergversatz** mit gefährlichen Abfällen ist nach dieser Definition zwar keine Verfüllung, bleibt aber gleichwohl durchaus eine stoffliche Verwertung (siehe dazu *Franßen/Verfers* AbfallR 2020, 157, 158). Die Herstellung eines Versatzstoffes nach einer Rezeptur unter Verwendung gefährlicher Abfälle kann als Recycling anerkannt wird. Denn die Einschränkung des § 3 Abs. 25, dass die Aufbereitung zu Materia-

lien, die zur Verfüllung bestimmt sind, kein Recycling darstellt, gilt für den Bergversatz nicht, da dieser definitionsgemäß kein Fall der Verfüllung ist (*Kropp* AbfallR 2018, 50). Soweit bei dem Bergversatz nicht gefährliche Abfälle eingesetzt werden, sind sie bei der Berechnung der Quote nach § 14 Abs. 2 zu berücksichtigen (*Franßen/Verfers* AbfallR 2020, 157, 158).

VIII. Stoffliche Verwertung (Absatz 23a)

194 Mit der Gesetzesnovelle 2020 hat der Gesetzgeber den Begriff der stofflichen Verwertung erstmals legaldefiniert. Stoffliche Verwertung im Sinne des KrWG ist nach § 3 Abs. 23a S. 1 jedes Verwertungsverfahren mit Ausnahme der energetischen Verwertung und der Aufbereitung zu Materialien, die für die Verwendung als Brennstoff oder als anderes Mittel der Energieerzeugung bestimmt sind. Zur stofflichen Verwertung zählen nach § 3 Abs. 23a S. 2 insbesondere die Vorbereitung zur Wiederverwendung, das Recycling und die Verfüllung. Die Legaldefinition der stofflichen Verwertung dient der Umsetzung von Art. 3 Nr. 15a AbfRRL und steht im Zusammenhang mit der Berechnung der Quote für die „sonstige stoffliche Verwertung" von nicht gefährlichen Bau- und Abbruchabfällen nach § 14 Abs. 2 (Gesetzesbegründung, BT-Drs. 19/19373, S. 47).

IX. Vorbereitung zur Wiederverwendung (Absatz 24)

195 § 3 Abs. 24 definiert zur Umsetzung von Art. 3 Nr. 16 AbfRRL den Begriff der Vorbereitung zur Wiederverwendung. Vorbereitung zur Wiederverwendung im Sinne des KrWG ist jedes Verwertungsverfahren der Prüfung, Reinigung oder Reparatur, bei dem Erzeugnisse oder Bestandteile von Erzeugnissen, die zu Abfällen geworden sind, so vorbereitet werden, dass sie ohne weitere Vorbehandlung wieder für denselben Zweck verwendet werden können, für den sie ursprünglich bestimmt waren.

196 Die Vorbereitung zur Wiederverwendung ist dadurch gekennzeichnet, dass Erzeugnisse oder deren Bestandteile, die zu Abfall geworden sind, durch wenig materialintensive Verwertungsverfahren der Prüfung, Reinigung oder Reparatur so vorbereitet werden, dass sie ohne weitere Vorbehandlung wieder zu ihrem ursprünglichen Zweck verwendet werden können. In Frage kommt zB das Aussortieren noch funktionsfähiger Gegenstände aus Sachgesamtheiten oder auch die Vornahme von kleineren Reparaturen, die einen Gegenstand mit wenigen Handgriffen wieder funktionstüchtig werden lassen. Da diese Verwertungsform in besonderer Weise dem Ressourcenschutz dient, wird sie nach § 6 Abs. 1 Nr. 2 als vorrangige Verwertungsoption bevorzugt (Gesetzesbegründung der Bundesregierung, BT-Drs. 17/6052, S. 74).

197 Schwierig kann im Einzelfall die Abgrenzung der Vorbereitung zur Wiederverwendung von einer Maßnahme des Recyclings sein (*Bechtolsheim/Charlier* AbfallR 2019, 22, 23). Zum Recycling zählen alle Verwertungsverfahren, durch die Abfälle zu Erzeugnissen, Materialien oder Stoffen entweder für den ursprünglichen Zweck oder für andere Zwecke aufbereitet werden. Der Unterschied zwischen einer Vorbereitung zur Wiederverwendung und einem Recycling soll sich aus der Intensität der Einwirkung auf das jeweilige Material ergeben. Maßnahmen zur Vorbereitung einer Wiederverwendung erstrecken sich in erster Linie auf solche der Reinigung, des Aussortierens noch gebrauchsfähiger Erzeugnisse oder auch der einfachen Reparaturen ohne wesentlichen Substanzeingriff (*Frenz* UPR 2012, 210 f.; *Prelle* AbfallR 2008, 220, 222; *Delfs* in Schmehl/Klement Rn. 111).

198 Noch nicht geklärt ist die Frage, ob und inwieweit die **öffentlich-rechtlichen Entsorgungsträger** verpflichtet sind, eine Wiederverwendung von Abfällen vorzubereiten, die ihnen zur Entsorgung überlassen werden (dazu *Bechtolsheim/Charlier* AbfallR 2019, 22 ff.). In Betracht kommt eine Wiederverwendung vor allem bei im Rahmen der **Sperrmüllabfuhr** überlassenen Gebrauchsmöbeln oder auch für gut erhaltene **Altkleider.** Insbesondere bei mit einem vergleichsweise geringem Aufwand für eine Wiederverwendung zu reinigenden oder zu reparierenden Gegenständen soll eine Vorbereitung zur Wiederverwendung für den öffentlich-rechtlichen Entsorgungsträger vorrangig und verpflichtend gegenüber anderen Verwertungsverfahren und erst recht vor der Beseitigung sein. Nimmt man eine Pflicht des öffentlich-rechtlichen Entsorgungsträgers zur Vorbereitung einer Wiederverwendung an, stellt sich zugleich auf die Frage, ob und inwieweit er die damit verbundenen Kosten über **Abfallgebühren** refinanzieren darf. Dies wird in der Literatur bejaht (*Bechtolsheim/Charlier* AbfallR 2019, 22, 28 ff.).

X. Recycling (Absatz 25)

199 § 3 Abs. 25 definiert zur Umsetzung von Art. 3 Nr. 17AbfRRL den Begriff des Recyclings. Recycling im Sinne des KrWG ist jedes Verwertungsverfahren, durch das Abfälle zu Erzeugnissen, Materialien oder Stoffen entweder für den ursprünglichen Zweck oder für andere Zwecke aufbereitet werden; es schließt die Aufbereitung organischer Materialien ein, nicht aber die energetische Verwertung und die Aufbereitung zu Materialien, die für die Verwendung als Brennstoff oder zur Verfüllung bestimmt sind.

200 Kennzeichnend für das Recycling ist der Umstand, dass Abfälle zu Erzeugnissen, Materialien oder Stoffen aufbereitet werden, die wiederum für den ursprünglichen Zweck oder andere Zwecke verwendet werden können. Im Gegensatz zur Vorbereitung zur Wiederverwendung sind daher auch intensivere Behandlungsmaßnahmen denkbar, durch die der aufbereitete Gegenstand auch für eine andere Verwendung aufbereitet werden kann. Da diese Verwertungsform ebenfalls dem Ressourcenschutz dient, wird sie nach § 6 Abs. 1 Nr. 3 als zweitbeste Verwertungsoption gekennzeichnet. Das Recycling ist dementsprechend gegenüber der Vorbereitung zur Wiederverwendung nachrangig, gegenüber einer sonstigen Verwertung hingegen vorrangig. Dabei ist allerdings zu bedenken, dass es sich bei § 6 Abs. 1 nur um eine abstrakte Rangfolge handelt, die auf der Grundlage einer Prüfung nach § 6 Abs. 2 hinterfragt werden muss. Bei einer solchen Prüfung kann sich erweisen, dass eine Maßnahme des Recyclings gegenüber der Vorbereitung zur Wiederverwendung vorzugswürdig ist oder aber gegenüber einer sonstigen Verwertung nachrangig sein kann.

201 Die Recyclingdefinition ist nicht unbedingt deckungsgleich mit der Beschreibung von stofflichen Verwertungsverfahren in anderen Regelwerken. Dies gilt zB für die Aufbereitung zu und die Verwendung von Kunststoffen als Reduktionsmittel in Hochöfen, die sich nach der Definition dieses Absatzes als Recycling darstellt. Bei diesem Verfahren dienen die Kunststoffe nicht als Brennstoffe, sondern ersetzen bei dem chemischen Prozess der Vergasung andere Reduktionsmittel wie Kohle oder Koks (Gesetzesbegründung der Bundesregierung, BT-Drs. 17/6052, S. 74; zur Abgrenzung und Differenzierung der Begriffe Recycling und Stoffliche Verwertung siehe auch *SRU* Umweltgutachten 2020, S. 121).

202 Der Klarstellung dient der Hinweis, dass die energetische Verwertung, das heißt die Nutzung von Abfällen als Brennstoff, nicht unter das Recycling fällt. Das gleiche gilt für die vorbereitende Stufe, nämlich die Aufbereitung von Materialien, die für die Verwendung als Brennstoff oder zur Verfüllung bestimmt sind. Der Begriff der Verfüllung umfasste in der Vergangenheit die ober- wie die untertägige Verfüllung. Derartige Verfahren wurden auf Grund ihrer weniger günstigen Ressourceneffizienz nach der Abfallhierarchie des § 6 als grundsätzlich und vorbehaltlich der Prüfung nach § 6 Abs. 2 nachrangige Verwertungsoption beschrieben.

XI. Verfüllung (Absatz 25a)

Neu in das Gesetz aufgenommen wurde im Jahre 2020 auch die Legaldefinition des Begriffs der Verfüllung, einer besonderen Form der stofflichen Verwertung. Verfüllung im Sinne des KrWG ist nach § 3 Abs. 25a S. 1 jedes Verwertungsverfahren, bei dem geeignete, nicht gefährliche Abfälle zum Zweck der Rekultivierung von Abgrabungen oder zu bautechnischen Zwecken bei der Landschaftsgestaltung verwendet werden *Franßen/Verfers* (AbfallR 2020, 157, 158) bemängeln, dass der Begriff der Verfüllung nicht mit dem bergrechtlichen Begriff der Wiedernutzbarmachung der Oberfläche nach § 4 Abs. 4 BBergG abgestimmt sei. Wiedernutzbarmachung ist nach § 4 Abs. 4 BBergG die ordnungsgemäße Gestaltung der vom Bergbau in Anspruch genommenen Oberfläche unter Beachtung des öffentlichen Interesses. Nach § 55 Abs. 2 Nr. 2 BBergG darf ein Abschlussbetriebsplan für ein bergbauliches Vorhaben nur zugelassen werden, wenn die Wiedernutzbarmachung der Oberfläche in der vom einzustellenden Betrieb in Anspruch genommenen Fläche sichergestellt ist. Zutreffend weisen *Franßen/Verfers* darauf hin, dass eine Wiedernutzbarmachung der Oberfläche nach Einstellung des Bergwerks auf der Grundlage des § 4 Abs. 4 BBergG lediglich eine ordnungsgemäße Gestaltung der von dem Vorhaben beanspruchten Oberfläche unter Beachtung der öffentlichen Interessen voraussetzt und das sich eine Rekultivierungsverpflichtung regelmäßig erst aus dem Naturschutzrecht und insbesondere aus der naturschutzrechtliche Eingriffsregelung ergibt. Das ist jedoch kein Grund, die Legaldefinition der Verfüllung in § 3 Abs. 25a zu beanstanden. Denn eine Verfüllung zu Zwecken der Wiedernutzbarmachung im bergrechtlichen Sinne dürfte in aller Regel unter das Merkmal der Verwendung zu bautechnischen Zwecken bei der Landschaftsgestaltung zu subsumieren sein. Eine Verfüllung zu Zwecken der Wiedernutzbarmachung erfüllt deshalb auch ohne ausdrückliche Erwähnung in der Legaldefinition den Verfüllungsbegriff des § 3 Abs. 25a und des Art. 3 Nr. 17a AbfRRL. Die Bundesregierung hat deshalb im Ergebnis zu Recht die Forderung des Bundesrats, die Verfüllungsdefinition durch Einbeziehung des Begriffs der Wiedernutzbarmachung zu erweitern, abgelehnt (BT-Drs. 19/19373, S. 106). Der Einwand der Bundesregierung, der Begriff „Wiedernutzbarmachung" widerspreche dem Richtlinientext ist allerdings nicht überzeugend. Denn auch wenn in der Richtliniendefinition der Begriff „Wiedernutzbarmachung" nicht verwendet wird, wäre seine Hinzufügung im deutschen Recht nicht unionsrechtswidrig; eine solche Ergänzung ist vielmehr nicht erforderlich, weil sich durch eine Auslegung der Definition hinreichend sicher bestimmen läßt, dass auch eine Wiedernutzbarmachung im bergrechtlichen Sinne den Verfüllungsbegriff erfüllt. 203

Die für die Verfüllung verwendeten Abfälle müssen nach § 3 Abs. 25a S. 2 Materialien ersetzen, die keine Abfälle sind, für die vorstehend genannten Zwecke geeignet sein und auf die für die Erfüllung dieser Zwecke unbedingt erforderlichen Mengen beschränkt sein. Mit diesen Anforderungen an die Verfüllung im Sinne des KrWG geht der Gesetzgeber über eine Legaldefinition im engeren Sinne hinaus und formuliert Voraussetzungen für die Zulässigkeit der stofflichen Verwertung in Form einer Verfüllung. Das bedeutet allerdings nicht, dass eine Verfüllung von untertägigen Hohlräumen mit gefährlichen Abfällen keine stoffliche Verwertung sein könnte. Denn definiert wird nur der Begriff der 204

Verfüllung; eine Einschränkung des Oberbegriffs der stofflichen Verwertung ergibt sich daraus nicht.

205 Die Regelung dient der Umsetzung von Art. 3 Nr. 17a AbfRRL und steht ausweislich der Gesetzesbegründung (BT-Drs. 19/19373, S. 47) maßgeblich im Zusammenhang mit der Berechnung der Quote der stofflichen Verwertung von nicht gefährlichen Bau- und Abbruchabfälle nach § 14 Abs. 2. Die Vorbereitung zur Wiederverwendung, das Recycling und die sonstige stoffliche Verwertung von nicht gefährlichen Bau- und Abbruchabfällen mit Ausnahme von in der Natur vorkommenden Materialien, die in der Anlage zur Abfallverzeichnisverordnung mit dem Abfallschlüssel 17 05 04 gekennzeichnet sind, sollen gem. § 14 Abs. 2 seit dem 1. Januar 2020 mindestens 70 Gewichtsprozent betragen.

206 Die Definition der Verfüllung in § 3 Abs. 25a stellt auf die Substitutionsfunktion der Verfüllungsmaßnahme ab. Ergänzt wird die Definition durch die Beschränkung auf die Verwendung „nicht gefährlicher Abfälle" und auf die „unbedingt erforderliche Menge". Das dient der Klarstellung, dass eine Substitution von Nichtabfällen für die Verfüllung stets auf die für den Ersatz „erforderliche" Menge beschränkt ist. Die Beschränkung auf „nicht gefährliche Abfälle" bedeutet eine materiell-rechtliche Zulässigkeitsvoraussetzung für die Verwendung von Abfällen bei der Rekultivierung von Abgrabungen oder zu bautechnischen Zwecken bei der Landschaftsgestaltung. Zutreffend wird in der Gesetzesbegründung erläutert, dass auch gefährliche Abfälle nach ständiger Rechtsprechung des Europäischen Gerichtshofes eine Substitutionsfunktion im Rahmen von Verfüllungs- oder Versatzmaßnahmen haben können. Entscheidend für die Einordnung als stoffliche Verwertung ist es insoweit, dass der Hauptzweck der Maßnahme darauf gerichtet ist, dass die Abfälle eine sinnvolle Aufgabe erfüllen können, indem sie andere Materialien ersetzen, die für diese Aufgabe hätten verwendet werden müssen (siehe dazu Gesetzesbegründung, BT-Drs. 19/19373, S. 47). Die Verfüllung oder der Versatz mit Hilfe von gefährlichen Abfällen kann insoweit unter den genannten Voraussetzungen stoffliche Verwertung sein.

207 Welche Abfälle für eine Verfüllung verwendet werden dürfen, bestimmt sich grundsätzlich nach § 7 Abs. 3 S. 1, wonach die Verwertung ordnungsgemäß und schadlos zu erfolgen hat. Die Kriterien der Ordnungsgemäßheit und Schadlosigkeit können durch die geplante **Ersatzbaustoffverordnung** konkretisiert werden.

208 Der Verfüllungsbegriff des § 3 Abs. 25a und die Beschränkung auf „nicht gefährliche Abfälle" beziehen sich nur auf die Verwendung von Abfällen „zum Zweck der Rekultivierung von Abgrabungen oder zu bautechnischen Zwecken bei der Landschaftsgestaltung", so dass andere Verwendungen von Abfällen (so zB der untertägige Versatz) hiervon unberührt bleiben. Mit der Beschränkung des Verfüllungsbegriffs auf „nicht gefährliche Abfälle" ist – worauf die Gesetzesbegründung ausdrücklich hinweist (BT-Drs. 19/19373, S. 47) – auch die stoffliche Verwertung (§ 3 Absatz 23a) „gefährlicher Abfälle" nicht ausgeschlossen. Die Legaldefinition der stofflichen Verwertung listet als Untergruppen lediglich beispielhaft die Vorbereitung zur Wiederverwendung, das Recycling und die Verfüllung auf, sodass Versatzmaßnahmen gefährlichen Abfällen ebenfalls stoffliche Verwertung sein können. Auch die Verwendung von Baggergut, das beim Bau und der Unterhaltung von Wasserstraßen anfällt und unmittelbar in technischen Bauwerken (Dämme und Deiche) verwendet wird, kann eine stoffliche Verwertung sein (Gesetzesbegründung, BT-Drs. 19/19373, S. 47; siehe auch *Franßen/Verfers* AbfallR 2020, 157).

XIV. Beseitigung (Absatz 26)

209 § 3 Abs. 26 definiert zur Umsetzung von Art. 3 Nr. 19 AbfRRL den Begriff der Beseitigung. Beseitigung im Sinne dieses Gesetzes ist jedes Verfahren, das keine Verwertung

ist, auch wenn das Verfahren zur Nebenfolge hat, dass Stoffe oder Energie zurückgewonnen werden.

Die Regelung beschreibt die Beseitigung in negativer Abgrenzung zur Verwertung. Zur Klarstellung verdeutlicht die Definition, dass Nebenfolge derartiger Verfahren durchaus die Rückgewinnung von Stoffen und Energie sein kann, ohne dass hierdurch der Status eines Verwertungsverfahrens erreicht wird. Dies entspricht der Verpflichtung nach § 15 Abs. 1 S. 3, die Energie oder Abfälle, die bei der Beseitigung anfallen, hochwertig zu nutzen. **210**

In Übereinstimmung mit der Abfallrahmenrichtlinie wird die allgemeine Definition durch Anlage 1 konkretisiert, welche eine nicht abschließende Liste von Beseitigungsverfahren enthält. Die Beseitigung ist auf Grund der nicht intendierten Ressourceneffizienz nach der Abfallhierarchie des § 6 als nachrangige Entsorgungsoption gekennzeichnet. Ob sich daran durch die neue Definition des Begriffs der Verfüllung etwas ändern wird, bleibt abzuwarten. **211**

Entscheidend für die Abgrenzung zwischen der Abfallbeseitigung und der Abfallverwertung ist das **Hauptergebnis** der Entsorgungsmaßnahme. Ist eine stoffliche oder energetische Nutzung nur eine Nebenfolge und nicht das Hauptergebnis der Maßnahme, handelt es sich um Abfallbeseitigung. **212**

Die Abfallbeseitigung führt dazu, dass Abfälle, die nicht verwertet werden, dauerhaft zur Wahrung des Wohls der Allgemeinheit von der Kreislaufwirtschaft mit dem Ziel ausgeschlossen werden, nachteilige Auswirkungen auf die Umwelt zu vermeiden. Dementsprechend ist die Abfallbeseitigung auch nicht Teil der Kreislaufwirtschaft, die sich gem. § 3 Abs. 19 lediglich auf die Vermeidung und Verwertung von Abfällen erstreckt. **213**

Maßnahmen der Abfallbeseitigung können sich auch auf vorbereitende Behandlungen erstrecken. Der Gesetzgeber nennt in Anl. 1 ausdrücklich die Vermengung oder Vermischung von Abfällen vor der Durchführung eines anderen Beseitigungsverlangens. Erwähnt werden dazu beispielhaft Vorgänge des Sortierens, des Zerkleinerns, des Verdichtens, des Pelletierens, Trocknens, Schredderns und Konditionierens. Solche Vorbereitungshandlungen zählen zur Abfallbeseitigung, wenn sie die eigentliche Beseitigung unmittelbar vorbereiten. Vorbereitungsmaßnahmen bei dem Abfallerzeuger oder bei dem Sammler oder Beförderer sind regelmäßig noch nicht der Abfallbeseitigung zuzurechnen. § 3 Abs. 15 ordnet die vorläufige Sortierung und die vorläufige Lagerung zum Zweck der Beförderung noch der Sammlung der Abfälle zu. **214**

XIII. Deponie (Absatz 27)

§ 3 Abs. 27 enthält die Definition des Deponiebegriffs. Deponien sind danach Beseitigungsanlagen zur Ablagerung von Abfällen oberhalb der Erdoberfläche – **oberirdische Deponien** – oder unterhalb der Erdoberfläche – **Untertagedeponien** (siehe auch § 30 Abs. 1 Satz 3 Nr. 2). **215**

Deponien dienen der Ablagerung von Abfällen, die sich von einer Lagerung von Abfällen dadurch unterscheidet, dass die Abfälle dauerhaft unter Ausschluss einer weiteren Nutzung untergebracht werden (*Jahn/Deifuß-Kruse/Brandt* § 28 Rn. 30). Soweit Abfälle nicht dauerhaft an dem Standort, an dem sie abgelegt worden sind, verbleiben sollen, handelt es sich dementsprechend nicht um eine Deponie, sondern um ein **Zwischenlager** oder um ein Langzeitlager. Allerdings ist die Deponieverordnung nach § 1 Abs. 1 Nr. 6 DepV auch auf Langzeitlager anzuwenden. Soweit Abfälle im Rahmen des **Bergversatzes** stofflich verwertet werden, handelt es sich ebenfalls nicht um eine (untertägigen) Ablagerung, sondern um eine sonstige Verwertung im Sinne von § 6 Abs. 1 Nr. 4, auf die Vorschriften der VersatzV zur Anwendung kommen. **216**

217 Maßgeblich ist nicht das **Vorhandensein baulicher Anlagen,** technischer Geräte oder sonstiger Einrichtungen, sondern dass ein Grundstück für die Ablagerung von Abfällen benutzt und durch diese Nutzung geprägt wird. Entscheidend ist, ob das Grundstück der Ablagerung dient, dh im Unterschied zu „wilden" Lagerstätten vom Eigentümer oder Besitzer im Sinne einer auch nach außen hin erkennbaren Funktionseinheit für diese Zwecke bestimmt worden ist. Deponien haben deshalb auch einen Inhaber. Schließlich kann von einer Abfallbeseitigungsanlage nur gesprochen werden, wenn die vom Inhaber vorgenommene und auch verwirklichte Zweckbestimmung von einer gewissen Dauer ist und nicht nur geringfügige Abfallmengen betrifft (VG Potsdam Urt. v. 25.4.2019 – 1 K 3996/16, juris; BVerwG Urt. 30.3.1990, BVerwGE 85, 120).

218 Zu den Deponien zählen gem, § 3 Abs. 27 Satz 2 auch **betriebsinterne Abfallbeseitigungsanlagen** für die Ablagerung von Abfällen, in denen ein Abfallerzeuger die Abfälle am Erzeugungsort beseitigt. Bei einer Anlage, die aufgebrachte Abfälle lediglich entwässert und dann anderweitig entsorgt oder weiterverwendet, handelt es sich dagegen nicht um eine Deponie. Die materielle Genehmigungsfähigkeit hierfür richtet sich nach § 6 BImSchG (VG Frankfurt Urt. v. 4.11.2010 – 5 K 213/07, juris Rn. 71).

219 Deponien werden nach § 35 Abs. 2 und 3 KrWG im Wege einer **Planfeststellung** oder **Plangenehmigung** zugelassen. Die Anforderungen an die Errichtung, den Betrieb, die Stilllegung und die Nachsorge einer Deponie sind in der DepV geregelt. Zentrale Begriffe des Deponierechts sind den § 2 DepV zusätzlich definiert (zB die Begriffe Ablagerungsbereich, Deponieabschnitt, Deponiebetreiber, Deponieersatzbaustoff sowie die einzelnen Deponieklassen). Erfüllt eine Ablagerung nicht die Anforderungen, die nach der DepV an eine Deponie zu stellen sind, bedeutet dies nicht, dass es sich bei der Ablagerung nicht um eine Deponie handelt, sondern lediglich, dass die Deponie nicht den materiell-rechtlichen Anforderungen entsprechend errichtet und betrieben wird. Auch illegale, nicht planfestgestellte oder plangenehmigte Ablagerungen sind Deponien, wenn sie die Voraussetzungen des Deponiebegriffs erfüllen (BVerwG Beschl. v. 26.7.2016, AbfallR 2016, 252; zum Begriff des Ablagerns iSv § 48 Abs. 2 S 1 WHG siehe OVG NRW Urt. v. 5.12.2018, AbfallR 2019, 106).

220 Deponien sind zwar definitionsgemäß Beseitigungsanlagen. Das Hauptergebnis der Ablagerung von Abfällen ist auf deren Beseitigung gerichtet. Das bedeutet allerdings nicht, dass nicht auch Abfälle als **Deponieersatzbaustoffe** zB für Abdichtungsmaßnahmen oder zur Herstellung einer bestimmten Kubatur verwertet werden können dazu *Jarass* AbfallR 2021, 32; *Franßen/Homann* AbfallR 2021, 26, 27. Deponieersatzbaustoffe sind nach § 2 Nr. 13 DepV für Maßnahmen nach § 15 DepV unmittelbar einsetzbare Abfälle sowie unter Verwendung von Abfällen hergestellte Materialien.

XII. Stand der Technik (Absatz 28)

221 § 3 Abs. 28 enthält die Definition des Standes der Technik; Anlage 3 des KrWG nennt Kriterien zur Bestimmung des Standes der Technik. Hierdurch wird Art. 3 Nr. 20 AbfRRL umgesetzt. Der Begriff „Stand der Technik" entspricht inhaltlich dem Begriff der „besten verfügbaren Techniken" des EU-Rechts; er wird in anderen umweltrechtlichen Regelungen (vgl. § 3 Abs. 6 BImSchG und § 3 Nr. 11WHG) in gleicher Weise bezeichnet (Gesetzentwurf der Bundesregierung, BT-Drs. 17/6052, S. 75).

222 Stand der Technik im Sinne des KrWG ist der Entwicklungsstand fortschrittlicher Verfahren, Einrichtungen oder Betriebsweisen, der die praktische Eignung einer Maßnahme zur Begrenzung von Emissionen in Luft, Wasser und Boden, zur Gewährleistung der Anlagensicherheit, zur Gewährleistung einer umweltverträglichen Abfallentsorgung oder

sonst zur Vermeidung oder Verminderung von Auswirkungen auf die Umwelt zur Erreichung eines allgemein hohen Schutzniveaus für die Umwelt insgesamt gesichert erscheinen lässt. Bei der Bestimmung des Standes der Technik sind insbesondere die in Anlage 3 aufgeführten Kriterien zu berücksichtigen. Nr. 12 der Anl. 3 des KrWG verweist außerdem auf die Kriterien der von der EU-Kommission veröffentlichten BVT-Merkblätter, mit denen Ergebnisse eines Informationsaustausches zwischen den Mitgliedstaaten zu den verfügbaren Techniken zusammengefasst werden.

Mit dem Stand der Technik wird ein höherer Technikmaßstab verlangt als für zahlreiche andere Vorhaben, für die lediglich die allgemein anerkannten Regeln der Technik zu beachten sind. Höher ist der Technikmaßstab für die Vorhaben, die dem Stand von Wissenschaft und Technik entsprechenden müssen, so zB kerntechnische Einrichtungen nach § 7 Abs. 2 Nr. 3 AtG. **223**

Zu beachten ist der in § 3 Abs. 28 definierte Stand der Technik verschiedentlich: So kommt nach § 9 Abs. 2 S. 2 eine Vermischung von Abfällen unter anderem nur dann in Betracht, wenn das Vermischungsverfahren dem Stand der Technik entspricht. Nach § 16 S. 1 kann die Bundesregierung durch Rechtsverordnung entsprechend dem Stand der Technik Anforderungen an die Beseitigung von Abfällen regeln. Auf den Stand der Technik wird außerdem in zahlreichen weiteren Gesetzen, zB im Batteriegesetz und im Elektrogesetz, verwiesen. Für immissionsschutzrechtlich genehmigungsbedürftige Abfallentsorgungsanlagen ist der Stand der Technik bei der Vorsorge gegen schädliche Umwelteinwirkungen zu beachten (§ 5 Abs. 1 Nr. 2 BImSchG). **224**

Der Stand der Technik ist abzugrenzen vom Begriff des technisch Möglichen in § 7 Abs. 4 S. 2, der eine Grenze der Verwertungspflicht markiert. Die technische Möglichkeit, eine bestimmte Maßnahme der Abfallbewirtschaftung durchzuführen, richtet sich insoweit nicht nach dem in § 3 Abs. 28 definierten Stand der Technik. Aus dem Stand der Technik des § 3 Abs. 28 ergibt sich nicht, ob eine Abfallverwertungsmaßnahme technisch möglich ist, sondern welche Anforderungen an die Durchführung einer solchen Verwertungsmaßnahme zu stellen sind. Ebenso wie im Immissionsschutzrecht (siehe § 5 Abs. 1 S. 1 Nr. 3 BImSchG) ist eine Gleichsetzung des technisch Möglichen mit dem Stand der Technik entgegenzuhalten, dass es nicht einsichtig ist, weshalb der Gesetzgeber, sofern er eine dem Stand der Technik entsprechende generalisierende Betrachtungsweise festlegen wollte, diesen Standard nicht ausdrücklich normiert hat. § 3 Abs. 28 enthält eine Legaldefinition des Standes der Technik. Hätte der Gesetzgeber für die Umsetzbarkeit der Verwertung gleiche Maßstäbe ansetzen wollen, hätte er auf diese Definition verweisen können und sich nicht eines neuen unbestimmten Rechtsbegriffs bedienen müssen, an dessen Konkretisierung es fehlt. Die unterschiedliche Verwendung beider Begriffe legt es somit nahe, dass der Gesetzgeber auch unterschiedliche Anforderungen stellen wollte. In Abgrenzung zum Begriff des Standes der Technik bezieht sich die technische Möglichkeit in § 7 Abs. 4 S. 1 auf den konkreten Einzelfall und nicht auf eine abstrakte Verfahrenstechnik. Technisch möglich im Sinne von § 7 Abs. 4 S. 2 setzt voraus, dass die angestrebte Maßnahme praktisch umsetzbar ist. Daran fehlt es, wenn die technischen Voraussetzungen für eine solche Maßnahme nicht existieren oder nur wissenschaftlich vorgedacht sind. **225**

§ 5 Ende der Abfalleigenschaft

(1) **Die Abfalleigenschaft eines Stoffes oder Gegenstandes endet, wenn dieser ein Recycling oder ein anderes Verwertungsverfahren durchlaufen hat und so beschaffen ist, dass**

1. er üblicherweise für bestimmte Zwecke verwendet wird,

2. ein Markt für ihn oder eine Nachfrage nach ihm besteht,

3. er alle für seine jeweilige Zweckbestimmung geltenden technischen Anforderungen sowie alle Rechtsvorschriften und anwendbaren Normen für Erzeugnisse erfüllt sowie

4. seine Verwendung insgesamt nicht zu schädlichen Auswirkungen auf Mensch oder Umwelt führt.

(2) **Die Bundesregierung wird ermächtigt, nach Anhörung der beteiligten Kreise (§ 68) durch Rechtsverordnung mit Zustimmung des Bundesrates nach Maßgabe der in Absatz 1 genannten Anforderungen die Bedingungen näher zu bestimmen, unter denen für bestimmte Stoffe und Gegenstände die Abfalleigenschaft endet. Diese Bedingungen müssen ein hohes Maß an Schutz für Mensch und Umwelt sicherstellen und die umsichtige, sparsame und effiziente Verwendung der natürlichen Ressourcen ermöglichen. In der Rechtsverordnung ist insbesondere zu bestimmen:**

1. welche Abfälle der Verwertung zugeführt werden dürfen,

2. welche Behandlungsverfahren und -methoden zulässig sind,

3. die Qualitätskriterien, soweit erforderlich auch Schadstoffgrenzwerte, für Stoffe und Gegenstände im Sinne des Absatzes 1; die Qualitätskriterien müssen im Einklang mit den geltenden technischen Anforderungen, Rechtsvorschriften oder Normen für Erzeugnisse stehen,

4. die Anforderungen an Managementsysteme, mit denen die Einhaltung der Kriterien für das Ende der Abfalleigenschaft nachgewiesen wird, einschließlich der Anforderungen a) an die Qualitätskontrolle und die Eigenüberwachung und b) an eine Akkreditierung oder sonstige Form der Fremdüberwachung der Managementsysteme, soweit dies erforderlich ist, sowie

5. das Erfordernis und die Inhalte einer Konformitätserklärung.

Schrifttum: *Buch,* Anforderungen an die Umsetzung der novellierten Abfallrahmenrichtlinie in nationales Recht aus Landessicht, AbfallR 2009, 74; *Cosson,* Die EU-Abfallende-Verordnung für Eisen, Stahl- und Aluminiumschrott, AbfallR 2011, 132; *Dippel/Ottensmeier,* Der Abfallbegriff in der Abgrenzung zum Nebenprodukt (§ 4 KrWG) und zum Ende der Abfalleigenschaft (§ 5 KrWG) – Eine praxisbezogene Betrachtung, AbfallR 2018, 270; *Fluck,* REACH und Abfall, AbfallR 2007, 14; *Franßen/Verfers,* Die Umsetzung des EU-Kreislaufwirtschaftspakets im deutschen Kreislaufwirtschaftsgesetz: Bedeutung für mineralische Nebenprodukte und Abfälle, AbfallR 2020, 157; *Frenz,* Abfall und Produkt, Verwertung und Beseitigung nach dem EuGH, AbfallR 2008, 105; *Giesberts/Kleve,* Einmal Abfall – nicht immer Abfall, Das Ende der Abfalleigenschaft, DVBl. 2008, 678; *Giesberts,* Ende der Abfalleigenschaft und 5-stufige Abfallhierarchie im Rahmen des BImSchG, DVBl. 2012, 816; *Henze,* Zur stofflichen Verwertung von metallhaltigen Verpackungsabfällen – wann verliert Schrott seine Abfalleigenschaft, AbfallR 2003, 196; *Jarass,* Abfallverwertung und das Ende der Abfalleigenschaft – Insbesondere bei Ersatzbaustoffen, NVwZ 2019, 1545; *Kitzinger,* Sekundärprodukte und Sekundärrohstoffe – Ende der Abfalleigenschaft und Beginn der REACH-Regulierung?, AbfallR 2007, 216; *Kopp-Assenmacher/Glass,* Das Ende der Abfalleigenschaft bei Gebrauchtteilen aus Altfahrzeugen, AbfallR 2010, 124; *Kropp/Kälberer,* Noch Abfall oder schon Produkt? – Zum Ende der Abfalleigenschaft bei der stofflichen Verwertung, AbfallR 2010, 228; *Kropp,* Stoffliche Verwertung von Verpackungsabfällen: Ende der Abfalleigenschaft, Anmerkung zu EuGH,

19.6.2003, Rs C-444/00, DVBl. 2003, 1050; *Lepsius,* Vom Abfall zum Produkt – wie Gegenstandserweiterungen Regelungsprobleme im Umweltrecht verursachen, NVwZ 2003, 1182; *Loschwitz,* Nationale Verordnungsermächtigung zum Abfallende nutzen, AbfallR 2020, 210; *Mohr,* Nachtrag: Ende der Abfalleigenschaft und die künftige Ersatzbaustoffverordnung, NVwZ 2020, 32; *Oexle/Lammers,* Ende der Abfalleigenschaft von Ersatzbaustoffen, AbfallR 2017, 110; *Petersen,* Die Abgrenzung zwischen Abfall und Produkt nach der neuen Abfallrahmenrichtlinie, in: Festschrift für Sellner, 2010, S. 315; *Petersen/Friedrich,* Die Novellierung des Kreislaufwirtschaftsgesetzes 2020, NVwZ 2021, 1; *Schink,* Der Abfallbegriff im Kreislaufwirtschaftsgesetz, UPR 2012, 201; *Sobotta,* Die Abgrenzung von Nebenprodukten und Produktionsabfällen in der Rechtsprechung des EuGH, ZUR 2007, 188; *Stuttmann,* Der Rechtsbegriff „Abfall", NVwZ 2006, 401; *Wahlen,* Biokompost: Abfall ohne Ende?, AbfallR 2013, 138; *Weidemann/Neun,* Zum Ende der Abfalleigenschaft von Bauteilen aus (Elektro- und Elektronik-)Altgerät und Altfahrzeugen, NuR 2004, 97.

Übersicht

A. Allgemeines

1 § 5 regelt ausdrücklich, wann die Abfalleigenschaft eines Stoffes oder Gegenstandes endet. Die Bestimmung des Endes der Abfalleigenschaft ist in verschiedener Hinsicht bedeutsam. Die Einstufung als Abfall eröffnet den Anwendungsbereich des KrWG mit all seinen Pflichten vor allem für Abfallerzeuger und Abfallbesitzer, einschließlich der abfallrechtlichen Informations- und Notifizierungspflichten. Hinzu kommt, dass für Abfälle bestimmte Rechtsvorschriften anderer Gesetze zu beachten sind, so zB solche des Immissionsschutzrechts (siehe dazu *Jarass* NVwZ 2019, 1545, 1546) Handelt es sich nicht mehr um Abfall, sondern um ein Produkt, sind solche abfallbezogenen Vorschriften nicht mehr einschlägig. Unabhängig davon ist das Ende der Abfalleigenschaft von erheblicher Bedeutung, weil die Vermarktung von Stoffen, die Abfälle sind, schwieriger ist als die von Produkten (*Jarass* NVwZ 2019, 1545, 1546; *Dippel/Ottensmeier* AbfallR 2018, 270; *Kopp-Assenmacher* KrWG, 2015, § 5 Rn. 2; *Hofmann* in Schmehl/Klement (Hrsg.), GK-BImSchG, § 5 Rn. 1).

2 Natürliche oder juristische Personen, die Stoffe und Gegenstände, deren Abfalleigenschaft beendet ist, erstmals verwenden oder erstmals in Verkehr bringen, haben nach § 7a Abs. 1 dafür zu sorgen, dass diese Stoffe oder Gegenstände den geltenden Anforderungen des Chemikalien- und Produktrechts genügen.

§ 5 ist im Rahmen der Gesetzesnovelle 2020 geändert worden. In Absatz 1 ist neben dem schon bisher genannten Verwertungsverfahren, das ein Stoff oder Gegenstand durchlaufen haben muss, um das Ende der Abfalleigenschaft erreichen zu können, jetzt ausdrücklich auch das „Recycling“ angesprochen worden. Diese klarstellende Ergänzung des Begriffs dient der Umsetzung von Art. 6 Abs. 1 AbfRRL. Sie soll den besonderen Stellenwert des Recyclings auch mit Blick auf das Ende der Abfalleigenschaft herausstellen (Gesetzesbegründung, BT-Drs. 19/19373, S. 47 f.). In der Gesetzesbegründung wird aber darauf hingewiesen, dass diese Ergänzung die Rechtslage nicht ändert, sondern lediglich klarstellt, weil das Recycling ohnehin ein Unterfall der Verwertung ist (§ 3 Abs. 25). Nach wie vor kommen neben dem Recycling für die Beendigung der Abfalleigenschaft auch „andere Verwertungsverfahren“ in Betracht. 3

Die zweite Änderung des § 5 im Rahmen der Gesetzesnovelle 2020 betrifft die Verordnungsermächtigung des Absatzes 2. Sie wird in § 5 Abs. 2 S. 1 zusammengefasst. § 5 Abs. 2 Sätze 2 und 3 legen die zulässigen Inhalte einer auf § 5 Absatz 2 gestützten Rechtsverordnung näher fest. 4

Endet die Abfalleigenschaft eines Stoffes oder Gegenstandes, weil die Voraussetzungen des § 5 Abs. 1 vorliegen, bedeutet dies allerdings nicht, dass der Stoff oder Gegenstand nicht wieder zu Abfall werden könnte. Stellt sich zu einem späteren Zeitpunkt heraus, dass die gesetzlichen Anforderungen nicht mehr erfüllt werden, zB weil die technischen Anforderungen oder die rechtlichen Vorgaben sich ändern, dann führt dies für sich genommen noch nicht zu einem erneuten Abfallanfall. Denn unter welchen Voraussetzungen Nicht-Abfälle zu Abfall werden, ergibt sich nicht aus § 5, sondern aus § 3 Abs. 1. Voraussetzung für die (erneute) Entstehung eines Abfalls ist damit ein Entledigungstatbestand (so zutreffend *Kropp* in v. Lersner/Wendenburg Recht der Abfallbeseitigung § 5 Rn. 22; aA *Kitzinger* AbfallR 2007, 216 (219 f.)). 5

Vor dem Inkrafttreten des § 5 endete die Abfalleigenschaft, ohne dass dies ausdrücklich geregelt gewesen wäre, wenn die Pflichten zur Verwertung bzw. zur Beseitigung der Abfälle vollständig erfüllt waren und damit keine abfalltypischen Gefahren von den Stoffen oder Gegenständen mehr ausgehen konnten. Für Abfälle zur Beseitigung gelten diese Grundsätze weiterhin. 6

§ 5 setzt Art. 6 AbfRRL um; die Vorschrift hält sich weitgehend an den Wortlaut des Art. 6 AbfRRL. Die Novelle der Abfallrahmenrichtlinie im Jahre 2008 trug mit der Einführung des Art. 6 einer Forderung des sechsten Umweltaktionsprogramms der Europäischen Gemeinschaft Rechnung, wonach bei einer Weiterentwicklung des Abfallrechts insbesondere auch die Unterscheidung zwischen Abfällen und Nicht-Abfällen konkretisiert werden sollte (siehe dazu Erwägungsgrund 2 der Richtlinie). Mit einer genaueren Definition des Endes der Abfalleigenschaft sollten die Akzeptanz von Recycling-Produkten verbessert und der europaweite Vollzug des Abfallrechts vereinheitlicht werden. 7

Allerdings ging die Richtlinie offenbar davon aus, dass die Kriterien zur Festlegung des Endes der Abfalleigenschaft nach den Bedingungen des Art. 6 Abs. 1 auf europäischer Ebene in einem **Komitologieverfahren** abstrakt/generell festgelegt werden und für den Fall, dass auf diesem Wege noch keine Kriterien festgelegt worden sind, die Mitgliedstaaten entscheiden, ob bestimmte Abfälle unter Berücksichtigung der geltenden Rechtsprechung des EuGH nicht als Abfälle anzusehen sind, und dazu ihrerseits Kriterien nach Maßgabe des Art. 6 Abs. 1 AbfRRL aufstellen können. In diesem Sinne verfolgte der europäische Richtliniengeber das Modell einer abstrakt-generellen, normativen Konkretisierung anhand der Kriterien des Art. 6 Abs. 1 AbfRRL zur Festlegung des Endes der Abfalleigenschaft. Demgegenüber geht der deutsche Gesetzgeber in § 5 Abs. 1 davon aus, dass die Abfalleigenschaft eines Stoffes oder Gegenstandes unmittelbar endet, wenn die in dieser Vorschrift genannten Voraussetzungen erfüllt sind. Es bedarf insoweit keiner zu- 8 sätzlichen abstrakt-generellen Normierung der Kriterien auf europäischer oder deutscher Ebene (siehe dazu *Kropp* in v. Lersner/Wendenburg Recht der Abfallbeseitigung § 5 Rn. 14; *Versteyl* in Versteyl/Mann/Schomerus § 5 Rn. 4).

9 § 5 steht in einem rechtssystematischen Zusammenhang mit der Abfalldefinition des § 3 Abs. 1 und mit § 4, der Abfälle von Nebenprodukten abgrenzt. Im Unterschied zu § 4, der festlegt, unter welchen Voraussetzungen Stoffe oder Gegenstände von vornherein als Nebenprodukte nicht dem Abfallrecht unterfallen, bestimmt § 5 die Anforderungen, die erfüllt sein müssen, damit ein Abfall seine Abfalleigenschaft wieder verliert und damit ebenfalls nicht mehr dem Anwendungsbereich des Abfallrechts unterfällt. Da § 5 voraussetzt, dass der Abfall ein Verwertungsverfahren durchlaufen hat, steht die Bestimmung auch im Zusammenhang mit den Grundpflichten der Kreislaufwirtschaft im Sinne von § 7 Abs. 3. Dort ist geregelt, dass die Verwertung von Abfällen, insbesondere durch ihre Einbindung in Erzeugnisse, ordnungsgemäß und schadlos zu erfolgen hat. Erst wenn alle damit im Zusammenhang stehenden Pflichten erfüllt sind, können Stoffe oder Gegenstände ihre Abfalleigenschaft verlieren und damit aus dem Anwendungsbereich des Abfallrechts entlassen werden.

10 Die Bestimmung des Zeitpunktes, zu dem die Abfalleigenschaft endet, berücksichtigt vor allem die Gefahren, die von Abfällen ausgehen können, und die wegen dieser Gefahren bestehenden Verwertungs- und Beseitigungspflichten. Die Abfalleigenschaft kann erst dann enden, wenn von den Stoffen oder Gegenständen keine abfalltypischen schädlichen Auswirkungen auf Mensch oder Umwelt mehr zu erwarten sind und wenn die entsprechenden Rechtspflichten zur Entsorgung erfüllt sind. Art. 6 Abs. 1 S. 1 AbfRRL sieht dazu vor, dass Abfälle nicht mehr als Abfälle anzusehen sind, wenn sie ein Verwertungsverfahren, wozu auch ein **Recyclingverfahren** zu rechnen ist, durchlaufen haben und spezifische Kriterien erfüllen, die nach Art. 6 Abs. 1 S. 1 AbfRRL nach im Einzelnen aufgeführten Bedingungen festzulegen sind. Zu diesen Bedingungen gehören: a) Der Stoff oder Gegenstand wird gemeinhin für bestimmte Zwecke verwendet; b) es besteht ein Markt für diesen Stoff oder Gegenstand oder eine Nachfrage danach; c) der Stoff oder Gegenstand erfüllt die technischen Anforderungen für die bestimmten Zwecke und genügt den bestehenden Rechtsvorschriften und Normen für Erzeugnisse und d) die Verwendung des Stoffs oder Gegenstands führt insgesamt nicht zu schädlichen Umwelt- oder Gesundheitsfolgen. Nach Art. 6 Abs. 1 S. 2 AbfRRL enthalten die Kriterien erforderlichenfalls Grenzwerte für Schadstoffe und tragen möglichen nachteiligen Umweltauswirkungen des Stoffes oder Gegenstands Rechnung. Art. 6 Abs. 2 AbfRRL sieht vor, dass die in Art. 6 Abs. 1 AbfRRL allgemein aufgeführten Kriterien für das Ende der Abfalleigenschaft durch ein Komitologieverfahren konkretisiert werden.

11 Spezielle Kriterien für das Ende der Abfalleigenschaft sind nach Art. 6 Abs. 2 S. 2 AbfRRL unter anderem mindestens für körniges Gesteinsmaterial, Papier, Glas, Metall, Reifen und Textilien in Betracht zu ziehen. In den Erwägungsgründen der Richtlinie (Nr. 22) heißt es dazu, es solle festgelegt werden, wann bestimmte Abfälle nicht länger Abfälle sind, und zwar unter Zugrundelegung von Kriterien für das Ende der Abfalleigenschaft, die ein hohes Maß an Umweltschutz bieten und mit ökologischem und ökonomischem Nutzen verbunden sind. Mögliche Kategorien von Abfällen, für die Spezifikationen und Kriterien für das Ende der Abfalleigenschaft entwickelt werden sollten, seien unter anderem Bau- und Abbruchabfälle, bestimmte Aschen und Schlacken, Metallabfälle, körniges Gesteinsmaterial, Reifen, Textilien, Kompost, Altpapier und Glas. Für das Erreichen des Endes der Abfalleigenschaft könne ein Verwertungsverfahren auch allein in der bloßen Sichtung des Abfalls bestehen, um nachzuweisen, dass er die Kriterien für das Ende der Abfalleigenschaft erfüllt. Den Mitgliedstaaten ist die Möglichkeit eingeräumt worden, für den Fall, dass auf europäischer Ebene keine spezifischen Kriterien festgelegt werden, im Einzelfall und unter Berücksichtigung der dazu ergangenen Rechtsprechung das Ende der Abfalleigenschaft festzulegen.

In der Gesetzesbegründung wird ausdrücklich darauf hingewiesen, dass die Mitgliedstaaten ein erhebliches Bedürfnis haben, das Ende der Abfalleigenschaft auch unabhängig von Komitologieverfahren auf europäischer Ebene für bestimmte nationale Sachverhalte festlegen zu können. Die Reichweite des Abfallbegriffs sei für weite Bereiche des Umweltrechts konstitutiv und für die Betroffenen wirtschaftlich von hoher Relevanz. Deshalb sei die Möglichkeit, auf nationaler Ebene das Ende der Abfalleigenschaft für bestimmte Abfälle festlegen zu können, unerlässlich (BT-Drs. 17/6052, 76). **12**

Mit dem Ende der Abfalleigenschaft kommt eine Anwendbarkeit der **REACH-Verordnung** in Betracht, weil nach Art. 2 Abs. 2 dieser Verordnung das Chemikalienrecht grundsätzlich auf Abfälle keine Anwendung findet. Es ist deshalb möglich, dass Abfälle, die nach Durchlaufen eines Verwertungsverfahrens keine Abfälle mehr sind und damit aus dem Anwendungsbereich des KrWG ausscheiden, nach den Vorschriften der REACH-Verordnung registriert werden müssen. Aus Abfällen gewonnene „Recyclingprodukte“ haben grundsätzlich den gleichen rechtlichen Status wie Primärprodukte, die sich den REACH-Anforderungen stellen müssen. **13**

§ 5 Abs. 1 regelt, wann die Abfalleigenschaft von Stoffen und Gegenständen endet. Das ist grundsätzlich dann der Fall, wenn der Stoff oder Gegenstand ein Recyclingverfahren oder ein anderes Verwertungsverfahren durchlaufen hat und so beschaffen ist, dass er üblicherweise für bestimmte Zwecke verwendet wird, dass ein Markt für ihn oder eine Nachfrage nach ihm besteht, dass er alle für seine jeweilige Zweckbestimmung geltenden technischen Anforderungen sowie alle Rechtsvorschriften und anwendbaren Normen für Erzeugnisse erfüllt und schließlich seine Verwendung insgesamt nicht zu schädlichen Auswirkungen auf Mensch und Umwelt führt. **14**

Abs. 2 ermächtigt die Bundesregierung zum Erlass von Rechtsverordnungen zur Konkretisierung der in Abs. 1 genannten abstrakten Anforderungen zur Bestimmung des Endes der Abfalleigenschaft. Die zulässigen Inhalte einer auf § 5 Absatz 2 S. 1 gestützten Rechtsverordnung werden Abs. 2 S. 2 näher fest. **15**

B. Anwendungsbereich der Vorschrift

§ 5 bezieht sich ausschließlich auf Abfälle zur Verwertung. Denn die Vorschrift setzt für das Ende der Abfalleigenschaft voraus, dass die Stoffe oder Gegenstände ein Verwertungsverfahren durchlaufen haben. Es handelt sich somit um Abfälle, die verwertet werden und damit gemäß § 3 Abs. 1 S. 2 um Abfälle zur Verwertung. **16**

Für Abfälle zur Beseitigung bedeutet die Beschränkung des Anwendungsbereichs von § 5 nicht zwingend, dass ihre Abfalleigenschaft nie endet (zutreffend *Petersen* in Jarass/Petersen § 5 Rn. 25; *Jarass* NVwZ 2019, 1545, 1547; aA *Jacobi* in Versteyl/Mann/Schomerus § 5 Rn. 11). Die Abfalleigenschaft von Abfällen zur Beseitigung endet grundsätzlich, wenn die Beseitigungspflichten vollständig erfüllt sind. Das wiederum setzt voraus, dass von diesen Abfällen keinerlei Gefahren mehr ausgehen. Werden Abfälle zur Beseitigung auf einer **Deponie** abgelagert, enden insoweit die Beseitigungspflichten allerdings nicht bereits mit der Ablagerung dort. Vielmehr muss dauerhaft für eine allgemeinwohlverträgliche Aufbewahrung der Abfälle auf der Deponie gesorgt werden. **17**

Die Abfalleigenschaft von abgelagerten Abfällen zur Beseitigung endet auch nicht deshalb, weil sie aufgrund eines Verwachsens mit dem Boden nicht mehr beweglich sind. Denn die **Beweglichkeit** ist keine Voraussetzung für den Abfallbegriff (*Petersen* in Jarass/Petersen § 5 Rn. 25). Allerdings setzt das Bestehen der Abfalleigenschaft voraus, dass die **18**

Stoffe oder Gegenstände als solche überhaupt noch identifiziert werden können. Sind die Abfälle in einer Weise zerkleinert, verteilt oder untergepflügt worden, dass sie als solche gar nicht identifiziert oder separiert werden können, dann endet auch der Anwendungsbereich des Abfallrechts, der für die Annahme der Abfalleigenschaft voraussetzt, dass es um identifizierbare Stoffe oder Gegenstände geht (*Kropp* in v. Lersner/Wendenburg Recht der Abfallbeseitigung § 5 Rn. 10; *Frenz* in Fluck/Frenz/Fischer/Franßen § 5 Rn. 14; VG Koblenz AbfallR 2011, 189). Dasselbe gilt für die thermische Behandlung von Abfällen, bei der die Abfälle vollständig zerstört bzw. inertisiert werden. Die bei der Verbrennung anfallenden Aschen, Schlacken und Filterstäube sind neue Abfälle (*Petersen* in Jarass/Petersen § 5 Rn. 25).

19 Das Ende der Abfalleigenschaft auf Deponien abgelagerter Abfälle könnte außerdem zum Zeitpunkt des Abschlusses der **Nachsorgephase** der Deponie eintreten. Diesen Zeitpunkt hat die zuständige Behörde nach § 40 Abs. 5 auf Antrag festzustellen. Nach § 11 Abs. 2 DepV kann die zuständige Behörde, wenn sie zu dem Ergebnis kommt, dass keine Beeinträchtigungen des Wohls der Allgemeinheit mehr zu erwarten sind, auf Antrag des Deponiebetreibers die Kontroll- und Überwachungsmaßnahmen nach § 12 DepV aufheben und nach § 40 Abs. 5 den Abschluss der Nachsorgephase feststellen. Es spricht vieles dafür, dass der Deponiebetreiber bei einer solchen behördlichen Feststellung davon ausgehen darf, dass er seine Entsorgungspflichten vollständig erfüllt hat. Da die Behörde ausdrücklich bestätigt, dass von der Deponie und damit auch von den dort abgelagerten Abfällen keine Beeinträchtigung des Wohls der Allgemeinheit zu erwarten ist, endet in der Zwischenzeit auch die Abfalleigenschaft der dort gelagerten Abfälle.

C. Unmittelbar geltende Regelung

20 § 5 Abs. 1 ist eine selbstvollziehende Vorschrift. Das Ende der Abfalleigenschaft ist weder von weiteren abstrakt-generellen, normativen Konkretisierungen der Beschaffenheitsmerkmale noch von behördlichen Anerkennungsbescheiden abhängig (VGH München Beschl. v. 17.2.2020 – 12 CS 19.2505, juris Rn. 42; *Jacobi* in Versteyl/Mann/Schomerus, KrWG, 2019, § 5 Rn. 13; *Kropp* in v. Lersner/Wendenburg Recht der Abfallbeseitigung § 5 Rn. 9). Das Vorliegen der Voraussetzungen für das Ende der Abfalleigenschaft unterliegt uneingeschränkter verwaltungsgerichtlicher Kontrolle. Ein Prognose- oder Beurteilungsspielraum der Behörden existiert nicht (VGH München Beschl. v. 17.2.2020 – 12 CS 19.2505, juris Rn. 42). Die Verantwortung für die Einordnung eines Stoffes oder Gegenstandes als Abfall oder Nicht-Abfall trägt der Besitzer. Allerdings erstrecken sich die behördlichen Überwachungsbefugnisse nach § 47 Abs. 6 auch auf die Prüfung, ob bestimmte Stoffe oder Gegenstände gemäß den Voraussetzungen des § 5 nicht mehr als Abfall anzusehen sind. Im Zweifel sollte sich der Abfallbesitzer mit der zuständigen Behörde zur Vermeidung von Rechtsrisiken abstimmen. Besteht zwischen der zuständigen Aufsichtsbehörde und dem Abfallbesitzer eine Meinungsverschiedenheit über das Vorliegen der Voraussetzungen für das Ende der Abfalleigenschaft, kann der Betroffene die Rechtslage entweder durch einen feststellenden Verwaltungsakt der Behörde oder für den Fall, dass die Behörde seiner Ansicht nicht folgt, mit einer Feststellungsklage beim Verwaltungsgericht klären lassen. Die Bundesregierung ist auf der Grundlage des § 5 Abs. 2 ermächtigt, durch Rechtsverordnung die Bedingungen näher zu bestimmen, unter denen für bestimmte Stoffe oder Gegenstände die Abfalleigenschaft endet, und Anforderungen zum Schutz von Mensch und Umwelt, insbesondere durch Grenzwerte für Schadstoffe, festzulegen. Erforderlich für die Feststellung, dass die Abfalleigenschaft eines

Stoffes oder Gegenstandes endet, ist eine solche Rechtsverordnung jedoch nicht (*Versteyl* in Versteyl/Mann/Schomerus § 5 Rn. 4).

Ist die Überwachungsbehörde der Auffassung, dass ein Stoff oder Gegenstand, dessen Abfalleigenschaft nach Auffassung seines Besitzers beendet ist, weiterhin als Abfall einzuordnen ist, ist sie berechtigt, ordnungsrechtlich einzuschreiten. In dem vor Erlass einer Ordnungsverfügung durchzuführenden Verwaltungsverfahren trifft den Besitzer des Stoffes oder Gegenstandes jedoch **keine Beweislast** für das Vorliegen der Voraussetzungen des § 5 Abs. 1 (VGH München Beschl. v. 17.2.2020 – 12 CS 19.2505, juris Rn. 42; VG Sigmaringen Urt. v. 4.9.2019 – 10 K 31/18, juris Rn. 51; aA *Kropp* in v. Lersner/Wendenburg Recht der Abfallbeseitigung § 5 Rn. 9). Das Verwaltungsverfahren kennt ebenso wie der Verwaltungsprozess grundsätzlich keine Behauptungslast und Beweisführungspflicht für den Bescheidadressaten. Bei einem belastenden Verwaltungsakt trägt nämlich die Behörde die Darlegungs- und Beweislast für das Vorliegen der Tatbestandsvoraussetzungen ihrer Ermächtigungsgrundlage (VG Düsseldorf Gerichtsbescheid v. 22.10.2012 – 24 K 6121/12, juris Rn. 58). 21

Behörden und Verwaltungsgerichte ermitteln den entscheidungserheblichen Sachverhalt von Amts wegen. Allerdings sollen die Beteiligten bei der Sachaufklärung gemäß § 26 Abs. 2 S. 1 VwVfG mitwirken. Da die in diesem Rahmen geregelte Mitwirkung an der Ermittlung des Sachverhalts nicht mit Zwang durchgesetzt werden kann, sondern bloß eine Obliegenheit der Beteiligten betrifft, sind sie frei, selbst darüber zu entscheiden, ob sie an der Aufklärung des Sachverhalts mitwirken wollen. Unterlässt es ein Beteiligter ohne zureichenden Grund, seinen Teil zur Sachaufklärung beizutragen, obwohl ihm das ohne weiteres möglich und zumutbar ist und er sich der Erheblichkeit der in Rede stehenden Umstände bewusst sein muss, kann dieses Verhalten je nach den Gegebenheiten des Falles bei der Beweiswürdigung zu seinen Lasten berücksichtigt werden (OVG NRW Beschl. v. 11.12.2013 – 16 B 1344/13, juris Rn. 11). Das betrifft jedoch nur die Ermittlung des maßgebenden Sachverhalts. Hinsichtlich der Bewertung der rechtlichen Voraussetzungen für das Ende der Abfalleigenschaft kommen Beweislastregeln ohnehin nicht in Betracht. Die Behörde ist bei ihrer Überwachungstätigkeit verpflichtet, die einschlägigen Bestimmungen korrekt anzuwenden und dazu auch den Sachverhalt festzustellen. 22

D. Durchlaufen eines Verwertungsverfahrens

Dass die Abfalleigenschaft endet, hängt von verfahrensbezogenen und beschaffenheitsbezogenen Anforderungen ab (*Jarass* NVwZ 2019, 1545, 1546). § 5 Abs. 1 setzt voraus, dass der Stoff oder Gegenstand ein Verwertungsverfahren durchlaufen hat. 23

I. Verwertungsverfahren

Verwertung im Sinne des KrWG ist nach § 3 Abs. 23 S. 1 jedes Verfahren, als dessen Hauptergebnis die Abfälle innerhalb der Anlage oder in der weiteren Wirtschaft einem sinnvollen Zweck zugeführt werden, indem sie entweder andere Materialien ersetzen, die sonst zur Erfüllung einer bestimmten Funktion verwendet worden wären, oder indem die Abfälle so vorbereitet werden, dass sie diese Funktion erfüllen. Zu den Verwertungsverfahren gehören die **Vorbereitung zur Wiederverwendung** im Sinne von § 3 Abs. 24, das **Recycling** im Sinne von § 3 Abs. 25 sowie die **sonstige Verwertung,** die sich auf die energetische Verwertung sowie die **Verfüllung** erstreckt. Das Recycling 24 wird in § 5 Abs. 1 zwar ausdrücklich wegen seiner Bedeutung für die Kreislaufwirtschaft erwähnt. Für das Ende der Abfalleigenschaft ist es jedoch nicht entscheidend, ob die Abfälle recycelt oder in anderer Weise verwertet worden sind.

25 Es genügt die Nutzung irgendeiner Beschaffenheit des Stoffes und die Erzielung irgendeines Erfolges, der über die bloße Beseitigung hinausgeht und diese vermeidet (VGH München Beschl. v. 17.2.2020 – 12 CS 19.2505, juris Rn 44; *Schink* UPR 2012, 201, 205). Ein substantieller Eingriff in die Beschaffenheit des Stoffes oder Gegenstandes ist dabei nicht erforderlich (*Jacobi* in Versteyl/Mann/Schomerus, KrWG, 4. Aufl. 2019, § 5 Rn. 16). Schon die Nutzung des Abfallvolumens kann eine stoffliche Verwertung sein (BVerwG Urt. v. 14.4.2005, BVerwGE 123, 247, Ls. 1 und 2). Der VGH München verweist auf den 22. Erwägungsgrund der RL 2008/98/EG, aus dem sich ergibt, dass für das Ende der Abfalleigenschaft ein Verwertungsverfahren auch bereits in der bloßen Sichtung des Abfalls bestehen kann, um nachzuweisen, dass er die Kriterien für das Ende der Abfalleigenschaft erfüllt. Demzufolge können schon Verfahren der Prüfung, Reinigung und geringfügigen Reparatur zur Beendigung der Abfalleigenschaft genügen (VGH München Beschl. v. 17.2.2020 – 12 CS 19.2505, juris Rn. 44).

26 Die **Vorbereitung zur Wiederverwendung** ist nach § 3 Abs. 24 jedes Verwertungsverfahren der Prüfung, Reinigung und Reparatur, bei dem Erzeugnisse oder Bestandteile von Erzeugnissen, die zu Abfällen geworden sind, so vorbereitet werden, dass sie ohne weitere Vorbehandlung wieder für denselben Zweck verwendet werden können, für den sie ursprünglich bestimmt waren. Schon die bloße Prüfung eines Abfalls auf seine Eignung für eine Wiederverwendung kann zu einer Beendigung der Abfalleigenschaft führen. So kann die Sichtung und Sortierung tragfähiger, nicht reparaturbedürftiger Bekleidung deren Abfalleigenschaft beenden.

27 Die Aufbereitung von Abfällen für eine energetische Verwertung kann in diesem Sinne eine Vorbereitung zur Wiederverwendung sein, so dass **Ersatzbrennstoffe** schon vor ihrem Einsatz bei der energetischen Verwertung ihrer Abfalleigenschaft beenden können (*Petersen* in Jarass/Petersen § 5 Rn. 29; *Kropp* in v. Lersner/Wendenburg Recht der Abfallbeseitigung § 5 Rn. 10).

II. Abschluss des Verwertungsverfahrens

28 Mit dem Durchlaufen eines Verwertungsverfahrens ist gemeint, dass das Verwertungsverfahren für den Abfall insoweit abgeschlossen ist, dass er im Sinne von § 3 Abs. 23 S. 1 einem sinnvollen Zweck zugeführt worden ist, in dem er entweder andere Materialien ersetzt, die sonst zur Erfüllung einer bestimmten Funktion verwendet worden wären, oder indem er so vorbereitet wird, dass er diese Funktion erfüllen kann. Anl. 2 des Gesetzes enthält eine nicht abschließende Liste von Verwertungsverfahren. Ausreichend kann auch eine Sichtung des Abfalls sein, um den Nachweis zu führen, dass die Kriterien für das Ende der Abfalleigenschaft erfüllt sind. Da § 5 der Umsetzung des Art. 6 Abs. 1 dient, ist zu berücksichtigen, dass der EuGH zu Art. 6 dieser Richtlinie entschieden hat, dass ein Verwertungsverfahren erst dann durchlaufen ist, wenn es vollständig abgeschlossen ist (EuGH Urt. v. 15.6.2000 – Rs C-418/97, Rn. 94 und 96; siehe auch *Loschwitz* AbfallR 2020, 210, 217; *Jarass* NVwZ 2019, 1545, 1548; *Dippel/Ottensmeier* AbfallR 2018, 270, 276; *Schink* UPR 2012, 201, 207; *Kropp/Kälberer* AbfallR 2010, 124, 127 und 130). Das Verwertungsverfahren ist im Sinne von § 5 Abs. 1 erst dann vollständig „Durchlaufen", wenn die stofflichen Eigenschaften des Abfalls so verändert worden sind, dass das abfallspezifische Gefährdungspotenzial beseitigt ist und dem Stoff die vorherigen abfalltypischen Gefahren nicht mehr innewohnen. Das ist nach der Rechtsprechung des

EuGH (Urt. v. 19.6.2003 – R. C-444/00, juris Rn. 84) zB dann nicht der Fall, wenn verarbeitetes Abfallmaterial aus Metall noch nicht direkt zur Herstellung neuer metallischer Verpackungen verwendet werden kann, weil der Stoff noch Verunreinigungen wie Farbe und Öl enthält, die erst noch entfernt werden müssen. Außerdem müssen nach Ansicht des EuGH Materialien, die noch nicht mit Sicherheit und ohne vorherige Bearbeitung wiederverwendet werden, solange als Abfälle eingestuft werden, bis es sich um fertige Endprodukte handelt, die tatsächlich zu Eisen- und Stahlerzeugnissen wiederverwertet werden (EuGH Urt. v. 11.11.2004 – Rs C-457/02, juris Rn. 52; siehe zum Vorstehenden auch VGH Kassel Beschl. v. 9.10.2012 – 2 B 1860/12, juris Rn. 8; *Dippel/Ottensmeier* AbfallR 2018, 270, 276). Die Abfalleigenschaft eines beim Abriss von Gebäuden anfallenden Bauschutts endet beispielsweise bei seinem geplanten Einsatz für den Straßen- oder Wegebau nicht schon dann, wenn nicht verwendbare oder schadstoffhaltige Bestandteile aussortiert wurden, sondern erst wenn die verwendbaren (mineralischen) Stoffe gebrochen und ohne weitere Aufbereitungsschritte verwendet werden können (OVG SA Beschl. v. 12.8.2016 – 2 M 24/16, juris Rn. 15f.).

Die Notwendigkeit, dass der Abfall ein Verwertungsverfahren durchlaufen haben muss, **29**
kann dazu führen, dass eine Beendigung der Abfalleigenschaft daran scheitert, dass der (ehemalige) Abfall mit dem Abschluss des Verwertungsverfahrens seine Existenz verliert (zB bei der Aufbringung von Klärschlammkompost auf geeignete Böden oder bei der energetischen Nutzung im Wege der Verbrennung).

Das Ende der Abfalleigenschaft kann bei verschiedenen Abfällen auch zu unterschiedli- **30**
chen Zeitpunkten einsetzen. Denkbar ist es, dass das Ende der Abfalleigenschaft erst bei der Verwendung, bei anderen Abfällen aber schon mit dem Abschluss der Aufbereitung erreicht wird. Nicht zuletzt kann bei einzelnen Abfällen schon deren Sichtung ausreichen, um von einem Durchlaufen eines Verwertungsverfahrens ausgehen zu können. Entscheidend soll sein, dass die Beschaffenheitsmerkmale erfüllt werden, die § 5 Abs. 1 voraussetzt (*Jarass* NVwZ 2019, 1545, 1548).

E. Beschaffenheitsmerkmale

Neben dem Durchlaufen eines Verwertungsverfahrens setzt das Ende der Abfalleigen- **31**
schaft verschiedene Beschaffenheitsmerkmale voraus, die kumulativ vorliegen müssen. Die Anforderungen an das Ende der Abfalleigenschaft und an die Einordnung als Nebenprodukt sind damit vergleichbar hoch (*Petersen/Doumet/Stöhr* NVwZ 2012, 521,523).

I. Verwendung für bestimmte Zwecke

Nach § 5 Abs. 1 Nr. 1 kann die Abfalleigenschaft für einen Stoff oder Gegenstand nur **32**
enden, wenn er so beschaffen ist, dass er üblicherweise für bestimmte Zwecke verwendet wird. Es kommt insoweit auf einen hinreichend bestimmten Zweck und zudem noch auf die Üblichkeit einer bestimmten Verwendung an.

1. Hinreichend bestimmter Verwendungszweck. Das Ende der Abfalleigenschaft **33**
von Stoffen oder Gegenständen soll nur mit Blick auf einen hinreichend genau definierten Verwendungszweck eintreten können. Der Gesetzgeber befürchtet ausweislich der Gesetzesbegründung, dass solche Stoffe mit nicht eindeutig bestimmtem Verwendungszweck kurzfristig wieder zu Abfall werden könnten. Außerdem könne die Gesundheits- und Umweltverträglichkeit solcher Stoffe erst abgeschätzt werden, wenn die Zweckbestimmung konkret ersichtlich ist (BT-Drs. 17/6052, 75). Die Notwendigkeit, für Abfälle,

die aus dem Regime des Abfallrechts entlassen werden, eine konkrete Zweckbestimmung festzulegen, ergibt sich auch daraus, dass die weiteren Voraussetzungen für das Ende der Abfalleigenschaft, dass nämlich ein Markt für den Stoff oder eine Nachfrage nach diesem Stoff oder Gegenstand besteht und dass die für die jeweilige Zweckbestimmung geltenden technischen Anforderungen sowie alle Rechtsvorschriften und anwendbaren Normen für Erzeugnisse erfüllt werden (§ 5 Abs. 1 Nrn. 2, 3) voraussetzen, dass der Stoff oder Gegenstand so bestimmt ist, dass er für einen bestimmten Zweck verwendet wird. Die Forderung nach einem hinreichend bestimmten Verwendungszweck ist insoweit letztlich nicht mehr als ein Hilfskriterium, das dazu dienen soll, die weiteren, letztlich entscheidenden Voraussetzungen für das Ende der Abfalleigenschaft prüfen zu können (*Petersen* in FS Sellner, 336).

34 **2. Übliche Verwendung.** Wann ein Stoff oder Gegenstand im Sinne des § 5 Abs. 1 Nr. 1 so beschaffen ist, dass er „üblicherweise" für einen bestimmten Zweck verwendet wird, muss im Einzelfall ermittelt werden. Der Verweis auf den Begriff der „Verkehrsanschauung", den der Gesetzgeber in § 3 Abs. 3 S. 2, nicht aber in § 5 Abs. 1 verwendet, hilft insoweit wenig weiter (*Frenz* in Fluck/Frenz/Fischer/Franßen § 5 Rn. 50). Was eine übliche Verwendung ist, bestimmt somit nicht die Verkehrsanschauung. Es dürfte bei der Bestimmung einer üblichen Verwendung eher darum gehen, nicht nur **vernünftige Erwägungen** für die beabsichtigte Verwendung nachzuvollziehen, sondern auch eine **bestehende Praxis** einer solchen Verwendung festzustellen. Denn von einer üblichen Verwendung kann nur gesprochen werden, wenn sie auch in anderen Fällen stattfindet. Verhindert wird damit, dass Abfälle im Zusammenhang mit beabsichtigten Verwendungen aus dem Abfallrecht entlassen werden, für die es an Vergleichsmöglichkeiten fehlt und bei denen aus diesem Grund möglicherweise nicht ohne weiteres erkennbar ist, ob von der Verwendung Gefahren für Mensch und Umwelt ausgehen können.

35 Fraglich ist aber, ob das damit angesprochene Merkmal der „Üblichkeit" der zweckentsprechenden Verwendung überhaupt noch mit Art. 6 Abs. 1 S. 1 Buchst. a AbfRRL übereinstimmt. Art. 6 Abs. 1 S. 1 Buchst. a AbfRRL forderte ursprünglich, dass der Stoff oder Gegenstand „gemeinhin" für bestimmte Zwecke verwendet wird. Das entsprach dem „Üblichkeitskriterium" des § 5 Abs. 1. In der aktuellen Fassung der Richtlinie wird jedoch nicht mehr darauf abgestellt, dass der Stoff oder Gegenstand „gemeinhin" für einen bestimmten Zweck verwendet wird. Vielmehr reicht eine Verwendung für bestimmte Zwecke aus. Art. 6 Abs. 1 Buchst. a AbfRRL stellt insoweit nur noch auf eine subjektive Sichtweise des Abfallbesitzers ab, während § 5 Abs. 1 Nr. 1 weiterhin auf eine objektive Sichtweise abstellt, nämlich darauf, ob der Stoff oder Gegenstand so beschaffen ist, dass er üblicherweise für bestimmte Zwecke verwendet wird. Es stellt sich deshalb die Frage, ob diese gesetzliche Voraussetzung für das Ende der Abfalleigenschaft in unionsrechtskonformer Auslegung auf eine subjektive Sichtweise des Abfallbesitzers einzuengen ist, so dass es auf eine „Üblichkeit" dieser Verwendung nicht mehr ankommt (in diesem Sinne *Franßen/Verfers* AbfallR 2020, 157, 158).

II. Markt oder Nachfrage

36 Weitere Voraussetzung für eine Beendigung der Abfalleigenschaft ist das Vorhandensein eines Marktes oder einer Nachfrage. Ein **Markt** ist vorhanden, wenn Angebot und Nachfrage zusammentreffen, so dass es zu einer Preisbildung kommt. Eine **Nachfrage** für einen Stoff oder Gegenstand liegt vor, wenn die Absicht besteht, diesen zu erwerben. Da bereits das Vorhandensein von einem Anbieter und einem Nachfrager die Existenz eines Marktes belegen kann (*Kropp* in v. Lersner/Wendenburg Recht der Abfallbeseiti-

gung § 5 Rn. 18; *Dippel/Ottensmeier* AbfallR 2018, 270, 277), macht die alternative Aufzählung des Vorhandenseins eines Marktes oder einer Nachfrage praktisch keinen Sinn. Dass das Vorhandensein eines Marktes daran scheitert, dass zwar ein Nachfrager, nicht jedoch ein Anbieter ausgemacht werden kann, dürfte im Zusammenhang mit der Frage, ob die Abfalleigenschaft eines bestimmten Abfalls endet, nicht vorkommen, weil die Prüfung dieser Rechtsfrage nur sinnvoll ist, wenn ein Abfallbesitzer den Abfall für eine weitere Verwendung einem Nachfrager überlassen möchte. Festzuhalten bleibt jedenfalls, dass grundsätzlich ein Nachfrager ausreichend ist, um diese Anforderung an das Ende der Abfalleigenschaft zu erfüllen.

Der Gesetzgeber setzt voraus, dass für den Stoff oder Gegenstand ein Markt oder eine Nachfrage im **Zeitpunkt der Entscheidung** über das Ende der Abfalleigenschaft vorhanden ist. Es reicht insoweit nicht aus, dass sich zukünftig ein Markt entwickeln kann oder die Hoffnung besteht, zukünftig einen Nachfrager zu finden. **37**

Ein **positiver Marktpreis** ist ausreichend, das Vorhandensein eines Marktes bzw. einer Nachfrage zu belegen. Denn ein Marktpreis setzt definitionsgemäß einen Markt voraus. Ob umgekehrt ein negativer Preis des Stoffes oder Gegenstandes, dh die die Notwendigkeit, dem Nachfrager für die Abnahme eine **Zuzahlung** zu leisten, eine Nachfrage im Sinne von § 5 Abs. 1 Nr. 2 zwingend ausschließt (in diesem Sinne *Versteyl* in Versteyl/Mann/Schomerus § 5 Rn. 19; *Jarass* NVwZ 2019, 1545, 1548)), ist zweifelhaft. Denn auch bei der Forderung einer Zuzahlung kann eine große Nachfrage nach dem Stoff oder Gegenstand bestehen, die im Einzelfall durch verbindliche und langfristige Abnahmeverträge belegt werden kann. Das BVerwG hat – allerdings nicht mit Blick auf den neuen § 5 – darauf hingewiesen, dass die Notwendigkeit einer Zuzahlung „auf eine fehlende Verkehrsfähigkeit" hindeuten kann (BVerwG NVwZ 2007, 338, 339). Das bedeutet jedoch nicht, dass es bei einer vertraglich vereinbarten Zuzahlung an einem Nachfrager im Sinne von § 5 Abs. 1 fehlen würde. Die allgemeine Besorgnis, dass bei Altstoffen mit einem „negativen Wert", für deren Abnahme der bisherige Besitzer ein Entgelt zahlen muss, die Gefahr einer umweltgefährdenden Entsorgung besteht, die gegen das Ende der Abfalleigenschaft sprechen könnte, kann auf der Grundlage vertraglich verbindlicher Abnahmeverpflichtungen entfallen. Ein positiver Marktpreis belegt insoweit einen Markt; ein negativer Marktpreis eines Stoffes oder Gegenstand ist dagegen für die Frage, ob ein Markt oder eine Nachfrage vorhanden ist, ein Indiz, das aber durchaus durch den Nachweis einer konkreten Nachfrage, etwa durch verbindliche Abnahmeverträge, widerlegt werden kann (a. A. *Dippel/Ottensmeier* AbfallR 2018, 270, 277; *Jacobi* in Versteyl/Mann/Schomerus, KrWG, § 5 Rn. 19, die einen positiven Marktwert zwingend voraussetzen). **38**

III. Erfüllung technischer und rechtlicher Anforderungen

Für das Ende der Abfalleigenschaft setzt der Gesetzgeber außerdem voraus, dass der Stoff oder Gegenstand alle für seine jeweilige Zweckbestimmung geltenden technischen Anforderungen sowie alle Rechtsvorschriften und anwendbaren Normen für Erzeugnisse erfüllt. **39**

1. Rechtsvorschriften. Unter Rechtsvorschriften im Sinne von § 5 Abs. 1 Nr. 3 sind außenverbindliche Rechtsnormen in Gesetzen, Verordnungen und öffentlich-rechtlichen Satzungen zu verstehen. Da es sich um Rechtsvorschriften handeln soll, die für die Stoffe und Gegenstände als Erzeugnis oder Produkt gelten, auf die das Abfallrecht gerade keine Anwendung findet, ist es zweifelhaft, ob in diesem Zusammenhang auch Vorschriften des **40**

KrWG oder von Verordnungen, gestützt auf das KrWG, zu beachten sind (so *Petersen* in Jarass/Petersen § 5 Rn. 41). Einschlägig sind sicherlich Vorschriften des Umweltrechts, des Gefahrstoffrechts, des Gesundheitsschutzrechts, des Lebensmittelrechts, etc.

41 Fraglich ist, ob sich – wie zum Teil angenommen (*Petersen* in Jarass/Petersen § 5 Rn. 41) – der Verweis auf Rechtsvorschriften in § 5 Abs. 1 Nr. 3 nur auf öffentlich-rechtliche, dh den Träger der öffentlichen Gewalt berechtigende und verpflichtende Bestimmungen, bezieht. Begründet wird diese Auffassung mit dem Rechtscharakter des KrWG und mit der notwendigen, allgemeinen Bindungswirkung des § 5 Abs. 1. Ob allerdings der Rechtscharakter des Gesetzes und die Bindungswirkung des § 5 Abs. 1 tatsächlich eine Beachtlichkeit zivilrechtlicher Vorschriften in diesem Zusammenhang, zB urheberrechtlicher Bestimmungen, ausschließen, ist zweifelhaft.

42 **2. Technische Anforderungen.** Unklar ist außerdem, was unter technischen Anforderungen im Sinne des § 5 Abs. 1 Nr. 3 zu verstehen ist. Zutreffend wird darauf hingewiesen, dass die Erwähnung der technischen Anforderungen neben den Rechtsvorschriften den Eindruck vermittelt, als sollten über rechtliche Anforderungen hinaus auch technische Anforderungen beachtlich sein. Allerdings verlangt der Gesetzgeber nur eine Berücksichtigung der geltenden technischen Anforderungen. Geltung können technische Anforderungen aber nur über Rechtsvorschriften beanspruchen. Gemeint sind möglicherweise technische Normen, die über unbestimmte Rechtsbegriffe, etwa durch die verbindlichen Technikmaßstäbe wie zB „Stand der Technik", „allgemein anerkannte Regeln der Technik" oder „Stand von Wissenschaft und Technik" verbindlich werden.

43 Dasselbe gilt für den gesondert aufgeführten Begriff der „anwendbaren Normen". Soweit es sich dabei nicht um Rechtsvorschriften (siehe dazu *Petersen* in Jarass/Petersen § 5 Rn. 42), sondern um technische Spezifikationen handeln soll, die von anerkannten Normungsgremien zur wiederholten oder ständigen Anwendung angenommen worden sind, deren Einhaltung jedoch nicht zwingend vorgeschrieben ist, können sie auf die in Rede stehenden Stoffe oder Gegenstände, deren Abfalleigenschaft beendet werden soll, nur zur Anwendung kommen, wenn dies durch eine Rechtsvorschrift vorgesehen ist. § 5 Abs. 1 Nr. 3 setzt die Anwendbarkeit einer solchen Umsetzungsnorm voraus und begründet eine Verbindlichkeit einer technischen Normung in diesem Sinne nicht selbst. Für eine solche Funktion, nämlich technische Normen jeder Art von allen denkbaren Normungsgremien zur Anwendung zu bringen, wäre die Vorschrift zu unbestimmt.

44 **3. „Fehlende" technische Anforderungen oder Normen.** Teilweise wird die Auffassung vertreten, das „Fehlen" technischer Anforderung oder Normen stünde dem Ende der Abfalleigenschaft grundsätzlich entgegen (*Petersen* in Jarass/Petersen § 5 Rn. 43; aA *Schink* in Schink/Versteyl Rn. 40). Während es bei der Anerkennung von Nebenprodukten nach § 4 um die Beurteilung rechtlich „neutraler" Stoffe oder Gegenstände gehe, handele es sich bei § 5 um Abfälle. Deren Entlassung aus dem Abfallrecht sei nur zulässig und in der Sache vertretbar, wenn die fraglichen Stoffe „vom Produktrecht positiv akzeptiert" würden. Hierfür müsse ein durch technische Anforderungen und zumindest „de facto-standards" geschaffener Regelungsrahmen bestehen. Dieser sei zwar keine hinreichende, wohl aber eine notwendige Bedingung für das Ende der Abfalleigenschaft. Diese Ansicht ist schon deshalb nicht überzeugend, weil nicht ersichtlich ist, wer die Frage entscheiden soll, ob ein bestimmter Bereich technisch unzureichend normiert ist, ob also im Sinne dieser Auffassung technische Anforderungen oder Normen des Produktrechts „fehlen". Dabei ist zu berücksichtigen, dass die Verantwortung für eine richtige Anwendung des § 5 Abs. 1 den Besitzer des Stoffes oder Gegenstandes trifft.

Er kann im Zweifel sogar strafrechtlich für eine fehlerhafte Bewertung zur Verantwortung gezogen werden. Dem Besitzer der Stoffe oder Gegenstände kann insoweit nicht zugemutet werden, die vorhandenen, möglicherweise privaten technischen Normungen darauf hin zu bewerten, ob sie den technischen Sachverhalt hinreichend regulieren und ob die von ihm beabsichtigte Verwendung insoweit von solchen Normen hinreichend „positiv akzeptiert" wird.

Hinzu kommt, dass § 5 Abs. 1 Nr. 3 lediglich voraussetzt, dass der Stoff oder Gegen- **45** stand alle für seine jeweilige Zweckbestimmung geltenden technischen Anforderungen sowie alle Rechtsvorschriften und anwendbaren Normen für Erzeugnisse erfüllt. Nicht vorhandene Normen oder technische Anforderungen braucht man demnach auch nicht zu erfüllen. Sie können dann aber auch dem Ende der Abfalleigenschaft nicht entgegenstehen. Auch die Vorstellung, eine Entlassung aus dem Abfallrecht setze voraus, dass die fraglichen Stoffe oder Gegenstände vom Produktrecht positiv akzeptiert würden, ist nicht nachvollziehbar. Der Gesetzgeber verlangt keine „positive Akzeptanz", sondern eine Beachtung seiner Regeln. Möglicherweise soll die Auffassung, bei fehlender technischer Normierung könne die Abfalleigenschaft nicht enden, Bedenken gegen die Umsetzung des Art. 6 AbfRRL Rechnung tragen, die sich daraus ergeben, dass der deutsche Gesetzgeber das Ende der Abfalleigenschaft nicht vom Vorhandensein spezifischer Kriterien abhängig macht, die nach den Bedingungen des Art. 6 Abs. 1 AbfRRL aufgestellt sind. Dieser Mangel lässt sich allerdings nicht dadurch beheben, dass im Zweifel den abfallrechtlich zuständigen Überwachungsbehörden das Recht zugestanden wird, den erreichten Stand der technischen Normung für unzureichend zu halten und mit dieser Begründung ein Ende der Abfalleigenschaft abzulehnen.

IV. Unschädlichkeit der Verwendung

Das Ende der Abfalleigenschaft setzt schließlich voraus, dass die Stoffe oder Gegen- **46** stände so beschaffen sind, dass ihre Verwendung insgesamt nicht zu schädlichen Auswirkungen auf Mensch oder Umwelt führt. Die Regelung ist mit der in § 4 S. 1 Nr. 4 geregelten Voraussetzungen für die Anerkennung von Nebenprodukten vergleichbar.

Grundsätzlich werden bei Beachtung geltender Vorschriften des allgemeinen Produkt- **47** rechts, des Gefahrstoffrechts und des Umweltrechts schädliche Auswirkungen der Verwendung auf Mensch oder Umwelt nicht zu besorgen sein. Fehlt es insoweit an einschlägigen Vorschriften, stellt § 5 Abs. 1 Nr. 4 jedoch unabhängig davon sicher, dass es zu keinen nachteiligen Auswirkungen kommen darf. Es bedarf insoweit einer Prognose hinsichtlich möglicher Auswirkungen der Verwendung des Stoffes oder Gegenstandes auf Mensch und Umwelt. Zur Beantwortung der Frage, ob schädliche Auswirkungen auf Mensch und Umwelt zu besorgen sind, können Gefahrstoff- und/oder produktspezifische Regelungen außerhalb des Abfallrechts herangezogen werden. Die Gesetzesbegründung erläutert dazu, es sei zunächst zu prüfen, ob die für die jeweilige Verwendung einschlägigen Anforderungen der außerhalb des Abfallrechts geltenden Vorschriften des allgemeinen Produkt- und Umweltrechts erfüllt würden. Hierzu zählten im Falle des Einsatzes als Brennstoff zB das BImSchG, im Falle der Nutzung als Düngemittel, Bodenhilfsstoffe, Kultursubstrat oder Pflanzenhilfsmittel das Düngemittelrecht. Soweit das Produkt- und sonstige Umweltrecht den Gesundheits- und Umweltschutz nicht hinreichend sicherstellten, könnten die maßgeblichen Anforderungen auch des Abfallrechts selbst, etwa durch spezifische Anforderungen an die umweltverträgliche Verwertung, bestimmt werden (BT-Drs. 17/6052, 77).

F. Verordnungsermächtigung

48 Art. 6 Abs. 4 S. 1 AbfRRL eröffnet den Mitgliedstaaten die Möglichkeit, im Einzelfall zu entscheiden, ob bestimmte Abfälle nicht mehr als Abfall anzusehen sind. Die Mitgliedstaaten teilen der Kommission diese Entscheidungen gemäß der Richtlinie 98/34/EG des Europäischen Parlaments und des Rates vom 22.6.1998 über ein Informationsverfahren auf dem Gebiet der Normen und technischen Vorschriften und der Vorschriften für Dienste der Informationsgesellschaft mit, sofern jene Richtlinie dies erfordert. Die Ermächtigung der Mitgliedstaaten gilt so lange, wie auf europäischer Ebene noch keine Festlegungen im Sinne von Art. 6 Abs. 2 AbfRRL getroffen worden sind. Soweit Art. 6 Abs. 4 S. 1 AbfRRL eine Berücksichtigung der geltenden Rechtsprechung verlangt, ist damit die Rechtsprechung des EuGH gemeint (*Petersen* ZUR 2007, 449, 452; *Waggershauser* AbfallR 2009, 50, 54).

49 Der Bundesgesetzgeber hat in § 5 Abs. 2 die Bundesregierung ermächtigt, nach Anhörung der beteiligten Kreise (§ 68) durch Rechtsverordnung mit Zustimmung des Bundesrates nach Maßgabe der in § 5 Abs. 1 genannten Anforderungen die Bedingungen näher zu bestimmen, unter denen für bestimmte Stoffe und Gegenstände die Abfalleigenschaft endet. Die Bundesregierung wird durch die Verordnungsermächtigung berechtigt, eine Rechtsverordnung zum Ende der Abfalleigenschaft zu erlassen. Eine Verpflichtung, eine solche Rechtsverordnung bis zu einem bestimmten Zeitpunkt zu erlassen, ergibt sich aus der gesetzlichen Ermächtigung nicht. Daran hat sich durch die Gesetzesnovelle 2020 nicht geändert. Es wird jedoch die Ansixht vertreten, es bestünde Anlaß, die Verordnungsermächtigung stärker zu nutzen (*Loschwitz* AbfallR 2020, 210; *Petersen/Friedrich* NVwZ 2021, 1, 3).

50 Die Bundesregierung hat in den vergangenen Jahren noch keine Abfallende-Verordnung erlassen, während die EU immerhin drei solcher Verordnungen verabschiedet hat (kritisch dazu *Franßen/Verfers,* AbfallR 2020, 157 ff.; siehe auch *Loschwitz,* AbfallR 2020, 210; zu den verschiedenen EU-Verordnungen siehe *Cosson* in BeckOK Umweltrecht, Giesberts/Reinhardt, § 5 KrWG Rn. 2 ff.). EU-Abfall-Ende-Verordnungen sind innerhalb der EU unmittelbar geltendes Recht. Sie sollen nicht verhindern, dass Drittländer die Materialien als Abfall einstufen. Deshalb gelten bei Ausfuhren von Schrott in Drittländer ausschließlich die einschlägigen Vorschriften des Bestimmungslands und eventueller Transitstaaten (*Cosson* in BeckOK Umweltrecht, § 3 KrWG Rn. 24).

51 In der Praxis verbleiben derzeit nur die eher intransparenten Möglichkeiten von Einzelfallentscheidungen, mit denen sich Unternehmen ihre Rechtsauffassung zum Abfallende bestätigen lassen wollen, oder von Erlassen der Bundesländer zB zum Ende der Abfalleigenschaft bei Altpapier oder bei mineralischen Ersatzbaustoffen (dazu *Loschwitz,* AbfallR 2020, 210, 213). Auf europäischer Ebene sollen Maßnahmen zur Harmonisierung der Anforderungen an das Ende der Abfalleigenschaft ergriffen werden (dazu *Loschwitz,* AbfallR 2020, 210, 211). § 21 des Entwurfs der Ersatzbaustoffverordnung sieht für bestimmte mineralische Ersatzbaustoffe vor, dass ihre Abfalleigenschaft vorbehaltlich der Erfüllung weiterer Voraussetzungen des § 5 Abs. 1 Nr. 1–3 endet.

52 Macht die Bundesregierung von der Verordnungsermächtigung Gebrauch, dann ist sie verpflichtet, die gesetzlichen Anforderungen an den Inhalt der Verordnung zu beachten und insbesondere auch bestimmte Mindestinhalte zu regeln.

53 Die durch die Gesetzesnovelle 2020 neu eingeführten Sätze 2 und 3 legen die zulässigen Inhalte einer auf § 5 Abs. 2 gestützten Rechtsverordnung fest. Diese Neuregelungen dienen der Umsetzung von Art. 6 Abs. 3 in Verbindung mit Abs. 2 AbfRRL, die den Mitgliedstaaten konkretisierende Anforderungen für die Bestimmung des Endes der Ab-

falleigenschaft ermöglicht, soweit auf Unionsebene noch keine entsprechenden Festlegungen getroffen worden sind.

Die in Art. 6 Abs. 2 AbfRRL für die unionsrechtliche Konkretisierung geltenden Anforderungen sind gem. Art. 6 Abs. 3 AbfRRL auch für die Konkretisierung der Kriterien des Abfallendes auf Ebene der Mitgliedstaaten zugrunde zu legen. Für das KrWG haben die neu gefassten Bestimmungen zur Konkretisierung des Endes der Abfalleigenschaft lediglich klarstellenden Charakter. Ausweislich der Gesetzesbegründung ist eine materiell-rechtliche Erweiterung der Verordnungsermächtigung gegenüber dem bis Oktober 2020 geltenden KrWG damit nicht verbunden, da bereits nach § 5 Abs. 2 bisheriger Fassung Anforderungen zum Schutz von Mensch und Umwelt, insbesondere durch Grenzwerte für Schadstoffe festgelegt werden konnten (Gesetzesbegründung, BT-Drs. 19/19373, S. 48). **54**

Die Aufzählung der Anforderungen in § 5 Abs. 2 S. 3 ist nicht abschließend. Sie listet mit Blick auf die gesetzlichen Anforderungen für das Ende der Abfalleigenschaft relevante Regelungsgegenstände bzw. **Mindestinhalte** einer Verordnung auf. Die detaillierten Kriterien sollen möglichen nachteiligen Auswirkungen des Stoffes oder Gegenstandes auf Umwelt und Gesundheit Rechnung tragen. **55**

Der Gesetzgeber verlangt, dass die in der Verordnung festgelegten Bedingungen ein hohes Maß an Schutz für Mensch und Umwelt sicherstellen. Daraus soll ausweislich der Gesetzesbegründung folgen, dass insbesondere bei Beantwortung der Frage, ob die Verwendung eines Stoffes und Gegenstandes insgesamt zu schädlichen Auswirkungen auf Mensch und Umwelt führt, ein strenger Schutz- und Vorsorgestandard einzuhalten ist (Gesetzesbegründung, BT-Drs. 19/19374, S. 48). **56**

Mit der weiteren Vorgabe des § 5 Abs. 2 Satz 2, die umsichtige, sparsame und effiziente Verwendung der natürlichen Ressourcen zu ermöglichen, hält der der Gesetzgeber die Bundesregierung zu einem nachhaltigen Ressourcenschutz an. Diese Anforderungen an den Verordnungsgeber tragen nicht nur der Zielsetzung des § 1, sondern auch den auf den Umwelt- und Ressourcenschutz bezogenen Grundsätzen der Abfallhierarchie des § 6 Abs. 2 und dort insbesondere dem Appell an die Hochwertigkeit der Verwertung (§ 8 Abs. 1 Satz 3) Rechnung (Gesetzesbegründung, BT-Drs. 19/19374, S. 48). **57**

In der Rechtsverordnung ist nach § 5 Abs. 2 S. 3 insbesondere zu bestimmen, welche Abfälle verwertet werden dürfen und welche Behandlung zulässig ist. Außerdem sind in der Verordnung Qualitätskriterien und soweit erforderlich auch Schadstoffgrenzwerte für Stoffe und Gegenstände im Sinne des § 5 Abs. 1 festzulegen. Die Qualitätskriterien müssen im Einklang mit den geltenden technischen Anforderungen, Rechtsvorschriften oder Normen für Erzeugnisse stehen. Geregelt werden müssten in der Verordnung nicht zuletzt die Anforderungen an Managementsysteme, mit denen die Einhaltung der Kriterien für das Ende der Abfalleigenschaft nachgewiesen wird, einschließlich der Anforderungen an die Qualitätskontrolle und die Eigenüberwachung und an eine Akkreditierung oder sonstige Form der Fremdüberwachung der Managementsysteme, soweit dies erforderlich ist. Schließlich hat der Verordnungsgeber bei Erlass einer Verordnung das Erfordernis und die Inhalte einer Konformitätserklärung festzulegen. **58**

Mit diesen Mindestinhalten einer Verordnung sollen die gesetzlichen Anforderungen des § 5 Abs. 1 Nrn. 3 und 4 in materiell-rechtlicher Hinsicht gesichert werden. Gleiches gilt ausweislich der Gesetzesbegründung für die Anforderungen an Managementsysteme zum Nachweis der Einhaltung der Kriterien für das Ende der Abfalleigenschaft und das Erfordernis einer Konformitätserklärung. Gegenstand einer Verordnung nach § 5 Abs. 2 können auch Anforderungen einer Akkreditierung oder sonstigen Fremdüberwachung der Managementsysteme sein. Die Anforderung einer „Akkreditierung" in der AbfRRL orientiert sich an den Vorgaben der EU-Verordnungen zur Bestimmung des Endes der **59**

Abfalleigenschaft etwa von Schrotten (s. etwa Art. 6 Abs. 2 Verordnung (EU) Nr. 331/2011 des Rates vom 31. März 2011). In Betracht kommen sollen nach der Gesetzesbegründung für den Verordnungsgeber aber auch geeignete, qualitätsgesicherte Fremdüberwachungen, wie sie etwa die Qualitätssicherung im Bereich der Bioabfälle oder Klärschlämme nach § 12 Absatz 5 darstellt. Nach Nr. 5 können in der Verordnung auch das Erfordernis und die Inhalte einer Konformitätserklärung geregelt werden (Gesetzesbegründung, BT-DRs. 19/19373, S. 48).

60 Die Verordnungsermächtigung ermöglicht der Bundesregierung die Umsetzung von zukünftigen Komitologieentscheidungen auf europäischer Ebene, soweit diese nicht Gegenstand von europäischen Verordnungen sind, die in allen Mitgliedstaaten unmittelbar gelten und insoweit keiner Umsetzung bedürfen. Bei solchen Verordnungen kann im Einzelfall eine Verschärfung der europäischen Kriterien als verstärkte Schutzmaßnahmen im Sinne von Art. 193 AEUV in Betracht kommen (*Kropp* in v. Lersner/Wendenburg Recht der Abfallbeseitigung § 5 Rn. 36; zur Zulässigkeit von verstärkten Schutzmaßnahmen in diesem Zusammenhang, *Petersen* in FS Sellner, 342 ff.).

Teil 2. Grundsätze und Pflichten der Erzeuger und Besitzer von Abfällen sowie der öffentlich-rechtlichen Entsorgungsträger

Abschnitt 1. Grundsätze der Abfallvermeidung und Abfallbewirtschaftung

§ 6 Abfallhierarchie

(1) Maßnahmen der Vermeidung und der Abfallbewirtschaftung stehen in folgender Rangfolge:

1. Vermeidung,

2. Vorbereitung zur Wiederverwendung,

3. Recycling,

4. sonstige Verwertung, insbesondere energetische Verwertung und Verfüllung,

5. Beseitigung.

(2) Ausgehend von der Rangfolge nach Absatz 1 soll nach Maßgabe der §§ 7 und 8 diejenige Maßnahme Vorrang haben, die den Schutz von Mensch und Umwelt bei der Erzeugung und Bewirtschaftung von Abfällen unter Berücksichtigung des Vorsorge- und Nachhaltigkeitsprinzips am besten gewährleistet. Für die Betrachtung der Auswirkungen auf Mensch und Umwelt nach Satz 1 ist der gesamte Lebenszyklus des Abfalls zugrunde zu legen. Hierbei sind insbesondere zu berücksichtigen

1. die zu erwartenden Emissionen,

2. das Maß der Schonung der natürlichen Ressourcen,

3. die einzusetzende oder zu gewinnende Energie sowie

4. die Anreicherung von Schadstoffen in Erzeugnissen, in Abfällen zur Verwertung oder in daraus gewonnenen Erzeugnissen.

Die technische Möglichkeit, die wirtschaftliche Zumutbarkeit und die sozialen Folgen der Maßnahme sind zu beachten.

(3) Die Anlage 5 enthält eine nicht abschließende Liste von Beispielen für Maßnahmen und wirtschaftliche Instrumente zur Schaffung von Anreizen für die Anwendung der Abfallhierarchie von Verwertungsverfahren.

Schrifttum: *Beckmann* Das neue Kreislaufwirtschaftsgesetz, AbfallR 2012, 142; *Beckmann* Abfallhierarchie und gesetzliche Überlassungspflichten im Arbeitsentwurf des Kreislaufwirtschaftsgesetzes, AbfallR 2010, 54ff.; *Dieckmann* Abfallarme Beschaffung im Spannungsfeld zwischen Kreislaufwirtschaftsrecht und Vergaberecht, AbfallR 2019, 274; *Dolde/Vetter* Der Referentenentwurf des Kreislaufwirtschaftsgesetzes aus kommunaler Sicht, AbfallR 2011, 22; *Faßbender,* Abfallhierarchie, Vermeidungsprogramme, Recyclingquoten – wirksame Instrumente für Vermeidung und Ressourcenschutz?, AbfallR 2011, 165; *Franßen* Fortentwicklung der Abfallhierarchie – Streichung der Heizwertklausel, AbfallR 2017, 162; *Franßen/Verfers* Die Umsetzung des EU-Kreislaufwirtschaftspakets im deutschen Kreislaufwirtschaftsgesetz: Bedeutung für mineralische Nebenprodukte und Abfälle, AbfallR 2020, 157; *Frenz* Grundlagen der Abfallentsorgung im Bergbau, AbfallR 2018, 129; *Frenz* Die neue Abfallhierarchie, UPR 2012, 210; *Frenz/Schink/Ley* Abfälle als Brennstoffe nach dem BEHG?, AbfallR 2020, 166, AbfallR 2020, 223; *Giesberts* Ende der Abfalleigenschaft und fünfstufige Abfallhierarchie im Rahmen des BImSchG, DVBl. 2012, 816; *Grunow* Folgen des Wegfalls der Heizwertklausel für Betreiber von Müllverbrennungsanlagen, I+E 2016, 6; *Hurst* Das neue

Kreislaufwirtschaftsgesetz aus Sicht eines Abfallerzeugers, UPR 2012, 216; *Hutzsch* Rechtspolitische Ziele des Kreislaufwirtschaftsgesetzes auf dem Prüfstand, DÖV 2012, 145 ff.; *Kopp-Assenmacher,* Aktuelle Rechtsfragen zur Klärschlammverwertung in Zeiten des Übergangs, AbfallR 2019, 242; *Krahnefeld/Conzelmann* Die „flexible" Ausgestaltung der Abfallhierarchie im KrWG durch einzelfallbezogene Ökobilanzierungen – unionsrechtskonform?, AbfallR 2012, 269; *Kropp* Die Heizwertklausel im Kreislaufwirtschaftsgesetz – ein Auslaufmodell, AbfallR 2016, 123; *Kropp* Abfallverbringung in Bergwerke – Verwertung oder Beseitigung?, AbfallR 2018, 50; *Matschull-Zorn* Das neue Kreislaufwirtschaftsgesetz, EurUP 2012, 247 ff.; *Petersen* Die fünfstufige Abfallhierarchie – Funktionen und Probleme, AbfallR 2013, 2 ff.; *Petersen/Doumet/Stöhr* Das neue Kreislaufwirtschaftsgesetz, NVwZ 2012, 521; *Schomerus/Herrmann-Reichold/Stropahl* Abfallvermeidungsprogramme im neuen Kreislaufwirtschaftsgesetz – ein Beitrag zum Ressourcenschutz?, ZUR 2011, 507; *Suhl,* Die Europarechtswidrigkeit des KrWG, AbfallR 2012, 201; *Versteyl/Kersandt* Novelle der Deponieverordnung, AbfallR 2020, 297; *von Bechtolsheim/Charlier* Vorbereitung zur Wiederverwendung, AbfallR 2019, 22; *Wüstenberg,* Luftige Verpackungen, AbfallR 2020, 180.

Übersicht

A. Einführung

I. Überblick

1 § 6 ist die erste Bestimmung des zweiten Teils des Gesetzes, der die Grundsätze und Pflichten der Erzeuger und Besitzer von Abfällen sowie der öffentlich-rechtlichen Entsorgungsträger regelt. Abschnitt 1 dieses zweiten Teils enthält die Grundsätze der Abfall-

vermeidung und Abfallbewirtschaftung. Dieser Abschnitt besteht lediglich aus § 6, der die zentralen Regelungen zur neuen fünfstufigen Abfallhierarchie enthält. § 6 schreibt – insoweit der Vorgängervorschrift des § 4 Abs. 1 KrW-/AbfG nicht unähnlich – eine prinzipielle Rangfolge der Maßnahmen der Vermeidung und der Abfallbewirtschaftung vor.

§ 6 dient der Umsetzung der fünfstufigen Abfallhierarchie des Art. 4 AbfRRL, der **2** den Mitgliedstaaten vorschreibt, ihre Rechtsvorschriften und politischen Maßnahmen im Bereich der Abfallvermeidung und der Abfallbewirtschaftung auf der Grundlage einer bestimmten **Prioritätenfolge** aufzubauen. Mit der **fünfstufigen Abfallhierarchie** wird der frühere Dreiklang von Vermeidung, Verwertung und Beseitigung nicht aufgegeben. Vielmehr wird lediglich die zweite Stufe der bisherigen Vorrangregelung, die Verwertung, in drei Stufen untergliedert, nämlich die Vorbereitung zur Wiederverwendung, das Recycling und die sonstige Verwertung, zu der die energetische Verwertung und Maßnahmen der stofflichen Verwertung zählen.

Die fünfstufige Abfallhierarchie gilt als Eckstein der europäischen Abfallpolitik und als **3** das zentrale Steuerungsinstrument des neuen Kreislaufwirtschaftsgesetzes (*Petersen* AbfallR 2013, 2). Als Grundsatznorm soll § 6 Ausstrahlungswirkungen auf das gesamte neue Regelungssystem entfalten und darüber die zukünftige Entwicklung der Kreislaufwirtschaft nachhaltig prägen (*Petersen* AbfallR 2013, 2; *Hutsch,* DÖV 2012, 145, 146).

Die Vorgaben zur Abfallhierarchie des § 6 sind inzident auch im Rahmen des Verga- **4** beverfahrens für öffentliche Aufträge zu prüfen (OLG Frankfurt Beschl. v. 21.7.2020 – 11 Verg 9/19, juris Rn. 114; OLG München Beschl. v. 9.3.2018 – Verg 10/17; OLG Düsseldorf Beschl. v. 1.8.2012 – VII Verg 105/11; siehe dazu auch *Dieckmann* AbfallR 2019, 274).

Langfristig mögen die Erwartungen an das Steuerungsinstrument der Abfallhierarchie **5** realistisch sein (*Beckmann* AbfallR 2012, 142, 144), auch wenn das Gesetz selbst für die Vermeidung keine konkreten Vermeidungsziele vorgibt, sondern die Festlegung solcher Ziele dem Abfallvermeidungsprogramm überlässt (§ 33 Abs. 3 Nr. 1). Kurz- und mittelfristig sprechen die wenig vollzugsfreundlichen und komplexen gesetzlichen Bestimmungen zur Umsetzung der europäischen Abfallhierarchie nicht für eine effiziente Steuerung der abfallwirtschaftlichen Entwicklung allein mit Hilfe dieser gesetzlich neu geregelten Hierarchie. Die für § 6 postulierte „Strahlwirkung" auf alle anderen relevanten Vorschriften des KrWG (*Petersen* AbfallR 2013, 2, 5) bleibt angesichts des Regelungsgestrüpps der §§ 6–8 eher diffus.

Erst mit Hilfe von Verordnungen auf der Grundlage von § 8 Abs. 2, die den Vorrang **6** oder Gleichrang von Verwertungsmaßnahmen sowie die Anforderungen an die Hochwertigkeit der Verwertung verbindlich bestimmen, dürften sich die abfallwirtschaftlichen Stoffströme tatsächlich im Sinne des postulierten Vorsorge- und Nachhaltigkeitsprinzips effektiver lenken lassen. Dementsprechend setzt der Gesetzgeber bei der Umsetzung der neuen Abfallhierarchie gegenüber Abfallbesitzern und Abfallerzeugern auch auf konkretisierende, stoffstromspezifische **Rechtsverordnungen** (*Petersen* AbfallR 2013, 2, 6). Es droht eine neue untergesetzliche Regelungsflut.

Den Mitgliedstaaten steht bei der Umsetzung dieser Abfallhierarchie ein **Ermessens-** **7** **spielraum** zu. Dafür hatte sich die Bundesregierung eingesetzt, die sich zwar mit ihrer Abwehrhaltung gegenüber der neuen Abfallhierarchie nicht durchsetzen konnte, die jedoch erfolgreich dafür gesorgt hat, dass die Richtlinie die Mitgliedstaaten lediglich im Sinne einer Zielnorm zur Umsetzung der neuen Abfallhierarchie erreicht, die ihnen einen weit reichenden Umsetzungsspielraum belässt. Zentrales Anliegen der Bundesregierung war es in den Verhandlungen um die politische Einigung über die Novelle der Abfallrahmenrichtlinie, die fünfstufige Hierarchie, wenn schon nicht zu verhindern, so doch möglichst flexibel auszugestalten (*Petersen* ZUR 2007, 449, 452; kritisch zur Einführung einer fünfstufigen Abfallhierarchie auch *Schink* AbfallR 2007, 50, 51; *Faßbender* AbfallR 2011, 165, 167).

8 Diesen Spielraum hat der deutsche Gesetzgeber genutzt, um die Effizienz und die Verbindlichkeit der Hierarchie, die von der deutschen Bundesregierung im Verfahren zur Novellierung der Abfallrahmenrichtlinie bekämpft worden ist, möglichst weitgehend abzuschwächen. Die Bundesregierung monierte gegenüber der Europäischen Kommission im Verfahren der Novellierung der Richtlinie vor allem den Vorrang des Recyclings gegenüber der energetischen Verwertung. Ein solcher Vorrang lasse sich nicht klar rechtfertigen (*Petersen* ZUR 2007, 449, 452).

9 Nach Art. 4 Abs. 2 S. 1 AbfRRL soll die fünfstufige Abfallhierarchie die Mitgliedstaaten in die Lage versetzen, diejenigen Optionen zu fördern, die insgesamt das beste Ergebnis zum Schutz der Umwelt erbringen. Dabei ist der gesamte **Lebenszyklus** der Abfälle zu berücksichtigen. Nach Art. 4 Abs. 2 S. 2 AbfRRL kann dies erfordern, dass bestimmte Abfallströme von der Abfallhierarchie abweichen, sofern dies durch das Lebenszyklusdenken hinsichtlich der gesamten Auswirkungen der Erzeugung und Bewirtschaftung dieser Abfälle gerechtfertigt ist. Art. 4 Abs. 2 S. 4 AbfRRL verpflichtet die Mitgliedstaaten außerdem dazu, die allgemeinen Umweltschutzgrundsätze der Vorsorge und der Nachhaltigkeit, der technischen Durchführbarkeit und der wirtschaftlichen Vertretbarkeit, des Schutzes von Ressourcen, und die Gesamtauswirkungen auf die Umwelt und die menschliche Gesundheit sowie die wirtschaftlichen und sozialen Folgen gemäß den Art. 1 und 13 AbfRRL zu berücksichtigen.

10 Abs. 1 legt auf dieser Basis von Art 4 AbfRRL die generelle und abstrakte Rangfolge der einzelnen Maßnahmen der Vermeidung und der Abfallbewirtschaftung fest. Definiert werden die Begriffe der Abfallvermeidung in § 3 Abs. 20 und der Abfallbewirtschaftung in § 3 Abs. 14. Oberste Priorität genießt die Vermeidung von Abfällen, danach folgen die Vorbereitung zur Wiederverwendung (siehe dazu § 3 Abs. 24), das Recycling (§ 3 Abs. 25), die sonstige Verwertung, insbesondere die energetische Verwertung und die Verfüllung von Abfällen, wobei unter Verfüllung sowohl der untertägige Versatz als auch die Verfüllung von Tagebauen zu verstehen ist. Am Ende der fünfstufigen Hierarchie steht die Beseitigung von Abfällen (§ 3 Abs. 26). Von der dreistufigen Abfallhierarchie des KrW-/AbfG, bestehend aus Vermeiden, Verwerten und Beseitigen von Abfällen, unterscheidet sich die neue fünfstufige Hierarchie durch eine dreistufige Differenzierung der Verwertungsstufe, bestehend aus der Vorbereitung zur Wiederverwendung, dem Recycling und der sonstigen Verwertung.

11 Abs. 2 dient einer feineren Steuerung der in Abs. 1 lediglich abstrakt vorgegebenen Rangfolge auf der Grundlage einer **Einzelfallabwägung.** Die Abwicklungsmöglichkeit nach § 6 Abs. 2 S. 1 soll belegen, dass es sich bei der Rangfolge des § 6 Abs. 1 um eine Regelvermutung handelt, die nicht ausnahmslos einzuhalten ist (*Jarass* AbfallR 2021, 32, 35). Abs. 2 dient der Umsetzung von Art. 4 Abs. 2 AbfRRL. Ausgehend von der abstrakten Rangfolge des Abs. 1 soll diejenige Maßnahme Vorrang haben, die den Schutz von Mensch und Umwelt bei der Erzeugung und Bewirtschaftung von Abfällen unter Berücksichtigung des Vorsorge- und Nachhaltigkeitsprinzips am besten gewährleistet (Abs. 2 S. 1). Damit sind für die Abfallhierarchie Kriterien dieses Vorsorge- und Nachhaltigkeitsprinzips im Sinne eines bestmöglichen Schutzes von Mensch und Umwelt bei der Erzeugung und Bewirtschaftung von Abfällen zentraler Entscheidungsmaßstab. Die breite Palette der maßgeblichen Entscheidungskriterien (Maßgaben der §§ 7, 8, Vorsorge- und Nachhaltigkeitsprinzip, der gesamte Lebenszyklus des Abfalls, Umweltkriterien, wie zu erwartende Emissionen, Schadstoffanreicherung, etc., die technische Möglichkeit, die wirtschaftliche Zumutbarkeit und die sozialen Folgen) führt zu einer komplexen Abwägungsentscheidung im Einzelfall, deren Ergebnis weder vorhersehbar noch wirklich nachvollziehbar ist. Indem die Bestimmung des Vorrangs den Verantwortlichen im Einzelfall überlassen bleibt, ist eine Beachtung der lediglich abstrakt im Sinne eines Leitprinzips vorgegebenen Rangfolge nicht gewährleistet. Das ist allerdings nicht nur eine Folge der deutschen Umsetzung des Art. 4 AbfRRL. Vielmehr ist auch die Richtlinie selbst sehr offen formuliert. Klarheit über die rechtlichen Rahmenbedingungen bei der Umsetzung der Abfallhierarchie lässt sich auch nicht damit gewinnen, dass den unterschiedlichen ökologischen, ökonomischen und sozialen Kriterien, die bei der Bestimmung des Vorrangs zu beachten sind, ein gemeinsamer, „überwölbender" Nachhaltigkeitsgedanke als prägende Leitlinie vorangestellt wird (*Frenz* in Fluck/Frenz/Fischer/Franßen, KrWG, § 6 Rn. 14). Der Nachhaltigkeitsgedanke selbst ist wiederum so vage, dass sich die notwendige Rechtssicherheit bei der Anwendung der Hierarchiebestimmungen auch mit seiner Hilfe nicht entwickeln lässt.

Bei der Vorrangbestimmung sind nach Abs. 2 S. 1 auch die Maßgaben der §§ 7 und 8 **12** zu berücksichtigen. Die in der Grundsatznorm des § 6 festgelegte Abfallhierarchie wird über die §§ 7, 8 durch unmittelbar für die Erzeuger und Besitzer von Abfällen geltenden **Grundpflichten** konkretisiert. Für die Betrachtung der Auswirkungen auf Mensch und Umwelt ist nach § 6 Abs. 2 S. 2 der gesamte Lebenszyklus des Abfalls zugrunde zu legen. § 6 Abs. 2 S. 3 regelt nicht abschließend, welche Auswirkungen und Belange zu berücksichtigen sind. Nicht zuletzt sind nach Abs. 2 S. 4 die technische Möglichkeit, die wirtschaftliche Zumutbarkeit und die sozialen Folgen der Maßnahme zu beachten. Das ist ein anspruchsvolles, möglicherweise für die Anwendungspraxis zu anspruchsvolles Programm. § 6 begründet für sich genommen keine Pflichten für einen Abfallerzeuger oder -besitzer, sondern erst in Verbindung mit anderen Vorschriften, zB über die in §§ 7 Abs. 1, 13 in Bezug genommenen Normen; die Vorschrift kann auch nicht Grundlage einer Einzelanordnung nach § 62 KrWG sein (VGH München Beschl. v. 9.1.2019, UPR 2020, 15).

Im Jahre 2020 hat der Gesetzgeber zur Umsetzung von Art. 4 Abs. 3 AbfRRL in § 6 **13** Abs. 3 einen Verweis auf die ebenfalls beigefügte Anlage 5 des KrWG aufgenommen. Die beispielhafte Liste für wirtschaftliche Instrumente und andere Maßnahmen zur Schaffung von Anreizen für die Anwendung der Abfallhierarchie in Anl. 5 hat Appell- oder Empfehlungscharakter. Konkrete Pflichten und Rechte ergeben sich daraus nicht.

II. Frühere Erfahrungen mit Vorrangregelungen

Vorrangregelungen des KrW-/AbfG waren in der Vergangenheit kaum in der Lage, **14** die abfallwirtschaftliche Entwicklung in Deutschland effektiv zu steuern (*Beckmann* AbfallR 2010, 54, 55; *Versteyl* in Versteyl/Mann/Schomerus, KrWG, § 6 Rn. 9). Das Vermeidungsgebot beschrieb zwar das Verhältnis zwischen verschiedenen abfallwirtschaftlichen Strategien, war jedoch nicht geeignet, im Wege von Einzelfallanordnungen auf der Grundlage der abfallrechtlichen Generalermächtigung verpflichtend umgesetzt zu werden (zu Defiziten der Abfallvermeidung siehe Sachverständigenrat für Umweltfragen, Umweltgutachten 2008, S. 679). Eine wirkungsvolle Umsetzung des Vorrangs der Verwertung gegenüber der Abfallbeseitigung scheiterte in der Vergangenheit zumeist schon daran, dass die Abgrenzung zwischen Verwertung und Beseitigung in weiten Bereichen unklar blieb. Hinzu kam, dass vom Vorrang der energetischen Verwertung die thermische Behandlung von Abfällen zur Beseitigung, insbesondere von Hausmüll, unberührt blieb. Die Kommunen konnten auf dieser Grundlage ihren Siedlungsabfall in weitem Umfang thermisch beseitigen, ohne auf einen Vorrang der energetischen Verwertung Rücksicht nehmen zu müssen. Von den Mindestverwertungsquoten der Gewerbeabfallverordnung wurden die Kommunen ausdrücklich freigestellt. Mit der Pflichtrestmülltonne wurden Gewerbetreibende entgegen dem Verwertungsvorrang zur Beseitigung ihrer Abfälle motiviert, weil sie zur Zahlung von Abfallgebühren für die Pflichtrestmülltonne verpflichtet wurden, unabhängig davon, ob sie das Verfüllvolumen der Tonne in Anspruch nehmen wollten oder nicht. Die Verpflichtung der Kommunen, die ihnen zur Beseitigung überlassenen Abfälle zu verwerten, wenn und soweit bei ihnen die Gründe, die eine Verwertungspflicht entfallen lassen, nicht vorliegen, wurde in der Vergangenheit weitgehend missachtet. Nicht zuletzt wurde der Verwertungsvorrang auch gegenüber Gewerbetreibenden für die von ihnen zu verwertenden Gewerbeabfälle nicht durchgesetzt, weil die öffentlich-rechtlichen Entsorgungsträger ein hohes Interesse daran hatten, Gewerbeabfälle in ihren nicht ausgelasteten Anlagen zu beseitigen. Den Gewerbetreibenden wurde in der Vergangenheit praktisch ein **Wahlrecht** eingeräumt, ihre Abfälle entweder selbst oder mit Hilfe eines privaten Entsorgers zu verwerten oder sie den öffentlich-rechtlichen Entsorgungsträgern zur Beseitigung zu überlassen.

15 In der Vergangenheit waren abfallrechtliche Vorrangregelungen deshalb nicht geeignet, die Stoffströme effizient im Sinne einer ökologischen Nachhaltigkeit zu steuern. Entscheidend für die Wahl der Entsorgungswege waren in der Vergangenheit nicht Vorrangregelungen, sondern der **Auslastungsgrad** vorhandener Entsorgungsanlagen, die Kosten der Entsorgung und die Chancen der Erzielung von Erlösen bei der Verwertung einzelner Stofffraktionen. Ob sich an dieser Ineffizienz der früheren Vorrangregelungen auf der Grundlage der fünfstufigen Abfallhierarchie etwas ändert, ist weiterhin zweifelhaft. Dies gilt jedenfalls bis zum Erlass entsprechender Verordnungen auf der Grundlage des § 8 Abs. 2.

III. Art. 4 AbfRRL

16 Art. 4 AbfRRL löst auf europäischer Ebene die dreistufige Abfallhierarchie des früheren Rechts (Vermeiden-Verwerten-Beseitigen) durch eine fünfstufige Hierarchie ab, mit der die Verwertung in drei weitere Stufen untergliedert wird. Oberste Priorität innerhalb der Verwertung genießt die „Vorbereitung zur Wiederverwendung". Dazu zählen Verwertungsverfahren der Prüfung, Reinigung oder Reparatur, bei denen Erzeugnisse oder Bestandteile von Erzeugnissen, die zu Abfällen geworden sind, so vorbereitet werden, dass sie ohne weitere Vorbehandlung für denselben Zweck, für den sie ursprünglich bestimmt waren, wiederverwendet werden können. Die zweite Priorität innerhalb der Verwertung soll nach Art. 4 Abs. 1 AbfRRL dem Recycling eingeräumt werden. Dazu gehören alle Verwertungsverfahren, durch die Abfallmaterialien zu Erzeugnissen, Materialien oder Stoffen entweder für den ursprünglichen Zweck oder für andere Zwecke aufbereitet werden. Das Recycling schließt die Aufbereitung organischer Materialien ein, aber nicht die energetische Verwertung und die Aufbereitung zu Materialien, die für die Verwendung als Brennstoff oder zur Verfüllung bestimmt sind. Alle sonstigen Verwertungsverfahren fallen in die dritte Priorität auf der Verwertungsebene. Aus der Priorisierung der Vorbereitung der Wiederverwendung und des Recyclings vor den sonstigen Verwertungsverfahren können sich weitreichende Folgen für die Abfallwirtschaft ergeben. Denn in der Vergangenheit waren alle stofflichen und energetischen Verwertungsverfahren grundsätzlich gleichrangig. Deshalb musste insbesondere nicht zwischen Recyclingverfahren und der energetischen Verwertung oder dem stofflichen Verwertungsverfahren, wie dem Einbau von Abfällen zur Rekultivierung von Tagebauen oder beim Bergversatz, differenziert werden. Die Regelung des Vorrangverhältnisses zwischen stofflicher und energetischer Verwertung in § 6 KrW-/AbfG blieb weitgehend folgenlos. Der Verordnungsgeber hat in der Vergangenheit von der ihm eingeräumten Möglichkeit, für bestimmte Abfallarten spezielle Verwertungsvorränge einzuführen, keinen Gebrauch gemacht. Ergibt sich aus der Abfallhierarchie ein verpflichtender Vorrang für Wiederverwendung und Recycling, könnte sich daraus eine beachtliche Einschränkung für die Möglichkeiten der energetischen Verwertung und der sonstigen stofflichen Verwertung ergeben. Entscheidend ist deshalb die rechtliche Verbindlichkeit der europäischen Abfallhierarchie, der Umsetzungsspielraum der Mitgliedstaaten und die Art und Weise, wie dieser Umsetzungsspielraum genutzt wird.

Der deutsche Gesetzgeber ist davon ausgegangen, dass den Mitgliedstaaten bei der Frage, in welcher Stringenz sie diese Hierarchie umsetzen, ein weiter Ermessensspielraum zusteht. Der Gesetzgeber hat diesen Ermessensspielraum dazu genutzt, eine Hierarchieregelung einzuführen, deren Vollzugstauglichkeit sich angesichts der Komplexität der für die Vorrangbestimmung notwendigen Abwägungsentscheidung in der Praxis bewähren muss. 17

In Art. 4 AbfRRL heißt es, die Abfallhierarchie liege den Rechtsvorschriften und politischen Maßnahmen im Bereich der Abfallvermeidung und -bewirtschaftung als Prioritätenfolge zugrunde. Es handelt sich bei dieser Prioritätenfolge nicht um eine verbindliche allgemeine Regelung, sondern um ein **Leitprinzip,** das den Mitgliedstaaten eine große Flexiblität bei der Umsetzung belässt (*Petersen* AbfallR 2008, 154, 156f.; *Beckmann* AbfallR 2010, 54, 56). Bei Anwendung der Abfallhierarchie treffen die Mitgliedstaaten nach Art. 4 Abs. 2 S. 1 AbfRRL Maßnahmen zur Förderung derjenigen Optionen, die insgesamt das beste Ergebnis unter dem Aspekt des Umweltschutzes erbringen. Dies kann nach Art. 4 Abs. 2 S. 2 AbfRRL erfordern, dass bestimmte Abfallströme von der Abfallhierarchie abweichen, sofern dies durch Lebenszyklus-Denken hinsichtlich der gesamten Auswirkungen der Erzeugung und Bewirtschaftung dieser Abfälle gerechtfertigt ist. Zur Wahl der besten Umweltoption kann von der Abfallhierarchie durch den Gesetzgeber, durch die Abfallpolitik, aber auch durch behördliche Einzelentscheidungen abgewichen werden. Ein Konsultationsprozess mit Öffentlichkeitsbeteiligung ist lediglich bei Hierarchieabweichungen durch den Gesetzgeber oder durch die Abfallpolitik, nicht jedoch bei behördlichen Einzelmaßnahmen erforderlich. 18

B. Inhalt der Abfallhierarchie

Nach § 6 Abs. 1 stehen Maßnahmen der Vermeidung und der Abfallbewirtschaftung in einer bestimmten Rangfolge. Der Anwendungsbereich dieser Hierarchieregelung ergibt sich in erster Linie aus den Begriffen der Abfallvermeidung und der Abfallbewirtschaftung. 19

Zur **Abfallvermeidung** zählt gemäß § 3 Abs. 20 S. 1 jede Maßnahme, die ergriffen wird, bevor ein Stoff, Material oder Erzeugnis zu Abfall geworden ist, und dazu dient, die Abfallmenge, die schädlichen Auswirkungen des Abfalls auf Mensch und Umwelt oder den Gehalt an schädlichen Stoffen in Materialien und Erzeugnissen zu verringern. Hierzu gehören nach § 3 Abs. 20 S. 2 insbesondere die anlageninterne Kreislaufführung von Stoffen, die abfallarme Produktgestaltung, die Wiederverwendung von Erzeugnissen oder die Verlängerung ihrer Lebensdauer sowie ein Konsumverhalten, das auf den Erwerb von abfall- und schadstoffarmen Produkten sowie die Nutzung von Mehrwegverpackungen gerichtet ist. 20

Der Begriff der **Abfallbewirtschaftung** wird in § 3 Abs. 14 S. 1 legaldefiniert. Abfallbewirtschaftung ist danach die Bereitstellung, die Überlassung, die Sammlung, die Beförderung, die Verwertung und die Beseitigung von Abfällen. Die Verwertung und die Beseitigung von Abfällen schließen die Sortierung der Abfälle ein. Zur Abfallbewirt- 21 schaftung zählen auchdie Überwachung der Tätigkeiten und Verfahren im Sinne von § 3 Abs. 14 S. 1, die Nachsorge von Beseitigungsanlagen und die Tätigkeiten, die von Händlern und Maklern durchgeführt werden.

22 Neu definiert hat der Gesetzgeber im Jahre 2020 den in § 6 Abs. 1 Nr. 4 verwendeten Begriff der **Verfüllung.** Nach § 3 Abs. 25a ist Verfüllung im Sinne des KrWG jedes Verwertungsverfahren, bei dem geeignete nicht gefährliche Abfälle zur Rekultivierung von Abgrabungen oder zu bautechnischen Zwecken bei der Landschaftsgestaltung verwendet werden. Abfälle im Sinne des Satzes 1 sind solche, die Materialien ersetzen, die keine Abfälle sind, die für die vorstehend genannten Zwecke geeignet sind und auf die für die Erfüllung dieser Zwecke unbedingt erforderlichen Mengen beschränkt werden. Da die Verfüllung mit der energetischen Verwertung und der sonstigen Verwertung auf einer Stufe der Abfallhierarchie steht, ändert die Beschränkung der Verfüllung auf nicht gefährliche Abfälle und auf die in § 3 Abs. 25a aufgeführten Zwecke nichts an dem Vorrang des als sonstige Verwertung anerkannten Bergversatzes, gegebenenfalls auch mit gefährlichen Abfällen, vor der Abfallbeseitigung (siehe dazu *Kropp* AbfallR 2018, 50ff.). Auch die seit dem Jahre 2020 neue Definition der **stofflichen Verwertung** in § 3 Abs. 23a ändert an der Rangfolge in der Abfallhierarchie nichts. Stoffliche Verwertung ist nach § 3 Abs. 23a jedes Verwertungsverfahren, nicht aber die energetische Verwertung und die Aufbereitung zu Materialien, die für die Verwendung als Brennstoff oder anderes Mittel der Energieerzeugung bestimmt sind. Unter den Begriff der stofflichen Verwertung fallen auch Verfahren der Vorbereitung zur Wiederverwendung, das Recycling und die Verfüllung. Die Definition der stofflichen Verwertung steht im Zusammenhang mit der Berechnung der Quote für die sonstige stoffliche Verwertung von nicht gefährlichen Bau- und Abbruchabfälle nach § 14 Abs. 2, im Übrigen aber findet eine stoffliche Verwertung auf den unterschiedlichen Hierarchieebenen der Abfallhierarchie des § 6 statt.

23 Selbstverständlich ist der Anwendungsbereich der Hierarchiebestimmung vom Anwendungsbereich des Gesetzes abhängig, der in § 2 bestimmt ist (zum eingeschränkten Anwendungsbereich der europäischen Abfallhierarchie nach Art. 4 AbfRRL siehe *Petersen* AbfallR 2003, 2).

I. Zielhierarchie

24 Zutreffend wird darauf hingewiesen, dass der Begriff der Abfallhierarchie, mit dem § 6 vom Gesetzgeber überschrieben worden ist, nicht – was der Wortlaut dieses Begriffs nahelegen könnte – eine Hierarchie verschiedener Abfallarten, sondern eine **Hierarchie von Maßnahmen** meint, die eine Entstehung von Abfällen vermeiden, die schädlichen Auswirkungen von Abfällen reduzieren und verhindern sollen bzw. den sachgerechten Umgang mit Abfällen betreffen (*Versteyl* in Versteyl/Mann/Schomerus, KrWG, § 6 Rn. 7).

25 **1. Vermeidung.** An der Spitze der fünfstufigen Abfallhierarchie stehen – wie auch nach dem früheren Recht – die Maßnahmen zur Vermeidung von Abfällen. Der Gesetzgeber bzw. der europäische Richtliniengeber trägt damit der Erkenntnis Rechnung, dass es zur Schonung der natürlichen Ressourcen und zur Vermeidung von Umweltgefahren, die von Abfällen ausgehen können, im Sinne der Zweckbestimmung des § 1 vorzugswürdig ist, Abfälle so weit wie möglich erst gar nicht entstehen zu lassen. Allerdings bezieht sich das Vermeidungsgebot nicht nur auf die Entstehung von Abfällen, sondern auch auf die Vermeidung schädlicher Auswirkungen erzeugter Abfälle auf Mensch und Umwelt.

Nach § 3 Abs. 20 S. 1 ist Vermeidung im Sinne des Gesetzes jede Maßnahme, die ergriffen wird, bevor ein Stoff, Material oder Erzeugnis zu Abfall geworden ist, und die dazu dient, die Abfallmenge, die schädlichen Auswirkungen des Abfalls auf Mensch und Umwelt oder den Gehalt an schädlichen Stoffen in Materialien und Erzeugnissen zu verringern. Hierzu zählen nach § 3 Abs. 20 S. 2 insbesondere die anlageninterne Kreislaufführung von Stoffen, die abfallarme Produktgestaltung, die Wiederverwendung von Erzeugnissen oder die Verlängerung ihrer Lebensdauer sowie ein Konsumverhalten, das auf den Erwerb von abfall- und schadstoffarmen Produkten sowie die Nutzung von Mehrwegverpackungen gerichtet ist. Mit den Verordnungsermächtigungen zur Produktverantwortung (§§ 23 Abs. 4, 24 und 25) hält der Gesetzgeber ein weit reichendes Instrumentarium zur Beeinflussung der Entwicklung, der Herstellung, des Inverkehrbringens von Erzeugnissen und der abfallarmen Produktgestaltung und des Konsumverhaltens bereit. § 23 Abs. 1 S. 2 schreibt vor, dass Erzeugnisse möglichst so zu gestalten sind, dass bei ihrer Herstellung und ihrem Gebrauch das Entstehen von Abfällen vermindert wird. Das Abfallvermeidungsgebot bleibt ohne Konkretisierung im Wege verbindlicher Pflichten durch den Gesetzgeber oder den Verordnungsgeber ein abstrakter **Programmsatz** (siehe auch VGH München Beschl. v. 9.1.2019, UPR 2020, 15). Daran ändert auch die Aufstellung von Abfallvermeidungsprogrammen nichts, die allenfalls behördeninterne Bindungswirkung haben, jedoch nicht außenverbindlich für Abfallerzeuger und Abfallbesitzer sind. 26

Eine Konkretisierung der Abfallvermeidungsziele soll im Abfallvermeidungsprogramm des Bundes und – soweit sich die Länder nicht an einem solchen **Abfallvermeidungsprogramm** des Bundes beteiligen – in Abfallvermeidungsprogrammen der Länder stattfinden. Die gesetzlichen Ziele der Abfallvermeidung (Reduzierung der Abfallmenge und der schädlichen Auswirkungen der Abfälle) soll nach § 33 Abs. 3 Nr. 1 darauf gerichtet sein, das Wirtschaftswachstum und die mit der Abfallerzeugung verbundenen Auswirkungen auf Mensch und Umwelt zu entkoppeln. 27

Beispiele für Abfallvermeidungsmaßnahmen beschreibt Anlage 4 des Gesetzes. Der Gesetzgeber unterscheidet dort Maßnahmen, die sich auf die Rahmenbedingungen bei der Abfallerzeugung auswirken können, Maßnahmen, die sich auf die Konzeptions-, Produktions- und Vertriebsphase auswirken können, sowie Maßnahmen, die sich auf die Verbrauchs- und Nutzungsphase auswirken können. Zu den Abfallvermeidungsmaßnahmen im Zusammenhang mit der Erzeugung von Abfällen zählt der Gesetzgeber zB Planungsmaßnahmen und wirtschaftliche Instrumente, die die Effizienz der Ressourcennutzung fördern, die Förderung einschlägiger Forschung und Entwicklung mit dem Ziel, umweltfreundlichere und weniger abfallintensive Produkte und Technologien zu erreichen sowie die Entwicklung wirksamer und aussagekräftiger Indikatoren für Umweltbelastungen im Zusammenhang mit der Erzeugung von Abfällen. Beispielhaft für Maßnahmen, die sich auf die Konzeptions-, Produktions- und Vertriebsphase auswirken können, nennt der Gesetzgeber in der Anl. 4 die Förderung von Ökodesign (systematische Einbeziehung von Umweltaspekten in das Produktdesign mit dem Ziel, die Umweltbilanz des Produkts über den gesamten Lebenszyklus hinweg zu verbessern), die Bereitstellung von Informationen über Abfallvermeidungstechniken, Schulungsmaßnahmen, Maßnahmen zur Abfallerzeugung in Anlagen, die keiner immissionsschutzrechtlichen Genehmigung bedürfen, etc. Als Beispiele für Maßnahmen, die sich in der Verbrauchs- und Nutzungsphase auswirken können, nennt der Gesetzgeber in Anl. 4 wirtschaftliche Instrumente wie zB Anreize für den umweltfreundlichen Einkauf, die Förderung von Ökozeichen etc. 28

§ 13 sieht vor, dass Betreiber von genehmigungsbedürftigen und nicht genehmigungsbedürftigen Anlagen nach dem BImSchG die Anlagen so zu errichten und zu betreiben 29 haben, dass Abfälle vermieden werden. Diese Pflichten zur Abfallvermeidung richten sich jedoch wiederum nach den Vorschriften des BImSchG. § 5 Abs. 1 S. 1 Nr. 3 BImSchG verpflichtet die **Anlagenbetreiber,** ihre Anlagen so zu errichten und zu betreiben, dass zur Gewährleistung eines hohen Schutzniveaus für die Umwelt insgesamt Abfälle vermieden, nicht zu vermeidende Abfälle verwertet und nicht zu verwertende Abfälle ohne Beeinträchtigung des Wohls der Allgemeinheit beseitigt werden. Abfälle sind nach § 5 Abs. 1 S. 1 Nr. 3, 2. HS BImSchG nicht zu vermeiden, soweit die Vermeidung technisch nicht möglich oder nicht zumutbar ist. Die Vermeidung ist unzulässig, soweit sie zu nachteiligeren Umweltauswirkungen führt als die Verwertung (§ 5 Abs. 1 S. 1 Nr. 3, 3. HS BImSchG).

30 Pflichten zur Abfallvermeidung können sich außerdem aus Verordnungen ergeben, die zur Konkretisierung der Produktverantwortung nach § 23 Abs. 1 S. 1 erlassen werden und mit denen zB Verbote, Beschränkungen und Kennzeichnungen angeordnet werden, so dass bestimmte Erzeugnisse nur in bestimmter Beschaffenheit oder für bestimmte Verwendungen in den Verkehr gebracht werden dürfen.

31 Nicht zuletzt kann auch der Gesetzgeber zur Vermeidung von Abfällen Verbote oder einschränkende Anforderungen zur Vermeidung von Abfällen selbst regeln. So sind zB nach § 4 Nr. 1 VerpackG Verpackungen so herzustellen und zu vertreiben, dass Verpackungsvolumen und – nasse auf das Mindestmaß begrenzt werden, dass zur Gewährleistung der erforderlichen Sicherheit und Hygiene der zur parkenden Ware und zu deren Akzeptanz durch den Verbraucher angemessen ist (siehe dazu *Wüstenberg* AbfallR 2020, 182, 184).

32 **2. Vorbereitung zur Wiederverwendung.** An zweiter Stelle der fünfstufigen Abfallhierarchie stehen Maßnahmen zur Vorbereitung der Wiederverwendung. Wiederverwendung im Sinne des Gesetzes ist nach § 3 Abs. 21 jedes Verfahren, bei dem Erzeugnisse oder Bestandteile, die keine Abfälle sind, wieder für **denselben Zweck** verwendet werden, für den sie ursprünglich bestimmt waren. Maßnahmen der Wiederverwendung zählen zum Bereich der Abfallvermeidung. In Abgrenzung dazu handelt es sich bei der Vorbereitung zur Wiederverwendung gemäß § 3 Abs. 24 um Verwertungsverfahren der Prüfung, Reinigung oder Reparatur, bei denen Erzeugnisse oder Bestandteile von Erzeugnissen, die zu Abfällen geworden sind, so vorbereitet werden, dass sie ohne weitere Vorbehandlung wieder für denselben Zweck verwendet werden können, für den sie ursprünglich bestimmt waren. Die Wiederverwendung ohne solche Vorbereitungsmaßnahmen ist eine Maßnahme der Abfallvermeidung, die Wiederverwendung nach einer solchen Vorbereitungsmaßnahme zählt nicht mehr zum Bereich der Abfallverwertung. Das gilt allerdings nur dann, wenn es sich tatsächlich um eine Wiederverwendung für denselben Zweck handelt (*Versteyl* in Versteyl/Mann/Schomerus, KrWG, § 6 Rn. 14; BT-Drs. 17/6052, S. 74). Wird ein Abfall nach einer vorbereitenden Maßnahme für einen anderen Zweck verwendet, handelt es sich nicht um einen Fall der Wiederverwendung, sondern um eine erneute Nutzung im Rahmen eines Recyclings.

33 Die Verpflichtung zur Wiederverwendung kann sich auch aus speziellen gesetzlichen Regelungen ergeben. So schreibt § 11 Abs. 1 ElektroG vor, dass vor einer Behandlung des Altgeräts zu prüfen ist, ob das Gerät oder einzelne Bauteile einer Wiederverwendung zugeführt werden können, soweit die Prüfung technisch möglich und wirtschaftlich zumutbar ist.

34 **3. Recycling.** Auf der dritten Stufe der Abfallhierarchie, unmittelbar nachrangig gegenüber Maßnahmen zur Vorbereitung einer Wiederverwendung und unmittelbar vorrangig gegenüber Maßnahmen der sonstigen Verwertung, stehen die Maßnahmen des

Recyclings. Als Recycling bezeichnet der Gesetzgeber gemäß § 3 Abs. 25 jedes Verwertungsverfahren, durch das Abfälle zu Erzeugnissen, Materialien oder Stoffen entweder für den ursprünglichen Zweck oder für andere Zwecke aufbereitet werden; das Recycling schließt die Aufbereitung organischer Materialien ein, nicht aber die energetische Verwertung und die Aufbereitung zu Materialien, die für die Verwendung als Brennstoff oder zur Verfüllung bestimmt sind.

Das Recycling bildet den abfallwirtschaftlich grundsätzlich vorzugswürdigen Kern der stofflichen Verwertung, wenngleich *quantitativ* das Recycling gegenüber einer stofflichen Verwertung im Wege der Verfüllung von Tagebauen, des Bergversatzes und des Einbaus in Lärmschutzeinrichtungen in der Vergangenheit in den Hintergrund zu geraten droht. **35**

Als Teil der stofflichen Verwertung war das Recycling in der Vergangenheit der energetischen Verwertung grundsätzlich gleichrangig. § 6 Abs. 1 verschafft dem Recycling jedoch einen grundsätzlichen Vorrang vor der energetischen Verwertung und vor einer sonstigen stofflichen Verwertung. Dieser Vorrang des Recyclings gegenüber der sonstigen Verwertung, insbesondere gegenüber der energetischen Verwertung und der Verfüllung, soll einen entscheidenden Wandel in der Abfallwirtschaft bewirken, wenn dieser Vorrang durch verbindliche Regelungen konkretisiert wird (*Versteyl* in Versteyl/Mann/Schomerus, KrWG, § 6 Rn. 17; *Petersen/Doumet/Stöhr* NVwZ 2012, 521, 523). Denn im Unterschied zum früheren Recht sind die stoffliche Verwertung im Rahmen von übertägigen Verfüllmaßnahmen und untertägigen Versatzmaßnahmen sowie die energetische Verwertung von Abfällen gegenüber dem Recycling nicht mehr gleichrangig. Der grundsätzliche Vorrang des Recyclings wird allerdings bereits durch die Kriterien des Abs. 2 wieder deutlich relativiert. Mit der Gesetzesnovelle 2020 soll jedoch die Vermeidung und Verwertung von Abfällen insbesondere durch eine Erhöhung und Fortschreibung von Quoten für die Vorbereitung zur Wiederverwendung und das Recycling, durch die Verstärkung von Getrenntsammlungspflichten und den Ausbau der Produktverantwortung gestärkt werden. Zur Erfüllung der gestiegenen Anforderungen an das Recycling von Abfällen ist durch die Gesetzesnovelle 2020 vor allem die Getrenntsammlungspflicht von Abfällen, spezifiziert nach Abfallarten, gestärkt worden. Außerdem wurden die Quoten für das Recycling angehoben und durch eine output-bezogene Berechnungsmethode indirekt verschärft (§ 14). **36**

4. Sonstige Verwertung. Auf der vierten Stufe der Abfallhierarchie, unmittelbar nachrangig gegenüber den Maßnahmen des Recyclings, unmittelbar vorrangig jedoch gegenüber Maßnahmen der Abfallbeseitigung, stehen die Maßnahmen der sonstigen Verwertung. Es handelt sich bei dem Begriff der sonstigen Verwertung um einen **Auffangtatbestand,** der sich auf alle Verwertungsmaßnahmen erstreckt, die nicht bereits von den vorrangigen Maßnahmen der Vorbereitung der Wiederverwendung und des Recyclings erfasst werden. **37**

Der Gesetzgeber nennt insbesondere die energetische Verwertung und die Verfüllung. Der damit im Grundsatz vorgesehene Nachrang, insbesondere der energetischen Verwertung gegenüber dem Recycling, wird nicht durch die Kriterien des Abs. 2. relativiert. **38**

a) Energetische Verwertung. Angesichts des Nachrangs der energetischen Verwertung gegenüber dem Recycling und des Vorrangs der energetischen Verwertung vor der Beseitigung bedarf es nach wie vor einer eindeutigen Abgrenzung von Maßnahmen der energetischen Verwertung von solchen der thermischen Behandlung im Sinne der Abfallbeseitigung. Der Begriff der energetischen Verwertung ist nach wie vor im Gesetz nicht definiert. Nach der Rechtsprechung des EuGH setzt die Einordnung der Abfallverbrennung als energetische Verwertung voraus, dass der Hauptzweck der Maßnahme **39**

die Erzeugung von Energie ist, dass mehr Energie erzeugt wird, als beim Verbrennungsvorgang verbraucht wird, dass der Energieüberschuss tatsächlich entweder als Verbrennungswärme oder in Form von Elektrizität genutzt wird und dass schließlich die Abfälle selbst hauptsächlich als Brennstoff oder auf andere Weise zur Energieerzeugung genutzt werden. Nach der Rechtsprechung des EuGH ist die Verbrennung von Abfällen in Industrieanlagen, zB Zementwerken, unter Beachtung der vorgenannten Voraussetzungen eine energetische Verwertung (EuGH Urt. v. 13.2.2003 – C-228/00-Belgische Zementindustrie-, AbfallR 2003, 101; EuGH Urt. v. 27.2.2003 – C-389/00-Basler Übereinkommen, AbfallR 2003, 155). Demgegenüber sollte auf der Grundlage der früheren Rechtslage nach der Rechtsprechung des EuGH die Verbrennung von Hausmüll in einer Hausmüllverbrennungsanlage regelmäßig keine energetische Verwertung sein, weil die energetische Nutzung der bei der Verbrennung erzeugten Wärme oder Energie nicht der Hauptzweck, sondern lediglich ein Nebeneffekt der Abfallverbrennung in einer solchen Anlage sei. Der Hauptzweck der Verbrennung von Hausmüll in einer Müllverbrennungsanlage könne allerdings dann als energetische Verwertung eingeordnet werden, wenn zB der Betrieb einer Müllverbrennungsanlage ohne die Versorgung mit Abfällen unter Verwendung eines Primärenergieträgers fortgesetzt werden müsse oder der Anlagenbetreiber den Erzeuger oder Besitzer dieser Abfälle für deren Lieferung bezahlen müsse (EuGH Urt. v. 13.2.2003 – C-458/00-Luxemburg-, AbfallR 2003, 102).

40 Hinsichtlich der Verbrennung von Abfällen in Verbrennungsanlagen, deren Zweck in der Behandlung fester Siedlungsabfälle besteht, ist ergänzend zu dieser Rechtsprechung das **Energieeffizienzkriterium** der Fußnote zu R 1 der Anl. 2 des Gesetzes zu beachten. Danach handelt es sich bei der Abfallverbrennung in solchen Anlagen um eine energetische Verwertung, wenn diese Anlagen eine Energieeffizienz von mindestens 60% (bei bis zum 31.12.2008 genehmigten Anlagen), ansonsten von mindestens 65% erreichen. Verfügt eine Abfallverbrennungsanlage über diese Energieeffizienz, können Abfälle in dieser Anlage auch energetisch verwertet werden (dazu *Kropp* AbfallR 2011, 207; *Stengler* AbfallR 2011, 213).

41 Dass es sich bei Abfällen, die in einer Müllverbrennungsanlage mit der für eine Einordnung als energetische Verwertung hinreichenden Energieeffizienz verbrannt werden, um Abfälle zur Verwertung handelt, ändert nichts daran, dass auf die Verwertung von gemischten Siedlungsabfällen aus privaten Haushaltungen und den mit ihnen gemeinsam eingesammelten Gewerbeabfällen Vorschriften über die Abfallbeseitigung anzuwenden sind. Nach Art. 3 Abs. 5 EU-AbfVerbrV unterliegt die **Verbringung** von gemischten Siedlungsabfällen, die in privaten Haushaltungen eingesammelt worden sind, zu Verwertungs- oder Beseitigungsanlagen den gleichen Bestimmungen wie die Verbringung von zur Beseitigung bestimmten Abfällen. Die **Abfallwirtschaftspläne** können nach § 30 Abs. 1 S. 4 bestimmen, welcher Abfallentsorgungsanlage im Sinne von § 30 Abs. 1 S. 2 Nr. 4 sich die Entsorgungspflichtigen zu bedienen haben. Das gilt auch für die energetische Verwertung von gemischten Abfällen aus privaten Haushaltungen in Müllverbrennungsanlagen.

42 **b) Stoffliche Verwertung.** Der energetischen Verwertung gleichrangig sind grundsätzlich Maßnahmen der sonstigen **stofflichen Verwertung.** Der Begriff der stofflichen Verwertung ist seit dem Jahr 2020 in § 3 Abs. 23a ausdrücklich definiert. Stoffliche Verwertung ist nach § 3 Abs. 23a jedes Verwertungsverfahren, nicht aber die energetische Verwertung und die Aufbereitung zu Materialien, die für die Verwendung als Brennstoff oder anderes Mittel der Energieerzeugung bestimmt sind. Unter den Begriff der stofflichen Verwertung fallen auch Verfahren der Vorbereitung zur Wiederverwendung, das Recycling und die Verfüllung.

Dazu gehören auch die **Verfüllung** von Tagebauen und der untertägige **Bergversatz.** **43**
Nach der Rechtsprechung des BVerwG und des EuGH handelt es sich bei der Verfüllung eines der Bergaufsicht unterliegenden Tagebaus und bei dem untertägigen Bergversatz mit hierzu geeigneten Abfällen im Regelfall um einen Verwertungsvorgang. Die Nutzung des Abfallvolumens ist nach Auffassung des BVerwG eine stoffliche Verwertung, wenn die Abfälle aufgrund ihrer Eigenschaften für den Verwendungszweck geeignet sind. Auch nach Auffassung des EuGH kann es sich bei einem Verfahren, bei dem Abfälle zur Verfüllung von Hohlräumen eingesetzt werden, um eine stoffliche Verwertung handeln. Die Einbringung von Abfällen in ein Bergwerk muss nach Auffassung des EuGH nach den jeweiligen Umständen des Einzelfalls beurteilt werden, um feststellen zu können, ob es sich um eine Beseitigung oder um eine Verwertung handelt. Der Versatz ist nach der Rechtsprechung des EuGH als Verwertung anzusehen, wenn Abfälle dabei andere Materialien ersetzen, die ansonsten für den Versatz hätten verwendet werden müssen (EuGH Urt. v. 28.7.2016, AbfallR 2016, 260; Urt. v. 27.2.2002, EuZW 2002, 275, 279; *Kropp* AbfallR 2018, 50, 52; *Attendorn* AbfallR 2006, 167; *Müggenborg* AbfallR 2006, 285; *Versteyl/Kersandt* I+E 2011, 21; *Dippel* AbfallR 2010, 132; *Attendorn* NuR 2008, 153; *Frenz* AbfallR 2008, 105). Eine Vermischung von Abfällen mit anderen Stoffen, die nur dazu dient, das Volumen des Versatzmaterials zu erhöhen, führt nicht dazu, dass der Versatz des Gemisches ein Verfahren der Abfallverwertung ist, auch wenn das Gemisch eine noch ausreichende Druck-festigkeit fürdie bergbauliche Sicherung hat und/oder die Beimischung den Transport des Versatzmaterials zur Stätte der Ablagerung erleichtert (*Kropp* AbfallR 2018, 50, 53; BVerwG Urt. v. 14.4.2000 – 4 C 13/98, NVwZ 2000, 1057, 1058). Daran hat sich durch das neue Gesetz nichts geändert. Die Einordnung der Verfüllung und des Bergversatzes als stoffliche Verwertung wird insbesondere durch die fünfstufige Abfallhierarchie nicht in Frage gestellt (a. A. *Schink* in Schink/Versteyl, Kommentar zum KrWG, § 6 Rn. 28).

Auch die Einschätzung, im Rahmen des Bergversatzes würden Abfälle lediglich einer **44**
als Verwertung bezeichneten Ablagerung zugeführt, die sich häufig nicht von einer Deponierung unterscheide (*Schink* in Schink/Versteyl, Kommentar zum KrWG, § 6 Rn. 28), ist nicht zutreffend, weil die raumfüllenden und stabilisierenden Eigenschaften von Abfällen beim Bergversatz für Zwecke der bergtechnischen Sicherheit, der Vermeidung von Gemeinschäden an der Tagesoberfläche und/oder der besseren Ausbeute bei der Gewinnung von Bodenschätzen dienen. Die materiellen Anforderungen an den Bergversatz ergeben sich aus der VersatzV.

5. Beseitigung. Nachrangig gegenüber Maßnahmen zur Vermeidung und Verwer- **45**
tung von Abfällen sind gemäß Abs. 1 Nr. 5 Maßnahmen zu ihrer Beseitigung. Zur Beseitigung im Sinne des KrWG zählt nach § 3 Abs. 26 S. 1 jedes Verfahren, das keine Verwertung ist, auch wenn das Verfahren zur Nebenfolge hat, dass Stoffe oder Energie zurückgewonnen werden. Es handelt sich um einen Auffangtatbestand, der alle Entsorgungsmaßnahmen erfasst, die keine Verwertung sind. Maßnahmen der Abfallbeseitigung sind grundsätzlich nur zulässig, wenn eine Pflicht zur Verwertung der Abfälle entfällt, weil eine Verwertung technisch nicht möglich oder wirtschaftlich nicht zumutbar ist (siehe dazu auch *Frenz/Schink/Ley* AbfallR 2020, 166, 174f.). Allerdings entfällt nach § 7 Abs. 2 S. 2 der Vorrang der Verwertung auch dann, wenn die Beseitigung der Abfälle den Schutz von Mensch und Umwelt nach Maßgabe des § 6 Abs. 2 S. 2 und S. 3 am besten gewährleistet. Der Wegfall des Vorrangs der Verwertung führt in diesem Fall allerdings nicht zu einer Beseitigungspflicht. Vielmehr entsteht ein **Wahlrecht** zwischen der Verwertung und der Beseitigung für den entsorgungspflichtigen Abfallbesitzer oder Abfallerzeuger.

46 Ein solches Wahlrecht von Abfallbesitzern oder Abfallerzeugern muss allerdings ausscheiden, wenn eine bestimmte Form der Beseitigung nicht zulässig ist. Dies gilt zB grundsätzlich für Ablagerungsverbote des § 7 DepV. Der im Jahre 2020 eingefügte und am 1.1.2024 in Kraft tretende § 7 Abs. 3 DepV ermöglicht aber unter bestimmten Voraussetzungen eine Berücksichtigung der in § 6 Abs. 2 S. 2 und 3 aufgeführten Abwägungskriterien. Nach § 7 Abs. 3 DepV dürfen die im Einzelnen aufgelisteten Abfälle nicht durch den Abfallerzeuger und Abfallbesitzer auf einer Deponie der Klasse 0, I, II, III oder IV abgelagert werden: 1. Abfälle, die zur Vorbereitung zur Wiederverwendung oder zum Recycling getrennt gesammelt werden; ausgenommen hiervon sind diejenigen Abfälle, a) die bei der anschließenden Behandlung getrennt gesammelter Abfälle entstehen und b) bei denen eine Ablagerung auf Deponien den Schutz von Mensch und Umwelt am besten oder in gleichwertiger Weise wie die Vorbereitung zur Wiederverwendung und das Recycling gewährleistet, oder 2. Abfälle, die einer Verwertung zugeführt werden können; ausgenommen hier-von sind diejenigen Abfälle, bei denen eine Ablagerung auf Deponien den Schutz von Mensch und Umwelt am besten oder in gleichwertiger Weise wie die Vorbereitung zur Wiederverwendung und das Recycling gewährleistet. Die in § 6 Abs. 2 Satz 2 und 3 festgelegten Kriterien sind jedoch zu berücksichtigen. § 7 Abs. 4 gilt entsprechend.

47 Anl. 1 des Gesetzes enthält eine nicht abschließende Liste von Beseitigungsverfahren. Die Anl. 1 ist nicht konstitutiv. Für die Einordnung einer Maßnahme als Abfallbeseitigung ist deshalb letztlich nicht entscheidend, ob sich die Maßnahme als ein Beseitigungsverfahren einordnen lässt, das in der Anlage 1 aufgeführt ist.

II. Einzelfallabwägung

48 Nach Art. 4 Abs. 2 S. 1 AbfRRL treffen die Mitgliedstaaten bei Anwendung der Abfallhierarchie nach Art. 4 Abs. 1 AbfRRL Maßnahmen zur Förderung derjenigen Optionen, die insgesamt das beste Ergebnis unter dem Aspekt des Umweltschutzes erbringen. Der Bundesgesetzgeber hat sich entschieden, diese Verpflichtung durch ein sehr kompliziertes Regelwerk umzusetzen, das sich aus der Wiedergabe der abstrakten Prioritätenfolge in § 6 Abs. 1, aus Kriterien zur Bestimmung der besten Option für Mensch und Umwelt in § 6 Abs. 2, einem darin enthaltenen Verweis auf Grundpflichten des § 7, auf ein Hochwertigkeitsgebot des § 8 und nicht zuletzt aus einer Ermächtigung der Bundesregierung in § 8 Abs. 3 zur Festlegung weiterer Kriterien für den Vorrang oder Gleichrang von Verwertungsmaßnahmen zusammensetzt. Die Regelung ist so komplex, dass die Gefahr besteht, dass sie gar nicht angewendet wird oder dass sie, wenn tatsächlich der Versuch unternommen werden sollte, sie im Wege des Behördenvollzugs durchzusetzen, Rechtsstreitigkeiten provoziert. Anlass davon auszugehen, dass die Behörde hinsichtlich der Bestimmung des Vorrangs einen **Beurteilungsspielraum** haben könnte, gibt es nicht.

49 Konkrete Verpflichtungen dürften sich für Abfallbesitzer und Abfallerzeuger aus Abs. 2 nicht ergeben. Es handelt sich bei § 6 insgesamt um eine **Grundsatznorm,** die erst über die Grundpflichtenregelung des § 7 und das Hochwertigkeitsgebot des § 8 für die Pflichtenadressaten aktualisiert wird. § 7 regelt die Pflicht zur Beachtung des Vorrangs der Verwertung vor der Beseitigung und Anforderungen an die Verwertung. § 8 sieht vor, dass eine der Art und Beschaffenheit des Abfalls entsprechende, den Schutz von Mensch und Umwelt am besten gewährleistende, hochwertige Verwertungsmaßnahme im Sinne des § 6 Abs. 2 S. 1 anzustreben ist. Wenig erfreulich sind in diesem Zusammenhang die wechselseitigen Verweise in § 6 Abs. 2 und § 7 Abs. 2. Gemäß § 6 Abs. 2 S. 1 soll der

Vorrang unter anderem nach Maßgabe der §§ 7, 8 eingeräumt werden. Nach § 7 Abs. 2 S. 3 entfällt der Vorrang der Verwertung, wenn die Beseitigung der Abfälle den Schutz von Mensch und Umwelt nach Maßgabe der in § 6 Abs. 2 festgelegten Bedingungen am besten gewährleistet.

Soweit gemäß § 8 Abs. 1 S. 1 bei der Erfüllung der Verwertungspflicht nach § 7 Abs. 2 **50** S. 1 die Verwertungsmaßnahme Vorrang hat, die den Schutz von Mensch und Umwelt nach der Art und Beschaffenheit des Abfalls unter Berücksichtigung der in § 6 Abs. 2 S. 2 und 3 genannten Kriterien am besten gewährleistet, stellt sich angesichts der Offenheit des Abwägungsprogramms die Frage, ob die Vorrangentscheidung letztlich vom verantwortlichen Abfallbesitzer oder Abfallerzeuger getroffen werden kann, ob die zuständige Aufsichtsbehörde bei Meinungsverschiedenheiten mit den Abfallbesitzern und Abfallerzeugern ihre Vorrangentscheidung an die Stelle derjenigen des Abfallbesitzers oder Abfallerzeugers setzen darf und ob die behördliche Entscheidung wiederum voll oder nur eingeschränkt verwaltungsgerichtlich nachgeprüft werden kann. Ein Auswahlrecht besteht für den Abfallerzeuger und den Abfallbesitzer nach § 8 Abs. 1 S. 2 lediglich zwischen mehreren gleichrangigen Verwertungsmaßnahmen. Ob und inwieweit verschiedene Maßnahmen gleichrangig sind, muss aber durch Auslegung des Gesetzes ermittelt werden, das grundsätzlich für Abfallbesitzer und Abfallerzeuger wie für zuständige Behörden gleichermaßen gilt. Ein Beurteilungsspielraum ergibt sich für die zuständige Behörde insbesondere nicht daraus, dass hinsichtlich zu erwartender Emissionen im Sinne von § 6 Abs. 2 Nr. 1 eine Prognose anzustellen ist. **Prognoseentscheidungen** sind grundsätzlich voll gerichtlich nachprüfbar. Zur Anerkennung eines Beurteilungsspielraums bedarf es eines zusätzlichen Anhaltspunktes, dass der Gesetzgeber der zuständigen Behörde aufgrund ihrer besonderen Sachkunde oder angesichts einer bestimmten personellen Zusammensetzung des Entscheidungsorgans oder angesichts eines planerischen Einschlags der Entscheidung einen verwaltungsgerichtlich nur eingeschränkten Entscheidungsspielraum einräumen wollte (*Knauff* in Gärditz, VwGO, § 114 Rn. 32 mwN). Dafür ist bei der Entscheidung über die Rangfolge von Verwertungsmaßnahmen nichts ersichtlich.

1. Verhältnis von Abs. 1 und 2. Abs. 1 nennt eine lediglich abstrakte, von einer Be- **51** rücksichtigung der Umstände des konkreten Einzelfalls unabhängige Rangfolge von Maßnahmen der Vermeidung und der Abfallbewirtschaftung. Abs. 2 baut zwar auf dieser abstrakten Rangfolge der Maßnahmen zur Vermeidung der Abfallbewirtschaftung auf, verlangt jedoch für den jeweiligen Einzelfall eine Bestimmung des Vorrangs für die Maßnahme, die den Schutz von Mensch und Umwelt bei der Erzeugung und Bewirtschaftung von Abfällen unter Berücksichtigung des Vorsorge- und Nachhaltigkeitsprinzips am besten gewährleistet. Die abstrakte Rangfolge des Abs. 1 wird damit im jeweiligen Einzelfall in Frage gestellt. Sie muss sich vor dem Hintergrund der nach Abs. 2 geforderten Abwägung bewähren. Die nach Abs. 2 notwendige Hinterfragung und möglicherweise auch Abkehr von der abstrakten Rangfolge des Abs. 1 kann im jeweiligen Einzelfall zu einer Veränderung der Rangfolge der in Frage kommenden Maßnahmen führen. Allerdings sind Abweichungen als Ausnahme von der Regel von der abstrakt vorgegebenen Rangfolge rechtfertigungsbedürftig (*Frenz* in Fluck/Frenz/Fischer/Franßen, KrWG, § 6 Rn. 40; *Schink* in Schink/Versteyl, KrWG, § 6 Rn. 31, spricht von einer Vermutung der größeren Umweltverträglichkeit der jeweils ranghöheren Maßnahme).

Eine unmittelbare Verpflichtung, sich an die vom Gesetzgeber vorgegebenen und **52** durch eine Abwägungsentscheidung nach Abs. 2 konkretisierte Rangfolge zu halten, ergibt sich allerdings weder aus Abs. 1 noch aus Abs. 2 (*Suhl* AbfallR 2012, 201, 214).

Unmittelbare Pflichten können sich vielmehr nur aus den §§ 7, 8 ergeben. § 8 Abs. 1 S. 1 nimmt hinsichtlich der Erfüllung der Verwertungspflichten dazu ausdrücklich auf die Rangfolge des § 6 Abs. 1 und auf die Kriterien des § 6 Abs. 2 S. 2, 3 Bezug.

53 **2. Schutz von Mensch und Umwelt (Abs. 2 S. 1).** Ziel der fünfstufigen Abfallhierarchie ist der Schutz von Mensch und Umwelt. Beim Schutz des Menschen geht es um die Abwehr und Vermeidung von **Gesundheitsgefahren,** aber auch von erheblichen Nachteilen und Belästigungen. Zu den erheblichen Gefahren für die Gesundheit gehören beispielsweise Immissionen von Schadstoffen, Brand- und Explosionsgefahren bei der Behandlung von Abfällen. Nicht unerhebliche **Belästigungen können** von Gerüchen bei der Verwendung von Abfällen ausgehen. Der anvisierte Schutz der Umwelt soll schädliche Umwelteinwirkungen durch Maßnahmen der Abfallbewirtschaftung vermeiden, zu denen insbesondere Immissionen, Gewässerverunreinigungen und Schadstoffeintrag in Böden zählen.

54 Nach Abs. 2 S. 1 soll die Maßnahme der Vermeidung und der Abfallbewirtschaftung Vorrang haben, die den Schutz von Mensch und Umwelt bei der Erzeugung und Bewirtschaftung von Abfällen am besten gewährleistet. Damit soll bei der Entscheidung, welcher Maßnahme der Vorrang im konkreten Fall einzuräumen ist, dem Gesetzeszweck des § 1 Rechnung getragen werden, wonach es Zweck des Gesetzes ist, die Kreislaufwirtschaft zur Schonung der natürlichen Ressourcen zu fördern und den Schutz von Mensch und Umwelt bei der Erzeugung und Bewirtschaftung von Abfällen sicherzustellen.

55 Soweit nach Abs. 2 Satz 1 bestimmten Maßnahmen Vorrang eingeräumt werden „soll“, wird damit klargestellt, dass die Verpflichtung, eine vorrangige Maßnahme der Abfallbewirtschaftung durchzuführen, nur für den Regelfall, nicht jedoch in Ausnahmefällen gelten soll. Stellt sich auf der Grundlage einer Abwägung heraus, dass eine nachrangige Maßnahme vorzugswürdig ist, dann bedeutet dies nicht, dass der pflichtige Abfallerzeuger oder Abfallbesitzer verpflichtet ist, diese nachrangige Maßnahme zu ergreifen. Es entfällt vielmehr lediglich der Vorrang der nach dem abstrakten Grundsatz vorrangigen Maßnahme. Umgekehrt ist die Behörde nicht berechtigt, den Abfallerzeuger oder Abfallbesitzer zu verpflichten, die nach Abs. 1 vorrangige Bewirtschaftungsmaßnahme durchzuführen, wenn die Abwägung nach Abs. 2 zum Ergebnis hat, dass die nachrangige Maßnahme vorzugswürdig ist.

56 **a) Maßgabe der §§ 7 und 8.** Ausgehend von der Rangfolge des Abs. 1 soll nach Maßgabe der §§ 7 und 8 die Maßnahme Vorrang haben, die den Schutz von Mensch und Umwelt bei der Erzeugung und Bewirtschaftung von Abfällen unter Berücksichtigung des Vorsorge- und Nachhaltigkeitsprinzips am besten gewährleistet. Mit dem Verweis auf die Maßgaben der §§ 7 und 8 relativiert der Gesetzgeber den abstrakten Vorrang der fünfstufigen Abfallhierarchie des § 6 Abs. 1 hinsichtlich dessen Verbindlichkeit für die Entsorgungsverantwortlichen ein zweites Mal. Für die Beachtung der Grundpflichten der Kreislaufwirtschaft im Sinne von § 7 kommt es nicht nur auf die abstrakte Rangfolge des § 6 Abs. 1 und auch nicht nur auf die durch eine Einzelfallabwägung nach § 6 Abs. 2 korrigierte bzw. bestätigte Rangfolge des § 6 Abs. 1 an. Zwar setzt § 8 Abs. 1 S. 1 bei der Erfüllung der Verwertungspflicht nach § 7 Abs. 2 S. 1 die auf der Grundlage der abstrakten Rangfolge des § 6 Abs. 1 und der durch eine Einzelfallentscheidung daraus unverändert oder abgeänderten Rangfolge des § 6 Abs. 2 in eine unmittelbar zu beachtende Pflicht zur Beachtung dieser Rangfolge um. Allerdings bleiben unabhängig davon weitere rechtliche Rahmenbedingungen beachtlich, insbesondere hat die Verwertung von Abfällen ordnungsgemäß und schadlos zu erfolgen. Nicht zuletzt gelten die rechtlichen

Grenzen einer Verwertungspflicht nach § 7 Abs. 4 S. 1, wonach die Verwertungspflicht nur besteht, soweit dies technisch möglich und wirtschaftlich zumutbar ist, insbesondere für einen gewonnenen Stoff oder gewonnene Energie ein Markt vorhanden ist oder geschaffen werden kann. Dementsprechend kann die Pflicht zur Ergreifung einer bestimmten Verwertungsmaßnahme entfallen, wenn eine solche Verwertungsmaßnahme technisch nicht umgesetzt werden kann oder wenn sie wirtschaftlich dem Verantwortlichen nicht zuzumuten ist.

b) Vorsorge- und Nachhaltigkeitsprinzip. Bei der Entscheidung, welche Maßnahme der Vermeidung der Abfallbewirtschaftung Vorrang haben soll, verpflichtet der Gesetzgeber zur Berücksichtigung des Vorsorgeprinzips und des Nachhaltigkeitsprinzips. Das Vorsorgeprinzip richtet sich auf die Vermeidung von Gesundheitsgefahren und von Umweltbeeinträchtigungen. Das Nachhaltigkeitsprinzip dient insbesondere dem Ressourcenschutz. Natürliche Ressourcen, die durch die Kreislaufwirtschaft geschont werden sollen (siehe § 1), sind Rohstoffe und Primärenergieträger. Abfallvermeidung im Wege der Ressourcenschonung wird in erster Linie durch die Verwendung von Abfällen als Sekundärrohstoffe und als Sekundärbrennstoffe ermöglicht. Ein solcher Einsatz von Abfällen verringert den Verbrauch von natürlichen Rohstoffen, wie zB Holz bei der Papierherstellung, und Primärbrennstoffen wie zumeist Kohle, Gas und Öl, die weltweit knapp zu werden drohen. Der Ressourcenschonung im Sinne des Nachhaltigkeitsprinzips dienen neben der Vermeidung von Abfällen natürlich insbesondere die Vorbereitung zur Wiederverwendung und das Recycling (dazu *Beckmann* AbfallR 2008, 65). 57

3. Lebenszyklus des Abfalls (Abs. 2 S. 2). Die Komplexität der geforderten Abwägungsentscheidung bei der Bestimmung der Rangfolge der Maßnahmen wird dadurch erhöht, dass der Gesetzgeber nach Abs. 2 S. 2 für die Betrachtung der Auswirkungen auf Mensch und Umwelt verlangt, dass der gesamte Lebenszyklus des Abfalls zugrunde zu legen ist. Diese Verpflichtung beruht auf Art. 4 Abs. 2 AbfRRL. Gemäß Art. 4 Abs. 2 S. 1 AbfRRL treffen die Mitgliedstaaten bei Anwendung der Abfallhierarchie Maßnahmen zur Förderung derjenigen Optionen, die insgesamt das beste Ergebnis unter dem Aspekt des Umweltschutzes erbringen. Dies kann es gemäß Art. 4 Abs. 2 S. 2 AbfRRL erfordern, dass bestimmte Abfallströme von der Abfallhierarchie abweichen, sofern dies durch Lebenszyklusdenken hinsichtlich der gesamten Auswirkungen der Erzeugung und Bewirtschaftung dieser Abfälle gerechtfertigt ist. Es müssen insoweit bei der Festlegung der Rangfolge der Maßnahmen die Umweltfolgen der Erzeugung aber auch der Vermeidung von Abfällen, einer eventuellen Vorbehandlung der Abfälle, ihrer Verwertung, et cetera berücksichtigt werden. So kann die Wiederverwendung von Elektroaltgeräten mit Blick auf bei ihrer Produktion verwendete Schadstoffe oder auf ihre Energieeffizienz aus Gründen der Umweltvorsorge und der Nachhaltigkeit gegenüber einer sonstigen stofflichen Verwertung oder gar ihrer Beseitigung nachrangig sein. Stellt sich etwa heraus, dass es zwar im Sinne einer Ressourcenschonung sinnvoll ist, einen Abfall zu recyceln oder Vorbereitungsmaßnahmen für eine Wiederverwendung durchzuführen, dass jedoch mit solchen Verwertungsmaßnahmen erhebliche Umweltfolgen verbunden sind, dass sich zB in Recyclingprodukten Schadstoffe anreichern, dann kann im Rahmen einer auf den gesamten Lebenszyklus bezogenen Ökobilanz die Beseitigung des Abfalls vorzugswürdig sein. Dementsprechend sieht auch das Gesetz vor, dass jedenfalls der Vorrang der Verwertung vor der Beseitigung entfällt, wenn die Beseitigung den Schutz von Mensch und Umwelt nach Maßgabe des § 6 Abs. 2 S. 2, 3 am besten gewährleistet (§ 7 Abs. 2 S. 3). Bei einer vergleichenden Ökobilanz mag mit Blick auf die Umweltfolgen im konkreten Fall die energetische Verwertung angesichts einer guten Rauchgasreinigung des Kraft- 58 werks bzw. der Müllverbrennungsanlage gegenüber einer stofflichen Verwertung vorzugswürdig sein. Das gilt insbesondere dann, wenn man mögliche Langzeitwirkungen flächenhaft verbreiteter Abfälle im Rahmen von Baumaßnahmen (zB Lärmschutzwälle) oder bei der Düngung landwirtschaftlicher Flächen (zB mit Klärschlamm) berücksichtigt.

59 **4. Einzelkriterien (Abs. 2 S. 3).** Der Gesetzgeber nennt in Abs. 2 Satz 3 beispielhaft Kriterien, die eine Berücksichtigung der Auswirkungen von Maßnahmen der Vermeidung und der Abfallbewirtschaftung auf Mensch und Umwelt im gesamten Lebenszyklus des Abfalls erfordern. Zu berücksichtigen sind danach die zu erwartenden Emissionen, das Maß der Schonung der natürlichen Ressourcen, die einzusetzende oder zu gewinnende Energie sowie die Anreicherung von Schadstoffen in Erzeugnissen, in Abfällen zur Verwertung oder in daraus gewonnenen Erzeugnissen.

60 **Emissionen** sind nach § 3 Abs. 3 BImSchG die von einer Anlage ausgehenden Luftverunreinigungen, Geräusche Erschütterungen, Licht, Wärme, Strahlen und ähnliche Erscheinungen. Bei dem ökologischen Folgenvergleich unterschiedlicher Maßnahmen der Abfallwirtschaft ist dementsprechend zu prüfen, in welchem Umfang sie solche Luftverunreinigungen auslösen und ob mit Blick darauf die eine oder die andere Maßnahme vorzugswürdig ist.

61 Das weitere Kriterium des Maßes der **Schonung der natürlichen Ressourcen** bezieht sich einerseits auf Primärrohstoffe und Primärenergie, die durch den Einsatz von Abfällen ersetzt werden können. Zutreffend wird allerdings darauf hingewiesen, dass unter dem Gesichtspunkt der Ressourcenschonung neben wirtschaftlichen Ressourcen auch **ökologische Ressourcen,** etwa die Artenvielfalt, die Landschaft und der Wasserhaushalt eine Rolle spielen können (*Frenz* in Fluck/Frenz/Fischer/Franßen, KrWG, § 6 Rn. 58). Das gilt etwa für den Landschaftsverbrauch von Deponien, aber auch für Gefahren der **Artenvielfalt** beim flächenhaften Einsatz von Abfällen zur landwirtschaftlichen Düngung.

62 Bei der Alternativenprüfung soll außerdem nach Abs. 2 S. 3 Nr. 3 die einzusetzende oder zu gewinnende **Energie** berücksichtigt werden. Das betrifft sowohl die stoffliche als auch die energetische Verwertung. Bei der stofflichen Verwertung kann berücksichtigt werden, welcher Energieaufwand zu betreiben ist und ob sich ein solcher Energieaufwand gemessen an dem Verwertungsergebnis mit Blick auf die Ressourcenschonung rechtfertigen lässt. Bei der energetischen Verwertung können eingesetzte und gewonnene Energie bilanziert werden. Dabei spielt nicht nur der Heizwert der eingesetzten Abfälle, sondern auch der Energieaufwand der Beförderung der Abfälle oder notwendiger Vorbehandlungen eine Rolle. Bei verschiedenen Alternativen der energetischen Verwertung kann auch die Energieeffizienz der jeweiligen Anlage berücksichtigt werden.

63 Nicht zuletzt ist an der Bestimmung der Rangfolge nach Abs. 2 S. 3 Nr. 4 die **Anreicherung von Schadstoffen** in Erzeugnissen, in Abfällen zur Verwertung oder in daraus gewonnenen Erzeugnissen zu berücksichtigen. Auch insoweit darf aber nicht vergessen werden, dass § 7 Abs. 3 S. 3 eine Verwertung von Abfällen von Gesetzes wegen bereits ausschließt, wenn sie zu einer Schadstoffanreicherung im Wertstoffkreislauf erfolgt. Allerdings verlangt § 7 Abs. 3 S. 2 keine völlige Schadstofffreiheit. Vor allem wenn Abfälle bei der Erzeugung von Produkten und anstelle von Primärrohstoffen eingesetzt werden, muss der Vergleich zur Schadstoffhaltigkeit dieser Primärrohstoffe gezogen werden (*Schink* in Schink/Versteyl, KrWG, § 7 Rn. 39).

64 Da die Auflistung des Abs. 2 S. 3 nicht abschließend ist, können auch weitere Kriterien, die sich etwa aus § 2 Abs. 1 S. 2 UVPG für die Prüfung der Umweltverträglichkeit

ergeben, berücksichtigt werden. Bei den in Abs. 2 S. 3 genannten Kriterien handelt es sich nicht um zwingend zu beachtende Maßgaben, aus denen sich Schwellen oder Grenzwerte ergeben, deren Überschreitung bestimmte Maßnahmen der Vermeidung oder der Abfallbewirtschaftung unzulässig macht. Die Kriterien dienen einer umfassenden Abwägung. Allerdings ergeben sich zwingende Anforderungen aus § 7 Abs. 3 S. 1. Danach hat die Verwertung von Abfällen, insbesondere durch ihre Einbindung in Erzeugnisse, ordnungsgemäß und schadlos zu erfolgen. Die Verwertung erfolgt gemäß § 7 Abs. 3 S. 2 ordnungsgemäß, wenn sie im Einklang mit den Vorschriften des KrWG und anderen öffentlich-rechtlichen Vorschriften steht. Sie erfolgt schadlos, wenn nach der Beschaffenheit der Abfälle, dem Ausmaß der Verunreinigungen und der Art der Verwertung Beeinträchtigungen des Wohls der Allgemeinheit nicht zu erwarten sind, insbesondere keine Schadstoffanreicherung im Wertstoffkreislauf erfolgt (§ 7 Abs. 3 S. 3). Geht man zutreffend davon aus, dass nur solche Maßnahmen bei der Entscheidung der Rangfolge in Betracht zu ziehen sind, die diese Anforderungen des Gesetzgebers in § 7 Abs. 3 S. 1 erfüllen, dann wird deutlich, dass die Kriterien des § 6 Abs. 2 S. 3 bei der gebotenen Alternativenprüfung in manchen Fällen nur bedingt weiterhelfen können. Wenn zB § 7 Abs. 3 S. 3 verlangt, dass die Verwertung nur stattfinden darf, soweit keine Schadstoffanreicherung im Wertstoffkreislauf erfolgt, dann dürfte das entsprechende Kriterium des § 6 Abs. 2 S. 3 Nr. 4 bei der Abwägungsentscheidung zur Festlegung des Vorrangs einer Maßnahme keine relevante Rolle spielen können. Geht man außerdem davon aus, dass die Verwertung im Sinne von § 7 Abs. 3 S. 3 nicht zu einer Beeinträchtigung des Wohls der Allgemeinheit mit Blick auf das Ausmaß der Verunreinigungen und der Art der Verwertung führen darf, fällt eine Entscheidung zwischen verschiedenen Maßnahmen mit Blick auf die zu erwartenden Emissionen, die ohnehin keine Allgemeinwohlbeeinträchtigung verursachen dürfen, schwer. Immerhin mag es im Einzelfall zwischen möglichen Alternativen mit Blick auf die genannten Kriterien auch dann noch relevante Unterschiede geben, wenn man davon ausgeht, dass sämtliche in Rede stehenden Maßnahmen keine Beeinträchtigung des Wohls der Allgemeinheit verursachen. Ob sich eine derartige Abwägung in der Alltagspraxis durchführen lässt, muss jedoch ernstlich in Zweifel gestellt werden.

5. Technische Möglichkeit, wirtschaftliche Zumutbarkeit, soziale Folgen (Abs. 2 S. 4). Schließlich verlangt der Gesetzgeber gemäß Abs. 2 S. 4, dass bei der Bestimmung der Rangfolge auch noch die technische Möglichkeit, die wirtschaftliche Zumutbarkeit und die sozialen Folgen der Maßnahme zu beachten sind. Diese Abwägungskriterien bei der Bestimmung des Vorrangs von Bewirtschaftungsmaßnahmen überschneiden sich zumindest teilweise mit den in § 7 Abs. 4 S. 1–3 genannten rechtlichen Grenzen der Verwertungspflicht. 65

a) Technische Möglichkeit. Nach § 7 Abs. 4 S. 1 ist die Pflicht zur Verwertung von Abfällen nur zu erfüllen, soweit dies technisch möglich ist. Das ist letztlich eine Selbstverständlichkeit. Zu Verwertungsmaßnahmen, die technisch nicht umgesetzt werden können, kann niemand verpflichtet werden. Unmögliches kann eben nicht verlangt werden. Dementsprechend spielen technisch nicht mögliche Verwertungsalternativen auch bei der Bestimmung des Vorrangs keine Rolle. Gemäß § 7 Abs. 4 S. 2 ist eine Verwertung von Abfällen allerdings auch dann technisch möglich, wenn hierzu eine Vorbehandlung erforderlich ist. 66

Die technische Möglichkeit, eine bestimmte Maßnahme der Abfallbewirtschaftung durchzuführen, richtet sich nicht nach dem in § 3 Abs. 28 definierten **Stand der Technik** (aA *Frenz* in Fluck/Frenz/Fischer/Franßen, KrWG, § 6 Rn. 67). Der Stand der 67

Technik ist nach § 3 Abs. 28 S. 1 der Entwicklungsstand fortschrittlicher Verfahren, Einrichtungen oder Betriebsweisen, der die praktische Eignung einer Maßnahme zur Begrenzung von Emissionen in Luft, Wasser und Boden, zur Gewährleistung der Anlagensicherheit, zur Gewährleistung einer umweltverträglichen Abfallentsorgung oder sonst zur Vermeidung oder Verminderung von Auswirkungen auf die Umwelt insgesamt gesichert erscheinen lässt. Aus dem so definierten Stand der Technik ergibt sich nicht, ob eine Abfallverwertungsmaßnahme technisch möglich ist, sondern welche Anforderungen an die Durchführung einer solchen Verwertungsmaßnahmen zu stellen sind. Hätte der Gesetzgeber mit dem Begriff „technisch möglich" die gleiche inhaltliche Aussage wie mit dem Begriff des „Standes der Technik" treffen wollen, so hätte es nicht der Verwendung verschiedenartiger Begriffe bedurft. Ebenso wie im Immissionsschutzrecht (siehe § 5 Abs. 1 S 1 Nr. 3 BImSchG) ist einer Gleichsetzung des technisch Möglichen mit dem Stand der Technik entgegenzuhalten, dass es nicht einsichtig ist, weshalb der Gesetzgeber, sofern er eine dem Stand der Technik entsprechende generalisierende Betrachtungsweise festlegen wollte, diesen Standard nicht ausdrücklich normiert hat. § 3 Abs. 28 enthält eine Legaldefinition des Standes der Technik. Hätte der Gesetzgeber für die Umsetzbarkeit der Verwertung gleiche Maßstäbe ansetzen wollen, hätte er auf diese Definition zurückgreifen können und sich nicht eines neuen unbestimmten Rechtsbegriffs bedienen müssen, an dessen Konkretisierung es fehlt. Die unterschiedliche Verwendung beider Begriffe legt es somit nahe, dass der Gesetzgeber unterschiedliche Regelungen treffen wollte und dass somit der Begriff der technischen Möglichkeit von dem des Standes der Technik abweicht. In Abgrenzung zum Begriff des Standes der Technik bezieht sich die technische Möglichkeit auf den konkreten Einzelfall und nicht auf eine abstrakte Verfahrenstechnik. Technisch möglich im Sinne von Abs. 2 S. 4 setzt voraus, dass die angestrebte Maßnahme praktisch umsetzbar ist. Daran fehlt es, wenn die technischen Voraussetzungen für eine solche Maßnahme nicht existieren oder nur wissenschaftlich vorgedacht sind. Voraussetzung dafür ist, dass die theoretische technische Machbarkeit tatsächlich auch schon umgesetzt ist oder ohne längere Entwicklungsphasen praktisch geeignet erscheint, eingesetzt zu werden. In allen anderen Fällen liegt für den Verantwortlichen eine objektive Unmöglichkeit der Verwertungsmaßnahme vor. Die technische Unmöglichkeit stellt einen Unterfall der objektiven Unmöglichkeit dar. Ist die Verwertungsmaßnahme objektiv unmöglich, wenn es an einer einsetzbaren Technik fehlt und würde man den Entsorgungspflichtigen in dieser Situation gleichwohl eine Verwertungspflicht auferlegen, widerspräche dies dem Grundsatz der Verhältnismäßigkeit. Die Einforderung von unmöglich zu erfüllenden Pflichten stellt eine ungeeignete Maßnahme zur Erreichung des gesetzgeberischen Ziels dar. Solche Verwertungsmaßnahmen können auch nicht im Rahmen der Abwägung zur Bestimmung eines Vorrangs berücksichtigt werden.

68 **b) Wirtschaftliche Zumutbarkeit.** Bei der Bestimmung des Vorrangs einer Bewirtschaftungsmaßnahme soll nach Abs. 2 S. 4 auch die wirtschaftliche Zumutbarkeit berücksichtigt werden. Auch in diesem Zusammenhang sind die gesetzlichen Grenzen der Verwertungspflicht nach § 7 Abs. 4 S. 1 zu bedenken. Denn danach entfällt die Pflicht zur Verwertung von Abfällen, wenn die Erfüllung dieser Pflicht wirtschaftlich unzumutbar ist. Deshalb ist die Auffassung, wonach aus der wirtschaftlichen Unzumutbarkeit nicht zwingend folgt, dass die Maßnahme nicht durchzuführen ist (*Schink* in Schink/Versteyl, KrWG, § 6 Rn. 62), unzutreffend. Sie berücksichtigt nicht, dass die Abwägungsentscheidung nach § 6 Abs. 2 nur zwischen solchen Verwertungsmaßnahmen getroffen werden kann, zu deren Durchführung der Verantwortliche verpflichtet werden kann. Entfällt die Pflicht zur Durchführung einer bestimmten Verwertungsmaßnahme

auf der Grundlage des § 7 Abs. 4 S. 1, 3, kann sie auch bei der Abwägung nach § 6 Abs. 2 keine Rolle spielen. Der Gesetzgeber verweist in Abs. 2 S. 1 ausdrücklich auf die Maßgaben auch des § 7.

Von einer wirtschaftlichen Zumutbarkeit der Bewirtschaftungsmaßnahme ist auszugehen, wenn die mit der Verwertung verbundenen Kosten nicht außer Verhältnis zu den Kosten stehen, die für eine Abfallbeseitigung zu tragen wären (§ 7 Abs. 4 S. 3). Da eine wirtschaftliche Unzumutbarkeit einer Verwertungsmaßnahme bereits die Verwertungspflicht entfallen lässt, ergibt die Berücksichtigung von Fragen der wirtschaftlichen Zumutbarkeit im Rahmen der Abwägungsentscheidung zur Bestimmung des Vorrangs einzelner Bewirtschaftungsmaßnahmen nur dann Sinn, wenn die wirtschaftlichen Folgen der Auswahl zwischen verschiedenen, wirtschaftlich nicht bereits im Sinne von § 7 Abs. 4 S. 3 unzumutbaren Bewirtschaftungsmaßnahmen berücksichtigt werden sollen. Das Kriterium der wirtschaftlichen Zumutbarkeit ist im Rahmen der nach § 6 Abs. 2 gebotenen Abwägungsentscheidung – anders als bei der rechtlichen Grenze der Verwertungspflicht im Sinne von § 7 Abs. 4 S. 1, 3 – insoweit relativer Natur. Bei der Auswahl zwischen verschiedenen, im Sinne von § 7 Abs. 4 S. 3 nicht von vornherein wirtschaftlich unzumutbaren Alternativen sollen die anfallenden Kosten im Sinne einer Zumutbarkeitsprüfung berücksichtigt und mit anderen Kriterien abgewogen werden. Der ökologische Folgenvergleich soll durch einen wirtschaftlichen Kostenvergleich ergänzt werden. **69**

c) Soziale Folgen. Schließlich sollen auch noch die sozialen Folgen der zur Auswahl stehenden Maßnahmen der Vermeidung und der Abfallbewirtschaftung beachtet werden. Zu den sozialen Folgen können unter anderem Kosten- und Gebührensteigerungen gerechnet werden, die sich aus der Umsetzung bestimmter Maßnahmen ergeben. Die sozialen Folgen können insoweit mit den wirtschaftlichen Kostenbelastungen eng zusammenhängen. Das gilt zB auch dann, wenn die hohen Entsorgungskosten für bestimmte Verwertungsmaßnahmen zu Arbeitsplatzverlusten führen können. **70**

6. Verhältnismäßiger Umfang der Prüfpflicht. Auf der Grundlage des Abs. 2 S. 1–4 ist eine umfassende ökologische, ökonomische und soziale Folgenbewertung des gesamten Lebenszyklus des Abfalls erforderlich. Insoweit sind grundsätzlich alle alternativen Maßnahmen in eine umfassende Abwägung einzubeziehen. Eine in diesem Sinne komplexe Bewertung dürfte in der Alltagspraxis durchaus auf beachtliche Schwierigkeiten stoßen und angesichts der Vielzahl der zu berücksichtigenden Belange häufig auch nicht zu klaren und eindeutigen Ergebnissen führen (so zutreffend *Schink* in Schink/Versteyl, KrWG, § 6 Rn. 33; siehe auch *Frenz* UPR 2012, 210, 213). Angesichts dieser Schwierigkeiten stellt sich die Frage nach dem Aufwand bzw. nach der **Detaillierung** der erforderlichen Untersuchungen. Solange der Verordnungsgeber keine abstrakt/generellen Vorrangregelungen trifft, ist grundsätzlich der für die Verwertung verantwortliche Abfallbesitzer oder Abfallerzeuger verpflichtet, vor seiner Entscheidung über den von ihm beabsichtigten Verwertungs- oder Beseitigungsweg die für die Abwägungsentscheidung notwendigen Sachverhaltsfeststellungen zu treffen (*Krahnefeld/Conzelmann* AbfallR 2012, 269, 273). Es gilt allerdings auch in diesem Zusammenhang der **Verhältnismäßigkeitsgrundsatz.** Es kann dem Abfallbesitzer und dem Abfallerzeuger nicht abverlangt werden, vor jeglicher Entscheidung für die Entsorgung eines bestimmten Abfalls eine umfassende Bilanzierung der ökologischen, ökonomischen und sozialen Folgen eines normalen Entsorgungsvorgangs in Auftrag zu geben. **71**

Ist die zuständige Behörde der Ansicht, dass die von dem verantwortlichen Abfallbesitzer/Abfallerzeuger beabsichtigte Bewirtschaftungsmaßnahme dem Vorrang anderer Maß- **72** nahmen nicht hinreichend Rechnung trägt, muss sie gegebenenfalls gegen den Verantwortlichen einschreiten. In einem solchen Fall ist sie verpflichtet, auf der Grundlage des Untersuchungsgrundsatzes den Sachverhalt aufzuklären und den Nachweis für das Vorliegen der Voraussetzungen für das **ordnungsbehördliche Einschreiten** zu führen (*Petersen* AbfallR 2013, 2, 6; *Krahnefeld/Conzelmann* AbfallR 2012, 269, 275).

C. Unionsrechtskonformität der Umsetzung?

73 Die Europäische Kommission hat in einer Stellungnahme vom 28.3.2011 zu dem Gesetzentwurf zur Neuordnung des Kreislaufwirtschafts- und Abfallrechts Bedenken erhoben, ob die deutschen Regelungen zur Abfallhierarchie den Anforderungen der Richtlinie gemäß Art. 4 AbfRRL entsprechen. Ein Abweichen von der Rangfolge der Abfallhierarchie sei nur bei einzelnen Abfallströmen ausnahmsweise zulässig und müsse gerechtfertigt werden. Die Kommission bezweifelt, ob die insbesondere in § 8 vorgesehene Einzelfallprüfung zur Feststellung des Vorrangs sowie das in § 8 Abs. 1 S. 2 eingeräumte Wahlrecht zwischen gleichrangigen Verwertungsmaßnahmen den Vorgaben der Richtlinie entsprechen. Nicht zuletzt kritisierte die Kommission den in § 8 Abs. 3 S. 1 vorgesehenen Gleichrang von energetischer Verwertung und stofflicher Verwertung bei Abfällen, deren Heizwert, ohne Vermischung mit anderen Stoffen mindestens 11 000 kJ/kg beträgt. Diese Frage hat sich jedoch durch das Außerkrafttreten des § 8 Abs. 3 erledigt (siehe dazu *Franßen* AbfallR 2017, 162; *Kropp* AbfallR 2016, 123; *Grunow* I+E 2016, 6).

D. Verweis auf Anlage 5 (Absatz 3)

74 Mit der Gesetzesnovelle 2020 wurde § 6 um einen Absatz 3 erweitert. Die Ergänzung enthält einen Verweis auf Anl. 5 des Gesetzes, die dem KrWG ebenfalls mit der Novelle des Gesetzes im Jahr 2020 angefügt worden ist. Die Anl. 5 enthält eine nicht abschließende Liste von Beispielen für Maßnahmen und wirtschaftliche Instrumente zur Schaffung von Anreizen für die Anwendung der Abfallhierarchie von Verwertungsverfahren. § 6 Abs. 3 dient der Umsetzung von Art. 4 Abs. 3 AbfRRL, der auf in Anhang IVa AbfRRL aufgeführte Maßnahmen oder sonstige geeignete Instrument und Maßnahmen hinweist.

75 Beispielhaft führt Anl. 5 des Gesetzes die **Erhebung von Gebühren** und **Beschränkungen für die Ablagerung** von Abfällen auf Deponien und die Verbrennung von Abfällen als Anreiz für Abfallvermeidung und Recycling auf. Die Ablagerung von Abfällen auf Deponien soll die am wenigsten bevorzugte Abfallbewirtschaftungsoption bleiben. Empfohlen werden in Anl. 5 außerdem zB verursacherbezogene Gebührensysteme, in deren Rahmen Abfallerzeugern ausgehend von der tatsächlich verursachten Abfallmenge Gebühren in Rechnung gestellt werden und die Anreize für die getrennte Sammlung recycelbarer Abfälle und für die Verringerung gemischter Abfälle schaffen (zur Berücksichtigung der Abfallhierarchie im Rahmen der Gebührengestaltung siehe BVerwG Beschl. v. 26.4.2018 – 9 BN 4/18, juris Rn. 12).

76 Angesprochen werden außerdem **steuerliche Anreize** für die Spende von Produkten, insbesondere von Lebensmitteln und Textilien, die Produktverantwortung für verschiedene Arten von Abfällen und Maßnahmen zur Optimierung der Wirk-samkeit, Kosteneffizienz und Steuerung dieser Produktverantwortung, und Pfandsysteme und andere

Maßnahmen zur Förderung der effizienten Sammlung gebrauchter Erzeugnisse, Materialien und Stoffe. Zu den weiteren Empfehlungen und Vorschlägen sei auf den Text der Anl. 5 verwiesen.

§ 6 Abs. 3 ändert nicht die Rechtslage. Verbindliche Rechte und Pflichten ergeben **77** sich weder aus § 6 Abs. 3 noch aus Anl. 5 des Gesetzes, auf die § 6 Abs. 3 hinweist (*Franßen* AbfallR 2020, 157, 160). Die Auflistung der Anl. 5 hat lediglich Empfehlungs- oder Appellcharakter. Die Gesetzesbegründung spricht davon, dass die beispielhafte Liste dem Gesetzgeber als „Blaupause" oder Ideengeber" dienen solle, so dass sich praktische Folgen erst ergäben, wenn der Gesetzgeber die Optionen rechtlich umsetze (BR-Drs. 88/2020, S. 40). Sie soll in diesem Sinne die Akteure der Kreislaufwirtschaft, Landesgesetzgeber und Verordnungsgeber motivieren, Anreize für die Anwendung der Abfallhierarchie zu schaffen.

Ein gewisses Maß an rechtlicher Bedeutsamkeit erhält die Anlage 5 über § 33 Abs. 5 **78** Nr. 3. Danach ist bei der Erstellung des Abfallvermeidungsprogramms, soweit relevant, der Beitrag zu beschreiben, die die in der Anl. 5 aufgeführten Instrumente und Maßnahmen zur Abfallvermeidung leisten. Wenn dementsprechend Instrumente oder Maßnahmen zur Abfallvermeidung eingesetzt bzw. ergriffen werden, muss deren Beitrag zur Abfallvermeidung im Abfallvermeidungsprogramm beschrieben werden.

§ 7a Chemikalien- und Produktrecht

(1) **Natürliche oder juristische Personen, die Stoffe und Gegenstände, deren Abfalleigenschaft beendet ist, erstmals verwenden oder erstmals in Verkehr bringen, haben dafür zu sorgen, dass diese Stoffe oder Gegenstände den geltenden Anforderungen des Chemikalien- und Produktrechts genügen.**

(2) **Bevor für Stoffe und Gegenstände die in Absatz 1 genannten Rechtsvorschriften zur Anwendung kommen, muss ihre Abfalleigenschaft gemäß den Anforderungen nach § 5 Absatz 1 beendet sein.**

Schrifttum: *Friege/Kummer/Steinhäuser/Wuttke/Zeschmar-Lahl* Umgang mit Schnittstellen zwischen Chemikalien-, Produkt- und Abfallrecht, AbfallR 2019, 66; *Gauger/Freytag* REACH: „Once an article, always an article" höchstrichterlich bestätigt, NVwZ 2016, 205; *Garske/Stubenrausch/Ekardt/Weisse/Lorenz* Kunststoff-Governance im europäischen Kreislaufwirtschafts- und Stoffrecht, ZUR 2020, 215; *Kitzinger* Zur Vornahme vorsorglicher Vorregistrierungen nach Art. 28 REACH-VO für Stoffe in Sekundärrohstoffen und Recyclingprodukten, StoffR 2008, 143; *Petersen/Friedrich* Die Novellierung des Kreislaufwirtschaftsgesetzes 2020, NVwZ 2021, 1; *Schulz/Föhl* Nanomaterialien in der REACH-Verordnung. Ein Zwischenstand, ZUR 2018, 155.

Übersicht

A. Einführung

1 Der im Jahre 2020 in das Gesetz eingefügte § 7a bestimmt zur Umsetzung von Art. 6 Abs. 5 AbfRRL eine Pflicht für natürliche und juristische Personen, die im Zusammenhang mit der Beendigung der Abfalleigenschaft nach § 5 steht und mit Blick auf die Nahtstelle zwischen dem Kreislaufwirtschaftsrecht und den Rechtsvorschriften für Chemikalien und Produkte der übergreifenden Absicherung des Schutzes von Mensch und Umwelt dient (Gesetzesbegründung BT-Drs. 19/19373, S. 49). Die entsprechende Bestimmung des Art 6 Abs. 5 AbfRRL wurde wortgleich in das deutsche Recht übernommen. Das Stoff- und Produktrecht regelt den Umgang mit Stoffen, Materialien und Erzeugnissen während der Phasen ihrer Herstellung und ihrer bestimmungsgemäßen Nutzung. Das Kreislaufwirtschaftsrecht greift nach dem Anfall als Abfall ein und bleibt anwendbar bis zum Ende der Abfalleigenschaft durch die Erzeugung eines neuen (sekundären) Produkts. Beide Rechtsbereiche sollen Mensch und Umwelt vor schädlichen Einwirkungen schützen. Dafür verwendet der Gesetzgeber Bewertungsprinzipien und Instrumente mit jeweils bereichsspezifischen Regelungen. Das Stoffrecht setzt bei der Einstufung und Kennzeichnung auf Gefährlichkeitsmerkmale, das Kreislaufwirtschaftsrecht hingegen zumeist auf Risikobetrachtungen (*Friege/Kummer/Steinhäuser/Wuttke/Zeschmar-Lahl* AbfallR 2019, 66, 69).

2 Erwägungsgrund 17 der AbfRRL weist darauf hin, wie wichtig es ist, dass die Mitgliedstaaten mit geeigneten Maßnahmen sicherstellen, dass Abfälle, die ein Verwertungsverfahren durchlaufen haben, nicht länger als Abfall angesehen werden, wenn sie alle Bedingungen nach Artikel 6 Abs. 1 AbfRRL erfüllen (siehe dazu *Friege/Kummer/Stein-*

häuser/Wuttke/Zeschmar-Lahl AbfallR 2019, 66). Zu den Maßnahmen können – so der Erwägungsgrund 17 – auch der Erlass von Rechtsvorschriften zur Umsetzung dieser Bedingungen in nationales Recht sowie Verfahren zur Unterstützung der Umsetzung gehören, beispielsweise die Einführung material- und anwendungsspezifischer Kriterien für das Ende der Abfalleigenschaft, die Bereitstellung von Leitliniendokumenten sowie Einzelfallentscheidungen und andere Verfahren zur Ad-hoc-Anwendung der auf Unionsebene festgelegten, harmonisierten Bedingungen. Für die betreffenden Maßnahmen sollten auch Durchsetzungsbestimmungen vorgesehen werden, damit bei Abfällen, die infolge eines Verwertungsverfahrens nicht mehr als Abfälle angesehen werden, geprüft wird, dass sie den Rechtsvorschriften der Union für Abfälle, Chemikalien und Produkte entsprechen, wobei insbesondere Abfallströme, die aufgrund von Beschaffenheit und Umfang ein höheres Risiko für Mensch und Umwelt bergen, Abfälle für innovative Verwertungsverfahren oder verwertete Abfälle, die für die anschließende Verwendung in anderen Mitgliedstaaten bestimmt sind, vorrangig behandelt werden.

3 In der Gesetzesbegründung wird die Verpflichtung, dafür zu sorgen, dass die einschlägigen Bestimmungen des Chemikalienrechts und des Produktrechts beachtet werden, als eine **Grundpflicht** bezeichnet. Was diese Verpflichtung zu einer Grundpflicht adelt, leuchtet allerdings nicht ein. Zu den Grundpflichten der Kreislaufwirtschaft nach § 7 und den Grundpflichten der Abfallbeseitigung gem. § 15 zählt die „Sorgepflicht" des § 7a nicht, weil sie sich weder auf die Vermeidung und Verwertung von Abfällen im Sinne der Kreislaufwirtschaft i. S. v. § 3 Abs. 19 noch auf die Beseitigung von Abfällen bezieht. Als Grundpflicht lässt sich die Verpflichtung zur Beachtung des Chemikalien- und Produktrechts nur verstehen, wenn man damit ihre unmittelbare Geltung meint, deren Beachtlichkeit weder von einer behördlichen Anordnung und noch von einer Prüfung als Zulassungsvoraussetzung abhängt (zur dogmatischen Einordnung sog. Grundpflichten im Immissionsschutzrecht siehe *Dietlein* in Landmann/Rohmer Umweltrecht, § 5 BImSchG Rn. 8; Sellner/Reidt/Ohms Immissionsschutzrecht und Industrieanlagen, Rn. 63).

B. Beachtung des Chemikalien- und Produktrechts (Absatz 1)

4 Nach Absatz 1 haben natürliche oder juristische Personen, die Stoffe und Gegenstände, deren Abfalleigenschaft beendet ist, erstmals verwenden oder erstmals in Verkehr bringen, dafür zu sorgen, dass diese Stoffe und Gegenstände den geltenden Anforderungen des Chemikalien- und Produktrechts genügen. Die Regelung verpflichtet die Adressaten, für eine Beachtung des Chemikalien- und Produktrechts zu sorgen, dh die einschlägigen Bestimmungen dieser Rechtsbereiche zu beachten.

5 Eine Missachtung des § 7a wird nicht als **Ordnungswidrigkeit** oder Straftatbestand sanktioniert. Sanktionsfolgen können sich bei der Missachtung von Vorschriften des Chemikalienrechts und des Produktrechts jedoch aus diesem Primärrecht ergeben.

6 Die **behördliche Überwachung** der Beachtung der Vorschriften des Chemikalien- und Produktrechts ist Aufgabe der dafür zuständigen Behörden. Eine Anordnung der zuständigen Abfallbehörde nach § 62 mit dem Ziel, den Pflichtadressaten des § 7a zu veranlassen, für eine Beachtung der Vorschriften des Chemikalien- und Produktreihe zu sorgen, dürfte mangels Zuständigkeit der Abfallbehörde ausscheiden.

I. Beachtliches Chemikalien- und Produktrecht

7 Ob es zwingend einer solchen Regelung bedurft hätte, ist zweifelhaft, weil sich die Beachtlichkeit der in Bezug genommenen Vorschriften des Chemikalien- und des Produkt-

rechts aus dem persönlichen und sachlichen Anwendungsbereich dieser Vorschriften unmittelbar ergeben dürfte. Sie würden deshalb auch ohne § 7a Geltung beanspruchen. Dementsprechend dürfte es sich bei § 7a eher um einen klarstellenden Merkposten für die Adressaten dieser Regelungen handeln in diesem Sinne *Petersen/Friedrich* NVwZ 2021, 1, 3; mit der Regelung kann außerdem eine hinreichende (nämlich wortlautgleiche) Umsetzung der AbfRRL belegt werden.

Welche Anforderungen sich für Stoffe und Gegenstände, deren Abfalleigenschaft beendet ist, konkret ergeben, besagt § 7a Abs. 1 nicht. Die Vorschrift verweist nicht auf bestimmte Vorschriften des Chemilkalien- und Produktrechts. Das in Deutschland geltende **Chemikailien- und Gefahrstoffrecht** beruht maßgeblich auf Verordnungen der Europäischen Union. Die für die Durchsetzung in Deutschland notwendigen nationalen Gesetze und Verordnungen verweisen häufig auf EU-Verordnungen. Maßgebliche Grundlage des Chemikalienrechts ist das Chemikaliengesetz. Es gibt unter anderem den Bußgeldrahmen und die Strafhöhe für Verstöße gegen alle Verordnungen vor, die aufgrund des Chemikaliengesetzes erlassen worden sind. Auf der Grundlage des ChemG ist ua die Gefahrstoffverordnung erlassen worden, die Bestimmungen zum Schutz von Arbeitnehmern bei der Tätigkeit mit Gefahrstoffen enthält. Die Chemikalien-Verbotsverordnung beschränkt oder untersagt den Verkauf besonders gefährlicher Stoffe, Gemische und Erzeugnisse an die Allgemeinheit. Die **REACH-Verordnung** verpflichtet die Hersteller von Chemikalien, diese bei der Europäischen Chemikalienagentur mit jährlicher Produktionsmenge und allen wichtigen Stoffdaten anzumelden. Außerdem werden Anforderungen an Sicherheitsdatenblätter und der Umgang mit bestimmten gefährlichen Chemikalien durch die REACH-Verordnung geregelt. Die CLP-Verordnung bestimmt Anforderungen zur Einstufung, Kennzeichnung und Verpackung von gefährlichen Stoffen und Gemischen. **8**

Von erheblicher Bedeutung ist in diesem Zusammenhang Art. 2 Abs. 2 REACH-VO, wonach Abfall nicht als Stoff, Gemisch oder Erzeugnis im Sinne von Art. 3 der Verordnung gilt (zum Anwendungsbereich der REACH-VO siehe *Pache* in Koch/Hofmann/Reese, Umweltrecht, 5. Aufl. 2018, Rn. 47 ff.). Dementsprechend gilt auch die allgemeine Registrierungspflicht für Hersteller oder Importeure für Stoffe, Gemische oder Erzeugnisse nicht, soweit es sich bei den Stoffen oder Gegenständen um Abfall handelt (siehe dazu *Friege/Kummer/Steinhäuser/Wuttke/Zeschmar*-Lahl AbfallR 2019, 66, 69). Das Ende der Abfalleigenschaft führt insoweit gegebenenfalls in den Anwendungsbereich der REACH-VO. Darauf insbesondere macht § 7a aufmerksam. **9**

Aber auch für Produkte, die aus Abfällen entstanden sind, enthält die REACH-VO einschränkende Sonderregelungen. Nach Art. 2 Abs. 7 REACH-VO werden von den Titeln II, V und VI (Registrierung von Stoffen, nachgeschaltete Anwendung, Bewertung) die nach Titel II registrierten Stoffe als solche, in Gemische oder in Erzeugnissen, die in der Gemeinschaft zurückgewonnen werden, ausgenommen, wenn der aus dem Rückgewinnungsverfahren hervorgegangen Stoff mit dem nach Titel II registrierten Stoff identisch ist und dem die Rückgewinnung durchführenden Unternehmen die in den Art. 31 oder 32 REACH-VO vorgeschriebenen Informationen über den gemäß Titel II registrierten Stoff zur Verfügung stehen. Das betrifft unter anderem Stoffe, die üblicherweise in großen Mengen recycelt werden, wie zB Glas, Papier und Kompost. **10**

Eine vergleichbare Ausnahme für Abfälle enthält auch die Verordnung zur Einstufung, Kennzeichnung und Verpackung **(CLP-VO).** Zweck dieser Verordnung ist es, ein hohes Schutzniveau für die menschliche Gesundheit und für die Umwelt sowie den freien Verkehr von in Artikel 4 Absatz 8 genannten Stoffen, Gemischen und Erzeugnissen durch bestimmte Maßnahmen der Kennzeichnung und Verpackung zu gewährleisten. Art. 1 Abs. 3 CLP-VO bestimmt, dass Abfall weder Stoff noch Gemisch oder Erzeugnis im Sinne des Art. 2 CLP-VO ist. **11**

12 Welche Vorschriften zum **Produktrecht** im Sinne von § 7a zählen, ergibt sich ebenfalls aus der Vorschrift nicht. Gemeint sein dürften sämtliche Vorschriften, die für Produktion, Verwendung und Inverkehrbringen von Produkten gelten. Die Zahl der Rechtsnormen in diesem Sinne ist unüberschaubar. Zentrales Regelwerk des Produktrechts ist das Gesetz über die Bereitstellung von Produkten auf dem Markt (Produktsicherheitsgesetz – ProdSG). Das Gesetz gilt, wenn im Rahmen einer Geschäftstätigkeit Produkte auf dem Markt bereitgestellt, ausgestellt oder erstmals verwendet werden. Nach § 3 Abs. 2 S. 1 ProSG darf ein Produkt, soweit es nicht § 3 Abs. 1 ProdSG unterliegt und in den Anwendungsbereich einer speziellen Rechtsverordnung fällt, nur auf dem Markt bereitgestellt werden, wenn es bei bestimmungsgemäßer oder vorhersehbarer Verwendung die Sicherheit und Gesundheit von Personen nicht gefährdet (siehe dazu *Klindt* in Klindt, Produktsicherheitsgesetz, 2. Aufl. 2015, § 3 Rn. 38ff.).

II. Plichtadressaten

13 Verpflichtet sind nach § 7a Abs. 1 alle natürlichen und juristischen Personen, die Stoffe und Gegenstände, deren Abfalleigenschaft beendet ist, erstmals verwenden oder erstmals in Verkehr bringen.

14 Zum Adressatenkreis der Vorschrift gehören auch **Personengesellschaften,** bei denen es sich weder um natürliche noch juristische Personen handelt. Zwar ist unter einer juristischen Person nach herkömmlichem Rechtsverständnis nur ein Rechtsgebilde mit vollständiger Rechtsfähigkeit zu verstehen. Das schließt aber nicht aus, sachgebietsbezogen jedenfalls auch Personenvereinigungen einzubeziehen, die – wie die Gesellschaft bürgerlichen Rechts (BGH Beschl. v. 4.11.1991, BGHZ 116, 86 und Urt. v. 29.1.2001, BGHZ 146, 341) – teilrechtsfähig sind. So ist etwa für Art. 19 Abs. 3 GG anerkannt, dass juristische Personen im Sinne dieser Vorschrift über den Wortlaut hinaus auch teilrechtsfähige inländische Vereinigungen sein können (vgl. BVerfG Beschl. v. 19.7.2000, BVerfGE 102, 197, 212ff.; Kammerbeschl. v. 2.9.2002, NJW 2002, 3533). Dass der Gesetzgeber die verschiedenen Akteure der Kreislaufwirtschaft (Abfallerzeuger, Abfallbesitzer, Sammler, Beförderer, Makler, etc.) in § 3 als natürliche oder juristische Personen definiert, schließt es insoweit nicht aus, auch Personengesellschaften, etwa die Gesellschaft bürgerlichen Rechts oder die GmbH & Co. KG, als Abfallerzeuger, Abfallbesitzer, als einen der sonstigen Pflichtadressaten des § 3 und eben auch des § 7a einzuordnen. Nachdem einige Obergerichte gemeint hatten, dass Personengesellschaften nicht Sammler im Sinne von § 3 Abs. 10 sein könnten (VGH Mannheim Beschl. v. 21.10.2013, NVwZ-RR 2014, 138; OVG Münster Beschl. v. 9.12.2013 – 20 B 205/13, juris Rn. 17; VGH München, Urt. v. 26.9.2013 – 20 BV 13.516, juris; offengelassen von OVG Lüneburg Beschl. v. 22.5.2015 – 7 ME 15/15, NVwZ-RR 2015, 692, 693) hat das BVerwG dies dankenswerterweise eindeutig klargestellt (BVerwG, Urt. v. 1.10.2015 – 7 C 8/14, BVerwGE 153, 99–109; kritisch zu der zwischenzeitlich überholten Rechtsprechung der Obergerichte *Beckmann* AbfallR 2013, 296; *Petersen/Hermanns* AbfallR 2014, 62, 71).

15 Der Begriff des **Verwendens** ist im KrWG nicht legaldefiniert, findet sich aber in verschiedenen Bestimmungen des KrWG, etwa in § Abs. 1 Nr. 1, § 5 Abs. 1 Nr. 1 oder in Wortkombinationen, wie zB im Begriff der Wiederverwendung in § 3 Abs. 20 S. 2, § 3 Abs. 24 oder im Begriff des Verwendungszwecks in § 3 Abs. 3 S. 1 Nr. 2. Art 3 Nr. 24 REACH-VO definiert für den Anwendungsbereich dieser Verordnung den Begriff des Verwendens als das Verarbeiten, Formulieren, Verbrauchen, Lagern, Bereithalten, Behandeln, Abfüllen in Behältnisse, Umfüllen von einem Behältnis in ein anderes, Mischen, Herstellen eines Erzeugnisses oder jeder andere Gebrauch. Es darf angenommen werden,

dass der Verwendungsbegriff des § 7a vergleichbar weit zu verstehen ist, dass sämtliche Arten von Nutzung und grundsätzlich auch alle möglichen Verwendungszwecke von ihm erfasst werden und sich damit auch auf sämtliche Verwendungszwecke erstreckt, die im Sinne von § 5 Abs. 1 Nr. 1 die Annahme rechtfertigen, dass die Abfalleigenschaft des zu Abfall gewordenen Stoffes oder Gegenstandes endet.

Das **Inverkehrbringen** eines Stoffes ist nach Art. 3 Nr. 12 REACH-VO die entgeltliche oder unentgeltliche Abgabe eines Stoffes als solchem, in einem Gemisch oder in einem Erzeugnis oder aber einem Gemisch an Dritte oder die Bereitstellung für Dritte. Der Begriff des Inverkehrbringens in § 7a dürfte ebenfalls weit zu verstehen sein. Fraglich könnte sein, ob auch ein Beförderer bereits dafür zu sorgen hat, dass die Stoffe oder Gegenstände, die sie für einen Transport nach Beendigung ihrer Abfalleigenschaft übernommen haben, den geltenden Anforderungen des Chemikalien- und Produktrechts genügen. Die reine Beförderung solcher Stoffe oder Gegenstände dürfte keine zweckgerichtete Verwendung sein. Zweifelhaft ist außerdem, ob ein Beförderer solcher Stoffe oder Gegenstände diese in Verkehr bringt. Ein Inverkehrbringen wird immer dann angenommen, wenn ein Produkt an den Endverbraucher abgegeben wird (*Mann* in Versteyl/Mann/Schomerus, Kreislaufwirtschaftsgesetz, § 23 Rn. 12; *Tünnesen-Harmes* in Jarass/Petersen, Kreislaufwirtschaftsgesetz, § 23 Rn. 26). Bei einem Beförderungsvorgang vom bisherigen Abfallbesitzer, bei dem die Abfalleigenschaft endet, zu einem Groß- oder Zwischenhändler, dürfte auch das Inverkehrbringen dementsprechend zu verneinen sein. 16

Soweit Vorschriften des Chemikalienrechts, des Gefahrstoffrechts oder des Transportrechts Anforderungen an die Beförderung ehemaliger Abfälle stellen, gelten diese Vorschriften unabhängig von § 7a Abs. 1. 17

Fraglich ist außerdem, ob nicht nur alle Personen, die das Verwenden und Inverkehrbringen der vormaligen Abfälle selbst vollziehen, sondern auch solche, die Dritte mit einer solchen Verwendung oder dem Inverkehrbringen beauftragen, dafür sorgen müssen, dass dabei die Vorschriften des Chemikalien- und Produktrechts beachtet werden. Genauso stellt sich umgekehrt die Frage, ob diejenigen, die als Dienstleister oder Erfüllungsgehilfen eines Dritten die ehemaligen Abfälle verwenden bzw. Inverkehrbringen, für die Beachtung der genannten Vorschriften einzustehen haben. Grundsätzlich dürfte nichts dagegen sprechen, sämtliche Beteiligte an dem Vorgang des Verwendens und Inverkehrbringens der vormaligen Abfälle als Produkte, seien sie **Auftraggeber** oder **Auftragnehmer,** als verpflichtet anzusehen, für die Beachtung des einschlägigen Chemikalien- und Produktrechts Sorge zu tragen. Letztlich hängt ihre Verantwortlichkeit allerdings vom persönlichen Anwendungsbereich der jeweils einschlägigen Bestimmungen ab. 18

C. Ende der Abfalleigenschaft (Absatz 2)

Absatz 2 legt fest, dass für Stoffe oder Gegenstände die Rechtsvorschriften für Chemikalien und Produkte erst dann zur Anwendung kommen, wenn deren Abfalleigenschaft gemäß den Anforderungen des § 5 Absatz 1 beendet ist. Die Regelung hat ebenfalls rein klarstellenden Charakter. Auch insoweit ist allerdings zu beachten, dass die Anwendbarkeit von Vorschriften des Chemikalienrechts sich letztlich aus den Vorschriften über den Anwendungsbereich dieser Gesetze selbst ergibt. Es ist keineswegs so, dass Vorschriften des Chemikalienrechts, des Gefahrstoffrechts und des Gefahrgutbeförderungsgesetzes, nur dann zur Anwendung kommen, wenn es sich bei den Stoffen oder Gegenständen nicht um Abfälle handelt. Auch auf Abfälle können Vorschriften aus diesen Rechtsbereichen anwendbar sein. Etwas anderes gilt dann, wenn – wie in Art. 2 Abs. 2 REACH-VO oder 19 in Art. 1 Abs. 3 CLP-VO – die Anwendbarkeit bestimmter Vorschriften für Abfälle ausdrücklich ausgeschlossen wird. Die zeitliche Vergabe des § 5 Abs. 2 soll auch verhindern, dass durch eine „vorgezogene" REACH-Registrierung (vermeintliche) Präjudizien für das Ende der Abfalleigenschaft geschaffen werden (*Petersen/Friedrich* NVwZ 2021, 1, 3). Das Bundesumweltministerium hat angekündigt, zur Auslegung des § 7a gemeinsam mit den Ländern Auslegungshinweise zu erarbeiten, unter Verweis auf einen Entschließungsantrag des Bundesrats, BR-Drs. 531/20 (B) (*Petersen/Friedrich* NVwZ 2021, 1, 3).

20 Im Arbeitsschutzrecht zB werden gefahrstoffrechtliche Regelungen zur Einstufung von und zum Umgang mit Gefahrstoffen mit Hilfe Technischer Regeln für Gefahrstoffe (TRGS) konkretisiert. Die TRGS 201 formuliert zB Anforderungen an die Einstufung und Kennzeichnung von Gefahrstoffen bei Tätigkeiten nach § 2 Abs. 5 GefStoffV, insbesondere nach § 6 Abs.3 und § 8 Abs. 2 GefStoffV. Die TRGS 201 gilt unbeschadet abfallrechtlicher Vorschriften auch für die Anwendung der Kennzeichnungsvorschriften der GefStoffV auf Abfälle, soweit es sich Gefahrstoffe handelt und Tätigkeiten mit ihnen ausgeübt werden (siehe dazu *Friege/Kummer/Steinhäuser/Wuttke/Zeschmar-Lahl* AbfallR 2019, 66, 71).

§ 9 Getrennte Sammlung und Behandlung von Abfällen zur Verwertung

(1) **Soweit dies zur Erfüllung der Anforderungen nach § 7 Absatz 2 bis 4 und § 8 Absatz 1 erforderlich ist, sind Abfälle getrennt zu sammeln und zu behandeln.**

(2) **Im Rahmen der Behandlung sind unter den in Absatz 1 genannten Voraussetzungen gefährliche Stoffe, Gemische oder Bestandteile aus den Abfällen zu entfernen und nach den Anforderungen dieses Gesetzes zu verwerten oder zu beseitigen.**

(3) **Eine getrennte Sammlung von Abfällen ist nicht erforderlich, wenn**

1. **die gemeinsame Sammlung der Abfälle deren Potential zur Vorbereitung zur Wiederverwendung, zum Recycling oder zu sonstigen Verwertungsverfahren unter Beachtung der Vorgaben des § 8 Absatz 1 nicht beeinträchtigt und wenn in diesen Verfahren mit einer gemeinsamen Sammlung verschiedener Abfallarten ein Abfallstrom erreicht wird, dessen Qualität mit dem Abfallstrom vergleichbar ist, der mit einer getrennten Sammlung erreicht wird,**
2. **die getrennte Sammlung der Abfälle unter Berücksichtigung der von ihrer Bewirtschaftung ausgehenden Umweltauswirkungen den Schutz von Mensch und Umwelt nicht am besten gewährleistet,**
3. **die getrennte Sammlung unter Berücksichtigung guter Praxis der Abfallsammlung technisch nicht möglich ist oder**
4. **die getrennte Sammlung im Vergleich zur gemeinsamen Sammlung für den Verpflichteten unverhältnismäßig hohe Kosten verursachen würde; dabei sind zu berücksichtigen:**
   a) **die Kosten nachteiliger Auswirkungen auf Mensch und Umwelt, die mit einer gemeinsamen Sammlung und der nachfolgenden Behandlung der Abfälle verbunden sind,**
   b) **die Möglichkeit von Effizienzsteigerungen bei der Abfallsammlung und -behandlung und**
   c) **die Möglichkeit, aus der Vermarktung der getrennt gesammelten Abfälle Erlöse zu erzielen.**

(4) **Soweit Abfälle zur Vorbereitung zur Wiederverwendung oder zum Recycling getrennt gesammelt worden sind, ist eine energetische Verwertung nur zulässig für die Abfallfraktionen, die bei der nachgelagerten Behandlung der getrennt gesammelten Abfälle angefallen sind, und nur soweit die energetische Verwertung dieser Abfallfraktionen den Schutz von Mensch und Umwelt unter Berücksichtigung der in § 6 Absatz 2 Satz 2 und 3 festgelegten Kriterien am besten oder in gleichwertiger Weise wie die Vorbereitung zur Wiederverwendung oder das Recycling gewährleistet. § 7 Absatz 4 gilt entsprechend.**

Schrifttum: *Dippel,* Entmischtes zum Vermischungsverbot des § 9 Abs. 2 KrWG, AbfallR 2016, 230 *Giesberts,* Vermischung von Abfällen: Verbote und Gebote im deutschen und gemeinschaftsrechtlichen Abfallrecht, NVwZ 1999, 600ff.; *Kersting,* Ist die Verwertung von Abfallgemischen rechtlich unmöglich?, NVwZ 1998, 1153; *Kropp,* Getrennthaltungsgebote und Vermischungsverbote nach dem neuen KrWG, ZUR 2012, 474; ZUR 2012, 543; *Petersen/Friedrich,* Die Novellierung des Kreislaufwirtschaftsgesetzes 2020, NVwZ 2021, 1; *Rüdiger,* „Mischen possible?", AbfallR 2017, 90; *Versteyl,* Interkategoriales Getrennthaltungssystem, DVBl. 2000, 1357ff.; *Wendenburg* Der Beitrag der Kreislaufwirtschaft zu Klima- und Ressourcenschutz, AbfallR 2019, 230.

Übersicht

A. Überblick

1 Die Novelle des KrWG im Jahre 2020 hat die Pflichten zur Getrenntsammlung von Abfällen auf weitere Abfallströme erstreckt. Die Neufassung der Getrenntsammlungspflicht des § 9 dient der Umsetzung von Art. 10 Abs. 2 und 3 AbfRRL. Die allgemeine Getrennthaltungspflicht und die Behandlungspflicht des bisherigen § 9 Abs. 1 sind erhalten geblieben und werden in den folgenden Absätzen des § 9 weiter konkretisiert. Allerdings ist im Gesetz nun nicht mehr von einer Getrennthaltungspflicht, sondern von einer Getrenntsammlungspflicht die Rede. Das entspricht Art. 10 Abs. 2 AbfRRL, wo ebenfalls eine Getrenntsammlungspflicht vorgesehen ist. Das bis zur Novelle 2020 auf gefährliche Abfälle bezogene Vermischungsverbot des § 9 Abs. 2 KrWG aF wurde Gegenstand einer eigenständigen Bestimmung in § 9a und um weitere Regelungen ergänzt. Das Bundesumweltministerium beabsichtigt, mit den Ländern gemeinsam Vollzugshinweise zu den Getrenntsammlungspflichten zu veröffentlichen (siehe *Petersen/Friedrich* NVwZ 2021, 1, 7; BR-Drs. 531/20 (B)).

2 Gesetzlich ausdrücklich vorgesehen war eine Getrenntsammlungspflicht bis zum Jahre 2020 bereits gem. § 11 für **Bioabfälle,** für **Klärschlamm** und gem. § 14 für **Papier-, Metall-, Kunststoff- und Glasabfälle.** § 9 in der Neufassung 2020 bestimmt eine zwar generelle, allerdings nur **relative Getrenntsammlungs- und Behandlungspflicht,** die durch Kriterien der Erforderlichkeit der Pflichtenerfüllung nach den §§ 7 Abs. 2–4 und 8 Abs. 1 begrenzt wird. Die in den §§ 11 Abs. 1 und 14 Abs. 1 bislang gesondert geregelten Getrenntsammlungspflichten sind im Jahre 2020 aufgehoben worden. Sie sind zu der Getrenntsammlungspflicht der öffentlich-rechtlichen Entsorgungsträger in § 20 Abs. 2 zusammengefasst worden. Materiell-rechtlich hat sich durch die Verschiebung keine Änderung ergeben.

3 Getrennt gesammelte Abfälle müssen nach § 9 Abs. 1 auch getrennt behandelt werden. Gefährliche Stoffe, Gemische oder Bestandteile sind nach § 9 Abs. 2 aus den Abfällen zu entfernen und nach den Anforderungen des KrWG zu verwerten oder zu beseitigen. § 9 Abs. 3 listet eine Reihe von Fällen auf, in denen eine getrennte Sammlung nicht erforderlich ist. Nach § 20 Abs. 2 sind die öffentlich-rechtlichen Entsorgungsträger verpflichtet, Bioabfälle, Kunststoffabfälle, Metallabfälle, Papierabfälle, Glas, Textilabfälle, Sperrmüll sowie gefährliche Abfälle nach näheren Maßgaben in § 9 Abs. 2 S. 1 getrennt zu sammeln. Die Verpflichtung zur getrennten Sammlung von Textilabfällen nach § 20 Abs. 2 Satz 1 Nr. 6 gilt gem. § 20 Abs. 2 S. 2 ab dem 1. Januar 2025. Die öffentlich-rechtlichen Entsorgungsträger sind berechtigt, für weitere Abfälle Getrenntsammlungssysteme einzuführen (BT-Drs. 19/19737, S. 54). Die Getrenntsammlungspflicht der öffent-

lich-rechtlichen Entsorgungsträger dient auch der vorrangigen Vorbereitung zur Wiederverwendung oder dem Recycling von überlassungspflichtigen Abfällen.

Das Gebot einer getrennten Sammlung und Behandlung von Abfällen soll eine geordnete Entsorgung durch die Sicherung definierbarer Qualitäten ermöglichen (BT-Drs. 12/5672, 43 zu § 5 Abs. 2 S. 4 KrW-/AbfG). Die getrennte Sammlung und Behandlung soll bewirken, dass das Verwertungspotential einzelner Abfälle möglichst weitgehend ausgeschöpft wird. Bei den Getrenntsammlungs- und behandlungspflichten des KrWG, des ElektroG, des BattG und der Verordnungen des Bundes handelt es sich um abschließende Bestimmungen, von denen die **Landesgesetzgeber** nicht abweichen können und denen sie auch keine zusätzlichen, insbesondere keine verschärfenden Bestimmungen beigesellen können (*Müggenborg* in Schink/Versteyl, KrWG, § 9 Rn. 8; *Rüdiger* in von Lersner/Wendenburg, KrWG, § 9 Rn. 30). Allerdings bleiben die öffentlich-rechtlichen Entsorgungsträger im Rahmen ihrer kommunalen Organisations- und Satzungshoheit berechtigt, die ihnen gegenüber bestehende Überlassungspflicht im Sinne von § 17 Abs. 1 durch Regeln des **Anschluss- und Benutzungszwangs** auszugestalten. Dabei können die **öffentlich-rechtlichen Entsorgungsträger** insbesondere auch regeln, welche Behältnisse von den überlassungspflichtigen Abfallbesitzern und Abfallerzeugern für die Bereitstellung der Abfälle zu nutzen sind. Sie sind damit auch berechtigt, Vorgaben für die Abfalltrennung zu machen. Dabei haben sie allerdings das höherrangige Bundesrecht zu beachten. 4

B. Getrenntsammlungspflicht und Getrenntbehandlungspflicht (Absatz 1)

§ 9 Abs. 1 verpflichtet unter den dort genannten Voraussetzungen, Abfälle getrennt zu sammeln und zu behandeln. 5

Sammlung im Sinne des KrWG ist nach § 3 Abs. 15 das Einsammeln von Abfällen, einschließlich deren vorläufiger Sortierung und vorläufiger Lagerung zum Zweck der Beförderung zu einer Abfallbehandlungsanlage. **Getrennte Sammlung** im Sinne des KrWG ist nach § 3 Abs. 16 eine Sammlung, bei der ein Abfallstrom nach Art und Beschaffenheit des Abfalls getrennt gehalten wird, um eine bestimmte Behandlung zu erleichtern oder zu ermöglichen. Die Getrenntsammlungspflicht des § 9 Abs. 1 richtet sich an diejenigen, die Abfälle im vorgenannten Sinne sammeln, d. h. einsammeln, vorläufig sortieren und vorläufig zum Zweck der Beförderung zu einer Abfallbehandlungsanlage lagern. Eine Getrenntsammlung ist grundsätzlich sowohl im Rahmen eines **Holsystems** als auch in einem **Bringsystem** möglich; in Betracht kommen auch kombinierte Bring-Holsysteme. Über die konkrete Umsetzung vor Ort entscheiden die öffentlich-rechtlichen Entsorgungsträger, so dass auch den spezifischen regionalen und örtlichen Gegebenheiten Rechnung getragen werden kann (VG München Urt. v. 28.11.19 – M 17 K 17.5282, juris Rn. 36). **Sammler** von Abfällen ind nach § 3 Abs. 10 natürliche oder juristische Personen, die gewerbsmäßig oder im Rahmen wirtschaftlicher Unternehmen, d. h. aus Anlass einer anderweitigen gewerblichen oder wirtschaftlichen Tätigkeit, die nicht auf die Sammlung von Abfällen gerichtet ist, Abfälle sammeln. Zur Getrenntsammlung sind daneben die öffentlich-rechtlichen Entsorgungsträger verpflichtet. Für sie gilt die spezielle Getrenntsammlungspflicht des § 20 Abs. 2 S. 1. Getrenntsammlungspflichten sind insoweit unmittelbar für Sammler von Abfällen und für öffentlich-rechtliche Entsorgungsträger beachtlich. Soweit Abfallbesitzer und Abfallerzeuger für nicht überlassungspflichtige Abfälle zur ordnungsgemäßen und schadlosen Verwertung der Abfälle verantwortlich sind, können sie zwar nach § 22 S. 1 einen Dritten mit der Erfüllung ihrer 6

Pflichten beauftragen und auch einen Sammler einschalten, der die Abfälle einsammelt und zu einer Abfallbehandlungsbehandlungsanlage befördert. Nach § 22 S. 2 bleibt jedoch die Verantwortung der Abfallbesitzer und Abfallerzeuger für die Verwertung ihrer Abfälle bestehen, bis die Entsorgung endgültig und ordnungsgemäß abgeschlossen ist. Soweit dazu eine Getrenntsammlung der Abfälle notwendig ist, stehen auch Abfallbesitzer und Abfallerzeuger neben dem von ihnen beauftragten Sammler insoweit in der Verantwortung. Für die nicht überlassungspflichtigen Abfälle aus sonstigen Herkunftsbezirken müssen die Abfallbesitzer die Pflichten der GewAbfV beachten, die ein vergleichbares Niveau des Recycling sichern (*Petersen/Friedrich* NVwZ 2021, 1, 7).

7 Das **Behandeln** von Abfällen bezieht sich auf jede Veränderung des Abfalls, die in unmittelbarem Zusammenhang mit Maßnahmen der Abfallbewirtschaftung steht. Dabei kann es sich um Vorbehandlungen vor der eigentlichen Verwertung oder Beseitigung, um Mischungen oder um sonstige Behandlungen, etwa das Entwässern oder Zerkleinern, handeln (vgl. § 3 Abs. 8 Nr. 2). In der Gesetzesbegründung (BT-Drs. 19/19373, S. 49) wird erläutert, dass der Begriff der Abfallbehandlung im KrWG rein deskriptiv zu verstehen ist und unterschiedliche Verfahren erfasst, die im Zusammenhang mit der Verwertung und der Beseitigung von Abfällen stehen und zur ordnungsgemäßen Erfüllung der Pflichten angewandt werden (zB mechanische Aufarbeitung, biologische Behandlung, mechanisch-biologische Behandlung, chemische und/oder physikalische Behandlung sowie thermische Behandlung von Abfällen).

8 Ziel der Getrenntsammlung und der getrennten Behandlung von Abfällen ist es, eine geordnete Entsorgung durch die Sicherung definierbarer Abfallqualitäten zu erreichen (BT-Drs. 12/5672, S. 43 zur Vorgängerbestimmung des § 5 Abs. 2 S. 4 KrW-/AbfG). Nur wenn Abfälle ihrer Qualität nach geordnet vorliegen und eine Vermischung verschiedener Abfallarten verhindert wird, kann der Vorrang der Verwertung vor der Beseitigung als Gesetzeszweck soweit als technisch möglich eingehalten werden. Durch die Getrenntsammlung der Abfälle kann deren Verwertungspotenzial möglichst weitgehend genutzt werden. Mit der Getrenntsammlungspflicht soll verhindert werden, dass durch eine Vermischung von Abfällen eine ordnungsgemäße und schadlose Verwertung unmöglich gemacht wird und deshalb die Abfälle unter Missachtung des Vorrangs der Verwertung beseitigt oder im Sinne der Abfallhierarchie niederrangig verwertet werden müssen. Insoweit dient die geforderte Getrenntsammlung auch der Durchsetzung der Vorrangpflicht des § 8 Abs. 1.

9 Da der Gesetzgeber in § 9 Abs. 3 Nr. 1 einen Vergleich mit einer gemeinsamen Sammlung verschiedener Abfallarten fordert, stellt sich die Frage, ob sich das Getrenntsammlungsgebot tatsächlich nur auf eine getrennte Sammlung bestimmter **Abfallarten** bezieht oder, was sich aus dem Wortlaut des § 9 Abs. 1, der lediglich von einer getrennten Sammlung und Behandlung von Abfällen (nicht von Abfallarten) spricht, auch eine getrennte Sammlung und Behandlung von Abfällen einer bestimmten Abfallart gefordert sein kann. Zwar definiert § 3 verschiedene Abfallbegriffe (Siedlungsabfälle, Inertabfälle, Bau- und Abbruchabfälle, Bioabfälle, Lebensmittelabfälle). Es dürfte allerdings unstreitig sein, dass damit nicht verschiedene Abfallarten definiert werden, die für das Getrenntsammlungs- und behandlungsgebot des § 9 Abs. 1 maßgeblich sind. Abfallarten werden jedoch in der AVV bezeichnet. Nach § 2 Abs. 2 S. 1 AVV sind Abfälle zur Bezeichnung der Abfälle den im Abfallverzeichnis mit einem sechsstelligen Abfallschlüssel gekennzeichneten Abfallarten zuzuordnen. Der Verordnungsgeber bezeichnet insoweit Abfallarten. Die Zuordnung zu den Abfallarten folgt nach § 2 Abs. 2 S. 2 AVV unter den im Abfallverzeichnis vorgegebenen Kapiteln und Gruppen. Diese sind herkunftsbezogen. Es kann sich um Abfälle aus bestimmten Industriebereichen oder um Abfälle aus anorganisch-chemischen Prozessen oder aus organisch-chemischen Prozessen oder zB um Abfälle aus thermischen Prozessen handeln. Daraus folgt, dass die Abfälle einer bestimmten Abfallart sich durchaus unterschiedlich zusammensetzen können, auch unterschiedliche Bestandteile, Stoffe, Gefahrstoffe, etc. enthalten können. Es kann deshalb im Sinne einer ordnungsgemäßen und schadlosen Abfallverwertung durchaus geboten sein, auch Abfälle einer herkunftsbezogen definierten Abfallart getrennt zu sammeln. Genauso kann es mit Blick auf eine ordnungsgemäße und schadlose Verwertung völlig unschädlich sein, verschiedene Abfallarten der AVV angesichts ihrer vergleichbaren Zusammensetzung auch gemeinsam zu sammeln. Für das Getrenntsammlungs- und das -behandlungsgebot ist insoweit nicht die Zugehörigkeit zu einer bestimmten Abfallart letztlich ausschlaggebend. Es spricht allenfalls ein Indiz dafür, dass gegen eine gemeinsamen Sammlung einer bestimmten Abfahrt regelmäßig keine Bedenken bestehen. Zwingend ist das allerdings nicht. Trotz des nach § 9 Abs. 3 Nr. 1 gebotenen Vergleichs zu einer gemeinsamen Sammlung bestimmter Abfallarten gilt das Gebot einer getrennten Sammlung und Behandlung von Abfällen grundsätzlich nicht nur zwischen verschiedenen Abfallarten, sondern, soweit dies für eine ordnungsgemäße und schadlose Verwertung erforderlich ist, auch innerhalb einer Abfallart.

I. Relatives Getrenntsammlungs- und -behandlungsgebot

Ein unbedingtes Getrennthaltungsgebot in dem Sinne, dass der Abfallbesitzer die bei ihm anfallenden Abfälle von Anfang an getrennt zu erfassen oder nach einer gemeinsamen Erfassung getrennt bereitzustellen hätte, lässt sich dem Gesetz nicht entnehmen (BVerwG Urt. v. 15.6.2000, NVwZ 2000, 1178, zu § 5 Abs. 2 S. 4 KrW-/AbfG; VGH München Urt. v. 30.11.1999, NuR 2000, 221). Daran hat die Gesetzesnovelle 2020 nichts geändert. Durch den Wechsel von einer Getrennthaltungspflicht zu einer Getrenntsammlungspflicht wird dies im Gegenteil sogar klargestellt. Eine nachträgliche Trennung kann nach § 9a Abs. 3 S. 1 für vermischte gefährliche Abfälle, nicht jedoch für nicht gefährliche Abfälle verlangt werden. Allerdings kann eine nachträgliche Trennung bestimmter Fraktionen von Abfallgemischen für eine ordnungsgemäße und schadlose Verwertung der Abfälle notwendig werden und damit für den zur Verwertung verpflichteten Abfallerzeugern und Abfallbesitzern zur Beachtung des § 7 Abs. 2 S. 1 auferlegt werden. Die Bundesregierung kann Entsprechendes auch in einer Rechtsverordnung nach § 10 Abs. 2 festlegen. Relativ ist das Trennungsgebot auch deshalb, weil es nur besteht, soweit es zur Erfüllung der Anforderungen nach § 7 Abs. 2–4 und § 8 Abs. 1 erforderlich ist. 10

Es besteht auch keine umfassende gesetzliche Pflicht der Abfallbesitzer und Abfallerzeuger, Abfälle von Anfang an getrennt zu halten bzw. bereitzustellen. Aus § 17 Abs. 1 S. 1 ergibt sich ein solches unbedingtes Getrennthaltungs- oder bereitstellungsgebot nicht. Nach dieser Vorschrift sind die Erzeuger oder Besitzer von Abfällen aus privaten Haushaltungen lediglich verpflichtet, diese Abfälle den nach Landesrecht zur Entsorgung verpflichteten juristischen Personen zu überlassen, soweit sie zu einer Verwertung auf den von ihnen im Rahmen ihrer privaten Lebensführung genutzten Grundstücke nicht in der Lage sind oder diese nicht beabsichtigen. Dasselbe gilt auch für Erzeuger und Besitzer von Abfällen zur Beseitigung aus anderen Herkunftsbereichen, soweit diese nicht in eigenen Anlagen beseitigt werden (§ 17 Abs. 1 S. 2). Allerdings hat der Gesetzgeber die öffentlich-rechtlichen Entsorgungsträger gem. § 20 Abs. 2 S. 1 verpflichtet, bestimmte, in ihrem Gebiet in privaten Haushaltungen angefallene und überlassene Abfälle getrennt zu sammeln. 11

Für den überlassungspflichtigen Besitzer von Abfällen ergibt sich daraus mittelbar die Notwendigkeit einer Trennung der bei ihm anfallenden Abfälle aus der **Abfallsatzung** des öffentlich-rechtlichen Entsorgungsträgers, der über diese Satzung vorgibt, welche verschiedenen Abfallbehältnisse zu nutzen sind, und ob und inwieweit die Abfallbesitzer 12 verpflichtet sind, bestimmte Abfallfraktionen im Rahmen eines Bringsystems zu bereitgestellten Entsorgungseinrichtungen zu bringen.

13 Für die nicht überlassungspflichtigen Abfälle zur Verwertung aus sonstigen Herkunftsbereiche, für die Abfallbesitzer und Abfallerzeuger entsorgungspflichtig sind, kann sich eine Getrennthaltungspflicht ergeben, wenn ohne eine solche Getrennthaltung die Anforderungen des § 7 Abs. 2, Abs. 3 nicht erfüllt werden.

II. Reichweite des Getrenntsammlungs- und -behandlungsgebots

14 Das Getrenntsammlungsgebot setzt erst ein, nachdem der Abfall angefallen ist. Aus § 9 Abs. 1 lässt sich insoweit keine Verpflichtung ableiten, einen gemischten Anfall von Abfällen zu vermeiden (*Mann* in Versteyl/Mann/Schomerus, KrWG 2019, § 9 Rn. 2). Der Gesetzgeber ordnet in § 9 Abs. 1 eine Pflicht an, Abfälle getrennt zu sammeln und zu behandeln, nicht aber Abfälle zu trennen bzw. getrennt zu halten. Fällt der Abfall bereits vermischt an, greift das Trennungsgebot nicht (BVerwG Urt. v. 15.6.2000; NVwZ 2000, 1178 zu § 5 Abs. 2 S. 4 KrW-/AbfG). Bei einem gemischt anfallenden Abfall kann aus dem Gebot zur Getrenntsammlung nur abgeleitet werden, dass diesem Abfall nicht zusätzlich noch weitere Abfälle zugemischt werden dürfen. Eine Pflicht, gemischt anfallende Abfälle zu trennen, kann sich allerdings aus den §§ 7 Abs. 2 S. 1, 8 Abs. 1 ergeben, um eine ordnungsgemäße und schadlose Verwertung des Abfalls zu ermöglichen bzw. um der Vorrangpflicht Genüge zu tun. Diese Pflicht ergibt sich dann allerdings nicht aus § 9.

15 Der Gesetzgeber hat die Bundesregierung ermächtigt, nach Anhörung der beteiligten Kreise durch Rechtsverordnung mit Zustimmung des Bundesrats, soweit es zur Erfüllung der Pflichten nach § 7 Abs. 2–4, § 8 Abs. 1 in § 9 und 9a, insbesondere zur Sicherung einer schadlosen Verwertung, erforderlich ist, unter anderem Anforderungen an die getrennte Sammlung, die Behandlung, die Zulässigkeit der Vermischung von Abfällen zu stellen (§ 10 Abs. 1 Nr. 2). Außerdem kann der Verordnungsgeber Anforderungen an das Bereitstellen, das Überlassen, Sammeln und Einsammeln von Abfällen durch Hol- und Bringsysteme, jeweils auch in einer einheitlichen Wertstofftonne oder durch eine einheitliche Wertstofferfassung in vergleichbarer Qualität gemeinsam mit gleichartigen Erzeugnissen oder mit auf dem gleichen Wege zu verwertenden Erzeugnissen, die jeweils einer verordneten Rücknahme nach § 25 unterliegen, festlegen.

16 Bei dem Erlass solcher Rechtsverordnungen ist das **Selbstverwaltungsrecht** der Kommunen zu berücksichtigen, die von den Bundesländern zu öffentlich-rechtlichen Entsorgungsträgern bestimmt werden (dazu *Beckmann/Wittmann* AbfallR 2011, 55). Spezielle untergesetzliche Getrenntsammlungspflichten ergeben sich zB aus den §§ 3, 4 und 6 GewAbfV und aus § 10 AltholzV.

17 Nicht zuletzt können die öffentlich-rechtlichen Entsorgungsträger im Rahmen ihrer Organisations- und Satzungshoheit durch **Abfallsatzungen** Einzelheiten der Überlassungspflichten, insbesondere auch eine Getrennthaltung verschiedener Abfallarten, vorsehen. Abfallsatzungen, mit denen die Art und Weise geregelt wird, mit der der Körperschaft die Abfälle zu überlassen sind, sind Maßnahmen auf dem Gebiet der Abfallwirtschaft und haben sich daher an deren Grundsätzen, insbesondere an den Regelungen des Kreislaufwirtschaftsgesetzes auszurichten (OVG MV Urt. v. 30.10.2018, AbfalR 2019, 163).

III. Beschränkung auf Abfälle zur Verwertung

18 Das Getrenntsammlungs- und behandlungsgebot des Abs. 1 gilt nur für **Abfälle zur Verwertung.** Das ergibt sich aus der amtlichen Überschrift der Vorschrift und aus der

Zugehörigkeit der Bestimmung zum zweiten Abschnitt (Kreislaufwirtschaft) des zweiten Teils des Gesetzes. Abfälle zur Verwertung sind nach § 3 Abs. 1 S. 2 Abfälle, die verwertet werden. Abfälle, die nicht verwertet werden, sind nach § 3 Abs. 1 S. 2 Abfälle zur Beseitigung. Für diese Abfälle gilt § 15 Abs. 3 S. 1 und damit ein vergleichbares Getrenntsammlungsgebot. Abfälle zur Beseitigung sind getrennt zu sammeln und zu behandeln, soweit dies zur Erfüllung der Anforderungen nach § 15 Abs. 1 und 2 für eine dem Wohl der Allgemeinheit entsprechende Abfallbeseitigung erforderlich ist. § 9 Abs. 2 und 3 und § 9a gelten für Abfälle zur Beseitigung entsprechend (§ 15 Abs. 3 S. 2). Das Getrenntsammlungsgebot für Abfälle zur Beseitigung war europarechtlich nicht zwingend gefordert. Art. 12 AbfRRL sieht eine Getrenntsammlung für Abfälle zur Beseitigung nicht vor. Die Mitgliedstaaten stellen nach Art 12 AbfRRL sicher, dass Abfälle, die nicht gemäß Art. 10 Abs. 1 AbfRRL verwertet werden, Verfahren der unbedenklichen Beseitigung unterzogen werden, die den Bestimmungen des Art. 13 AbfRRL zum Schutz der menschlichen Gesundheit und der Umwelt genügen. Es wird deshalb die Ansicht vertereten, dass es sich bei dieser Verpflichtung um eine zulässige, verstärkte Schutzmaßnahme nach Art. 193 AEUV handelt (*Kropp* ZUR 2012, 474, 475). Da allerdings die Getrenntsammlungspflicht und auch die Getrenntbehandlungspflicht nur besteht, soweit dies zur Erfüllung der Anforderungen nach § 15 Abs. 1 und 2 erforderlich ist, dient die Verpflichtung auch der Umsetzung von Art. 13 AbfRRL.

Bei gemischt anfallenden Abfällen kommt es für die Abgrenzung zwischen Abfällen zur Verwertung und Abfällen zur Beseitigung auf das **Abfallgemisch** und nicht auf einzelne Stoffe oder Gegenstände des Abfallgemisches an. Entscheidend ist dementsprechend nicht, ob das Abfallgemisch Anteile enthält, die nicht verwertet werden können und die deshalb nach einer Vorbehandlung oder Sortierung beseitigt werden müssen (BVerwG Urt. v. 15.6.2000, DVBl. 2000, 1356; VGH München Urt. v. 23.4.2001, DVBl. 2001, 1296). Verwertung im Sinne des Gesetzes ist nach § 3 Abs. 23 S. 1 jedes Verfahren, als dessen Hauptergebnis die Abfälle innerhalb der Anlage oder in der weiteren Wirtschaft einem sinnvollen Zweck zugeführt werden. Bei Abfallgemischen kommt es insoweit darauf an, ob das Hauptergebnis des Entsorgungsverfahrens eine Verwertung der Abfälle ist. Ist die Frage zu bejahen, handelt es sich insgesamt um Abfall zur Verwertung. 19

Ein Verbot, Abfälle zur Beseitigung mit Abfällen zur Verwertung zu mischen, das in der Vergangenheit gefordert wurde (*Queitzsch* AbfallR 2011, 30), sieht das Gesetz nicht vor. Es ist auch europarechtlich nicht gefordert. Etwas anderes gilt jedoch nach § 9a Abs. 1 für **gefährliche Abfälle.** 20

IV. Anforderungen nach §§ 7 Abs. 2–4, 8 Abs. 1

Eine Getrenntsammlungs- und behandlungspflicht besteht nur, soweit dies zur Erfüllung der Anforderungen nach §§ 7 Abs. 2–4, 8 Abs. 1 erforderlich ist. Dient eine Mischung von Abfällen dazu, eine Verwertung überhaupt erst zu ermöglichen, so zB bei der Herstellung von Versatzmischungen für den untertägigen **Bergversatz,** dann ist eine solche Behandlung der Abfälle grundsätzlich zulässig (zur Einordnung des Bergversatzes als eine Maßnahme der Abfallverwertung siehe *Franßen/Verfers* AbfallR 2020, 157, 158; *Kropp* AbfallR 2018, 50; EuGH Urt. v. 28.7.2016, AbfallR 2016, 260; EuGH, Urt. v. 27.2.2002, NVwZ 2002, 579; BVerwG, Urt. v. 26.5.1994, NVwZ 1994, 897; BVerwG, Urt. v. 14.4.05, NVwZ 2005, 954). 21

Für die Beantwortung der Frage, ob im konkreten Fall ein Getrenntsammlungspflicht besteht, muss jeweils geklärt werden, ob durch eine Vermischung der Abfälle die Erfül- 22 lung der in den genannten Vorschriften geregelten Pflichten beeinträchtigt oder sogar unmöglich gemacht wird. Ist dies nicht der Fall, brauchen die Abfälle auch nicht getrennt gesammelt zu werden. Es muss dementsprechend geprüft werden, ob eine Vermischung der Abfälle ihre ordnungsgemäße und schadlose Verwertung verhindert. Wird eine solche ordnungsgemäße und schadlose Verwertung durch eine Vermischung der Abfälle lediglich erschwert, muss der verantwortliche Abfallbesitzer bzw. Abfallerzeuger trotz der Erschwernis für eine ordnungsgemäße und schadlose Verwertung seiner Abfälle sorgen. Er kann sich insoweit nicht auf eine wirtschaftliche Unzumutbarkeit berufen. Zu prüfen ist außerdem, ob durch eine Vermischung der Abfälle die **Beachtung des Vorrangs** einer bestimmten Verwertungsmaßnahme unmöglich gemacht wird. Ist dies zu bejahen, kommt eine Vermischung ebenfalls nicht in Betracht.

23 Der Auffassung, dass den Abfallerzeuger bzw. den Abfallbesitzer eine **Beweislast** für die fehlende Erforderlichkeit der Getrennthaltung trifft (so *Müggenborg* in Schink/Versteyl, KrWG, § 9 Rn. 16), ist nicht zu folgen. Richtig ist zwar, dass der Abfallbesitzer und der Abfallerzeuger für eine den gesetzlichen Anforderungen entsprechende Entsorgung ihrer Abfälle verantwortlich sind. Das ist jedoch keine Frage der Beweislast. Ist die zuständige Behörde der Ansicht, dass der Abfallbesitzer oder der Abfallerzeuger eine Getrenntsammlungspflicht missachtet hat und schreitet sie deshalb auf der Grundlage des § 62 gegen ihn ein, dann muss sie die Voraussetzungen für das ordnungsbehördliche Einschreiten nachweisen (VGH München Beschl. v. 17.2.2020 – 12 CS 19.2505, juris Rn. 43). Sie muss dementsprechend nicht nur behaupten, dass die in Rede stehenden Abfälle getrennt zu halten und zu behandeln sind. Sie muss auch den Nachweis führen, dass dies zur Erfüllung der Anforderungen nach § 7 Abs. 2–4 und § 8 Abs. 1 erforderlich ist. Es bleibt bei den allgemeinen Darlegungs- und Beweislastregeln (so auch *Petersen/Friedrich* NVwZ 2021, 1, 7).

24 Das gilt allerdings wiederum nur, soweit die durch eine Vermischung unmöglich gemachte Verwertung im Sinne von § 7 Abs. 4 S. 1 technisch möglich und wirtschaftlich zumutbar ist. Besteht nach dieser Vorschrift keine Pflicht zur Verwertung bzw. muss ein nach § 8 Abs. 1 S. 1 grundsätzlich bestehender Vorrang auf der Grundlage des § 8 Abs. 1 S. 4 iVm § 7 Abs. 4 wegen der technischen Unmöglichkeit oder einer wirtschaftlichen Unzumutbarkeit nicht beachtet werden, bedarf es auch keiner Getrenntsammlung.

V. Rechtsfolgen der Missachtung des Getrenntsammlungsgebots

25 Der Gesetzgeber sieht bei einer Missachtung des Getrenntsammlungsgebots keine strafrechtlichen oder ordnungswidrigkeitsrechtlichen Sanktionen vor. Allerdings können Verstöße gegen das Getrenntsammlungsgebot mit Hilfe einer ordnungsbehördlichen Verfügung nach § 62 abgestellt werden (zur Frage, ob sich aus einer Missachtung von Getrenntsammlungsgeboten Einwandsgründe bei der grenzüberschreitenden Abfallverbringung ergeben können, bejahend *Rüdiger* in von Lersner/Wendenburg, KrWG, § 9 Rn. 31).

C. Entfernungsgebot (Absatz 2)

26 § 9 Abs. 2 konkretisiert die in § 9 Abs. 1 geregelte Pflicht zur Behandlung von Abfällen zur Verwertung. Der Gesetzgeber verpflichtet nicht zu einer bestimmten Behandlungsart. Die Regelung ist insoweit **technikoffen.** Zulässig sind zB die mechanische Aufarbeitung, eine biologische Behandlung, eine mechanisch-biologische-Behandlung, eine chemische und/oder eine physikalische Behandlung sowie die thermische Behandlung von Abfällen. § 9 Abs. 2 betrifft die Behandlung zur Verwertung von Abfällen, während § 15 Abs. 1 Satz 2 für die Beseitigung von Abfällen gilt.

27 Der Gesetzgeber verlangt, dass im Rahmen der Behandlung vor oder während der Verwertung gefährliche Stoffe, Gemische oder Bestandteile aus den Abfällen zu entfernen und nach den Anforderungen des KrWG zu verwerten oder zu beseitigen sind. Wie die Behandlungspflicht des § 9 Abs. 1 auch, hängt die Pflicht zur Abtrennung von Stoffen, Gemischen oder Bestandteilen von ihrer Erforderlichkeit, gemessen an Umweltanforderungen, ab und wird begrenzt auf die technische Möglichkeit und die wirtschaftliche Zumutbarkeit.

28 § 9 Abs. 2 setzt Art. 10 Abs. 5 AbfRRL um, eine Regelung, die sich auf gefährliche Abfälle bezieht. Art. 10 Abs. 5 AbfRRL sieht für den Fall, dass dies zur Einhaltung von Art. 10 Abs. 1 AbfRRL und zur Erleichterung oder Verbesserung der Verwertung erforderlich ist, die Mitgliedstaaten die notwendigen Maßnahmen treffen, um vor oder während der Verwertung gefährliche Stoffe, Gemische oder Bestandteile aus **gefährlichen Abfällen** zu entfernen, um sie anschließend im Einklang mit Art. 4 und 13 AbfRRL zu behandeln. Ausweislich der Gesetzesbegründung ist Art. 10 Abs. 5 AbfRRL jedoch auch auf nicht gefährliche Abfälle anzuwenden, weil es dem allgemeinen Ziel dient, eine hochwertige und umweltverträgliche, insbesondere schadlose Verwertung zu gewährleisten (BT-Drs. 19/19373, S. 49). In der Sache würde sich eine entsprechende Verpflichtung – so die Gesetzesbegründung – nach nationalem Recht unmittelbar aus § 7 Abs. 3 ergeben.

29 Was **gefährliche Stoffe** im Sinne dieser Vorschrift sind, die unter den genannten Voraussetzungen zu entfernen sind, ergibt sich unmittelbar aus der Bestimmung nicht. Denkbar ist es, auf die Definition der AVV zurückzugreifen. Gefährliche Stoffe sind nach Nr. 1. der Einleitung zur Anlage 1 zu § 2 Abs. 1 AVV Stoffe, die als gefährlich eingestuft sind, die die Kriterien gemäß Anhang I Teil 2 bis 5 der Verordnung (EG) Nr. 1272/2008 des Europäischen Parlaments und des Rates vom 16. Dezember 2008 über die Einstufung, Kennzeichnung und Verpackung von Stoffen und Gemischen, zur Änderung und Aufhebung der Richtlinien 67/548/EWG und 1999/45/EG und zur Änderung der Verordnung (EG) Nr. 1907/2006 (ABl. L 353 vom 31.12.2008, S. 1) erfüllen. Allerdings kommt es für die Anwendung des Entfernungsgebots letztlich nicht auf eine bestimmte (Legal-)Definition der gefährlichen Stoffe an. Vielmehr verlangt der Gesetzgeber, dass Stoffe, Gemische oder Bestandteile aus den Abfällen entfernt werden, soweit dies erforderlich ist, um die Anforderungen nach § 7 Abs. 2–4 und § 8 Abs. 1 zu erfüllen. Gefährlich in diesem Sinne ist jeder Stoff, dessen Verbleib in dem Abfallgemisch die ordnungsgemäße und schadlose Verwertung gefährdet. Es kann deshalb auch – jedenfalls theoretisch – notwendig werden, einen Stoff zu entfernen, der nicht die Voraussetzungen der genannten Legaldefinition der AVV erfüllt. Über den nicht weiter konkretisierten oder hinsichtlich einer spezifischen Gefährlichkeit qualifizierten Begriff der „Bestandteile" des Abfalls werden alle Stoffe, Fraktionen oder eben Bestandteile des Abfalls erfasst, die eine ordnungsgemäße und schadlose Verwertung verhindern könnten. Das Entfernungsgebot entspricht insoweit einer **Sortiervorgabe.**

D. Ausnahmen von der Getrenntsammlungspflicht (Absatz 3)

30 § 9 Abs. 3 konkretisiert den Erforderlichkeitsvorbehalt für die in § 9 Abs. 1 bestimmte Getrenntsammlungspflicht durch „Regelbeispiele" (Gesetzesbegründung, BT-Drs. 19/19373, S. 49). Nach § 9 Abs. 1 sind Abfälle nur getrennt zu sammeln und zu behandeln, „soweit dies zur Erfüllung der Anforderungen nach § 7 Abs. 2 bis 4 und § 8 Abs. 1 erforderlich ist". Daraus folgt, dass die Getrenntbehandlungs- und sammlungspflicht kein Selbstzweck ist, sondern eine dienende Funktion hat, um eine hochwertige und umweltverträgliche, d.h. ordnungsgemäße und schadlose Verwertung zu gewährleisten (Gesetzesbegründung, BT-Drs. 19/19373, S. 49).

31 Der Vorbehalt der Erforderlichkeit bezieht sich auf die Frage, ob die Getrenntsammlung notwendig ist, um die Ordnungsgemäßheit und Schadlosigkeit der Verwertung (§ 7 Abs. 3) sowie die Erfüllung der Abfallhierarchie und die Hochwertigkeit der Verwertung (§ 8 Abs. 2) sicherzustellen. Eine Getrenntsammlung ist mit Blick darauf nicht erforderlich, wenn die Umweltverträglichkeit und Hochwertigkeit der Verwertung auch auf anderem Wege erreicht werden kann.

32 Außerdem verweist der Vorbehalt der Erforderlichkeit auf § 7 Abs. 4 und damit auch auf pflichtbegrenzende externe Aspekte der wirtschaftlichen Zumutbarkeit und technischen Möglichkeit der Getrenntsammlung (Gesetzesbegründung, BT-Drs. 19/19373, S. 49). Eine Getrenntsammlung ist insoweit nur dann „erforderlich", wenn sie sich nicht als wirtschaftlich unzumutbar oder technisch unmöglich erweist. Der Gesetzgeber weicht damit von der ansonsten üblichen Systematik der Anwendung des Verhältnismäßigkeitsgrundsatzes, wonach zwischen der Eignung, Erforderlichkeit und Angemessenheit einer grundrechtsrelevanten Maßnahme zu unterscheiden ist. Eine Maßnahme ist danach erforderlich, wenn nicht ein anderes, gleich wirksames, aber das Grundrecht nicht oder doch weniger fühlbar begrenzendes Mittel hätte gewählt werden können (vgl. zB *Hofmann* in Schmidt-Bleibtreu/Hofmann/Hennicke, Kommentar zum Grundgesetz, 14. Aufl., 2018, Art. 20 Rn. 72 mit zahlreichen Nachweisen zur Rechtsprechung des BVerfG). Angemessen bzw. verhältnismäßig im engeren Sinne ist eine Maßnahme nur dann, wenn der Eingriff im Hinblick auf den verfolgten Zweck in einem angemessenen Verhältnis zu dem Gewicht und der Bedeutung des Grundrechts steht, das durch die Maßnahme beeinträchtigt wird (*Hofmann* in Schmidt-Bleibtreu/Hofmann/Hennicke, Kommentar zum Grundgesetz, 14. Aufl., 2018, Art. 20 Rn. 73). Fragen der Zumutbarkeit bzw. Unzumutbarkeit einer getrennten Sammlung sind in diesem Sinne eigentlich keine Kriterien für die Beurteilung der Erforderlichkeit, sondern für die Angemessenheit.

34 Die unterschiedlichen Grenzen der Getrenntsammlungspflicht werden durch die in den Nummern 1 bis 4 enthaltenen Fallgruppen näher bestimmt. Die Konkretisierung dient nach der Gesetzesbegründung (BT-Drs. 19/19373, S. 50) einerseits dem behördlichen Vollzug, der hierdurch im Rahmen des § 62 einfacher darlegen kann, dass alle Voraussetzungen für die Getrenntsammlungspflicht vorliegen; sie dient aber auch den Betroffenen, soweit sie darlegen, dass die Getrenntsammlung in ihrem Einzelfall nicht erforderlich ist. Der Gesetzgeber wollte mit seiner Konkretisierung des Erforderlichkeitskriteriums Bedenken hinsichtlich einer unzureichenden Bestimmtheit dieses Kriteriums für die Vollzugspraxis Rechnung tragen (*Petersen/Friedrich* NVwZ 2021, 1, 7). Dabei beziehen sich einige Fallgruppen explizit auf einen Binnenvergleich zwischen Auswirkungen einer getrennten Sammlung von Abfällen zu denen einer gemeinsamen Sammlung. Die Aufzählung von Fallgruppen des Gesetzgebers in § 9 Abs. 3 ist nicht abschließend. Im Einzelfall kann sich eine Getrenntsammlung auch aus anderen Gründen als nicht erforderlich erweisen. Dies kann nach der Gesetzesbegründung z.B. dann der Fall sein, wenn sich die getrennte Sammlung zwar nicht im Vergleich zur gemeinsamen Sammlung, wohl aber insgesamt als unverhältnismäßig erweist (Gesetzesbegründung, BT-Drs. 19/19373, S. 50).

I. Keine Beeinträchtigung des Verwertungspotentials

35 Eine getrennte Sammlung von Abfällen ist nach § 9 Abs. 3 Nr. 1 nicht erforderlich, wenn die gemeinsame Sammlung der Abfälle deren Potential zur Vorbereitung zur Wiederverwendung, zum Recycling oder zu sonstigen Verwertungsverfahren unter Beachtung der Vorgaben des § 8 Abs. 1 nicht beeinträchtigt und wenn in diesen Verfahren mit

einer gemeinsamen Sammlung verschiedener Abfallarten ein Abfallstrom erreicht wird, dessen Qualität mit dem Abfallstrom vergleichbar ist, der mit einer getrennten Sammlung erreicht wird.

36 Der Gesetzgeber sieht zwar in § 9 Abs. 3 Nr. 1 einen Vergleich zwischen der Getrenntsammlung und einer gemeinsamen Sammlung verschiedener **Abfallarten** vor. Da sich das Getrenntsammlungsgebot allerdings nicht auf eine Getrenntsammlung verschiedener Abfallarten beschränkt, kann es ergänzend auch geboten sein, zu prüfen, ob die Getrenntsammlung von Abfällen einer bestimmten Abfallart erforderlich ist oder ob deren gemeinsame Sammlung mit Blick auf die gesetzlichen Verwertungsanforderungen unproblematisch ist.

37 In der Gesetzesbegründung wird darauf hingewiesen, dass die Vorschrift nicht dazu berechtigt, den **Vorrang der stofflichen vor der energetischen Verwertung** auszuhebeln (Gesetzesbegründung, BT-Drs. 19/19373, S. 50). Allein mit der Begründung, dass ein Gemisch ebenso oder sogar besser zur energetischen Verwertung als eine getrennt gesammelte Fraktion geeignet ist, darf nicht auf die getrennte Sammlung verzichtet werden. Zu vergleichen soll sein, welcher Abfallstrom bzw. „output" mit einer getrennten Sammlung bzw. mit einer gemeinsamen Sammlung erreicht werden kann. Da bei Durchführung der getrennten Sammlung von Abfällen stets eine besonders hohe Sortenreinheit und Qualität der Abfälle erreicht wird, soll nach der Gesetzesbegründung die Darlegung, dass durch die gemeinsame Sammlung verschiedener Abfallarten ein Ergebnis vergleichbarer Qualität erreicht wird, dem Getrenntsammlungspflichtigen obliegen.

38 Eine Ausnahme nach § 9 Abs. 3 Nr. 1 ist nur unter Beachtung des **§ 8 Abs. 1 KrWG** zulässig. Danach hat bei der Erfüllung der Verwertungspflicht nach § 7 Absatz 2 Satz 1 hat diejenige der in § 6 Abs. 1 Nr. 2 bis 4 genannten Verwertungsmaßnahmen Vorrang, die den Schutz von Mensch und Umwelt nach der Art und Beschaffenheit des Abfalls unter Berücksichtigung der in § 6 Abs. 2 S. 2 und 3 festgelegten Kriterien am besten gewährleistet. Zwischen mehreren gleichrangigen Verwertungsmaßnahmen besteht nach § 8 Abs. 1 S. 2 ein Wahlrecht des Erzeugers oder Besitzers von Abfällen. Bei der Ausgestaltung der nach § 8 Abs. 1 S. 1 oder 2 durchzuführenden Verwertungsmaßnahme ist nach § 8 Abs. 1 S. 3 eine den Schutz von Mensch und Umwelt am besten gewährleistende, hochwertige Verwertung anzustreben. § 7 Absatz 4 findet nach § 8 Abs. 1 S. 4 auf § 8 Abs. 1 S. 1 bis 3 entsprechende Anwendung. Mit dem Verweis auf die hochkomplexe Vorschrift des § 8 Abs. 1 wird die Geltendmachung der Ausnahme nach § 9 Abs. 3 Nr. 1 deutlich erschwert. Es bestehen nach wie vor erhebliche Zweifel an einer hinreichenden Bestimmtheit insbesondere des Strebsamkeitserfordernisses des § 8 Abs. 1 S. 3.

39 Angesichts dieser Schwierigkeit ein verlässliches, gerichtsfestes Ergebnis bei der Anwendung des § 8 Abs. 1 im Einzelfall zu erzielen, stellt sich die Frage, wer insoweit darlegungs- und/oder materiell beweislastpflichtig ist. Da der Sammler, der eine Getrenntsammlung auf der Grundlage des § 8 Abs. 1 nicht für erforderlich hält und deshalb die in Rede stehenden Abfälle gemeinsam sammelt, dafür keine behördliche Ausnahmezulassung benötigt, für deren Voraussetzungen, wenn er einen entsprechenden Ausnahmeantrag stellen müsste, er als Antragsteller darlegungs- und materiell beweisbelastet wäre (VGH München Beschl. v. 17.2.2020 – 12 CS 19.2505, juris Rn. 43), obliegt es der zuständigen Überwachungsbehörde bei einem eventuellen Einschreiten gegen eine gemeinsame Sammlung wegen eines Verstoßes gegen die Getrenntsammlungspflicht den Nachweis zu führen, dass die Voraussetzungen des § 9 Abs. 3 Nr. 1 nicht vorliegen.

40 Zwar heißt es in der Gesetzesbegründung, da bei der Durchführung der getrennten Sammlung von Abfällen stets eine besonders hohe Sortenreinheit und Qualität der Abfälle erreicht werde, obliege die Darlegung, dass durch die gemeinsamen Sammlung verschiedener Abfallarten ein Ergebnis vergleichbarer Qualität erreicht würden, dem zur Getrenntsammlung Verpflichteten (BT-Drs. 19/19373, S. 50). Das ist allerdings nicht zur Gänze überzeugend.

41 Soweit in einem Verwaltungsverfahren, zB in einem Verfahren mit dem Ziel, dem Sammler die gemeinsame Sammlung auf der Grundlage des § 62 zu verbieten, den Beteiligten nach § 26 Abs. Abs. 2 S. 1 VwVfG eine Mitwirkungspflicht obliegt, mag in diesem Sinne auch eine Darlegungslast für die Voraussetzungen der Ausnahme nach § 9 Abs. 3 Nr. 1 bei dem Sammler liegen. Allerdings müssen die Beteiligten nach § 26 Abs. 2 S. 2 VwVfG nur die ihnen bekannten Tatsachen und Beweismittel angeben. Eine weitergehende Pflicht, bei der Ermittlung des Sachverhalts mitzuwirken, besteht nach § 26 Abs. 2 S. 2 VwVfG nicht. Im Falle des Einschreitens der Aufsichtsbehörde wegen eines Verstoßes gegen § 9 Abs. 1 bleibt die Behörde deshalb auf der Grundlage des Untersuchungsgrundsatzes verpflichtet, zu prüfen, ob und inwieweit der Tatbestand des § 9 Abs. 3 Nr. 1 erfüllt ist; eine materielle Beweislast dafür hat der Sammler nicht. Vielmehr muss die Behörden die Voraussetzungen für ihr ordnungsbehördliches Einschreiten darlegen und letztlich in einem Rechtsstreit auch beweisen.

42 Soweit der Gesetzgeber für diese Ausnahme von der Getrenntsammlungspflichtigen voraussetzt, dass das Potenzial der Abfälle zur Vorbereitung zur Wiederverwendung, zum Recycling oder zu sonstigen Verwertungsverfahren nicht beeinträchtigt wird, stellt er jedenfalls nach dem Wortlaut nicht auf eine wie auch immer geartete **Wesentlichkeit** einer solchen Beeinträchtigung des Verwertungspotenzials ab. Eine Beeinträchtigung dürfte grundsätzlich vorliegen, wenn die gemeinsame Sammlung dazu führt, dass die Abfälle quantitativ nicht in demselben Umfang zur Wiederverwendung vorbereitet, recycelt oder sonst verwertet werden können, wenn die Abfälle ganz oder teilweise nicht in gleicher Weise der Abfallhierarchie entsprechend verwertet werden können oder wenn die Verwertung innerhalb einer bestimmten Verwertungsart nach einer gemeinsamen Sammlung qualitativ oder quantitativ schlechter ausfällt. Auch wenn nach dem Wortlaut eine bestimmte Qualität im Sinne der Wesentlichkeit der Beeinträchtigung nicht gefordert wird, dürfte der Grundsatz der Verhältnismäßigkeit auch in diesem Zusammenhang erfordern, bei dem Vergleich zwischen einer getrennten Sammlung und einer gemeinsamen Sammlung zu schauen, mit welchem zusätzlichen Aufwand eine getrennte Sammlung verbunden ist, welche quantitativen und qualitativen Vorteile damit gegenüber einer gemeinsamen Sammlung mit Blick auf die Verwertung zu erreichen sind und ob insoweit ein angemessenes Verhältnis besteht.

43 Soweit der Gesetzgeber in § 9 Abs. 3 Nr. 1 für die Ausnahme von der Pflicht zur getrennten Sammlung verlangt, dass die gemeinsame Sammlung verschiedener Abfallarten zu einem Abfallstrom führt, dessen Verwertungsqualität mit dem Abfallstrom vergleichbar ist, der mit einer getrennten Sammlung erreicht wird, dürfte nicht nur eine Vergleichbarkeit, sondern weitergehend eine gleich gute Qualität der Verwertung gemeint sein.

II. Gewährleistung bestmöglichen Umweltschutzes

44 Nach § 9 Abs. 3 Nr. 2 ist die Getrenntsammlung der Abfälle außerdem auch dann nicht erforderlich, soweit diese unter Berücksichtigung der von ihrer Bewirtschaftung ausgehenden Umweltauswirkungen den Schutz von Mensch und Umwelt nicht am besten gewährleistet. Dies ist nach der Gesetzesbegründung nur ausnahmsweise der Fall, wenn eine getrennte Sammlung beispielsweise aufgrund umwelt-, gesundheits- oder arbeitsschutzrechtlicher Vorschriften ausscheidet (Gesetzesbegründung, BT-Drs. 19/19373, S. 50). Darüber hinaus könnte diese Ausnahme in Betracht kommen, wenn die Verwertungsvorteile der getrennten Sammlung gegenüber einer gemeinsamen Sammlung, was die Verwertungsergebnisse mit Blick auf Schadlosigkeit und Hochwertigkeit so gering sind, dass die ökologischen Nachteile einer getrennten Sammlung insbesondere durch die zusätzlich erforderliche Beförderungslogistik überwiegen.

Außerdem könnte eine Ausnahme von der Pflicht zur getrennten Sammlung auf der Grundlage des § 9 Abs. 3 Nr. 2 auch dann ausscheiden, wenn die Verwertungserfolge und Umweltauswirkungen einer getrennten Sammlung und einer gemeinsamen Sammlung sich nicht in einer signifikanten Weise unterscheiden, die eine Annahme rechtfertigt, dass nur die getrennte Sammlung den Schutz von Mensch und Umwelt am besten gewährleistet. Nach § 8 Abs. 3 S. 3 besteht zwischen mehreren gleichrangigen Verwertungsmaßnahmen ein Wahlrecht des Erzeugers oder Besitzer von Abfällen. Geht man davon aus, dass der Schutz von Mensch und Umwelt bei beiden Sammlungsvarianten sich nicht signifikant unterscheidet, dann dürfte die Rechtfertigung einer Verpflichtung zur getrennten Sammlung ebenfalls entfallen. 45

III. Getrenntsammlung technisch unmöglich

Nach § 9 Abs. 3 Nr. 3 ist die getrennte Sammlung als nicht erforderlich anzusehen, soweit die getrennte Sammlung unter Berücksichtigung guter Praxis der Abfallsammlung technisch nicht möglich ist. Dass eine getrennte Sammlung im Sinne des Wortlauts dieser Ausnahme technisch gar nicht möglich ist, kann man sich auf den ersten Blick kaum vorstellen. Das könnte zB dann der Fall sein, wenn es zB keine hinreichende Möglichkeit gebe, dem Trennvorgaben entsprechend die Abfälle vor Ort bereitstellen zu können. Das ist – wie zB getrennte Sammlung von zulassungspflichtigen Abfällen aus Haushalten zeigt – durchaus denkbar. Bei den Siedlungsabfällen aus Haushaltungen gerade in dicht besiedelten Stadtbezirken kam eine weitergehend differenzierende, über § 20 Abs. 2 S. 1 hinausgehende getrennten Sammlung technisch daran scheitern, dass in diesen dicht besiedelten Bereichen die Aufstellung weiterer Behälter nicht flächendeckend möglich ist. 46

Das KrWG greift nach der Gesetzesbegründung (BT-Drs. 19/19373, S. 50) zur Bestimmung des Maßstabs der technischen Unmöglichkeit einer getrennten Sammlung den Begriff der „guten Praxis" auf, weil hierdurch der in Deutschland eingeführte, anspruchsvolle Standard der technischen Möglichkeit am besten verdeutlicht werden könne. Eine Verwertungsmaßnahme und dementsprechend auch eine Maßnahme der getrennten Sammlung sei danach als technisch möglich anzusehen, wenn ein praktisch geeignetes Verfahren zur Durchführung der vorrangigen Verwertungsmaßnahme zur Verfügung stehe und rechtlich zulässig sei. Praktisch geeignet sei das technische Verfahren dann, wenn es ohne längere Erprobungsphase verwirklicht werden könne. Die Gesetzesbegründung könnte in diesem Zusammenhang den Eindruck vermitteln, dass nicht genau zwischen der technischen Unmöglichkeit der getrennten Sammlung selbst und der sich daran anschließenden Verwertungsmaßnahme unterschieden wird. Nach dem insoweit eindeutigen Wortlaut der Bestimmung kommt es für die Ausnahme von der Verpflichtung zur getrennten Sammlung nicht darauf an, ob und inwieweit sich eine daran anschließende Verwertung technisch möglich ist. Vielmehr ist entscheidend, ob es Gründe für die Annahme gibt, dass die getrennte Sammlung selbst aus technischen Gründen nicht möglich ist. Wenn dies zu bejahen ist, kann eine getrennte Sammlung nicht verlangt werden. Denn Unmögliches müssen Abfallbesitzer, Abfallerzeuger und Sammler nicht leisten. 47

Mit dem Verweis auf den Begriff der guten Praxis dürfte das Merkmal der technischen Unmöglichkeit aufgeweicht worden sein. Nicht entscheidend ist, ob die getrennte Sammlung überhaupt technisch möglich wäre, sondern ob es unter Berücksichtigung des Maßstabs einer guten Praxis, das heißt in Deutschland bereits eingeführter Sammeltech- 48 niken technisch möglich ist, die Abfälle getrennt zu sammeln. Der Begriff der technischen Möglichkeit darf nach der Gesetzesbegründung nicht mit dem „Stand der Technik" (§ 3 Abs. 28 in Verbindung mit Anlage 3 des KrWG verwechselt werden, da er keinen Standard vorgebe, sondern nur die Grenze der objektiven Unmöglichkeit beschreibe.

49 Der Begriff der technischen Möglichkeit soll jedoch ausweislich der Gesetzesbegründung (BT-Drs. 19/19373, S. 50) ebenso wie der Stand der Technik einen dynamischen Gehalt haben. Technisch möglich seien nicht nur allgemein anerkannte Techniken der getrennten Sammlung, sondern auch neue Getrenntsammlungsverfahren, sofern sie in absehbarer Zeit technisch realisierbar und praktisch umsetzbar seien. Entscheidend soll es danach sein, dass das geeignete Verfahren dem Abfallerzeuger oder -besitzer im Einzelfall zur Verfügung steht. Dabei könne – so die Gesetzesbegründung – der „Stand der Technik" zumindest ein Indikator für die praktische Eignung und Verfügbarkeit der Maßnahme (§ 3 Abs. 28 in Verbindung mit Anlage 3 KrWG) sein.

IV. Unverhältnismäßigkeit der Getrenntsammlung

50 Nach § 9 Abs. 3 Nr. 4 HS 1 ist eine getrennte Sammlung schließlich auch nicht erforderlich, soweit sie für den Verpflichteten im Vergleich zur gemeinsamen Sammlung unverhältnismäßig hohe Kosten verursachen würde. Damit wird ein Kriterium der Zumutbarkeit bzw. der Angemessenheit in den Begriff der Erforderlichkeit einbezogen. Die wirtschaftliche Zumutbarkeit mit Blick auf unverhältnismäßig hohe Kosten setzt eine Abwägung zwischen diesen Kosten und den Vorzügen einer getrennten Sammlung gegenüber einer gemeinsamen Sammlung voraus. Für diese Abwägung nennt § 9 Abs. 3 Nr. 4 HS 2 nennt eine Reihe von Kriterien.

51 Zu berücksichtigen sind danach die mit einer gemeinsamen Sammlung und Behandlung der Abfälle verbundenen nachteiligen Auswirkungen auf Mensch und Umwelt, die hierdurch verursachten Kosten, die Möglichkeit von Effizienzsteigerungen der Abfallsammlung und -behandlung sowie die Möglichkeit, aus der Vermarktung der Abfälle, Erlöse zu erzielen.

52 Bloße Mehrkosten der getrennten gegenüber der gemeinsamen Sammlung mit anderen Abfällen sollen nach der Gesetzesbegründung (BT-Drs. 19/19373, S. 50) für sich genommen noch nicht die wirtschaftliche Unzumutbarkeit begründen. Es komme vielmehr darauf an, dass die Kosten in einem besonderen **Missverhältnis** stehen und für einen objektiven Dritten in der Situation des betroffenen Abfallerzeugers oder -besitzers wirtschaftlich nicht hinnehmbar seien. Neben dem reinen Kostenvergleich sei dabei auch eine auf den Einzelfall bezogene Prüfung der Belastungswirkung vorzunehmen. Darüber hinaus regele der seit dem Jahr 2020 neue § 9 Abs. 4 in allgemeiner Weise und mit Wirkung für alle Abfallarten, ob und inwieweit die energetische Verwertung von solchen Abfällen zulässig sei, die zum Zwecke der stofflichen Verwertung, nämlich der Vorbereitung zur Wiederverwendung und zum Recycling, getrennt gesammelt worden seien.

E. Nachrang energetischer Verwertung (Absatz 4)

53 Nach § 9 Abs. 4 ist eine Verbrennung nur für die Abfallfraktionen zulässig, die bei der nachgelagerten Behandlung der getrennt gesammelten Abfälle (zB bei der Sortierung, Zerkleinerung, Siebung, Sichtung, Verdichtung oder Pelletierung) angefallen sind und zunächst nur insoweit, als die energetische Verwertung dieser Abfallfraktionen nach den Vorgaben der Abfallhierarchie unter Berücksichtigung der in § 6 Abs. 2 Satz 2 und 3 festgelegten Kriterien im Vergleich zur ursprünglich intendierten Vorbereitung zur Wiederverwendung und zum Recycling die bessere oder zumindest gleichwertige Umweltoption ist.

Zur Wahrung der Verhältnismäßigkeit findet außerdem auch § 7 Abs. 4 Anwendung. **54**
Die energetische Verwertung kommt für die Abfallfraktionen im Sinne von § 9 Abs. 4 S. 1 ausnahmsweise in Betracht, soweit die vorrangige Vorbereitung zur Wiederverwendung und das Recycling technisch nicht möglich oder wirtschaftlich nicht zumutbar sind.

Die Begrenzung einer energetischen Verwertung in § 9 Abs. 4 setzt Art. 10 Abs. 4 **55**
AbfRRL um. Die Mitgliedstaaten treffen danach Maßnahmen, um sicherzustellen, dass Abfälle, die gemäß Art. 11 Abs. und Art. 22 AbfRRL für die Vorbereitung zur Wiederverwendung oder das Recycling getrennt gesammelt wurden, nicht verbrannt werden, es sei denn, es handelt sich um Abfälle, die bei der anschließenden Behandlung der getrennt gesammelten Abfälle entstehen und für die die Verbrennung gemäß Art. 4 AbfRRL für den Umweltschutz zum bestmöglichen Ergebnis führt.

Die Einschränkung bezieht sich nur auf Abfälle, die zur Vorbereitung einer Wieder- **56**
verwendung der für das Recycling getrennt gesammelt sind. Für Abfälle, die für eine sonstige stoffliche Verwertung getrennt gesammelt wurden, gilt der Nachrang der energetischen Verwertung insoweit nicht. Es bleibt insoweit dabei, dass nach § 6 Abs. 1 Nr. 4 die sonstige Verwertung, die energetische Verwertung und die Verfüllung grundsätzlich auf derselben Hierarchiestufe residieren.

Während Art. 10 Abs. 4 einen Nachrang der Verbrennung von Abfällen anspricht be- **57**
schränkt sich der deutsche Gesetzgeber in § 9 Abs. 4 auf eine Beschränkung der Zulässigkeit der energetischen Verwertung, vermutlich deshalb, weil die Verbrennung von Abfällen als thermische Behandlung und damit als ein Verfahren der Abfallbeseitigung ohnehin an letzter Stufe der Abfallhierarchie steht.

Fraglich ist angesichts dessen, was mit den Abfällen zu geschehen hat, wenn nach § 9 **58**
Abs. 4 eine energetische Verwertung ausscheiden muss und wenn die bei der nachgelagerten Behandlung der getrennt gesammelten Abfälle angefallene Teilfraktion für eine Vorbereitung zur Wiederverwendung oder für ein Recycling untauglich ist. Scheidet eine energetische Verwertung voraus, dann müssen diese Abfälle entweder anderweitig stofflich verwertet oder beseitigt werden. Das kann im Sinne der Abfallhierarchie des § 6 nicht gewollt sein, weil danach die energetische Verwertung jedenfalls gegenüber der Abfallbeseitigung vorrangig ist.

§ 9a Vermischungsverbot und Behandlung gefährlicher Abfälle

(1) **Die Vermischung, einschließlich der Verdünnung, gefährlicher Abfälle mit anderen Kategorien von gefährlichen Abfällen oder mit anderen Abfällen, Stoffen oder Materialien ist unzulässig.**

(2) **Abweichend von Absatz 1 ist eine Vermischung ausnahmsweise zulässig, wenn**

1. sie in einer nach diesem Gesetz oder nach dem Bundes-Immissionsschutzgesetz hierfür zugelassenen Anlage erfolgt,

2. die Anforderungen an eine ordnungsgemäße und schadlose Verwertung nach § 7 Absatz 3 eingehalten werden und schädliche Auswirkungen der Abfallbewirtschaftung auf Mensch und Umwelt durch die Vermischung nicht verstärkt werden und

3. das Vermischungsverfahren dem Stand der Technik entspricht.

(3) **Sind gefährliche Abfälle in unzulässiger Weise vermischt worden, sind die Erzeuger und Besitzer der Abfälle verpflichtet, diese unverzüglich zu trennen, soweit die Trennung zur ordnungsgemäßen und schadlosen Verwertung der Abfälle nach § 7 Absatz 3 erforderlich ist. Ist eine Trennung zum Zweck der ordnungsgemäßen und schadlosen Verwertung nicht erforderlich oder zwar erforderlich, aber technisch nicht möglich oder wirtschaftlich nicht zumutbar, sind die Erzeuger und Besitzer der gemischten Abfälle verpflichtet, diese unverzüglich in einer Anlage zu behandeln, die nach diesem Gesetz oder nach dem Bundes-Immissionsschutzgesetz hierfür zugelassen ist.**

Schrifttum: *Dippel,* Entmischtes zum Vermischungsverbot des § 9 Abs. 2 KrWG, AbfallR 2016, 230; *Dippel/Ottensmeier,* Rechtsfragen der Entsorgung HBCD-haltiger Abfälle, AbfallR 2017, 186; *Giesberts,* Vermischung von Abfällen: Verbote und Gebote im deutschen und gemeinschaftsrechtlichen Abfallrecht, NVwZ 1999, 600 ff.; *Grunow/Franßen,* Entsorgung von HBCD-haltigen Dämmstoffen, AbfallR 2017, 101; *Klett/Probst,* Chemisierung des Abfallrechts bei der Abgrenzung zwischen gefährlichen und nicht gefährlichen Abfällen, AbfallR 2017, 193; *Kropp,* Getrennthaltungsgebote und Vermischungsverbote nach dem neuen KrWG, ZUR 2012, 474; ZUR 2012, 543; *Petersen/Friedrich,* Die Novellierung des Kreislaufwirtschaftsgesetzes 2020, NVwZ 2021, 1; *Rüdiger,* „Mischen possible?“, AbfallR 2017, 90; *Versteyl,* Interkategoriales Getrennthaltungssystem, DVBl. 2000, 1357 ff.

Übersicht

A. Überblick

§ 9a ist durch die Gesetzesnovelle 2020 in das KrWG eingefügt worden. Die auf die Vermischung und Behandlung gefährlicher Abfälle gerichtete Bestimmung des bis zum 1

Jahr 2020 geltenden § 9 Abs. 2 wurde zu diesem Zweck in eine eigenständige Norm überführt und um weitere Regelungen ergänzt. Absatz 1 enthält das zuvor in § 9 Abs. 2 geregelte **Vermischungs- und Verdünnungsverbot.** Absatz 2 übernimmt unverändert die bisher in § 9 Abs. 2 S. 2 geregelten **Ausnahmen** vom Vermischungs- und Verdünnungsverbot des bisherigen § 9 Abs. 2 Satz 2. Absatz 3, ergänzt das in Absatz 1 und 2 festgelegte Verbot und bestimmt ein **Trennungsgebot** für gefährliche Abfälle, die in unzulässiger Weise vermischt worden sind.

2 Sind gefährliche Abfälle in unzulässiger Weise vermischt worden, sind die Erzeuger und Besitzer der Abfälle nach § 9a Abs. 3 S. 1 unverzüglich zu deren Trennung verpflichtet, soweit die Trennung zur ordnungsgemäßen und schadlosen Verwertung der Abfälle nach § 7 Abs. 3 erforderlich ist. Ist eine Trennung der gemischten gefährlichen Abfälle zur ordnungsgemäßen und schadlosen Verwertung nicht erforderlich oder ist sie zwar unter den genannten Umweltaspekten erforderlich, aber technisch nicht möglich oder wirtschaftlich nicht zumutbar, dürfen die gemischten gefährlichen Abfälle nach § 9 Abs. 3 S. 2 nur in einer Anlage behandelt werden, die nach dem KrWG oder nach dem BImSchG hierfür zugelassen ist. Das Trennungsgebot dient der Umsetzung des Art. 18 Abs. 3 AbfRRL, wonach für gefährliche Abfälle, die entgegen Art. 18 AbfRRL rechtswidrig vermischt wurden, die Mitgliedstaaten unbeschadet des Art. 36 AbfRRL sicherstellen, dass eine Trennung erfolgt, sofern dies technisch möglich und notwendig ist, um die Bestimmungen von Art. 13 AbfRRL zu erfüllen. Wenn insoweit keine Trennung erforderlich ist, stellen die Mitgliedstaaten nach Art. 18 Abs. 3 Unterabs. 2 AbfRRL sicher, dass die gemischten Abfälle in einer Anlage behandelt werden, die über eine Genehmigung gemäß Art. 23 AbfRRL für die Behandlung derartiger Gemische verfügt.

B. Vermischungsverbot (Absatz 1)

3 Nach Art. 18 Abs. 1 S. 1 AbfRRL ergreifen die Mitgliedstaaten die erforderlichen Maßnahmen, um sicherzustellen, dass gefährliche Abfälle nicht mit anderen Kategorien von gefährlichen Abfällen oder mit anderen Abfällen, Stoffen oder Materialien vermischt werden. Die Vermischung schließt nach Art. 18 Abs. 1 S. 2 AbfRRL die Verdünnung gefährlicher Stoffe ein. Art. 18 Abs. 1 S. 2 AbfRRL lässt abweichend davon eine Vermischung unter bestimmten Rahmenbedingungen zu.

4 Dementsprechend sieht der Gesetzgeber auch im deutschen Recht für **gefährliche Abfälle** ein strengeres Vermischungsverbot vor. Was gefährliche Abfälle sind, ergibt sich aus § 3 Abs. 5 S. 1. Gefährlich sind danach die Abfälle, die durch eine Rechtsverordnung nach § 48 S. 2 oder aufgrund einer solchen Rechtsverordnung bestimmt worden sind. Alle übrigen Abfälle sind nicht gefährlich (§ 3 Abs. 5 S. 2). Der Katalog der gefährlichen Abfälle ergibt sich aus dem Abfallverzeichnis als Anlage zur Abfallverzeichnis-Verordnung. Dort sind die gefährlichen Abfälle mit einem * versehen (§ 3 Abs. 1 S. 1 AVV).

5 Eine **Vermischung** ist das Zusammenführen mehrerer Abfälle oder von Abfällen und anderen Stoffen oder Gegenständen. Ob das Gemisch nur mit größerem Aufwand oder unproblematisch wieder getrennt werden kann, ist keine Frage danach, ob eine Vermischung vorliegt (so aber *Müggenborg* in Schink/Versteyl, KrWG, § 9 Rn. 92). Vielmehr kann die Trennbarkeit des Gemisches bzw. der Aufwand, der für eine solche Trennung notwendig wird, für die Beurteilung der Erforderlichkeit des Trennungsgebots maßgeblich sein.

6 Gefährliche Abfälle dürfen grundsätzlich mit gefährlichen Abfällen der gleichen **Kategorie** vermischt werden. Fraglich ist, was gefährliche Abfälle der gleichen Kategorie sind.

Gemeint sind wohl die Abfallarten nach AVV (siehe dazu *Rüdiger* in von Lersner/Wendenburg, KrWG, § 9 Rn. 47; *Kropp* in Jarass/Petersen, KrWG, § 9 Rn. 37). Demnach dürfen gefährliche Abfälle derselben Abfallart mit demselben Abfallschlüssel nach der AVV regelmäßig zusammengeführt, dh gemischt werden, gefährliche Abfälle verschiedener Abfallarten mit unterschiedlichen Abfallschlüsseln hingegen grundsätzlich nicht. Es wäre vorzugswürdig, wenn der Gesetzgeber auf die Verwendung des Begriffs „Abfallkategorie" zugunsten des Begriffs „Abfallart" in diesem Zusammenhang verzichtet hätte. Im Rahmen des beachtlichen Verhältnismäßigkeitsgrundsatzes stellt sich aber die Frage, ob und in wieweit eine Vermischung gefährlicher Abfälle, die wegen ihrer unterschiedlichen Herkunft zwar unterschiedliche Abfallschlüsselnummern haben, aber von ihrer Stoffzusammensetzung vergleichbar oder sogar identisch sind, zulässig sein kann.

Da eine Vermischung von gefährlichen Abfällen mit gefährlichen Abfällen anderer Kategorie oder mit anderen Abfällen, Stoffen oder Materialien unzulässig ist, hängt das Vermischungsverbot nicht davon ab, ob es zur Erfüllung der Anforderungen nach § 7 Abs. 2–4 und § 8 Abs. 1 erforderlich ist. Anders als für die nicht gefährlichen Abfälle bestimmt der Gesetzgeber für die gefährlichen Abfälle insoweit ein **absolutes Vermischungsverbot.** Das Vermischungsverbot soll selbst dann gelten, wenn die Abfälle von ihrer Art u. Beschaffenheit her gleich sind u. nur deshalb unterschiedliche Abfallschlüssel haben, weil sie in verschiedenen Branchen oder Prozessen anfallen. Begründet wird dies damit, dass striktes Gebot zur Getrennthaltung die Rückverfolgbarkeit im Sinne von Art. 17 AbfRRL sichern soll (*Kropp* in Jarass/Petersen, KrWG, § 9 Rn. 37). Abfälle desselben Abfallschlüssels, die bei verschiedenen Erzeugern anfallen, dürfen hingegen von einem Sammler nach § 9 NachwV gemeinsam eingesammelt u. im Sammelfahrzeug vermischt werden. Ob der Grundsatz der Verhältnismäßigkeit Veranlassung für eine Relativierung dieses absoluten Vermischungsverbots geben könnte, insbesondere dann, wenn unzweifelhaft ist, dass eine getrennte Sammlung der Abfälle nicht erforderlich ist, um die Anforderungen an eine ordnungsgemäße und schadlose Verwertung zu erfüllen, ist fraglich; meines Jahres ist die Frage zu bejahen. Allerdings dürften den Abfallbesitzer/Abfallerzeuger, der sich darauf beruft, substantiierte Darlegungslasten treffen. 7

Das Vermischungsverbot erstreckt sich auch auf die **Verdünnung.** Das ergibt sich allerdings nicht bereits daraus, dass gefährliche Abfälle nicht mit anderen Stoffen oder Materialien vermischt werden dürfen. Das Verdünnen ist nämlich eine Art des Mischens mit dem Ziel der Herabsetzung der Konzentration von Schadstoffen (*Müggenborg* in Schink/Versteyl, KrWG, § 9 Rn. 22; *Kropp* in Jarass/Petersen, KrWG, § 9 Rn. 36). Der Verdünnungsbegriff enthält insoweit ein subjektives Element, weil es bei der Verdünnung darum geht, die Konzentration gefährlicher Stoffe in den gefährlichen Abfällen bewusst/geplant zu verändern bzw. herabzusetzen (*Dippel* AbfallR 2016, 230, 231; *Kropp* ZUR 2012, 543, 546). Bei dem Verdünnungsverbot handelt es sich um eine Klarstellung, die aus Art. 18 Abs. 1 AbfRRL übernommen wurde Der Gesetzgeber hat ausdrücklich klarstellen wollen, dass eine Verdünnung grundsätzlich nicht zulässig ist. Damit sollte vermieden werden, dass entweder die Einstufung als gefährlicher Abfall bereits durch die Verdünnung endet, weil bestimmte Schadstoffkonzentrationen, die für die Einstufung eines Abfalls als gefährlich vorausgesetzt werden (§ 3 Abs. 2 AVV), im Wege einer Verdünnung unterschritten werden. Außerdem soll die Einhaltung bestimmter Annahmekriterien für Anlagen zur Verwertung von gefährlichen Abfällen nicht über eine (gezielte) Verdünnung ermöglicht werden. 8

Das Vermischen von gefährlichen Abfällen mit nicht gefährlichen Abfällen ist ebenfalls grundsätzlich unzulässig, unabhängig davon ob es zu einer Verdünnung, dh zu einem gezielten Herabsetzen bestimmter Schadstoffwerte führt. Dies betrifft einerseits das Zusammenführen von flüssigen Abfällen mit unterschiedlichen Schadstoffgehalten, aber 9 auch die Zugabe gering belasteter fester oder pastöser Abfälle zu gefährlichen Abfällen (*Kropp* in Jarass/Petersen, KrWG, § 9 Rn. 38).

10 Schließlich ist auch das Vermischen von gefährlichen Abfällen mit anderen Stoffen u. Materialien grundsätzlich verboten. Dies betrifft das Vermischen mit Produkten oder Rohstoffen, etwa mit dem Ziel, die Konsistenz eines flüssigen Abfalls zu Zwecken der Transportlogistik durch die Verwendung eines Rohstoff, zB von Sägespänen, zu verändern (insoweit kann aber eine Ausnahme nach § 9a Abs. 2 greifen).

C. Ausnahmen vom Vermischungsverbot für gefährliche Abfälle (Absatz 2)

11 Abweichend von § 9a Abs. 1 ist nach § 9a Abs. 2 eine Vermischung ausnahmsweise dann zulässig, wenn drei Voraussetzungen kumulativ erfüllt sind:

I. Nach dem KrWG oder dem BImSchG zugelassene Anlagen

12 Erste Voraussetzung für die Zulässigkeit einer Vermischung ist es, dass sie in einer nach dem KrWG oder dem BImSchG zugelassenen Anlage stattfindet. Nach § 35 Abs. 1 S. 1 bedürfen die Errichtung und der Betrieb von Anlagen, in denen eine Entsorgung von Abfällen durchgeführt wird, sowie die wesentliche Änderung einer solchen Anlage und ihres Betriebs der Genehmigung nach den Vorschriften des BImSchG. Zu den immissionsschutzrechtlich genehmigungsbedürftigen Abfallbehandlungsanlagen zählen zahlreiche Anlagen, die im Anhang 1 der 4. BImSchV (Kap. 8) aufgelistet sind.

13 Abfallrechtlich planfeststellungsbedürftig sind nach § 35 Abs. 2 S. 1 die Errichtung und der Betrieb von Deponien. Deponien sind nach § 3 Abs. 27 S. 1 Beseitigungsanlagen zur Ablagerung von Abfällen. Auch wenn es sich bei solchen abfallrechtlich planfestgestellten Deponien um Abfallbeseitigungsanlagen handelt, bedeutet dies nicht, dass auf solchen Deponien keine Abfälle verwertet werden können. In Betracht kommt insbesondere eine stoffliche Verwertung von Abfällen auf einer Deponie als Deponieersatzbaustoff (vgl. §§ 14 ff. DepV). Insoweit erstreckt der Gesetzgeber die Voraussetzung für eine Ausnahme von dem Vermischungsverbot auch auf nach dem KrWG zugelassene Anlagen.

14 Aus § 9 Abs. 2 S. 2 Nr. 1 ergibt sich, dass eine stillschweigende **behördliche Duldung** der Mischung nicht ausreicht (*Rüdiger* AbfallR 2017, 90, 96). Die Genehmigung muss die Vermischungstätigkeit zulassen. Dazu bedarf es allerdings nicht zwingend einer ausdrücklichen Abweichung vom Verbot des § 9a Abs. 1 in der Genehmigung (aA *Rüdiger* AbfallR 2017, 90, 96). Vielmehr muss die Genehmigung einschließlich der genehmigten Antragsunterlagen dahingehend ausgelegt werden, ob und ggfls. welche Mischtätigkeit erlaubt sein soll. In erster Linie dürfte sich dies aus den entsprechenden Verfahrensbeschreibungen der genehmigten Antragsunterlagen ergeben. Nebenbestimmungen zu in den Antragsunterlagen hinreichend beschriebenen Mischtätigkeiten sind weder erforderlich noch überhaupt, wenn die Verfahrensunterlagen auch ohne solche Nebenbestimmungen genehmigungsfähig sind. § 12 Abs. 1 S. 1 BImSchG sieht Nebenbestimmungen nur für den Fall vor, dass diese erforderlich sind, um die Erfüllung der Genehmigungsvoraussetzungen des § 6 BImSchG sicherzustellen. Es steht der Genehmigungsbehörde insoweit nicht frei, mit Nebenbestimmungen zur immissionsschutzrechtlichen Genehmigung vorzuschreiben, dass Annahmegrenzwerte einer End-Entsorgungsanlage bereits im unvermischten Abfall bei Annahme durch die Vorbehandlungsanlage stets oder mit bestimmten Maßgaben einzuhalten sind (aA *Rüdiger* AbfallR 2017, 90, 96). Vielmehr bedürfte es für einer solchen Nebenbestimmung des Nachweises, dass die Vorgabe, dass die Annahmegrenzwerte der End-Entsorgungsanlage bereits im unvermischten Abfall einzuhalten sind, erforderlich ist, um die Genehmigungsfähigkeit der Vorbehandlungsanlage sicherzustellen. Das dürfte regelmäßig nicht zu belegen sein.

II. Anforderungen nach § 7 Abs. 3 S. 2

Weitere Voraussetzung für eine Ausnahme von dem Verbot der Vermischung gefährlicher Abfälle ist nach § 9a Abs. 2 Nr. 2, dass die Anforderungen an eine ordnungsgemäße und schadlose Verwertung nach § 7 Abs. 3 eingehalten und schädliche Auswirkungen der Abfallbewirtschaftung auf Mensch und Umwelt durch die Vermischung nicht verstärkt werden. **15**

Mit dieser zweiten Voraussetzung für eine Ausnahme von dem Vermischungsverbot, die eine ordnungsgemäße und schadlose Verwertung fordert, soll verhindert werden, dass die Abfälle mangels einer Möglichkeit der ordnungsgemäßen und schadlosen Verwertung beseitigt werden müssen. Die zusätzliche Anforderung, dass durch eine Vermischung die schädlichen Auswirkungen der Abfallbewirtschaftung auf Mensch und Umwelt nicht verstärkt werden, signalisiert, dass trotz der gesetzlichen Forderung nach einer schadlosen Verwertung im Sinne von § 7 Abs. 3 schädliche Auswirkungen grundsätzlich zulässig sein können. Es gibt kein absolutes Gebot vollständiger Schadlosigkeit einer Verwertung. Bezogen auf die Vermischung gefährlicher Abfälle kommt es nur darauf an, ob durch die Vermischung schädliche Auswirkungen der Abfallbewirtschaftung auf Mensch und Umwelt verstärkt werden. Ob sie – abgesehen von der Frage der Geltung des Vermischungsverbots – einer rechtlich zulässigen Verwertung nicht entgegenstehen würden, ist danach nicht entscheidend. **16**

III. Stand der Technik

Schließlich kommt eine Ausnahme von dem Vermischungsverbot nur in Frage, wenn das Vermischungsverfahren dem Stand der Technik entspricht (§ 9a Abs. 2 Nr. 3). Stand der Technik ist nach § 3 Abs. 28 S. 1 der Entwicklungsstand fortschrittlicher Verfahren, Einrichtungen oder Betriebsweisen, der die praktische Eignung einer Maßnahme zur Begrenzung von Immissionen in Luft, Wasser und Boden, zur Gewährleistung der Anlagensicherheit, zur Gewährleistung einer umweltverträglichen Abfallentsorgung oder sonst zur Vermeidung oder Verminderung von Auswirkungen auf die Umwelt zur Erreichung eines allgemein hohen Schutzniveaus für die Umwelt insgesamt gesichert erscheinen lässt. Bei der Bestimmung des Standes der Technik sind insbesondere die in Anl. 3 des Gesetzes aufgeführten Kriterien zu beachten (§ 3 Abs. 28 S. 2). Zwar dürfen mit Schadstoffen belastete gefährliche Abfälle nicht mit anderen Abfällen oder Stoffen vermischt werden, wenn hierdurch die umweltverträgliche Verwertung oder Beseitigung der Abfälle eingeschränkt wird. Insbesondere ist die Vermischung mit dem Ziel einer Schadstoffverdünnung unzulässig. Ein Mischen von Abfällen ist aber häufig notwendiger Behandlungsschritt, zB damit Abfälle die bautechnischen und emissionsseitigen Anforderungen der DepV einhalten. Das planvolle, ordnungsgemäße Vermischen unter definierten Randbedingungen dient dazu, die chemisch-physikalischen Eigenschaften, wie Aggregatszustand, Konsistenz, Wassergehalt, Stichfestigkeit und Homogenität, Reaktivität des Abfalls so zu verändern, dass der Abfall den nachfolgenden Entsorgungsverfahren zugeführt werden kann (siehe dazu die Antwort der Landesregierung NRW vom 26.3.2020 auf eine Kleine Anfrage, LT-Drs. 17/8998, S. 3). Das Mischen gefährlicher Abfälle ist insoweit regelmäßig ein unerlässlicher und auch ohne Weiteres zulässiger Verfahrensschritt, um die weitere Entsorgung bestimmter Abfälle zu optimieren (so zutreffend *Rüdiger* AbfallR 2017, 90, 91). **17**

18 Umstritten ist, ob die gefährlichen Abfälle bereits vor dem Vermischen die **Schadstoffgrenzwerte der nachgeschalteten Entsorgungsanlage** einhalten müssen, bei Deponien etwa die Annahmekriterien der jeweiligen Deponieklasse (siehe dazu *Dippel* AbfallR 2016, 230; *Rüdiger* AbfallR 2017, 90). Dies wird zum Teil angenommen (siehe dazu die Antwort der Landesregierung NRW vom 26.3.2020, LT-Drs. 17/8998, S. 3; aA *Dippel* AbfallR 2016, 230, 232). Etwas anderes soll aber dann gelten, wenn eine Behandlung/Vermischung zur Änderung der chemischen Eigenschaften (zB durch Oxidation/Reduktion, Entgiftung, Immobilisierung) durchgeführt werde. In solchen Fällen müssen die Annahmekriterien der Endentsorgungsanlage nicht bereits von dem einzelnen Abfall vor der Vermischung eingehalten werden. Voraussetzung sei es insoweit jedoch, dass jeder Abfall einzeln betrachtet werde, damit die physikalischen, bautechnischen und chemischen Anforderungen und speziellen Behandlungsschritte für die weitere Verwertung oder Beseitigung bestimmt werden können (Landesregierung NRW vom 26.3.2020, LT-Drs. 17/8998, S. 3). Zutreffend wird darauf hingewiesen, dass § 9a Abs. 2 S. 2 eine einzelfallbezogene Betrachtung nach den Kriterien des § 7 Abs. 3 fordert und dass im Falle einer Vermischung von Abfällen zur Einstellung bestimmter Parameter auf Vorgabe der End-Entsorgungsanlage mit dem Ziel, die Annahmegrenzwerte dieser Anlage zu erfüllen, die Ordnungsgemäßheit und Schadlosigkeit des Verwertungsvorgangs nicht gefährdet werden darf. Die Vermischung kann dafür Sorge tragen, dass eine vorrangige Verwertung von Abfällen erst möglich wird (*Dippel* AbfallR 2016, 230, 232). Richtig ist auch, dass für die Beurteilung der Schadlosigkeit der beabsichtigten Verwertung letztlich nicht die Zuordnung der Ausgangsstoffe zu bestimmten Abfallschlüsselnummern, sondern die stoffliche Zusammensetzung bzw. die chemisch-physikalischen Eigenschaften des Abfalls entscheidend ist. Dementsprechend kann eine Mischung von Abfällen mit verschiedenen Schlüsselnummern im Sinne der Verwertungsziele sein, auch wenn die Mischung dazu dient, die Einhaltung von Schadstoffgrenzwerten der nachgeschalteten Entsorgungsanlage sicherzustellen, die von den Einzelabfällen allein nicht einzuhalten wären.

19 Im Einzelfall können insoweit aber auch spezielle Regelungen beachtlich sein. So gelten für die Vermischung vor einer **Deponierung** und den **Bergversatz** Regelungen in § 6 Abs. 1 DepV und in § 4 VersatzV (dazu *Rüdiger* AbfallR 2017, 90, 91). Bei einer geplanten Deponierung müssen die Annahmekriterien im einzelnen Abfall, ohne Vermischung mit anderen Stoffen oder Abfällen, eingehalten werden (§ 6 Abs. 1 S. 2 DepV), bei einem beabsichtigten untertägigen Versatz ist der Einsatz von Abfällen zur Herstellung von Versatzmaterial u. a. nur zulässig, wenn die in Anlage 2 Tabelle1 und 1a aufgeführten Feststoffgrenz- und Zuordnungswerte im jeweiligen unvermischten Abfall nicht überschritten werden (§ 4 Abs. 1 S. 1 VersatzV).

20 Eine spezielles Vermischungsverbot gilt auch für **POP-haltige Abfälle.** § 3 POP-Abfall-ÜberwV enthält ein grundsätzliches Getrenntsammlungs- und -beförderungsgebot und ein Vermischungsverbot. Gem. § 3 Abs. 1 POP-Abfall-ÜberwV sind Erzeuger und Besitzer POP-haltiger Abfälle grundsätzlich dazu verpflichtet, diese von anderen, nicht-POP-haltigen Abfällen getrennt zu sammeln und zu befördern. Nach der Verordnungsbegründung soll dadurch gewährleistet werden, dass die POP-haltigen Abfälle nicht mit anderen Abfällen als Gemisch zurück in den Wertstoffkreislauf gelangen und deswegen eine Verwertung oder Beseitigung nach Art. 7 Abs. 2 S. 1 POP-Verordnung, durch die die POP zerstört oder unumkehrbar beseitigt werden, weiterhin möglich ist. Diese Pflicht besteht aber nur soweit, wie die getrennte Sammlung und Beförderung zur Erfüllung der Anforderungen nach § 7 Abs. 2 bis 4 und § 8 Abs. 1 KrWG oder nach § 15 Abs. 1 und 2 KrWG erforderlich ist (im Einzelnen dazu *Dippel/Ottensmeier* AbfallR 2017, 186 ff.; *Grunow/Franßen* AbfallR 2017, 101; OVG SA Beschl. v. 16.7.2019 – 2 M 43/19, juris Rn. 1 ff.).

Eine getrennte Erfassung sehen außerdem zB § 10 ElektroG, wonach Besitzer von Altgeräten diese in einer Form und sortierten Siedlungsabfall getrennten Erfassung zuzuführen haben, § 11 AltholzV und § 3 Abs. 1 GewAbfV, wonach Erzeuger und Besitzer von gewerblichen Siedlungsabfällen im Einzelnen aufgeführte Abfallfraktionen jeweils getrennt zu sammeln und zu befördern sowie nach Maßgabe des § 8 Abs. 1 und § 9 Abs. 4 vorrangig der Vorbereitung zur Wiederverwendung oder dem Recycling zuzuführen haben, vor (dazu VG Leipzig Urt. v. 20.5.2020 – 1 K 359/19, juris Rn. 67). **21**

IV. Weitere Ausnahmen zur Vermeidung einer Unverhältnismäßigkeit

Anders als für nicht gefährliche Abfälle nach § 9 Abs. 1 setzt § 9a Abs. 1 für das Verbot **22**
der Vermischung gefährlicher Abfälle nicht voraus, dass ein solches Verbot zur Einhaltung der Anforderungen nach § 7 Abs. 2–4 und § 8 Abs. 1 erforderlich ist. Da es sich bei diesem Kriterium der Erforderlichkeit lediglich um eine Konkretisierung des allgemeinen Verhältnismäßigkeitsgrundsatzes handelt, stellt sich die Frage, ob auch ohne eine solche einfachgesetzliche Konkretisierung die Verpflichtung, gefährliche Abfälle nicht zu vermischen, im Einzelfall unverhältnismäßig, insbesondere nicht erforderlich, oder aber auch unzumutbar sein kann, weil eine Trennung bzw. ein Getrennthalten der gefährlichen Abfälle die Möglichkeiten ihrer ordnungsgemäßen und schadlosen Verwertung nicht verbessert. Geht man davon aus, dass auch das Trennungsgebot nach § 9a Abs. 3 S. 1 nur besteht, wenn die Trennung erforderlich ist, um eine ordnungsgemäße und schadlose Verwertung sicherzustellen, und wenn sie technisch möglich und wirtschaftlich zumutbar ist, dann liegt es nahe, dass Vermischungsverbot von vornherein dementsprechend einzuschränken, jedenfalls soweit es für eine ordnungsgemäße und schadlose Verwertung nicht weiterhilft.

Dem ließe sich zwar entgegenhalten, dass der Gesetzgeber, gestützt auf Art. 18 **23**
AbfRRL, bewusst zwischen gefährlichen und nicht gefährlichen Abfällen differenziert, das Vermischungsverbot für gefährliche Abfälle strenger ausgestaltet und eine Ausnahme lediglich unter den im Gesetz selbst geregelten Voraussetzungen zugelassen hat. Bei einer solchen Sichtweise würde allerdings übersehen, dass der Verhältnismäßigkeitsgrundsatz Verfassungsrang genießt und auch auf europäischer Ebene beachtlich ist. Immerhin spricht die differenzierende Regelung des Gesetzgebers mit dem strengeren Vermischungsverbot für gefährliche Abfälle dafür, dass an den Nachweis einer Unverhältnismäßigkeit angesichts der Wertung des Gesetzgebers, dass eine Mischung von gefährlichen Abfällen den Zielen des Gesetzes regelmäßig abträglich ist, hohe Anforderungen zu stellen sind.

D. Trennungsgebot (Absatz 3)

Sind gefährliche Abfälle in unzulässiger Weise vermischt worden, sind die Erzeuger **24**
und Besitzer der Abfälle nach § 9a Abs. 3 S. 1 verpflichtet, diese unverzüglich zu trennen, soweit die Trennung zur ordnungsgemäßen und schadlosen Verwertung der Abfälle nach § 7 Absatz 3 erforderlich ist. Ist eine Trennung zum Zweck der ordnungsgemäßen und schadlosen Verwertung nicht erforderlich oder zwar erforderlich, aber technisch nicht möglich oder wirtschaftlich nicht zumutbar, sind die Erzeuger und Besitzer der gemischten Abfälle gem. § 9a Abs. 3 S. 2 verpflichtet, diese unverzüglich in einer Anlage zu behandeln, die nach dem KrWG oder nach dem BImSchG hierfür zugelassen ist.

I. Adressat des Trennungsgebots

25 Zur Trennung der in unzulässiger Weise vermischten Abfälle verpflichtet sind die Abfallerzeuger und Abfallbesitzer. Als Adressat einer entsprechenden Verfügung kommt in erster Linie derjenige in Betracht, dessen Verletzung des Vermischungsverbots die Notwendigkeit der Trennung des entstandenen Abfallgemisches verursacht hat. Das entspricht dem **Verursacherprinzip.** Daneben kommt als Adressat einer ordnungsbehördlichen Anordnung aber auch der aktuelle Abfallbesitzer des entstandenen Abfallgemisches in Betracht, weil er für die Entsorgung des Abfalls verantwortlich ist. Nicht zuletzt ist hinsichtlich der materiellen Pflicht der Trennung, möglicherweise allerdings nicht hinsichtlich einer entsprechenden Ordnungsverfügung, an den öffentlich-rechtlichen Entsorgungsträger zu denken, dem das in unzulässiger Weise hergestellte Abfallgemisch überlassen oder angedient worden ist. Ob zwischen den in Rede stehenden möglichen Adressaten eine **Rangfolge** besteht, ob insbesondere derjenige, der die Abfälle zu Unrecht vermischt hat, vorrangig in Anspruch zu nehmen ist, ergibt sich aus der Vorschrift nicht (einen solchen Vorrang bejahend *Müggenborg* in Schink/Versteyl, KrWG, § 9 Rn. 34).

II. Erforderlichkeit der Trennung

26 Eine Verpflichtung, den in unzulässiger Weise vermischten gefährlichen Abfall wieder zu trennen, hängt davon ab, ob eine solche Trennung erforderlich ist, um eine ordnungsgemäße und schadlose Verwertung nach § 7 Abs. 3 sicherzustellen und ob eine solche Trennung technisch möglich und wirtschaftlich zumutbar ist. Verlangt die zuständige Behörde eine Trennung, muss sie die Erforderlichkeit nachweisen. Ist eine Trennung technisch nicht möglich oder wirtschaftlich unzumutbar, muss geprüft werden, ob und inwieweit das entstandene Abfallgemisch noch verwertet werden kann oder beseitigt werden muss. Die Unzulässigkeit der Vermischung bedeutet nicht, dass das entstandene Abfallgemisch nicht mehr verwertet werden kann (*Müggenborg* in Schink/Versteyl, KrWG, § 9 Rn. 34).

§ 4 Registrierung der Hersteller

(1) **Bevor ein Hersteller Batterien im Geltungsbereich dieses Gesetzes in Verkehr bringt, ist er oder im Fall der Bevollmächtigung nach § 26 Absatz 2 sein Bevollmächtigter verpflichtet, sich bei der zuständigen Behörde mit der Marke und der jeweiligen Batterieart nach § 2 Absatz 4 bis 6 registrieren zu lassen. Die Registrierung ist auf Antrag bei Vorliegen aller Voraussetzungen nach Absatz 2 und § 20 Absatz 1 zu erteilen. Der Registrierungsantrag muss die Angaben nach Absatz 2 enthalten. Änderungen von im Registrierungsantrag enthaltenen Angaben sowie die dauerhafte Aufgabe des Inverkehrbringens sind der zuständigen Behörde unverzüglich mitzuteilen.**

(2) **Bei der Registrierung nach Absatz 1 Satz 1 sind folgende Angaben zu machen:**

1. **Name und Anschrift des Herstellers oder des Bevollmächtigten, insbesondere Postleitzahl und Ort, Straße und Hausnummer, Land, Telefon- und Faxnummer, Internetadresse sowie E-Mail-Adresse; im Fall der Bevollmächtigung auch Name und Kontaktdaten des Herstellers, der vertreten wird,**
2. **Vor- und Nachname einer vertretungsberechtigten natürlichen Person,**
3. **Handelsregisternummer oder vergleichbare amtliche Registernummer des Herstellers, einschließlich der europäischen oder der nationalen Steuernummer des Herstellers,**
4. **im Fall der Bevollmächtigung: die Beauftragung durch den Hersteller,**
5. **Marke, unter der der Hersteller die Batterien in Verkehr zu bringen beabsichtigt,**
6. **Batterieart nach § 2 Absatz 4 bis 6, die der Hersteller in Verkehr zu bringen beabsichtigt,**
7. **beim Inverkehrbringen von Gerätebatterien: Name und Anschrift des Rücknahmesystems nach § 7 sowie im Fall der Beauftragung eines Dritten nach § 7 Absatz 3 Name und Handelsregisternummer oder vergleichbare amtliche Registernummer des beauftragten Dritten,**
8. **beim Inverkehrbringen von Fahrzeug- oder Industriebatterien: eine Erklärung über die erfolgte Einrichtung einer den Anforderungen nach § 8 entsprechenden Rückgabemöglichkeit und über die Zugriffsmöglichkeiten der Rückgabeberechtigten auf das Angebot,**
9. **Erklärung, dass die Angaben der Wahrheit entsprechen.**

(3) **Der Antrag auf Registrierung nach Absatz 1 Satz 2 und die Übermittlung der Angaben nach Absatz 2 erfolgen über das auf der Internetseite der zuständigen Behörde zur Verfügung gestellte elektronische Datenverarbeitungssystem nach Maßgabe der jeweils geltenden Verfahrensanweisung für das elektronische Datenverarbeitungssystem. Die zuständige Behörde kann Ausnahmen von Satz 1 zulassen. Sie kann für die sonstige Kommunikation mit den Herstellern oder mit deren Bevollmächtigten die elektronische Übermittlung, eine bestimmte Verschlüsselung sowie die Eröffnung eines Zugangs für die Übermittlung elektronischer Dokumente verlangen. Die Verfahrensanweisung nach Satz 1 und die Anforderungen nach Satz 3 sind auf der Internetseite der zuständigen Behörde zu veröffentlichen.**

Übersicht

A. Allgemeines

I. Bedeutung der Vorschrift

1 § 4 regelt die Registrierungspflicht der Hersteller. Sie richtet sich im Fall der Bevollmächtigung nach § 26 Abs. 2 an den Bevollmächtigten. Nach dem Wortlaut und auch aufgrund des Inverkehrbringensverbots nach § 3 Abs. 3 greift diese Pflicht bereits im Vorfeld des Inverkehrbringens. Bedeutung erlangt die Registrierung auch im Rahmen des Verbots nach § 3 Abs. 4, Batterien anzubieten, wenn deren Hersteller oder deren Bevollmächtigte nicht oder nicht ordnungsgemäß (dh mit der einschlägigen Marke und Batterieart) registriert sind.

II. Rechtsentwicklung

2 Mit dem BattG wurde zur Wahrung eines einheitlichen Wirtschaftsraums ein zentrales, bundeseinheitliches Register der Hersteller eingeführt. Überlegungen, ein solches zentrales Register durch Staatsvertrag einzurichten, wurden bereits früh verworfen, da es auch aus Ländersicht praktikabler erschien, die Aufgabe des zentralen Registers gemäß Art. 87 Abs. 3 S. 1 GG einer Bundesoberbehörde zuzuweisen. Zur Wahrung eines einheitlichen Wirtschaftsraums in Deutschland sah daher bereits der Entwurf der Bundesregierung zur Erstfassung des BattG das Umweltbundesamt als zentrales Melderegister vor (BT-Drs. 16/12227, 26).

3 Mit Nr. 5 des Ersten Gesetzes zur Änderung des Batteriegesetzes vom 3.11.2020 (BGBl. I 2280) wurde § 4 neugefasst. An die Stelle der in Abs. 1 aF enthaltenen bloßen Anzeigepflicht der Hersteller von Batterien beim Umweltbundesamt ist nun die Registrierungspflicht bei der zuständigen Behörde getreten (BT-Drs. 19/19930, 42). Für die neue Registrierungspflicht sieht allerdings § 31 Abs. 2 eine einjährige Karenzzeit vor, sofern sich nicht zwischenzeitlich Änderungen gegenüber den zuvor angezeigten Angaben ergeben haben.

4 Die bei der Anzeige erforderlichen Angaben ergaben sich vormals aus der Durchführungsverordnung zum BattG v. 12.11.2009 (BGBl. I S. 3783). Mit dem Ersten Gesetz

zur Änderung des Batteriegesetzes vom 3.11.2020 (BGBl. I 2280) sind die erforderlichen Angaben nun unmittelbar im Gesetz (Abs. 2) geregelt. Dementsprechend tritt die Durchführungsverordnung gem. Art. 3 des Ersten Gesetzes zur Änderung des Batteriegesetzes vom 3.11.2020 (BGBl. I 2280) am 1.1.2021 außer Kraft.

Abs. 2 aF hingegen ermächtigte das Umweltbundesamt, für die Kommunikation mit 5
den Herstellern die Verwendung der elektronischen Form (§ 3a VwVfG), eine bestimmte Verschlüsselung sowie die Eröffnung eines Zugangs für die Übermittlung elektronischer Dokumente durch den Hersteller vorzuschreiben (BT-Drs. 16/12227, 26). Vergleichbare verfahrenstechnischen Anforderungen sind nun in Abs. 3 enthalten.

Die in Abs. 3 aF enthaltenen Regelungen zur Veröffentlichung bestimmter Angaben 6
im Internet finden sich demgegenüber in § 20 Abs. 3 wieder. Komplementär zur Karenzzeit für die Registrierung nach § 31 Abs. 2 (→ Rn. 3) ist das vormalige Melderegister ebenfalls übergangsweise gemäß § 31 Abs. 3 bis zum 31.12.2021 veröffentlicht.

III. Abgrenzung zu anderen Vorschriften

Ähnliche Registrierungspflichten der Hersteller enthalten ebenfalls § 6 ElektroG und 7
§ 9 VerpackG. Die Regelungen sind nach dem jeweiligen Produkt, das Bezugspunkt des Herstellerbegriffs ist (Batterie, Elektro- oder Elektronikgerät, systembeteiligungspflichtige Verpackung), voneinander abzugrenzen (zur Abgrenzung von Batterie und Elektro- oder Elektronikgerät → § 1 Rn. 15) und stehen damit auch bei Personenidentität des Pflichtigen wegen des unterschiedlichen sachlichen Bezugspunkts nebeneinander. Gerade weil Hersteller von Gerätebatterien aber vielfach parallele Pflichten sowohl nach ElektroG als auch nach BattG haben, sollen durch die Möglichkeit, die Gemeinsame Stelle nach dem ElektroG (stiftung elektro-altgeräte register) auch mit den Registrierungsaufgaben nach dem BattG zu beleihen (§§ 20, 23), Synergien genutzt werden können (BT-Drs. 19/19930, 41).

Die verfahrenstechnischen Regelungen gemäß Abs. 3 gelten nur für das Registrie- 8
rungsverfahren und die Mitteilungen etwaiger Änderungen der Registrierungsangaben der Hersteller bzw. der Bevollmächtigten nach § 26 Abs. 2. Für das Genehmigungsverfahren hinsichtlich eines Rücknahmesystems für Geräte-Altbatterien gilt die (inhaltsgleiche) Regelung in § 7 Abs. 6.

IV. EU-Recht

Die Registrierungspflicht dient der Umsetzung von Erwägungsgrund 19 S. 3 und 9
Art. 17 RL 2006/66/EG. Demnach sind die Mitgliedstaaten verpflichtet sicherzustellen, dass ihnen alle am jeweiligen Markt tätigen Hersteller von Batterien bekannt sind. Die Vorschrift dient auch der Sicherstellung der Finanzierungsregelung aus Art. 16 Abs. 1 RL 2006/66/EG. Die RL 2006/66/EG verlangt zu diesem Zweck von den Mitgliedstaaten, sich eine Übersicht über die am jeweiligen nationalen Markt tätigen Hersteller zu verschaffen (BT-Drs. 16/12227, 26).

Die Registrierungspflicht und das damit verbundene präventive Verbot mit Erlaubnis- 10
vorbehalt dürfte für die Marktteilnahme der Hersteller vor dem Hintergrund der mit Art. 17 S. 1 RL 2006/66/EG verfolgten Zielsetzung nach dem Wegfall des Gemeinsamen Rücknahmesystems iSd § 6 aF im Zuge des Ersten Gesetzes zur Änderung des Batteriegesetzes vom 3.11.2020 (BGBl. I 2280) auch unionsrechtlich erforderlich sein. Denn die Herstellerproduktverantwortung für Geräte-Altbatterien nach dem BattG erfolgt nun allein gemäß § 7 Abs. 1 durch Einrichtung und Betrieb eines Rücknahmesys-

tems durch den Hersteller, das ihm gegenüber oder zumindest mit Wirkung für ihn (§ 7 Abs. 3 S. 2 und 3) genehmigt sein muss und bei der Registrierung nach Abs. 2 Nr. 7 anzugeben ist. Die Heranziehung zur Produktverantwortung kann auch Anordnungen umfassen, die erforderlich sind, um die Anforderungen an sein Rücknahmesystem sicherzustellen (§ 28 Abs. 1). Dies macht nun nach den Änderungen durch das Erste Gesetz zur Änderung des Batteriegesetzes vom 3.11.2020 (BGBl. I 2280) anders als zuvor (vgl. BT-Drs. 16/12227, 26) eine Registrierung mit Erlaubnisvorbehalt erforderlich. Denn mit der nach § 28 Abs. 1 möglichen Aufforderung zur Abgabe eines Angebots zur unentgeltlichen Abholung von Geräte-Altbatterien besteht nun in diesem Bereich ein in etwa der Abholkoordination nach dem ElektroG (vgl. § 38 Abs. 3 ElektroG) entsprechendes Konstrukt.

B. Registrierungspflicht

I. Registrierung vor erstmaligem Inverkehrbringen

11 Abs. 1 verpflichtet jeden Hersteller, sich bei der zuständigen Behörde mit der Marke und der jeweiligen Batterieart (Fahrzeugbatterie, Industriebatterie oder Gerätebatterie) registrieren zu lassen, bevor er Batterien in Verkehr bringt. Im Fall der Bevollmächtigung nach § 26 Abs. 2 gilt die Registrierungspflicht für seinen Bevollmächtigten. Die Registrierung des Herstellers ist damit die **grundlegende Bedingung** für das erstmalige Inverkehrbringen von Batterien und bedeutet damit ein präventives Verbot mit Erlaubnisvorbehalt. Dies ergibt sich unmittelbar aus dem Wortlaut („bevor") und auch aus dem Verbot, Batterien ohne ordnungsgemäße Registrierung in Verkehr zu bringen (§ 3 Abs. 3).

12 Die Registrierung ist **auf Antrag** bei Vorliegen aller Voraussetzungen nach Abs. 2 und § 20 Abs. 1 **zu erteilen.** Der Hersteller bzw. der Bevollmächtigte hat bei Vorliegen der Voraussetzungen daher einen Anspruch auf die Registrierung. Die Registrierung erfolgt jedoch erst nach Abschluss der Prüfung des Vorliegens aller Voraussetzungen. Sofern Gerätebatterien in Verkehr gebracht werden, gehört zu den Voraussetzungen nach § 20 Abs. 1 S. 3 die Beteiligung an einem Rücknahmesystem nach § 7, das konkret mit Wirkung für den jeweiligen Hersteller bzw. Bevollmächtigten genehmigt ist (BT-Drs. 19/19930, 41).

13 Aus der Pflicht zur Registrierung vor dem erstmaligen Inverkehrbringen von Batterien folgt kein Anspruch auf „Vorratsregistrierungen" ohne zumindest beabsichtigtes Anbieten oder Inverkehrbringen von Batterien. Denn die Registrierung stellt das Mittel zur Durchsetzung der Produktverantwortung der Hersteller nach dem BattG dar, und der Begriff des Herstellers nach § 2 Abs. 15 fordert ein gewerbsmäßiges Inverkehrbringen oder zumindest Anbieten. Bei einer in keiner Weise absehbaren Aufnahme oder dauerhaften Aufgabe des Inverkehrbringens oder Anbietens besteht daher kein Anlass (mehr) für eine Aufnahme bzw. den Verbleib im aktuellen Register der Produktverantwortlichen für Batterien. Das Interesse eines (potentiellen) Herstellers, mit Blick auf mögliche zukünftige unternehmerische Entscheidungen schon vorab eine Registrierung zu erhalten, hat insofern hinter dem überwiegenden öffentlichen Interesse an einem funktionsfähigen System zur Kontrolle und Durchsetzung der Produktverantwortung aller Hersteller von Batterien zurückzustehen. Auch aus verfassungsrechtlicher Sicht sind daher **keine Vorratsregistrierungen** geboten (→ entsprechend zur Registrierung nach dem § 6 ElektroG: *Hilf/Schleifenbaum* in Giesberts/Hilf, ElektroG, 3. Aufl. 2018, § 6 Rn. 8). Die gesetzgeberische Vorstellung eines aktuellen Registers und aktueller Registrierungen zeigt sich auch in Abs. 1 S. 4, wonach eine dauerhafte Aufgabe des Inverkehrbringens unverzüglich mitzuteilen ist.

Die **zuständige Behörde** ist nach § 19 grundsätzlich das Umweltbundesamt. Nach § 23 Abs. 1 ist das Umweltbundesamt jedoch ermächtigt, die Gemeinsame Stelle der Hersteller nach dem ElektroG (stiftung elektro-altgeräte register) mit den Aufgaben im Zusammenhang mit der Registrierung (§ 20) zu beleihen (→ § 40). Die Hersteller müssen sich in diesem Fall bei der stiftung elektro-altgeräte register registrieren lassen. **14**

Die Registrierung ist wie die Registrierung nach § 6 ElektroG eine individuelle Verpflichtung des Herstellers oder im Falle der Bevollmächtigung nach § 26 Abs. 2 seines Bevollmächtigten. Diese Registrierungspflicht kann der Hersteller bzw. Bevollmächtigte **nicht auf Dritte übertragen.** Die Registrierung dient einer eindeutigen Identifizierung des Herstellers (ggf. einschließlich des Bevollmächtigten) und daran knüpfen alle weitere Herstellerpflichten und Kontrollmöglichkeiten an, wie etwa die Einrichtung und der Betrieb eines Rücknahmesystems nach § 7. Dies folgt auch aus § 26. Nach § 26 Abs. 1 können sich die nach diesem Gesetz Verpflichteten zur Erfüllung ihrer Pflichten Dritter bedienen. Es können danach aber nicht die Pflichten selbst auf Dritte übertragen werden (vgl. ebenso zur Registrierung nach § 6 ElektroG *Hilf/Schleifenbaum* in Giesberts/Hilf, ElektroG, § 6 Rn. 10). Sonderfall ist eine Bevollmächtigung nach § 26 Abs. 2. In diesem Fall trifft die Registrierungspflicht kraft Gesetzes den Bevollmächtigten. **15**

Der Hersteller muss sich nach Abs. 1 S. 1 mit der Marke und Batterieart (Fahrzeugbatterie, Industriebatterie oder Gerätebatterie) registrieren lassen. Marke und Batterieart sind dementsprechend nicht bloß bei der Registrierung anzugeben (Abs. 2 Nr. 5 bzw. 6), sondern sind Gegenstand der nach Abs. 1 erforderlichen Registrierung. Die vom Bundesrat angeregte Änderung (Streichung dieser Merkmale in Abs. 1, vgl. BT-Drs. 19/21610, 3) wurde von der Bundesregierung ausdrücklich abgelehnt (BT-Drs. 19/21610, 12). Die Regelung entspricht damit auch in dieser Hinsicht der Registrierungspflicht nach § 6 ElektroG. Entsprechend der dazu ergangenen Rechtsprechung wird die **Registrierungspflicht** auch hier für jeden Hersteller nicht nur einmal persönlich begründet, sondern ist zusätzlich **marken- und batterieartbezogen.** Sie entsteht deshalb jeweils neu, wenn eine weitere Marke oder Batterieart in Verkehr gebracht wird (vgl. BT-Drs. 19/21610, 12 und zur entsprechenden Rechtsprechung zu § 6 ElektroG: BVerwG, Urt. v. 15.4.2010 – BVerwG 7 C 9.09 = BeckRS 2010, 49817, Rn. 18ff.; siehe dazu auch *Hilf/Schleifenbaum* in Giesberts/Hilf, ElektroG, 3. Aufl. 2018, § 6 Rn. 13). Die Marke stellt ein wichtiges Identifizierungsmerkmal im Geschäftsverkehr dar. Der Bezug zur Batterieart entspricht dem unterschiedlichen Pflichtenprogramm für die verschiedenen Batteriearten (vgl. Abs. 2 Nr. 7 und 8 sowie §§ 7, 8, 10, 14 Abs. 2, 16; zur Registrierungspflicht mit der jeweils richtigen Marke und Batterieart auch als wettbewerbsrechtliche Marktverhaltensregelung → Rn. 32). **16**

Es obliegt zunächst dem Hersteller selbst zu beurteilen, ob von ihm in den Verkehr gebrachte Batterien in den Anwendungsbereich des BattG fallen und ob er und ggf. mit welcher Batterieart er registrierungspflichtig ist (→ Rn. 26). Zur rechtssicheren Klärung des sachlichen und persönlichen Anwendungsbereichs ist eine negative Feststellungsklage statthaft (so entsprechend zur Klärung des Anwendungsbereichs des ElektroG: BayVGH, Urt. v. 22.3.2007 – 23 BV 06.3012 = GewArch 2008, 92) und kann eine verbindliche Entscheidung durch Verwaltungsakt mit Tatbestandswirkung auch zur Vermeidung abweichender Würdigungen in wettbewerbsrechtlichen Verfahren (→ Rn. 32) ratsam sein. Eine fachliche Stellungnahme des Umweltbundesamts genügt nicht (OLG Frankfurt, Urt. v. 28.2.2019, 6 U 181/17). Gegen eine Ablehnung der Registrierung kann im Wege der Verpflichtungsklage vorgegangen werden, da es sich bei der Registrierung um einen begünstigenden Verwaltungsakt handelt. **17**

II. Mitteilung von Änderungen und Marktaustritt

18 Abs. 1 S. 4 enthält die Verpflichtung, nachträgliche Änderungen von im Registrierungsantrag enthaltenen Angaben und den Marktaustritt der zuständigen Behörde unverzüglich mitzuteilen. Damit besteht – wie im Rahmen des § 6 ElektroG, vgl. *Hilf/Schleifenbaum* in Giesberts/Hilf, ElektroG, 3. Aufl. 2018, § 6 Rn. 28 – nicht nur eine Wahrheitspflicht bei der Antragstellung, sondern auch eine **Aktualisierungspflicht.** Dasselbe gilt für die Mitteilung des Marktaustritts (dauerhafte Aufgabe des Inverkehrbringens). Da die Registrierung marken- und batterieartbezogen ist, greift die Mitteilungspflicht auch bei der dauerhaften Aufgabe des Inverkehrbringens von Batterien nur (unter) einer bestimmten Marke oder nur einer bestimmten Batterieart. Diese Mitteilungspflicht korrespondiert mit der Rechtsnatur der Registrierung als Dauerverwaltungsakt und stellt sicher, dass die bei der zuständigen Behörde registrierten Daten aktuell sind.

III. Rechtsnatur der Registrierung

19 Die Registrierung ist **keine reine Sachgenehmigung,** die einer bestimmten Sache anhaftet und daher bei Veräußerung der Sache auf den Erwerber übergeht, wie zB eine Anlagengenehmigung nach § 4 BImSchG. Sie konkretisiert vielmehr Verhaltenspflichten des Herstellers bzw. des Bevollmächtigten (Rücknahmepflichten, Dokumentationspflichten). Sie ist dabei allerdings **nicht rein personenbezogen,** da Registrierungsgegenstand (auch) die Batterieart ist (oben Rn. 16). Die Registrierung enthält also sach- und personenbezogene Elemente, setzt aber *ex ante* keine Eignungs- und Zuverlässigkeitsprüfung voraus. Im Fall einer totalen Gesamtrechtsnachfolge ist es daher sachgerecht, dass keine neue Registrierung erforderlich ist und die Registrierung übergeht. Regelungen zum Übergang im Fall einer nur partiellen Gesamtrechtsnachfolge entsprechend § 37 Abs. 4 S. 2 ElektroG enthält das BattG jedoch nicht. In diesen Fällen oder beim Erwerb von Vermögensgegenständen des Herstellers im Wege der Einzelrechtsnachfolge entsteht bei dem Dritten die Registrierungspflicht daher neu. Für einen öffentlich-rechtlichen Pflichtenübergang im Falle der Einzelrechtsnachfolge fehlt nicht nur der wegen des Eingriffscharakters erforderliche gesetzliche Nachfolgetatbestand (vgl. zur Rechtsnachfolge bei Verhaltensverantwortlichkeit *Schoch* in: Schmidt-Aßmann/Schoch, Bes. VerwR, 2. Kap. Rn. 167). Der gemischt sach- und personenbezogene Charakter dürfte auch grundsätzlich erschweren, einen einzelnen Vermögensgegenstand herauszuheben, an dessen Übertragung ein solcher Nachfolgetatbestand anknüpfen könnte (so entsprechend zur Registrierung nach § 6 ElektroG: *Hilf/Schleifenbaum* in Giesberts/Hilf, ElektroG, 3. Aufl. 2018, § 6 Rn. 29).

20 Von ihrer zeitlichen Wirkung her ist die Registrierung als ein **Dauerverwaltungsakt** anzusehen, da sie ein auf Dauer angelegtes Rechtsverhältnis begründet und ständig aktualisiert; damit wirkt die Registrierung ab ihrem Erlass in die Zukunft bis zu einer anders lautenden Entscheidung, wie etwa einem Widerruf nach § 21 Abs. 1, sollten bestimmte Registrierungsvoraussetzungen nicht mehr bestehen.

21 Nach der rechtlichen Wirkung für den Betroffenen ist die Registrierung ein **begünstigender Verwaltungsakt.** Die Registrierung bewirkt, dass der Hersteller überhaupt Batterien auf den Markt bringen darf (§ 3 Abs. 3, entsprechend zur Registrierung nach § 6 ElektroG: *Hilf/Schleifenbaum* in Giesberts/Hilf, ElektroG, 3. Aufl. 2018, § 6 Rn. 30 f.).

IV. Übergangsvorschriften zur Ablösung der vormaligen Anzeigepflicht

Gemäß § 31 Abs. 2 müssen Hersteller, die das Inverkehrbringen bereits beim Umweltbundesamt gemäß § 4 aF angezeigt haben, erst ab dem 1.1.2022 registriert sein, sofern sich nicht zuvor gegenüber den angezeigten Angaben Änderungen ergeben haben (§ 31 Abs. 2). Damit wird ein **einjähriger Bestandsschutz** gewährt für Marktteilnehmer, die ihre Marktteilnahme zum Stichtag 1.1.2021 ordnungsgemäß beim Umweltbundesamt angezeigt hatten. Voraussetzung für den Bestandsschutz ist auch, dass keine Änderungen gegenüber den angezeigten Angaben eingetreten sind, wie etwa das Hinzutreten einer weiteren Batterieart oder Marke oder die Einrichtung eines anderen Rücknahmesystems als zuvor beim Umweltbundesamt nach § 4 aF iVm § 2 Abs. 2 BattGDV angezeigt. 22

C. Notwendige Angaben bei der Registrierung

Abs. 1 S. 3 iVm Abs. 2 regelt die beim Registrierungsantrag erforderlichen Angaben und setzt damit auch Anhang IV Nr. 2 der Batterie-RL um. Die erforderlichen Angaben betreffen die Person des Herstellers, die in Verkehr gebrachten Batterien, die Modalitäten der Pflichtenerfüllung zur Wahrnehmung der Produktverantwortung und schließlich die Erklärung, dass die Angaben der Wahrheit entsprechen. 23

Die erforderlichen **unternehmensbezogenen Angaben** entsprechen im Wesentlichen den auch im Rahmen der Registrierung nach § 6 Abs. 1 ElektroG geforderten Angaben (vgl. Anlage 2 ElektroG und dazu näher *Hilf/Schleifenbaum* in Giesberts/Hilf, ElektroG, 3. Aufl. 2018, § 6 Rn. 14ff.). 24

Anzugeben hat der Hersteller ferner die **Marke,** unter der er die Batterien in Verkehr zu bringen beabsichtigt. Unter Marke ist dabei grundsätzlich die auf der jeweiligen Batterie eingesetzte Hauptkennzeichnung des Herstellers zu verstehen. Eine zusätzliche Unterteilung nach aus dieser Hauptkennzeichnung abgeleiteten Sonderkennzeichnungen ist nicht erforderlich (so bereits zur Anzeige nach § 4 aF *Umweltbundesamt,* BattG-Melderegister, Antworten auf häufig gestellte Fragen, Juni 2019, Nr. 10; zur anzugebenden Marke und Identifikation des registrierungspflichtigen Herstellers anhand der Marke bei **Eigenmarken von Handelsunternehmen,** bei **in Geräten eingebauten oder anderen Produkten beigefügten Batterien** und im Fall von Batteriezellen, die sich allein **zur Verbindung bzw. zum Zusammenbau in Batteriesätzen** eignen § 2 Abs. 16). 25

Anzugeben ist auch die **Batterieart,** die der Hersteller in Verkehr zu bringen beabsichtigt (Fahrzeugbatterie, Industriebatterie oder Gerätebatterie, § 2 Abs. 4 bis 6). Dementsprechend variieren die geforderten Angaben zur **Modalität der Pflichtenerfüllung.** Beim Inverkehrbringen von Gerätebatterien fordert Abs. 2 Nr. 7 Angaben zum eingerichteten und betriebenen Rücknahmesystem für Geräte-Altbatterien. Beim Inverkehrbringen von Fahrzeug- oder Industriebatterien fordert Abs. 2 Nr. 8 eine Erklärung über die erfolgte Einrichtung einer Rückgabemöglichkeit und Zugriffsmöglichkeiten der Rückgabeberechtigten auf das Angebot. 26

Schließlich ist nach Abs. 2 Nr. 9 (wie im Fall des § 6 Abs. 1 ElektroG iVm Anlage 2 Nr. 9 ElektroG) eine Erklärung abzugeben, dass die Angaben der Wahrheit entsprechen. In Verbindung mit der Pflicht, Änderungen von im Registrierungsantrag enthaltenen Daten unverzüglich mitzuteilen (Abs. 1 S. 4), die auch bußgeldbewehrt ist (§ 29 Abs. 1 Nr. 5), ergibt sich so eine Wahrheitspflicht bezüglich der Angaben nach Abs. 2 Nr. 1 bis 8. Der Untersuchungsgrundsatz (§ 24 VwVfG) bleibt davon allerdings unberührt. Insofern ist die zuständige Behörde in der Bewertung des Vorbringens des Antragstellers frei 27 (vgl. entsprechend zu § 6 Abs. 1 ElektroG iVm Anlage 2 Nr. 9 ElektroG *Hilf/Schleifenbaum* in Giesberts/Hilf, ElektroG, 3. Aufl. 2018, § 6 Rn. 26).

D. Verfahrenstechnische Anforderungen

28 Abs. 3 legt verfahrenstechnische Anforderungen fest und fordert eine elektronische Antragstellung über das elektronische Datenverarbeitungssystem der zuständigen Behörde bzw. im Falle der Beleihung der Beliehenen. Eine entsprechende Regelung für das Registrierungsverfahren nach § 6 ElektroG findet sich in § 37 Abs. 3 ElektroG. Eine ähnliche Regelung für das Registrierungsverfahren nach § 9 Abs. 1 VerpackG enthält auch § 9 Abs. 3 VerpackG.

29 Ausnahmen können zugelassen werden (Abs. 3 S. 2). Diese Regelung ist Ausdruck des Grundsatzes der Verhältnismäßigkeit. Damit kann Besonderheiten im Einzelfall, in denen die Nutzung des elektronischen Datenverarbeitungssystems nicht möglich oder nicht zumutbar ist, Rechnung getragen werden. Abs. 3 S. 3 regelt schließlich, dass bei der Kommunikation mit den Herstellern oder deren Bevollmächtigten und den Rücknahmesystemen die zuständige Behörde die elektronische Übermittlung, eine bestimmte Verschlüsselung oder einen Zugang für die Übermittlung elektronischer Dokumente verlangen kann. Die Anforderungen sind gemäß Abs. 3 S. 4 auf der Internetseite der zuständigen Behörde zu veröffentlichen.

30 Die Vorgaben stellen eine über § 10 VwVfG hinausgehende besondere Formvorschrift dar (vgl. entsprechend zu § 37 Abs. 3 ElektroG *Hilf/Schleifenbaum* in Giesberts/Hilf, ElektroG, 3. Aufl. 2018, § 37 Rn. 25) und dienen der **Verwaltungsvereinfachung** (BT-Drs. 19/19930, 41).

E. Durchsetzung der Registrierungspflicht

I. Ordnungswidrigkeit

31 Ein Verstoß gegen die Registrierungspflicht und der damit einhergehenden Pflicht zur Mitteilung von Änderungen und Marktaustritt ist bußgeldbewehrt (§ 29 Abs. 1 Nr. 2, 4 und 5). Durch die Veröffentlichung der Angaben zu den registrierten Herstellern und registrierten Bevollmächtigten (vgl. § 20 Abs. 3) soll aber auch eine dezentrale Selbstkontrolle der Wirtschaft ermöglicht werden (vgl. BT-Drs. 16/12227, 26 bereits zu § 4 Abs. 3 aF; § 3 Abs. 3).

II. Wettbewerbsrechtliche Marktverhaltensregelung

32 Die Registrierungspflicht mit der Marke, unter der der Hersteller die Batterien in Verkehr bringt, und mit der jeweils zutreffenden Batterieart stellt eine Marktverhaltensregelung iSd § 3a UWG dar, deren Missachtung daher ein Wettbewerbsverstoß ist. Insofern kann an die Rechtsprechung zur Anzeigepflicht nach § 4 aF angeknüpft werden (vgl. bereits zur Anzeigepflicht nach § 4 aF BGH, Urt. v. 28.11.2019, I ZR 23/19 und OLG Frankfurt, Urt. v. 28.2.2019, 6 U 181/17, aA einst *Ahlhaus/Waggershauser,* Das neue Batteriegesetz, 1. Aufl. 2011, S. 47, 82). Auch die Rechtsprechung zur Registrierungspflicht nach § 6 ElektroG (vgl. *Hilf/Schleifenbaum* in Giesberts/Hilf, ElektroG, 3. Aufl. 2018, § 6 Rn. 37 mwN) ist insofern übertragbar.

§ 5 Rücknahmepflichten der Hersteller

(1) **Die Hersteller oder im Fall der Bevollmächtigung nach § 26 Absatz 2 deren Bevollmächtigte sind verpflichtet, die von den Vertreibern nach § 9 Absatz 1 Satz 1 zurückgenommenen Altbatterien sowie die von öffentlich-rechtlichen Entsorgungsträgern nach § 13 Absatz 1 erfassten und die von den freiwilligen Rücknahmestellen nach § 13a zurückgenommenen Geräte-Altbatterien unentgeltlich zurückzunehmen und nach § 14 zu behandeln und zu verwerten.**

(2) **Absatz 1 gilt auch für Altbatterien, die bei der Behandlung von Altgeräten nach den Vorschriften des Elektro- und Elektronikgerätegesetzes und bei der Behandlung von Altfahrzeugen nach den Vorschriften der Altfahrzeug-Verordnung anfallen.**

Übersicht

A. Allgemeines

I. Bedeutung der Vorschrift

1 § 5 normiert mit der Rücknahme- und Verwertungspflicht der Hersteller bzw. deren Bevollmächtigter nach § 26 Abs. 2 die zentrale Grundpflicht der abfallrechtlich erweiterten Produktverantwortung der Hersteller. Die weitere Ausgestaltung dieser Pflichten differenziert nach den betroffenen Batteriearten (§§ 7, 8). Die Regelungen beinhalten damit eine Festlegung, in welcher Art und Weise die Produktverantwortung iSd allgemeinen Kreislaufwirtschaftsrechts für Batterien wahrzunehmen ist (vgl. § 23 Abs. 2 Nr. 7 und 8 KrWG).

II. Rechtsentwicklung

2 Mit Nr. 6 des Ersten Gesetzes zur Änderung des Batteriegesetzes vom 3.11.2020 (BGBl. I 2280) wurde § 5 dahingehend geändert, dass die allgemeine Rücknahmepflicht der Hersteller aus Abs. 1 auf die Rücknahme von Geräte-Altbatterien von freiwilligen Rücknahmestellen ausgeweitet und eine Anpassung an die neue Möglichkeit zur Beauftragung eines Bevollmächtigten für nur im Ausland niedergelassene Hersteller vorgenommen wurde (BT-Drs. 19/19930, 41).

III. Abgrenzung zu anderen Vorschriften

3 Die Grundpflicht nach § 5 gilt für die Hersteller aller Batteriearten gleichermaßen. Ähnliche Rücknahmepflichten zur Umsetzung einer abfallrechtlich erweiterten Produktverantwortung der Hersteller bzw. Inverkehrbringer enthalten § 16 Abs. 1 und 2 ElektroG, § 15 Abs. 1 und 4 VerpackG und auch § 3 Abs. 1 und 3 AltfahrzeugV, jedoch jeweils mit signifikanten Unterschieden in der Ausgestaltung (→ Rn. 6 ff.).

IV. EU-Recht

4 § 5 dient der Umsetzung der zentralen Bestimmungen zur abfallrechtlich erweiterten Herstellerverantwortung nach der Batterie-RL, namentlich zur Schaffung von Rücknahmesystemen für Geräte-Altbatterien, zu der Behandlung und dem Recycling von Altbatterien und auch zur Finanzierung dieser Tätigkeiten nach den Art. 8, 12 und 16 der Batterie-RL (vgl. auch deren Erwägungsgründe 13, 14 S. 1, 16 S. 1, 17 S. 1, 18, 19 S. 2, 28 und BT-Drs. 16/12227, 26).

B. Pflicht zur Rücknahme von Vertreibern, öffentlich-rechtlichen Entsorgungsträgern und freiwilligen Rücknahmestellen

5 Abs. 1 regelt die Grundpflicht der Hersteller zur Rücknahme und ordnungsgemäßen Behandlung und Verwertung (→ § 14) der bei den Vertreibern zurückgenommenen Altbatterien und der von öffentlich-rechtlichen Entsorgungsträger gesammelten Geräte-Altbatterien. Durch das Erste Gesetz zur Änderung des Batteriegesetzes vom 3.11.2020 (BGBl. I 2280) ist die allgemeine Rücknahmepflicht der Hersteller für zurückgenommene und gesammelte (Geräte-)Altbatterien auch auf die freiwilligen Rücknahmestellen für Geräte-Altbatterien ausgeweitet worden. Die freiwilligen Rücknahmestellen sind dementsprechend wie die Vertreiber und öffentlich-rechtlichen Entsorgungsträger zur Überlassung der Geräte-Altbatterien an ein Rücknahmesystem verpflichtet (BT-Drs. 19/19930, 41 → § 13a S. 1).

6 Ähnliche Rücknahmepflichten enthalten § 16 Abs. 1 und 2 ElektroG, § 15 Abs. 1 und 4 VerpackG und auch § 3 Abs. 1 und 3 AltfahrzeugV.

7 Anders als die Rücknahmepflichten nach § 16 Abs. 1 und 2 ElektroG setzt die Rücknahmepflicht nach § 5 keine behördliche Zuweisungsentscheidung voraus. Durch eine Anordnung nach § 28 Abs. 1 kann aber auch die Rücknahmepflicht nach § 5 weiter konkretisiert werden, etwa durch Anordnung der Abgabe eines Angebots an einen bestimmten Vertreiber oder öffentlich-rechtlichen Entsorgungsträger im Sinne des § 7 Abs. 2 S. 1 Nr. 1.

8 Im Gegensatz zu § 15 Abs. 4 VerpackG, der im Fall von systembeteiligungspflichtigen Verpackungen nur subsidiär für den Fall der Nichteinrichtung eines Systems nach § 18 VerpackG eine eigene Rücknahmepflicht der Hersteller vorsieht, besteht die Rücknahmepflicht der Hersteller nach § 5 auch beim Inverkehrbringen von Gerätebatterien gemäß § 7 Abs. 1 S. 1 fort (Verpflichtung, ein Rücknahmesysteme zu betreiben) und ist nicht zu einer bloßen Beteiligungspflicht wie in § 7 VerpackG verkürzt (→ § 7 Rn. 11). Die Hersteller oder Bevollmächtigten nach § 26 Abs. 2, die Altbatterien nach §§ 5 ff. (allein oder zusammenwirkend mit anderen Herstellern, ggf. auch durch gemeinsame Drittbeauftragung, § 7 Abs. 3) zurücknehmen, unterliegen damit gemäß § 1 Abs. 3 S. 2 iVm § 27 KrWG den Pflichten eines Besitzers von Abfällen.

9 Anders als bei § 3 Abs. 1 und 3 AltfahrzeugV, der eine Pflicht zur Rücknahme vom Letzthalter und zur flächendeckenden Schaffung von Rückgabemöglichkeiten vorsieht, ist die Produktverantwortung für Altbatterien nach § 5 nicht auf eine Rücknahme vom Endnutzer ausgedehnt, sondern beschränkt sich auf eine Rücknahme von den Vertrei-

bern, den öffentlich-rechtlichen Entsorgungsträgern, den freiwilligen Rücknahmestellen und den Behandlungseinrichtungen für Altgeräte nach dem ElektroG und für Altfahrzeugen der AltfahrzeugV.

Ein Verstoß gegen die Rücknahmepflicht ist über § 3 Abs. 3 iVm § 29 Abs. 1 Nr. 2 bußgeldbewehrt; Verstöße gegen die Verwertungs- und Beseitigungspflicht sind in § 29 Abs. 1 Nr. 6 und 7 eigenständig bußgeldbewehrt (BT-Drs. 16/12227, 26). 10

C. Pflicht zur Rücknahme von Behandlungsanlagen

11 Abs. 2 erstreckt die Verpflichtung der Hersteller nach Abs. 1 auf Altbatterien, die bei der Behandlung von Altgeräten nach dem ElektroG oder bei der Behandlung von Altfahrzeugen nach der AltfahrzeugV in den dafür jeweils vorgesehenen Behandlungsanlagen anfallen. Er regelt mithin die Schnittstelle zwischen den Rücknahmesystemen für Altgeräte bzw. Altfahrzeuge und den Rücknahmesystemen für Altbatterien. Altbatterien und Altakkumulatoren, die nicht vom Altgerät umschlossen sind, sind nach § 10 Abs. 1 S. 2 ElektroG bereits vor der Abgabe an einer Erfassungsstelle von diesem zu trennen. Die in Altgeräten und Altfahrzeugen eingebauten Altbatterien unterliegen hingegen bis zum Ausbau in der Behandlungseinrichtung der Produktverantwortung der Geräte- und Fahrzeughersteller und gehen mit dem Ausbau in die Produktverantwortung der Batteriehersteller über. Die Regelung wird durch die in § 12 Abs. 1 bis 3 geregelten Überlassungspflichten für Geräte-Altbatterien ergänzt (BT-Drs. 16/12227, 26).

§ 7 Rücknahmesysteme für Geräte-Altbatterien

(1) **Jeder Hersteller von Gerätebatterien oder dessen Bevollmächtigter hat zur Erfüllung seiner Rücknahmepflichten nach § 5 ein eigenes Rücknahmesystem für Geräte-Altbatterien einzurichten und zu betreiben. Die Errichtung und der Betrieb des Rücknahmesystems bedürfen der Genehmigung durch die zuständige Behörde. Die Genehmigung ist auf Antrag nach Maßgabe der Absätze 2 und 3 zu erteilen. Hat die Behörde nicht innerhalb einer Frist von drei Monaten über die Genehmigung entschieden, gilt diese als erteilt. Die Frist nach Satz 4 beginnt mit Eingang der vollständigen Unterlagen bei der zuständigen Behörde.**

(2) **Ein Rücknahmesystem darf nur genehmigt werden, wenn nachgewiesen ist, dass das in § 16 vorgeschriebene Sammelziel erreicht wird. Die Genehmigung darf nur erteilt werden, wenn das Rücknahmesystem**

1. **allen Vertreibern, allen öffentlich-rechtlichen Entsorgungsträgern, allen Behandlungsanlagen nach § 12 Absatz 1 und 2 und allen freiwilligen Rücknahmestellen die unentgeltliche Abholung von Geräte-Altbatterien anbietet,**
2. **die flächendeckende Rücknahme von Geräte-Altbatterien bei allen Vertreibern, allen öffentlich-rechtlichen Entsorgungsträgern, allen Behandlungsanlagen nach § 12 Absatz 1 und 2 und allen freiwilligen Rücknahmestellen, die vom Angebot nach Nummer 1 Gebrauch gemacht haben (angeschlossene Rücknahmestellen), gewährleistet,**
3. **den angeschlossenen Rücknahmestellen unentgeltlich geeignete Rücknahmebehälter und den gefahrgutrechtlichen Anforderungen entsprechende Transportbehälter bereitstellt,**
4. **die von den angeschlossenen Rücknahmestellen bereitgestellten Geräte-Altbatterien, unabhängig von ihrer Beschaffenheit, Art, Marke oder Herkunft innerhalb von 15 Werktagen unentgeltlich abholt, sobald**
   a) **Vertreiber und freiwillige Rücknahmestellen eine Abholmasse von 90 Kilogramm erreicht und gemeldet haben und**
   b) **öffentlich-rechtliche Entsorgungsträger und Behandlungsanlagen nach § 12 Absatz 1 und 2 eine Abholmasse von 180 Kilogramm erreicht und gemeldet haben,**

   sofern keine geringere Abholmasse vereinbart ist;
   bei der Festlegung der Abholmassen zwischen dem Rücknahmesystem und der angeschlossenen Rücknahmestelle sind die Lagerkapazität und die Gefährlichkeit der Lagerung von Geräte-Altbatterien zu berücksichtigen; erreicht ein Vertreiber in einem Kalenderjahr die geforderte Abholmasse nicht, so kann er vom Rücknahmesystem dennoch die einmalige Abholung der zurückgenommenen Altbatterien fordern; sowie
5. **die bei den angeschlossenen Rücknahmestellen abgeholten Geräte-Altbatterien einer Verwertung nach § 14 oder einer Beseitigung zuführt.**

Das Vorliegen der notwendigen Voraussetzungen für die voraussichtliche Erreichung des Ziels nach Satz 1 und die Einhaltung der Vorgaben aus Satz 2 sind im Rahmen des Genehmigungsverfahrens durch Gutachten eines unabhängigen Sachverständigen glaubhaft zu machen. Die Genehmigung eines Rücknahmesystems kann auch nachträglich mit Auflagen verbunden werden, die erforderlich sind, um die Einhaltung der Verwertungsanforderungen nach § 14 und der Vorgaben aus Satz 2 dauerhaft sicherzustellen.

(3) **Bei Einrichtung und Betrieb eines Rücknahmesystems nach Absatz 1 Satz 1 können mehrere Hersteller oder deren Bevollmächtigte zusammenwirken. Wirken**

mehrere Hersteller oder deren Bevollmächtigte bei Einrichtung und Betrieb ihres Rücknahmesystems durch Beauftragung eines Dritten zusammen, so kann die Genehmigung nach Absatz 1 dem Dritten mit Wirkung für die zusammenwirkenden Hersteller oder deren Bevollmächtigte erteilt werden. Der Genehmigungsantrag muss die zusammenwirkenden Hersteller oder deren Bevollmächtigte eindeutig benennen. Der gemeinsame Dritte hat die Geheimhaltung der ihm vorliegenden Daten insoweit sicherzustellen, als es sich um herstellerspezifische Informationen oder um Informationen handelt, die einzelnen Herstellern oder deren Bevollmächtigten unmittelbar zurechenbar sind oder zugerechnet werden können.

(4) **Der Betreiber eines Rücknahmesystems hat der zuständigen Behörde Änderungen von im Genehmigungsantrag enthaltenen Angaben sowie die dauerhafte Aufgabe des Betriebs unverzüglich mitzuteilen.**

(5) **Die Rücknahmesysteme haben unter Wahrung der Betriebs- und Geschäftsgeheimnisse die folgenden Informationen jährlich bis zum Ablauf des 31. Mai auf ihren Internetseiten zu veröffentlichen:**

1. die Eigentums- und Mitgliederverhältnisse,

2. die von den Mitgliedern geleisteten finanziellen Beiträge je in Verkehr gebrachter Gerätebatterie oder je in Verkehr gebrachter Masse an Gerätebatterien,

3. das Verfahren für die Auswahl der Entsorgungsleistung sowie

4. die im eigenen System erreichten Recyclingeffizienzen.

(6) **Der Genehmigungsantrag nach Absatz 1 Satz 2 und die Übermittlung der Angaben nach Absatz 2 erfolgen über das auf der Internetseite der zuständigen Behörde zur Verfügung gestellte elektronische Datenverarbeitungssystem nach Maßgabe der jeweils geltenden Verfahrensanweisung für das elektronische Datenverarbeitungssystem. Die zuständige Behörde kann Ausnahmen von Satz 1 zulassen. Sie kann für die sonstige Kommunikation mit den Herstellern oder mit deren Bevollmächtigten und mit den Rücknahmesystemen die elektronische Übermittlung, eine bestimmte Verschlüsselung sowie die Eröffnung eines Zugangs für die Übermittlung elektronischer Dokumente verlangen. Die Verfahrensanweisung nach Satz 1 und die Anforderungen nach Satz 3 sind auf der Internetseite der zuständigen Behörde zu veröffentlichen.**

Übersicht

A. Allgemeines

I. Bedeutung der Vorschrift

§ 7 konkretisiert die Grundpflicht aus § 5 für die Hersteller von Gerätebatterien und verpflichtet jeden Hersteller von Gerätebatterien zur Errichtung und zum Betrieb eines eigenen Rücknahmesystems, das bestimmten materiellen Anforderungen genügen und genehmigt sein muss. Damit wird der wesentliche Rahmen für die kontinuierliche und flächendeckende Erfassung der Geräte-Altbatterien abgesteckt, der über die Schaffung zumutbarer und kostenfreier Möglichkeiten der Rückgabe wie im Fall der anderen Batteriearten (Fahrzeug- und Industrie-Altbatterien, § 8) hinausgeht. 1

II. Rechtsentwicklung

Regelungen zu herstellereigenen Rücknahmesystemen für Geräte-Altbatterien waren bereits in der Erstfassung des BattG enthalten. Ursprünglich waren indes Einrichtung und Betrieb eines genehmigten, herstellereigenen Rücknahmesystems für Geräte-Altbatterien als Voraussetzung der Befreiung von der grundsätzlichen Beteiligungspflicht am Gemeinsamen Rücknahmesystem nach § 6 aF ausgestaltet. 2

Durch das Erste Gesetz zur Änderung des Batteriegesetzes vom 3.11.2020 (BGBl. I 2280) wurden jedoch die Regelungen zum Gemeinsamen Rücknahmesystem nach § 6 aF aufgehoben und die Regelungen des bisherigen § 7 neugefasst. Abs. 1 entspricht dabei im Wesentlichen § 7 Abs. 1 aF In der Begründung der Bundesregierung wird jedoch hervorgehoben, dass nunmehr jeder Hersteller bzw. Bevollmächtigte zur Errichtung und zum Betrieb eines eigenen Rücknahmesystems verpflichtet ist, da die Beteiligungsmöglichkeit an einem Gemeinsamen Rücknahmesystem entfällt (BT-Drs. 19/19930, 42). 3

Die Anforderungen an ein Rücknahmesystem nach § 7 entsprechen in vielerlei Hinsicht den bisherigen Anforderungen an das Gemeinsame Rücknahmesystem aus § 6 Abs. 3 Nr. 2 bis 5 aF, der kraft Verweisung gemäß § 7 Abs. 2 S. 2 aF auch zuvor für ein herstellereigenes Rücknahmesystem nach § 7 aF galt. Nunmehr sind diese Regelungen jedoch unmittelbar in Abs. 2 S. 2 enthalten. 4

Abs. 3 übernimmt dazu auch weitgehend die Regelungen im Fall eines Zusammenwirkens und einer gemeinsamen Drittbeauftragung aus § 7 Abs. 3 aF, enthält aber nunmehr die zusätzliche Anforderung, dass der Genehmigungsantrag die zusammenwirkenden Hersteller oder deren Bevollmächtigte eindeutig zu benennen hat (Abs. 3 S. 3). 5

Vormals regelte § 7 Abs. 4 aF einen Kostenerstattungsanspruch der Hersteller und Betreiber eines herstellereigenen Rücknahmesystems gegen „Trittbrettfahrer". Diese Regelung ist durch das Erste Gesetz zur Änderung des Batteriegesetzes vom 3.11.2020 (BGBl. I 2280) entfallen. Ausgleichsansprüche der Hersteller untereinander regelt § 7 damit nicht mehr (zur Kostentragung für die Informationsmaßnahmen und einheitliche Kennzeichnung nach § 18 Abs. 3 und 4 → § 18 Abs. 3 S. 6 und Abs. 4 S. 3). § 7 Abs. 4 in der Fassung des Änderung des Batteriegesetzes vom 3.11.2020 (BGBl. I 2280) regelt vielmehr nun – spiegelbildlich zu § 4 Abs. 1 S. 4 für die Registrierung eines Herstellers – eine Mitteilungspflicht für Änderungen der im Systemgenehmigungsantrag enthaltenen Angaben. 6

Abs. 5 und 6 wurden ebenfalls mit dem Ersten Gesetz zur Änderung des Batteriegesetzes vom 3.11.2020 (BGBl. I 2280) eingefügt, Abs. 5 zur Umsetzung der RL 2008/98/EG (Abfallrahmenrichtlinie) in der durch die RL (EU) 2018/851 geänderten Fassung und Abs. 6 als Ergänzung verfahrenstechnischer Regelungen für das Rücknahmesystem- 7 genehmigungsverfahren spiegelbildlich zu § 4 Abs. 1 S. 4 für die Registrierung eines Herstellers.

III. Abgrenzung zu anderen Vorschriften

8 § 7 konkretisiert die Modalitäten der Rücknahme zur Erfüllung der Grundpflicht gemäß § 5 nur für Hersteller von Gerätebatterien bzw. deren Bevollmächtigte nach § 26 Abs. 2. Die Rücknahmemodalitäten für Hersteller von Industrie- oder Fahrzeugbatterien regelt § 8.

IV. EU-Recht

9 Die Vorschrift dient der Umsetzung von Art. 8 Abs. 1 und Art. 16 Abs. 1 der RL 2006/66/EG (BT-Drs. 16/12227, 27). Sie dient auch der Umsetzung von Art. 8a Abs. 3 lit. c und e der RL 2008/98/EG (Abfallrahmenrichtlinie) in der durch die RL (EU) 2018/851 geänderten Fassung, wonach zum einen sicherzustellen ist, dass die Hersteller über die notwendigen finanziellen und organisatorischen Mittel verfügen, um den Pflichten der erweiterten Herstellerverantwortung nachzukommen, und zum anderen die Rücknahmesysteme jährlich bestimmte Angaben zu veröffentlichen haben (BT-Drs. 19/19930, 42).

B. Pflicht der Hersteller zur Einrichtung und zum Betrieb eines Rücknahmesystems

10 Abs. 1 S. 1 verpflichtet die Hersteller von Gerätebatterien, ein eigenes Rücknahmesystem für Geräte-Altbatterien einzurichten und zu betreiben. Damit wird die Grundpflicht aus § 5 konkretisiert und den Herstellern bzw. den Bevollmächtigten nach § 26 Abs. 2 auferlegt, die Rücknahmepflicht nicht nur punktuell, etwa durch Schaffung bloßer Rückgabemöglichkeiten, sondern durch einen in einer bestimmten Weise und nach näheren Vorgaben (Abs. 2) organisierten Betrieb („Rücknahmesystem") zu erfüllen.

11 Die in der Erstfassung des BattG und § 6 aF angelegte Zweiteilung in ein Gemeinsames Rücknahmesystem für Geräte-Altbatterien (nach § 6 aF) einerseits und in herstellereigene Rücknahmesysteme andererseits wurde durch das Erste Gesetz zur Änderung des Batteriegesetzes vom 3.11.2020 (BGBl. I 2280) aufgegeben (BT-Drs. 19/19930, 25). Damit besteht für alle Hersteller nun die Pflicht, ein eigenes Rücknahmesystem für Geräte-Altbatterien einzurichten und zu betreiben. Die Möglichkeit, die Grundpflicht nach § 5 durch eine bloße Beteiligung an dem vormals eingerichteten „Gemeinsamen Rücknahmesystem" nach § 6 aF zu erfüllen, sieht das BattG nicht mehr vor. Insofern unterscheidet sich die Pflicht der Hersteller nach Abs. 1 S. 1 (Betriebspflicht) etwa von der Pflicht der Hersteller gemäß § 7 VerpackG (Beteiligungspflicht).

12 Adressat der Einrichtungs- und Betriebspflicht aus Abs. 1 S. 1 ist der Hersteller oder sein Bevollmächtigter nach § 26 Abs. 2. Der Hersteller bzw. sein Bevollmächtigter ist daher (allein oder ggf. im Zusammenwirken mit anderen Herstellern oder deren Bevollmächtigen) zur Einhaltung und Sicherstellung der näheren Vorgaben aus Abs. 2 verpflichtet. Dies zeigt sich auch darin, dass im Fall des Zusammenwirkens mehrerer Hersteller diese zusammenwirkenden Hersteller im Genehmigungsantrag eindeutig zu benennen sind (§ 7 Abs. 3 S. 3). Im Fall des Zusammenwirkens durch Beauftragung ein und desselben Dritten kann die Genehmigung dem Dritten mit Wirkung auf die zusammenwirkenden Hersteller erteilt werden (§ 7 Abs. 3 S. 2). Die Rücknahme von Geräte-Altbatterien im Rahmen des Betriebs eines solchen Rücknahmesystems erfolgt daher für

den Hersteller oder Bevollmächtigten nach § 26 Abs. 2. Diese unterliegen damit gemäß § 1 Abs. 3 S. 2 iVm § 27 KrWG (auch) den Pflichten eines Besitzers von Abfällen (→ KrWG § 27 Rn. 6).

C. Anforderungen an ein Rücknahmesystem

I. Genehmigungsbedürftigkeit und -verfahren (Abs. 1, Abs. 6)

13 Nach Abs. 1 S. 2 sind die Errichtung und der Betrieb des Rücknahmesystems, das der Hersteller oder sein Bevollmächtigter nach S. 1 einzurichten und zu betreiben hat, genehmigungsbedürftig. Gemäß Abs. 1 S. 3 besteht bei Vorliegen der Voraussetzungen nach Abs. 2 und 3 ein Anspruch auf die Genehmigung. Abs. 1 S. 4 regelt in Anknüpfung an § 42a Abs. 1 VwVfG eine Genehmigungsfiktion für den Fall, dass die zuständige Behörde binnen 3 Monaten nicht über den Antrag nach Abs. 1 S. 2 entschieden hat. Die Frist beginnt nach Abs. 1 S. 5 erst mit dem vollständigen Zugang der notwendigen Antragsunterlagen bei der zuständigen Behörde (BT-Drs. 19/19930, 42); dies schließt insbesondere auch das Sachverständigengutachten nach Abs. 2 S. 3 ein. § 42a VwVfG ist ergänzend heranzuziehen (so bereits zu § 7 aF BT-Drs. 16/12227, 27). Nach § 42a Abs. 2 S. 3 kann die Frist einmal angemessen verlängert werden, wenn dies wegen der Schwierigkeit der Angelegenheit gerechtfertigt ist. Die Fristverlängerung ist zu begründen und rechtzeitig mitzuteilen.

14 Die Genehmigung nach Abs. 1 S. 2 wird – anders als zuvor nach § 7 Abs. 1 aF – nicht von der am Sitz des Herstellers für Abfallwirtschaft zuständigen obersten Landesbehörde oder einer von dieser bestimmten Behörde erteilt, sondern durch das Umweltbundesamt bzw. im Fall der Beleihung durch die Gemeinsame Stelle der Hersteller nach dem ElektroG (stiftung elektro-altgeräte register). Durch die Bündelung der Aufgabe bei einer Behörde soll sichergestellt werden, dass gleiche Maßstäbe bei der Genehmigung von Rücknahmesystemen angelegt werden. Dies ist umso bedeutender, da diese Rücknahmesysteme im Wettbewerb für die Rücknahme und Entsorgung aller anfallenden Geräte-Altbatterien verantwortlich sind. Zudem wird durch die gleichzeitige Übertragung der Aufgabe der Registrierung der Hersteller (→ § 3 Abs. 3 und § 4 Abs. 2 Nr. 7) ein Abgleich der Daten erleichtert, da sämtliche Daten nur durch eine Stelle erhoben werden (BT-Drs. 19/19930, 42).

15 Ergänzende verfahrenstechnische Voraussetzungen regelt schließlich Abs. 6. Zur Verwaltungsvereinfachung sind der Antrag auf Genehmigung als Rücknahmesystem und die Nachweise hierzu der zuständigen Behörde über das elektronische Datenverarbeitungssystem zuzuleiten. Gemäß Abs. 6 S. 2 können Ausnahmen hiervon zugelassen werden. Abs. 6 S. 3 regelt, dass bei der Kommunikation mit den Herstellern oder deren Bevollmächtigten und den Rücknahmesystemen die zuständige Behörde die elektronische Übermittlung, eine bestimmte Verschlüsselung oder einen Zugang für die Übermittlung elektronischer Dokumente verlangen kann. Entsprechende Anforderungen sind gemäß Abs. 6 S. 4 auf der Internetseite der zuständigen Behörde zu veröffentlichen (BT-Drs. 19/19930, 45). Die Regelungen entsprechen wortgleich den verfahrenstechnischen Voraussetzungen in § 4 Abs. 3 für das Registrierungsverfahren (→ § 4 Rn. 8, 28 ff.).

II. Genehmigungsfähigkeit

16 Die Anforderungen an die Rücknahmesysteme werden im Wesentlichen in Abs. 2 festgelegt. Die Genehmigung darf nach Abs. 2 S. 1 nur dann erteilt werden, wenn das

Sammelziel nach § 16 voraussichtlich durch das Rücknahmesystem erreicht wird und alle in Abs. 2 S. 2 genannten Vorgaben für den Systembetrieb eingehalten werden.

17 Anders als § 7 aF steht damit die Genehmigung des Rücknahmesystems nicht unmittelbar unter einer auflösenden Bedingung der Verfehlung der Sammelquote. Jedoch kann die zuständige Behörde bereits bei einer einmaligen Verfehlung der Sammelquote nach § 16 Abs. 1 die Genehmigung widerrufen (→ § 21 Abs. 2). Ein Rücknahmesystem muss die Sammelquote im eigenen System also dennoch erreichen. Für den Wegfall der Genehmigung bedarf es jedoch nunmehr eines aktiven Handels durch die zuständige Behörde. Allerdings stellt die Verfehlung der Sammelquote an sich auch bereits eine Ordnungswidrigkeit nach § 29 Abs. 1 Nr. 14 b dar (BT-Drs. 19/19930, 42).

18 Abs. 2 S. 2 Nr. 1 regelt, dass jedes Rücknahmesystem verpflichtet ist, allen Rücknahmestellen von Geräte-Altbatterien ein Angebot zur kostenlosen Abholung der Geräte-Altbatterien zu unterbreiten. Hierdurch wird sichergestellt, dass keine Rücknahmestelle ihrer Pflicht zur Überlassung der zurückgenommenen Geräte-Altbatterien nicht nachkommen kann. Vielmehr kann die Rücknahmestelle aufgrund der Angebote aller Rücknahmesysteme frei wählen, mit welchem eine Zusammenarbeit erfolgen soll. Sollte eine Rücknahmestelle kein Angebot erhalten, ist es der zuständigen Behörde oder im Falle der Beleihung der beliehenen Stelle möglich, die Abgabe eines Angebots anzuordnen (→ § 28 Abs. 1). Anders als vor dem Ersten Gesetz zur Änderung des Batteriegesetzes vom 3.11.2020 (BGBl. I 2280) ist nach S. 2 Nr. 1 auch den freiwilligen Rücknahmestellen die unentgeltliche Abholung von Geräte-Altbatterien anzubieten. Auch bei diesen Rücknahmestellen ist nach Abs. 2 S. 2 Nr. 2 die Rücknahme zu gewährleisten, wenn sie das Angebot des Rücknahmesystems angenommen haben (BT-Drs. 19/19930, 42).

19 Abs. 2 S. 2 Nr. 3 fordert von den Rücknahmesystemen, dass diese allen angeschlossenen Rücknahmestellen die erforderlichen Rücknahme- und Transportbehälter zur Verfügung stellen. Die Regelung baut auf § 6 Abs. 3 S. 2 Nr. 5 aF auf, regelt nun jedoch ausdrücklich, dass die erforderlichen Rücknahmebehälter durch das jeweilige Rücknahmesystem zur Verfügung gestellt werden und die durch die Rücknahmesysteme zur Verfügung gestellten Transportbehältnisse den gefahrgutrechtlichen Anforderungen (Europäisches Übereinkommen über die internationale Beförderung gefährlicher Güter auf der Straße (ADR); Gefahrgutbeförderungsgesetz) entsprechen müssen. Die Rücknahmesysteme haben den angeschlossenen Rücknahmestellen vollständige, vorschriftenkonforme Verpackungen zur Verfügung zu stellen. Zu den vorschriftenkonformen Verpackungen gehören gegebenenfalls auch Innenverpackungen sowie erforderliches Polster- und Füllmaterial (BT-Drs. 19/19930, 42 f.). Welche Transportbehältnisse konkret zulässig sind, ergibt sich aus den Anforderungen des ADR, insbesondere aus den anwendbaren Verpackungsanweisungen und den Sondervorschriften, jeweils auch unter Berücksichtigung der Beschaffenheit und des Zustands der Geräte-Altbatterien. Bei Lithiumbatterien (UN 3090, UN 3480) ist dies abhängig von der anwendbaren Sondervorschrift und der damit verbundenen Verpackungsanweisung (bei Sondervorschrift 377 bzw. Sondervorschrift 636 die Verpackungsanweisung P909, bei der Sondervorschrift 376 die Verpackungsanweisung P908 bzw. P911).

20 In Abs. 2 S. 2 Nr. 4 ist festgelegt, wann die Rücknahmesysteme spätestens eine Abholung bei einer angeschlossenen Rücknahmestelle durchzuführen haben. Die Regelung definiert damit ähnlich wie § 14 Abs. 3 ElektroG wesentliche Parameter der Schnittstelle von angeschlossener Rücknahmestelle und Rücknahmesystem („richtige Menge“ und „richtige Qualität“ im Sinne der „7 Rights“ der Logistik, vgl. dazu und zu den logistischen Herausforderungen der Anbindung von Sammelstellen am Beispiel edel- und sondermetallhaltiger Abfallströme und der Bedeutung der rechtlichen Rahmenbedingungen für die effiziente Abwicklung einer Recyclinglogistik *Kreibe et al.* ILESA – Edel- und sondermetallhaltige Abfallströme intelligent lenken: Bündelung, Zwischenlagerung, Rückgewinnungsgrad, Abschlussbericht, UBA-Texte 178/2020, S. 89 (bei Fn. 1) und S. 95 ff. (100)).

Die Abholung hat spätestens dann zu erfolgen, wenn eine Abholmasse von 90 kg bei Vertreibern und freiwilligen Rücknahmestellen erreicht und dem Rücknahmesystem gemeldet wurde. 90 kg entsprechen dabei etwa drei üblichen Sammelkartons für Geräte-Altbatterien oder einem üblichen Transportfass. Für öffentlich-rechtliche Entsorgungsträger und Behandlungsanlagen gilt eine Abholmasse von 180 kg. Es gilt eine Höchstfrist von 15 Werktagen für die Abholung. Eine Vereinbarung von geringeren Abholmassen oder Abholfristen ist möglich. Hierbei sind zwischen Rücknahmesystem und angeschlossener Rücknahmestelle insbesondere die Lagerkapazitäten der Rücknahmestelle und die Gefährlichkeit der Lagerung der Geräte-Altbatterien zu berücksichtigen. Nach der Gesetzesbegründung soll dadurch sichergestellt werden, dass kleine Rücknahmestellen nicht zwingend eine Abholmasse von 90 kg bzw. 180 kg zu erreichen haben, damit eine Abholung durch das Rücknahmesystem erfolgt. Zudem ist bei beschädigten oder Hochenergie-Batterien zu berücksichtigen, dass diese eine gewisse Gefährlichkeit und ggf. Brandgefahr aufweisen. Insbesondere in diesen Fällen kann es notwendig sein, eine geringere Abholmasse zu vereinbaren (BT-Drs. 19/19930, 43). **21**

Die Abholung hat in jedem Fall unabhängig von der Beschaffenheit, Art, Marke oder Herkunft der Altbatterien zu erfolgen. Damit sind auch beschädigte Batterien durch die Rücknahmesysteme kostenlos zurückzunehmen. Für kleine Rücknahmestellen im Handel gilt zudem die Besonderheit, dass bei sehr geringen Sammelmengen auch eine einmalige Abholung pro Kalenderjahr durch das Rücknahmesystem gefordert werden kann, wenn die gesammelte Masse die vereinbarte oder rechtlich vorgegebene Mindestabholmasse nicht erreicht. Damit sollen kleine Vertreiber vor der langen Lagerung von geringen Mengen und den damit verbundenen Gefahren geschützt werden (BT-Drs. 19/19930, 43). **22**

Abs. 2 S. 2 Nr. 5 stellt klar, dass die von den angeschlossenen Rücknahmestellen zurückgenommenen Mengen an Altbatterien durch die Rücknahmesysteme einer ordnungsgemäßen Verwertung nach § 14 zuzuführen sind (BT-Drs. 19/19930, 43). **23**

Nach Abs. 2 S. 3 ist das Vorliegen der Genehmigungsvoraussetzungen durch die Rücknahmesysteme nachzuweisen. Hierfür bedarf es eines Gutachtens durch einen unabhängigen Sachverständigen. Voraussetzungen und Ergebnisse einer sachverständigen Begutachtung muss die Behörde grundsätzlich in eigener Verantwortung nachprüfen bzw. nachvollziehen (*Herrmann,* in: *Bader/Ronellenfitsch,* Beck'scher Online-Kommentar VwVfG, 49. Ed., § 26 Rn. 29, allgemein zum behördlichen Aufklärungsermessen *Kallerhoff/Fellenberg,* in: *Stelkens/Bonk/Sachs,* VwVfG, 9. Aufl., § 24 Rn. 25, 36. **24**

Das tatsächliche Erreichen der Sammelquote ist anders als in § 7 aF nicht mehr nur an die eigene Sammelleistung geknüpft. Vielmehr können zukünftig bei zu geringer eigener Sammelleistung den anderen Rücknahmesystemen Sammelmengen abgekauft werden und damit die Sammelquote erreicht werden. Entsprechend zugekaufte Massen sind bei der Dokumentation nach § 15 Abs. 1 gesondert auszuweisen (→ § 15 Abs. 1 S. 1 Nr. 2). Auch die zugekauften Massen dürfen jedoch ausschließlich im Geltungsbereich dieses Gesetzes gesammelt worden sein. **25**

III. Auflagenbefugnis

Die zuständige Behörde kann die erteilten Genehmigungen nach Abs. 2 S. 4 auch nachträglich mit Auflagen versehen, wenn dies zur Einhaltung der Genehmigungsanfor- **26** derungen oder der Verwertungsanforderungen erforderlich ist (BT-Drs. 19/19930, 43). Der Wortlaut „auch nachträglich" stellt klar, dass die Genehmigung bereits bei Erteilung mit Auflagen versehen werden kann. Daneben besteht die Möglichkeit selbständiger Anordnungen nach § 28 Abs. 1.

IV. Zusammenwirken von Herstellern, Beauftragung eines Dritten

27 Abs. 3 S. 1 regelt, dass mehrere Hersteller bzw. Bevollmächtigte bei der Errichtung und beim Betrieb eines Rücknahmesystems zusammenwirken können. Die Zulässigkeit des Zusammenwirkens mehrerer Hersteller, insbesondere zwecks wechselseitiger Zurechnung von Rücknahme- und Verwertungserfolgen, ist in verschiedenen Regelungen zur Ausgestaltung der erweiterten Produktverantwortung ausdrücklich geregelt, vgl. § 8 Abs. 1 S. 3 VerpackG. Selbst ohne ausdrückliche Regelung dürfte ein solches Zusammenwirken zum Zwecke eines Mengenausgleichs, also zur Anrechnung der Übererfüllung durch einen Teilnehmer zugunsten eines anderen Teilnehmers, der die vorgegebenen Rücknahme- und Verwertungsquoten nicht erreicht, im Rahmen der allgemeinen Gesetze zulässig sein (vgl. BGH, Urt. v. 29.6.2006, I ZR 171/03, BeckRS 2006, 15092 zu einst § 6 Abs. 1 S. 1 VerpackV aF vor der 4. Novelle, s. dazu auch *Flanderka/Stroetmann* VerpackV, 4. Aufl. 2015, Anhang I (zu § 6) Rn. 34 sowie der Änderungsantrag des Landes Rheinland-Pfalz, BR-Drs. 591/2/05 sowie 591/05(B), S. 3). Die Regelung ist daher mehr klarstellender Natur, belegt aber noch einmal den wesentlichen strukturellen Unterschied der Pflichten aus Abs. 1 S. 1 im Vergleich zu einer bloßen Systembeteiligung wie etwa in § 7 VerpackG oder einst auch in § 6 aF.

28 Einrichtung und Betrieb eines Rücknahmesystems können ferner durch Beauftragung eines Dritten (→ § 26 Abs. 1) realisiert werden, dessen sich mehrere Hersteller zur Erfüllung ihrer Pflichten bedienen (so bereits zu § 7 Abs. 3 aF BT-Drs. 16/12227, 28). In diesem Fall kann nach Abs. 3 S. 2 die Genehmigung dem Dritten mit Wirkung für die zusammenwirkenden Hersteller bzw. Bevollmächtigten erteilt werden. Eine Befreiung der Hersteller ihren den Pflichten aus Abs. 1 S. 1 zum Betrieb des Rücknahmesystems im Fall der Beauftragung oder einen Übergang dieser Pflichten auf den Dritten regelt Abs. 3 indes nicht.

29 Im Fall des Zusammenwirkens von Herstellern nach Abs. 3 ist zusätzlich zu beachten, dass das in § 16 bestimmte Sammelziel bei einem solchen Zusammenwirken nur an der insgesamt von den zusammenwirkenden Herstellern in Verkehr gebrachten Masse an Gerätebatterien (nach näherer Maßgabe des § 16) gemessen werden kann. Insofern findet also eine wechselseitige Zurechnung nicht nur im Zähler (Rücknahmemassen), sondern im Nenner (Inverkehrbringungsmengen) der nach § 16 zu ermittelnden Quote statt. Dadurch ergibt sich im Fall des Zusammenwirkens mehrerer Hersteller eine gemeinsame ordnungsrechtliche Verantwortlichkeit der zusammenwirkenden Hersteller, auf die sich die Wirkung der Genehmigung des Rücknahmesystems erstreckt.

30 Im Genehmigungsantrag sind nunmehr nach Abs. 3 S. 3 die zusammenwirkenden Hersteller bzw. Bevollmächtigten eindeutig zu benennen. Dies gilt jedenfalls für den in der Praxis typischen Fall des Zusammenwirkens durch einen gemeinsamen Drittbeauftragten, ist aber dem Wortlaut nach nicht darauf beschränkt und gilt daher ebenso bei einem Zusammenwirken mehrerer Hersteller ohne Einschaltung eines gemeinsamen Drittbeauftragten und Antragstellung durch einen Hersteller selbst.

31 Letztlich kann damit ein Hersteller allein, mit anderen Herstellern zusammen und jeweils selbst oder unter Rückgriff auf die Beauftragung eines Dritten sein Rücknahmesystem einrichten und betreiben. In allen Fällen ist damit jedoch keine grundlegend andere

Form der Erfüllung der Grundpflicht des Herstellers aus § 5 BattG und § 7 Abs. 1 S. 1 verbunden. § 7 Abs. 1 S. 1 beinhaltet die Pflicht zur Einrichtung und zum Betrieb eines Rücknahmesystems durch den Hersteller oder dessen Bevollmächtigten. Ungeachtet der Drittbeauftragung bleibt der Hersteller bzw. dessen Bevollmächtigter zur Einrichtung und zum Betrieb verpflichtet (§ 26 Abs. 1). Eine den Hersteller befreiende („privative") Pflichtenübertragung auf den Drittbeauftragten sieht Abs. 3 nicht vor. Sofern Pflichten nur den gemeinsam beauftragten Dritten treffen sollen, ist dies wie im Fall der besonderen Geheimhaltungspflichten nach Abs. 3 S. 4 (→ Rn. 32) ausdrücklich normiert.

Sofern die Genehmigung dem Dritten mit Wirkung für die zusammenwirkenden **32** Hersteller erteilt wird, ist er zusätzlich zu den zusammenwirkenden Herstellern als Inhaber der Genehmigung zum Betrieb des Rücknahmesystems, zur Einhaltung der Vorgaben des Abs. 2 und der Vorgaben aus den weiteren an ein Rücknahmesystem bzw. dessen Betreiber gerichteten Regelungen verpflichtet.

Nach Abs. 3 S. 4 muss der gemeinsam beauftragte Dritte die Geheimhaltung von her- **33** stellerspezifischen Daten oder solchen, die Rückschlüsse auf einzelne Hersteller oder Bevollmächtigte zulassen, sicherstellen. Dies gilt insbesondere gegenüber den zusammenwirkenden Herstellern und der Öffentlichkeit. Unberührt hiervon bleiben Auskunftsansprüche der Sachverständigen oder der zuständigen Behörden (BT-Drs. 19/19930, 43).

V. Mitteilungspflichten bei Änderungen

Nach Abs. 4 sind Änderungen von im Genehmigungsantrag enthaltenen Angaben un- **34** verzüglich der zuständigen Behörde mitzuteilen. Dies gilt im Fall des Zusammenwirkens mehrerer Hersteller bzw. Bevollmächtigten auch dann, wenn sich weitere Hersteller oder Bevollmächtigte am Betrieb des Rücknahmesystems beteiligen oder ein Hersteller oder Bevollmächtigter aus einem Rücknahmesystem austritt. In diesem Fall muss die erteilte Genehmigung an den neuen Mitbetreiber bzw. an den Austritt eines Mitbetreibers angepasst werden. Mithin wird in diesem Fall keine neue Genehmigung erteilt, sondern lediglich die bestehende Genehmigung angepasst. Eine Mitteilung ist zudem dann erforderlich, wenn das Rücknahmesystem seinen Betrieb einstellt (BT-Drs. 19/19930, 44).

D. Veröffentlichung von Angaben zu dem Rücknahmesystem

In Umsetzung von Art. 8a Abs. 3 lit. e der geänderten RL 2008/98/EG haben die **35** Rücknahmesysteme nach Abs. 5 bestimmte Angaben jährlich bis zum 31. Mai zu veröffentlichen. Dies betrifft zum einen die Eigentums- und Mitgliederverhältnisse, die geleisteten finanziellen Beiträge der angeschlossenen Hersteller bzw. Bevollmächtigten und das Verfahren für die Auswahl der Entsorgungsleistung.

Unter den Mitgliedern sind dabei entsprechend § 15 Abs. 1 S. 1 Nr. 1 die Hersteller **36** bzw. deren Bevollmächtigte zu verstehen, die das Rücknahmesystem betreiben. Bei der Veröffentlichung sind jedoch die Betriebs- und Geschäftsgeheimnisse der jeweiligen Rücknahmesysteme bzw. der dahinterstehenden Hersteller und Bevollmächtigten zu berücksichtigen. Die Veröffentlichungspflicht bezieht sich mithin nur auf solche Angaben, die keine Rückschlüsse auf entsprechende Daten zulassen. Die Veröffentlichungspflicht umfasst daneben ferner die Erreichung der Recyclingeffizienzen nach § 14 Abs. 1 im eigenen System (BT-Drs. 19/19930, 44).

E. Ausgleichsregelungen und Sicherheitsleistung

37 Spezielle Vorgaben für die Ausgestaltung der finanziellen Beiträge der in einem Rücknahmesystem mitwirkenden Hersteller untereinander enthält § 7 nicht; lediglich § 7a macht bestimmte Vorgaben zur ökologischen Gestaltung der Beiträge.

38 Auch Ausgleichsansprüche der in einem System zusammenwirkenden Hersteller gegenüber den in einem anderen System zusammenwirkenden Herstellern sind – anders als im Referentenentwurf zum Ersten Gesetz zur Änderung des BattG vom 3.11.2020 vorgesehen (→ Vorb. Rn. 74) – nicht vorgegeben, von der Kostentragung für die Informationsmaßnahmen und einheitliche Kennzeichnung nach § 18 Abs. 3 und 4 abgesehen. Allerdings besteht die Möglichkeit, von anderen Rücknahmesystemen zurückgenommene und diesen abgekaufte Geräte-Altbatterien im Rahmen der Erfolgskontrolle anzusetzen (→ § 15 Abs. 1 S. 1 Nr. 2 Hs. 2). Aus kartellrechtlichen Gründen wurde von der gesetzlichen Regelung eines weitergehenden Lastenausgleichs abgesehen (vgl. *Dube,* euwid re 22.2020 v. 26.5.2020, 22. Dies wird teils rechtspolitisch kritisiert (vgl. *Chryssos/Dieckmann,* AbfallR 2020, 46 (51); vgl. auch zu den Bedenken des Bundeskartellamts zur Vergemeinschaftung von Sicherungskosten im Bereich des VerpackG *Flanderka/Stroetmann/Hartwig,* VerpackG, 5. Aufl. 2020, S. 81).

39 Das Fehlen gesetzlicher Ausgleichsansprüche erscheint jedoch konsequent vor dem Hintergrund, dass jeder Hersteller aus § 7 Abs. 1 S. 1 zum Betrieb des Rücknahmesystems verpflichtet ist und auch im Fall des freiwilligen Zusammenwirkens mit anderen Herstellern und auch bei einer Drittbeauftragung verpflichtet bleibt (→ Rn. 30f.). Gerade im Fall des freiwilligen Zusammenwirkens mit anderen Herstellern dürfte wegen der wechselseitigen Zurechnung der Rücknahme- und der Inverkehrbringungsmengen im Rahmen des zu erreichenden Sammelziels nach § 16 Abs. 1 (→ Rn. 26) jeder der zusammenwirkenden Hersteller ein eigenes wirtschaftliches Interesse an einer ausreichenden Finanzausstattung der übrigen zusammenwirkenden Hersteller oder zumindest des gemeinsam beauftragten Dritten haben.

40 Schließlich besteht auch eine Rückstellungspflicht für die infolge des Inverkehrbringens entstandene (und im Fall des freiwilligen Zusammenwirkens mit anderen Herstellern durch deren Inverkehrbringungsmengen erhöhte) Sammel- und Entsorgungsverantwortung. Denn anders als im Fall der Rücknahmepflicht nach dem ElektroG, die einer behördlichen Konkretisierung durch den Erlass einer Abholanordnung nach § 16 Abs. 5 ElektroG bedarf (BFH, Urt. v. 25.1.2017, I R 70/15, BFHE 257, 66, vgl. *Giesberts* in Giesberts/Hilf, ElektroG, 3. Aufl. § 16 Rn. 15 sowie *Hilf/Schleifenbaum* in Giesberts/Hilf, ElektroG, 3. Aufl. § 37 Rn. 20), entstehen für die Hersteller von Gerätebatterien die Rücknahme- und Systembetriebspflichten nach §§ 5, 7 Abs. 1 S. 1 unmittelbar aufgrund des Gesetzes.

41 Jeder der zusammenwirkenden Hersteller dürfte sich daher zur Begrenzung des eigenen Risikos ausreichende Sicherheiten („Finanzierungsgarantie“) von den anderen mitwirkenden Herstellern oder dem ggf. beauftragen Dritten stellen lassen für den Fall seiner unmittelbaren Heranziehung im Rahmen der ordnungsrechtlichen Verantwortung als einer der zusammenwirkenden Hersteller, auf die sich die Wirkung der Genehmigung des Rücknahmesystems erstreckt. Dies könnte etwa in Form eines Kostenersatz- oder Freistellungsanspruchs gegen die übrigen zusammenwirkenden Hersteller oder den gemeinsam beauftragen Dritten erfolgen, der durch eine Bürgschaft oder Garantie eines Kreditinstituts oder Kreditversicherers abgesichert ist.

42 Soweit erforderlich, um die Einhaltung der Verwertungsanforderungen nach § 14 oder der Vorgaben aus Abs. 2 S. 2 dauerhaft sicherzustellen, können entsprechende Vorgaben auch Gegenstand einer (ggf. nachträglichen) Nebenbestimmung iSd § Abs. 2 S. 4 oder einer Anordnung nach § 28 Abs. 1 sein.

§ 8 Rücknahme von Fahrzeug- und Industrie-Altbatterien

(1) **Die Hersteller von Fahrzeug- und Industriebatterien oder deren Bevollmächtigte stellen die Erfüllung ihrer Pflichten aus § 5 dadurch sicher, dass sie**

1. den Vertreibern für die von diesen nach § 9 Absatz 1 Satz 1 zurückgenommenen Fahrzeug- und Industrie-Altbatterien und

2. den Behandlungseinrichtungen nach § 12 Absatz 1 und 2 für die dort anfallenden Fahrzeug- und Industrie-Altbatterien

eine zumutbare und kostenfreie Möglichkeit der Rückgabe anbieten und die zurückgenommenen Altbatterien nach § 14 verwerten. Die Hersteller von Fahrzeug- und Industriebatterien oder deren Bevollmächtigte sind verpflichtet, die finanziellen und organisatorischen Mittel vorzuhalten, um der Pflicht nach Satz 1 nachzukommen. Eine Verpflichtung der Vertreiber oder der Behandlungseinrichtungen zur Überlassung dieser Altbatterien an die Hersteller oder anderen Bevollmächtigte besteht nicht.

(2) **Für Fahrzeug- und Industrie-Altbatterien können die jeweils betroffenen Hersteller oder deren Bevollmächtigte, Vertreiber, Behandlungseinrichtungen nach § 12 Absatz 1 und 2 und Endnutzer von Absatz 1 Satz 1 abweichende Vereinbarungen treffen.**

(3) **Soweit Fahrzeug- und Industrie-Altbatterien durch Vertreiber, Behandlungseinrichtungen nach § 12 Absatz 1 und 2, öffentlich-rechtliche Entsorgungsträger oder gewerbliche Altbatterieentsorger nach § 14 verwertet werden, gilt die Verpflichtung der Hersteller oder von deren Bevollmächtigten aus § 5 als erfüllt.**

Übersicht

A. Allgemeines

I. Bedeutung der Vorschrift

§ 8 konkretisiert die Grundpflicht aus § 5 für die Hersteller von Fahrzeug- und In- **1**
dustriebatterien bzw. deren Bevollmächtigte und verpflichtet diese, für Vertreiber und Behandlungseinrichtungen nach § 12 Abs. 1 und 2 zumutbare und kostenfreie Möglichkeiten der Rückgabe von Fahrzeug- und Industrie-Altbatterien zu schaffen.

II. Rechtsentwicklung

Die geltende Regelung entspricht in großen Teilen dem ursprünglichen Entwurf der **2**
Bundesregierung zur Erstfassung des Gesetzes (BT-Drs. 16/12227, 10).

3 In Anlehnung an Art. 16 Abs. 5 der RL 2006/66/EG wurde durch Art. 1 G. v. 20.11.2015 BGBl. I 2071 (Erstes Gesetz zur Änderung des Batteriegesetzes und des Kreislaufwirtschaftsgesetzes) klargestellt, dass auch bei Fahrzeug-Altbatterien von Abs. 1 abweichende Vereinbarungen, insbesondere im Hinblick auf die Finanzierung, getroffen werden können (BT-Drs. 18/5759, 11).

4 Durch das Erste Gesetz zur Änderung des Batteriegesetzes vom 3.11.2020 (BGBl. I 2280) ist Abs. 1 an die neue Möglichkeit zur Beauftragung eines Bevollmächtigten angepasst und insoweit im Hinblick auf die Rücknahme von Fahrzeug- und Industrie-Altbatterien ergänzt worden. Mit Blick auf die neue Möglichkeit zur Beauftragung eines Bevollmächtigten sind die Abs. 2 und 3 ebenfalls angepasst worden (BT-Drs. 19/19930, 44).

III. Abgrenzung zu anderen Vorschriften

5 § 8 konkretisiert die Modalitäten der Rücknahme zur Erfüllung der Grundpflicht gemäß § 5 nur für Hersteller von Fahrzeug- und Industriebatterien bzw. deren Bevollmächtigte nach § 26 Abs. 2. Die Rücknahmemodalitäten für Hersteller von Gerätebatterien regelt § 7.

IV. EU-Recht

6 Die Vorschrift dient der Umsetzung von Art. 8 Abs. 3 und 4, Art. 12 Abs. 1 S. 1 lit. b, Art. 16 Abs. 1 lit. b und Abs. 5, Art. 19 der RL 2006/66/EG, vgl. Erwägungsgrund 13 S. 1 und 4, Erwägungsgrund 14 S. 1, Erwägungsgrund 16 S. 1, Erwägungsgrund 17 S. 1, Erwägungsgrund 19 S. 2, Erwägungsgrund 26 S. 2 der RL 2006/66/EG.

B. Inhalt und Reichweite der Rücknahmepflicht

7 Abs. 1 konkretisiert die Grundpflicht der Hersteller bzw. deren Bevollmächtigter aus § 5 im Hinblick auf Fahrzeug- und Industrie-Altbatterien. Hersteller von Fahrzeug- oder Industriebatterien werden verpflichtet, den Vertreibern dieser Batterien für die gemäß § 9 Abs. 1 S. 1 zurückgenommenen Fahrzeug- und Industrie-Altbatterien und den Behandlungseinrichtungen im Sinne von § 12 Abs. 1 und 2 für die dort anfallenden Fahrzeug- und Industrie-Altbatterien eine zumutbare und kostenfreie Möglichkeit der Rückgabe anzubieten und die zurückgenommenen Altbatterien ordnungsgemäß zu verwerten (BT-Drs. 16/12227, 28).

8 Eine korrespondierende Verpflichtung der Vertreiber oder der Behandlungseinrichtungen zur Überlassung der Fahrzeug- und Industrie-Altbatterien an die Hersteller besteht – anders als bei Geräte-Altbatterien – nicht (BT-Drs. 16/12227, 28).

9 Die Sammlung von Fahrzeug-Altbatterien erfolgt ausschließlich durch die in § 11 Abs. 3 S. 1 genannten Akteure, also durch die Vertreiber, die öffentlich-rechtlichen Entsorgungsträger und die Behandlungseinrichtungen nach § 12 Abs. 2. Eine Abweichung davon ist im Fall der Fahrzeug-Altbatterien auch durch eine Vereinbarung nach § 8 Abs. 2 (→ Rn. 12) nicht möglich (BT-Drs. 18/5759, 11). Eine solche Öffnung für abweichende Vereinbarungen ist zwar für Industrie-Altbatterien vorgesehen, vgl. § 11 Abs. 4, nicht aber für die Erfassungsberechtigten von Fahrzeug-Altbatterien. Allerdings können nach § 11 Abs. 3 S. 2 Endnutzer, die gewerbliche oder sonstige wirtschaftliche Unternehmen oder öffentliche Einrichtungen sind, die bei ihnen anfallenden Fahrzeug-

Altbatterien unmittelbar den Herstellern oder gewerblichen Altbatterieentsorgern überlassen.

10 In Umsetzung von Art. 8a Abs. 3 Buchstabe c der geänderten RL 2008/97/EG haben Hersteller bzw. deren Bevollmächtigte nach § 26 Abs. 2 hierfür die **notwendigen finanziellen und organisatorischen Mittel** vorzuhalten (BT-Drs. 19/19930, 44).

11 Der Umfang der vorzuhaltenden finanziellen und organisatorischen Mittel ergibt sich aus der **Reichweite der Pflicht** nach Abs. 1, ggf. entsprechend der vom Hersteller getroffenen abweichenden Vereinbarungen nach Abs. 2, und ist damit auf die Rücknahme „seiner" Fahrzeug- und Industrie-Altbatterien beschränkt. Eine ausdrückliche Beschränkung der Rücknahmepflicht nach Art und Menge der Fahrzeug- und Industrie-Altbatterien enthält Abs. 1 zwar – anders als § 9 Abs. 1 S. 2 für den Vertreiber mit der Sortimentsgleichheit und einer Menge, derer sich Endnutzer üblicherweise entledigen – nicht. Eine solche qualitative Beschränkung auf „seine" Altbatterien und infolgedessen auch quantitative Beschränkung auf „seine" Mengen an Altbatterien dürfte aber der Produktverantwortung des jeweiligen Herstellers im Rahmen des § 8 Abs. 1 immanent sein. So begrenzt auf den jeweiligen Hersteller wurde jedenfalls bereits zuvor die Produktverantwortung der Hersteller von Starterbatterien gemäß § 6 BattV aF aufgefasst, vgl. *Fischer* in: Fluck/Frenz/Fischer/Franßen, KrWR, AbfR und BodSchR, 38. Erg.-Lfg., Nov. 2002, § 6 BattV, Rn. 81. Für eine solche immanente Schranke der Rücknahmepflicht der Hersteller sprechen auch allgemein die Regelungen zur abfallwirtschaftlichen Produktverantwortung, die darauf zielen, den jeweiligen Hersteller mit den Folgekosten seiner Produkte zu konfrontieren, vgl. *Wendenburg/Seitel* AbfallR 2009, 206 (210). Auch Regelungen anderer Gesetze zur Ausgestaltung der Produktverantwortung für Produkte zur typischerweise privaten, nichtgewerblichen Nutzung bestimmen, dass die Rücknahmepflicht des Herstellers sich allein auf „seine" Erzeugnisse bezieht (vgl. § 19 Abs. 1 ElektroG für sog. b2b-Geräte). Nach dem diesen Regelungen zugrundeliegenden Verursacherprinzip gilt, dass jeder Hersteller seine Produkte zurücknehmen und entsorgen muss, vgl. *Lückefett* in: Bullinger/Lückefett, Das neue Elektrogesetz, S. 51 mit Bezug auf die WEEE RL, ähnlich auch *Bullinger* in Bullinger/Fehling, ElektroG, Einleitung, Rz. 31. Nur wenn die Rücknahme über ein kollektives System erfolgt, tragen die Hersteller die jeweils ausgeformte kollektive (ggf. anteilige) Finanzierungsverantwortung (vgl. § 31 Abs. 5 ElektroG oder auch für die Informationskampagnen und einheitliche Kennzeichnung der Rücknahmestellen nach § 18 Abs. 3 und Abs. 4 die Kostentragungsregelung in § 18 Abs. 3 S. 6).

12 Auch die RL 2006/66/EG gibt keine weitergehende, kollektive Produktverantwortung der Hersteller von Fahrzeug- und Industrie-Altbatterien vor. Nach Art. 8 Abs. 3 RL 2006/66/EG haben die Mitgliedstaaten zwar sicherzustellen, dass Hersteller von Industriebatterien und -akkumulatoren oder in ihrem Namen tätige Dritte sich nicht weigern dürfen, Industrie-Altbatterien und -akkumulatoren unabhängig von deren chemischer Zusammensetzung und „Herkunft" vom Endnutzer zurückzunehmen. Nach Erwägungsgrund 28 der RL 2006/66/EG sind die Hersteller von Batterien und Akkumulatoren als Träger der Produktverantwortung jedoch nur für das Abfallmanagement der von ihnen in Verkehr gebrachten Batterien und Akkumulatoren verantwortlich. Der Begriff der „Herkunft" in Art. 8 Abs. 3 der RL 2006/66/EG (*„origin"* in der englischen Sprachfassung *„origine"* in der französischen Fassung) ist daher nicht als Herkunft der Batterie von einem bestimmten Hersteller, sondern als Anfallstelle der Altbatterie zu verstehen. Die Rücknahmepflicht für Industrie-Altbatterien gilt mithin für den jeweiligen Hersteller unabhängig davon, ob diese Industrie-Altbatterien aus privaten Haushaltungen oder von gewerblichen Endnutzern stammen, nicht jedoch unabhängig von seinem Inverkehrbringen. Damit ergibt sich für einen Hersteller von Fahrzeug- und Industrie-

Altbatterien eine ähnliche qualitative Beschränkung der Rücknahmepflicht auf „seine" Fahrzeug- und Industrie-Altbatterien, wie sie für Vertreiber durch die Sortimentsgleichheit in § 9 Abs. 1 S. 2 ausdrücklich geregelt ist.

C. Zulässigkeit abweichender Vereinbarungen

13 Abs. 2 räumt den jeweils betroffenen Herstellern, Vertreibern, Behandlungseinrichtungen und Endnutzern die Option ein, für Fahrzeug- und Industrie-Altbatterien von Abs. 1 abweichende Vereinbarungen zu treffen. Durch abweichende Vereinbarung können so insbesondere Regelungen zu den Rücknahme- und Verwertungskosten getroffen werden (BT-Drs. 16/12227, 28).

14 Anders als etwa in § 15 Abs. 1 S. 4 VerpackG beschränkt Abs. 2 den Inhalt abweichender Vereinbarungen jedoch nicht auf den Ort der Rückgabe und die Kostenregelung. Insofern könnte Gegenstand einer abweichenden Vereinbarung auch ein Verzicht auf die Inanspruchnahme der Rückgabemöglichkeit sein.

15 Aufgrund einer abweichenden Vereinbarung iSd Abs. 2 können Hersteller nach § 11 Abs. 4 auch unmittelbar Industrie-Altbatterien erfassen.

D. Erfüllungswirkung bei Verwertung durch andere Wirtschaftsbeteiligte

16 Abs. 3 soll klarstellen, dass die Verpflichtung der Hersteller aus § 5 insoweit nicht fortbesteht, als Fahrzeug- und Industrie-Altbatterien durch einen Vertreiber, eine Behandlungseinrichtung nach § 12 Abs. 1 und 2, einen öffentlich-rechtlichen Entsorgungsträger oder einen gewerblichen Altbatterieentsorger ordnungsgemäß verwertet worden sind; das Tätigwerden eines dieser Wirtschaftsbeteiligten hat mithin für die Hersteller befreiende Wirkung (BT-Drs. 16/12227, 28).

17 Zu beachten ist allerdings, dass die Erfüllungswirkung im Fall einer Verwertung durch öffentlich-rechtliche Entsorgungsträger nicht den Fall einer Sammlung von Industrie-Altbatterien durch öffentlich-rechtliche Entsorgungsträger betrifft. Denn die Mitwirkung der öffentlich-rechtlichen Entsorgungsträger nach § 13 umfasst nicht die Sammlung von Industrie-Altbatterien, sondern ist auf die Sammlung von Geräte-Altbatterien und Fahrzeug-Altbatterien beschränkt. Der Bundesrat hatte zwar im Verfahren zum Ersten Gesetz Änderung des Batteriegesetzes vom 3.11.2020 (BGBl. I 2280) vorgeschlagen, die Mitwirkung der öffentlich-rechtlichen Entsorgungsträger auszudehnen auf die Sammlung von Industrie-Altbatterien, die üblicherweise beim privaten Endverbraucher anfallen (BT-Drs. 19/21610, 4). Der Vorschlag wurde von der Bundesregierung jedoch abgelehnt (BT-Drs. 19/21610, 13) und schließlich vom Bundestag auch nicht aufgegriffen.

18 Abs. 3 geht jedoch auch in der Variante „Verwertung durch öffentlich-rechtliche Entsorgungsträger" nicht ins Leere, sondern greift für eine Verwertung der ebenfalls einleitend in Abs. 3 genannten Fahrzeug-Altbatterien durch öffentlich-rechtliche Entsorgungsträger (→ § 13 Abs. 2). Die Vorschrift ist ähnlich ausdifferenziert zu verstehen wie nunmehr in § 9 Abs. 3 S. 2 und S. 3 geregelt (→ § 9 Rn. 4).

§ 9 Pflichten der Vertreiber

(1) **Jeder Vertreiber ist verpflichtet, vom Endnutzer Altbatterien an oder in unmittelbarer Nähe des Handelsgeschäfts unentgeltlich zurückzunehmen. Die Rücknahmeverpflichtung nach Satz 1 beschränkt sich auf Altbatterien der Art im Sinne von § 2 Absatz 2 bis 6, die der Vertreiber als Neubatterien in seinem Sortiment führt oder geführt hat, sowie auf die Menge, derer sich Endnutzer üblicherweise entledigen. Satz 1 erstreckt sich nicht auf Produkte mit eingebauten Altbatterien; das Elektro- und Elektronikgerätegesetz und die Altfahrzeug-Verordnung bleiben unberührt. Im Versandhandel ist Handelsgeschäft im Sinne von Satz 1 das Versandlager.**

(2) **Die Vertreiber nach Absatz 1 Satz 1 sind verpflichtet, zurückgenommene Geräte-Altbatterien einem Rücknahmesystem nach § 7 Absatz 1 Satz 1 zu überlassen. Die Bindung an ein Rücknahmesystem erfolgt für mindestens zwölf Monate. Eine Kündigung ist nur zulässig bis drei Monate vor Ablauf der vereinbarten Laufzeit oder, falls keine Laufzeit vereinbart ist, bis drei Monate vor Ablauf der zwölf Monate. Wird die Kündigungsfrist nicht eingehalten oder keine Kündigung erklärt, verlängert sich die Laufzeit um mindestens zwölf weitere Monate. Die Sätze 2 und 3 gelten nicht, sofern die Genehmigung des Rücknahmesystems während der Laufzeit entfällt.**

(3) **Soweit ein Vertreiber vom Angebot nach § 8 Absatz 1 keinen Gebrauch macht und Fahrzeug- und Industriebatterien selbst verwertet oder Dritten zur Verwertung überlässt, hat er sicherzustellen, dass die Anforderungen des § 14 erfüllt werden. Für Fahrzeug- und Industriebatterien, die der Vertreiber einem gewerblichen Altbatterieentsorger mit dem Ziel der Verwertung überlässt, gelten die Anforderungen des § 14 zu Gunsten des Vertreibers als erfüllt. Satz 2 gilt auch für Fahrzeugbatterien, die der Vertreiber einem öffentlich-rechtlichen Entsorgungsträger mit dem Ziel der Verwertung überlässt.**

(4) **Die Kosten für die Rücknahme, Sortierung, Verwertung und Beseitigung von Geräte-Altbatterien dürfen beim Vertrieb neuer Gerätebatterien gegenüber dem Endnutzer nicht getrennt ausgewiesen werden.**

Übersicht

A. Allgemeines

I. Bedeutung der Vorschrift

§ 9 nimmt die Vertreiber für die Rücknahme der Altbatterien vom Endnutzer in die **1**
Pflicht und gestaltet differenziert nach Batteriearten die Schnittstelle zu Hersteller, ge-

werblichen Altbatterieentsorgern und öffentlich-rechtlichen Entsorgungsträgern aus. Mit der Rücknahmepflicht der Vertreiber an oder in unmittelbarer Nähe des Handelsgeschäfts („Handelsrücknahme“) zielt die Vorschrift auf eine Vielzahl von Erfassungsstellen und legt damit einen wesentlichen Grundstein für die flächendeckende Erfassung und ordnungsgemäße Entsorgung der Altbatterien. Die Vorschrift stellt auch ein Bindeglied zwischen den Endnutzerpflichten nach § 11 und den Herstellerpflichten nach §§ 7 und 8 dar.

II. Rechtsentwicklung

2 Abs. 1 entspricht im Wesentlichen der Erstfassung des Gesetzes. Mit dem Ersten Gesetz zur Änderung des Batteriegesetzes und des Kreislaufwirtschaftsgesetzes v. 20.11.2015 (BGBl. I 2071) wurde jedoch in Abs. 1 S. 1 und S. 4 das Wort „Verkaufsstelle“ durch das Wort „Handelsgeschäft“ ersetzt. Dadurch sollte klargestellt werden, dass die Rücknahme nicht beim Verbraucher, sondern im Handelsgeschäft zu erfolgen hat, und zwar auch in den Fällen, in denen der Vertrag über den Verkauf und den Einbau einer Batterie beim Verbraucher vor Ort erfolgt (BT-Drs. 18/5759, 11). Nicht angepasst wurde hingegen die ursprünglich auf die „Verkaufsstelle“ bezogene Ortsbestimmung „an oder in unmittelbarer Nähe der“. Mit dem Ersten Gesetz zur Änderung des Batteriegesetzes vom 3.11.2020 (BGBl. I 2280) wurde dies teils redaktionell angeglichen. Ferner wurde die „Art“ der Batterie durch Ergänzung des Verweises auf die Begriffsdefinitionen in § 2 Abs. 2 bis 6 näher bestimmt.

3 Abs. 2 aF verpflichtete vormals die Vertreiber grundsätzlich, zurückgenommene Geräte-Altbatterien dem Gemeinsamen Rücknahmesystem nach § 6 aF zur Abholung bereitzustellen. Die Vertreiber hatten die Option, auf die Entsorgung durch das Gemeinsame Rücknahmesystem für einen Zeitraum von jeweils mindestens einem Kalenderjahr zu verzichten und die Geräte-Altbatterien einem oder mehreren herstellereigenen Rücknahmesystemen nach § 7 aF zur Abholung bereitzustellen. Der Verzicht war spätestens drei Monate vor Beginn des betreffenden Kalenderjahres dem Gemeinsamen Rücknahmesystem iSd § 6 aF schriftlich anzuzeigen (BT-Drs. 16/12227, 28). Im Zuge des Wegfalls des Gemeinsamen Rücknahmesystems und Aufhebung des § 6 aF wurde auch Abs. 2 durch das Erste Gesetz zur Änderung des Batteriegesetzes vom 3.11.2020 (BGBl. I 2280) neu gefasst. Es besteht eine Überlassungspflicht gegenüber einem Rücknahmesystem nach § 7 mit einer Bindungsdauer von 12 Monaten an dieses eine Rücknahmesystem.

4 Auch Abs. 3 wurde mit dem Ersten Gesetz zur Änderung des Batteriegesetzes vom 3.11.2020 (BGBl. I 2280) neugefasst, entspricht aber inhaltlich im Wesentlichen der Erstfassung des Gesetzes. Die vormals in Abs. 3 S. 2 aF ähnlich wie in § 8 Abs. 3 (→ § 8 Rn. 18) zusammenfasste Regelung gilt für die Überlassung an öffentlich-rechtliche Entsorgungsträger nunmehr ausdrücklich nur im Fall der Fahrzeug-Altbatterien (S. 3).

III. Abgrenzung zu anderen Vorschriften

5 Die Vorschrift regelt die Pflichten der Vertreiber iSd § 2 Abs. 14. Diese Begriffsbestimmung des Vertreibers enthält (anders als die Definition des Händlers nach § 2 Abs. 12 ProdSG) keine Ausnahme für Wirtschaftsbeteiligte, die auch die Tatbestandsmerkmale eines Herstellers iSd BattG erfüllen. Die Pflichten als Vertreiber und als Hersteller gemäß § 5 iVm §§ 7 bzw. 8 stehen daher nebeneinander und schließen sich nicht aus. Vertreiber, die nach § 2 Abs. 15 S. 2 auch als Hersteller gelten, bleiben daher aus § 9 verpflichtet.

IV. EU-Recht

Abs. 1 soll der Umsetzung von Erwägungsgrund 13, Erwägungsgrund 14 S. 1, Erwägungsgrund 17 S. 1, Art. 8 Abs. 1 S. 1 lit. b der RL 2006/66/EG, Abs. 2 der Umsetzung von Erwägungsgrund 13, Erwägungsgrund 17 S. 1, Erwägungsgrund 19 S. 2, Art. 12 Abs. 1 S. 1 lit. b, Art. 19 der RL 2006/66/EG und Abs. 3 der Umsetzung von Erwägungsgrund 5 S. 2, Erwägungsgrund 16 S. 1, Erwägungsgrund 17 S. 1, Art. 8 Abs. 3 S. 2 und Ab. 4, Art. 12 Abs. 1 S. 1 Buchstabe b der RL 2006/66/EG dienen (BT-Drs. 16/12227, 28f.). Abs. 4 schließlich zielt auf die Umsetzung von Art. 16 Abs. 4 der RL 2006/66/EG (BT-Drs. 16/12227, 29). **6**

B. Rücknahmepflicht der Vertreiber

Abs. 1 S. 1 verpflichtet die Vertreiber von Batterien zur unentgeltlichen Rücknahme von Altbatterien „an oder in unmittelbarer Nähe des Handelsgeschäfts". Die Rücknahme „an" dem Handelsgeschäft, dürfte der vormaligen Anknüpfung an die „Verkaufsstelle" (→ Rn. 2) geschuldet sein. Die Rücknahme soll demnach nicht beim Verbraucher, sondern im Handelsgeschäft oder in dessen unmittelbarer Nähe erfolgen, und zwar auch in den Fällen, in denen der Vertrag über den Verkauf und den Einbau einer Batterie beim Verbraucher vor Ort erfolgt. Nach Abs. 1 S. 4 stellt im Versandhandel das Versandlager den maßgeblichen Rücknahmeort dar. **7**

Abs. 1 S. 2 beschränkt die Rücknahmepflicht der Vertreiber im Hinblick auf zurückzunehmende Altbatterien qualitativ und quantitativ. **8**

Qualitativ ist die Rücknahmepflicht beschränkt nach der Art der Batterie iSd Definitionen in § 2 Abs. 2 bis 6. Die Sortimentsgleichheit ist dementsprechend typisiert nach den Batteriearten (Gerätebatterie, Fahrzeugbatterie oder Industriebatterie) zu bestimmen. Eine weitere Differenzierung und Beschränkung, insbesondere nach Marken, sieht Abs. 1 S. 2 nicht vor (vgl. *Ahlhaus/Waggershauser* Das neue Batteriegesetz, S. 63; *Wendenburg/Seitel* AbfallR 2009, 206 (212)). Die Rücknahmepflicht kann auch im Hinblick auf Batteriearten bestehen, die der Vertreiber als Neubatterien früher einmal in seinem Sortiment geführt hat (so bereits § 5 BattV aF, vgl. dazu *Fischer* Strategien im Kreislaufwirtschafts- und Abfallrecht, Heidelberg 2001, S. 357, 360; anders hingegen § 15 Abs. 1 S. 2 und Abs. 4 S. 2 VerpackG). Eine bestimmte zeitliche Schranke für die frühere Sortimentsgleichheit definiert Abs. 1 S. 2 nicht. Die Rücknahmepflicht aufgrund bloß früherer Sortimentsgleichheit dürfte jedenfalls durch die mittlere Lebensdauer der betreffenden Batterieart begrenzt sein, da dann der Vertreiber nicht mehr mit einer Rückgabe rechnen muss und ihm entsprechende organisatorische Vorkehrungen nicht mehr zugemutet werden können. **9**

Quantitativ ist die Rücknahmepflicht beschränkt auf eine solche Menge, derer sich Endnutzer üblicherweise entledigen. Darunter wird eine „haushaltsübliche" Menge verstanden (*Wendenburg/Seitel* AbfallR 2009, 206 (212)). Eine Begrenzung der Masse oder Menge durch eine maximale Stückzahl, wie sie etwa § 17 Abs. 1 ElektroG für Altgeräte vorsieht, enthält Abs. 1 S. 2 nicht. Die endnutzerübliche Menge kann von Batterieart zu Batterieart auch variieren (in diesem Sinne bereits *Ahlhaus/Waggershauser* Das neue Batteriegesetz, 1. Aufl. 2011, S. 63). **10**

Abs. 1 S. 3 nimmt schließlich Altbatterien, die in andere Produkte fest eingebaut sind, von der Rücknahmepflicht nach Abs. 1 S. 1 aus. Vorrangig ist hier die Rücknahme eines Altgeräts insgesamt nach dem ElektroG bzw. eines Altfahrzeugs nach der AltfahrzeugV, **11** und zwar einschließlich der jeweils eingebauten Batterien. Hierdurch wird vermieden, dass Produkte mit fest eingebauten Batterien über die hierfür ungeeigneten Rücknahmewege für Altbatterien zurückgeführt werden (BT-Drs. 16/12227, 28). Altbatterien, die nicht fest von einem Altgerät iSd ElektroG umschlossen sind, sind jedoch vor der Abgabe des Altgeräts von diesem zu trennen (§ 10 Abs. 1 S. 2). Für diese Altbatterien gilt dann die Rücknahmepflicht nach Abs. 1 S. 1.

C. Überlassung zurückgenommener Geräte-Altbatterien

12 Vertreiber haben zurückgenommene Geräte-Altbatterien einem Rücknahmesystem nach § 7 zu überlassen. Die in Abs. 2 aF enthaltene Option, anstelle der Überlassung an das Gemeinsame Rücknahmesystem nach § 6 aF die zurückgenommenen Geräte-Altbatterien mehreren Rücknahmesystemen zu überlassen, enthält Abs. 2 idF des Ersten Gesetzes zur Änderung des Batteriegesetzes v. 3.11.2020 (BGBl. I 2280) nicht (mehr). Der Vertreiber hat sich daher zwischen den Angeboten der verschiedenen Rücknahmesysteme zu entscheiden (BT-Drs. 19/19930, 45). Verstöße gegen die Überlassungspflicht sind bußgeldbewehrt (§ 29 Abs. 1 Nr. 10).

13 Als angeschlossene Rücknahmestelle (§ 7 Abs. 2 S. 1 Nr. 3) können die Vertreiber von dem Rücknahmesystem die Abholung der bereitgestellten Geräte-Altbatterien unabhängig von ihrer Beschaffenheit, Art, Marke oder Herkunft verlangen (§ 7 Abs. 2 S. 1 Nr. 4). Die bei dem Betrieb eines Rücknahmesystems ggf. zusammenwirkenden Hersteller können bei einer angeschlossenen Rücknahmestelle die Abholung bestimmter zurückgenommener Geräte-Altbatterien nicht ablehnen, nur weil der Hersteller dieser Gerätebatterien nicht oder nicht mehr bei dem Betrieb des Rücknahmesystems mitwirkt.

14 Die Bindung einer Rücknahmestelle an ein Rücknahmesystem erfolgt dabei für mindestens 12 Monate und kann mit dreimonatiger Frist gekündigt werden. Sofern keine Kündigung erfolgt oder die Kündigungsfrist nicht eingehalten wird, verlängert sich die Laufzeit um mindestens weitere 12 Monate. Die Bindung gilt hingegen nicht, wenn ein Rücknahmesystem während der Laufzeit die Genehmigung verliert. Die Regelung soll sicherstellen, dass auch in diesen Fällen trotz bestehender Vereinbarung ein Wechsel zu einem anderen Rücknahmesystem möglich ist (BT-Drs. 19/19930, 45).

D. Überlassung zurückgenommener Fahrzeug- oder Industrie-Altbatterien

15 Soweit Vertreiber, die Fahrzeug- oder Industrie-Altbatterien nach Abs. 1 zurücknehmen, die zurückgenommenen Altbatterien einem Hersteller überlassen, trifft den Hersteller die Entsorgungspflicht nach § 14 (§ 8 Abs. 1). Nur soweit der Vertreiber vom Rücknahmeangebot der Hersteller nach § 8 Abs. 1 keinen Gebrauch macht, muss er für diese Altbatterien die Erfüllung der Anforderungen des § 14 sicherstellen. Er kann dabei nach Maßgabe des § 26 Abs. 1 auch Dritte mit der Erfüllung dieser Pflichten beauftragen. Seine Verantwortlichkeit für die Erfüllung der Pflichten bleibt davon unberührt und so lange bestehen, bis die Entsorgung endgültig und ordnungsgemäß abgeschlossen ist (§ 26 Abs. 1 S. 2 iVm § 22 S. 2 KrWG).

16 Überlässt der Vertreiber die Fahrzeug- oder Industrie-Altbatterien jedoch einem gewerblichen Altbatterieentsorger (§ 2 Abs. 17) mit dem Ziel der Verwertung, gelten die Anforderungen des § 14 bereits mit Übergabe an den gewerblichen Altbatterieentsorger zu Gunsten des Vertreibers (nicht zu Gunsten des gewerblichen Altbatterieentsorgers) als erfüllt (BT-Drs. 19/19930, 45 sowie BT-Drs. 16/12227, 29). Entsprechendes gilt ab Übergabe von Fahrzeug-Altbatterien an einen öffentlich-rechtlichen Entsorgungsträger, sofern sich dieser freiwillig nach § 13 Abs. 2 an der Rücknahme von Fahrzeug-Altbatterien beteiligt.

E. Ausweisungsverbot für Entsorgungskosten

Abs. 4 verbietet, beim Vertrieb neuer Gerätebatterien gegenüber dem Endnutzer die **17**
Kosten für die Rücknahme, Sortierung, Verwertung oder Beseitigung von Geräte-Altbatterien getrennt auszuweisen. Das Verbot der Ausweisung der Entsorgungskosten (sog. „visible fee") findet sich in ähnlicher Form auch im ElektroG (→ § 7 Abs. 4). Dort ist das Verbot jedoch speziell an den Hersteller adressiert. Hier wie dort gilt das Verbot nur für die Ausweisung der Entsorgungskosten gegenüber dem Endnutzer. Eine Ausweisung der Entsorgungskosten gegenüber Zwischenhändlern ist nicht von dem Verbot umfasst. Zielsetzung des Verbots nach Abs. 4 dürfte hier gleichermaßen sein, einen Anreiz zu geben, die Produkte möglichst entsorgungsfreundlich zu gestalten (vgl. *Hilf/Schleifenbaum* in Giesberts/Hilf, ElektroG, 3. Aufl. § 7 Rn. 43 ff.). Verstöße gegen diese Pflicht zur getrennten Ausweisung sind bußgeldbewehrt (§ 29 Abs. 1 Nr. 11).

§ 16 Sammelziel

(1) **Die Rücknahmesysteme nach § 7 Absatz 1 Satz 1 müssen jeweils im eigenen System für Geräte-Altbatterien eine Sammelquote von mindestens 50 Prozent erreichen und dauerhaft sicherstellen.**

(2) **Zur Berechnung der Sammelquote nach Absatz 1 ist die Masse der Geräte-Altbatterien, die im Geltungsbereich dieses Gesetzes in einem Kalenderjahr zurückgenommen wurde, ins Verhältnis zu setzen zu der Masse an Gerätebatterien, die im Durchschnitt des betreffenden und der beiden vorangegangenen Kalenderjahre im Geltungsbereich dieses Gesetzes erstmals in Verkehr gebracht worden ist und im Geltungsbereich dieses Gesetzes für eine getrennte Erfassung zur Verfügung steht. Bei der Berechnung nach Satz 1 darf die Masse der zurückgenommenen Blei-Säure-Geräte-Altbatterien nur insoweit herangezogen werden, als sie die Masse der erstmals in Verkehr gebrachten Blei-Säure-Gerätebatterien, die im Geltungsbereich dieses Gesetzes für eine getrennte Erfassung zur Verfügung steht, nicht übersteigt.**

(3) **Bei einem Wechsel eines Herstellers von einem Rücknahmesystem zu einem anderen Rücknahmesystem wird die in Verkehr gebrachte Masse an Gerätebatterien bei der Berechnung der Sammelquote nach Absatz 2 erst ab dem Zeitpunkt des Wechsels dem neuen Rücknahmesystem zugerechnet. [2]Zuvor in Verkehr gebrachte Gerätebatterien verbleiben für die Berechnung der Sammelquote beim bisherigen Rücknahmesystem.**

Übersicht

A. Allgemeines

I. Bedeutung der Vorschrift

§ 16 legt verbindliche Sammelziele für Geräte-Altbatterien fest. Die Erreichung der festgelegten Quoten ist durch die herstellereigenen Rücknahmesysteme – jeweils bezogen auf das eigene System – im Wege der Erfolgskontrolle nach § 15 nachzuweisen. Ein Nachweis der Zielerreichung ist Genehmigungsvoraussetzung (§ 7 Abs. 2 S. 1). Erforderliche Maßnahmen zu deren dauerhafter Sicherstellung können Gegenstand von Anordnungen nach § 28 Abs. 1 sein. Zugleich ist die Verfehlung des Sammelziels gemäß § 21 Abs. 2 Nr. 3 Grund für einen Widerruf der Systemgenehmigung. Die Verfehlung der Sammelquote ist bußgeldbewehrt (→ § 29 Abs. 1 Nr. 14b). 1

II. Rechtsentwicklung

2 In der Erstfassung des BattG waren entsprechend den Vorgaben aus Art. 10 Abs. 2 der RL 2006/66/EG Sammelziele zu den Stichtagen 26.9.2012 bzw. 26.9.2016 in Höhe von 35 % bzw. 45 % festgelegt.

3 Mit dem Gesetz zur Neuordnung des Kreislaufwirtschafts- und Abfallrechts v. 24.2.2012 (BGBl. I 212) wurden die Sammelziele entsprechend der Entscheidungen 2008/763/EG und 2009/851/EG der Europäischen Kommission für die Berichte der Mitgliedstaaten (Berichterstattung auf Basis des Kalenderjahres) ausdrücklich auf ein Kalenderjahr bezogen und eine Zwischenstufe für die im Kalenderjahr 2014 zu erreichende Quote in Höhe von 40 % ergänzt. Damit sollte eine kontinuierliche Fortentwicklung der Sammelquote zwischen den Kalenderjahren 2012 und 2016 sichergestellt werden. Die Erreichung diese Quote wurde gesamtwirtschaftlich als unproblematisch angesehen, da in Deutschland bereits im Kalenderjahr 2009 eine Sammelquote von über 40 % erreicht wurde (BT-Drs. 17/6052, 110).

4 Mit dem Ersten Gesetz zur Änderung des Batteriegesetzes vom 3.11.2020 (BGBl. I 2280) wurde § 16 neu gefasst und die in Abs. 1 vorgegebene Mindestsammelquote auf Anregung des Umweltausschusses des Bundestags von 45 % auf 50 % erhöht (BT-Drs. 19/22607, 12f.). Die in Abs. 2 S. 1 geregelte Berechnung der Sammelquote der Rücknahmesysteme ersetzt die vormals in § 2 Abs. 19 aF enthaltene, an Art. 3 Abs. 17 der RL 2006/66/EG angelehnte Begriffsdefinition. Neu aufgenommen wurde eine Begrenzung der Anrechenbarkeit von zurückgenommenen Blei-Säure-Gerätebatterien (Abs. 2 S. 2) und eine Bestimmung zur Zurechnung der Inverkehrbringungsmassen für den Fall, dass der Hersteller sein Rücknahmesystem unterjährig wechselt (Abs. 3). Die besonderen Regelungen zur Durchschnittsbildung in den beiden ersten Jahren der Tätigkeit des Rücknahmesystems (§ 23 Abs. 5 aF) sind weiterhin bei den Übergangsvorschriften verortet und wurden dort als § 31 Abs. 6 und 7 ebenfalls neu gefasst.

III. Abgrenzung zu anderen Vorschriften

5 § 16 gilt nur für die Rücknahmesysteme der Hersteller von Gerätebatterien (§ 7 Abs. 1 S. 1). Für die Rücknahme von Industrie- oder Fahrzeug-Altbatterien (§ 8) sind keine Sammelziele vorgeschrieben.

IV. EU-Recht

6 Die Festlegung eines verbindlichen Sammelziels für Geräte-Altbatterien dient der Umsetzung von Erwägungsgrund 5 S. 2, Erwägungsgrund 13 S. 2 und 3, Erwägungsgrund 14 S. 1 und 2, Art. 10 Abs. 2 RL 2006/66/EG (BT-Drs. 16/12227, 31).

7 Die Berechnung der Quote anhand der jeweils in einem Kalenderjahr zurückgenommenen Geräte-Altbatterien nach Abs. 2 S. 1 Hs. 1 dient der Umsetzung der Entscheidung 2009/851/EG der Kommission, nach dessen Art. 1 iVm Nr. 4 des Anhangs die Mitgliedstaaten die in den einzelnen Geltungsjahren des jeweiligen Berichts erreichten Sammelquoten anzugeben haben.

8 Die Beschränkung in Abs. 2 S. 1 Hs. 2 auf die Masse in Verkehr gebrachter Gerätebatterien, die im Geltungsbereich des BattG für eine getrennte Erfassung zur Verfügung steht, dient der Umsetzung der Entscheidung der Kommission 2008/763/EG vom 29.9.2008, nach deren Art. 1 die Mitgliedstaaten den Jahresabsatz von Gerätebatterien

und -akkumulatoren an Endnutzer in einem Jahr berechnen als Gewicht der auf dem Territorium des Mitgliedstaates in dem betreffenden Jahr in den Verkehr gebrachten Gerätebatterien und -akkumulatoren abzüglich der Gerätebatterien und -akkumulatoren, die das Territorium des Mitgliedstaats in demselben Jahr vor dem Verkauf an Endnutzer verlassen haben.

B. Höhe der Mindestsammelquote

In der Erstfassung des BattG waren die **Sammelziele** nach Abs. 1 zeitlich gestaffelt **9** und sowohl an das Gemeinsame Rücknahmesystem nach § 6 aF als auch an die herstellereigenen Rücknahmesysteme gerichtet. Durch den Wegfall der Regelungen zum Gemeinsamen Rücknahmesystem nach § 6aF durch das Erste Gesetz zur Änderung des Batteriegesetzes vom 3.11.2020 (BGBl. I 2280) gilt § 16 nur noch unmittelbar für die Hersteller beim Betrieb ihrer Rücknahmesysteme nach § 7 Abs. 1 S. 1.

Auch die vormalige Staffelung der Sammelziele wurde durch das Erste Gesetz zur Än- **10** derung des Batteriegesetzes vom 3.11.2020 (BGBl. I 2280) gestrichen, da seit 2016 bereits die letzte Staffelung eingetreten ist. Seitdem galt ein Sammelziel von 45 %.

Im Entwurf der Bundesregierung war von einer Erhöhung des Sammelziels vor dem **11** Hintergrund der neuen Situation auf dem Markt infolge des Wegfalls des Gemeinsamen Rücknahmesystems nach § 6 aF und der angekündigten Revision der RL 2006/66/EG zunächst abgesehen gesehen worden (BT-Drs. 19/19930, 48). Die Beibehaltung des Sammelziels von 45 % wurde als nicht sonderlich ambitioniert kritisiert (*Chryssos/Dieckmann,* AbfallR 2020, 46 (48) mwN bei Fn. 14). Für das Jahr 2019 wurde bereits eine deutschlandweite Sammelquote von 52,2 % berichtet, vgl. https://www.umweltbundesamt.de/daten/ressourcen-abfall/verwertung-entsorgung-ausgewaehlter-abfallarten/altbatterien#die-sammelquote-fur-geratebatterien-stieg-im-jahr-2019-erstmals-uber-50-prozent (zuletzt aufgerufen am 15.11.2020).

Auf Anregung des Umweltausschusses wurde daher das Sammelziel auf 50 % erhöht. **12** Der Gesetzgeber fordert damit zusätzliche Anstrengungen von den Rücknahmesystemen ein, die bislang eine Sammelquote von 50 % nicht oder nur unter Anrechnung werthaltiger Blei-Säure-Altbatterien erreicht haben (BT-Drs. 19/22607, 12 f.). Die Erhöhung des Sammelziels auf 50 % entspricht der Bitte des Bundesrats (BT-Drs. 19/21610, 15). Seitens verschiedener der Verbände war indes eine noch stärkere, ggf. schrittweise Anhebung des Sammelziels gefordert worden, vgl. Ausschuss für Umwelt, Naturschutz und nukleare Sicherheit, Protokoll der 81. Sitzung vom 9.9.2020, Nr. 19/81, S. 8 f. und passim, zB auf 55 % (VKU/VKS) oder schrittweise sogar auf 85 % (DUH).

C. Berechnung der erreichten Quote

Abs. 2 und 3 regeln zusammen mit § 31 Abs. 6 und 7 die **Berechnung der erreich-** **13** **ten Sammelquote** für Geräte-Altbatterien im jeweiligen Rücknahmesystem. Unklarheiten bei der Anwendung der vormaligen Definition der Sammelquote in § 2 Abs. 19 waren unter anderem Anlass für das Erste Gesetz zur Änderung des Batteriegesetzes vom 3.11.2020 (BGBl. I 2280) (vgl. Leitfaden für die Prüfung und Bestätigung einer Dokumentation nach § 15 Abs. 1 oder 2 des BattG vom 6.12.2017, BAnz AT 22.12.2017 B8 mit Änderung vom 6.3.2018, BAnz AT 21.3.2018 B10, dazu VG Halle, Urt. v. 29.8.2018 – 8 A 331/18, BeckRS 2018, 54432 mit Anm. *Dieckmann,* AbfallR 2019, 156, sowie im Folgenden *Chryssos/Dieckmann,* AbfallR 2020, 46, *Dieckmann/Gutknecht,* Rechtsgutachterliche Stellungnahme zur Verfassungsmäßigkeit der vorgeschlagenen Neuregelungen der §§ 16 Abs. 3, 31 Abs. 6 und 7 BattG-Regierungsentwurf, erstattet der Stiftung Gemeinsames Rücknahmesystem Batterien vom 5.6.2020 nebst Stellungnahme der Bundesregierung dazu, enthalten in BT-Ausschussdrucksache 19(16)374-C).

14 Nach der Vorgabe in Abs. 2 S. 1 wird für die Berechnung der Sammelquote im Grundsatz ein Verhältnis gebildet aus zurückgenommenen Geräte-Altbatterien („Zähler") und in Verkehr gebrachten Gerätebatterien („Nenner"). Während der Zähler jeweils auf ein bestimmtes Kalenderjahr bezogen ist, erfolgt für den Nenner grundsätzlich eine **rollierende Durchschnittsbildung** über drei Kalenderjahre (das betreffende und die beiden vorangegangenen Kalenderjahre).

15 Bei der Anwendung der weiteren Bestimmungen zur Abgrenzung in Abs. 3 und bei der Durchschnittsbildung ist zu beachten, dass die Errichtungs- und Betriebspflicht eines Rücknahmesystems nach § 7 Abs. 1 S. 1 unmittelbar die Hersteller trifft und gerade beim Zusammenwirken mit anderen Hersteller deren Rücknahmesystem jeweils nur mit Wirkung für die eindeutig im Antrag benannten Hersteller genehmigt ist. Für §§ 16, 31 Abs. 6 und 7 iVm § 7 Abs. 1 S. 1 idF des Ersten Gesetzes zur Änderung des Batteriegesetzes vom 3.11.2020 (BGBl. I 2280) kommt es hinsichtlich der Tätigkeit eines Rücknahmesystems immer auf die Genehmigungswirkung für einen konkreten Hersteller oder seinen Bevollmächtigten an. Denn anders als einst das Gemeinsame Rücknahmesystem nach § 6 aF sind die Rücknahmesysteme nach § 7 Abs. 1 S. 1 idF des Ersten Gesetzes zur Änderung des Batteriegesetzes vom 3.11.2020 (BGBl. I 2280) nicht vom Mitgliederbestand unabhängig. Vielmehr sind die diese Rücknahmesysteme betreibenden und ggf. zusammenwirkenden Hersteller bzw. deren Bevollmächtigte jeweils konkretisiert. Daher ist stets auf die (zusammenwirkenden, „angeschlossenen") Hersteller abzustellen, vgl. so auch bereits zu § 7 Abs. 1 aF: *Dieckmann,* AbfallR 2019, 156 (160).

16 Diese Zuweisung der Rücknahme- und Systembetriebspflicht an die konkreten Hersteller von Gerätebatterien gemäß §§ 5, 7 Abs. 1 S. 1 ist konsequenterweise und erst recht nach den Änderungen durch das Erste Gesetz zur Änderung des Batteriegesetzes vom 3.11.2020 (BGBl. I 2280) bei personellen Veränderungen der zusammenwirkenden Hersteller beim Betrieb ihres eigenen Rücknahmesystems nach § 7 Abs. 1 S. 1 zu beachten. Dies ergibt sich aus § 7 Abs. 3 S. 3, wonach nunmehr der Genehmigungsantrag die zusammenwirkenden Hersteller oder deren Bevollmächtigte eindeutig benennen muss, und auch aus § 20 Abs. 1 S. 3, wonach einem Hersteller von Gerätebatterien eine Registrierung nur erteilt werden darf, wenn der Hersteller ein Rücknahmesystem einrichtet und betreibt, das mit Wirkung für ihn genehmigt ist. Dementsprechend muss die Genehmigung des Rücknahmesystems jeweils an neue Mitbetreiber bzw. an den Austritt eines Mitbetreibers angepasst werden (BT-Drs. 19/19930, 44).

17 Daraus folgt für den Fall, dass ein Hersteller zum Kalenderjahresende ein anderes Rücknahmesystem errichten und/oder betreiben will, eine **Zuordnung und Abgrenzung** der von ihm in Verkehr gebrachten Massen an Gerätebatterien unmittelbar aus der zeitlichen Wirkung der Genehmigung eines Rücknahmesystems für den betreffenden Hersteller nach § 7 Abs. 3 S. 3 nF und dem entsprechenden **Kalenderjahresbezug der Berichtspflicht** für den betreffenden Zeitraum.

18 Aufgrund der auf ein bestimmtes Kalenderjahr bezogenen Sammelquotenberechnung besteht ein Abgrenzungsbedürfnis für den Fall, dass ein Hersteller **unterjährig** ein anderes Rücknahmesystem errichten und/oder betreiben will. Dazu regelt Abs. 3, dass die in Verkehr gebrachten Gerätebatterien dieses Herstellers zwischen seinem ersten und zweiten Rücknahmesystem stichtagsgenau (zeitanteilig, vgl. *Chryssos/Dieckmann,* AbfallR 2020, 46 (50, Fn. 15)) abzugrenzen sind und also bei unterjährigem Wechsel keine „Mitnahme" von Sammelverpflichtungen von dem bis zum Wechsel betriebenen Rücknahmesystem zu dem danach betriebenen Rücknahmesystem erfolgt. Im Ergebnis wird so die in Verkehr gebrachte Masse an Batterien eines wechselnden Herstellers dem neuen Rücknahmesystem stets erst ab dem Vollzug des Wechsels zugerechnet (BT-Drs. 19/19930, 48).

Bei dem „neuen" Rücknahmesystem erfolgt **nach § 31 Abs. 6 und 7** ein **stufenweiser Einstieg in die rollierende Durchschnittsbildung** der Inverkehrbringungsmasse dieses Herstellers (ggf. mit der im ersten Jahr zeitanteilig nach Abs. 3 abgegrenzten Inverkehrbringungsmasse). § 31 Abs. 6 und 7 kommt insoweit eine allgemeinere Bedeutung zu als ihre Verortung unter den „Übergangsvorschriften" vermuten lässt. Die Verortung in § 31 erklärt sich schlicht aus der in der Erstfassung des BattG gewählten Regelungstechnik, allgemein den stufenweisen Einstieg für die neue Tätigkeit eines Rücknahmesystems durch „entsprechende" Anwendung zeitlich fixierter Regelungen (§ 23 Abs. 3 und 4 aF) anzuordnen (vgl. § 23 Abs. 5 aF). Bereits die Gesetzesbegründung zu § 23 aF wies lediglich § 23 Abs. 3 und 4 als echte Übergangsregelungen aus (BT-Drs. 16/12227, 25); § 23 Abs. 5 aF enthielt demgegenüber eine unabhängig vom jeweiligen Kalenderjahr (BT-Drs. 16/12227, 33), mithin allgemeine Regelung. **19**

Bei der Anwendung des § 31 Abs. 6 und 7 ist zu beachten, dass die Möglichkeit der bloßen Beteiligung an einem unabhängig von Zu- und Abgängen einzelner Hersteller festgestellten Rücknahmesystem mit dem Ersten Gesetz zur Änderung des Batteriegesetzes vom 3.11.2020 (BGBl. I 2280) entfallen ist (anders noch § 6 aF). Vielmehr ist der jeweilige Hersteller als pflichtiger Betreiber eines Rücknahmesystems nun ausdrücklich im Gesetz verankert, vgl. §§ 5, 7 Abs. 1 S. 1 und Abs. 3 S. 3, § 20 Abs. 1 S. 3 (→ § 20 Rn. 24). Der Beginn der Tätigkeit des Rücknahmesystems iSd § 31 Abs. 6 und 7 ist daher gesondert für jeden einzelnen Hersteller zu beurteilen. Denn die Regelungen in § 31 Abs. 6 und 7 differenzieren nicht danach, ob der Hersteller nun erstmals ein Rücknahmesystem errichtet **(„Neugründer")** oder ob er schon Marktteilnehmer war, aber nun erstmals bei dem Betrieb seines Rücknahmesystems mit bestimmten anderen Herstellern zusammenwirkt **(„Wechsler").** Erst ab der Wirksamkeit der Genehmigung für den im Genehmigungsantrag eindeutig benannten Hersteller (§ 7 Abs. 3 S. 3) ist das Rücknahmesystem mit Wirkung für diesen Hersteller tätig, so dass in den ersten beiden Kalenderjahren ab Wirksamkeit der (Änderung der) Genehmigung des Rücknahmesystems die Durchschnittsbildung für diesen Hersteller nach § 31 Abs. 6 und 7 erfolgt – im Fall des Zusammenwirkens durch Beauftragung eines Dritten auch unabhängig davon, ob der Drittbeauftragte ggf. schon für andere Hersteller tätig war. Durch den konkreten Herstellerbezug, den nach §§ 5, 7 Abs. 1 S. 1 und Abs. 3 S. 3 sowie § 20 Abs. 1 S. 3 die genehmigte Tätigkeit eines Rücknahmesystems nun notwendigerweise haben muss, ergibt sich keine Ungleichbehandlung (mehr) zwischen „Neugründern" und „Wechslern". **20**

Angesichts der tatsächlichen Gleichbehandlung beider Konstellationen bestehen auch keine verfassungsrechtlichen Bedenken (mehr) wie noch unter Geltung des § 2 Abs. 19 aF, § 7 Abs. 3 aF und § 23 Abs. 5 aF (→ § 20 Rn. 24 und Vorb. Rn. 69). Diese Gleichbehandlung entspricht dem von der Bundesregierung formulierten Ziel dieser Regelungen; demnach sollen neu eingerichtete Rücknahmesysteme mit Blick auf die Sammelverpflichtung von Anfang an so gestellt werden, als wären sie mehrere Jahre am Markt tätig gewesen (vgl. S. 4 der Stellungnahme der Bundesregierung zu *Dieckmann/Gutknecht* Rechtsgutachtliche Stellungnahme zur Verfassungsmäßigkeit der vorgeschlagenen Neuregelungen der §§ 16 Abs. 3, 31 Abs. 6 und 7 BattG-Regierungsentwurf, enthalten in BT-Ausschussdrucksache 19(16)374-C). Es soll mithin vermieden werden, dass Hersteller, die ab einem bestimmten Zeitpunkt ein anderes Rücknahmesystem betreiben, in den ersten Jahren geringere Kosten haben als bei dem bisher betriebenen Rücknahmesystem. Daher erfolgt in den beiden ersten Kalenderjahren der Tätigkeit als Rücknahmesystem eines bestimmten Herstellers nach § 31 Abs. 6 und 7 im Hinblick auf die Inverkehrbrin- **21** gungsmassen dieses Herstellers ein jahresstufenweiser Einstieg in die rollierende Durchschnittsbildung. Dies gilt angesichts der unmittelbaren Betriebspflicht des konkreten Herstellers von Geräte-Batterien zum Betrieb eines eigenen Rücknahmesystems (§ 7 Abs. 1 S. 1, Abs. 3 S. 3) unabhängig davon, ob der Drittbeauftragte ggf. schon für andere Hersteller tätig war oder nicht.

22 Die nach Abs. 2 S. 1, Abs. 3 und § 31 Abs. 6 und 7 für jeden Hersteller bzw. dessen Bevollmächtigten ermittelten Inverkehrbringungsmassen werden im Fall des Zusammenwirkens mehrerer Hersteller von Geräte-Batterien aggregiert. Der aggregierte Betrag bildet dann den Nenner für die zu berechnende erreichte Sammelquote im Rücknahmesystem der zusammenwirkenden Hersteller in dem betreffenden Kalenderjahr. Daraus ergibt sich die Gesamtverpflichtung der zusammenwirkenden Hersteller zur Erreichung des Sammelziels aus Abs. 1 (zur wechselseitigen Zurechnung im Fall des Zusammenwirkens und entsprechender Risikovorsorge → § 7 Rn. 29 und 41).

23 Den Zähler bildet im Fall des Zusammenwirkens mehrerer Hersteller ebenfalls die aggregierte Masse der von diesen Herstellern zusammen und einschließlich der von ihrem Drittbeauftragten zurückgenommenen Geräte-Altbatterien (zu der Begrenzung im Hinblick auf zurückgenommene Blei-Säure-Gerätebatterie → Rn. 25).

24 Bei den zurückgenommenen Geräte-Altbatterien darf nach Abs. 2 nur die im Inland gesammelte Menge an Geräte-Altbatterien berücksichtigt werden. Ebenso muss auch nur die Menge der im Inland in Verkehr gebrachten und hier verbliebenen Gerätebatterien in den Nenner eingestellt werden (BT-Drs. 19/19930, 48). Diese Regelung korrespondiert mit der Berichtspflicht der Mitgliedstaaten über die erreichte Sammelquote und der ergangenen Entscheidung der Kommission vom 29.9.2008 (2008/763/EG). Nach Art. 1 dieser Entscheidung berechnen die Mitgliedstaaten den Jahresabsatz von Gerätebatterien und -akkumulatoren an Endnutzer in einem Jahr als Gewicht der auf dem Territorium des Mitgliedstaates in dem betreffenden Jahr in den Verkehr gebrachten Gerätebatterien und -akkumulatoren abzüglich der Gerätebatterien und -akkumulatoren, die das Territorium des Mitgliedstaats in demselben Jahr vor dem Verkauf an Endnutzer verlassen haben (zur Prüfung durch einen unabhängigen Sachverständigen → § 15 Abs. 1 S. 1 Nr. 1 und S. 3 sowie zur Befugnis des Umweltbundesamts zur Entwicklung von Prüfleitlinien → § 15 Abs. 4 S. 2). Damit findet im Rahmen der Berechnung der erreichten Sammelquote von Geräte-Altbatterien in ähnlicher Weise ein **Abzug von indirekten Exportmengen** statt wie bei der Berechnung der Abholpflichten der Hersteller von Elektro- und Elektronikgeräten durch Berücksichtigung der nach § 27 Abs. 1 S. 1 Nr. 2 ElektroG mitgeteilten Mengen (vgl. § 31 Abs. 6 S. 2 ElektroG).

D. Beschränkte Anrechenbarkeit von bleihaltigen Geräte-Altbatterien

25 Abs. 2 S. 2 enthält eine Beschränkung der anrechenbaren Sammelmenge von bleihaltigen Geräte-Altbatterien („Bleideckel"). Die Regelung wurden mit dem Ersten Gesetz zur Änderung des Batteriegesetzes vom 3.11.2020 (BGBl. I 2280) eingeführt (→ Rn. 4). Blei-Säure-Geräte-Altbatterien dürfen nur insoweit für die Berechnung der erreichten Sammelquote herangezogen werden, als sie die durchschnittliche Menge an in Verkehr gebrachten bleihaltigen Gerätebatterien durch die Hersteller des jeweiligen Rücknahmesystems nicht übersteigt. Hierdurch sollen Missbrauchsmöglichkeiten und ein **Rosinenpicken** aufgrund der Werthaltigkeit von Blei-Säure-Geräte-Altbatterien unterbunden werden (BT-Drs. 19/19930, 48).

26 Mit der Anknüpfung an das chemische System dürften Abgrenzungsschwierigkeiten bei der Rücknahme von Altbatterien nicht vollständig vermieden sein, die sich aus dem konkreten Verwendungszusammenhang und damit der Zuordnung zu den Batteriearten nach § 2 Abs. 4 bis 6 (Fahrzeug-, Industrie- oder Gerätebatterie) ergeben können. Die Anrechenbarkeit der Blei-Säure-Geräte-Altbatterien setzt weiterhin voraus, dass es sich um Geräte-Altbatterie handelt. Eine Anrechnung von Blei-Säure-Fahrzeug-Altbatterien oder Blei-Säure-Industrie-Altbatterien scheidet damit weiterhin aus. Der Höhe nach ist eine Anrechnung selbst von Blei-Säure-Geräte-Altbatterien ferner nach Abs. 2 S. 2 auf die durchschnittliche Menge an in Verkehr gebrachten bleihaltigen Gerätebatterien durch die Hersteller des jeweiligen Rücknahmesystems begrenzt.

Für den maßgeblichen Zeitraum, Zurechnung und Durchschnittsbildung der Obergrenze enthält Abs. 2 S. 2 keine spezielle Regelung, sondern nimmt lediglich Bezug auf „die Masse der erstmals in Verkehr gebrachten Blei-Säure-Gerätebatterien, die im Geltungsbereich dieses Gesetzes für eine getrennte Erfassung zur Verfügung steht". Für die Zwecke der Obergrenze gelten daher die allgemeinen Regelungen zu zeitlichem Bezug, Zurechnung und Durchschnittsbildung der in Verkehr gebrachten Massen (Abs. 2 S. 1, Abs. 3, § 31 Abs. 6 und 7, oben → Rn. 13). **27**

E. Erstmalige Anwendung der neuen Vorgaben

Abs. 1 und Abs. 2 S. 2 nF treten gemäß Art. 3 des Ersten Gesetzes zur Änderung des Batteriegesetzes vom 3.11.2020 (BGBl. I 2280) zum 1.1.2021 in Kraft. Die Regelungen gelten daher nach den allgemeinen Grundsätzen intertemporalen Verwaltungsrechts bereits im Rahmen der zum 30.4.2021 fälligen Erfolgskontrolle. **28**

Nach den allgemeinen Grundsätzen intertemporalen Verwaltungsrechts erfassen Rechtsänderungen grundsätzlich alle bei ihrem Inkrafttreten anhängigen Fälle, sofern das Gesetz nicht mit hinreichender Deutlichkeit etwas Abweichendes bestimmt, vgl. BVerwGE 160, 128; VGH Mannheim, B. v. 30.4.2020 – 9 S 2943/19, Rn. 8, juris; VG Gießen, B. v. 19.7.2013 – 8 L 1267/13.GI, Rn. 8, juris. Ausdrückliche Übergangsregelungen bestehen jedoch nur hinsichtlich des neuen Genehmigungserfordernisses durch die zuständige Bundesbehörde nach §§ 7 Abs. 1 S. 2, 20 Abs. 2 (→ § 31 Abs. 4) und hinsichtlich der ökologischen Gestaltung der Beiträge der Hersteller und entsprechenden Berichtspflichten nach §§ 7a, 15 Abs. 2 (→ § 31 Abs. 5). **29**

Eine vergleichbare Übergangsregelung besteht für die Sammelquote nach Abs. 1 und für die Beschränkung der Anrechenbarkeit bleihaltiger Geräte-Altbatterien nach Abs. 2 Satz 2 nicht. Insofern ist ab Inkrafttreten des Ersten Gesetzes zur Änderung des Batteriegesetzes vom 3.11.2020 (BGBl. I 2280) nach § 15 Abs. 1 S. 1 Nr. 4 die Dokumentation nach Maßgabe des § 16 in der geltenden Fassung vorzulegen. § 2 Abs. 19 aF sowie §§ 15, 16 aF zeitigen mit Inkrafttreten des Ersten Gesetzes zur Änderung des Batteriegesetzes vom 3.11.2020 (BGBl. I 2280) gemäß dessen Art. 2 zum 1.1.2021 keine Wirkung mehr (entsprechend zu den Rechtsänderungen infolge des Gesetzes zur Neuordnung des Rechts über das Inverkehrbringen, die Rücknahme und die umweltverträgliche Entsorgung von Elektro- und Elektronikgeräten vom 20.10.2015: VG Ansbach, Urt. v. 8.2.2017 – AN 11 K 15.00981, Rn. 49, juris). **30**

Die Anwendbarkeit der strengeren Vorgaben von Abs. 1 und Abs. 2 S. 2 bereits im Rahmen der Dokumentation zum 30.4.2021 wird abgemildert durch die ebenfalls zum 1.1.2021 in Kraft tretende Möglichkeit der Anrechnung nicht selbst gesammelter, sondern von anderen Rücknahmesystemen abgekauften Massen nach § 15 Abs. 1 Satz 1 Nr. 2 Hs. 2. Damit schafft § 15 Abs. 1 S. 1 Nr. 2 bei der Neuregulierung zum 1.1.2021 einen verhältnismäßigen Ausgleich für die strengeren Anforderungen aus Abs. 1 und Abs. 2 S. 2 iVm § 15 Abs. 1 S 1 Nr. 4. **31**

Abschnitt 4. Zuständige Behörde

§ 19 Zuständige Behörde

Zuständige Behörde ist das Umweltbundesamt.

Übersicht

A. Allgemeines

I. Bedeutung der Vorschrift

1 § 19 leitet den mit dem Ersten Gesetz zur Änderung des Batteriegesetzes vom 3.11.2020 (BGBl. I 2280) neu gefassten vierten Abschnitt ein, in dem die wesentlichen Aufgaben im Zusammenhang mit der Registrierung von Herstellern und der Genehmigung von Rücknahmesystemen geregelt und gesetzlich zunächst dem Umweltbundesamt als der zuständigen Behörde zugewiesen werden.

2 Das Umweltbundesamt ist sodann nach den Bestimmungen im fünften Abschnitt ermächtigt, die Gemeinsame Stelle der Hersteller nach dem ElektroG mit diesen Aufgaben und Befugnissen zu beleihen, § 23.

II. Rechtsentwicklung

3 § 19 mit diesem Inhalt wurde mit dem Ersten Gesetz zur Änderung des Batteriegesetzes vom 3.11.2020 (BGBl. I 2280) eingefügt. Bereits die ursprüngliche Fassung des BattG sah eine Zuständigkeit des Umweltbundesamts für bestimmte Aufgaben und Befugnisse vor (→ Vorbem. Rn. 24). So war das Umweltbundesamt zuständig und befugt für die Entgegennahme und Veröffentlichung der Anzeigen der Hersteller (§ 4 aF), die Entgegennahme der Dokumentationen zur Erfolgskontrolle und die Veröffentlichung von Empfehlungen für das Format und den Aufbau dieser Dokumentationen (§ 15 aF) sowie für die Feststellung der Einrichtung des und Anordnungen gegenüber dem vormaligen Gemeinsamen Rücknahmesystem (§§ 6 Abs. 2, 21 Abs. 1 aF). Auch war das Umweltbundesamt bereits nach der ursprünglichen Fassung des BattG Verwaltungsbehörde iSd § 36 Abs. 1 Nr. 1 OWiG für bestimmte Ordnungswidrigkeitentatbestände (§ 22 Abs. 3 aF).

4 Das Erste Gesetz zur Änderung des Batteriegesetzes vom 3.11.2020 (BGBl. I 2280) hat diese Konzeption im Grundsatz beibehalten und dahingehend weiterentwickelt, dass die Zuständigkeit des Umweltbundesamts sich nun auch auf die Genehmigung der Rücknahmesysteme nach § 7 erstreckt.

5 § 19 in der ursprünglichen Fassung des BattG mit den Regelungen zur Beauftragung Dritter wurde mit dem Ersten Gesetz zur Änderung des Batteriegesetzes vom 3.11.2020 (BGBl. I 2280) zu § 26 und um Regelungen zu Bevollmächtigten der Hersteller ergänzt (§ 26 Abs. 2).

III. Abgrenzung zu anderen Vorschriften

6 Die Zuständigkeitsregelung nach § 19 gilt nur für die ausdrücklich im BattG genannten Vollzugsaufgaben, im Übrigen bleibt es nach der bundesstaatlichen Kompetenzordnung (Art. 83 GG) bei der Ausführung des Gesetzes durch die Länder. Dies betrifft insbesondere Anordnungen im Einzelfall aufgrund der allgemeinen Ermächtigungsgrundlage nach § 28 Abs. 2 S. 1 iVm § 62 KrWG, etwa für eine effektive Kontrolle und Durchsetzung der Stoffverbote nach § 3 Abs. 1 und 2 (→ Rn. 10) und spiegelt sich in der Bestimmung des Umweltbundesamts als Verwaltungsbehörde iSd § 36 Abs. 1 Nr. 1 OWiG nur für bestimmte Ordnungswidrigkeitentatbestände (§ 29 Abs. 3).

IV. EU-Recht

7 § 19 setzt keine Vorschrift der RL 2006/66/EG um. Die Behördenzuständigkeit gehört zu den Spielräumen der Mitgliedstaaten bei der Umsetzung der unionsrechtlichen Vorgaben.

8 Zu den Mindestanforderungen an das Regime der erweiterten Herstellerverantwortung nach Art. 8a Abs. 1 lit. a und Abs. 5 UAbs. 2 der RL 2008/98/EG (Abfallrahmenrichtlinie), wie durch die RL (EU) 2018/851 geändert, gehört jedoch allgemein eine genaue Definition der Rollen und Verantwortlichkeiten aller einschlägigen beteiligten Akteure (einschließlich Behörden) und die Schaffung eines geeigneten Überwachungs- und Durchsetzungsrahmens, um die Wahrnehmung der Verpflichtungen der erweiterten Herstellerverantwortung sicherzustellen. Genaue Bestimmungen zur zuständigen Behörde, ihrer Aufgaben und Befugnisse sind damit auch unionsrechtlich geboten.

B. Umweltbundesamt als zuständige Behörde

9 Der mit dem Ersten Gesetz zur Änderung des BattG vom 3.11.2020 (BGBl. I 2020) neugefasste § 19 bestimmt das Umweltbundesamt als zuständige Behörde. Die im fünften Abschnitt vorgesehene Beleihungsmöglichkeit der Gemeinsamen Stelle der Hersteller nach dem ElektroG erfordert daher – anders als im Fall der Aufgaben der Zentralen Stelle Verpackungsregister gemäß § 26 Abs. 1 S. 2 VerpackG – einen gesonderten Beleihungsakt. Insofern folgt die Systematik der §§ 19ff. jener der §§ 36ff. ElektroG, die ebenfalls vom Umweltbundesamt als der zuständigen Behörde ausgehen und die Möglichkeit der Beleihung der Gemeinsamen Stelle der Hersteller nach dem ElektroG enthalten.

10 Die Verwaltungszuständigkeit des Bundes ist vor dem Hintergrund der bundesstaatlichen Kompetenzordnung (Art. 83 GG) grundsätzlich rechtfertigungsbedürftig. Vor allem durch die Übertragung der Aufgabe der Genehmigung der Rücknahmesysteme auf den Bund in Gestalt des Umweltbundesamtes mit der Befugnis der Beleihung der Gemeinsamen Stelle der Hersteller nach dem ElektroG soll aber eine deutliche Verwaltungsvereinfachung erreicht werden, da das Umweltbundesamt bzw. die Beliehene zukünftig für

diesen Bereich – neben der schon bestehenden Aufgabe der Registrierung der Hersteller (bislang Anzeige der Hersteller) – die bundesweit allein zuständige Behörde sein wird. Damit entfallen bisher teilweise erforderliche Mehrfachanzeigen an den Bund und die zuständigen Landesbehörden, so z. B. bei der Dokumentation nach § 15 aF. Zudem kann der Bund auf diese Weise zukünftig konkrete Auslegungsfragen in diesem Zusammenhang im Einzelfall bundeseinheitlich klären, so dass es nicht zu unterschiedlichen Einschätzungen zu demselben Sachverhalt in verschiedenen Bundesländern kommen kann. Dadurch soll eine bundeseinheitliche Anwendung grundlegender und bedeutsamer Regelungen sichergestellt werden (BT-Drs. 19/19930, 26).

Die einheitliche Durchführung der Registrierung und die Notwendigkeit eines einheitlichen und effektiven Vollzugs der Anforderungen an die ebenfalls bundesweit tätigen Rücknahmesysteme nach § 7 rechtfertigt daher die Befassung einer für das gesamte Bundesgebiet zuständigen Behörde (→ Vorbem. Rn. 24), zumal vergleichbare Aufgaben im Rahmen des ElektroG ebenfalls sachgerecht einer für das gesamte Bundesgebiet zuständigen Behörde zugewiesen sind (vgl. *Hilf/Schleifenbaum* in Giesberts/Hilf, ElektroG § 36 Rn. 4). **11**

Die Zuständigkeit des Umweltbundesamts als zuständige Behörde gilt (nur) für die ausdrücklich im BattG benannten Vollzugsaufgaben. Eine klarstellende Regelung der Vollzugszuständigkeit der Länder war im Entwurf der Bundesregierung zum ursprünglichen BattG enthalten gewesen (als § 21 Abs. 1, BT-Drs. 16/12227, 14, 32), aber vom Bundesrat mit Blick auf die eindeutige Bestimmung in Art. 84 GG für entbehrlich gehalten worden (Nr. 23 der Stellungnahme des Bundesrats, BT-Drs. 16/12227, S. 40). Die Bundesregierung hatte sich dem Vorschlag angeschlossen (BT-Drs. 16/12301, 3). Mit Ausnahme der ausdrücklich im BattG benannten Vollzugsaufgaben liegt daher der übrige Vollzug der materiellen Anforderungen des BattG weiter bei den Landesbehörden (→ Rn. 5 sowie zu ähnlichen Abgrenzungsfragen bei § 36 ElektroG vgl. *Hilf/Schleifenbaum* in Giesberts/Hilf, ElektroG § 36 Rn. 5). **12**

§ 20 Aufgaben der zuständigen Behörde

(1) Die zuständige Behörde registriert den Hersteller auf dessen Antrag mit der Marke, der Firma, dem Ort der Niederlassung oder dem Sitz, der Anschrift und dem Namen des Vertretungsberechtigten sowie der Batterieart im Sinne von § 2 Absatz 4 bis 6 und erteilt dem Hersteller eine Registrierungsnummer. Im Fall des § 26 Absatz 2 registriert die zuständige Behörde den Bevollmächtigten mit den in Satz 1 genannten Angaben sowie mit den Kontaktdaten des vertretenen Herstellers und erteilt je vertretenen Hersteller eine Registrierungsnummer. Herstellern von Gerätebatterien oder deren Bevollmächtigten darf die Registrierung nur erteilt werden, wenn der Hersteller oder der Bevollmächtigte ein Rücknahmesystem nach § 7 Absatz 1 Satz 1 eingerichtet hat und betreibt, das mit Wirkung für ihn genehmigt ist.

(2) Die zuständige Behörde genehmigt die Rücknahmesysteme nach § 7 Absatz 1 Satz 1 auf Antrag des Herstellers oder des Bevollmächtigten oder auf Antrag des beauftragten Dritten nach Maßgabe des § 7 Absatz 2 und 3. Die zuständige Behörde überprüft regelmäßig, spätestens alle drei Jahre, ob die Voraussetzungen für die Genehmigung erfüllt werden.

(3) Die zuständige Behörde veröffentlicht die folgenden Angaben zu den registrierten Herstellern und den registrierten Bevollmächtigten auf ihrer Internetseite:

1. Name, Anschrift und Internetadresse des Herstellers oder von dessen Bevollmächtigten,

2. im Fall der Bevollmächtigung: Name und Anschrift des vertretenen Herstellers,

3. die Batterieart nach § 2 Absatz 4 bis 6, die der Hersteller in Verkehr bringt,

4. die Marke, unter der der Hersteller die Batterien in Verkehr bringt,

5. bei Gerätebatterien: Name und Rechtsform des Rücknahmesystems nach § 7 Absatz 1 Satz 1, das der Hersteller oder dessen Bevollmächtigter eingerichtet hat und betreibt,

6. bei Fahrzeug- oder Industriebatterien: die Erklärung über die erfolgte Einrichtung von Rückgabemöglichkeiten und die Zugriffsmöglichkeiten der Rückgabeberechtigten auf das Angebot.

Die Veröffentlichung ist zu untergliedern nach Herstellern von Geräte-, Fahrzeug- und Industriebatterien und muss für jeden Hersteller die Angaben nach Satz 1 sowie das Datum der Registrierung enthalten. Für Hersteller, die aus dem Markt ausgetreten sind, ist zusätzlich das Datum des Marktaustritts anzugeben. Die Angaben nach Satz 1 sind drei Jahre nach dem Datum des angezeigten Marktaustritts des Herstellers im Internet zu löschen. Die Sätze 2 bis 4 gelten im Fall der Bevollmächtigung mit der Maßgabe, dass die Daten zum Bevollmächtigten je vertretenen Hersteller zu veröffentlichen sind.

(4) Die zuständige Behörde veröffentlicht den Namen und die Anschrift der genehmigten Rücknahmesysteme nach § 7 Absatz 1 Satz 1 auf ihren Internetseiten.

Übersicht

A. Allgemeines

I. Bedeutung der Vorschrift

1 § 20 weist der zuständigen Behörde (§ 19) die Aufgaben der Registrierung der Hersteller und der Genehmigung von Rücknahmesystemen zu und enthält dazu flankierend Regelungen zur Veröffentlichung der registrierten Hersteller und genehmigten Rücknahmesysteme im Internet. Zur Wahrung eines einheitlichen Wirtschaftsraums in Deutschland sind diese Aufgaben nicht den jeweiligen Landesbehörden zugewiesen, sondern auf Bundesebene zentralisiert (→ § 4 Rn. 2, § 7 Rn. 14). Damit hat § 20 eine ähnliche Bedeutung für das BattG wie § 37 ElektroG für das ElektroG.

2 Die Aufgaben nach § 20 können ebenso wie die Aufgaben nach § 37 ElektroG im Wege der Beleihung auf die Gemeinsame Stelle der Hersteller nach dem ElektroG übertragen werden, § 23 Abs. 1. Da Hersteller von Gerätebatterien vielfach parallele Pflichten sowohl nach ElektroG als auch nach BattG haben, können so Synergien genutzt werden (BT-Drs. 19/19930, 41). Aufgrund der Beleihung durch das Umweltbundesamt gemäß § 23 Abs. 1 mit Bescheid vom 1.1.2021 (BAnz AT 11.1.2021 B 7) ist die stiftung elektroaltgeräte register für die Registrierung der Hersteller bzw. Bevollmächtigten, Genehmigung der Rücknahmesysteme für Geräte-Altbatterien und Veröffentlichung der angeführten Namen und Angaben zuständig.

II. Rechtsentwicklung

3 § 20 wurde mit dem Ersten Gesetz zur Änderung des Batteriegesetzes vom 3.11.2020 (BGBl. I 2280) neu gefasst und folgt den Änderungen in § 4 Abs. 1 (Registrierungspflicht der Hersteller) und § 7 Abs. 1 (Genehmigung der Errichtung und des Betriebs eines Rücknahmesystems für Geräte-Altbatterien durch eine bundesweit allein zuständige Behörde).

4 Die in § 20 der ursprünglichen Fassung des BattG enthaltene Verordnungsermächtigung wurde dabei in § 27 verschoben und zugleich angepasst.

5 Veröffentlichungspflichten zu den registrierten Herstellern wie nun in Abs. 3 waren in ähnlicher Form bereits vormals für die Hersteller, die ihre Marktteilnahme beim Umweltbundesamt angezeigt hatten, in § 4 Abs. 3 aF vorgesehen (→ § 4 Rn. 6).

III. Abgrenzung zu anderen Vorschriften

6 Ähnliche Aufgaben zur Registrierung wie in Abs. 1 enthalten § 37 Abs. 1 ElektroG und § 26 Abs. 1 S. 2 Nr. 1 VerpackG. Die Regelungen sind nach dem jeweiligen Produkt, das Bezugspunkt des Herstellerbegriffs ist (Batterie, Elektro- oder Elektronikgerät, systembeteiligungspflichtige Verpackung), voneinander abzugrenzen (→ § 4 Rn. 7). Auch die Veröffentlichungspflicht aus Abs. 3 betrifft dementsprechend nur die jeweiligen Herstellerangaben als registrierter Hersteller von Batterien. Die Veröffentlichung entsprechender Angaben zu derselben natürlichen oder juristischen Person als Hersteller iSd

ElektroG erfolgt nach § 31 Abs. 2 S. 1 ElektroG (durch die Gemeinsame Stelle der Hersteller nach dem ElektroG).

Die Genehmigungspflicht für Rücknahmesysteme nach Abs. 2 und Veröffentlichung der diesbezüglichen Angaben nach Abs. 4 betrifft nur die Errichtung und Betrieb eines Rücknahmesystems für Geräte-Altbatterien (§ 7 Abs. 1 S. 1) und damit nur die Hersteller von Gerätebatterien (§ 2 Abs. 6). Die Einrichtung einer den Anforderungen des § 8 entsprechenden Rückgabemöglichkeit für Fahrzeug- oder Industriebatterien (§ 2 Abs. 4 und 5) ist davon nicht betroffen. 7

IV. EU-Recht

Abs. 1 dient zusammen mit § 4 Abs. 1 der Umsetzung von Erwägungsgrund 19 S. 3 und Art. 17 der RL 2006/66/EG, wonach die Mitgliedstaaten sicherstellen, dass jeder Hersteller registriert ist. Im Übrigen setzt § 20 unmittelbar keine Vorschrift der RL 2006/66/EG um. Dies gehört zu den Spielräumen der Mitgliedstaaten bei der Umsetzung der unionsrechtlichen Vorgaben. 8

B. Registrierung der Hersteller

Gemäß Abs. 1 S. 1 ist die zuständige Behörde für die Registrierung der Hersteller sowie die Erteilung einer entsprechenden Registrierungsnummer zuständig. Abs. 1 S. 1 benennt auch die herstellerspezifischen Angaben, die im Zusammenhang mit der Registrierung zu machen sind und gespeichert werden. Im Fall der Bevollmächtigung registriert die zuständige Behörde nach Abs. 1 S. 2 den Bevollmächtigten mit den in Abs. 1 S. 1 genannten Angaben sowie den Kontaktdaten des vertretenen Herstellers und erteilt eine Registrierungsnummer. Nach Abs. 1 S. 3 darf jeweils die Registrierung nur erteilt werden, wenn der Hersteller von Gerätebatterien bzw. sein Bevollmächtigter nachweist, dass er an einem Rücknahmesystem beteiligt ist, das auch mit Wirkung für ihn genehmigt wurde. Für Hersteller, die ihre Marktteilnahme bereits gemäß § 4 Abs. 1 aF beim Umweltbundesamt angezeigt haben, gilt nach Maßgabe des § 31 Abs. 2 eine Karenzzeit bis zum 31.12.2021 (BT-Drs. 19/19930, 49, 56) (→ § 4 Rn. 22 und § 31 Abs. 2). 9

Die Registrierung nach Abs. 1 erfolgt in Form eines **begünstigenden Dauerverwaltungsakts** (→ § 4 Rn. 19). Für die Rechtsform des Verwaltungsaktes sprechen der Katalog der Widerrufsgründe und der Verweis auf die unbeschadete Widerrufsmöglichkeit nach § 49 VwVfG in § 21. Der Gesetzgeber selbst ging damit davon aus, dass die Registrierung in der Rechtsform eines Verwaltungsaktes erfolgt. Aus verfassungsrechtlichen Gründen dürfte letztlich allein diese Rechtsform in Betracht kommen. Die Aufnahme in ein Register hat dann Verwaltungsaktsqualität, wenn die Eintragung konstitutiv für Rechte und Pflichten ist, also die Rechtsstellung Einzelner betroffen ist (*Korte* in Wolff/Bachof/Stober/Kluth, Verwaltungsrecht I, 13. Aufl. § 45 Rn. 59). An die Registrierung bzw. die Nicht-Registrierung sind Rechtsfolgen geknüpft, die für die Hersteller eine schwerwiegende Beeinträchtigung ihrer Grundrechte, insbesondere der Berufsfreiheit, beinhalten. Dies betrifft insbesondere das Verbot des Inverkehrbringens von Geräten nicht oder nicht ordnungsgemäß registrierter Hersteller nach § 3 Abs. 3. Damit ist auch aus Gründen der Rechtssicherheit zu fordern, dass die Registrierung in einer Form erfolgt, die rechtlich verbindlich ist (vgl. entsprechend zu der Registrierung nach § 37 Abs. 1 ElektroG: *Hilf/Schleifenbaum* in Giesberts/Hilf, ElektroG, 3. Aufl. 2018, § 37 Rn. 11). 10

11 Obwohl die Registrierung eine Zugangsvoraussetzung zum Markt darstellt und sie sich somit indirekt auf die untereinander konkurrierenden Hersteller auswirkt, ist sie selbst **nicht drittschützend,** da den Voraussetzungen für die Registrierung insoweit keine Regelungen zu entnehmen sind, die dem Schutze Dritter dienen. Konkurrenten eines anderen Herstellers können also dessen Registrierung nicht anfechten (entsprechend für die Registrierung nach dem ElektroG: *Hilf/Schleifenbaum* in Giesberts/Hilf, ElektroG, 3. Aufl. 2018, § 37 Rn. 13 m. w. N.).

12 Mitbewerber und auch die von § 8 Abs. 3 UWG umfassten Verbände können aber bei einer pflichtwidrig nicht oder nicht ordnungsgemäß (z. B. mit nicht einschlägiger Batterieart) erfolgten Registrierung eines Herstellers im Hinblick auf den Verstoß gegen das Verbot des Inverkehrbringens nach § 3 Abs. 3 und die Registrierungspflicht aus § 4 Abs. 1 nach §§ 8 Abs. 1, 9, 3 Abs. 1, 3a UWG vorgehen (vgl. BGH, Urt. v. 28.11. 2019, I ZR 23/19 und OLG Frankfurt, Urt. v. 28.2.2019, 6 U 181/17, § 3 Abs. 2, § 4 Rn. 32).

13 Registriert wird nur **auf Antrag** des Herstellers (zu den notwendigen Angaben und den verfahrenstechnischen Anforderungen → § 4 Rn. 23 ff.). Eine Registrierung von Amts wegen scheidet demnach aus. Bei einem Verstoß eines Herstellers gegen die Pflicht zur (rechtzeitigen) Registrierung aus § 4 Abs. 1 dürfte die Stellung des erforderlichen Antrags allerdings im Wege einer Anordnung im Einzelfall auf der Grundlage von § 28 Abs. 2 iVm § 62 KrWG durchgesetzt werden können. Diese Anordnungsbefugnis steht allerdings nur den zuständigen Landesbehörden zu (entsprechend für Registrierungsanträge nach dem ElektroG: *Hilf/Schleifenbaum* in Giesberts/Hilf, ElektroG, 3. Aufl. 2018, § 37 Rn. 14).

14 Registriert werden sowohl unternehmensbezogene als auch batteriebezogene Angaben. § 4 Abs. 1 S. 1 hebt dabei die Registrierung des Herstellers mit der Marke und der Batterieart hervor (→ § 4 Rn. 16). Diese sind konstitutiver Teil der Registrierung und insofern in den Tenor der Registrierung aufzunehmen (entsprechend für die Registrierung nach §§ 6, 37 Abs. 1 ElektroG: BVerwG, Urt. v. 15.4.2010, 7 C 9.09 = BeckRS 2010, 49817).

15 Die Erteilung der Registrierung ist eine **gebundene Entscheidung,** die nicht im Ermessen der Behörde liegt (→ § 4 Rn. 12). Allerdings können den Widerrufsgründen in § 21 Abs. 1 unter dem Gesichtspunkt der *dolo agit*-Einrede im BattG angelegte Versagungsgründe entnommen werden, die dazu führen, dass jedenfalls ein (temporäres) Registrierungshindernis besteht, solange diese Widerrufsgründe fortbestehen (so zur Registrierung nach § 6, 37 Abs. 1 ElektroG: *Hamborg* AbfallR 2015, 165 (171), *Lier* Die Gemeinsame Stelle nach dem ElektroG, S. 139 f., vgl. auch *Hilf/Schleifenbaum* in Giesberts/Hilf, ElektroG, 3. Aufl. 2018, § 37 Rn. 16).

16 Nach Abs. 1 S. 2 registriert die zuständige Behörde im Fall der Bevollmächtigung nach § 26 Abs. 2 den **Bevollmächtigten** selbst mit den in Abs. 1 S. 1 genannten Angaben sowie mit den Kontaktdaten des vertretenen Herstellers und erteilt je vertretenem Hersteller eine Registrierungsnummer. Die Registrierung des Bevollmächtigten selbst entspricht der gesetzlich definierten Rolle des Bevollmächtigten. Gemäß § 26 Abs. 2 S. 2 hat der Bevollmächtigte die Aufgabe, im eigenen Namen die Herstellerpflichten zu erfüllen. Durch die Erteilung der Registrierungsnummer je vertretenem Hersteller wird der individuelle Bezug zum beauftragenden Hersteller hergestellt. Dies korreliert mit der Regelung des § 26 Abs. 2 S. 3, wonach jeder Hersteller nur einen Bevollmächtigten beauftragen darf.

17 Spezielle Vorschriften für den Übergang der Registrierung im Fall einer Rechtsnachfolge auf Seiten des Herstellers oder seines Bevollmächtigten wie etwa § 37 Abs. 4 ElektroG (dazu *Hilf/Schleifenbaum* in Giesberts/Hilf, ElektroG, 3. Aufl. 2018, § 37

Rn. 31 ff.) enthält Abs. 1 nicht. Auch im Fall der Registrierung nach Abs. 1 dürfte jedoch von einer Übergangsfähigkeit auszugehen sein. Soweit ein der öffentlich-rechtlichen Funktion der Registrierung gerecht werdender Übergangstatbestand eingreift, geht die Registrierung diesem Übergangstatbestand entsprechend über. Dies dürfte regelmäßig im Fall einer vollen und eben nicht bloß partiellen **Gesamtrechtsnachfolge** anzunehmen sein. Ansonsten bedarf es einer neuen, eigenständigen Registrierung.

Nach Abs. 1 S. 3 darf die Registrierung **Herstellern von Gerätebatterien** oder deren Bevollmächtigten nur dann erteilt werden, wenn der Hersteller oder dessen Bevollmächtigter ein Rücknahmesystem nach § 7 Abs. 1 S. 1 eingerichtet hat und betreibt, das mit Wirkung für ihn genehmigt ist. Die Genehmigung mit Wirkung für den Hersteller oder dessen Bevollmächtigten muss damit zeitlich vor der Registrierung mit dieser Batterieart vorliegen. Die Prüfung der notwendigen Voraussetzungen für die voraussichtliche Erreichung des Sammelziels nach § 16 und der Einhaltung der Vorgaben aus § 7 Abs. 2 S. 2 ist damit Teil des Genehmigungsverfahrens nach Abs. 2 und das Prüfprogramm im Rahmen des Registrierungsverfahrens insofern abgeschichtet. 18

Der Genehmigung eines Rücknahmesystems mit Wirkung für den einzelnen Hersteller bedarf es nur beim Inverkehrbringen von Gerätebatterien (§ 4 Abs. 2 Nr. 7). Beim **Inverkehrbringen von Fahrzeug- oder Industriebatterien** genügt nach § 4 Abs. 2 Nr. 8 eine (wahrheitsgemäße, § 4 Abs. 2 Nr. 9) Erklärung über die erfolgte Einrichtung einer den Anforderungen des § 8 entsprechenden Rückgabemöglichkeit und über die Zugriffsmöglichkeiten der Rückgabeberechtigten auf das Angebot. 19

C. Genehmigung der Rücknahmesysteme für Geräte-Altbatterien

Abs. 2 S. 1 weist der zuständigen Behörde die Aufgabe der Genehmigung der Rücknahmesysteme zu. Diese Aufgabe wurde vormals durch die jeweils am Sitz des Herstellers zuständige oberste Landesbehörde oder eine durch diese bestimmte Behörde wahrgenommen (vgl. § 7 Abs. 1 aF → § 7 Rn. 14). Die Aufgabenzuweisung an nur eine Behörde auf Bundesebene dient dem Anlegen einheitlicher Maßstäbe für die Genehmigung von Rücknahmesystemen und auch der Verwaltungsvereinfachung (BT-Drs. 19/19930, 26, 50). 20

Nach Abs. 2 S. 2 hat die zuständige Behörde spätestens alle drei Jahre das Vorliegen der Voraussetzungen für die Genehmigung zu überprüfen. Weitere materielle Vorgaben regelt Abs. 2 nicht, sie ergeben sich aus § 7 Abs. 2 und 3 (→ § 7 Rn. 16 ff.). Dabei kann die Genehmigung nach § 7 Abs. 2 S. 4 auch mit Auflagen verbunden werden, die erforderlich sind, um die Einhaltung der Verwertungsanforderungen nach § 14 und der Vorgaben aus § 7 Abs. 2 S. 2 dauerhaft sicherzustellen. Solche Auflagen können auch nachträglich erfolgen. 21

Adressat der Genehmigung sind die zur Einrichtung und zum Betrieb verpflichteten Hersteller (§ 7 Abs. 1 S. 1). Wirken mehrere Hersteller oder deren Bevollmächtigte bei Einrichtung und Betrieb ihres Rücknahmesystems durch Beauftragung eines Dritten zusammen, so kann die Genehmigung dem Dritten mit Wirkung für die zusammenwirkenden Hersteller oder deren Bevollmächtigte erteilt werden (§ 7 Abs. 1 S. 2). Insofern ist auch ein solcher Dritter antragsbefugt. 22

Da der Genehmigungsantrag nunmehr die zusammenwirkenden Hersteller oder deren Bevollmächtigte eindeutig benennen muss (§ 7 Abs. 3 S. 3 idF des Ersten Gesetzes zur Änderung des Batteriegesetzes vom 3.11.2020 (BGBl. I 2280)), ist die **persönliche Genehmigungswirkung** auf die konkret im Antrag genannten Hersteller oder deren genannte Bevollmächtigte beschränkt und nicht – ohne Änderung – für Zu- oder Abgänge 23 im unmittelbaren personellen Adressatenkreis offen. Für die Bekanntgabe nach § 41 Abs. 1 VwVfG gegenüber den von der Wirkung betroffenen Herstellern und Bevollmächtigten ist regelmäßig der Dritte jedenfalls mit dessen Angabe im Rahmen des § 4 Abs. 2 Nr. 7 durch den jeweiligen Hersteller oder dessen Bevollmächtigten empfangsbevollmächtigt.

24 Ab Wirksamkeit der Genehmigung für einen bestimmten Hersteller oder dessen Bevollmächtigten ist das genehmigte Rücknahmesystem auch für diesen Hersteller oder dessen Bevollmächtigten tätig. Der Zeitpunkt ist auch für die Bestimmung des ersten bzw. zweiten Kalenderjahres der Tätigkeit des Rücknahmesystems in Bezug auf den jeweiligen Hersteller oder dessen Bevollmächtigten und damit für die Anwendung der Übergangsvorschriften gemäß § 31 Abs. 6 und 7 von Bedeutung (→ § 16 Rn. 19). Bei Änderung eines Rücknahmesystems zwecks Ausdehnung der Genehmigungswirkung auf einen weiteren zusammenwirkenden Hersteller ergibt sich damit für den hinzutretenden Hersteller oder Bevollmächtigten dieselbe in den „Nenner" einzustellende Masse an in Verkehr gebrachten Gerätebatterien im Rahmen der Berechnung der Sammelquote gemäß § 16 Abs. 3 wie bei Errichtung und Betrieb eines separaten Rücknahmesystems.

25 Angesichts der tatsächlichen Gleichbehandlung beider Konstellationen bestehen auch keine verfassungsrechtlichen Bedenken (mehr) wie noch unter Geltung des § 2 Abs. 19 aF, § 7 Abs. 3 aF und § 23 Abs. 5 aF (→ Vorb. Rn. 69). Die im Zuge der Beratungen zum Ersten Gesetz zur Änderung des Batteriegesetzes vom 3.11.2020 (BGBl. I 2280) vorgebrachten Bedenken (vgl. *Dieckmann/Gutknecht* Rechtsgutachtliche Stellungnahme zur Verfassungsmäßigkeit der vorgeschlagenen Neuregelungen der §§ 16 Abs. 3, 31 Abs. 6 und 7 BattG-Regierungsentwurf, erstattet der Stiftung Gemeinsames Rücknahmesystem Batterien, Hamburg, 5.6.2020, enthalten in BT-Ausschussdrucksache 19(16)374-C, sowie *Chryssos/Dieckmann* AbfallR 2020, 46 (50)) berücksichtigen nicht hinreichend, dass § 7 Abs. 1 S. 1 nunmehr jeden Hersteller dazu verpflichtet, zur Erfüllung seiner Rücknahmepflichten nach § 5 ein eigenes Rücknahmesystem für Geräte-Altbatterien einzurichten und zu betreiben, und dass im Fall des Zusammenwirkens mit anderen Herstellern nunmehr nach § 7 Abs. 3 S. 3 die konkret zusammenwirkenden Hersteller im Genehmigungsantrag auch eindeutig zu benennen sind. Daher ist für die Tätigkeit des Rücknahmesystems nach § 7 Abs. 1 S. 1 auch in zeitlicher Hinsicht nach der Genehmigungswirkung konkret für den jeweiligen Hersteller zu differenzieren. Die Möglichkeit der Beteiligung an einem unabhängig von Zu- und Abgängen der Hersteller festgestellten Rücknahmesystem (wie vormals in § 6 aF geregelt) ist mit dem Ersten Gesetz zur Änderung des Batteriegesetzes vom 3.11.2020 (BGBl. I 2280) entfallen.

26 Für Rücknahmesysteme, die bereits nach § 7 Abs. 1 aF genehmigt wurden, gilt für das Erfordernis einer neuen Genehmigung nach den Anforderungen des geänderten § 7 durch die nun zuständige Bundesbehörde ein Übergangszeitraum bis zum 31.12.2021 (→ § 31 Abs. 3, BT-Drs. 19/19930, 50).

D. Herstellerverzeichnis und Veröffentlichung der Rücknahmesysteme

27 Abs. 3 S. 1 regelt, welche Angaben durch die zuständige Behörde zu veröffentlichen sind. Die Regelung löst § 4 Abs. 3 aF und § 2 Abs. 4 BattGDV aF ab und dient – wie die Vorgängerregelungen – der Transparenz gegenüber allen anderen Marktteilnehmern, wie Wettbewerbern, Vertreibern oder Zwischenhändlern, und auch gegenüber Endnutzern (BT-Drs. 16/12227, 26). Abs. 3 S. 2 schreibt vor, dass bei der Veröffentlichung eine Untergliederung nach Geräte-, Fahrzeug- und Industriebatterien vorzunehmen ist. Neben den Angaben nach Abs. 3 S. 1 ist auch das Datum der Registrierung des Herstellers anzugeben. Sofern ein Hersteller bereits aus dem Markt ausgetreten ist, ist gemäß Abs. 3 S. 3 auch das Datum des Austritts anzugeben. Die Angaben nach Abs. 3 S. 1 sind gemäß Abs. 3 S. 4 im Falle des Marktaustritts eines Herstellers drei Jahre nach dem Datum des Marktaustritts zu löschen. Sofern ein Hersteller einen Bevollmächtigten mit der Wahrnehmung seiner Herstellerpflichten beauftragt, sind die Daten je Hersteller auf diesen Bevollmächtigten zu beziehen (BT-Drs. 19/19930, 50). In Ziel und auch Ausgestaltung entspricht die Vorschrift damit ganz wesentlich § 31 Abs. 2 S. 2 bis 4 ElektroG für das von der Gemeinsamen Stelle nach dem ElektroG zu veröffentlichende Verzeichnis der Hersteller von Elektro- und Elektronikgeräten.

Ebenso zu veröffentlichen sind die Namen und die Anschrift sämtlicher genehmigter **28** Rücknahmesysteme nach § 7. Hierdurch soll den Herstellern sowie den Rücknahmestellen transparent dargelegt werden, welche Rücknahmesysteme sich rechtmäßig an der Sammlung und Entsorgung von Geräte-Altbatterien beteiligen und dementsprechend zur Rücknahme gesammelter Geräte-Altbatterien berechtigt sind (BT-Drs. 19/19930, 50).

§ 21 Befugnisse der zuständigen Behörde

(1) Die zuständige Behörde kann unbeschadet des § 49 des Verwaltungsverfahrensgesetzes die Registrierung einschließlich der Registrierungsnummer widerrufen, wenn

1. der Hersteller oder dessen Bevollmächtigter entgegen § 7 Absatz 1 Satz 1 kein Rücknahmesystem einrichtet und betreibt,

2. der Hersteller entgegen § 17 Absatz 1 bis 6 Batterien wiederholt nicht oder nicht richtig kennzeichnet oder

3. über das Vermögen des Herstellers oder von dessen Bevollmächtigten das Insolvenzverfahren eröffnet wird oder die Eröffnung des Insolvenzverfahrens mangels Masse abgelehnt wird.

In den Fällen der Nummer 3 ist bei Eröffnung des Insolvenzverfahrens über das Vermögen des Herstellers die Registrierung einschließlich der Registrierungsnummer zu widerrufen, sofern der Insolvenzverwalter oder bei Anordnung der Eigenverwaltung der Hersteller nicht unverzüglich gegenüber der zuständigen Behörde verbindlich erklärt, den Herstellerpflichten nach diesem Gesetz nachzukommen. Satz 2 gilt entsprechend, sofern im Fall der Bevollmächtigung das Insolvenzverfahren über das Vermögen des Bevollmächtigten eröffnet wird.

(2) Die zuständige Behörde kann unbeschadet des § 49 des Verwaltungsverfahrensgesetzes die Genehmigung eines Rücknahmesystems nach § 7 Absatz 1 Satz 1 widerrufen, wenn

1. der Betreiber des Rücknahmesystems seine Pflichten nach § 7 Absatz 2 Satz 2 schwerwiegend verletzt,

2. der Betreiber des Rücknahmesystems nicht nur unwesentlich gegen eine Auflage nach § 7 Absatz 2 Satz 4 oder eine Anordnung nach § 28 Absatz 1 verstößt,

3. im Falle des § 7 Absatz 3 kein Hersteller oder kein Bevollmächtigter das Rücknahmesystem mehr betreibt oder

4. der Betreiber des Rücknahmesystems das Sammelziel nach § 16 in einem Kalenderjahr nicht erreicht.

Die zuständige Behörde soll die Genehmigung eines Rücknahmesystems nach § 7 Absatz 1 Satz 1 widerrufen, wenn über das Vermögen des Rücknahmesystems das Insolvenzverfahren eröffnet wird oder die Eröffnung des Insolvenzverfahrens mangels Masse abgelehnt wird. Die Genehmigung eines Rücknahmesystems ist zu widerrufen, wenn die zuständige Behörde feststellt, dass der Betrieb des Rücknahmesystems eingestellt wurde.

Übersicht

A. Allgemeines

I. Bedeutung der Vorschrift

1 § 21 regelt Befugnisse der zuständigen Behörde zum Widerruf der Registrierung der Hersteller und der Genehmigung der Rücknahmesysteme für Geräte-Altbatterien und bildet vor dem Hintergrund des ohne Registrierung bestehenden Verkehrsverbots nach § 3 Abs. 3 – neben § 28 – einen wesentlichen Bestandteil des behördlichen Vollzugs.

II. Rechtsentwicklung

2 § 21 wurde mit dem Ersten Gesetz zur Änderung des Batteriegesetzes vom 3.11.2020 (BGBl. I 2280) neu gefasst, knüpft an die Registrierungs- und Genehmigungsaufgaben nach § 20 an und flankiert damit die Änderungen in § 4 Abs. 1 (Registrierungspflicht der Hersteller) und § 7 Abs. 1 (Genehmigung der Errichtung und des Betriebs eines Rücknahmesystems für Geräte-Altbatterien durch eine bundesweit allein zuständige Behörde).

3 Die in § 21 aF enthaltenen Regelungen zum Vollzug finden sich nun, teils ebenfalls mit dem Ersten Gesetz zur Änderung des Batteriegesetzes vom 3.11.2020 (BGBl. I 2280) neu gefasst, in § 28.

III. Abgrenzung zu anderen Vorschriften

4 Die Widerrufsgründe sind nicht abschließend. Bei einem differenzierten Katalog von fakultativen und zwingenden Widerrufsgründen kann zwar eine gegenüber **§ 49 VwVfG** abschließende Regelung vorliegen (BVerwG, Urt. v. 13.12.1988, 1 C 44/86 = BeckRS 9998, 169842, zu § 15 Abs. 2 und 3 GastG). Durch den einleitenden Einschub „unbeschadet des § 49 VwVfG" jeweils in Abs. 1 und Abs. 2 des § 21 sind die angeführten Widerrufsgründe jedoch gerade nicht abschließend zu verstehen und kann auch § 49 VwVfG eingreifen.

5 Bei dem Widerruf eines begünstigenden Verwaltungsakts steht dem Betroffenen nach dem allgemeinen Verwaltungsverfahrensrecht unter bestimmten Voraussetzungen ein Anspruch auf Entschädigung zu. Für den Widerruf aus den in § 21 genannten Gründen gilt dies nicht. Zum einen stellen die angeführten Widerrufsgründe einen durch Rechtsvorschriften zugelassenen Widerruf iSv § 49 Abs. 2 S. 1 Nr. 1 VwVfG dar, den § 49 Abs. 6 S. 1 VwVfG vom Entschädigungsanspruch ausnimmt. Zum anderen richtet sich der Widerruf und damit auch eine eventuelle Entschädigung in den Fällen des § 21 abschließend nach dem BattG, § 49 VwVfG tritt insofern zurück (entsprechend zu der vergleichbaren Widerrufsregelung in § 37 Abs. 5 ElektroG: *Hilf/Schleifenbaum* in Giesberts/Hilf, ElektroG, 3. Aufl. 2018, § 37 Rn. 40, *Hamborg* AbfallR 2015, 165 (170); *Pschera/Enderle* in *Fluck,* Kreislaufwirtschafts-, Abfall- und Bodenschutzrecht, 73. Aktualisierung 2007, § 16 ElektroG aF Rn. 36).

6 Gänzlich unberührt von § 21 sind auch die allgemeinen Regelungen des **§ 48 VwVfG** zur Rücknahme einer evtl. rechtswidrigen Registrierung oder Genehmigung.

IV. EU-Recht

7 Die besonderen Widerrufsbefugnisse dienen mittelbar der Umsetzung von Art. 25 der RL 2006/66/EG, wonach die Mitgliedstaaten Sanktionen für Verstöße gegen die auf-

grund der RL 2006/66/EG erlassenen innerstaatlichen Vorschriften festlegen und alle zu ihrer Anwendung erforderlichen Maßnahmen treffen. Dazu dürfte zB auch der Widerruf der Registrierung im Fall wiederholt nicht oder nicht richtiger Kennzeichnung gehören, so dass für den betreffenden Hersteller wieder das Verkehrsverbot aus § 3 Abs. 3 greift (zur wirksamen Geltung des Unionsrechts durch Widerruf eines Verwaltungsakts vgl. *Peuker* in Knack/Henneke, VwVfG, 11. Aufl. 2019, § 49 Rn. 20).

B. Widerruf der Registrierung eines Herstellers bzw. Bevollmächtigten

Abs. 1 bestimmt, unter welchen Voraussetzungen die zuständige Behörde eine einmal erfolgte Registrierung und die Erteilung der Registrierungsnummer jedenfalls widerrufen kann und teils auch zu widerrufen hat. Registrierung und Registrierungsnummer sind untrennbar miteinander verbunden. Die Registrierungsnummer ist das nach außen sichtbare Zeichen dafür, dass der Hersteller registriert ist. Es gilt damit im Geschäftsverkehr der erste Anschein, dass dann, wenn keine Registrierungsnummer angegeben wird bzw. werden kann, eine Registrierung nicht erfolgt ist (entsprechend für die nach § 37 ElektroG zu erteilende Registrierungsnummer: *Hilf/Schleifenbaum* in Giesberts/Hilf, ElektroG, 3. Aufl. 2018, § 37 Rn. 38). Daher ist neben dem Widerruf der Registrierung auch der Widerruf der Registrierungsnummer erforderlich (BT-Drs. 19/19930, 50). 8

Ein Widerruf kann nach Abs. 1 S. 1 Nr. 1 erfolgen, wenn der Hersteller bzw. Bevollmächtigte seiner **Pflicht zum Einrichten und Betreiben eines Rücknahmesystems** nach § 7 Abs. 1 S. 1 nicht nachkommt. Der Widerrufsgrund betrifft damit die Registrierung eines Herstellers von Gerätebatterien. 9

§ 20 Abs. 1 S. 3 regelt für diese Hersteller bereits, dass die Registrierung nur erfolgt, wenn der Hersteller oder der Bevollmächtigte ein Rücknahmesystem nach § 7 Abs. 1 S. 2 eingerichtet hat und betreibt, das mit Wirkung für ihn genehmigt ist. Da die Registrierung jedoch einen Dauerverwaltungsakt darstellt (→ § 4 Rn. 20) und die Genehmigung eines Rücknahmesystems hinsichtlich der Wirkung für die konkreten Hersteller auch später geändert werden und damit für einen bestimmten Hersteller oder auch insgesamt entfallen kann, kann die Registrierung widerrufen werden, wenn der Hersteller gar kein Rücknahmesystem (mehr) einrichtet und betreibt. Evtl. Pflichtverstöße bei Einrichtung und Betrieb seines Rücknahmesystems schlagen insofern nicht unmittelbar auf die Registrierung des Herstellers durch, sondern führen zunächst nur zum evtl. Widerruf der Genehmigung des Rücknahmesystems (Abs. 2), können in diesem Fall dann aber auch einen Widerruf der Registrierung nach Abs. 1 S. 1 Nr. 1 zur Folge haben. 10

Ferner kann ein Widerruf nach Abs. 1 S. 1 Nr. 2 erfolgen, wenn der Hersteller seinen **Kennzeichnungspflichten** nach § 17 Abs. 1 bis 6 wiederholt nicht oder nicht richtig nachkommt. Ein vergleichbarer Widerrufsgrund ist für die Registrierung der Hersteller von Elektro- oder Elektronikgeräten in § 37 Abs. 5 S. 1 Nr. 3 ElektroG geregelt. 11

Die Fehlkennzeichnung muss dabei wiederholt geschehen, die fehlende oder unrichtige Kennzeichnung eines einzigen Geräts reicht nicht aus. Die Kennzeichnungspflicht nach § 17 gilt allerdings für jede einzelne Batterie. Insofern stellt bei fehlender oder unrichtiger Kennzeichnung einer Batterie bereits die fehlende oder unrichtige Kennzeichnung einer weiteren Batterie einen „wiederholten" Verstoß dar. Ob ein Widerruf bereits bei der zweiten aufgegriffenen nicht oder unrichtig gekennzeichneten Batterie gerechtfertigt ist, ist allerdings im Rahmen der pflichtgemäßen Ermessensausübung abzuwägen (vgl. entsprechend zu § 37 Abs. 5 S. 1 Nr. 3 ElektroG *Hilf/Schleifenbaum* in Giesberts/Hilf, ElektroG, 3. Aufl. 2018, § 37 Rn. 47). 12

13 Schließlich kann ein Widerruf nach Abs. 1 S. 1 Nr. 3 erfolgen, wenn über das Vermögen des Herstellers oder dessen Bevollmächtigten das **Insolvenzverfahren** eröffnet wird. Wie im Fall der Nr. 2 (→ Rn. 11) besteht auch hier ein paralleler Widerrufsgrund für die Registrierung der Hersteller von Elektro- oder Elektronikgeräten (§ 37 Abs. 5 S. 1 Nr. 6 ElektroG). Der Widerruf der Registrierung und der Registrierungsnummer steht damit auch im Fall der Eröffnung eines Insolvenzverfahrens über das Vermögen des Herstellers bzw. des Bevollmächtigten oder der Ablehnung der Eröffnung mangels Masse (zunächst) im Ermessen der zuständigen Behörde. Dem Hersteller bzw. dem Bevollmächtigten kann so die Möglichkeit gegeben werden, weiterhin am Geschäftsverkehr teilzunehmen. Wären Registrierung und Registrierungsnummer bei Eröffnung des Insolvenzverfahrens bzw. der Ablehnung der Eröffnung direkt zwingend zu widerrufen, so träten unweigerlich die schweren Folgen des Widerrufs ein. Der Hersteller darf dann gemäß § 3 Abs. 3 Batterien nicht in Verkehr bringen. Dies kann ggf. nicht im Interesse des Herstellers bzw. des Insolvenzverwalters sein, wenn das fortgesetzte Inverkehrbringen von Batterien notwendig ist, um die Insolvenz zu überwinden oder die Masse zu mehren. Aus diesem Grund ist es sachgerecht, den Widerruf der Registrierung und Registrierungsnummer (zunächst) in das Ermessen der zuständigen Behörde zu stellen (vgl. entsprechend zu § 37 Abs. 5 S. 1 Nr. 3 ElektroG *Hilf/Schleifenbaum* in Giesberts/Hilf, ElektroG, 3. Aufl. 2018, § 37 Rn. 51).

14 In die **Ermessensausübung** dürfte jeweils auch einzustellen sein, dass gemäß Art. 25 der RL 2006/66/EG eine unionsrechtliche Verpflichtung zur Festlegung wirksamer und angemessener Sanktionen mit abschreckender Wirkung besteht (→ Rn. 7). Die Möglichkeit des Widerrufs der Registrierung und Registrierungsnummer mit dem in der Folge wieder auflebenden Inverkehrbringensverbot nach § 3 Abs. 3 kann in pflichtgemäßer Ermessensausübung daher auch als wirksames, angemessenes und abschreckendes Sanktionsinstrument verwendet werden und ein fortdauernder Widerrufsgrund auch (zumindest temporärer) Hinderungsgrund für eine Neuregistrierung sein (so zu § 37 ElektroG: *Hamborg* AbfallR 2015, 165 (171); *Lier* Die Gemeinsame Stelle nach dem ElektroG, Göttingen 2016, S. 139f., vgl. auch *Hilf/Schleifenbaum* in Giesberts/Hilf, ElektroG, 3. Aufl. 2018, § 37 Rn. 39).

15 Nach Abs. 1 S. 2 ist jedenfalls ein **Widerruf im Fall des Abs. 1 S. 2 Nr. 3 zwingend,** sofern nicht der Insolvenzverwalter oder bei Eigenverwaltung der Hersteller selbst gegenüber der zuständigen Behörde erklärt, dass er die Herstellerpflichten auch zukünftig erfüllt. Gleiches gilt nach S. 3 auch im Fall der Eröffnung des Insolvenzverfahrens bei einem beauftragten Bevollmächtigten (BT-Drs. 19/19930, 50; vgl. zur entsprechenden Regelung in § 37 Abs. 5 S. 1 Nr. 3 ElektroG *Hilf/Schleifenbaum* in Giesberts/Hilf, ElektroG, 3. Aufl. 2018, § 37 Rn. 52).

C. Widerruf der Genehmigung eines Rücknahmesystems für Geräte-Altbatterien

16 Abs. 2 regelt Voraussetzungen, unter denen die zuständige Behörde die Genehmigung des Rücknahmesystems eines Herstellers von Gerätebatterien iSd § 7 Abs. 1 S. 1 widerrufen kann.

17 Neben den Fällen des § 49 VwVfG kann gemäß Abs. 2 S. 1 Nr. 1 ein Widerruf erfolgen, wenn der Betreiber des Rücknahmesystems seine **Pflichten nach § 7 Abs. 2 S. 2 schwerwiegend verletzt,** zB indem er Rücknahmestellen, die noch keinem Rücknahmesystem angeschlossen sind, wiederholt kein Angebot zur kostenlosen Abholung der Geräte-Altbatterien unterbreitet oder von angeschlossenen Rücknahmestellen nicht

innerhalb der vorgesehenen Frist die befüllten Behältnisse abholt (BT-Drs. 19/19930, 50). Einen vergleichbaren Widerrufsgrund für den Fall einer schwerwiegenden Verletzung operativer Rücknahmepflichten wie in Abs. 2 S. 1 Nr. 1 ist auch für die Rücknahmepflichten der Hersteller von Elektro- oder Elektronikgeräten geregelt (§ 37 Abs. 5 S. 1 Nr. 4, vgl. dazu *Hilf/Schleifenbaum* in Giesberts/Hilf, ElektroG, 3. Aufl. 2018, § 37 Rn. 48).

Gemäß Abs. 2 S. 1 Nr. 2 kann ein Widerruf ferner erfolgen bei einem **Verstoß gegen eine nachträgliche Auflage** zur Genehmigung eines Rücknahmesystems für Geräte-Altbatterien oder gegen eine **Anordnung nach § 28 Abs. 1.** Da die Pflichten durch Auflage und Anordnung bereits weiter konkretisiert sind, genügt im Rahmen des Abs. 2 S. 1 Nr. 2 bereits ein nicht unwesentlicher Verstoß. Eine schwerwiegende Verletzung wie in Abs. 2 S. 1 Nr. 1 ist im Rahmen des Abs. 2 S. 1 Nr. 2 nicht gefordert. **18**

Gemäß Abs. 2 S. 1 Nr. 3 kann die Genehmigung des Rücknahmesystems für Geräte-Altbatterien schließlich widerrufen werden, wenn es über keine Hersteller bzw. Bevollmächtigten mehr verfügt, die dieses Rücknahmesystem betreiben – das Rücknahmesystem ist damit **nicht mehr herstellergetragen** (BT-Drs. 19/19930, 50). **19**

Schließlich kann gemäß Abs. 2 S. 1 Nr. 4 die Genehmigung eines Rücknahmesystems für Geräte-Altbatterien widerrufen werden, wenn das nach § 16 Abs. 1 vorgegebene **Sammelziel verfehlt** wird. Dieser Widerrufsgrund tritt an die Stelle der in § 7 Abs. 2 S. 1 aF enthaltenen auflösenden Bedingung für den Fall des Nichterreichens der Sammelquote. Mit der Umstellung im Zuge des Ersten Gesetzes zur Änderung des Batteriegesetzes vom 3.11.2020 (BGBl. I 2280) soll ermöglicht werden, dass nicht im Einflussbereich des Rücknahmesystems liegende Gründe bei der Bewertung der Erforderlichkeit des Widerrufs miteinbezogen werden können. Besondere Situationen auf dem Markt der Batterierücknahme können daher ggf. auch das Absehen von einem Widerruf rechtfertigen. Hierdurch sollen evtl. Schwierigkeiten beim Handel von Rücknahmemengen zwischen den Rücknahmesystemen berücksichtigt werden können, wie etwa plötzliche und sprunghafte Preisveränderungen für Sammelmengen. Im Rahmen der Ermessensentscheidung soll auch eine evtl. Entscheidung der Kartellbehörde(n) in einem Missbrauchsverfahren berücksichtigt werden können (BT-Drs. 19/19930, 51). **20**

Ein weiterer Widerrufsgrund besteht nach Abs. 2 S. 2 wie im Fall der Registrierung der Hersteller (→ Rn. 13), hier jedoch mit intendiertem Ermessen („soll"), wenn über das Vermögen des Rücknahmesystems das **Insolvenzverfahren** eröffnet wird oder die Eröffnung des Insolvenzverfahrens mangels Masse abgelehnt wird. **21**

Schließlich ist nach Abs. 2 S. 3 die Genehmigung eines Rücknahmesystems bei **Betriebseinstellung** zu widerrufen. Soweit die Betriebseinstellung lediglich im Hinblick auf einen von mehreren vormals zusammenwirkenden Herstellern erfolgt, etwa indem ein bestimmter Hersteller nicht (mehr) den gemeinsamen Dritten mitbeauftragt, kommt auch ein Teilwiderruf der Genehmigung nur hinsichtlich der Wirkung gemäß § 7 Abs. 3 S. 2 für diesen vormals zusammenwirkenden Hersteller in Betracht. In der Folge kann dann auch die Registrierung dieses Herstellers widerrufen werden, soweit er kein anderes Rücknahmesystem einrichtet und betreibt, das mit Wirkung für ihn genehmigt ist (→ Rn. 9 f.). **22**

§ 22 Vollständig automatisierter Erlass von Verwaltungsakten

Verwaltungsakte der zuständigen Behörde nach den §§ 20, 21 und 28 Absatz 1 können unbeschadet des § 24 Absatz 1 Satz 3 des Verwaltungsverfahrensgesetzes vollständig durch automatische Einrichtungen erlassen werden, sofern kein Anlass besteht, den Einzelfall durch Amtsträger zu bearbeiten.

Übersicht

A. Allgemeines

1 § 22 ermöglicht den vollständig automatisierten Erlass von Verwaltungsakten. Hintergrund ist § 35a VwVfG, der fordert, dass diese Form des Erlasses von Verwaltungsakten durch Rechtsvorschrift zugelassen ist. § 22 stellt eine solche Rechtsvorschrift dar und geht zudem als *lex specialis* § 35a VwVfG vor, verdrängt aber nicht auch § 24 Abs. 1 S. 3 VwVfG (vgl. *Berger* in Knack/Henneke, VwVfG, 11. Aufl. 2020, § 35a § 30, 53). Die Vorschrift wurde mit dem Ersten Gesetz zur Änderung des Batteriegesetzes vom 3.11.2020 (BGBl. I 2280) eingefügt.

B. Regelungsgehalt

2 § 22 trifft eine Regelung nur für Verwaltungsakte der zuständigen Behörde (bzw. der Beliehenen) nach den §§ 20, 21 und 28 Abs. 1 (Herstellerregistrierung, Rücknahmesystemgenehmigung und jeweils deren Widerruf sowie Anordnungen gegenüber den Rücknahmesystemen). Diese können vollständig durch automatische Einrichtungen erlassen werden, sofern kein Anlass besteht, den Einzelfall durch Amtsträger zu bearbeiten.

3 Grundsätzlich eignen sich die genannten Verwaltungsakte alle für einen vollständig automatisierten Erlass, weil sie vor allem im Bereich Herstellerpflichten die Bewältigung von Massenverfahren betreffen, die eine hohe Standardisierung und Typisierung erfordern. Auch soweit die Zahl der Verpflichteten in anderen Bereichen geringer ist, wird durch die Schaffung von Prüfleitfäden ein Anwendungsfall für eine Standardisierung und Typisierung gesehen (BT-Drs. 19/19930, 51).

4 Die Ausformung des Untersuchungsgrundsatzes gemäß § 24 Abs. 1 S. 3 VwVfG wird durch § 22 nicht verdrängt. Demnach muss die Behörde, wenn sie automatische Einrichtungen zum Erlass von Verwaltungsakten einsetzt, für den Einzelfall bedeutsame tatsächliche Angaben des Beteiligten berücksichtigen, die im automatischen Verfahren nicht ermittelt würden.

5 Die Entscheidung, ob von dieser Möglichkeit Gebrauch gemacht wird, steht im Ermessen der zuständigen Behörde. Eine ähnliche Regelung enthält zB § 31a SGB X.

LANDMANN/ROHMER

UMWELTRECHT

BAND III

KOMMENTAR

Herausgegeben von

Prof. Dr. Martin Beckmann
Rechtsanwalt und Fachanwalt für Verwaltungsrecht, Honorarprofessor der Universität Münster

Prof. Dr. Dr. Wolfgang Durner LL. M.
Rheinische Friedrich-Wilhelms-Universität Bonn und Direktor des Instituts für das Recht der Wasser- und Entsorgungswirtschaft

Prof. Dr. Thomas Mann
Direktor des Instituts für Öffentliches Recht, Lehrstuhl für Verwaltungsrecht der Georg-August-Universität Göttingen

Prof. Dr. Marc Röckinghausen
Hochschule für Polizei und öffentliche Verwaltung NRW, Abteilung Gelsenkirchen, Fachbereich Allgemeine Verwaltung/ Rentenversicherung

Stand: 1. Dezember 2020
(94. Ergänzungslieferung)

(Zum Bearbeitungsstand im Einzelnen siehe die Datumszeile am unteren Ende jeder Seite)

C.H.BECK

Dieses Titelblatt entstammt der 94. Ergänzungslieferung Dezember 2020

(Anschluss an die 93. Ergänzungslieferung August 2020)

ISBN 978 3 406 77072 2

Der Kommentar wurde von der 1. bis zur 50. Ergänzungslieferung von Prof. Dr. Klaus Hansmann und von der 51. bis zur 58. Ergänzungslieferung von Prof. Dr. Martin Beckmann herausgegeben.

Zitiervorschläge:

Beckmann in Landmann/Rohmer UmweltR KrWG § 17 Rn. 1
Landmann/Rohmer UmweltR/*Beckmann* KrWG § 17 Rn. 1

www.beck.de

Grundwerk ISBN 978 3 406 34327 8 ergänzt bis ISBN 978 3 406 77072 2

Wilhelmstraße 9, 80801 München
Satz und Druck: Druckerei C. H. Beck Nördlingen
(Adresse wie Verlag)

CO2 neutral
chbeck.de/nachhaltig

Gedruckt auf säurefreiem, alterungsbeständigem Papier
(hergestellt aus chlorfrei gebleichtem Zellstoff)

Inhaltsverzeichnis (Band III)

Umweltrecht Besonderer Teil (Fortsetzung)

1. Bundes-Immissionsschutzgesetz (BImSchG)

Kommentierung

Erster Teil. Allgemeine Vorschriften

Zweiter Teil. Errichtung und Betrieb von Anlagen

Erster Abschnitt. Genehmigungsbedürftige Anlagen

Zweiter Abschnitt. Nicht genehmigungsbedürftige Anlagen

Dritter Abschnitt. Ermittlung von Emissionen und Immissionen, sicherheitstechnische Prüfungen

Dritter Teil. Beschaffenheit von Anlagen, Stoffen, Erzeugnissen, Brennstoffen, Treibstoffen und Schmierstoffen; Treibhausgasminderung bei Kraftstoffen

Erster Abschnitt. Beschaffenheit von Anlagen, Stoffen, Erzeugnissen, Brennstoffen, Treibstoffen und Schmierstoffen

Zweiter Abschnitt. Treibhausgasminderung bei Kraftstoffen

Bearbeiterverzeichnis (Band I–IV)

Prof. Dr. Martin Beckmann Rechtsanwalt in Münster	Vorb. Abfallrecht, §§ 1–2, 4–39, 41–57, 62–68, 70–72 KrWG § 15 UVPG, Umweltschadensgesetz (mit Wittmann)
Dr. Christian-Dietrich Bracher Rechtsanwalt in Bonn	§§ 41 bis 43 BImSchG, 16. und 24. BImSchV
Prof. Dr. Peter Bruckmann Landesamt für Natur, Umwelt und Verbraucherschutz Nordrhein-Westfalen, Essen	39. BImSchV (mit Strecker und Vogt), 43. BImSchV (mit van Endern und Vogt)
Prof. Dr. Pascale Cancik O. Professorin an der Universität Osnabrück	Vorb. §§ 47a ff. BImSchG, §§ 47a–47f BImSchG (§§ 47a–47c, 47e und 47f mit Hansmann)
Prof. Dr. Johannes Dietlein O. Professor an der Universität Düsseldorf	§§ 1, 2, Vorb. §§ 4–21, 4 bis 8, 9 bis 11, 16a, 19, 23a–23c und 25a BImSchG, 9. BImSchV
Dr. Robert Dix Syndikusrechtsanwalt der EWE AG, Oldenburg	§§ 29–32 UVPG
Prof. Dr. Matthias Dombert Rechtsanwalt in Potsdam	§§ 4–6, 8, 13, 14, 20, 24, 25 BBodSchG
Rolf-Dieter Dörr Ministerialrat a. D.	OberflächengewässerV (mit Walter)
Prof. Dr. Dr. Wolfgang Durner LL. M. O. Professor an der Universität Bonn	Umweltvölkerrecht, Vorb. §§ 27 ff. WHG, §§ 27–31, 34, 35, 82–85 WHG
Benedikt van Endern Ministerium für Umwelt, Landwirtschaft, Natur- und Verbraucherschutz des Landes Nordrhein-Westfalen	43. BImSchV (mit Bruckmann und Vogt)
Prof. Dr. Astrid Epiney LL. M. O. Professorin an der Université de Fribourg	Art. 191–193 AEUV
Prof. Dr. Wolfgang Ewer Rechtsanwalt in Kiel	Vorb. BBodSchG, §§ 9, 15, 16 BBodSchG
Prof. Dr. Kurt Faßbender O. Professor an der Universität Leipzig	§§ 1–5, 33, 36–38 WHG
Dr. Frank Fellenberg LL. M. Rechtsanwalt in Berlin	Fluglärmgesetz (mit Reidt und Schiller), Umweltrechtsbehelfsgesetz (mit Schiller)
Dr. Henrik Flatter Bundesamt für Naturschutz, Bonn	§§ 69–74 BNatSchG

Bearbeiter

Dr. Matthias Ganske Rechtsanwalt in Bonn	§§ 25, 26, 54–61 WHG
Prof. Dr. Klaus Ferdinand Gärditz O. Professor an der Universität Bonn	Art. 20a GG
Prof. Dr. Martin Gellermann Rechtsanwalt, apl. Professor an der Universität Osnabrück	Vorb. BNatSchG, §§ 4, 7–51, §§ 52–56, §§ 57–68 Vorb. §§ 37, 38, §§ 37–40, BNatSchG (§§ 41–43 mit Sanden)
Nela Gies Richterin am Verwaltungsgericht Gelsenkirchen	§§ 41, 42 WHG
Prof. Dr. Christoph Görisch Hochschule für Polizei und öffentliche Verwaltung NRW, Abteilung Münster	§§ 4–14 UAG
Dipl.-Met. Arno Graff Umweltbundesamt, Dessau	Nr. 5.5 TA Luft (mit Hansmann), Vorb. zu Anhang 3 der TA Luft
Moritz Grunow Rechtsanwalt in Düsseldorf	Vorb. AwSV, § 1 AwSV
Prof. Dr. Günter Hager † O. Professor an der Universität Freiburg	§§ 6, 7 UmweltHG (mit Rehbinder)
Prof. Dr. Klaus Hansmann Leitender Ministerialrat a. D.	§§ 17, 18, 20, 21, 26–37, 38–40, 44–47c, 47e, 47f, 52, 52b–58d, 59, 60, 62–72, 74 BImSchG (§§ 17, 18 mit Ohms, Vor § 26, §§ 26–31 mit Pabst, Vor § 38, §§ 38–40 mit Hofmann, §§ 20, 21, Vor 32, §§ 32–37, Vorb. §§ 44–47, §§ 45, 46, 46a, 47, 52, 52b, 62, 66 und 67 mit Röckinghausen, §§ 47a–47c, 47e und 47f mit Cancik), Vor § 53, §§ 53–58d mit Maciejewski, 14., 32. und 34. BImSchV, TA Lärm, TA Luft (ohne Vorb. zu Anhang 3), 4., 11., 20., 21., 25., 27., 28., 30. und 35. BImSchV (mit Röckinghausen), 2. BImSchV (mit Mahrwald und Röckinghausen), 5. BImSchV mit Maciejewski, 12. BImSchV (mit König), BzBlG, 1. DVO BzBlG
Dr. Felix Hardach Bundesministerium für Umwelt, Naturschutz und nukleare Sicherheit	§§ 1, 8, 11–13, 17, 20, 22, 23, 26 31, 32, 35 TEHG
Prof. Dr. Torsten Heilshorn Rechtsanwalt in Freiburg	Vor § 22 BImSchG, §§ 22–25 BImSchG (mit Sparwasser)

Michael Heugel Bundesministerium für Umwelt, Naturschutz und nukleare Sicherheit	§§ 5, 6 BNatSchG
Prof. Dr. Ekkehard Hofmann O. Professor an der Universität Trier	Vorb. § 38, §§ 38–40 BImSchG, §§ 16–18 UVPG
Dr. Frank Hofmann Bundesministerium für Umwelt, Naturschutz und nukleare Sicherheit	§ 23 WHG
Dr. Georg Hünnekens Rechtsanwalt in Münster	§§ 50–53 WHG, Vorb. §§ 64–66, §§ 64–66 WHG, Vorb. §§ 72–81 WHG, §§ 72–81 WHG
Georg Kahl † Ministerialrat a. D.	7. BImSchV
Lutz Keppner Bundesministerium für Umwelt, Naturschutz und nukleare Sicherheit	Grundwasserverordnung
Dr. Andreas Kersting Rechtsanwalt in Münster	§§ 58–61 KrWG
Dr. Heike Kieserling Deutsche Bahn AG	§§ 13, 14, 25–38 AwSV
Dr. Jens Martin König Hessisches Ministerium für Umwelt, Klimaschutz, Landwirtschaft und Verbraucherschutz	12. BImSchV (mit Hansmann)
Dr. Olaf Konzak Rechtsanwalt in Köln	§§ 2, 3 und 7 VerpackG (mit Körner)
Dr. Michael Körner, LL.M. Rechtsanwalt in Köln	§§ 2, 3 und 7 VerpackG (mit Konzak)
Dr. Philip Kubitza Richter auf Probe, Rheinland-Pfalz	§§ 100–102 WHG
Prof. Dr. Silke Ruth Laskowski O. Professorin an der Universität Kassel	§ 24 WHG, § 58e BImSchG mit der EMASPrivilegV
Prof. Dr. Joachim Lege O. Professor an der Universität Greifswald	§§ 96–99 WHG
Dr. Rasso Ludwig LL. M. Bayerisches Staatsministerium für Umwelt und Verbraucherschutz	§§ 19, 21–23, 26 BBodSchG
Prof. Dr. Karim Maciejewski Hochschule des Bundes für öffentliche Verwaltung	Vor § 53 BImSchG, §§ 53–58d BImSchG (mit Hansmann), 5. BImSchV (mit Hansmann)
Birgit Mahrwald Bundesministerium für Umwelt, Naturschutz und nukleare Sicherheit	2. BImSchV (mit Hansmann und Röckinghausen)

Bearbeiter

Prof. Dr. Thomas Mann O. Professor an der Universität Göttingen	§§ 8a, 12 BImSchG, Vorb. ElektroG, §§ 1, 2 ElektroG, §§ 1–14, 16–28, 30–46, 48–74 UVPG
Dr. Cedric Christian Meyer Rechtsanwalt in Köln	§§ 46–49, 62–63 WHG
Dr. Uwe Neuser Bundesministerium für Umwelt, Naturschutz und nukleare Sicherheit	§§ 2, 27, 33, 34 TEHG
Volkmar Nies Landwirtschaftsdirektor bei der Landwirtschaftskammer Rheinland	§§ 1, 2, 7, 17, 18 BBodSchG
Dr. Martin Ohms Rechtsanwalt in Berlin	§§ 17, 18 BImSchG (mit Hansmann), 13. BImSchV, 17. BImSchV (z. T. mit Sahm)
Prof. Dr. Heinz-Joachim Pabst Hochschule des Bundes für öffentliche Verwaltung	Vor § 26, §§ 26–31 BImSchG (mit Hansmann), § 61 BImSchG, 41. BImSchV
Dr. Kay Artur Pape Rechtsanwalt in Bonn	Vorb. WHG, §§ 6–22 WHG
Dr. Malte Petersen LL. M. Ministerium für Umwelt, Landwirtschaft, Natur- und Verbraucherschutz des Landes Nordrhein-Westfalen	§§ 89–95 WHG
Prof. Dr. Alexander Proelß O. Professor an der Universität Trier	§§ 43–45l WHG
Prof. Dr. Eckard Rehbinder Em. Professor an der Universität Frankfurt/Main	§ 14 BImSchG UmweltHG (§§ 6, 7 mit Hager)
Prof. Dr. Olaf Reidt Rechtsanwalt in Berlin	§ 16 BImSchG (mit Schiller), 18. BImSchV (mit Schiller), Fluglärmgesetz (mit Fellenberg und Schiller), Umweltinformationsgesetz (mit Schiller)
Dr. Christoph Riese Rechtsanwalt in Berlin	§§ 67–71, 86 WHG
Prof. Dr. Marc Röckinghausen Hochschule für Polizei und öffentliche Verwaltung NRW, Abteilung Gelsenkirchen	§§ 20, 21, Vor § 32, §§ 32–37, Vorb. §§ 44–47, §§ 45, 46, 46a, 47, 52, 52b, 62, 66, 67 BImSchG (mit Hansmann), §§ 37a bis 37f, 52a, 73 BImSchG, 1., 10., 26., 36., 37., 38., 42. BImSchV, 4., 11., 20., 21., 25., 27., 28., 30. und 35. BImSchV (mit Hansmann), 2. BImSchV (mit Hansmann und Mahrwald), Schadstofffreisetzungs- und Verbringungsregistergesetz
Christoph Sahm LL. M. E.ON Kernkraft GmbH	§§ 23–25, 27 der 17. BImSchV (mit Ohms)

Prof. Dr. Dr. Joachim Sanden † Behörde für Stadtentwicklung und Umwelt, Freie und Hansestadt Hamburg, zugl. Apl. Prof. an der Universität Lüneburg	§§ 41–43 (mit Gellermann)
Dr. Gernot Schiller Rechtsanwalt in Berlin	§ 16 BImSchG (mit Reidt), 18. BImSchV (mit Reidt), Fluglärmgesetz (mit Reidt und Fellenberg), Umweltinformationsgesetz (mit Reidt) Umweltrechtsbehelfsgesetz (mit Fellenberg), §§ 14a, 15 BImSchG
Prof. Dr. Marcus Schladebach, LL.M. O. Professor an der Universität Potsdam	§ 47 UVPG
Matthias Schleifenbaum, LL.M. Rechtsanwalt in Köln	Vorb. BattG, §§ 1–14, 16, 19–22 BattG
Prof. Dr. Hendrik Schoen Hochschule für Polizei und öffentliche Verwaltung NRW, Abteilung Münster	§ 50 BImSchG
Prof. Dr. Meinhard Schröder Em. Professor an der Universität Trier	EG-Abfallverbringungs-VO
Prof. Dr. Max-Jürgen Seibert Vorsitzender Richter am Oberverwaltungsgericht Münster	§ 13 BImSchG
Prof. Dr. Reinhard Sparwasser Rechtsanwalt in Freiburg	Vor § 22 BImSchG, §§ 22–25 BImSchG (mit Heilshorn)
Prof. Dr. Indra Spiecker genannt Döhmann, LL.M. O. Professorin an der Universität Frankfurt a. M.	UStatG
Prof. Dr. Peter-Tobias Stoll O. Professor an der Universität Göttingen	EG-Artenschutzverordnung
Silvia Strecker Ministerium für Umwelt, Landwirtschaft, Natur- und Verbraucherschutz des Landes Nordrhein-Westfalen	39. BImSchV (mit Bruckmann und Vogt)
Prof. Dr. Dr. Markus Thiel Deutsche Hochschule der Polizei, Münster	§§ 3, 48–48b BImSchG
Dr. Christian Tünnesen-Harmes Rechtsanwalt in Duisburg	AbfAEV
Dr. Klaus Vogt Landesamt für Natur, Umwelt und Verbraucherschutz Nordrhein-Westfalen	39. BImSchV (mit Bruckmann und Strecker), 43. BImSchV (mit Bruckmann und van Endern)
Anne-Barbara Walter Umweltbundesamt	OberflächengewässerV (mit Dörr)
Dr. Dirk Weinreich Bundesministerium für Umwelt, Naturschutz und nukleare Sicherheit	Vorb. TEHG, §§ 7, 19 TEHG

Bearbeiter

Dr. Armin von Weschpfennig Akademischer Rat, Universität Bonn	§§ 13a, 13b, 103–107 WHG
Dr. Antje Wittmann Rechtsanwältin in Münster	UmweltschadensG (zusammen mit Beckmann)
Frank Wolke Umweltbundesamt, Deutsche Emissionshandelsstelle	§§ 4, 18, 24 TEHG

§ 18 Erlöschen der Genehmigung

(1) **Die Genehmigung erlischt, wenn**

1. innerhalb einer von der Genehmigungsbehörde gesetzten angemessenen Frist nicht mit der Errichtung oder dem Betrieb der Anlage begonnen oder

2. eine Anlage während eines Zeitraums von mehr als drei Jahren nicht mehr betrieben worden ist.

(2) **Die Genehmigung erlischt ferner, soweit das Genehmigungserfordernis aufgehoben wird.**

(3) **Die Genehmigungsbehörde kann auf Antrag die Fristen nach Absatz 1 aus wichtigem Grunde verlängern, wenn hierdurch der Zweck des Gesetzes nicht gefährdet wird.**

Schrifttum: Appel/Ohms/Saurer, Bundes-Immissionsschutzgesetz, 1. Auflage 2020; *Feldhaus,* Bundes-Immissionsschutzrecht, Band 1 Teil I; *Jarass,* Bundes-Immissionsschutzgesetz, 13. Auflage 2020; *Scheidler,* Erlöschen der immissionsschutzrechtlichen Genehmigung nach § 18 BImSchG, UPR 2005, 171 ff.; *ders.,* Aufhebung des immissionsschutzrechtlichen Genehmigungserfordernisses – Ist das Erlöschen der Genehmigung (§ 18 Abs. 2 BImSchG) verfassungskonform?, GewA 2005, 142 ff.; *Führ* (Hrsg.), Gemeinschaftskommentar zum Bundes-Immissionsschutzgesetz (GK-BImSchG, § 18 erläutert von *Wirths*), 2. Auflage 2019; *Sellner/Reidt/Ohms,* Immissionsschutzrecht und Industrieanlagen, 3. Auflage 2006, 2. Teil Rn. 392 ff.; *Spohn,* Erlöschen einer immissionsschutzrechtlichen Genehmigung durch Fristablauf, ZUR 2003, 99 ff.; Stelkens/Bonk/Sachs, Verwaltungsverfahrensgesetz, 9. Auflage 2018; *Berkemann,* Erlöschen der Genehmigung gemäß § 18 BImSchG – Ein Überblick über Rechtsprechung und Schrifttum (1989–2019), ZUR 2019, 579.

Übersicht

A. Allgemeines

I. Inhalt und Zweck der Vorschrift

1 § 18 regelt drei Fälle, in denen die immissionsschutzrechtliche Genehmigung kraft Gesetzes erlischt, nämlich

a) wenn der Anlagenbetreiber es unterlässt, innerhalb einer von der Genehmigungsbehörde gesetzten Frist mit der Errichtung oder dem Betrieb der Anlage zu beginnen (Abs. 1 Nr. 1),
b) wenn eine genehmigungsbedürftige Anlage mehr als drei Jahre lang nicht mehr betrieben worden ist (Abs. 1 Nr. 2) oder
c) wenn das Genehmigungserfordernis nach dem Bundes-Immissionsschutzgesetz aufgehoben wird (Abs. 2).

Als Zweck der Regelung in Absatz 1 nennt die amtliche Begründung (BT-Drs. 7/179, S. 37 – zu § 17) zwei Gesichtspunkte: 2

- Es soll verhindert werden, dass von einer Genehmigung erst dann (wieder) Gebrauch gemacht wird, wenn sich die tatsächlichen Verhältnisse, die der Genehmigung zugrunde lagen, wesentlich verändert haben (siehe auch BVerwG NVwZ 2011, 120 (121)).
- Der Erteilung (richtiger wohl: Beschaffung) von Genehmigungen „auf Vorrat" soll entgegengewirkt werden.

Beide Gesichtspunkte treffen in vollem Umfang nur auf den in Absatz 1 Nr. 1 geregelten Fall zu. Bei dem in Abs. 1 Nr. 2 behandelten Sachverhalt ist die Genehmigung bereits ausgenutzt worden (vgl. → Rn. 24); von einer Vorratsgenehmigung kann hier also keine Rede sein. Auch können sich die tatsächlichen Verhältnisse, die der Genehmigungserteilung zugrunde lagen (zB Bebauung der Umgebung), beim ununterbrochenen Betrieb einer Anlage ebenso verändern wie bei dessen Einstellung für mehr als drei Jahre. Abs. 1 Nr. 2 liegen deshalb in erster Linie Billigkeitserwägungen zugrunde: Hat eine Anlage längere Zeit stillgelegen, kann in der Regel angenommen werden, dass an ihrem Betrieb kein erhebliches Interesse besteht; andererseits haben sich die Nachbarn dann uU auf das Unterbleiben von Emissionen eingestellt. In einem solchen Fall ist es sachgerecht, wenn der Betrieb erst nach Prüfung seiner Auswirkungen in einem neuen Genehmigungsverfahren wieder aufgenommen werden darf, die alte Genehmigung also durch Zeitablauf erlischt.

Absatz 2 enthält nach der amtlichen Begründung (BT-Drs. 7/179, S. 37 – zu damaligem § 17) lediglich eine Klarstellung; soweit für eine Anlagenart das Genehmigungserfordernis aufgehoben wird, solche bestehenden Genehmigungen und die durch sie begründeten Rechte und Pflichten gegenstandslos werden und damit erlöschen. Ob dies tatsächlich nur eine Klarstellung ist, erscheint zweifelhaft. Da mit der Erteilung einer immissionsschutzrechtlichen Genehmigung ein eigenständiges subjektiv-öffentliches Recht verliehen wird (vgl. → § 4 Rn. 53; vor § 4 Rn. 18 ff.), würde dieses Recht ohne die Regelung in § 18 Abs. 2 auch nach Aufhebung des Genehmigungsvorbehaltes fortbestehen; insoweit ist die Regelung konstitutiv. Ihr liegt der Gedanke zugrunde, dass es nicht sachgerecht erscheint, dem Betreiber einer bisher genehmigungsbedürftigen Anlage weiter die Pflichten nach §§ 5 und 7 BImSchG aufzuerlegen, wenn dies für neu zu errichtende Anlagen derselben Art nicht mehr gilt; wenn aber die Pflichten des Betreibers einer genehmigungsbedürftigen Anlage entfallen, erscheint es konsequent, auch dessen besondere Rechte erlöschen zu lassen. 3

II. Entstehungsgeschichte

Absatz 1 ist der früheren Regelung in § 49 der Gewerbeordnung (GewO) nachgebildet. Anders als nach § 49 Abs. 1 Satz 1 GewO aF kann die Frist nach § 18 Abs. 1 Nr. 1 auch nach der Genehmigungserteilung gesetzt werden, sie kann sich allein auf die Errichtung (nicht unbedingt auch auf den Betrieb) der Anlage beziehen, und anders als nach § 49 Abs. 1 Satz 2 GewO aF erlischt eine Genehmigung, von der kein Gebrauch gemacht wird, nicht ohne Fristsetzung allein durch Zeitablauf. – § 18 entspricht § 17 des Regierungsentwurfs (BT-Drs. 7/179, S. 8). Im Gesetzgebungsverfahren sind keine Änderungen vorgenommen worden. 4

III. Verfassungsmäßigkeit

Die Frage der Verfassungsmäßigkeit des § 18 und der entsprechenden Vorschrift des § 49 GewO aF (vgl. → Rn. 4) ist verschiedentlich im Hinblick auf die Eigentumsgaran- 5 tie (Art. 14 GG), die Berufsfreiheit (Art. 12 GG) und den Gleichbehandlungsgrundsatz (Art. 3 Abs. 1 GG) geprüft und bejaht worden (OVG Münster, Urt. v. 17.5.67, GewA 67, 279, und Urt. v. 7.6.67, DÖV 68, 220; *Scheidler* GewArch 2005, 142, 143ff. – unter Bezugnahme auf BVerwG, Urt. v. 24.10.2002, BVerwGE 117, 133 (135ff.); *Scheidler* in Feldhaus § 18 Rn. 8ff.). Für die Verfassungsmäßigkeit des § 18 werden eine Vielzahl von Argumenten angeführt:

5a **1. Eigentumsgarantie (Art. 14 GG).** Das Bundesverwaltungsgericht sieht schon mit Blick auf die Rechtsfolgen des § 18 keine Verletzung der verfassungsrechtlichen Eigentumsgarantie (BVerwGE 117, 133 (135ff.)). Durch das gesetzlich angeordnete Erlöschen der Genehmigung werde dem Genehmigungsinhaber der besondere Bestandsschutz, der ihm durch § 14 gegen privatrechtliche Ansprüche von Nachbarn auf Einstellung des Anlagenbetriebes gewährt werde, nicht genommen (zum Diskussionsstand siehe → Rn. 42). Diese Rechtsprechung zum Erlöschenstatbestand des § 18 Abs. 2 (→ Rn. 41) lässt sich auf die anderen Erlöschenstatbestände (→ Rn. 12ff.) übertragen, weil diese sich hinsichtlich der Rechtsfolge grundsätzlich nicht unterscheiden. Für die Vereinbarkeit des § 18 mit der Eigentumsgarantie sind noch weitere Argumente anzuführen, bei denen zwischen den einzelnen Erlöschenstatbeständen zu unterscheiden ist:

6 Auch vermögenswerte subjektiv-öffentliche Rechte können der Eigentumsgarantie des Grundgesetzes unterfallen (vgl. → § 4 Rn. 53ff.; *Jarass* § 6 Rn. 57). Als ein solches Recht kommt grundsätzlich auch die mit der immissionsschutzrechtlichen Genehmigung verliehene Befugnis zum Betrieb einer Anlage in Betracht. Allerdings muss der Genehmigungsinhaber hierzu durch eigene Leistung beigetragen haben (vgl. → § 4 Rn. 53ff.; *Jarass* § 6 Rn. 53ff.). Das ist nicht der Fall, wenn er noch keine Vermögensdispositionen getroffen, d.h. die Anlage noch nicht errichtet und auch noch keine ihn belastenden Verträge zur Bauausführung oder apparativen Einrichtung der Anlage abgeschlossen hat (vgl. → § 4 Rn. 53ff.; *Jarass* § 6 Rn. 53ff.). Bei einer derartigen Sachlage kann in einem Erlöschen der Genehmigung gemäß § 18 Abs. 1 Nr. 1 kein Verstoß gegen Art. 14 GG gesehen werden. Hat der Genehmigungsinhaber längere Zeit verstreichen lassen und ist er dann trotz Kenntnis von der behördlichen Fristsetzung noch Verpflichtungen eingegangen, so kann er dadurch keine eigentumsrechtlich geschützte Rechtsposition mehr erlangen (*Scheidler* in Feldhaus § 18 Rn. 9; *Wirths* in GK-BImSchG § 18 Rn. 8; *Appel* in Appel/Ohms/Saurer BImSchG Rn. 7). Abs. 1 Nr. 1 ist deshalb in vollem Umfang mit Art. 14 GG vereinbar (vgl. auch BVerwG NVwZ 91, 984).

7 In den Fällen des Abs. 1 Nr. 2 und des Absatzes 2 bestand anders als bei Abs. 1 Nr. 1 eine eigentumskräftige Rechtsposition. Diese ist aber nur in der Ausformung gewährleistet, die sie durch das Bundes-Immissionsschutzgesetz und damit auch durch dessen § 18 erfahren hat (BVerwGE 106, 228ff.; VGH MünchenUPR 2002, 114; *Sellner/Reidt/Ohms* 2. Teil Rn. 184; vgl. → § 4 Rn. 52ff.). Durch die dort getroffenen Regelungen wird der Genehmigungsinhaber nicht unverhältnismäßig schwer belastet. Das Erlöschen der Genehmigung beruht in beiden Fällen auf sachgerechten Erwägungen (vgl. → Rn. 2 und 3). Insoweit ist die Vorschrift als ein Gesetz zu betrachten, durch das Inhalt und Schranken des Eigentums bestimmt werden (VGH München UPR 2002, 114).

7a **2. Berufsfreiheit (Art. 12 GG).** Zur Begründung der Verfassungsmäßigkeit von § 18 im Hinblick auf das Grundrecht der Berufsfreiheit wird darauf hingewiesen, dass die Vorschrift nicht die Berufswahl, sondern nur die Berufsausübung regelt (*Scheidler* in Feldhaus § 18 Rn. 9; *Wirths* in GK-BImSchG § 18 Rn. 8). Nach den Grundsätzen im Apotheken-Urteil des BVerfG (BVerfGE 7, 377) reicht es dazu aus, dass vernünftige Erwägungen des Gemeinwohls die Regelungen zweckmäßig erscheinen lassen. Unter Anwendung dieses Maßstabes ist § 18 – insbesondere mit Blick auf den in der Gesetzesbegründung enthaltenen Zweck der Vorschrift (→ Rn. 2f.) – nicht zu beanstanden.

3. Gleichbehandlungsgrundsatz (Art. 3 Abs. 1 GG). Die Frage der Vereinbarkeit mit dem Gleichbehandlungsgrundsatz stellt sich bei dem Erlöschenstatbestand des § 18 Abs. 2: Für eine Verfassungsmäßigkeit mit Blick auf den Gleichbehandlungsgrundsatz wird angeführt, er bewirke gerade eine Gleichbehandlung gleicher Sachverhalte. Die vom Gesetzgeber hierbei zugrunde gelegten Erwägungen seien vertretbar und nicht sachfremd (VGH München UPR 02, 114; *Scheidler* in Feldhaus § 18 Rn. 10; vgl. auch *Wirths* in GK-BImSchG § 18 Rn. 9f.; *Scheidler* GewA 2005, 142 (146)). **7b**

IV. Erlöschen der Genehmigung auf Grund anderer Vorschriften

§ 18 regelt das Erlöschen der immissionsschutzrechtlichen Genehmigung nicht abschließend. Soweit die Genehmigung gemäß § 12 Abs. 1 unter einer auflösenden Bedingung erteilt worden ist oder ihre Wirksamkeit gemäß § 12 Abs. 2 Satz 1 auf einen bestimmten Zeitraum befristet worden ist, erlischt sie mit Eintritt der Bedingungen oder dem Ablauf des Zeitraums. Auch durch die Rücknahme einer (rechtswidrig erteilten) Genehmigung gemäß § 48 VwVfG oder durch den Widerruf einer Genehmigung nach § 21 können deren Wirkungen aufgehoben werden. Schließlich führt der Zugang einer Verzichtserklärung des Anlagenbetreibers bei der Genehmigungsbehörde zum Erlöschen der von der Erklärung betroffenen Rechte und Pflichten (allgemeine Meinung; vgl. § 20 Abs. 3 der 13. BImSchV; Nr. 6.2.7 TA Luft; BVerwGE 84, 209 (211) = DÖV 90, 479 = NVwZ 90, 464 = UPR 90, 216; *Scheidler* in Feldhaus § 18 Rn. 6; *Jarass* Rn. 14; *Appel* in Appel/Ohms/Saurer BImSchG § 18 Rn. 7; zur Bedeutung der behördlichen Reaktion vgl. → § 20 Rn. 8). Das Bundesverwaltungsgericht (BVerwGE 84, 209) leitet die Wirksamkeit des Verzichts aus einer analogen Anwendung des § 18 ab. Die Verzichtserklärung kann dabei auch konkludent erfolgen. Es muss aber unmissverständlich erkennbar sein, dass endgültig auf die Genehmigung verzichtet wird (*Scheidler* in Feldhaus § 18 Rn. 6; *Wirths* in GK-BImSchG § 18 Rn. 83; aA wohl BayVG – 22 BV 04.1203, juris Rn. 17). **8**

In der Praxis ist die Frage bedeutsam, inwieweit eine immissionsschutzrechtliche Genehmigung (teilweise) dadurch erlischt, dass dem Anlagenbetreiber eine immissionsschutzrechtliche (Änderungs-)Genehmigung erteilt wird, bei deren Realisierung von der ursprünglichen Genehmigung (teilweise) kein Gebrauch mehr gemacht werden kann (vgl. *Ohms* Praxishandbuch Immissionsschutzrecht Rn. 531). Regelmäßig modifiziert die Änderungsgenehmigung die Ausgangsgenehmigung inhaltlich und bildet zusammen mit dieser fortan eine neue einheitliche Anlagengenehmigung (VGH München, Urt. v. 13.5.2005 – Az.: 22 A 96.40091). Dies gilt allerdings erst dann, wenn der Anlagenbetreiber von der Änderungsgenehmigung Gebrauch macht und die Änderungsmaßnahme ausführt (*Scheidler in* Feldhaus Rn. 11). Daraus ist zu schließen, dass die Ausgangsgenehmigung in ihren durch die Änderungsgenehmigung modifizierten Teilen erst dann erlischt, wenn die Änderungsgenehmigung ausgenutzt wird. Einer entsprechenden Verzichtserklärung des Errichters/Betreibers bedarf es hierfür nicht (aA: VGH München, Urt. v. 12.8.2004, UPR 05, 309). Wird die Änderungsgenehmigung in einem Rechtsbehelfsverfahren später aufgehoben, so lebt die Ursprungsgenehmigung in ihrer Fassung vor Änderungsgenehmigung wieder auf und bildet – soweit keine weitere Änderungsgenehmigung erteilt wird – die Grundlage für die Fortsetzung des Betriebes der Anlage (im Ergebnis ähnlich BayVGH, aAO., der das Erlöschen der Ausgangsgenehmigung von ei- **8a** ner Erklärung des Betreibers abhängig macht, diese Erklärung aber nicht vor Bestandskraft der Änderungsgenehmigung verlangt).

9 Zweifelhaft ist, ob und in welchem Umfang die Genehmigung mit der Beseitigung der Anlage erlischt. Teilweise wird aus § 16 Abs. 5 geschlossen, dass die einmal erteilte immissionsschutzrechtliche Genehmigung auch den unveränderten Wiederaufbau einer zerstörten Anlage gestattet (*Jarass* Rn. 15; → § 4 Rn. 66; *Scheidler* in Feldhaus § 18 Rn. 7). Nach anderer Auffassung ist zum Wiederaufbau einer beseitigten oder zerstörten Anlage eine umfassende neue Genehmigung erforderlich. Danach führt die vollständige oder teilweise Beseitigung der Anlage zum vollständigen oder teilweisen Erlöschen der Genehmigung. Auch wenn die erste Auffassung der Absicht des Gesetzgebers entsprechen würde, den durch die immissionsschutzrechtliche Genehmigung vermittelten Bestandsschutz (vgl. *Hansmann* in Festgabe 50 Jahre Bundesverwaltungsgericht 2005, S. 939 ff.; *Sellner/Reidt/Ohms* Immissionsschutzrecht und Industrieanlagen, 3. Aufl. 2005, 2. Teil Rn. 183 ff.) auf den Fall einer Neuerrichtung auszudehnen und damit den früher gem. § 16 GewO geltenden Rechtszustand wieder herzustellen, so wirft sie heute gemeinschaftsrechtliche Probleme auf: Gemäß Art. 4 der IVU-Richtlinie (Richtlinie 96/61/EG vom 24.9.1996, ABl. EG Nr. L 257 S. 26, zuletzt geändert durch Verordnung (EG) Nr. 166/2006 vom 18. Januar 2006, ABl. L 33, S. 1) treffen die Mitgliedsstaaten die erforderlichen Maßnahmen, um sicherzustellen, dass keine *neue Anlage* ohne eine Genehmigung gemäß dieser Richtlinie betrieben wird. Gemäß Art. 4 der UVP-Richtlinie (Richtlinie 2011/92/EU vom 13. Dezember 2011 zuletzt geändert durch Richtlinie 2014/52/EU vom 16. April 2014) unterliegen die meisten in Spalte 1 des Anhangs zur 4. BImSchV aufgeführten genehmigungsbedürftigen Anlagen der Umweltverträglichkeitsprüfung, und zwar auch in Fällen des § 16 Abs. 5, in denen das nationale Recht bislang ein Genehmigungsverfahren nicht vorsieht (vgl. Art. 2 Abs. 2 der UVP-Richtlinie). Im Einzelfall ist also zu prüfen, ob das Gemeinschaftsrecht die Einholung einer neuen Genehmigung verlangt. Wenn dies der Fall ist, kann Bestandsschutz den Fall einer Neuerrichtung nicht umfassen. Die Genehmigung für die zerstörte oder beseitigte Anlage erlischt. Im Hinblick auf § 18 Abs. 1 Nr. 2 ist die Inbetriebnahme einer unverändert wiedererrichteten Anlage nach Ablauf von mehr als drei Jahren jedenfalls nur noch auf Grund einer neuen Genehmigung zulässig (*Jarass* Rn. 15).

B. Anwendungsbereich der Vorschrift

I. Positive Beschreibung

10 § 18 ist nur anwendbar, wenn zuvor eine immissionsschutzrechtliche Genehmigung erteilt worden ist. Dabei sind auch Genehmigungen, die vor dem Inkrafttreten des Bundes-Immissionsschutzgesetzes nach § 16 oder § 25 Abs. 1 GewO aF oder danach (zB für Windkraftanlagen) nach Baurecht erteilt worden sind, als Genehmigungen im Sinne des § 18 anzusehen (§§ 67 Abs. 1, 9 S. 1). Auf die Art der Genehmigung (Vollgenehmigung für Errichtung und Betrieb oder Teilgenehmigung) kommt es nicht an (allgemeine Meinung: *Scheidler* in Feldhaus § 18 BImSchG Rn. 11; *Jarass* Rn. 2; *Wirths* in GK-BImSchG Rn. 14 ff.; *Appel* in Appel/Ohms/Saurer BImSchG § 18 Rn. 5). Bei einer Teilgenehmigung kann die Fristsetzung nach Abs. 1 Nr. 1 nicht nur mit der ersten Teilerrichtungs- oder der ersten Teilbetriebsgenehmigung verbunden werden, sondern in jeder Teilgenehmigung kann für den Beginn der mit ihr genehmigten Handlungen eine eigene Frist gesetzt werden; darüber hinaus kann innerhalb einer Teilgenehmigung nach verschiedenen Anlageteilen oder Tätigkeiten differenziert werden (so wohl auch *Wirths* in GK-

BImSchG Rn. 15). Ebenso ist § 18 auf die Änderungsgenehmigung nach § 16 Abs. 1 anwendbar (*Jarass* Rn. 2) Die Auffassung, § 18 erfasse nicht die Änderungsgenehmigung als solche, sondern die durch die erteilte Änderungsgenehmigung modifizierte Ausgangsgenehmigung (*Scheidler* in Feldhaus Rn. 11), vermag nicht zu überzeugen. Da eine „Verschmelzung" zwischen Ausgangs- und Änderungsgenehmigung erst dann eintritt, wenn der Errichter/Betreiber von der Änderungsgenehmigung Gebrauch macht (→ Rn. 8a; vgl. auch *Wirths in GK-BImSchG* Rn. 16; *Jarass* § 16 Rn. 65), können sich die Rechtsfolgen von § 18 auch ausschließlich auf die Änderungsgenehmigung beziehen. Schließlich muss es dem Betreiber unbenommen bleiben, von der Änderungsgenehmigung Gebrauch zu machen oder nicht, ohne sich dem Erlöschen seiner Ausgangsgenehmigung für die bestehende Anlage auszusetzen (vgl. VGH München UPR 2005, 309 ff.).

II. Negative Abgrenzung

§ 18 gilt nicht für Vorbescheide. Für sie enthält § 9 Abs. 2 eine Spezialregelung. Erlischt nach § 18 eine immissionsschutzrechtliche Genehmigung, so wird ein für dasselbe Vorhaben erteilter Vorbescheid jedoch gegenstandslos (*Scheidler* in Feldhaus Rn. 12). § 18 ist auch nicht anwendbar, wenn die immissionsschutzrechtliche Genehmigung durch einen Planfeststellungsbeschluss (zB nach § 43 EnWG) ersetzt oder von einer anderen Genehmigung (zB gemäß § 8 Abs. 2 AtG) eingeschlossen wird (ebenso *Jarass* Rn. 2; *Scheidler* in Feldhaus Rn. 11; *Wirths* in GK-BImSchG Rn. 18). In diesem Fall liegt nur eine Entscheidung nach einem anderen Gesetz vor, nicht aber eine Genehmigung nach dem Bundes-Immissionsschutzgesetz oder eine nach § 67 Abs. 1 gleichgestellte Genehmigung. Schließlich wurde bislang überwiegend davon ausgegangen, dass § 18 weder unmittelbar noch analog heranzuziehen ist, wenn für die Anlage lediglich eine Anzeige nach § 67 Abs. 2, § 67a Abs. 1 BImSchG oder nach § 16 Abs. 4 GewO aF erstattet worden ist (ebenso VGH München NVwZ-RR 89, 625; aA VGH Mannheim NVwZ 91, 393; *Jarass* § 67 Rn. 17 und 26, anwendbar aber: § 18 Abs. 1 Nr. 2). Die Anzeige hat nämlich keine der Genehmigung entsprechende Wirkung; insbesondere wird weder durch sie noch durch ihre Bestätigung seitens der Behörde ein subjektiv-öffentliches Recht verliehen (vgl. dazu → § 67 Rn. 30). Mit dem Hinweis darauf, dass die durch die Anzeige vermittelte, auf Gründen des Vertrauensschutzes beruhende Rechtsposition des Betreibers einer nach § 67 Abs. 2/§ 67a Abs. 1 angezeigten Anlage nicht über diejenige des Inhabers einer immissionsschutzrechtlichen Genehmigung hinausgeht – im Gegenteil: ein geringeres Maß an Bestandsschutz gewährt – geht das Bundesverwaltungsgericht (BVerwG NVwZ 05, 1424) davon aus, dass § 18 Abs. 1 Nr. 2 auf die genehmigungsersetzende Anzeige entsprechend anwendbar ist. Der Schutzzweck des § 18 Abs. 1 Nr. 2 (→ Rn. 2) gelte nämlich uneingeschränkt auch für die formell nur anzeigepflichtigen, aber materiell genehmigungsbedürftigen Anlagen (so auch *Scheidler* in Feldhaus Rn. 15; *Wirths* in GK-BImSchG Rn. 22). Für Altanlagen sind die Erlöschenstatbestände des § 18 Abs. 1 Nr. 1 und Abs. 2 ohnehin irrelevant. Es fehlt hier schon an einer der Anwendung des § 18 Abs. 1 Nr. 1 entsprechenden Fristsetzung, die ihre Rechtsgrundlage – was erforderlich ist – im BImSchG hatte (so auch *Scheidler* in Feldhaus Rn. 16, aA *Wirths* in GK-BImSchG Rn. 17). Fällt die Anlage (wieder) aus dem Katalog der genehmigungsbedürftigen Anlagen im Anhang zur 4. BImSchV heraus, bedeutet dies für den Betreiber einer nur angezeigten Anlage ohnehin kein Minus gegenüber seiner bestandsgeschützten Rechtsposition, so dass es eines „Erlöschenstatbestand" in diesem Fall nicht bedarf. 11

C. Der Tatbestand des Abs. 1 Nr. 1

Für das Erlöschen der Genehmigung nach Abs. 1 Nr. 1 nennt das Gesetz zwei Voraussetzungen, nämlich

1. eine Fristsetzung durch die Genehmigungsbehörde und
2. das Unterbleiben des Beginns der Errichtung oder des Betriebes innerhalb der hierfür gesetzten Frist.

I. Fristsetzung

12 **1. Rechtsnatur.** Für den Beginn der Errichtung oder des Betriebes einer genehmigungsbedürftigen Anlage oder für beides kann die Genehmigungsbehörde eine Frist setzen. Wie eine derartige Fristsetzung rechtlich zu qualifizieren ist, wird unterschiedlich beantwortet; von der Antwort hängt aber insbesondere die Entscheidung ab, wie ein Genehmigungsinhaber gegen eine seiner Ansicht nach unangemessene Fristsetzung vorgehen kann (vgl. dazu → Rn. 50). Dabei sind drei wesentliche Ansichten zu unterscheiden. Einer Ansicht nach ist in der Fristsetzung grundsätzlich eine eigenständige Regelung und damit ein von der eigentlichen Genehmigung zu trennender Verwaltungsakt zu sehen (*Scheidler* in Feldhaus Rn. 18). Eine andere Auffassung fasst die Fristsetzung stets als Nebenbestimmung auf, welche nach wiederum verschiedenen Meinungen entweder in Form einer Befristung (*Kotulla* BImSchG Rn. 18; *Laubinger* in Ule/Laubinger/Repkewitz Rn. C 14) oder einer Bedingung (vgl. *Jarass* Rn. 3) auftritt. Eine dritte Ansicht differenziert zwischen der mit der Genehmigung erteilten Fristsetzung und einer nachträglichen Fristsetzung. In erstem Fall ist demnach eine Nebenbestimmung zu sehen, während eine nachträgliche Fristsetzung einen selbstständigen Verwaltungsakt darstellt (*Wirths* in GK-BImSchG Rn. 27; vgl. *Jarass* Rn. 3).

13 Eine Befristung kann in der Fristsetzung nach § 18 Abs. 1 Nr. 1 aber schon deshalb nicht gesehen werden, weil nicht allein der Ablauf der Frist, sondern auch der Beginn der Errichtung oder des Betriebs der Anlage das Erlöschen der Genehmigung herbeiführen kann (vgl. BVerwGE 60, 275; *Scheidler* in Feldhaus Rn. 18). Mithin erscheint eine auflösende Bedingung näherliegend. Dies erweist sich jedoch wiederum als problematisch, wenn man mit der herrschenden Meinung (vgl. → Rn. 16) auch eine Fristsetzung nach Genehmigungserteilung für zulässig hält. Da durch eine auflösende Bedingung die Wirksamkeit der Genehmigung selbst in Frage gestellt wird, wäre eine als Bedingung zu qualifizierende nachträgliche Fristsetzung nur rechtmäßig, wenn die Voraussetzungen für den Widerruf der erteilten Genehmigung und zugleich für den Erlass einer (neuen) Genehmigung vorlägen (*Scheidler* in Feldhaus Rn. 18). Für eine Nebenbestimmung sui generis lassen sich überzeugende Gründe nicht anführen. Würde es sich um eine Nebenbestimmung zur Genehmigung handeln, könnte auf die Definition der auflösenden Bedingung zurückgegriffen werden doch führt jede Deutung als Nebenbestimmung bei einer nachträglichen Fristsetzung zu Schwierigkeiten.

14 Wenn man eine Fristsetzung auch nach einer Genehmigungserteilung für zulässig hält (vgl. → Rn. 16) muss man hierin eine selbstständige Regelung sehen (vgl. *Jarass* Rn. 4). Dann ist aber nicht einzusehen, weshalb die mit der Genehmigung ausgesprochene Fristsetzung eine andere Rechtsqualität haben soll. In beiden Fällen wird mit der Fristsetzung die Voraussetzung dafür geschaffen, dass die Genehmigung nach § 18 Abs. 1 Nr. 1, also kraft Gesetzes, erlöschen kann. Die Fristsetzung ändert nichts am Inhalt und an der Wirksamkeit der Genehmigung. Sie ist deshalb nicht als Nebenbestimmung anzusehen,

sondern in jedem Fall als selbstständige Regelung. Ihre Rechtsgrundlage findet sie allein in § 18 Abs. 1 Nr 1 (*Scheidler* in Feldhaus Rn. 17; *Wirths* in GK-BImSchG Rn. 27). Inhaltlich enthält sie eine verbindliche Feststellung über das mögliche Erlöschen der Genehmigung, wenn Errichtung oder Betrieb nicht innerhalb der angegebenen Frist begonnen werden. Da diese Feststellung für die Auslösung der Rechtsfolge des § 18 Abs. 1 Nr. 1. konstitutiv ist, kann die Fristsetzung als feststellender Verwaltungsakt angesehen werden (zur Rechtsgrundlage bei feststellenden Verwaltungsakten: BVerwGE 72, 265).

2. Gegenstand der Fristsetzung. Gegenstand der Fristsetzung ist die Angabe eines Termins oder eines bestimmten Zeitraums für den Beginn der Errichtung oder des Betriebs der genehmigten Anlage. (BVerwG NVwZ 2005, 1424 (1425)). Eine anderweitige Fristbestimmung kann wegen § 31 Abs. 1 VwVfG rechtswidrig, sie muss aber nicht zwingend auch nichtig sein (BVerwG NVwZ 2005, 1424 (1425)). Die behördliche Entscheidung verpflichtet nicht zur Durchführung der genehmigten Tätigkeiten, sondern schafft nur die Voraussetzungen dafür, dass die Rechtsfolge des § 18 Abs. 1 eintreten kann. Bei der Fristsetzung kann zwischen verschiedenen Anlageteilen und Betriebsphasen differenziert werden (vgl. *Scheidler* in Feldhaus Rn. 20; *Wirths* in GK-BImSchG Rn. 38). So kann insbesondere bei gemeinsamen Anlagen (§ 1 Abs. 3 der 4. BImSchV) für jede Teilanlage eine eigene Frist gesetzt werden. Allerdings darf der Entscheidungsspielraum des Genehmigungsinhabers durch detaillierte Fristen für die einzelnen Stufen der Errichtung und der Inbetriebnahme nicht zu sehr eingeschränkt werden: Anderenfalls könnten die Fristen nicht als angemessen angesehen werden (*Wirths* in GK-BImSchG Rn. 40). Für den Betreiber muss der Ablauf der Frist ohne Schwierigkeiten erkennbar sein (*Wirths* in GK-BImSchG Rn. 45). Zur Festsetzung in verschiedenen Teilgenehmigungen wird auf die Erläuterungen bei → Rn. 10 verwiesen. 15

3. Zeitpunkt der Fristsetzung. Die Frage, ob die Fristsetzung mit der Genehmigung ausgesprochen werden muss, wird nicht einheitlich beantwortet. Die herrschende Meinung geht davon aus, dass – anders als nach der früheren Regelung in § 49 GewO – die Frist als Ergebnis einer fehlerfreien Ermessensentscheidung auch zu einem späteren Zeitpunkt gesetzt werden kann (*Scheidler* in Feldhaus Rn. 20; *Jarass* Rn. 4; *Wirths* in GK-BImSchG Rn. 43). Zur Begründung wird einmal auf den Wortlaut des § 18 Abs. 1 Nr. 1 verwiesen, der die Fristsetzung bei Genehmigungserteilung nicht fordert. Außerdem wird das Bedürfnis an einer nachträglichen Fristsetzung hervorgehoben (*Scheidler* in Feldhaus Rn. 20). Die gegenteilige Auffassung ist konsequent, wenn die Fristsetzung als auflösende Bedingung qualifiziert wird (vgl. → Rn. 13f.). Dem kann jedoch nicht zugestimmt werden (vgl. → Rn. 13f.). Für die Zulässigkeit einer nachträglichen Fristsetzung sprechen neben dem Wortlaut auch die Entstehungsgeschichte (die Fassung des § 49 GewO aF ist insoweit nicht übernommen worden!) und vor allem der Sinn und Zweck der Vorschrift (*Scheidler* in Feldhaus Rn. 19). Wenn die Beschaffung von Vorratsgenehmigungen und deren Ausnutzung nach Änderung der tatsächlichen Verhältnisse verhindert werden soll (vgl. → Rn. 2), muss das Erlöschen der Genehmigung auch noch nach deren Erteilung herbeigeführt werden können. Da die Fristsetzung iSv § 18 Abs. 1 Nr. 1 eine gegenüber der Genehmigung im Übrigen selbstständige, auf § 18 Abs. 1 Nr. 1 als eigene Rechtsgrundlage gestützte Regelung darstellt (→ Rn. 14), bedarf es bei der nachträglichen Fristsetzung keines Rückgriffs auf § 21 (*Wirths* in GK-BImSchG Rn. 44; *Jarass* Rn. 4). 16

4. Entscheidungsspielraum der Genehmigungsbehörde. Ob und wann die Genehmigungsbehörde eine Frist setzt, ob sie die Frist nur für den Beginn der Errichtung 17 oder auch für den Beginn des Betriebes festlegt und ob sie nach Anlageteilen, Errichtungs- und Inbetriebnahmeschritten differenziert (vgl. → Rn. 15), liegt in ihrem pflichtgemäßen Ermessen (*Wirths* in GK BImSchG Rn. 30; *Scheidler* in Feldhaus Rn. 20). Es muss sich aber um eine „angemessene" Frist handeln. Was angemessen ist, muss im Einzelfall unter Berücksichtigung der Interessen des Antragstellers und der Zweckbestimmung des § 18 Abs. 1 Nr. 1 (vgl. → Rn. 2) ermittelt werden. Unangemessen kurz ist eine Frist jedenfalls dann, wenn der Genehmigungsinhaber innerhalb des gesetzten Zeitraumes die technischen und wirtschaftlichen Voraussetzungen für den Beginn der Tätigkeit nicht oder nur mit unverhältnismäßigen Aufwendungen schaffen kann (vgl. *Scheidler* in Feldhaus Rn. 20; *Jarass* Rn. 5). Die unternehmerische Entscheidungsfreiheit darf nicht übermäßig eingeschränkt werden. Unangemessen lang ist eine Frist, wenn Änderungen der Sach- oder Rechtslage innerhalb des eingeräumten Zeitraums wahrscheinlich (wenn auch im Einzelnen noch nicht absehbar) sind und angenommen werden muss, dass mit der Errichtung der Anlage erst nach Änderung der bei der Genehmigungserteilung zugrunde gelegten Umstände begonnen werden soll. Im Einzelfall kann auch die Festsetzung einer Frist von drei Jahren oder mehr erforderlich sein (vgl. *Wirths* in GK-BKmSchG Rn. 42). Aus Abs. 1 Nr. 2 lässt sich für die Höchstdauer der Frist nichts entnehmen (vgl. → Rn. 24). Bei Großprojekten ist es oft gar nicht möglich, mit der Errichtung aller Teilanlagen innerhalb von drei Jahren zu beginnen oder gar innerhalb dieses Zeitraums den Betrieb aufzunehmen. Die Möglichkeit der Ausnutzung der Genehmigung muss nach § 18 Abs. 1 Nr. 1 aber in jedem Fall gewährleistet bleiben.

18 **5. Berechnung der Frist.** Eine nach § 18 Abs. 1 Nr. 1 gesetzte Frist beginnt nach jetzt überwiegender Auffassung nicht erst dann, wenn die Genehmigung unanfechtbar ist oder ihre sofortige Vollziehung angeordnet wurde (OVG Bln-Bbg NVwZ-RR 2011, 97 Rn. 11; *Scheidler* in Feldhaus Rn. 21; *Wirths* in GK-BImSchG Rn. 40; vgl. *Jarass,* Rn. 6). Der anderweitigen Auffassung liegt wohl der Gedanke zugrunde, dass § 18 Abs. 1 Nr. 1 nicht das Erlöschen einer Genehmigung bezwecken kann, von der ihr Inhaber keinen Gebrauch machen konnte. Aus dieser Überlegung folgt jedoch nur, dass die Genehmigungsbehörde die Ausnutzbarkeit der Genehmigung bei der Fristsetzung berücksichtigen muss. Hat sie das nicht getan, so verlängert sich nicht automatisch die einmal gesetzte Frist. Hat die Genehmigungsbehörde zB – was zulässig ist – bestimmt, dass mit der Errichtung einer Anlage an einem bestimmten Tag begonnen sein muss, so ist diese Regelung auch dann wirksam, wenn die Genehmigung bis zu dem genannten Termin nicht vollziehbar war. Entsprechendes gilt, wenn die Genehmigungsbehörde die Frist durch Angabe eines bestimmten Zeitraums nach Genehmigungserteilung festgelegt hat. Die mangelnde Vollziehbarkeit der Genehmigung kann dann nur ein wichtiger Grund für eine Verlängerung der Frist sein (Abs. 3); uU kann sich daraus auch ein Rechtsanspruch auf eine Fristverlängerung ergeben (siehe → Rn. 38; so auch *Wirths* in GK BImSchG Rn. 42; *Scheidler* in Feldhaus Rn. 32; vgl. *Jarass* Rn. 6). Der Inhalt der Fristsetzung kann durch die Anfechtung der Genehmigung aber nicht geändert werden (zur Anfechtung der Fristsetzung als solche siehe → Rn. 50). Im Übrigen können für eine Fristsetzung ohne Rücksicht auf deren Ausnutzbarkeit im Einzelfall sachgerechte Gründe sprechen. – Sofern die Genehmigungsbehörde nicht einen bestimmten Termin für den Beginn der Errichtung oder des Betriebs festlegt, beginnt die Frist am Tag nach der Bekanntgabe ihrer Festsetzung oder am Tag nach dem von der Behörde festgelegten Zeitpunkt (vgl. § 31 Abs. 2 VwVfG). Dabei kann es zweckmäßig (nicht geboten!) sein, als Beginn der Frist den Zeitpunkt der Vollziehbarkeit oder – zur Verringerung des Risikos für den Unternehmer – den der Unanfechtbarkeit der Genehmigung festzulegen.

Für die Berechnung einer nach § 18 Abs. 1 Nr. 1 gesetzten Frist gelten nach den hier maßgebenden Verwaltungsverfahrensgesetzen der Länder (vgl. auch § 31 Abs. 1 VwVfG) die Vorschriften der §§ 187–193 BGB entsprechend (*Wirths* in GK-BImSchG Rn. 39; *Scheidler* in Feldhaus Rn. 22; *Jarass* Rn. 5). Sonderregelungen in den Verwaltungsverfahrensgesetzen sind zu beachten. Für den Ablauf der Frist ist es ohne Bedeutung, ob die Person des Genehmigungsinhabers innerhalb der Frist wechselt (vgl. *Wirths* in GK-BImSchG Rn. 41; *Scheidler* in Feldhaus Rn. 22). **19**

II. Beginn der Errichtung oder des Betriebs der Anlage

Nach einer Fristsetzung durch die Genehmigungsbehörde tritt bei deren Ablauf die gesetzliche Folge eines Erlöschens der Genehmigung nicht ein, wenn zu diesem Zeitpunkt mit der von der Genehmigungsbehörde angegebenen Tätigkeit (Errichtung oder Betrieb der Anlage oder eines bestimmten Anlageteils; vgl. → Rn. 15) begonnen worden ist. Auf den Beginn der Errichtung wird auch in § 67 Abs. 2 abgestellt, doch kann die hierzu gebotene Auslegung (vgl. → § 67 Rn. 19f.) nicht ohne weiteres auf § 18 Abs. 1 Nr. 1 übertragen werden. Die Zweckbestimmung beider Vorschriften ist nämlich unterschiedlich. Im Anschluss an zwei Entscheidungen des OVG Münster zu § 49 GewO aF (DÖV 69, 220 und Urt. v. 4.6.1980, abgedruckt bei *Feldhaus,* Entscheidungssammlung, GewO § 49-4) wird für § 18 Abs. 1 Nr. 1 BImSchG allgemein gefordert, dass wesentliche Teile der Anlage tatsächlich errichtet oder in Betrieb genommen sein müssen, um die Rechtsfolge des § 18 Abs. 1 zu vermeiden (vgl. *Scheidler* in Feldhaus Rn. 23; *Wirths* in GK-BImSchG Rn. 51). Zur Begründung hat das OVG Münster (Urt. v. 4.6.1980, abgedruckt bei *Feldhaus,* Entscheidungssammlung, GewO § 49-4) auf den Gesetzeszweck verwiesen und ausgeführt, dass anderenfalls wesentliche und selbstständige Teile einer genehmigten Anlage auch noch viele Jahre nach Erteilung der Genehmigung errichtet werden könnten. Diese Argumentation ist für das Bundes-Immissionsschutzgesetz schon deshalb nicht überzeugend, weil die Genehmigungsbehörde es nach § 18 Abs. 1 Nr. 1 in der Hand hat, auch für die Errichtung und die Inbetriebnahme einzelner Teile einer Anlage eine selbstständige Frist zu setzen (vgl. → Rn. 15), und zwar auch noch nach der Genehmigungserteilung (vgl. → Rn. 16). **20**

Bei der Frage, ob mit der Errichtung oder dem Betrieb begonnen worden ist, muss man vielmehr zwei Fragen unterscheiden, nämlich welche Handlung Gegenstand der Fristsetzung ist und was als Beginn dieser Handlung anzusehen ist. Was Gegenstand der Fristsetzung ist, ergibt sich durch Auslegung des Verwaltungsaktes der Genehmigungsbehörde. Die Auslegung kann ergeben, dass zu einem bestimmten Zeitpunkt mit der Errichtung oder der Inbetriebnahme aller oder bestimmter (wesentlicher) Teile einer Anlage begonnen sein muss; dann müssen die der Errichtung oder Inbetriebnahme des letzten betroffenen Anlageteils notwendigerweise vorausgehenden Tätigkeiten abgeschlossen sein. Die Fristsetzung kann aber auch so auszulegen sein, dass der Genehmigungsinhaber überhaupt mit der Ausnutzung seiner Genehmigung begonnen haben muss. Dann stellt sich die weitere Frage, ob auch schon der erste Spatenstich als Beginn der Errichtung und der Probelauf eines einzelnen Anlageteils als Beginn des Betriebes angesehen werden können. Bei der Beantwortung dieser Frage ist auf den Zweck des § 18 Abs. 1 Nr. 1 abzustellen. Wenn Vorratsgenehmigungen verhindert werden sollen (vgl. → Rn. 2), muss der Genehmigungsinhaber Handlungen vorgenommen haben, aus denen die Ernsthaftigkeit der Ausnutzung der Genehmigung in dem Bereich, für den ihm die Frist gesetzt worden ist, geschlossen werden kann: Er muss am vorgesehenen Standort nicht oder nur mit für ihn erheblichen wirtschaftlichen Verlusten rückgängig zu machende Maßnahmen **21** durchgeführt haben (*Scheidler* in Feldhaus Rn. 23; *Wirths* in GK-BImSchG Rn. 45; *Jarass* Rn. 7). Dabei wird vorausgesetzt, dass sich die Handlungen im Rahmen der erteilten Genehmigung halten (vgl. OVG Münster DÖV 68, 220; *Scheidler* in Feldhaus Rn. 23; *Wirths* in GK-BImSchG Rn. 46). Nur unter diesen Voraussetzungen kann ein Beginn der Errichtung oder des Betriebes angenommen werden.

D. Der Tatbestand des Abs. 1 Nr. 2

I. Betroffene Genehmigungen

22 Nach Abs. 1 Nr. 2 erlischt eine Genehmigung, wenn eine Anlage seit mehr als drei Jahren nicht mehr betrieben wird. Die Vorschrift bezieht sich auf Genehmigungen nach dem Bundes-Immissionsschutzgesetz, auf Genehmigungen nach der Gewerbeordnung und auch auf Baugenehmigungen für Windkraftanlagen, die gem. § 67 Abs. 1 bzw. Abs. 9 Satz 1 als Genehmigungen nach dem Bundes-Immissionsschutzgesetz fortgelten. Ebenso ist § 18 Abs. 1 Nr. 2 auf die genehmigungsersetzende Anzeige gem. § 67 Abs. 2 und § 67a Abs. 1 entsprechend anwendbar (BVerwG UPR 89, 25; *Wirths* in GK-BImSchG Rn. 14 ff.; *Scheidler* in Feldhaus BImSchG Rn. 14 ff.; aA VGH München NVwZ-RR 89, 625; *Hansmann* noch in der 17. EL vom März 1993). Begründet wird dies mit dem Zweck der genehmigungsersetzenden Anzeige und der hierdurch erworbenen Rechtsposition: Die Übergangsregelungen dienen dem Zweck, den Weiterbetrieb bestehender Anlagen ohne ein nachträgliches Genehmigungsverfahren zu ermöglichen sowie deren Erfassung und Überwachung sicherzustellen, um sie nach und nach an das Anforderungsniveau des Bundes-Immissionsschutzgesetzes heranzuführen (BVerwG, Beschl. v. 17.9.2004, Buchholz 406.25 § 67a BImSchG Nr. 1). Die durch eine Anzeige vermittelte, auf Gründen des Vertrauensschutzes beruhende Rechtsposition des Betreibers geht allerdings über diejenige des Inhabers einer immissionsschutzrechtlichen Genehmigung nicht hinaus; sie gewährt im Gegenteil ein geringeres Maß an Bestandsschutz (BVerwG UPR 98, 25; NVwZ 84, 305; vgl. auch *Hansmann/Röckinghausen,* → zu § 67 Rn. 29). Durch das Erlöschen der Genehmigung nach mehr als dreijähriger Stilllegung der Anlage soll zum Schutz der Allgemeinheit und der Nachbarschaft verhindert werden, dass mit der Wiederinbetriebnahme zu einem Zeitpunkt begonnen wird, in dem sich die tatsächlichen Verhältnisse, die der Genehmigung zugrunde lagen, möglicherweise wesentlich verändert haben (BT-Drs. 7/179, S. 37 zu § 17). Dieser Schutzzweck gilt uneingeschränkt auch für die zwar formell nur anzeigepflichtigen, aber materiell genehmigungsbedürftigen Altanlagen im Sinne der §§ 67 Abs. 2, 67a Abs. 1 (BVerwG NVwZ 05, 1424; VGH Mannheim DÖV 91, 254; so auch *Scheidler* in Feldhaus Rn. 15; *Wirths* in GK-BImSchG Rn. 17; zur Begründung der gegenteiligen Auffassung und anknüpfend an das formale Erfordernis der Genehmigung: VGH München, Urt. v. 29.2.1988, NVwZ-RR 89, 625).

23 § 18 Abs. 1 Nr. 2 verlangt nicht in jedem Fall, dass es sich um eine – ggf. aus 23 Teilgenehmigungen zusammengesetzte – Vollgenehmigung handelt. Vielmehr kann auch eine einzelne Teilgenehmigung nach Abs. 1 Nr. 2 erlöschen, wenn diese sich auf Errichtung und Betrieb einer Teilanlage bezog (§ 8 Nr. 2) und die übrigen geplanten Teilanlagen (zB weitere Kraftwerksblöcke als Teile einer gemeinsamen Anlage) nicht ausgeführt worden sind.

24 In jedem Fall muss eine Anlage (ggf. Teilanlage; vgl. → Rn. 23) einmal in Betrieb gewesen sein, wenn die für sie erteilte Genehmigung nach § 18 Abs. 1 Nr. 2 erlöschen soll (ebenso *Scheidler* in Feldhaus, § 18 Rn. 24; *Jarass* Rn. 8; *Wirths* in GK-BImSchG

Rn. 50). Für diese Auslegung sprechen der eindeutige Wortlaut („nicht mehr betrieben") und die Gesetzessystematik: Ist von einer Genehmigung noch nicht (vollständig) Gebrauch gemacht worden, kann die Genehmigungsbehörde hierfür eine Frist nach Abs. 1 Nr. 1 setzen (vgl. → Rn. 15 und 17). Ein Erst-Recht-Schluss ist im Rahmen des Abs. 1 Nr. 2 unzulässig, da der Fall, auf den geschlossen werden soll, in Abs. 1 Nr. 1 ausdrücklich geregelt ist (vgl. dazu VGH Mannheim NVwZ 90, 985). Die Inbetriebnahme einer Großanlage innerhalb von drei Jahren nach der Genehmigungserteilung ist im Übrigen nicht immer möglich (*Jarass* Rn. 8); der Genehmigungsinhaber müsste dann bereits mit der Genehmigung auch die Verlängerung der Frist nach Abs. 1 Nr. 2 beantragen (Abs. 3); das dürfte aber dem Gesetzzweck („angemessene Frist" gemäß Abs. 1 Nr. 1) widersprechen.

Zweifelhaft ist, ob Abs. 1 Nr. 2 auch auf Änderungsgenehmigungen Anwendung findet. **25** Die Frage ist zu bejahen, wenn die Anlage entsprechend der Änderungsgenehmigung ausgeführt worden ist und die gesamte Anlage später während eines Zeitraums von mehr als drei Jahren nicht mehr betrieben wird. Denn Ausgangsgenehmigung und Änderungsgenehmigung (mit der Fristsetzung) sind dann miteinander verschmolzen (→ Rn. 8a). Wird nur die Änderungsgenehmigung seit mehr als drei Jahren nicht mehr ausgenutzt, liegt in der Regel keine vollständige Einstellung des Betriebes vor (vgl. → Rn. 26). Entsprechendes gilt für den Teil der ursprünglichen Genehmigung, der sich auf die Beschaffenheit oder die Betriebsweise der Anlage bezog, die aufgrund einer Genehmigung nach § 16 geändert worden ist. Die Änderungsgenehmigung ersetzt nicht die ursprüngliche Genehmigung; es besteht keine Pflicht zu ihrer Ausnutzung. Die ursprüngliche Genehmigung bleibt also wirksam. Wenn von ihr noch teilweise Gebrauch gemacht wird, liegen auch die Voraussetzungen des § 18 Abs. 1 Nr. 2 nicht vor. Die Wiederherstellung des ursprünglichen Zustandes ist aber wiederum eine wesentliche Änderung der (geänderten) Anlage und bedarf deshalb der Genehmigung nach § 16.

II. Nichtbetreiben der Anlage

1. Vollständige Einstellung des Betriebes. Eine Anlage wird im Sinne des Abs. 1 **26** Nr. 2 nur dann nicht mehr betrieben, wenn sämtliche von der Genehmigung gedeckten Betriebshandlungen eingestellt werden (einhellige Meinung: *Scheidler* in Feldhaus Rn. 25; *Jarass* Rn. 9; *Wirths* in GK-BImSchG Rn. 53). Auf das Motiv für die Fortführung bestimmter Betriebshandlungen kommt es nicht an (*Scheidler* in *Feldhaus* Rn. 25a; *Wirths* in GK-BImSchG Rn. 52). Auch ein in der Leistung geminderter Betrieb oder der Betrieb von Teilanlagen verhindern das Erlöschen der Genehmigung. Dies gilt selbst dann, wenn die Leistung unter die im Anhang zur 4. BImSchV für die Genehmigungsbedürftigkeit vorgesehene Kapazitätsgrenze fällt (aA: *Wirths* in GK BImSchG Rn. 54). Denn maßgeblich ist gem. § 1 Abs. 1 Satz 4 der 4. BImSchV nicht der tatsächlich in Anspruch genommene, sondern der technisch und rechtlich mögliche Betriebsumfang (vgl. → Band II, § 1 Nr. 4 BImSchV Rn. 6). Bloße Wartungsarbeiten, Funktionsprüfungen oder Probeläufe sind jedoch nicht als Betrieb anzusehen (vgl. *Jarass* Rn. 9; *Scheidler* in Feldhaus Rn. 25a). Ein Anlagenbetrieb liegt auch dann noch vor, wenn lediglich integrierte Teile einer umfassenderen genehmigungsbedürftigen Anlage betrieben werden und diese als selbstständige Anlagen einer eigenen Genehmigung bedürften (Zu dem Sonderfall, dass auch die stillgelegten Anlageteile selbstständig betrieben werden können, vgl. → Rn. 28). Der Betrieb einer Mineralölraffinerie ist beispielsweise nicht vollständig eingestellt, solange die zu ihr gehörende Feuerungsanlage noch betrieben wird. Wird die Teilanlage zu einem anderen Zweck genutzt (zB zur Stromerzeugung für Drittabnehmer), kann aber eine wesentliche Änderung vorliegen. Ist eine nach § 16 BImSchG erforderliche Genehmigung nicht eingeholt worden, kann die ungenehmigte Betriebsweise nicht als Weiterbetrieb der Gesamtanlage angesehen werden, da § 18 Abs. 1 Nr. 2 einen legalen Betrieb voraussetzt. *Jarass* Rn. 12; *Wirths* in GK-BImSchG Rn. 55; zu § 49 GewO aF vgl. auch OVG Münster OVGE 7, 218 (221)).

27 **2. Einstellung einer alternativ genehmigten Betriebsweise.** Ist durch eine Genehmigung eine alternative Betriebsweise gestattet worden (zB Betrieb einer Feuerungsanlage mit Gas oder Heizöl EL), so erlischt die Genehmigung nicht teilweise, wenn von einer der Alternativen länger als drei Jahre kein Gebrauch gemacht wird (*Scheidler* in Feldhaus Rn. 26). Bei der Genehmigung alternativer Betriebsweisen liegen nicht verschiedene Genehmigungen vor. Von der einheitlichen Genehmigung wird aber schon dann Gebrauch gemacht, wenn die Anlage entsprechend einer Alternative betrieben wird.

28 **3. Einstellung des Betriebes eines selbstständig zu betreibenden Teils einer gemeinsamen Anlage.** Zu unbefriedigenden Ergebnissen führt die bisher dargelegte Auffassung, wenn mehrere Anlagen derselben Art in einem engen räumlichen und betrieblichen Zusammenhang stehen und deshalb eine gemeinsame Anlage bilden (§ 1 Abs. 3 der 4. BImSchV – abgedruckt in → Bd. II unter Nr. 2.4 –) oder wegen § 1 Abs. 2 der 4. BImSchV als Anlagenteil oder Nebeneinrichtung in die immissionsschutzrechtliche Genehmigungspflicht einbezogen sind. So kann ein Großkraftwerk aus verschiedenen selbstständig zu betreibenden Kraftwerksblöcken bestehen. Bei einer undifferenzierten Übernahme der Auslegungsgrundsätze würde hier der (ggf. noch gedrosselte) Weiterbetrieb eines einzelnen Blocks dazu führen, dass die Genehmigung für das gesamte Kraftwerk nicht nach § 18 Abs. 1 Nr. 2 erlöschen kann. Das erscheint mit dem Gesetzeszweck (vgl. → Rn. 2) unvereinbar. Zu beachten ist hierbei, dass die Regelungen der 4. BImSchV nicht geeignet sind, den (für § 18 Abs. 1 Nr. 1 maßgeblichen) Umfang der Anlage zu bestimmen (*Sellner/Reidt/Ohms,* Immissionsschutzrecht und Industrieanlagen, 3. Aufl. 2006, 1. Teil Rn. 17). § 1 der 4. BImSchV regelt allein den Umfang der Genehmigungspflicht (*Sellner/Reidt/Ohms,* Immissionsschutzrecht und Industrieanlagen, 3. Aufl. 2006, 1. Teil Rn. 17) Als das Bundes-Immissionsschutzgesetz in Kraft trat, war der Begriff der gemeinsamen Anlagen noch unbekannt; er ist erst durch die Verordnung vom 24.7.1985 (BGBl. I S. 1586) eingeführt worden. Der Gesetzgeber des Bundes-Immissionsschutzgesetzes ging davon aus, dass mehrere selbstständig zu betreibende gleichartige Betriebseinheiten verschiedene Anlagen im Sinne des § 18 Abs. 1 Nr. 2 sind. Dann muss der Anlagenbegriff in dieser Vorschrift auch heute noch entsprechend ausgelegt werden. Daher erlischt die Genehmigung gem. § 18 Abs. 1 Nr. 2 insoweit, als eine Anlage i. S. d. BImSchG drei Jahre nicht betrieben wird (*Scheidler* in Feldhaus Rn. 26a; *Wirths* in GK-BImSchG Rn. 54; *Jarass* Rn. 11). Entfällt dadurch für den weiterhin betriebenen Anlagenteil die Genehmigungspflicht, ist § 18 Abs. 2 zu beachten (→ Rn. 41). Dasselbe gilt im Falle einheitlicher Genehmigungen nach § 1 Abs. 4 der 4. BImSchV (*Scheidler* in Feldhaus Rn. 26a; *Wirths* in GK-BImSchG Rn. 54), nur mit dem Unterschied, dass hierbei stets eine der Genehmigungspflicht weiterhin unterliegende Anlage betrieben wird.

III. Gründe für das Nichtbetreiben

29 Aus welchen Gründen eine Anlage während eines Zeitraums von mehr als drei Jahren nicht betrieben wird, ist für die Anwendung des § 18 Abs. 1 Nr. 2 grundsätzlich uner-

heblich (allgemeine Meinung; vgl. *Scheidler* in Feldhaus § 18 Rn. 25a; *Sellner/Reidt/Ohms,* Immissionsschutzrecht und Industrieanlagen, 3. Aufl. 2006, 1. Teil Rn. 17; *Wirths* in GK-BImSchG Rn. 52; *Jarass* Rn. 10; *Appel* in Appel/Ohms/Saurer BImSchG Rn. 15). Die Vorschrift setzt keine bewusste Handlung des Betreibers voraus. Auch wenn der Betreiber es nicht zu vertreten hat, dass die Anlage nicht betrieben worden ist, erlischt die Genehmigung nach mehr als dreijährigem Nichtbetreiben. Selbst höhere Gewalt steht dem Erlöschen der Genehmigung nicht entgegen (*Jarass* Rn. 10). Nach *Wirths* (GK-BImSchG Rn. 52) sowie *Scheidler* (Feldhaus Rn. 25a) soll es auch ohne Bedeutung sein, ob das Nichtbetreiben auf einer behördlichen Verfügung nach § 20 beruht. Dem ist zuzustimmen, soweit es an dem Anlagenbetreiber liegt, dass er den Grund für die Verfügung nicht beseitigt. Denkbar ist aber auch der Fall, dass gegen einen Anlagenbetreiber wegen veränderter Umgebungsbedingungen eine nachträgliche Anordnung nach § 17 Abs. 1 in Verbindung mit § 5 Abs. 1 Satz 1 Nr. 1 und eine Untersagungsverfügung nach § 20 Abs. 1 ergehen, zur Befolgung der nachträglichen Anordnung eine wesentliche Änderung der Anlage erforderlich ist und die dafür erteilte Genehmigung von einem Nachbarn angefochten wird. Wenn die aufschiebende Wirkung des Rechtsbehelfs gegen die Änderungsgenehmigung zur Folge haben könnte, dass die ursprüngliche Genehmigung bei entsprechend langer Prozessdauer gemäß § 18 Abs. 1 Nr. 2 erlischt, könnte der Nachbar praktisch die Wirkung eines Widerrufs der Genehmigung erzielen. Dafür müssten aber die Voraussetzungen des § 21 Abs. 1 vorliegen. Für die Anordnung der sofortigen Vollziehung der Änderungsgenehmigung werden nicht immer die Voraussetzungen vorliegen. In einem solchen (Ausnahme-)Fall wird man annehmen müssen, dass die Rechtsfolge des § 18 Abs. 1 Nr. 2 im Hinblick auf die Regelung des § 21 Abs. 1 nicht eintritt (aA: *Wirths* in GK-BImSchG Rn. 52). Im Übrigen bleibt es aber bei dem Grundsatz, dass es auf den Grund für das Unterlassen des Anlagenbetriebs nicht ankommt.

IV. Berechnung der Frist

Eine Genehmigung erlischt gemäß Abs. 1 Nr. 2, wenn sie mindestens drei Jahre und einen Tag nicht mehr betrieben worden ist. Für die Fristberechnung gelten die Verwaltungsverfahrensgesetze der Länder, die auf die Bestimmungen der §§ 187 bis 193 BGB verweisen (vgl. § 31 Abs. 1 VwVfG). Die Frist beginnt am Tage nach der letzten Betriebshandlung (ebenso *Scheidler* in Feldhaus Rn. 27; Wirths in GK-BImSchG Rn. 58). Sie endet mit Ablauf des Tages, der in seiner Benennung dem Tag des Fristbeginns folgt (drei Jahre und ein Tag!). Fällt das Ende der Frist auf einen Sonntag, einen gesetzlichen Feiertag oder einen Sonnabend, endet die Frist erst mit Ablauf des nächstfolgenden Werktages (vgl. § 31 Abs. 3 VwVfG). – Wird der Betrieb vorübergehend aufgenommen, beginnt eine neue Frist von drei Jahren und einem Tag zu laufen (vgl. *Wirths* in GK-BImSchG Rn. 60; *Jarass* Rn. 9). Ist die Anlage während des Fristenlaufs auf einen Rechtsnachfolger übergegangen, muss dieser sich die Zeit des Nichtbetreibens durch den früheren Inhaber anrechnen lassen (*Wirths* GK-BImSchG Rn. 59; *Jarass* Rn. 9). Dies folgt aus dem Umstand, dass die immissionsschutzrechtliche Genehmigung eine sog. Sachgenehmigung (Realkonzession) ist (vgl. → § 4 Rn. 52). **30**

E. Fristverlängerung (Abs. 3)

I. Anwendungsbereich

31 Nach Absatz 3 können sowohl die Frist nach Abs. 1 Nr. 1 (vgl. → Rn. 12 ff.) als auch die Frist nach Abs. 1 Nr. 2 (vgl. → Rn. 22 ff.) durch die Genehmigungsbehörde verlängert werden. Dabei muss beachtet werden, dass es sich im ersten Fall um eine behördlich gesetzte und im zweiten Fall um eine gesetzliche Frist handelt.

II. Formelle Voraussetzungen

32 **1. Antrag.** Die Fristverlängerung setzt einen Antrag des Genehmigungsinhabers voraus. Eine besondere Form ist hierfür nicht vorgeschrieben: Er kann mündlich, schriftlich, mit Telekommunikationsmitteln oder auch durch konkludente (aber eindeutige) Handlungen gestellt werden (*Wirths* in GK-BImSchG Rn. 66; *Scheidler* in Feldhaus Rn. 28). Der Antrag wird mit seinem Zugang bei der Genehmigungsbehörde wirksam (*Schmitz* in Stelkens/Bonk/Sachs VwVfG § 22 Rn. 30, 50).

33 **2. Zeitpunkt der Antragstellung.** Die früher umstrittene Frage, wann der Antrag auf Fristverlängerung bei der Behörde eingegangen sein muss, ist nach nunmehr weitgehend übereinstimmender Auffassung im Schrifttum (*Wirths* in GK-BImSchG Rn. 69 ff.; *Scheidler* in Feldhaus Rn. 28 f.; *Jarass* § 18 Rn. 16; *Appel* in Appel/Ohms/Saurer BImSchG Rn. 20) und Klärung durch das Bundesverwaltungsgericht (BVerwG NVwZ 05, 1424 (1425); vgl. auch: BVerwG NVwZ 2011, 120 Rn. 12) folgendermaßen zu beantworten: Aus Gründen der Rechtsklarheit scheidet eine rückwirkende Verlängerung grundsätzlich aus (BVerwG, NVwZ 05, 1424 (1425)). § 18 Abs. 3 ist insoweit lex specialis zu § 31 Abs. 7 Satz 2 VwVfG (*Sellner/Reidt/Ohms,* Immissionsschutzrecht und Industrieanlagen, 3. Auflage 2006, 2. Teil Rn. 193; *Jarass* Rn. 16). Zutreffend ist auch der Hinweis, dass eine rückwirkende Verlängerung gerade bei mehrpoligen Verwaltungsrechtsverhältnissen Probleme mit Blick auf die Beeinträchtigung der Rechte Dritter aufwirft (vgl. *Wirths* in GK-BImSchG Rn. 70). Erforderlich ist demnach, dass der Antrag auf Fristverlängerung vor Fristablauf gestellt wurde. Eine Bescheidung kann aber auch noch nach Fristablauf erfolgen. Denn dem Antragsteller dürfen keine Verzögerungen zur Last gelegt werden, die ihre Ursache im Verantwortungsbereich der Behörde haben und seiner Einflussnahme entzogen sind (BVerwG, NVwZ 2005, 1424 (1425)). Es reicht aber auch aus, wenn der Antrag gerade noch vor Fristablauf (am letzten Tag) gestellt wird, so dass die Behörde überhaupt erst nach Fristablauf Gelegenheit hat, über den Antrag zu entscheiden.

34 Denn nach dem Zweck des § 18 wird man das Erlöschen als durch den Antrag oder auch eine bestandskräftige ablehnende Entscheidung über den Verlängerungsantrag aufschiebend bedingt ansehen können. Die Folge, dass der Genehmigungsinhaber durch eine Antragstellung unmittelbar vor Fristablauf das Erlöschen noch um eine gewisse Zeitspanne hinausschieben kann, ist weniger gravierend als die Folge des endgültigen Erlöschens auch bei rechtzeitiger Antragstellung. Auch gegenüber Dritten hat der Genehmigungsinhaber durch die Antragstellung seine Rechtsposition (zunächst) gewahrt. Zu weit geht die Auffassung, dass der Verlängerungsantrag noch nach Fristablauf gestellt werden könne. Hierbei wird verkannt, dass das Gesetz nicht auf eine Frist für die Antragstellung zur Fristverlängerung abstellt, sondern auf eine Frist für den Beginn oder die Wiederauf-

nahme des Betriebes. Die Wahrung dieser Fristen dient nicht – wie im Falle des § 31 Abs. 7 Satz 2 VwVfG – der Erlangung von Rechten, sondern der Vermeidung eines kraft Gesetzes eintretenden Rechtsverlustes (*Scheidler* in Feldhaus Rn. 29). Dieselben Überlegungen sprechen auch gegen die Möglichkeit einer Wiedereinsetzung in den vorigen Stand, und zwar in beiden Fällen des § 18 Abs. 1. Es wäre darüber hinaus ungereimt, wenn die Gründe für die Nichteinhaltung der Frist bei § 18 Abs. 1 ohne Bedeutung wären (vgl. → Rn. 20f. und 29), es bei der Versäumung der fristgerechten Antragstellung für die Fristverlängerung aber auf das Verschulden des Betroffenen (vgl. § 32 Abs. 1 VwVfG) ankäme. Eine Fristverlängerung ist nach alledem nur zulässig, wenn der Antrag hierfür vor Ablauf der Frist nach Abs. 1 Nr. 1 oder 2 bei der Genehmigungsbehörde eingegangen ist.

3. Verfahren. Für das Verfahren zur Fristverlängerung gelten die allgemeinen verwal- **35**
tungsverfahrensrechtlichen Vorschriften (Wirths in GK-BImSchG Rn. 72; vgl. *Jarass* Rn. 19;). Anders als nach § 49 Abs. 5 GewO aF sind die Bestimmungen über das Genehmigungsverfahren (§ 10 BImSchG, 9. BImSchV) nicht heranzuziehen. Eine Öffentlichkeitsbeteiligung ist also in keinem Fall erforderlich; falls sie zur Sachverhaltsaufklärung zweckmäßig erscheint, kann sie aber als Maßnahme nach § 24 Abs. 1 Nr. 2 VwVfG durchgeführt werden (vgl. *Wirths* in GK-BImSchG Rn. 72).

III. Materielle Voraussetzungen

1. Wichtiger Grund. Die Fristverlängerung nach Abs. 3 setzt in materieller Hinsicht **36**
zunächst das Vorliegen eines wichtigen Grundes voraus. Der wichtige Grund kann nicht allein in dem drohenden Rechtsverlust gesehen werden (Sächs OVG, 15.7.2015 – 4 A 13/14 –, juris Rn. 9; *Scheidler* in Feldhaus Rn. 30; *Wirths* in GK-BImSchG Rn. 74; *Jarass* Rn. 17); er läge sonst in jedem Fall vor. Entscheidend ist vielmehr, ob ein wichtiger Grund dafür gegeben ist, dass die Frist nicht gewahrt werden konnte (vgl. *Scheidler* in Feldhaus Rn. 30; *Jarass* Rn. 17). In diesem Zusammenhang ist nicht nur von Bedeutung, ob der Genehmigungsinhaber rechtlich oder tatsächlich gehindert war, Errichtung oder Betrieb der Anlage zu beginnen oder fortzuführen. Auch unternehmerische Gesichtspunkte und wirtschaftliche Umstände können einen wichtigen Grund darstellen (Bay VGH, 29.5.2009 – 22 B 08.722 –, juris Rn. 25ff.; *Scheidler* in Feldhaus Rn. 30; *Wirths* in GK-BImSchG Rn. 74). Ein wichtiger Grund liegt andererseits nie vor, wenn der Genehmigungsinhaber erkennbar nicht die Absicht hat, die Genehmigung (wieder) auszunutzen (vgl. BayVGH, Urt. v. 22.2.1985, GewA 86, 38; vgl. auch BVerwG, Beschl. v. 9.8.1967, abgedruckt bei *Feldhaus,* Entscheidungssammlung, GewO § 49-3) oder hierzu nicht in der Lage ist (*Wirths* in GK-BImSchG Rn. 74).

2. Keine Gefährdung des Gesetzeszwecks. Eine Fristverlängerung nach Abs. 3 **37**
setzt ferner voraus, dass hierdurch der in § 1 beschriebene Gesetzeszweck nicht gefährdet wird (BVerwG, 21.12.2017 – 4 C 7/16 –, juris Rn. 23; *Scheidler* in Feldhaus Rn. 31; *Jarass* Rn. 17). Auf diese Weise wird erreicht, dass bei der Fristverlängerung eine Prüfung der Genehmigungsvoraussetzungen erforderlich wird, und das entspricht dem allgemeinen Gesetzesziel, den Immissionsschutz umfassend zu gewährleisten (*Wirths* in GK-BImSchG Rn. 75). Die Prüfung der Genehmigungsvoraussetzungen bedeutet allerdings nicht, dass bei der Fristverlängerung dieselben Untersuchungen wie im Genehmigungsverfahren anzustellen sind; ein zweites Genehmigungsverfahren wird nicht gefordert. Die Genehmigungsbehörde muss aber Anhaltspunkten für den Wegfall einzelner Genehmi-

gungsvoraussetzungen (zB wegen einer Rechtsänderung oder einer Fortentwicklung des Standes der Technik) nachgehen. Insbesondere muss sie bei Änderungen in der Umgebung der Anlage prüfen, ob der Schutz vor schädlichen Umwelteinwirkungen und sonstigen Gefahren, erheblichen Nachteilen und erheblichen Belästigungen (§ 5 Abs. 1 Satz 1 Nr. 1) noch hinreichend gewährleistet ist. Dabei ist zu berücksichtigen, inwieweit von der Genehmigung Gebrauch gemacht wurde: Droht ein Erlöschen mit Blick auf das Unterlassen der Betriebsaufnahme (Nr. 1 Alt. 2) oder wegen einer Unterbrechung des Betriebes (Nr. 2) setzt sich das Verlängerungsgesuch sehr viel eher gegenüber Umfeldveränderungen durch, als wenn noch nicht einmal mit der Errichtung begonnen wurde (OVG Münster Immissionsschutz 2003, 32; BVerwGE 109, 314).

IV. Entscheidung der Genehmigungsbehörde

38 **1. Entscheidungsform.** Die Fristverlängerung wie auch ihre Ablehnung sind Entscheidungen, die eine Behörde zur Regelung eines Einzelfalles auf dem Gebiet des öffentlichen Rechts trifft und die auf unmittelbare Rechtwirkung nach außen gerichtet sind (vgl. § 35 VwVfG). Sie sind deshalb als Verwaltungsakte anzusehen (einhellige Meinung; vgl. BVerwG, Urt. v. 25.8.2005, NVwZ 05, 1424, 1425; VGH Mannheim, Beschl. v. 21.6.1994, NVwZ-RR 94, 571; *Scheidler* in Feldhaus Rn. 32; *Jarass* Rn. 19; *Appel* in Appel/Ohms/Saurer BImSchG Rn. 20). Für Belange des Rechtsschutzes gegen die Fristverlägerung siehe unten (Rn. 51 f.).

38a **2. Ermessensentscheidung.** Ob und für welche Dauer die Verlängerung ausgesprochen wird, liegt auch bei Vorliegen der tatbestandlichen Voraussetzungen im pflichtgemäßen Ermessen der Genehmigungsbehörde (Vgl. BT-Drs. 7/179, S. 37 – damals noch § 17). Eine Reduzierung des Ermessens auf Null kann nur in seltenen Ausnahmefällen angenommen werden, etwa dann, wenn der Genehmigungsinhaber wegen der Anfechtung seiner Genehmigung durch einen Dritten während der gesetzlichen Frist gar nicht mit der Errichtung oder dem Betrieb der Anlage beginnen konnte (vgl. Rn. 18; *Scheidler* in Feldhaus Rn. 32). Bei der Ermessensausübung ist der Zweck des Abs. 3 (Vermeidung unbilliger Härten) zu beachten. Mit Blick auf die Wertung des Gesetzgebers in § 18 Abs. 1 Nr. 3 kommt eine Verlängerung für eine Dauer von mehr als drei Jahren kaum in Betracht (VG Arnsberg 21.8.2014 – 7 K 647/12 –, juris Rn. 32 ff.; *Scheidler* in Feldhaus Rn. 32; aA wohl Bay VGH, 29.5.2009 – 22 B 08.722 –, juris Rn. 33). Für die Bestimmung der verlängerten Frist gelten dieselben Anforderungen wie bei der erstmaligen Fristsetzung nach § 18 Abs. 1 Nr. 1 (vgl. → Rn. 15).

39 **3. Wiederholte Fristverlängerung.** Nach Abs. 3 kann die Frist auch mehrfach verlängert werden (einhellige Meinung; vgl. *Wirths* in GK-BImSchG Rn. 68; *Jarass* Rn. 17). Die Verlängerung setzt jedoch jeweils einen fristgerechten (vgl. → Rn. 34) neuen Antrag voraus.

40 **4. Nebenbestimmungen.** Als begünstigender Verwaltungsakt, dessen Erteilung im Ermessen der Genehmigungsbehörde liegt (vgl. → Rn. 38), kann die Fristverlängerung mit Nebenbestimmungen versehen werden, soweit diese nicht deren Zweck zuwiderlaufen (vgl. § 36 VwVfG). Insbesondere kann sie unter Bedingungen erteilt und mit Auflagen verbunden werden, die sicherstellen sollen, dass der Gesetzeszweck durch die Fristverlängerung nicht gefährdet wird (vgl. → Rn. 37, vgl. *Wirths* GK-BImSchG Rn. 76). So ist es beispielsweise zulässig, die Frist für den Beginn der Errichtung einer Anlage nur

zu verlängern, wenn der inzwischen fortgeschrittene Stand der Technik zur Emissionsminderung berücksichtigt wird (Bedingung), oder es kann bei der Fristverlängerung selbständig gefordert werden, bestimmte Maßnahmen zum Immissions- oder Gefahrenschutz durchzuführen. Die Fristverlängerung darf allerdings nicht zu einer allgemeinen Nachbesserung des Genehmigungsbescheides missbraucht werden. Die Nebenbestimmungen müssen ihren Grund vielmehr in geänderten tatsächlichen oder rechtlichen Verhältnissen haben (vgl. → Rn. 37).

F. Aufhebung des Genehmigungserfordernisses (Abs. 2)

Nach Abs. 2 erlischt eine immissionsschutzrechtliche Genehmigung auch, wenn für die Anlage das Genehmigungserfordernis aufgehoben wird (zum Zweck der Vorschrift vgl. → Rn. 3). Diese Voraussetzung ist gegeben, wenn eine Anlagenart aus dem Katalog der genehmigungsbedürftigen Anlagen (Anhang zur 4. BImSchV – abgedruckt → Bd. IV Nr. 2.4) vollständig gestrichen wird oder wenn die dort festgelegten Leistungs- oder Kapazitätsgrenzen so heraufgesetzt werden, dass die betroffene Anlage nicht mehr erfasst wird (vgl. *Scheidler* in Feldhaus Rn. 33). Ändert der Anlagenbetreiber die Kapazität oder Leistung seiner Anlage in der Weise, dass die für die Genehmigungsbedürftigkeit maßgebenden Grenzen unterschritten werden, liegt kein Fall des § 18 Abs. 2 vor; in dem Verhalten des Genehmigungsinhabers kann aber eine Verzichtserklärung liegen (vgl. → Rn. 8). Anders liegt der Fall, wenn eine Anlage wegen des teilweisen Erlöschens der immissionsschutzrechtlichen Genehmigung gem. § 18 Abs. 1 Nr. 2 (siehe → Rn. 28) nicht mehr dem Genehmigungserfordernis unterliegt. In einem solchen Fall ist § 18 Abs. 2 anwendbar, denn insoweit entfällt die Genehmigungspflicht ebenso wie im Falle einer Änderung der 4. BImSchV durch normative Regelung (zur Unterscheidung von § 18 Abs. 1 und Abs. 2 insoweit vgl. *Wirths* in GK-BImSchG Rn. 77). Wird eine Anlage aus dem Katalog der förmlich zu genehmigenden Anlagen in den Katalog der vereinfacht zu genehmigenden Anlagen übernommen, ist Abs. 2 nicht anwendbar (Wirths in GK-BImSchG Rn. 78; *Scheidler* in Feldhaus Rn. 34). Auf die Rechtswirkungen der immissionsschutzrechtlichen Genehmigung ist die Umgruppierung ohne Einfluss. § 18 regelt nur das vollständige Erlöschen einer Genehmigung und nicht das einzelner Wirkungen (vgl. → Rn. 42). **41**

G. Rechtsfolgen

I. Erlöschen immissionsschutzrechtlicher Rechte und Pflichten

Das Erlöschen der immissionsschutzrechtlichen Genehmigung hat zur Folge, dass alle durch sie begründeten Rechte und Pflichten untergehen, soweit sie sich auf die genehmigungsbedürftigen Handlungen des Errichten und des Betreibens beziehen (*Scheidler* in Feldhaus Rn. 35; *Jarass* Rn. 21; *Wirths* in GK-BImSchG Rn. 79, 86). Die Errichtung oder der Betrieb der Anlage in einer Weise, die sie zu einer genehmigungsbedürftigen Anlage im Sinne des Immissionsschutzrechts macht, sind nicht mehr zulässig. Bestehen bleiben die Pflichten aus § 5 Abs. 3, aus Auflagen nach § 12 Abs. 1 und aus nachträglichen Anordnungen nach § 17 Abs. 1 nur, soweit sie sich auf den Zeitraum nach einer Betriebseinstellung beziehen (*Jarass* Rn. 21; *Wirths* GK-BImSchG Rn. 88; *Scheidler* in Feldhus Rn. 37). Privatrechtliche Abwehransprüche gegen eine bereits errichtete Anlage (vgl. Abs. 1 Nr. 2 und Abs. 2) sind auch nach dem Erlöschen bei einer förmlich geneh- **42** migten Anlage gemäß § 14 ausgeschlossen (BVerwGE 117 (133, 136); *Jarass* § 14 Rn. 4; aA: *Wirths* in GK-BImSchG Rn. 93; *Scheidler* in Feldhaus Rn. 45; VGH München UPR 2002, 114). Dem vom Bundesverwaltungsgericht für seine Auffassung angeführten Argument ist zuzustimmen. Der Wortlaut des § 14 knüpft nicht an den Fortbestand der Genehmigung, sondern daran an, dass es sich um eine Anlage handelt, die unanfechtbar – in einem Verfahren mit Öffentlichkeitsbeteiligung, vgl. § 19 Abs. 2 – genehmigt worden ist. Eine etwaige „Verkürzung des Nachbarschutzes" (*Scheidler* in Feldhaus Rn. 45) ist vom Gesetzgeber selbst bei freiwilliger Durchführung eines förmlichen Verfahrens nach § 10 (vgl. § 19 Abs. 3) gewollt und beruht auf einer entsprechenden Gewichtung des aufgrund des förmlichen Verfahrens vom Betreiber erworbenen Vertrauensschutzes. Grundpflichten aus § 5 Abs. 1 und die Pflichten aus § 5 Abs. 1 konkretisierenden Rechtsverordnungen nach § 7 gelten nicht mehr; der Inhaber einer bestehenden Anlage hat neben den Anforderungen aus § 5 Abs. 3 lediglich die Vorschriften der §§ 22 bis 25 für nicht genehmigungsbedürftige Anlagen zu beachten (vgl. *Scheidler* in Feldhaus Rn. 37, 45; VGH München UPR 2002, 114).

II. Eingeschlossene Genehmigungen

43 § 18 bezieht sich nur auf das Erlöschen der immissionsschutzrechtlichen Genehmigung (vgl. → Rn. 11). Bewilligungen oder Erlaubnisse, die für dasselbe Vorhaben nach anderen Gesetzen selbständig erteilt worden sind (zB nach den §§ 7 oder 8 des Wasserhaushaltsgesetzes) bleiben bestehen. Zweifelhaft ist, ob die Rechte und Pflichten aus behördlichen Entscheidungen, die durch die immissionsschutzrechtliche Genehmigung gemäß § 13 eingeschlossen werden, ebenfalls bestehen bleiben oder ob sie mit der immissionsschutzrechtlichen Genehmigung erlöschen. Nach der überwiegenden Meinung im Schrifttum wird der Bestand der eingeschlossenen behördlichen Entscheidungen durch § 18 nicht berührt (vgl. OVG Münster NVwZ 94, 184; *Scheidler* in Feldhaus Rn. 39; *Jarass* Rn. 11; *Appel* in Appel/Ohms/Saurer BImSchG Rn. 27). *Wirths* (in GK-BImSchG Rn. 94) nimmt im Falle des § 18 Abs. 1 das Erlöschen auch der eingeschlossenen Entscheidungen an.

44 Die Auffassungen zum Schicksal der eingeschlossenen Entscheidungen werden unterschiedlich begründet. Die Antwort hat vom Begriff des Einschließen in § 13 und vom Zweck des § 18 auszugehen: Das Einschließen anderer behördlicher Entscheidungen beinhaltet eine „Konzentration" sowohl der von § 13 BImSchG erfassten behördlichen Entscheidungen als solchen, als auch des den Entscheidungen zu Grunde liegenden Verwaltungsverfahrens (BVerwG NVwZ 2003, 750); das Entscheidungserfordernis nach dem anderen Gesetz ist nicht aufgehoben; die Entscheidung wird nicht wie bei einem Planfeststellungsbeschluss ersetzt (vgl. § 75 VwVfG; insoweit aA, aber mit dem gleichen Ergebnis in § 18: *Jarass* § 18 Rn. 11, 21; zu den Begrifflichkeiten iÜ *Seibert,* § 13 Rn. 31–35). Hinsichtlich der gem. § 13 „eingeschlossenen" Genehmigung ist es gerade nicht so wie etwa bei der Emissionsgenehmigung des § 4 Abs. 1 TEHG, die allein durch die immissionsschutzrechtliche Genehmigung verkörpert wird (§ 14 Abs. 6 TEHG, vgl. *Sellner/Reidt/Ohms,* Immissionsschutzrecht und Industrieanlagen, 3. Aufl. 2006, 6. Teil, Rn. 26). Die Wirkung der immissions-schutzrechtlichen Genehmigung im Rahmen anderer Gesetze (zB der Bauordnungen der Länder) wird nach dem Gesetzeszweck (vgl. → Rn. 1–3) durch § 18 nicht berührt (bei Landesrecht wäre es sogar zweifelhaft, ob das überhaupt möglich wäre). Für § 18 Abs. 2 konstatiert das Bundesverwaltungsgericht, es entspreche weder dem Wortlaut noch dem Regelungszweck, der Anlage die Legalisierungswirkung der unanfechtbaren Genehmigung zu entziehen (117 (133, 136)). Eingeschlossene behördliche Entscheidungen bleiben demnach auch nach Erlöschen der immissionsschutzrechtlichen Genehmigung bestehen. Für eine Differenzierung zwischen den Fällen des Abs. 1 und denen des Abs. 2 lassen sich keine sachlichen Gründe finden. Unterschiedliche Rechtsfolgen des Abs. 1 und des Abs. 2 („erlischt ferner") ließen sich mit § 18 nicht in Einklang bringen (aA: *Wirths* GK-BImSchG Rn. 94). Näher läge es, danach zu unterscheiden, ob Anlagen oder Anlageteile bereits errichtet oder betrieben worden sind oder nicht. Im zweiten Fall ist die Genehmigung noch nicht in Anspruch genommen worden, und man könnte dann darauf hinweisen, dass eine neue behördliche Entscheidung (zB eine Baugenehmigung) eingeholt werden muss, wenn noch einzelne Teile als selbstständige Vorhaben ausgeführt werden sollen. Auch in einem solchen Fall sind die Voraussetzungen für die anderen behördlichen Entscheidungen aber im immissionsschutzrechtlichen Genehmigungsverfahren umfassend geprüft worden. Ein Grund für eine erneute Prüfung besteht dann nicht.

Auch die durch die immissionsschutzrechtliche Genehmigung eingeschlossenen behördlichen Entscheidungen erlöschen allerdings dann, wenn sie nach Erfüllung eines Tatbestandes des § 18 als selbstständige Entscheidungen fortbestanden haben und später ein Erlöschensgrund nach dem für sie maßgebenden Gesetz eintritt (vgl. zB § 77 BauO NW). Das Erlöschen beruht dann aber nicht auf § 18, sondern auf dem anderen Gesetz (*Scheidler* in Feldhaus Rn. 41). Vor der immissionsschutzrechtlichen Genehmigung können eingeschlossene Entscheidungen aufgrund der für sie maßgebenden Gesetze nicht erlöschen, weil das mit dem Zweck der Konzentrationswirkung unvereinbar wäre. 45

III. Nebenbestimmungen

War die immissionsschutzrechtliche Genehmigung mit Nebenbestimmungen versehen, so entfallen diese mit dem Erlöschen der Genehmigung, soweit sie sich auf das Errichten oder den Betrieb der Anlage entsprechend den immissionsschutzrechtlichen Anforderungen beziehen. Grund hierfür ist das Erlöschen der Pflichten aus § 5 Abs. 1 (vgl. → Rn. 42). Das gilt auch für Auflagen, durch die dem Genehmigungsinhaber als selbständige Pflicht ein bestimmtes Tun, Dulden oder Unterlassen vorgeschrieben wird. Auflagen zur Konkretisierung der Pflichten aus § 5 Abs. 3 bleiben dagegen bestehen (OVG Münster NVwZ 1994, 184; *Spohn* ZuR 2003, 99 (100); vgl. → Rn. 42). Außerdem ist zu prüfen, ob eine als Auflage ergangene Verfügung nicht als selbstständiger bestandskräftiger Verwaltungsakt (zB aufgrund des allgemeinen Polizei- und Ordnungsrechts) angesehen werden muss. Selbstständige Verwaltungsakte, die nur gleichzeitig mit der Genehmigung erlassen worden sind, werden durch § 18 nicht berührt. 46

Trotz Erlöschens der immissionsschutzrechtlichen Genehmigung bleiben auch solche Nebenbestimmungen bestehen, die der Erfüllung der Voraussetzungen für die eingeschlossenen Entscheidungen oder sonst der Erreichung des Zwecks dieser Entscheidungen dienen. Dies ist eine notwendige Konsequenz aus der Feststellung, dass eingeschlossene behördliche Entscheidungen durch das Erlöschen der immissionsschutzrechtlichen Genehmigung nicht berührt werden (vgl. → Rn. 44). Dabei kommt es nicht darauf an, ob die Nebenbestimmungen ausschließlich im Hinblick auf die eingeschlossenen Entscheidungen getroffen worden sind. Es genügt, dass sie objektiv deren Zwecken dienen. 47

IV. Betrieb trotz erloschener Genehmigung

1. Folgen nach dem Straf- und Ordnungswidrigkeitenrecht. Wird eine genehmigungsbedürftige Anlage noch nach dem Erlöschen der Genehmigung errichtet, so 48 wird der Tatbestand einer Ordnungswidrigkeit nach § 62 Abs. 1 Nr. 1 erfüllt. Werden lediglich Anlageteile errichtet, deren Nutzung auch aufgrund einer Baugenehmigung zulässig ist, kann das aufgrund einer fortgeltenden Baugenehmigung (vgl. → Rn. 44) gestattet sein. – Der Betrieb einer genehmigungsbedürftigen Anlage nach dem Erlöschen der Genehmigung ist zudem eine Straftat nach § 327 Abs. 2 Nr. 1 StGB. Auch hier kann der Betrieb sich aber in einem Rahmen halten, der keiner immissionsschutzrechtlichen Genehmigung bedarf.

49 **2. Verwaltungsrechtliche Folgen.** Stellt die zuständige Verwaltungsbehörde fest, dass eine Anlage nach Erlöschen der immissionsschutzrechtlichen Genehmigung errichtet oder betrieben wird, und zwar in einer Weise, die nur aufgrund der immissionsschutzrechtlichen Genehmigung zulässig ist (vgl. → Rn. 48), so soll sie nach § 20 Abs. 2 die Stilllegung oder Beseitigung der Anlage anordnen. Ihr Ermessen ist insoweit eingeschränkt; sie darf nur in atypischen Fällen von einer Anordnung absehen (vgl. dazu → § 20 Rn. 50f.). Wird die Anordnung nicht befolgt, kann die Behörde Verwaltungszwang nach dem hierfür geltenden Verwaltungsvollstreckungsrecht anwenden. Ferner besteht aufgrund von § 18 die Befugnis der Behörde, die Rechtsfolgen – insbesondere bei teilweisem Erlöschen (→ Rn. 28, 42) – in einem feststellenden Verwaltungsakt festzuhalten (BVerwGE 117 (133ff.); VGH München UPR 2002, 114; aA: *Wirths* in GK-BImSchG Rn. 95f.).

H. Rechtsschutz

I. Streitigkeiten über die Fristsetzung nach Abs. 1 Nr. 1

50 Die Frage, wie der Antragsteller (Genehmigungsinhaber) sich gegen eine nach seiner Ansicht zu kurze Fristsetzung nach Abs. 1 Nr. 1 zur Wehr setzen kann, wird nicht einheitlich beantwortet (vgl. *Wirths* in GK-BImSchG Rn. 104). Das hängt mit den unterschiedlichen Auffassungen über die Rechtsnatur der Fristsetzung (vgl. → Rn. 13) zusammen. Wenn man die Fristsetzung unabhängig von dem Zeitpunkt, zu dem sie ausgesprochen wird, als selbstständigen Verwaltungsakt ansieht (vgl. → Rn. 14), kann der Adressat nur mit einer Anfechtungsklage (§ 42 VwGO) verwaltungsgerichtlich gegen sie vorgehen; eine Verpflichtungsklage kommt nicht in Betracht, weil die Fristsetzung in keinem Fall ein begünstigender Verwaltungsakt ist. Vor der Klageerhebung ist ein Vorverfahren (Widerspruchsverfahren) durchzuführen (vgl. § 68 Abs. 1 VwGO). Ein Dritter (Nachbar) kann gegen das Unterlassen einer Fristsetzung oder eine nach seiner Ansicht zu großzügige Fristsetzung nicht vorgehen, da er nicht geltend machen kann, dadurch in seinen Rechten verletzt zu sein (vgl. § 42 Abs. 2 VwGO). Die gegenteilige Auffassung (*Wirths* in GK-BImSchG Rn. 105; *Scheidler* in Feldhaus Rn. 50) verkennt, dass Rechtsverletzungen Dritter nur bei Verletzung der materiellen Anforderungen des § 5 Abs. 1 Satz 1 Nr. 1 BImSchG und nicht im Hinblick auf das Erfordernis einer (erneuten) behördlichen Prüfung nach Ablauf der Frist möglich sind (vgl. *Ohms,* Praxishandbuch Immissionsschutzrecht, 2003, Rn. 457 unter Hinweis auf BVerwGE 85, 368 (374f.)). Im Übrigen können in die Rechte des Dritten nur die Errichtung und der Betrieb der Anlage eingreifen, nicht aber das Unterlassen, von der Genehmigung Gebrauch zu machen.

II. Streitigkeiten über die Fristverlängerung

51 Die Fristverlängerung nach Abs. 3 wie auch eine entsprechende ablehnende Entscheidung sind nach einhelliger Auffassung Verwaltungsakte (vgl. → Rn. 38). Wird dem Genehmigungsinhaber eine beantragte Fristverlängerung ganz oder teilweise abgelehnt, kann er nach erfolglosem Vorverfahren (§ 68 Abs. 2 iVm Abs. 1 VwGO) eine entsprechende Verpflichtungsklage erheben (§ 42 Abs. 1 VwGO; *Wirths* in GK-BImSchG Rn. 106;).

52 Ein Dritter kann gegen eine Fristverlängerung im Wege einer Anfechtungsklage vorgehen, wenn er geltend machen kann, dadurch in seinen Rechten verletzt zu sein (vgl. *Scheidler* in Feldhaus Rn. 51). Diese Voraussetzung ist nur gegeben, wenn im Falle des Abs. 1 Nr. 1 nach der Genehmigungserteilung Umstände eingetreten sind, die schädliche Umwelteinwirkungen oder sonstige Gefahren, erhebliche Nachteile oder erhebliche Belästigungen für den Betroffenen befürchten lassen (vgl. VGH Mannheim NVwZ-RR 94, 571). Das Verlängerungsermessen als solches hat keinen drittschützenden Charakter (so aber *Wirths* in GK-BImSchG Rn. 107). Liegen Umstände vor, die eine Klagebefugnis gegen die Fristverlängerung begründen, könnte der Dritte (Nachbar) nach der Errichtung oder Inbetriebnahme der Anlage zur Durchsetzung seiner Rechte aus § 5 Abs. 1 Satz 1 Nr. 1 auch auf ein Einschreiten der Behörde nach § 17 Abs. 1 Satz 2 klagen (vgl. BVerwG NVwZ 87, 131). – Im Falle des Abs. 1 Nr. 2 kann ein Dritter dagegen nicht gegen eine Fristverlängerung vorgehen. Er hat nämlich keinen Anspruch darauf, dass ein früher legal ausgeübter Betrieb auf Dauer unterbleibt (aA *Wirths* in GK-BImSchG Rn. 107).

III. Streitigkeiten über das Fortbestehen der Genehmigung

53 Besteht Ungewissheit darüber, ob eine immissionsschutzrechtliche Genehmigung oder eine eingeschlossene behördliche Entscheidung (vgl. → Rn. 43–45) fortbesteht, so kann der Anlagenbetreiber eine entsprechende Feststellungsklage (§ 43 VwGO) erheben (vgl. *Scheidler* in Feldhaus Rn. 48; *Jarass* Rn. 22). Von einem Dritten kann eine Feststellungsklage dagegen mangels Rechtsschutzinteresses nicht erhoben werden; der Dritte kann allenfalls ein Einschreiten der Behörde gegen einen ungenehmigten Betrieb verlangen (vgl. → Rn. 54).

IV. Streitigkeiten über behördliche Maßnahmen nach Erlöschen der Genehmigung

54 Gegen einen Weiterbetrieb nach Erlöschen der Genehmigung kann die zuständige Behörde nach § 20 Abs. 2 einschreiten (vgl. → Rn. 49). Hält der Anlagenbetreiber eine entsprechende Anordnung für rechtswidrig, kann er hiergegen nach erfolglosem Vorverfahren (vgl. § 68 Abs. 1 VwGO) mit einer Anfechtungsklage (§ 42 Abs. 1 VwGO) vorgehen. Ein Dritter kann gegen die Ablehnung des behördlichen Einschreitens Klage erheben, wenn er geltend machen kann, die behördliche Entscheidung sei ermessensfehlerhaft und verletze ihn in seinen Rechten, insbesondere in seiner Gesundheit oder in seinem Eigentum. Als Klageform kommt dann regelmäßig eine Verpflichtungsklage in Betracht (vgl. VGH München UPR 2005, 309).

LANDMANN/ROHMER

UMWELTRECHT

BAND IV

KOMMENTAR

Herausgegeben von

Prof. Dr. Martin Beckmann
Rechtsanwalt und Fachanwalt für Verwaltungsrecht, Honorarprofessor der Universität Münster

Prof. Dr. Dr. Wolfgang Durner LL. M.
Rheinische Friedrich-Wilhelms-Universität Bonn und Direktor des Instituts für das Recht der Wasser- und Entsorgungswirtschaft

Prof. Dr. Thomas Mann
Direktor des Instituts für Öffentliches Recht, Lehrstuhl für Verwaltungsrecht der Georg-August-Universität Göttingen

Prof. Dr. Marc Röckinghausen
Hochschule für Polizei und öffentliche Verwaltung NRW, Abteilung Gelsenkirchen, Fachbereich Allgemeine Verwaltung/ Rentenversicherung

Stand: 1. Dezember 2020
(94. Ergänzungslieferung)

(Zum Bearbeitungsstand im Einzelnen siehe die Datumszeile am unteren Ende jeder Seite)

C.H.BECK

Dieses Titelblatt entstammt der 94. Ergänzungslieferung Dezember 2020

(Anschluss an die 93. Ergänzungslieferung August 2020)

ISBN 978 3 406 77072 2

Der Kommentar wurde von der 1. bis zur 50. Ergänzungslieferung von Prof. Dr. Klaus Hansmann und von der 51. bis zur 58. Ergänzungslieferung von Prof. Dr. Martin Beckmann herausgegeben.

Zitiervorschläge:

Beckmann in Landmann/Rohmer UmweltR KrWG § 17 Rn. 1
Landmann/Rohmer UmweltR/*Beckmann* KrWG § 17 Rn. 1

www.beck.de

Grundwerk ISBN 978 3 406 34327 8 ergänzt bis ISBN 978 3 406 77072 2

Wilhelmstraße 9, 80801 München
Satz und Druck: Druckerei C. H. Beck Nördlingen
(Adresse wie Verlag)

CO_2 neutral
chbeck.de/nachhaltig

Gedruckt auf säurefreiem, alterungsbeständigem Papier
(hergestellt aus chlorfrei gebleichtem Zellstoff)

Bearbeiterverzeichnis (Band I–IV)

Prof. Dr. Martin Beckmann Rechtsanwalt in Münster	Vorb. Abfallrecht, §§ 1–2, 4–39, 41–57, 62–68, 70–72 KrWG § 15 UVPG, Umweltschadensgesetz (mit Wittmann)
Dr. Christian-Dietrich Bracher Rechtsanwalt in Bonn	§§ 41 bis 43 BImSchG, 16. und 24. BImSchV
Prof. Dr. Peter Bruckmann Landesamt für Natur, Umwelt und Verbraucherschutz Nordrhein-Westfalen, Essen	39. BImSchV (mit Strecker und Vogt), 43. BImSchV (mit van Endern und Vogt)
Prof. Dr. Pascale Cancik O. Professorin an der Universität Osnabrück	Vorb. §§ 47a ff. BImSchG, §§ 47a–47f BImSchG (§§ 47a–47c, 47e und 47f mit Hansmann)
Prof. Dr. Johannes Dietlein O. Professor an der Universität Düsseldorf	§§ 1, 2, Vorb. §§ 4–21, 4 bis 8, 9 bis 11, 16a, 19, 23a–23c und 25a BImSchG, 9. BImSchV
Dr. Robert Dix Syndikusrechtsanwalt der EWE AG, Oldenburg	§§ 29–32 UVPG
Prof. Dr. Matthias Dombert Rechtsanwalt in Potsdam	§§ 4–6, 8, 13, 14, 20, 24, 25 BBodSchG
Rolf-Dieter Dörr Ministerialrat a. D.	OberflächengewässerV (mit Walter)
Prof. Dr. Dr. Wolfgang Durner LL. M. O. Professor an der Universität Bonn	Umweltvölkerrecht, Vorb. §§ 27 ff. WHG, §§ 27–31, 34, 35, 82–85 WHG
Benedikt van Endern Ministerium für Umwelt, Landwirtschaft, Natur- und Verbraucherschutz des Landes Nordrhein-Westfalen	43. BImSchV (mit Bruckmann und Vogt)
Prof. Dr. Astrid Epiney LL. M. O. Professorin an der Université de Fribourg	Art. 191–193 AEUV
Prof. Dr. Wolfgang Ewer Rechtsanwalt in Kiel	Vorb. BBodSchG, §§ 9, 15, 16 BBodSchG
Prof. Dr. Kurt Faßbender O. Professor an der Universität Leipzig	§§ 1–5, 33, 36–38 WHG
Dr. Frank Fellenberg LL. M. Rechtsanwalt in Berlin	Fluglärmgesetz (mit Reidt und Schiller), Umweltrechtsbehelfsgesetz (mit Schiller)
Dr. Henrik Flatter Bundesamt für Naturschutz, Bonn	§§ 69–74 BNatSchG

Bearbeiter	
Dr. Matthias Ganske Rechtsanwalt in Bonn	§§ 25, 26, 54–61 WHG
Prof. Dr. Klaus Ferdinand Gärditz O. Professor an der Universität Bonn	Art. 20a GG
Prof. Dr. Martin Gellermann Rechtsanwalt, apl. Professor an der Universität Osnabrück	Vorb. BNatSchG, §§ 4, 7–51, §§ 52–56, §§ 57–68 Vorb. §§ 37, 38, §§ 37–40, BNatSchG (§§ 41–43 mit Sanden)
Nela Gies Richterin am Verwaltungsgericht Gelsenkirchen	§§ 41, 42 WHG
Prof. Dr. Christoph Görisch Hochschule für Polizei und öffentliche Verwaltung NRW, Abteilung Münster	§§ 4–14 UAG
Dipl.-Met. Arno Graff Umweltbundesamt, Dessau	Nr. 5.5 TA Luft (mit Hansmann), Vorb. zu Anhang 3 der TA Luft
Moritz Grunow Rechtsanwalt in Düsseldorf	Vorb. AwSV, § 1 AwSV
Prof. Dr. Günter Hager † O. Professor an der Universität Freiburg	§§ 6, 7 UmweltHG (mit Rehbinder)
Prof. Dr. Klaus Hansmann Leitender Ministerialrat a. D.	§§ 17, 18, 20, 21, 26–37, 38–40, 44–47c, 47e, 47f, 52, 52b–58d, 59, 60, 62–72, 74 BImSchG (§§ 17, 18 mit Ohms, Vor § 26, §§ 26–31 mit Pabst, Vor § 38, §§ 38–40 mit Hofmann, §§ 20, 21, Vor 32, §§ 32–37, Vorb. §§ 44–47, §§ 45, 46, 46a, 47, 52, 52b, 62, 66 und 67 mit Röckinghausen, §§ 47a–47c, 47e und 47f mit Cancik), Vor § 53, §§ 53–58d mit Maciejewski, 14., 32. und 34. BImSchV, TA Lärm, TA Luft (ohne Vorb. zu Anhang 3), 4., 11., 20., 21., 25., 27., 28., 30. und 35. BImSchV (mit Röckinghausen), 2. BImSchV (mit Mahrwald und Röckinghausen), 5. BImSchV mit Maciejewski, 12. BImSchV (mit König), BzBlG, 1. DVO BzBlG
Dr. Felix Hardach Bundesministerium für Umwelt, Naturschutz und nukleare Sicherheit	§§ 1, 8, 11–13, 17, 20, 22, 23, 26 31, 32, 35 TEHG
Prof. Dr. Torsten Heilshorn Rechtsanwalt in Freiburg	Vor § 22 BImSchG, §§ 22–25 BImSchG (mit Sparwasser)

Michael Heugel Bundesministerium für Umwelt, Naturschutz und nukleare Sicherheit	§§ 5, 6 BNatSchG
Prof. Dr. Ekkehard Hofmann O. Professor an der Universität Trier	Vorb. § 38, §§ 38–40 BImSchG, §§ 16–18 UVPG
Dr. Frank Hofmann Bundesministerium für Umwelt, Naturschutz und nukleare Sicherheit	§ 23 WHG
Dr. Georg Hünnekens Rechtsanwalt in Münster	§§ 50–53 WHG, Vorb. §§ 64–66, §§ 64–66 WHG, Vorb. §§ 72–81 WHG, §§ 72–81 WHG
Georg Kahl † Ministerialrat a. D.	7. BImSchV
Lutz Keppner Bundesministerium für Umwelt, Naturschutz und nukleare Sicherheit	Grundwasserverordnung
Dr. Andreas Kersting Rechtsanwalt in Münster	§§ 58–61 KrWG
Dr. Heike Kieserling Deutsche Bahn AG	§§ 13, 14, 25–38 AwSV
Dr. Jens Martin König Hessisches Ministerium für Umwelt, Klimaschutz, Landwirtschaft und Verbraucherschutz	12. BImSchV (mit Hansmann)
Dr. Olaf Konzak Rechtsanwalt in Köln	§§ 2, 3 und 7 VerpackG (mit Körner)
Dr. Michael Körner, LL.M. Rechtsanwalt in Köln	§§ 2, 3 und 7 VerpackG (mit Konzak)
Dr. Philip Kubitza Richter auf Probe, Rheinland-Pfalz	§§ 100–102 WHG
Prof. Dr. Silke Ruth Laskowski O. Professorin an der Universität Kassel	§ 24 WHG, § 58e BImSchG mit der EMASPrivilegV
Prof. Dr. Joachim Lege O. Professor an der Universität Greifswald	§§ 96–99 WHG
Dr. Rasso Ludwig LL. M. Bayerisches Staatsministerium für Umwelt und Verbraucherschutz	§§ 19, 21–23, 26 BBodSchG
Prof. Dr. Karim Maciejewski Hochschule des Bundes für öffentliche Verwaltung	Vor § 53 BImSchG, §§ 53–58d BImSchG (mit Hansmann), 5. BImSchV (mit Hansmann)
Birgit Mahrwald Bundesministerium für Umwelt, Naturschutz und nukleare Sicherheit	2. BImSchV (mit Hansmann und Röckinghausen)

Bearbeiter

Prof. Dr. Thomas Mann O. Professor an der Universität Göttingen	§§ 8a, 12 BImSchG, Vorb. ElektroG, §§ 1, 2 ElektroG, §§ 1–14, 16–28, 30–46, 48–74 UVPG
Dr. Cedric Christian Meyer Rechtsanwalt in Köln	§§ 46–49, 62–63 WHG
Dr. Uwe Neuser Bundesministerium für Umwelt, Naturschutz und nukleare Sicherheit	§§ 2, 27, 33, 34 TEHG
Volkmar Nies Landwirtschaftsdirektor bei der Landwirtschaftskammer Rheinland	§§ 1, 2, 7, 17, 18 BBodSchG
Dr. Martin Ohms Rechtsanwalt in Berlin	§§ 17, 18 BImSchG (mit Hansmann), 13. BImSchV, 17. BImSchV (z. T. mit Sahm)
Prof. Dr. Heinz-Joachim Pabst Hochschule des Bundes für öffentliche Verwaltung	Vor § 26, §§ 26–31 BImSchG (mit Hansmann), § 61 BImSchG, 41. BImSchV
Dr. Kay Artur Pape Rechtsanwalt in Bonn	Vorb. WHG, §§ 6–22 WHG
Dr. Malte Petersen LL. M. Ministerium für Umwelt, Landwirtschaft, Natur- und Verbraucherschutz des Landes Nordrhein-Westfalen	§§ 89–95 WHG
Prof. Dr. Alexander Proelß O. Professor an der Universität Trier	§§ 43–45l WHG
Prof. Dr. Eckard Rehbinder Em. Professor an der Universität Frankfurt/Main	§ 14 BImSchG UmweltHG (§§ 6, 7 mit Hager)
Prof. Dr. Olaf Reidt Rechtsanwalt in Berlin	§ 16 BImSchG (mit Schiller), 18. BImSchV (mit Schiller), Fluglärmgesetz (mit Fellenberg und Schiller), Umweltinformationsgesetz (mit Schiller)
Dr. Christoph Riese Rechtsanwalt in Berlin	§§ 67–71, 86 WHG
Prof. Dr. Marc Röckinghausen Hochschule für Polizei und öffentliche Verwaltung NRW, Abteilung Gelsenkirchen	§§ 20, 21, Vor § 32, §§ 32–37, Vorb. §§ 44–47, §§ 45, 46, 46a, 47, 52, 52b, 62, 66, 67 BImSchG (mit Hansmann), §§ 37a bis 37f, 52a, 73 BImSchG, 1., 10., 26., 36., 37., 38., 42. BImSchV, 4., 11., 20., 21., 25., 27., 28., 30. und 35. BImSchV (mit Hansmann), 2. BImSchV (mit Hansmann und Mahrwald), Schadstofffreisetzungs- und Verbringungsregistergesetz
Christoph Sahm LL. M. E.ON Kernkraft GmbH	§§ 23–25, 27 der 17. BImSchV (mit Ohms)

Prof. Dr. Dr. Joachim Sanden † Behörde für Stadtentwicklung und Umwelt, Freie und Hansestadt Hamburg, zugl. Apl. Prof. an der Universität Lüneburg	§§ 41–43 (mit Gellermann)
Dr. Gernot Schiller Rechtsanwalt in Berlin	§ 16 BImSchG (mit Reidt), 18. BImSchV (mit Reidt), Fluglärmgesetz (mit Reidt und Fellenberg), Umweltinformationsgesetz (mit Reidt) Umweltrechtsbehelfsgesetz (mit Fellenberg), §§ 14a, 15 BImSchG
Prof. Dr. Marcus Schladebach, LL.M. O. Professor an der Universität Potsdam	§ 47 UVPG
Matthias Schleifenbaum, LL.M. Rechtsanwalt in Köln	Vorb. BattG, §§ 1–14, 16, 19–22 BattG
Prof. Dr. Hendrik Schoen Hochschule für Polizei und öffentliche Verwaltung NRW, Abteilung Münster	§ 50 BImSchG
Prof. Dr. Meinhard Schröder Em. Professor an der Universität Trier	EG-Abfallverbringungs-VO
Prof. Dr. Max-Jürgen Seibert Vorsitzender Richter am Oberverwaltungsgericht Münster	§ 13 BImSchG
Prof. Dr. Reinhard Sparwasser Rechtsanwalt in Freiburg	Vor § 22 BImSchG, §§ 22–25 BImSchG (mit Heilshorn)
Prof. Dr. Indra Spiecker genannt Döhmann, LL.M. O. Professorin an der Universität Frankfurt a. M.	UStatG
Prof. Dr. Peter-Tobias Stoll O. Professor an der Universität Göttingen	EG-Artenschutzverordnung
Silvia Strecker Ministerium für Umwelt, Landwirtschaft, Natur- und Verbraucherschutz des Landes Nordrhein-Westfalen	39. BImSchV (mit Bruckmann und Vogt)
Prof. Dr. Dr. Markus Thiel Deutsche Hochschule der Polizei, Münster	§§ 3, 48–48b BImSchG
Dr. Christian Tünnesen-Harmes Rechtsanwalt in Duisburg	AbfAEV
Dr. Klaus Vogt Landesamt für Natur, Umwelt und Verbraucherschutz Nordrhein-Westfalen	39. BImSchV (mit Bruckmann und Strecker), 43. BImSchV (mit Bruckmann und van Endern)
Anne-Barbara Walter Umweltbundesamt	OberflächengewässerV (mit Dörr)
Dr. Dirk Weinreich Bundesministerium für Umwelt, Naturschutz und nukleare Sicherheit	Vorb. TEHG, §§ 7, 19 TEHG

Bearbeiter

Dr. Armin von Weschpfennig
Akademischer Rat, Universität Bonn
§§ 13a, 13b, 103–107 WHG

Dr. Antje Wittmann
Rechtsanwältin in Münster
UmweltschadensG (zusammen mit Beckmann)

Frank Wolke
Umweltbundesamt, Deutsche Emissionshandelsstelle
§§ 4, 18, 24 TEHG

2.9 Neunte Verordnung zur Durchführung des Bundes-Immissionsschutzgesetzes (Verordnung über das Genehmigungsverfahren – 9. BImSchV)

In der Fassung der Bekanntmachung vom 29. Mai 1992

(BGBl. I S. 1001, geändert durch VO v. 20.4.1993, BGBl. I S. 494, durch G v. 9.10.1996, BGBl. I S. 1498, durch VO v. 23.2.1999, BGBl. I S. 186, durch VO v. 26.4.2000, BGBl. I S. 603, durch Art. 5 d. G v. 27.7.2001, BGBl. I S. 1950, durch Art. 7 d. VO v. 10.12.2001, BGBl. I S. 3379, durch Art. 2 d. VO v. 24.6.2002, BGBl. I S. 2247, durch Art. 3 d. VO v. 24.7.2002, BGBl. I S. 2833, durch Art. 2 d. VO v. 14.8.2003, BGBl. I S. 1614, durch Art. 1a d. VO v. 8.6.2005, BGBl. I S. 1591, durch Art. 5 d. G v. 21.6.2005, BGBl. I S. 1666, durch Art. 3 d. G v. 23.10.2007, BGBl. I S. 2470, durch Art. 3 d. VO v. 2.5.2013, BGBl. I S. 973, durch Art. 5 d. VO v. 28.4.2015, BGBl. I S. 670, durch Art. 2 d. VO v. 9.1.2017, BGBl. I S. 47, durch Art. 57 d. G v. 29.3.2017, BGBl. I S. 626; durch Art. 14 d. G. v. 29.5.2017, BGBl. I S. 1298 ff.; durch VO v. 8.12.2017, BGBl. S. 3882; und durch Art. 2 d. VO v. 11.11.2020, BGBl. I S. 2428)

(BGBl. III 2129-8-1–9)

Vorbemerkung[1]

Schrifttum: A. Erläuterungswerke und sonstige Schriften: *Erbguth/Schink* Gesetz über die Umweltverträglichkeitsprüfung: Kommentar, 2. Aufl. 1996; *Feldhaus* Bundesimmissionsschutzrecht: Kommentar, Loseblattsammlung 200. Ergänzungslieferung, Stand: September 2018; *Führ* Gemeinschaftskommentar zum Bundes-Immissionsschutzgesetz, 2015; *Hoeren/Sieber/Holznagel* Handbuch Multimedia-Recht: Rechtsfragen des elektronischen Geschäftsverkehrs, Loseblatt-Ausgabe 46. Auflage 2018, Stand: Januar 2018; *Jarass* Bundes-Immissionsschutzgesetz: Kommentar, 12. Aufl. 201; *Kloepfer* Umweltrecht, 4. Aufl. 2016; *Jarass/Pieroth* Grundgesetz für die Bundesrepublik Deutschland: Kommentar, 15. Auflage 2018; *Johlen/Oerder* Münchener Anwaltshandbuch Verwaltungsrecht, 4. Auflage 2017; *Koch/Pache/Scheuing* Gemeinschaftskommentar zum Bundes-Immissionsschutzgesetz: GK-BImSchG, Loseblattsammlung 36. Ergänzungslieferung, Stand: Juni 2014; *Peters* Das Recht der Umweltverträglichkeitsprüfung, Bd. 2, UVPG-Kommentar einschließlich 9. BImSchV, AtVfV, BauGB, BBergG und LUVPG, 1996; *Pielow* Gewerbeordnung: Beck'scher Online-Kommentar, 33. Edition, Stand: Februar 2016; *Posser/Wolff* Verwaltungsgerichtsordnung: Beck'scher Online-Kommentar, 18. Edition, Stand: Juli 2011; *Schäfer* Genehmigungsverfahren nach dem Bundes-Immissionsschutzgesetzes, 1977; *Schäfer* Zur effizienten Verwendung von Energie nach der IVU-Richtlinie in Festschrift für Feldhaus, 1999, S. 327 ff.; *Schmidt/Kahl/Gärditz* Umweltrecht, 10. Aufl. 2017; *Sellner/Reidt/Ohms* Immissionsschutzrecht und Industrieanlagen, 3. Aufl. 2006; *Tettinger/Wank/Ennuschat* Gewerbeordnung: Kommentar, 8. Aufl. 2011; *Wachs* Das Recht auf Akteneinsicht im immissionsschutzrechtlichen Genehmigungsverfahren: ein Beitrag zur Problematik des bürgerseitigen Zugangs zu Exekutivinformationen, 1996, sowie das Schrifttum zu § 10 BImSchG.

B. Aufsätze: *Büge* Die 3. Novelle zum Bundes-Immissionsschutzgesetz und ihre Bedeutung für Betreiber genehmigungspflichtiger Anlagen DB 1990, 2408; *Bunge* Neue Anforderungen an die Umweltverträglichkeitsprüfung: die UVP-Änderungsrichtlinie 2014 NVwZ 2014, 1257; *Burgi/Müller* Das Emissionshandelssystem in Deutschland ZUR Sonderheft 2004, 419; *Callies* Zur unmittelbaren Wirkung der EG-Richtlinie über die Umweltverträglichkeitsprüfung und ihre Umsetzung im deutschen Immissionsschutzrecht NVwZ 1996, 339; *Dienes* Die 3. Novelle zum Bundes-Immissionsschutzgesetz NWVBl. 1990, 404; *Erbguth* Rechtliche Anforderungen an Alternativprüfungen in (abfallrechtlichen) Planfeststellungsverfahren und vorgelagerten Verfahren NVwZ 1992, 209; *Feldhaus* Entwicklung des Immissionsschutzrechts NVwZ 1998, 1138; *Fluck* Reststoffvermei-

[1] Für tatkräftige Mitarbeit bei der Anpassung der Kommentierung der 9. BImSchV an die Vorgaben der Seveso-III-Richtlinie 2012/18/EU und an die Änderungen durch die UVP-Änderungsrichtlinie 2014/52/EU danke ich meinem Wiss. Mit. Johannes Fabi, Düsseldorf.

dung, Reststoffverwertung und Beseitigung als Abfall nach § 5 I Nr. 3 BImSchG NuR 1989, 409; *Fluck* Die immissionsrechtliche Nachsorgepflicht als neues Instrument zur Verhinderung und Beseitigung von Altlasten BB 1991, 1798; *Gantzer* Grenzüberschreitende Behörden- und Öffentlichkeitsbeteiligung bei umweltrelevanten Vorhaben am Oberrhein VBlBW 2005, 464; *Grandjot* Grenzüberschreitende Umweltprüfungen – Änderungen durch das Gesetz zur Modernisierung des Rechts der Umweltverträglichkeitsprüfung DVBl. 2018, 161; *Hansmann* Inhalt und Reichweite der Reststoffvorschrift des § 5 Absatz I Nr. 3 BImSchG NVwZ 1990, 409; *Hansmann* Die Nachsorgepflichten im Immissionsschutzrecht NVwZ 1993, 921; *Hoppe/Appold/Haneclaus* Rechtspflicht zur Standortalternativenprüfung im Raumordnungsverfahren? DVBl. 1992, 1203; *Hoppe/Püchel* Zur Anwendung der Art. 3 und 8 EG-Richtlinie zur UVP bei der Genehmigung nach dem Bundes-Immissionsschutzgesetz DVBl. 1988, 1; *Koch/Verheyen* Klimaschutz im deutschen Anlagengenehmigungsrecht: völkerrechtlicher Rahmen, europarechtliche Vorgaben, innerstaatlicher Anpassungsbedarf NuR 1999, 1; *Kment* Das neue Umwelt-Rechtsbehelfsgesetz und seine Bedeutung für das UVPG – Rechtsschutz des Vorhabenträgers, anerkannter Vereinigungen und Dritter NVwZ 2007, 274; *Kutscheidt* Zur Erweiterung genehmigungsbedürftiger Anlagen DÖV 1976, 663; *Kutscheidt* Die Neuregelung der Abfallvermeidungs- und -beseitigungspflicht bei industriellen Betrieben NVwZ 1986, 622; *Pudenz* Die Novellierung des Bundes-Immissionsschutzgesetzes WuR 1990, 99; *Rebentisch* Die immissionsschutzrechtliche Genehmigung – ein Instrument integrierten Umweltschutzes? NVwZ 1995, 949; *Rehbinder* Festlegung von Umweltzielen NuR 1997, 313; *Rietzler* Behörden- und Öffentlichkeitsbeteiligung bei ausländischen Vorhaben im Lichte der Espoo-Konvention NVwZ 2015, 483; *Sangenstedt* Die Reform der UVP-Richtlinie 2014: Herausforderungen für das deutsche Recht ZUR 2014, 526; *Schäfer* Zur Beschleunigung des Genehmigungsverfahrens nach dem BImSchG DÖV 1977, 85; *Schink* Auswirkungen des EG-Rechts auf die Umweltverträglichkeitsprüfung nach deutschem Recht NVwZ 1999, 11; *Schink* Entwicklungen und Stand der UVP NuR 2018, 21; *Schlacke* Das Umwelt-Rechtsbehelfsgesetz NuR 2007, 8; *Schmidt/Kremer* Das Umwelt-Rechtsbehelfsgesetz und der „weite Zugang zu Gerichten" ZUR 2007, 57; *Schmidt-Preuß* Der verfahrensrechtliche Charakter der Umweltverträglichkeitsprüfung DVBl. 1995, 485; *Sellner* Kontrolle immissionsschutzrechtlicher und atomrechtlicher Entscheidungen im Verwaltungsgerichtsprozeß Baurecht 1980, 391; *Soell/Dirnberger* Wieviel Umweltverträglichkeit garantiert die UVP? NVwZ 1990, 705; *Steinbeiß-Winkelmann* Verfassungsrechtliche Vorgaben und Grenzen der Verfahrensbeschleunigung DVBl. 1998, 809; *Thieme* Doppelte Auslegung (d. erforderlichen Unterlagen) im Immissionsschutzverfahren? DÖV 1976, 296; *Wahl* Thesen zur Umsetzung der Umweltverträglichkeitsprüfung nach EG-Recht in das deutsche öffentliche Recht DVBl. 1988, 86; *Weber/Hellmann* Das Gesetz über die Umweltverträglichkeitsprüfung (UVP-Gesetz) NJW 1990, 1625; *Wittmann* Die verwaltungsgerichtliche Untätigkeitsklage in der gerichtlichen Praxis JuS 2017, 842; *Wolf* Die Umsetzung der UVP-Richtlinie 2014 in der Verordnung über das immissionsschutzrechtliche Genehmigungsverfahren ZUR 2018, 457; *Ziekow* Das Umwelt-Rechtsbehelfsgesetz im System des deutschen Rechtsschutzes NVwZ 2007, 259, sowie die Nachweise bei § 10 BImSchG.

A. Bedeutung der Verordnung

1 Die Neunte Verordnung zur Durchführung des Bundes-Immissionsschutzgesetzes über das Genehmigungsverfahren wurde auf der Grundlage der **Verordnungsermächtigung in § 10 Abs. 10 BImSchG** erlassen und regelt das immissionsschutzrechtliche Genehmigungsverfahren für genehmigungsbedürftige Anlagen nach § 4 BImSchG in Ergänzung der Verfahrensvorschriften in § 10 BImSchG. Sie verfolgt den Zweck, eine möglichst bundeseinheitliche Gestaltung des Genehmigungsverfahrens zu gewährleisten und zudem die Beteiligungsrechte von durch die Realisierung des Anlagenvorhabens potenziell Betroffenen zu sichern (vgl. dazu → BImSchG § 10 Rn. 2 ff.; 122 ff.). Zudem soll sie eine Beschleunigung und Vereinfachung des Genehmigungsverfahrens bewirken. Die Verordnung knüpft dabei weitgehend an die bisherige Verwaltungspraxis an, enthält aber zum Teil auch wesentliche Neuerungen, so etwa die Pflicht zur Vorlage einer Kurzbeschreibung des Vorhabens (§ 4 Abs. 3), die Möglichkeit, von der Bekanntmachung des Vorhabens und der Auslegung der Unterlagen abzusehen (§ 8 Abs. 2) sowie die Vorschriften über den Verlauf des seit 2007 nicht mehr obligatorischen (s. → BImSchG § 10

gungsverfahrens den Antragsteller über die voraussichtlich zu beteiligenden Behörden und den geplanten zeitlichen Ablauf des Genehmigungsverfahrens zu unterrichten. Diese Unterrichtungspflicht impliziert die Pflicht der Genehmigungsbehörde, frühzeitig die zu beteiligenden Behörden zu bestimmen und Überlegungen zum zeitlichen Ablauf des Genehmigungsverfahrens anzustellen."

Die Mitteilung über die **voraussichtlich zu beteiligenden Behörden** begründet **12** keinen Anspruch darauf, dass nicht darüber hinaus weitere Behörden hinzugezogen werden. Die Notwendigkeit ihrer Hinzuziehung kann sich auch erst im weiteren Verlauf des Genehmigungsverfahrens ergeben. Bei UVP-pflichtigen Vorhaben wird auch mitzuteilen sein, welche Behörde für die Umweltverträglichkeitsprüfung nach § 31 UVPG federführend ist, sofern dies nicht die Genehmigungsbehörde ist. Die Unterrichtungspflicht hat die Genehmigungsbehörde von Amts wegen zu erfüllen.

Die Unterrichtung über den **zeitlichen Ablauf des Genehmigungsverfahrens** **13** wird sich in erster Linie auf die zeitliche Abfolge der einzelnen Verfahrensschritte zu erstrecken haben; Angaben zur Verfahrensdauer werden nur eingeschränkt gegeben werden können. Allerdings verdeutlicht die Vorschrift die Pflicht der Genehmigungsbehörde, auf eine größtmögliche Beschleunigung des Genehmigungsverfahrens zu drängen und sich zu diesem Zweck bereits nach Eingang der vollständigen Unterlagen soweit wie möglich Klarheit über den weiteren Verfahrensgang zu verschaffen.

Zweiter Abschnitt. Beteiligung Dritter

§ 8 Bekanntmachung des Vorhabens

(1) **Sind die zur Auslegung (§ 10 Abs. 1) erforderlichen Unterlagen vollständig, so hat die Genehmigungsbehörde das Vorhaben in ihrem amtlichen Veröffentlichungsblatt und außerdem entweder im Internet oder in örtlichen Tageszeitungen, die im Bereich des Standortes der Anlage verbreitet sind, öffentlich bekanntzumachen. Eine zusätzliche Bekanntmachung und Auslegung ist, auch in den Fällen der §§ 22 und 23, nur nach Maßgabe des Absatzes 2 erforderlich. Bei UVP-pflichtigen Anlagen erfolgt die Bekanntmachung durch die Genehmigungsbehörde auch über das jeweilige zentrale Internetportal nach § 20 Absatz 1 des Gesetzes über die Umweltverträglichkeitsprüfung; dabei gelten die Vorgaben der UVP-Portale-Verordnung vom 11. November 2020 (BGBl. I S. 2428) entsprechend. Maßgeblich ist der Inhalt der ausgelegten Unterlagen.**

(2) **Wird das Vorhaben während eines Vorbescheidsverfahrens, nach Erteilung eines Vorbescheides oder während des Genehmigungsverfahrens geändert, so darf die Genehmigungsbehörde von einer zusätzlichen Bekanntmachung und Auslegung absehen, wenn in den nach § 10 Abs. 1 auszulegenden Unterlagen keine Umstände darzulegen wären, die nachteilige Auswirkungen für Dritte besorgen lassen. Dies ist insbesondere dann der Fall, wenn erkennbar ist, dass nachteilige Auswirkungen für Dritte durch die getroffenen oder vom Träger des Vorhabens vorgesehenen Vorkehrungen ausgeschlossen werden oder die Nachteile im Verhältnis zu den jeweils vergleichbaren Vorteilen gering sind. Betrifft das Vorhaben eine UVP-pflichtige Anlage, darf von einer zusätzlichen Bekanntmachung und Auslegung nur abgesehen werden, wenn keine zusätzlichen erheblichen oder anderen erheblichen Auswirkungen auf in § 1a genannte Schutzgüter zu besorgen sind. Ist eine zusätzliche Bekanntmachung und Auslegung erforderlich, werden die Einwendungsmöglichkeit und die Erörterung auf die vorgesehenen Änderungen beschränkt; hierauf ist in der Bekanntmachung hinzuweisen.**

Übersicht*

I. Allgemeines

1 **1. Bedeutung der Vorschrift.** § 8 enthält ergänzende Regelungen zu § 10 Abs. 3 Satz 1 BImSchG. Absatz 1 stellt zunächst klar, dass und in welchen Medien das Vorhaben bekannt zu machen ist, sobald die zur Auslegung erforderlichen Unterlagen vollständig sind. Absatz 2 trifft Bestimmungen hinsichtlich der Frage, ob bei einer Änderung des Vorhabens während des Genehmigungsverfahrens, im Rahmen mehrerer Teilgenehmigungsverfahren oder bei einem im Anschluss an die Erteilung eines Vorbescheides durchgeführten Genehmigungsverfahren erneut eine Bekanntmachung und Auslegung vorzunehmen ist.

2 **2. Entstehung.** Absatz 1 Satz 1 entsprach § 7 des Regierungsentwurfes (BR-Drs. 526/76). Durch die Verordnung vom 20.3.1992 wurde Absatz 2 neu gefasst, der bisherige Absatz 1 wurde um Satz 2 ergänzt. Das Öffentlichkeitsbeteiligungsgesetz vom 9.12.2006 hat in Absatz 1 Satz 1 die Möglichkeit einer Veröffentlichung im Internet anstelle der Publikation in örtlichen Tageszeitungen eingeführt. Im Rahmen der Anpassung der 9. BImSchV durch die *Erste Verordnung zur Änderung der Verordnung über das Genehmigungsverfahren* vom 8.12.2017 (BGBl. I 3882ff.) an das durch die UVPG-Reform 2017 geänderte UVPG wurde in Absatz 1 Satz 3 die Verpflichtung der Behörde eingefügt, bei UVP-pflichtigen Anlagen die Bekanntmachung auch über das zentrale Internetportal nach § 20 Abs. 1 UVPG bekannt zu machen. Weiter wurden in diesem Rahmen zwei klarstellende Änderungen in Satz 2 und Satz 3 des Absatzes 2 vorgenommen.

II. Bekanntmachung (Absatz 1)

3 Das Vorhaben ist durch die Genehmigungsbehörde **bekannt zu machen,** sobald die zur Auslegung erforderlichen Unterlagen (§ 10 Abs. 1) vollständig sind. Andere Unterlagen können daher noch nachgereicht werden. Vgl. im Einzelnen → § 10 BImSchG Rn. 69ff., zum Inhalt der Bekanntmachung die Kommentierung zu § 9, zur Auslegung von Antrag und Unterlagen die Kommentierung zu § 10. Die zusätzliche Bekanntmachung und Auslegung ist dabei gem. § 8 Abs. 1 Satz 2 – unabhängig von den §§ 22ff. – nur notwendig, sofern § 8 Abs. 2 dies bestimmt. Gem. § 8 Abs. 1 Satz 3 muss nunmehr entsprechend Art. 6 Abs. 5 in der zuletzt durch die UVP-RL 2014/52/EU abgeänderten Fassung der UVP-RL 2011/92/EU bei **UVP-pflichtigen Vorhaben** die Bekanntmachung über das zentrale Internetportal nach § 20 Abs. 1 UVPG vorgenommen werden. Diese Bekanntmachung erfolgt bei Landesvorhaben über das entsprechende Landesportal, bei Bundesvorhaben über das Bundesportal (BR-Drs. 268/17, 28; *Wolf,* ZUR 2018, 457

* Die Änderung in § 8 durch Artikel 2 der Verordnung zum Erlass einer Verordnung über zentrale Internetportale des Bundes und der Länder im Rahmen der Umweltverträglichkeitsprüfung vom 11.11.2020 (BGBl. I S. 2428) ist in der Kommentierung noch nicht berücksichtigt. Eine Anpassung erfolgt mit einer der nächsten Ergänzungslieferungen.

2.16 Sechzehnte Verordnung zur Durchführung des Bundes-Immissionsschutzgesetzes (Verkehrslärmschutzverordnung – 16. BImSchV)

Vom 12. Juni 1990

(BGBl. I S. 1036, geändert durch Gesetz vom 19.9.2006, BGBl. I S. 2146, durch Verordnung vom 18.12.2014, BGBl. I S. 2269, und durch Art. 1 der Verordnung vom 4.11.2020, BGBl. I S. 2334)

Vorbemerkung

Schrifttum: Vgl. die Hinweise zu §§ 41 bis 43 BImSchG, außerdem *Arps/Michler,* Verkehrslärmschutz, in: Ziekow, Handbuch des Fachplanungsrechts, 2. Aufl. 2014, 323; *Berka,* Aktuelle Fragen zum Schienenverkehrslärmschutz, Festschrift für Stüer, 2013, 331; *ders.,* Funktionales Verständnis, normative Ausrichtung und wertende Betrachtung – zur Erheblichkeit baulicher Eingriffe in den Schienenweg und angemessenen Lärmschutz, DVBl. 2014, 1042; *Hafner,* Zivilrechtlicher Lärmschutz an Eisenbahnstrecken, NVwZ 2015, 648; *Jarass,* Bundesimmissionsschutzgesetz, Kommentar, 14. Aufl. 2015; *Karkaj,* Die Gesamtlärmbewertung im Immissionsschutzrecht, 2008; *Krappel,* Lärmschutz in der eisenbahnrechtlichen Planfeststellung, 2010; *Schulze-Fielitz,* Richterrechtliche Kontrollmaßstäbe für Verkehrslärmprognosen und für die Begrenzung von Maßnahmen aktiven Lärmschutzes, Die Verwaltung 2014, 243; *Storost,* Lärmschutz in der Verkehrswegeplanung, DVBl. 2013, 281; *ders.,* Rechtliche Aspekte einer Gesamtlärmbewertung, UPR 2015, 121.

Übersicht*

I. Bedeutung der Verordnung

Gemäß § 41 Abs. 1 BImSchG ist bei dem Bau oder der wesentlichen Änderung öffentlicher Straßen sowie von Eisenbahnen, Magnetschwebebahnen und Straßenbahnen unbeschadet des § 50 sicherzustellen, dass durch diese keine schädlichen Umwelteinwirkungen durch Verkehrsgeräusche hervorgerufen werden. Schädliche Umwelteinwirkungen durch Verkehrsgeräusche i. S. von § 41 Abs. 1 BImSchG sind stets, wenn auch nicht ausschließlich (inwieweit ist streitig, vgl. → § 41 BImSchG Rn. 41 ff.; zu dieser Problematik auch *Karkaj* S. 78 ff., 174 ff.; *Storost* UPR 2015, 121 ff.) vorhanden, sofern die in den Rechtsverordnungen nach § 43 Abs. 1 Nr. 1 BImSchG bestimmten Grenzwerte überschritten sind. Diese Grenzwerte sind in der 16. BImSchV und in der Magnetschwebebahn-Lärmschutzverordnung vom 23.9.1997 (abgedruckt unter 2.16.1) festgelegt. Eine Überschreitung der in diesen Verordnungen festgelegten Grenzwerte ist nur unter der in § 41 Abs. 2 BImSchG normierten Voraussetzung zulässig, dass die Kosten der Schutzmaßnahmen außer Verhältnis zu ihrem Schutzzweck stehen, und löst dann Entschädigungsansprüche aus § 42 BImSchG aus. Die Verordnung begründet daher iVm § 41 Abs. 1 BImSchG unter dem Vorbehalt der Verhältnismäßigkeit der entstehenden Kosten Ansprüche auf aktive Lärmschutzmaßnahmen. 1

* Die Änderungen durch die Zweite Verordnung zur Änderung der 16. BImSchV vom 4.11.2020 (BGBl. I S. 2334) ist in der Kommentierung noch nicht berücksichtigt. Eine Anpassung erfolgt mit einer der nächsten Ergänzungslieferungen.

2 Der Anwendungsbereich der 16. BImSchV beschränkt sich gemäß § 1 Abs. 1 auf den Bau oder die wesentliche Änderung von öffentlichen Straßen sowie von Schienenwegen der Eisenbahnen und Straßenbahnen. Soweit bei der Planung anderer Anlagen (zB einer schutzwürdigen Wohnbebauung) eine Abwägung vorzunehmen ist, kann sie im Rahmen dieser Abwägung Bedeutung gewinnen (vgl. zur Abwägung bei der Aufstellung eines Bebauungsplans nach § 1 Abs. 7 BauGB BVerwG Beschl. v. 1.9.1999 BRS 62 Nr. 3; Beschl. v. 13.12.2007 BRS 71 Nr. 6). Darüber hinaus haben die Grenzwerte der 16. BImSchV ebenso wie § 41 BImSchG (vgl. dazu → § 41 BImSchG Rn. 6) Bedeutung für die Auslegung zivilrechtlicher Normen, vor allem für die Anwendung von § 906 BGB (vgl. auch *Hafner* NVwZ 2015, 648, 650; *Schulze-Fielitz* in GK-BImSchG, § 43 Rn. 106). Eine unmittelbare Bezugnahme auf die Überschreitung der in der 16. BImSchV festgelegten Immissionsgrenzwerte enthält § 1 der 24. BImSchV.

II. Rechtsentwicklung

3 Nach dem Scheitern der Bemühungen um ein Verkehrslärmschutzgesetz (dazu → § 41 BImSchG Rn. 12ff.) und der Entscheidung des Bundesverfassungsgerichts vom 30.11.1988, in der das Gericht hervorhob, dass § 43 Abs. 1 Satz 1 BImSchG einen Regelungsauftrag an den Verordnungsgeber enthalte (BVerfGE 79, 174 [193]; vgl. → § 43 BImSchG Rn. 5), legte die Bundesregierung im November 1989 die von ihr beschlossene 16. BImSchV vor (BR-Drs. 661/89). Der Bundesrat verband seine Zustimmung mit der Forderung, verschiedene Änderungen vorzunehmen, und mit einer umfangreichen Entschließung (Anlage zu BR-Drs. 661/89). In dieser Entschließung führte er u. a. aus: „Unterschiedliche, jeweils emittentenbezogene Immissionsgrenzwerte, die nicht miteinander in Verbindung gebracht werden, können keinen stets ausreichenden Schutz für die exponierte Bevölkerung darstellen. Trotz Einhaltens solcher Grenzwerte kann in der Nähe mehrerer bedeutsamer Emittenten eine Gesamtimmission resultieren, welche als erheblich belästigend oder gar gesundheitsschädigend zu beurteilen ist." (Anlage zu BR-Drs. 661/89 S. 13). Nach Vornahme der vom Bundesrat geforderten Änderungen (vgl. zu diesen die Erläuterungen zu den einzelnen Regelungen der Verordnung) trat die Verordnung am 21.6.1990 in Kraft (BGBl. I 1036).

4 Durch Art. 3 des Gesetzes vom 19.6.2006 (BGBl. I 2146) wurde § 4 der ursprünglichen Fassung aufgehoben. Darin war bestimmt, dass die Verordnung auch im Land Berlin gilt.

5 Eine materielle Änderung der 16. BImSchV bewirkte – ohne förmliche Änderung – die **Änderung von § 43 Abs. 1 BImSchG** durch das 11. Gesetz zur Änderung des BImSchG vom 2.7.2013 (BGBl. I 1943). Diese Änderung hat zur Folge, dass der pauschale Abschlag für Schienenwege (Schienenbonus) nach Anlage 2 zu § 3 der 16. BImSchV in der bis zum 31.12.2014 geltenden Fassung ausläuft (dazu → § 43 BImSchG Rn. 20f.).

6 Durch die **Änderungsverordnung vom 18.12.2014** (BGBl. I 2269), die am 1.1.2015 in Kraft trat, wurde auf Vorschlag des Bundesrats (BT-Drs. 18/2849 S. 87) § 2 Abs. 4 eingefügt. Die Regelungen über die Berechnung der Beurteilungspegel (§§ 3 bis 5 und Anlage 2 der Verordnung) wurden neu gefasst. Dabei blieben die die Straßen betreffenden Regelungen inhaltlich unverändert. Die Änderungen beschränken sich auf die Schienenwege und tragen der Abschaffung des Schienenbonus durch die Änderung des § 43 BImSchG, Fortschritten der Bahntechnik, neuen Erkenntnissen über die Schallemission und die Schallausbreitung sowie verbesserten Berechnungsmethoden Rechnung (BT-Drs. 18/1280 S. 1, 87).

auf eine „Lärmsanierung" hinausliefe (Anlage zu BR-Drs. 661/89 S. 1). Der Begriff des erheblichen baulichen Eingriffs hat in § 1 Abs. 2 Satz 2 denselben Inhalt wie in § 1 Abs. 2 Satz 1 Nr. 2. Der vorhandene Verkehrslärm und die Erhöhung sind ebenso wie in § 1 Abs. 2 Satz 1 Nr. 2 nach §§ 2 bis 5 zu berechnen. Wenn bisher nur am Tage der Beurteilungspegel von 70 dB(A) erreicht ist, nicht dagegen in der Nacht der Beurteilungspegel von 60 dB(A), muss sich unter Berücksichtigung des Zwecks der Regelung die Erhöhung auf den Tag beziehen. Dasselbe gilt für den umgekehrten Fall, dass bisher nur in der Nacht der Beurteilungspegel von 60 dB(A) erreicht ist, während der Beurteilungspegel am Tag unter 70 dB(A) liegt; dann muss sich die Erhöhung auf die Nacht beziehen. Auch für die Zurechnung der Erhöhung gelten dieselben Grundsätze wie bei § 1 Abs. 2 Satz 1 Nr. 2 (→ Rn. 7).

Gewerbegebiete i. S. von § 1 Abs. 2 Satz 2 HS. 2 sind die in einem Bebauungsplan nach § 8 BauNVO festgesetzten Gebiete sowie Bereiche, die iSv § 34 Abs. 2 BauGB einem Gewerbegebiet entsprechen. Beplante und faktische (§ 34 Abs. 2 BauGB) Industriegebiete sowie Sondergebiete, die durch Gewerbebetriebe geprägt sind (zB Sondergebiete für Einkaufszentren und großflächige Handelsbetriebe) sind im Blick auf die allgemeine Zweckbestimmung dieser Gebiete und die Schutzbedürftigkeit der dort allgemein zulässigen Nutzungen den Gewerbegebieten zur Vermeidung von Wertungswidersprüchen gleichzustellen. Dafür spricht auch, dass für Industriegebiete gemäß § 2 Abs. 1 nicht einmal Immissionsgrenzwerte gelten, was allerdings im Einzelfall den Schutz von Anlagen im Industriegebiet nicht ausschließt (dazu → § 2 Rn. 7); in einem solchen Einzelfall ist nicht § 1 Abs. 2 Satz 2 zu Gunsten des In-dustriebetriebs anzuwenden. 9

§ 2 Immissionsgrenzwerte

(1) **Zum Schutz der Nachbarschaft vor schädlichen Umwelteinwirkungen durch Verkehrsgeräusche ist bei dem Bau oder der wesentlichen Änderung sicherzustellen, daß der Beurteilungspegel einen der folgenden Immissionsgrenzwerte nicht überschreitet:**

	Tag	Nacht
1. an Krankenhäusern, Schulen, Kurheimen und Altenheimen	**57 Dezibel (A)**	**47 Dezibel (A)**
2. in reinen und allgemeinen Wohngebieten und Kleinsiedlungsgebieten	**59 Dezibel (A)**	**49 Dezibel (A)**
3. in Kerngebieten, Dorfgebieten, Mischgebieten und Urbanen Gebieten	**64 Dezibel (A)**	**54 Dezibel (A)**
4. in Gewerbegebieten	**69 Dezibel (A)**	**59 Dezibel (A)**

(2) **Die Art der in Absatz 1 bezeichneten Anlagen und Gebiete ergibt sich aus den Festsetzungen in den Bebauungsplänen. Sonstige in Bebauungsplänen festgesetzte Flächen für Anlagen und Gebiete sowie Anlagen und Gebiete, für die keine Festsetzungen bestehen, sind nach Absatz 1, bauliche Anlagen im Außenbereich nach Absatz 1 Nr. 1, 3 und 4 entsprechend der Schutzbedürftigkeit zu beurteilen.**

(3) **Wird die zu schützende Nutzung nur am Tage oder nur in der Nacht ausgeübt, so ist nur der Immissionsgrenzwert für diesen Zeitraum anzuwenden.**

(4) **Die Bundesregierung erstattet spätestens im Jahre 2025 und dann fortlaufend alle zehn Jahre dem Deutschen Bundestag Bericht über die Durchführung der Verordnung. In dem Bericht wird insbesondere dargestellt, ob die in § 2 Absatz 1 ge-**

nannten Immissionsgrenzwerte dem Stand der Lärmwirkungsforschung entsprechen und ob weitere Maßnahmen zum Schutz vor schädlichen Umwelteinwirkungen durch Verkehrsgeräusche erforderlich sind.

1 **Gemäß § 2 Abs. 1** ist zum Schutz der Nachbarschaft vor schädlichen Umwelteinwirkungen durch Verkehrsgeräusche bei dem Bau oder der wesentlichen Änderung von Straßen und Schienenwegen i. S. von § 1 sicherzustellen, dass der Beurteilungspegel bestimmte Immissionsgrenzwerte nicht überschreitet. Diese Verpflichtung bezieht sich auf Maßnahmen des aktiven Lärmschutzes (vgl. → Vorbem. Rn. 1). Die Grenzwerte beziehen sich **allein auf die von dem neu zu bauenden oder wesentlich zu ändernden Verkehrsweg** (§ 1) verursachten Immissionen und berücksichtigen nicht die Summation mit Lärmeinwirkungen durch bereits vorhandene oder zusätzlich geplante andere Anlagen außerhalb der Grenzen der jeweiligen Planung, die allerdings mehrere Planungsabschnitte umfassen können (BVerwG Urt. v. 19.3.2014 NVwZ 2014, 1454, 1456f. mwN; vgl. auch → § 1 Rn. 5). Die außerhalb der Grenzen der jeweiligen Planung entstehende Gesamtbelastung muss unabhängig von den in § 2 Abs. 1 normierten Immissionsgrenzwerten unmittelbar nach § 41 Abs. 1 BImSchG bewertet werden (→ § 41 BImSchG Rn. 44ff.).

2 Die Immissionsgrenzwerte sind differenziert nach bestimmten Einrichtungen (Nr. 1) und bestimmten Gebietsarten (Nrn. 2 bis 4) einerseits sowie nach Tag und Nacht andererseits. Die Grenzwerte für den Tag liegen jeweils um 10 dB(A) über den Grenzwerten für die Nacht. Die Werte sind keine Orientierungswerte, sondern **strikt einzuhalten** (vgl. auch die Begründung in BR-Drs. 661/89 S. 35), und zwar **unabhängig von der bestehenden Vorbelastung.** Es sind die gesamten von diesem Verkehrsweg verursachten Lärmimmissionen zu berücksichtigen, nicht nur die durch die Änderung hinzutretenden Immissionen. Werden die Grenzwerte durch einen vorhandenen Verkehrsweg bereits überschritten, so löst eine wesentliche Änderung dieses Verkehrswegs i. S. von § 1 Abs. 2 daher einen **Sanierungsanspruch** aus (vgl. → § 41 BImSchG Rn. 54). Das gilt gemäß § 41 Abs. 2 BImSchG nur dann nicht, wenn die in Betracht kommenden Kosten der aktiven Schutzmaßnahmen außer Verhältnis zu dem angestrebten Schutzzweck stehen würden. Die Beurteilungspegel sind nach §§ 3 bis 5 zu berechnen.

3 Krankenhäuser i. S. von **§ 2 Abs. 1 Nr. 1** sind die in § 107 Abs. 1 SGB V bezeichneten Einrichtungen. Kurheime i. S. von § 2 Abs. 1 Nr. 1 sind die in § 107 Abs. 2 SGB V beschriebenen Vorsorge- oder Rehabilitationseinrichtungen. Schulen sind unter Berücksichtigung des herkömmlichen Begriffsverständnisses und des Schutzzwecks der Regelung Einrichtungen, in denen typischerweise jedenfalls auch Kinder und Jugendliche unterrichtet werden. Dazu gehören neben den allgemein bildenden Schulen auch die Berufsschulen, nicht aber die Hochschulen. Altenheime sind die in § 1 Abs. 1 Heimgesetz genannten Altenheime, Altenwohnheime und Pflegeheime zur Betreuung von alten Menschen. Die in § 1 Abs. 1 Heimgesetz zusätzlich erwähnten Einrichtungen zur Betreuung behinderter Volljähriger sind nicht erfasst. Die gesetzliche Differenzierung zwischen Altenheimen, Altenwohnheimen und Pflegeheimen in § 1 Abs. 1 HeimG hat für die Anwendung von § 2 Abs. 1 Nr. 1 keine Bedeutung (so iE auch Hess.VGH Urt. v. 25.6.1991 UPR 1992, 115, 116f., der allerdings darauf abhebt, dass die Schutzbedürftigkeit alter Menschen in diesen Einrichtungen ähnlich sei); denn diese begriffliche Differenzierung war bei Inkrafttreten der 16. BImSchV noch nicht entwickelt, sondern beruht auf Art. 1 Nr. 2 des Gesetzes vom 5. 11. 2001 (BGBl. I, 2960). Anlagen mit ähnlicher Schutzbedürftigkeit sind den in § 2 Abs. 1 Nr. 1 genannten Anlagen nicht generell gleichzustellen. Sind die schutzwürdigen Anlagen **noch nicht vorhanden,** so sind sie dann zu berücksichtigen, wenn die Planung „einen Grad der Verfestigung erreicht" hat,

a. A. *Schulze-Fielitz* in GK-BImSchG, § 43 Rn. 78f.). Den in § 2 Abs. 1 Nr. 1 genannten Einrichtungen sind (ebenso wie in den anderen Fallgruppen) solche Anlagen gleichzustellen, die unter Berücksichtigung ihres spezifischen zulässigen Nutzungszwecks eine ähnliche Schutzbedürftigkeit aufweisen.

Wird die zu schützende Nutzung nur am Tage oder nur in der Nacht ausgeübt, so ist gemäß **§ 2 Abs. 3 BauNVO** nur der Immissionsgrenzwert für diesen Zeitraum anzuwenden. Danach kommt es z. B. in Anlagen, die nur am Tage zur Arbeit oder zur Erholung genutzt werden, nicht auf die Beurteilungspegel in der Nacht an. 12

§ 2 Abs. 4 wurde durch die Änderungsverordnung vom 18.12.2014 auf Vorschlag des Bundesrates angefügt (→ Vorbem. Rn. 6). Die Vorschrift beruht auf der Erwägung, dass zahlreiche Fragestellungen „noch nicht abschließend geklärt werden konnten, z. B. die Gewährleistung eines ausreichenden Nachtschlafs beim Schienenverkehr, der Umrüstungsgrad der Güterwagen mit Verbundstoff-Klotzbremsen sowie die Emissionsansätze beim Schienenverkehr". Auch bestehe „langfristig die Notwendigkeit, harmonisierte Berechnungsmethoden bzw. eine umfassende Gesamtlärmbetrachtung einzuführen" (BT-Drs. 18/2849 S. 87). Der Bericht hat sich sowohl auf Erkenntnisse der Lärmwirkungsforschung zu beziehen, die in dem Zeitraum ab dem Inkrafttreten der Vorschrift (1.1.2015) gewonnen wurden, als auch auf die konkrete Anwendung der Verordnung. Er muss außerdem eine Stellungnahme zur Erforderlichkeit weiterer Maßnahmen zum Schutz vor schädlichen Umwelteinwirkungen durch Verkehrsgeräusche enthalten. Die Regelung nimmt damit auf das in § 41 Abs. 1 BImSchG normierte Handlungsziel Bezug (zu diesem → § 41 Rn. 48ff.). Eine Äußerung zu der Frage, ob nach dem Stand der Lärmwirkungsforschung die in der Verordnung vorgeschriebenen Maßnahmen zum Schutz vor schädlichen Umwelteinwirkungen durch Verkehrsgeräusche reduziert werden könnten, ist nicht gefordert, wird durch § 2 Abs. 4 aber auch nicht ausgeschlossen. 13

§ 3 Berechnung des Beurteilungspegels für Straßen*

(1) **Der Beurteilungspegel für Straßen ist nach Abschnitt 3 in Verbindung mit Abschnitt 1 der Richtlinien für den Lärmschutz an Straßen – Ausgabe 2019 – RLS-19 (VkBl. 2019, Heft 20, lfd. Nr. 139, S. 698) zu berechnen. Die Berechnung hat getrennt für den Beurteilungszeitraum Tag (6 Uhr bis 22 Uhr) und für den Beurteilungszeitraum Nacht (22 Uhr bis 6 Uhr) zu erfolgen.**

(2) **Bei der Berechnung sind insbesondere folgende Rahmenbedingungen zu beachten:**

1. die Geräuschemissionen von den Kraftfahrzeugen,

2. die akustischen Eigenschaften der Straßendeckschicht und

3. die Einflüsse auf dem Ausbreitungsweg.

(3) **Die akustischen Eigenschaften der Straßendeckschicht nach Absatz 2 Nummer 2 werden beachtet, indem die Bauweise einem Straßendeckschichttyp zugeordnet wird, der aufgeführt ist in der jeweils jüngsten veröffentlichten Fassung der Tabellen 4a oder 4b der Richtlinien für den Lärmschutz an Straßen – Ausgabe 2019 – RLS-19 (VkBl. 2019, Heft 20, lfd. Nr. 139, S. 698) und mit der festgelegten Straßendeckschichtkorrektur in die Berechnung eingestellt wird.**

Der Beurteilungspegel ist gemäß § 3 Satz 1 **zu berechnen.** Diese Bestimmung schließt eine Messung des Beurteilungspegels aus. Das gilt auch dann, wenn die Straße 1

---

* Die Kommentierung beruht auf der Fassung der 16. BImSchV vor Inkrafttreten der 2. Verordnung zur Änderung der 16. BImSchV. Eine Aktualisierung erfolgt mit einer der nächsten Ergänzungslieferungen.

bereits errichtet ist und eine Messung daher grundsätzlich möglich wäre (vgl. BVerwG Beschl. v. 6.2.1992 Buchholz 406.25 § 43 Nr. 1; Urt. v. 20.1.2010 NVwZ 2010, 1151, 1153). In welcher Weise die Berechnung vorzunehmen ist, ist in der Anlage 1, teilweise durch Bezugnahme auf die RLS 90, im Einzelnen vorgeschrieben. Eine abweichende Berechnungsmethodik ist damit grundsätzlich ausgeschlossen. Dieser Ausschluss erfasst allerdings solche Lärmeinwirkungen nicht, auf die sich das vorgeschriebene Berechnungsverfahren nach seinem Regelungsanspruch nicht erstreckt. Das gilt für den Fußgängerverkehr (BayVGH Beschl. v. 11.6.2013 – 8 ZB 12.725 – juris; *Schulze-Fielitz* in GK-BImSchG, § 43 Rn. 88).

2 Dem Berechnungsverfahren der Anlage 1 (auch in Verbindung mit Kapitel 4 der RLS 90) liegt eine starke **Pauschalierung** zu Grunde, indem es zum einen die Berücksichtigung nicht erfasster Elemente ausschließt und zum anderen die Bedeutung der erfassten Elemente fast durchweg abschließend bewertet. Vernachlässigt werden z. B. Elemente wie die Impulsgeräusche durch Fahrbahnübergänge (BVerwG Urt. v. 14.7.2011 NVwZ 2012, 180, 184 f.) oder Kreisverkehrsplätze (diese sind nicht den lichtzeichengeregelten Kreuzungen und Einmündungen gleichgestellt, BVerwG Urt. v. 9.2.2005 NVwZ-RR 2005, 453, 454). Die damit notwendig verbundenen Ungenauigkeiten bei der Berechnung der Lärmimmissionen im Einzelfall sind hinzunehmen angesichts der konservativen Annahmen, die dem Berechnungsverfahren insgesamt zugrunde liegen und die nach dem gegenwärtigen Stand der Lärmwirkungsforschung der Annahme entgegenstehen, die Anforderungen aus § 41 Abs. 1 BImSchG würden durch die Normierung des Berechnungsverfahrens verfehlt (vgl. BVerwG Urt. v. 9.6.2010 NVwZ 2011, 177, 183 f.; vgl. allerdings auch → § 41 BImSchG Rn. 41 ff.).

3 Aus den Gleichungen 1 und 2 der Anlage 1 ergibt sich, dass die Beurteilungspegel **Mittelungspegel,** d. h. Durchschnittspegel sind. Dasselbe nach Nr. 4.2 der RLS 90, soweit die Gleichungen (1) und (2) nicht anwendbar sind (dazu → Rn. 6). Die Berechnung der Immissionen auf der Grundlage von Durchschnittswerten unter Vernachlässigung von Spitzenwerten ist mit § 41 BImSchG vereinbar. Dem Verordnungsgeber steht bei der Regelung des Verfahrens zur Ermittlung der Immissionsbelastung ein Einschätzungs-, Wertungs- und Gestaltungsspielraum zu. Dieser schließt die Möglichkeit ein, durch die Normierung des Ermittlungsverfahrens Überschreitungen des Lärmpegels zuzulassen, solange das durch § 41 Abs. 1 BImSchG gewährleistete Schutzniveau insgesamt nicht überschritten wird. Die Orientierung an Durchschnittswerten unter Außerachtlassung von Spitzenwerten begründet jedenfalls strukturell keine Unterschreitung dieses Schutzniveaus (vgl. BVerwG Urt. v. 21.3.1996 NVwZ 1996, 1006, 1008; Urt. v. 9.6.2010 NVwZ 2011, 177, 184). Dass der Spielraum des Verordnungsgebers, wie das Bundesverwaltungsgericht in diesem Zusammenhang formuliert, erst dann überschritten wäre, „wenn die rechnerisch ermittelte Lärmbelastung die Wirklichkeit nicht oder nur noch völlig unzulänglich abbildet" (Urt. v. 9.6.2010, ebenda), ist allerdings zu bezweifeln.

4 Gemäß Anlage 1 Satz 3 ist in die Berechnung die **stündliche Verkehrsstärke und der Lkw-Anteil** mit Hilfe der der Planung zugrunde liegenden, prognostizierten durchschnittlichen täglichen Verkehrsstärke einzubeziehen. Der Lkw-Anteil hat sich dabei auf Lkw mit über 2,8t zulässiges Gesamtgewicht in Prozent am Gesamtverkehr zu beziehen. Für die Ermittlung der stündlichen Verkehrsstärke und des Lkw-Anteils auf der Grundlage der prognostizierten durchschnittlichen täglichen Verkehrsstärke eröffnet Anlage 1 Satz 4 zwei Alternativen: Vorrang hat die Prognose mit Hilfe geeigneter projektbezogener Untersuchungsergebnisse. Diese müssen für den Zeitraum zwischen 22.00 Uhr und 6.00 Uhr als Mittelwert für alle Tage des Jahres herangezogen werden können. Fehlen solche projektbezogenen Untersuchungsergebnisse, so sind die stündliche Verkehrsstärke und der Lkw-Anteil der Tabelle A der Anlage 1 zu entnehmen. Liegen projektbezogene

Untersuchungsergebnisse, die als Mittelwert über alle Tage des Jahres herangezogen werden können, für den Zeitraum zwischen 22.00 Uhr und 6.00 Uhr und zusätzlich für den Zeitraum zwischen 6.00 Uhr und 22.00 Uhr vor, so treten die Werte der Tabelle A, auch soweit sie sich auf den Tag beziehen, gegenüber den projektbezogenen Untersuchungsergebnissen zurück (BVerwG Urt. v. 21.3.1996 NVwZ 1996, 1006, 1008; Urt. v. 10.10.2012 NVwZ 2013, 649, 652). Die zuständige Behörde kann nicht nach ihrem Belieben entweder die Werte der Tabelle A oder vorhandene geeignete projektbezogene Untersuchungsergebnisse heranziehen (missverständlich insoweit die Begründung BR-Drs. 661/89 S. 40f. sowie auch BVerwG Urt. v. 10.10.2012 NVwZ 2013, 649, 652; OVG Magdeburg Urt. v. 10.10.2012 – 2 K 99/12 – juris). Vielmehr sind die Werte der Tabelle A nach dem Wortlaut von Satz 3 der Anlage 1 subsidiär; mit dem Wort „können" wird kein Entscheidungsspielraum eröffnet, sondern auf die Möglichkeit der Heranziehung projektbezogener Untersuchungsergebnisse abgehoben.

In welcher Weise die **durchschnittliche tägliche Verkehrsstärke** selbst zu **prognostizieren** ist, regelt die 16. BImSchV nicht. In der Begründung wurde ausgeführt, die durchschnittliche tägliche Verkehrsstärke werde „bei einer Straßenplanung nach den Modell- oder Trendprognosen bestimmt"; es werde „von einem Prognosezeitraum von 10 bis 20 Jahren ausgegangen" (BR-Drs. 661/89 S. 40). Die Rechtsprechung räumt der zuständigen Behörde sowohl bei der Wahl des Prognosezeitraums als auch bei der Wahl der Methode einen sehr weiten Spielraum ein (eingehend zusammenfassend *Schulze-Fielitz* Die Verwaltung 2014, 243, 247ff.). Der Prognosezeitraum sei nur dann zu beanstanden, wenn er „sich als Ausdruck unsachlicher Erwägungen werten ließe" (BVerwG Urt. v. 21.3.1996 NVwZ 1996, 1006, 1007; Urt. v. 9.6.2010 NVwZ 2011, 177, 180). Die gewählte Methode muss grundsätzlich fachlich geeignet sein (BVerwG Urt. v. 27.10.1998 BVerwGE 107, 313, 326; Urt. v. 20.1.2010 NVwZ 2010, 1151, 1152). Unterschiedliche methodische Ansätze seien, „jedenfalls so lange sich kein allgemein anerkannter fachlicher Standard durchgesetzt hat, ebenso hinzunehmen wie Unterschiede bei der Einschätzung von Ausmaß und Entstehungsgrund des induzierten Verkehrs" (Urt. v. 9.6.2010 NVwZ 2011, 177, 181). Nicht zu beanstanden ist jedenfalls der Zeitraum, der der Einstufung eines Vorhabens als „vordringlicher Bedarf" im Bundesfernstraßenbedarfsplan zugrunde liegt (BVerwG Urt. v. 21.3.1996 1006, 1007; Urt. v. 7.3.2007 BVerwGE 128, 177, 182f.). Außerdem muss der der Prognose zugrunde liegende Sachverhalt zutreffend ermittelt, und das Prognoseergebnis muss einleuchtend begründet worden sein (BVerwG Urt. v. 20.1.2010 NVwZ 2010, 1151, 1152; Urt. v. 9.6.2010 NVwZ 2011, 177, 180; Urt. v. 30.5.2012 NVwZ 2013, 147, 149). Bei der Ermittlung der tatsächlichen Grundlagen der Prognose darf unterstellt werden, dass Ge- und Verbote grundsätzlich beachtet werden, sofern nicht hinreichende Anhaltspunkte dafür vorliegen, dass dies generell nicht geschieht (BVerwG Urt. v. 20.1.2010 NVwZ 2010, 1151, 1153). Für die Verkehrsprognose kommt es nicht auf die mögliche Vollauslastung der Straße, sondern auf die regelmäßig darunter liegende durchschnittliche voraussichtliche Auslastung an; dies folgt aus der Maßgeblichkeit des Mittelungspegels (BVerwG Urt. v. 21.3.1996 NVwZ 1996, 1006, 1007f.; Urt. v. 26.2.2003 – 9 A 1.02 – juris). Die Rechtsprechung unterwirft damit die Verkehrsprognose als Grundlage der Berechnung der Beurteilungspegel denselben (zurückhaltenden) Kontrollmaßstäben wie die Verkehrsprognose als Grundlage der Planrechtfertigung. Diesem Ansatz ist angesichts der ausdrücklichen Bezugnahme auf die der Planung zugrunde liegende, prognostizierte durchschnittliche tägliche Verkehrsstärke in Satz 4 der Anlage 1 zuzustimmen. 5

Das aufgrund der Prognose berechnete Verkehrsaufkommen ist gemäß Anlage 1 Satz 5 6
bei der Berechnung der Mittelungspegel den beiden äußeren Fahrstreifen jeweils zur Hälfte zuzuordnen. In den folgenden Sätzen werden weitere **Berechnungselemente**

vorgegeben. Zu diesen gehören die zulässige Höchstgeschwindigkeit (aufgrund von Durchschnittsmessungen, dazu BVerwG Urt. v. 11.1.2001 BRS 64 Nr. 19), Korrekturwerte für unterschiedliche Straßenoberflächen nach Tabelle B mit der Möglichkeit der Berücksichtigung anderer Korrekturwerte bei Nachweis einer dauerhaften Lärmminderung aufgrund neuer technischer Entwicklungen (auch dazu BVerwG Urt. v. 11.1.2001 ebenda; Beschl. v. 3.5.2002 – 4 B 2.02 – juris; Urt. v. 9.6.2010 NVwZ 2011, 177, 184f.), Steigungen und Gefälle, unterschiedliche Abstände zwischen Emissionsort und Immissionsort ohne Boden- und Meteorologiedämpfung sowie Auswirkungen der Boden- und Meteorologiedämpfung zwischen Emissions- und Immissionsort, Auswirkungen topographischer Gegebenheiten und baulicher Anlagen (die nicht nur die unmittelbare Schallausbreitung, sondern auch die Luftströme beeinflussen können, vgl. OVG Bremen Urt. v. 28.3.2000 NVwZ 2002, 216, 217; OVG Schleswig Urt. v. 10.10.2006 – 4 KS 12/03 – juris) und Reflexionen sowie erhöhte Störwirkungen lichtzeichengeregelter Kreuzungen und Einmündungen. Die Bedeutung, die diesen Berechnungselementen zukommt, ist in der Anlage 1 überwiegend durch Diagramme und Tabellen so festgelegt, dass kein Raum mehr für gutachterliche Bewertungen verbleibt. Dies gilt allerdings nicht für die Berücksichtigung topographischer Gegebenheiten, baulicher Anlagen und Reflexionen. Insoweit eröffnet die Bezugnahme auf die **RLS 90, Kapitel 4** in Form einer statischen Verweisung gewisse Bewertungsspielräume (BR-Drs. 661/89 S. 42f.). Einen gewissen Bewertungsspielraum eröffnet die Anlage 1 auch mit der Regelung, dass mit Hilfe der Gleichungen (1) und (2) nur „die Beurteilungspegel für lange, gerade Fahrstreifen berechnet" werden, die auf ihrer gesamten Länge konstante Emissionen und unveränderte Ausbreitungsbedingungen aufweisen, während die Fahrstreifen in einzelne Abschnitte unterteilt werden müssen, deren einzelne Beurteilungspegel nach den RLS 90, Kapitel 4 zu berechnen sind, wenn eine dieser Voraussetzungen nicht erfüllt ist. Konstante Emissionen und unveränderte Ausbreitungsbedingungen liegen z.B. nicht vor, wenn eine Straße abwechselnd in Tunnellage, im Trog und über eine Hochbrücke geführt wird (OVG Münster Urt. v. 19.9.2001 – 11 D 90/96.AK – juris). Es fehlt aber häufig auch bei weitaus geringeren Unterschieden der Streckenführung an unveränderten Ausbreitungsbedingungen.

7 Die für die beiden äußeren Fahrstreifen ermittelten Beurteilungspegel sind nach Durchführung der auf die Fahrstreifen bezogenen Berechnungen nach Diagramm V zum Gesamtbeurteilungspegel für die Straße zusammenzufassen. Die Gesamtbeurteilungspegel für den Tag und die Nacht sind auf ganze dB(A) aufzurunden. Im Falle des § 1 Abs. 2 Satz 1 Nr. 2 ist nur die Differenz der Beurteilungspegel aufzurunden (dazu oben → § 1 Rn. 7).

§ 3a Festlegung der Straßendeckschichtkorrektur

(1) **Für eine Bauweise, die keinem Straßendeckschichttyp entspricht, der aufgeführt ist in der jeweils jüngsten veröffentlichten Fassung der Tabellen 4a oder 4b der Richtlinien für den Lärmschutz an Straßen – Ausgabe 2019 – RLS-19 (VkBl. 2019, Heft 20, lfd. Nr. 139, S. 698), legt das Bundesministerium für Verkehr und digitale Infrastruktur im Einvernehmen mit dem Bundesministerium für Umwelt, Naturschutz und nukleare Sicherheit eine Straßendeckschichtkorrektur fest, wenn**

1. **die Bauweise mindestens den allgemein anerkannten Regeln der Technik entspricht und**
2. **die Bundesanstalt für Straßenwesen eine Straßendeckschichtkorrektur nach den Technischen Prüfvorschriften zur Korrekturwertbestimmung der Geräuschemis-**

sion von Straßendeckschichten – Ausgabe 2019 – TP KoSD-19 (VkBl. 2019, Heft 20, lfd. Nr. 140, S. 698) ermittelt hat.

(2) **Das Bundesministerium für Verkehr und digitale Infrastruktur gibt die Straßendeckschichtkorrektur im Verkehrsblatt bekannt. Die Bekanntgabe erfolgt durch die Ergänzung oder Änderung der Tabellen 4a oder 4b der Richtlinien für den Lärmschutz an Straßen – Ausgabe 2019 – RLS-19 (VkBl. 2019, Heft 20, lfd. Nr. 139, S. 698). Ab dem Zeitpunkt der Bekanntmachung ist die Straßendeckschichtkorrektur in die Berechnung nach § 3 einzustellen.**

(3) **Ändert sich die Bauweise für einen Straßendeckschichttyp, der aufgeführt ist in der jeweils jüngsten veröffentlichten Fassung der Tabellen 4a oder 4b der Richtlinien für den Lärmschutz an Straßen – Ausgabe 2019 – RLS-19 (VkBl. 2019, Heft 20, lfd. Nr. 139, S. 698), kann das Bundesministerium für Verkehr und digitale Infrastruktur im Einvernehmen mit dem Bundesministerium für Umwelt, Naturschutz und nukleare Sicherheit festlegen, dass die bisherige Straßendeckschichtkorrektur anzuwenden ist, wenn die geänderte Bauweise**

1. mindestens den allgemein anerkannten Regeln der Technik entspricht und

2. die akustischen Eigenschaften der Straßendeckschicht nicht verschlechtert.

Die bisherige Straßendeckschichtkorrektur ist solange anzuwenden, bis für die geänderte Bauweise eine neue Straßendeckschichtkorrektur nach Maßgabe der Absätze 1 und 2 festgelegt und bekanntgemacht wird.

(Kommentierung folgt)

§ 4 Berechnung des Beurteilungspegels für Schienenwege

(1) **Der Beurteilungspegel für Schienenwege ist nach Anlage 2 zu berechnen. Die Berechnung hat getrennt für den Beurteilungszeitraum Tag (6 Uhr bis 22 Uhr) und den Beurteilungszeitraum Nacht (22 Uhr bis 6 Uhr) zu erfolgen.**

(2) **Bei der Berechnung sind insbesondere folgende Rahmenbedingungen zu beachten:**

1. die Schallpegelkennwerte von Fahrzeugen und Fahrwegen,

2. die Einflüsse auf dem Ausbreitungsweg,

3. die Besonderheiten des Schienenverkehrs durch Auf- oder Abschläge
  a) für die Lästigkeit von Geräuschen infolge ihres zeitlichen Verlaufs, ihrer Dauer, ihrer Häufigkeit und ihrer Frequenz sowie
  b) für die Lästigkeit ton- oder impulshaltiger Geräusche.

(3) **Abweichend von Absatz 1 Satz 1 ist für Abschnitte von Vorhaben, für die bis zum 31. Dezember 2014 das Planfeststellungsverfahren bereits eröffnet und die Auslegung des Plans öffentlich bekannt gemacht worden ist, § 3 in Verbindung mit Anlage 2 in der bis zum 31. Dezember 2014 geltenden Fassung weiter anzuwenden. § 43 Absatz 1 Satz 3 des Bundes-Immissionsschutzgesetzes bleibt unberührt.**

Ebenso wie der Beurteilungspegel für Straßen (§ 3 Satz 1) ist der Beurteilungspegel für 1
Schienenwege gemäß **§ 4 Abs. 1 Satz 1** zu **berechnen.** Diese Bestimmung schließt Messungen zur Ermittlung des Beurteilungspegels grundsätzlich aus, auch wenn der Schienenweg bereits errichtet ist (BVerwG Urt. v. 31.8.1995 BVerwGE 99, 166, 172). Anders als die für Straßen geltende Anlage 1 sieht die für Schienenwege geltende Anlage 2 ausnahmsweise Kontrollmessungen vor, und zwar zur Überprüfung der lärmmindern-

den Wirkung des Fahrflächenzustands „besonders überwachtes Gleis" (Nr. 4.5, Anm. 2 der Anlage 2; vgl. dazu auch BVerwG Beschl. v. 11.2.2003 – 9 B 49.02 – juris; Beschl.

(Fortsetzung nächste Seite)

III. Festlegungsverfahren

Die Festlegung akustischer Kennwerte setzt gemäß § 5 Abs. 2 Satz 1 einen darauf bezogenen **Antrag** voraus. Die antragsberechtigten Personen sind in **§ 5 Abs. 3** abschließend aufgezählt. Eisenbahninfrastrukturunternehmen (§ 5 Abs. 3 Nr. 1) sind gemäß § 2 Abs. 1 AEG öffentliche Einrichtungen oder privatrechtlich organisierte Unternehmen, die eine Eisenbahninfrastruktur betreiben. Die Eisenbahninfrastruktur umfasst gemäß § 2 Abs. 3 AEG die Betriebsanlagen der Eisenbahnen einschließlich der Bahnstromfernleitungen. Inhaber der Schutzrechte von abweichenden Bahntechniken oder schalltechnischen Innovationen i. S. von § 5 Abs. 3 Nr. 2 sind die Patentinhaber. Lizenznehmer haben ein Nutzungsrecht an den abweichenden Bahntechniken oder schalltechnischen Innovationen. Der Antrag muss die in **§ 5 Abs. 4 Nr. 1 und Nr. 3** bezeichneten Angaben enthalten. Ihm muss außerdem gemäß **§ 5 Abs. 4 Nr. 2** das Gutachten einer anerkannten Messstelle beigefügt werden, das die in Anlage 2 Nr. 9.3 aufgelisteten Angaben enthält. Anerkannte Messstellen sind gemäß Anlage 2 Nr. 9.1.8 die nach § 29b Abs. 2 BImSchG bekannt gegebenen Stellen. 7

Zuständig für die Entscheidung über den Antrag ist gemäß **§ 5 Abs. 2 Satz 1** bei Eisenbahnen des Bundes das Eisenbahn-Bundesamt und bei sonstigen Bahnen die jeweils nach Landesrecht zuständige Stelle. Da Eisenbahnen gemäß § 2 Abs. 1 AEG öffentliche Einrichtungen oder privatrechtlich organisierte Unternehmen sind, die entweder Eisenbahnverkehrsleistungen erbringen oder eine Eisenbahninfrastruktur betreiben, hängt die Zuständigkeit davon ab, ob die abweichende Bahntechnik oder schalltechnische Innovation von einer Eisenbahn des Bundes oder einer sonstigen Bahn genutzt werden soll. Auf die Definition der Eisenbahnen in Anlage 2 Nr. 2.1.1 ist bei der Bestimmung der zuständigen Behörde nicht zurückzugreifen. Dies wird bestätigt durch den Hinweis in der Begründung der Änderungsverordnung, dass die Übertragung der Aufgabe an das Eisenbahn-Bundesamt in Einklang mit § 4 Abs. 6 AEG stehe, „wonach die Abnahmen, Prüfungen und Überwachungen, sowie die Erteilung von Baufreigaben, Zulassungen und Genehmigungen im Hinblick auf Errichtung, Änderung, Unterhaltung und Betrieb der Betriebsanlagen und der Fahrzeuge der Eisenbahnen des Bundes aufgrund anderer Gesetze und Verordnungen dem Eisenbahn-Bundesamt obliegen" (BT-Drs. 18/1280 S. 90). Eisenbahnen des Bundes sind gemäß § 2 Abs. 6 AEG Unternehmen, die sich überwiegend in der Hand des Bundes oder eines mehrheitlich dem Bund gehörenden Unternehmens befinden. Alle anderen Eisenbahnen sowie die Straßenbahnen sind sonstige Bahnen iSv § 5 Abs. 2 Satz 1. Die Regelung eröffnet die Möglichkeit paralleler Zuständigkeiten des Eisenbahn-Bundesamts und der nach Landesrecht zuständigen Behörden. So ist zB denkbar, dass eine Innovation am Fahrzeug sowohl von Eisenbahnen des Bundes als auch von Privatbahnen in eigenen Fahrzeugen auf einer Eisenbahninfrastruktur des Bundes genutzt werden soll. Der Feststellungsantrag kann in einem solchen Fall zB von der Eisenbahn des Bundes beim Eisenbahn-Bundesamt und unabhängig davon von dem Inhaber der Schutzrechte oder dem Lizenznehmer sowohl beim Eisenbahn-Bundesamt als auch bei einer nach Landesrecht zuständigen Behörde gestellt werden. Die durch § 5 Abs. 2 Satz 1 begründeten parallelen Entscheidungskompetenzen schließen sich gegenseitig nicht aus. 8

Wird dem Antrag ganz oder teilweise entsprochen, so muss die behördliche Entscheidung **inhaltlich** gemäß § 5 Abs. 2 Satz 1 eine Festlegung akustischer Kennwerte enthalten. Die Entscheidung ist gemäß § 5 Abs. 5 Satz 1 dem Antragsteller **schriftlich bekannt zu geben.** Soweit dem Antrag ganz oder teilweise entsprochen wird, ist die Festlegung akustischer Kennwerte gemäß § 5 Abs. 5 Satz 2 außerdem **öffentlich bekannt** 9

zu machen. Die Bekanntmachung durch das Eisenbahn-Bundesamt hat als amtliche Bekanntmachung iSv § 1 des Verkündungs- und Bekanntmachungsgesetzes des Bundes zu erfolgen; ein geeignetes Bekanntmachungsorgan ist das Verkehrsblatt. Die Bekanntmachungen von Behörden der Länder haben nach dem jeweiligen Landesrecht zu erfolgen.

10 Die Entscheidung ist ein **feststellender Verwaltungsakt.** Sie entfaltet Rechtswirkungen nur gegenüber dem jeweiligen Antragsteller und im Zuständigkeitsbereich der Behörde, die die Entscheidung getroffen hat. Die öffentliche Bekanntmachung nach § 5 Abs. 5 Satz 2 begründet keine Rechtswirkungen gegenüber Dritten. Mit der Festlegung akustischer Kennwerte ist noch nicht darüber entschieden, in welcher Weise diese Festlegung gemäß § 5 Abs. 1 Satz 1 im Einzelfall zu einer von § 4 Abs. 1 Satz 1 iVm Anlage 2 abweichenden Berechnung des Beurteilungspegels führt. Darüber hat die für die Planungsentscheidung zuständige Behörde zu entscheiden. Die Rechtmäßigkeit des feststellenden Verwaltungsakts, durch den akustische Kennwerte nach § 5 Abs. 2 Satz 1 festgelegt werden, ist in einem von Nachbarn eingeleiteten gerichtlichen Verfahren, das die Überprüfung der den Lärmschutz betreffenden Regelungen der Planungsentscheidung zum Gegenstand hat (dazu → § 41 BImSchG Rn. 76 ff., 80 f.), inzident zu überprüfen.

§ 6 Übergangsregelung für die Berechnung des Beurteilungspegels für Straßen

Der Beurteilungspegel für den jeweiligen Abschnitt eines Straßenbauvorhabens berechnet sich nach den Vorschriften dieser Verordnung in der bis zum Ablauf des 28. Februar 2021 geltenden Fassung, wenn vor Ablauf des 1. März 2021

1. **der Antrag auf Durchführung des Planfeststellungs- oder Plangenehmigungsverfahrens gestellt worden ist oder**
2. **für den Fall, dass ein Bebauungsplan die Planfeststellung ersetzt, der Beschluss nach § 2 Absatz 1 Satz 2 des Baugesetzbuchs in der Fassung der Bekanntmachung vom 3. November 2017 (BGBl. I S. 3634), gefasst und ortsüblich bekannt gemacht worden ist.**

(Kommentierung folgt)

Anlage 2[1]
(zu § 4)

Berechnung des Beurteilungspegels für Schienenwege (Schall 03)

Inhaltsverzeichnis

1. Berechnungsverfahren

Für Schienenwege wird der Beurteilungspegel L_r in der Nachbarschaft getrennt für den Beurteilungszeitraum Tag (6 Uhr bis 22 Uhr) und den Beurteilungszeitraum Nacht (22 Uhr bis 6 Uhr) entsprechend Nummer 8.1 angegeben. Grundlage für die Berechnung des Beurteilungspegels sind die Anzahl der prognostizierten Züge der jeweiligen Zugart sowie die den betrieblichen Planungen zugrunde liegenden Geschwindigkeiten auf dem zu betrachtenden Planungsabschnitt einer Bahnstrecke.
Auf der Grundlage dieser Prognosedaten erfolgt die Berechnung des Beurteilungspegels in folgenden Schritten:

– Aufteilung der zu betrachtenden Bahnstrecke in einzelne Gleise und Abschnitte u. a. mit gleicher Verkehrszusammensetzung, gleicher Geschwindigkeit, gleicher Fahrbahnart und gleichem Fahrflächenzustand nach Nummer 3.1 sowie Identifizierung und Festlegung der Schallquellen von Rangier- und Umschlagbahnhöfen nach Nummer 4.8;
– ausgehend von den Mengen je Stunde n_{Fz} aller Arten F_z von Fahrzeugeinheiten, Berechnung der längenbezogenen bzw. flächenbezogenen Pegel der Schallleistung in Oktavbändern, getrennt für jeden Abschnitt einer Strecke nach Nummer 3.2 bzw. für jede Schallquelle eines Rangier- und Umschlagbahnhofs in allen Höhenbereichen h nach Nummer 3.3;
– Zerlegung der Abschnitte in Teilstücke k_S bzw. Zerlegung der Flächen in Teilflächen k_f zur Bildung von Punktschallquellen mit zugeordnetem Pegel der Schallleistung unter Berücksichtigung der Richtwirkung und der Abstrahlcharakteristik nach den Nummern 3.4 und 3.5;
– Berechnung der Schallemissionen von Eisenbahnen nach Nummer 4 und Beiblatt 1 bzw. Beiblatt 3 und von Straßenbahnen nach Nummer 5 und Beiblatt 2;
– Berechnung der Schallimmission durch Ausbreitungsrechnung nach Nummer 6;
– Zusammenfassung der Schallimmissionsanteile am Immissionsort nach Nummer 7;
– Bildung des Beurteilungspegels für die maßgeblichen Beurteilungszeiträume nach Nummer 8.

Die für die Berechnung verwendeten Softwareprodukte müssen die normgerechte Abbildung dieser Vorschrift sicherstellen; dies kann erfolgen in Anlehnung an die DIN 45687, Akustik – Software-Erzeugnisse zur Berechnung der Schallimmissionen im Freien – Qualitätsanforderungen und Prüfbestimmungen, Ausgabe Mai 2006.

[1] Anl. 2 neu gef. mWv 1.1.2015 durch VO v. 18.12.2014 (BGBl. I S. 2269).

2. Begriffe, Festlegungen

2.1 Bahntechnische Begriffe

2.1.1 Eisenbahnen
Fahrzeuge und Infrastruktureinrichtungen, die im Allgemeinen Eisenbahngesetz (AEG) aufgeführt sind; zur Abgrenzung von Straßenbahnen (vgl. 2.1.9)

2.1.2 Fahrzeugeinheit
Kleinster im Fahrbetrieb nicht zerlegbarer Teil eines Eisenbahnzuges bzw. ein Straßenbahnfahrzeug

2.1.3 Personenbahnhöfe, Haltepunkte und Haltestellen
Einrichtungen, an denen Fahrgäste ein-, um- oder aussteigen
Anmerkung 1: Bei Eisenbahnen wird in der EBO begrifflich zwischen Bahnhof (§ 4 Absatz 2 EBO), Haltepunkt (§ 4 Absatz 8 EBO) und Haltestelle (§ 4 Absatz 9 EBO) unterschieden. Bei Straßenbahnen wird der Begriff der Haltestelle im Allgemeinen (§ 31 der Straßenbahn-Bau- und Betriebsordnung – BOStrab) und der Doppelhaltestelle (§ 31 Absatz 1 Nummer 3 BOStrab) gebraucht. In dieser Anlage werden die Begriffe je nach Verkehrsart (Eisenbahn/Straßenbahn) verwendet.
Anmerkung 2: Bei Eisenbahnen können Personenbahnhöfe mit anderen Bahnanlagen, z. B. mit Verladeeinrichtungen von Autoreisezügen, kombiniert sein.

2.1.4 Rangierbahnhöfe
Bahnhöfe für den Güterverkehr, an denen in erheblichem Umfang Güterzüge gebildet oder zerlegt werden

2.1.5 Schienenstegdämpfer
Vorrichtungen zur Dämpfung der Schallabstrahlung von Schienenstegen

2.1.6 Schienenstegabschirmung
Vorrichtungen zur Abschirmung der Schallabstrahlung von Schienenstegen

2.1.7 Schienenweg
Gleisanlagen mit Unter- und Oberbau einschließlich einer Oberleitung, nach den Nummern 2.1.1
Anmerkung 1: Die Schallimmissionen können von den Rollgeräuschen, aerodynamischen Geräuschen, Aggregat- und Antriebsgeräuschen der Schienenfahrzeuge hervorgerufen werden.
Anmerkung 2: Betriebsanlagen, von denen andere Schallimmissionen ausgehen, wie z. B. Unterwerke oder Umrichterwerke, Wartungs- und Verladeeinrichtungen sowie Waschanlagen, sind nicht Gegenstand dieser Verordnung.

2.1.8 Schwellengleis
Oberbau, bestehend aus Schienen auf Holz-, Beton- oder Stahlschwellen im Schotterbett

2.1.9 Straßenbahnen
Fahrzeuge und Infrastruktureinrichtungen, die im Personenbeförderungsgesetz (PBefG) und der Straßenbahn-Bau- und Betriebsordnung (BOStrab) aufgeführt sind; zur Abgrenzung von Eisenbahnen (vgl. 2.1.1), abweichend von § 4 Absatz 2 PBefG werden Schwebebahnen oder ähnliche Bahnen besonderer Bauart nicht als Straßenbahnen im Sinne dieser Anlage angesehen.

2.1.10 Straßenbündiger Bahnkörper
Gleise, die in Straßenfahrbahnen oder Gehwegflächen eingebettet sind

2.1.11 U-Bahnen
Bahnen mit Stromschienen, die als unabhängige Bahnen durch ihre Bauart oder Lage auf der gesamten Streckenlänge von anderen öffentlichen Verkehren unabhängig sind und keine Bahnübergänge (§ 1 Absatz 2 des Eisenbahnkreuzungsgesetzes) aufweisen

2.1.12 Umschlagbahnhöfe
Anlagen des kombinierten Verkehrs als Teil des öffentlichen Eisenbahnverkehrs mit Gleisen für an- und abfahrende Güterzüge, mit Lademitteln und Ladestraßen, die an das öffentliche Straßennetz anbinden, ggf. mit Abstell- oder Zwischenlagerflächen

2.1.13 Verbundstoff-Klotzbremse
Klotzbremsen mit Bremssohlen aus Verbundstoffen; diese Bremsen verwenden z. B. Verbundstoffbremsklotzsohlen mit hohem Reibwertniveau (K-Sohle) oder niedrigem Reibwertniveau (LL-Sohle).

2.2 Schalltechnische Begriffe

2.2.1 A-bewerteter Schalldruckpegel
L_{pA}
Zehnfacher dekadischer Logarithmus des Quotienten aus dem Quadrat des Effektivwerts des Schalldrucks mit der Frequenzbewertung A zusammen mit einer Zeitbewertung und dem Quadrat des Bezugsschalldrucks $p_0 = 20\ \mu Pa$ in Luft
Anmerkung 1: Die Frequenzbewertung A und die Zeitbewertung (z. B. F, S) werden als Index des Schalldruckpegels L_p angegeben, z. B. L_{pAF}.
Anmerkung 2: Der Schalldruckpegel wird in Dezibel, dB, angegeben.

2.2.2 A-Bewertung
A
Frequenzbewertung nach DIN EN 61672-1, Elektroakustik – Schallpegelmesser – Teil 1; Anforderungen, Ausgabe Oktober 2003
Anmerkung: Die Kennzeichnung eines A-bewerteten Pegels wird normgerecht durch den Index A am Formelzeichen *L* vorgenommen, nicht durch Anhängen des Formelzeichens *A* an die Einheit dB.

(Fortsetzung nächstes Blatt)

5. Handel mit Emissionsberechtigungen

5.1 Gesetz über den Handel mit Berechtigungen zur Emission von Treibhausgasen (Treibhausgas-Emissionshandelsgesetz – TEHG)

Vom 21. Juli 2011

(BGBl. I S. 1475, geändert durch Art. 25 d. Gesetzes vom 6.12.2011, BGBl. I S. 2481, durch Art. 2 d. Gesetzes v. 22.12.2011, BGBl. I S. 3044, durch das 1. Gesetz zur Änderung des TEHG v. 15.7.2013, BGBl. I S. 2431, durch Art. 2 Abs. 45 und Art. 4 Abs. 28 d. Gesetzes v. 7.8.2013, BGBl. I S. 3154, durch die 10. ZuständigkeitsanpassungsV v. 31.8.2015, BGBl. I S. 1474, durch Art. 4 d. Gesetzes v. 18.7.2016, BGBl. I S. 1666, durch Art. 17 d. Gesetzes v. 23.6.2017, BGBl. I S. 1693, durch Art. 1 d. Gesetzes v. 13.7.2017, BGBl. I S. 2354, durch Art. 11 d. Gesetzes v. 18.7.2017, BGBl. I S. 2745, durch Art. 1 d. Gesetzes v. 18.1.2019, BGBl. I S. 37, durch Art. 135 d. 11. ZuständigkeitsanpassungsV v. 19.6.2020, BGBl. I S. 1328, und durch Art. 2 d. Kohleausstiegsgesetzes v. 8.8.2020, BGBl. I S. 1818)

Vorbemerkung

Schrifttum: *Adolf/Berg,* Die Umsetzung der EU-Emissionshandels-Richtlinie aus der Perspektive eines globalen Energiekonzerns, EurUP 2004, 2–29; *Altvater/Brunnengräber,* Ablasshandel gegen Klimawandel?, Hamburg 2008; *Bail/Marr/Oberthür,* Klimaschutz und Recht, in: *Rengeling* (Hrsg.), Handbuch zum europäischen und deutschen Umweltrecht, 2003, 254ff.; *Bartlik,* Die Einbeziehung des Luftverkehrs in das EU-Emissionshandelssystem, EuR 2011, 196–225; *Beckmann/Fisahn,* Probleme des Handels mit Verschmutzungsrechten, ZUR 2009, 299–307; *Begemann/Lustermann,* Emissionshandel: Problem des Anwendungsbereiches und Auslegungsfragen zu Härtefallregelungen des ZuG 2007, NVwZ 2004, 1292ff.; *Bilitewski/Wünsch,* Energieeffizienzsteigerung und CO_2-Vermeidungspotenziale bei der Müllverbrennnung, EdDE-Dokumentation 13, 2010; *BMU,* Nationaler Allokationsplan für die Bundesrepublik Deutschland, Berlin 31. März 2004; *Bratting,* Handel mit Treibhausgas-Emissionszertifikaten in der EG, Band 16, Hamburg 2004; *Burgi,* Grundprobleme des deutschen Emissionshandelssystems: Zuteilungskonzept und Rechtsschutz, NVwZ 2004, 1162ff.; *Burgi,* Emissionszertifikate als Eigentum im Sinne des Art. 14 Grundgesetz, RdE 2004, 29ff.; *Burgi/Müller,* Das Emissionshandelssystem in Deutschland, ZUR 2004, 419–426; *Calliess/Ruffert,* EUV/AEUV, 4. Auflage, München 2011; *Cames/Deuber,* Emissionshandel im internationalen zivilen Luftverkehr, Berlin 2004; *Corbach,* Die deutsche Stromwirtschaft und der Emissionshandel, Band 5, Stuttgart 2007; *Dauses,* EU-Wirtschaftsrecht, München, Loseblatt; *Department of the Environment, Food and Rural Affairs,* Consultation Paper on the Implementation of the EU Emissions Trading Scheme, London August 2003; *DEHSt,* Informationen der Deutschen Emissionshandelstelle zum Anwendungsbereich des Treibhausemissionshandelsgesetzes – TEHG, Berlin 13. September 2004; *DEHSt,* Hinweispapier zum Anwendungsbereich des Treibhausgas-Emissionshandelsgesetzes (TEHG) für die Handelsperiode 2013–2020, 2011; *Desens,* Finanzierung des Emissionshandels, DVBL 2010, 228–237; *Diehn,* Rechtschutz im Emissionszertifikate-Handelssystem, Schriften zum Umweltrecht Band 147, Berlin 2006; *Döring/Ewringmann,* Europäischer CO_2-Emissionshandel, nationale Gestaltungsspielräume bei der Vergabe von Emissionsberechtigungen und EU-Beihilfenkontrolle, ZfU 2004, 27–45; *Dröge,* „Klimazölle" und die Glaubwürdigkeit der EU- Klimastrategie, SWP-Aktuell 2008, 1–8; *Ebsen,* Emissionshandel in Deutschland, Köln 2004; *Ellinghaus/Ebsen,* Das Treibhausgas-Emissionshandelsgesetz, Energiewirtschaftliche Tagesfragen 2004, 277–280; *Ellinghaus/Ebsen/Schloemann,* The EU Emissions Trading Scheme (EU ETS): a Status Report, Journal for European Environmental and Planning Law, 2004, 3ff.; *Elsässer,* Emissionshandel und Wettbewerb, Vortrag: Kongress „Energiewandel und Klimaschutz", Berlin 2004; *Ekardt,* Wie weiter im globalen Klimaschutz, ZRP 7/2010, 230–232; *Endres,* Emissionszertifikate und Umweltrecht: 19. Trierer Kolloquium zum Umwelt- und Technikrecht vom 28. bis 30. September 2003, Umwelt- und Technikrecht Band 74, Berlin 2004; *Epiney,* Zur Entwicklung des Emissionshandels in der EU, ZUR 5/2010, 236–244; *Erling,* Emissionshandel- Rechtsgrundlagen und Einführung, Berlin 2008; *Erling,* Der EU-Emissionshandel im Luftverkehr, Zeitschrift für Luft- und Weltraumrecht 2009, 337–355; *Erling,* Carbon Compliance – Vermögens- und Investitionsschutz in Zeiten des Klimawandels, CCZ 5/2010, 188–192; *EU-Kommission,* Vorschlag für eine Richtlinie des Europäischen Parlaments und des Rates über ein System für den Handel mit Treibhausgasemissionsberechtigungen in der Gemeinschaft und zur Änderung der

Richtlinie 96/61/EG des Rates, KOM(2001) 581 endgültig vom 23.10.2001; *EU-Kommission,* The EU Emissions Trading Scheme: How to develop a National Allocation Plan, Non-Paper, April 2003; *EU-Kommission,* Non-Paper on the installation coverage of the EU emissions trading scheme and the interpretation of Annex I, September 2003; *EU-Kommission* DG Climate Action „Guidance on Interpretation of Annex I of the EU ETS Directive" 18.3.2010; *Fichtner,* Emissionsrechte, Energie und Produktion, Band 61, Berlin 2005; *Frenz,* Das Ökosteuer-Urteil und seine Folgen für den Emissionshandel, Natur + Recht 2004, 429–434; *Frenz,* Aktuelles Immissionsschutzrecht und Emissionshandel, GDMB 106, Clausthal-Zellerfeld 2006; *Frenz,* Genehmigungsbedürftige Anlagen nach dem Bundesimmissionsschutzgesetz und Emissionshandel, NVwZ 2006, 1095; *Frenz,* Gleichheitssatz und Wettbewerbsrelevanz bei BVerfG und EuGH – Das Beispiel Emissionshandel, DVBl 2010, 223–227; *Frenz,* Staatliche Veräußerung von Emissionshandelszertifikaten und Finanzverfassung, DVBl 2007, 1385–1392; *Frenz,* Die Zuteilungsregeln für die zweite Emissionshandelsperiode – Teil 1: Industrie- vs. Energieanlagen, Natur und Recht 2007, 513–520; *Frenz,* Die Zuteilungsregeln für die zweite Emissionshandelsperiode – Teil 2: Benchmark-System und Standardauslastungsfaktor für alle Anlagen ab 2003 sowie Zertifikatveräußerung, Natur und Recht 2007, 587–594; *Frenz,* Emissionshandel und Grundgesetz nach drei Entscheidungen des BVerfG, UPR 2008, 8–12; *Frenz,* Emissionshandelsrecht – Kommentar zum TEHG und ZuG, 2. Auflage, Berlin 2008; *Friedl,* Auswirkungen des Treibhausgas-Emissionshandelsgesetzes für den Unternehmenskauf, RdE 2006, 150–157; *Frondel/Hillebrand,* Reform der ökologischen Steuerreform: Harmonisierung mit dem Emissionshandel, Energiewirtschaftliche Tagesfragen 2004, 330–332; *FutureCamp GmbH,* Emissionshandel, Kissing 2005; *FutureCamp GmbH,* Emissionshandel und Emissionsminderungsprojekte, Kissing 2006; *FutureCamp GmbH,* Emissionshandel und Klimastrategien, Kissing 2007; *Gesellschaft für Umweltrecht,* Rechtsprobleme des CO2-Emissionshandels, Band 34, Berlin 2004; *Giesberts/Hilf,* Handel mit Emissionszertifikaten: Regelungsrahmen für einen künftigen Markt, Band 1, Köln 2002; *Goodarzi,* Ausschreibungspflichtigkeit des Erwerbs von Emissionszertifikaten durch Stadtwerke und andere öffentliche Anlagenbetreiber, NVwZ 2004, 949–953; *Greb,* Der Emissionshandel ab 2013 – Die Versteigerung der Emissionszertifikate auf europäischer Ebene, Baden-Baden 2011; *Greinacher/Ehrmann,* Die Übertragungsregelung im Emissionshandel, RdE 2006, 329–334; *Groteloh,* Internationaler Emissionsrechtehandel und nationale Förderungsmaßnahmen, Band 102, Hamburg 2007; *Grünwald,* Treibhausgas – ab in die Versenkung?, Band 25, Berlin 2008; *Hadroušek,* Trading in Green House Gas Emission Allowances: The Czech Approach, Journal for European Environmental and Planning Law, 2004, 32 ff.; *Häder,* Energiepolitik in Deutschland, Band 1, Bochum 2010; *Hansmann,* Bundes-Immissions-Schutzgesetz – Textsammlung mit Einführung und Erläuterungen, Baden-Baden 23. Aufl. 2005; *Heye,* Rechtliche Instrumente zur Reduktion der Treibhausgasemission, Frankfurt a. M. 2002; *Hildebrandt,* CO_2-Emissionshandel – Strategien und Unternehmensimage, Saarbrücken 2007; *Himmer,* Energiezertifikate in den Mitgliedstaaten der Europäischen Union, Band 14, Baden-Baden 2005; *Hobe/Boewe/Geisler,* Luftverkehr und Klimawandel, Band 1, Münster 2009; *Hobley,* Transposition of the Emissions Trading Scheme Directive into UK Law and Associated Issues, Journal for European Environmental and Planning Law, 2004, 10 ff.; *Hohmuth,* Emissionshandel und deutsches Anlagenrecht Band 101, Berlin/Köln/München 2006; *Holtwisch,* Das Nichteinhaltungsverfahren des Kyoto-Protokolls, Band 167, Berlin 2006; *Kerth,* Emissionshandel im Gemeinschaftsrecht: die EG-Emissionshandelsrichtlinie als neues Instrument europäischer Klimaschutzpolitik, Band 29, Baden-Baden 2004; *Kerr,* Legal aspects of storing CO2, Paris 2007; *Kirchhof/Kemmler,* Einstimmigkeitserfordernis im Rat bei der Beschlussfassung über eine europäische Richtlinie zum Handel mit Treibhausgasemissionsberechtigungen, EWS 2003, 217–223; *Klemmer/Hillebrand/Bleuel,* Klimaschutz und Emissionshandel, RWI-Papiere 82, Essen 2002; *Kloepfer,* der Handel mit Emissionszertifikaten im System des Umweltrechts, in: Jahrbuch Umwelt- und Technikrecht, 71 ff.; *Knopp/Hoffmann,* EU-Emissionsrechtehandel und deutsches Treibhausgas-Emissionshandelsgesetz, EWS 2004, 201–207; *Kobes,* Grundzüge des Emissionshandels in Deutschland, NVwZ 2004, 513 ff.; *Kobes,* Das Zuteilungsgesetz 2007, NVwZ 2004, 1153 ff.; *Kobes,* Emissionshandel 2008–2012, NVwZ 2007, 857; *Kobes/Engel,* Der Emissionshandel im Lichte der Rechtsprechung (Teil 1), NVwZ 2011, 207–212; *Kobes/Engel,* Der Emissionshandel im Lichte der Rechtsprechung (Teil 2), NVwZ 2011, 268–275; *Konzak,* Emissionshandel in der Praxis, 1. Aufl., Heidelberg 2006; *Körner/Vierhaus,* Treibhausgasemissionshandelsgesetz. Kommentar zum TEHG und ZuG 2007, München 2005; *Krisp,* Die deutsche Stromwirtschaft, 1. Aufl., Frankfurt am Main 2008; *Lassen,* Einbeziehung des Schiffsverkehrs in das Emissionshandelssystem, ZUR 12/2010, 570–579; *Lafeld,* Emissionshandel im Zeitalter der Global Governance, Saarbrücken 2007; *Levin,* Emissionshandel – Grundlagen, Praxis, Perspektiven, Berlin 2005; *Luhmann,* CCS: ein Beitrag zur Bekämpfung des Klimawandels – oder zu dessen Steigerung?, ZfU 2008, 141–154; *Mager,* Das europäische System für den Handel mit Treib-

§ 8 Versteigerung von Berechtigungen

(1) **Die Versteigerung von Berechtigungen erfolgt nach den Regeln der Verordnung (EU) Nr. 1031/2010 der Kommission vom 12. November 2010 über den zeitlichen und administrativen Ablauf sowie sonstige Aspekte der Versteigerung von Treibhausgasemissionszertifikaten gemäß der Richtlinie 2003/87/EG des Europäischen Parlaments und des Rates über ein System für den Handel mit Treibhausgasemissionszertifikaten in der Gemeinschaft (ABl. L 302 vom 18.11.2010, S. 1) in der jeweils geltenden Fassung. Im Falle des Verbots der Kohleverfeuerung nach Teil 6 des Gesetzes zur Reduzierung und zur Beendigung der Kohleverstromung werden Berechtigungen aus der zu versteigernden Menge an Berechtigungen in dem Umfang gelöscht, der der zusätzlichen Emissionsminderung durch die Stilllegung der Stromerzeugungskapazitäten entspricht, soweit diese Menge dem Markt nicht durch die mit dem Beschluss (EU) 2015/1814 der Europäischen Parlaments und des Rates vom 6. Oktober 2015 über die Einrichtung und Anwendung einer Marktstabilitätsreserve für das System für den Handel mit Treibhausgasemissionszertifikaten in der Union und zur Änderung der Richtlinie 2003/87/EG (ABl. L 264 vom 9.10. 2015, S. 1) eingerichtete Marktstabilitätsreserve entzogen wird und soweit dies den Vorgaben nach Artikel 12 Absatz 4 der Richtlinie 2003/87/EG entspricht. Diese Menge wird für das jeweils vorangegangene Kalenderjahr ermittelt und durch Beschluss der Bundesregierung festgestellt.**

(2) **Das Bundesministerium für Umwelt, Naturschutz und nukleare Sicherheit beauftragt im Einvernehmen mit dem Bundesministerium der Finanzen und dem Bundesministerium für Wirtschaft und Energie eine geeignete Stelle mit der Durchführung der Versteigerung.**

(3) **Die Erlöse aus der Versteigerung der Berechtigungen nach Absatz 1 stehen dem Bund zu. Die Kosten, die dem Bund durch die Wahrnehmung der ihm im Rahmen des Emissionshandels zugewiesenen Aufgaben entstehen und nicht durch Gebühren nach § 22 gedeckt sind, werden aus den Erlösen nach Satz 1 gedeckt.**

(4) **Zur Gebotseinstellung auf eigene Rechnung oder im Namen der Kunden ihres Hauptgeschäftes bedürfen die in § 3 Absatz 1 Nummer 8 des Wertpapierhandelsgesetzes genannten Unternehmen einer Erlaubnis der Bundesanstalt für Finanzdienstleistungsaufsicht (Bundesanstalt). Die Erlaubnis wird erteilt, sofern das Unternehmen die Bedingungen des Artikels 59 Absatz 5 der Verordnung (EU) Nr. 1031/2010 erfüllt. Die Bundesanstalt kann die Erlaubnis außer nach den Vorschriften des Verwaltungsverfahrensgesetzes aufheben, wenn ihr Tatsachen bekannt werden, welche eine Erteilung der Erlaubnis nach Satz 2 ausschließen würden.**

Schrifttum: *Becker-Neetz,* Rechtliche Probleme der Umweltzertifikatmodelle in der Luftreinhaltepolitik, Frankfurt 1988; *Boos/Fischer/Schulte-Mattler,* Kreditwesengesetz, 4. Auflage, München 2012; *Burgi,* Kostenlose Zuteilung oder Versteigerung von Emissionsberechtigungen (Emissionszertifikaten), in: Hendler/Marburger/Reiff/Schröder, Energieversorgung und Umweltschutz, Umwelt- und Technikrecht Band 102, Berlin 2010, 183–210; *Burgi/Selmer,* Verfassungswidrigkeit einer entgeltlichen Zuteilung von Emissionszertifikaten, Stuttgart u. a. O. 2007; *Dauses,* Handbuch des EU-Wirtschaftsrechts, Band 1, Loseblatt-Sammlung, München Stand: 31. Lieferung Juli 2012; *Diekmann/Schleich,* Auktionierung von Emissionsrechten – Eine Chance für mehr Gerechtigkeit und Effizienz im Emissionshandel, ZfE 2006, 259–266; *EU-Kommission,* Grünbuch zum Handel mit Treibhausgasemissionen in der Europäischen Union, KOM(2000) 87 endgültig, Brüssel 2000; *EU-Kommission,* Final Report of the 3rd meeting of the ECCP working group on emissions trading on the review of the EU ETS on Further Harmonisation and Increased Predictability, 070521-22 Final report M3, Brüssel 2007; *EU-Kommission,* Arbeitspapier der Kommissionsdienststellen – Folgenabschätzung – Begleitpapier zum Paket der Durchführungsmaßnahmen für die Ziele der EU in den Bereichen Klimawandel und erneuerbare Energie bis 2020, SEK(2008) 85, Brüssel 2008;

EU-Kommission, Commission Staff Working Document, Information provided on the functioning of the EU Emissions Trading System, the volumes of greenhouse gas emission allowances auctioned and freely allocated and the impact on the surplus of allowances in the period up to 2020 SWD(2012) 234 final, Brüssel 2012; *EU-Kommission,* Green Paper, A 2030 framework for climate and energy policies, COM(2013) 169 final, Brüssel 2013; *EU-Kommission/Ecofys,* Auctioning of CO2 Emission Allowances in the EU ETS, Utrecht 2006; *Frenz,* Emissionshandelsrecht – Kommentar zu TEHG und ZuV 2020, 3. Auflage, Berlin 2012; *Helbig,* Windfall Profits im europäischen Emissionshandel, Baden-Baden 2010; *IEA,* CO2 Allowance & Electricity Price Interaction, Paris 2007; *Koenig/Ernst/Hasenkamp,* Gemeinschaftsrechtliche Rahmenbedingungen der Vollversteigerung von Emissionszertifikaten im Energiesektor, RdE 2009, 73–80; *Küll,* Grundrechtliche Probleme der Allokation von CO_2-Zertifikaten, Berlin 2009; *Ludwigs,* Unternehmensbezogene Effizienzanforderungen im Öffentlichen Recht, Berlin 2013; *Martini,* Der Markt als Instrument hoheitlicher Verteilungslenkung, Tübingen 2008; *Matthes/Gores/Hermann,* Zusatzerträge von ausgewählten deutschen Unternehmen und Branchen im Rahmen des EU-Emissionshandelssystems, Analyse für den Zeitraum 2005–2012, Berlin 2011; *Rebentisch,* NVwZ 2006, 747–753; *SRU,* Umweltgutachten 2008, Berlin 2008; *Umweltbundesamt,* Implementation of Emissions Trading in the EU: National Allocation Plans of all EU States, Berlin 2005; *Umweltbundesamt/KFW,* Auctioning of Emission Allowances in Germany, Berlin 2012; siehe weiterhin das Schrifttumsverzeichnis unter der → Vorbemerkung zum TEHG.

Übersicht[1]

I. Allgemeines

1 **1. Bedeutung der Vorschrift.** Die Versteigerung ist in der dritten Handelsperiode (2013 bis 2020) die **Regelzuteilungsmethode** für Emissionsberechtigungen. Nach Artikel 10 Absatz 1 Satz 1 der EH-Richtlinie versteigern die Mitgliedstaaten ab dem Jahr 2013 sämtliche Emissionsberechtigungen, die nicht gemäß Artikel 10a und 10c der Richtlinie kostenlos zugeteilt werden. Die kostenlose Zuteilung für Stromerzeugung ist grundsätzlich ausgeschlossen (Artikel 10a Absatz 3 EH-Richtlinie, mit Ausnahmen für neue Mitgliedstaaten nach Artikel 10c EH-Richtlinie). Für die Erzeugung anderer Produkte ist nach Artikel 10a Absatz 1 EH-Richtlinie weiterhin die kostenlose Zuteilung von Emissionsberechtigungen vorgesehen. Grundsätzlich schmilzt die kostenlose Zutei-

[1] Die Kommentierung berücksichtigt noch nicht die Änderungen durch Art. 17 des Zweiten Finanzmarktnovellierungsgesetz vom 23.6.2017 (BGBl. I S. 1693), durch das Gesetz zur Anpassung der Rechtsgrundlagen für die Fortentwicklung des Europäischen Emissionshandels vom 18.1.2019 (BGBl. I S 37) sowie durch Art. 2 des Kohleausstiegsgesetzes vom 8.8.2020 (BGBl. I S. 1818). Eine Anpassung erfolgt mit einer der nächsten Ergänzungslieferungen.